전등록 2

전등록 2

김월운 옮김

동국역경원

차례 2

| 제 12 권 | ··27

회양懷讓 선사의 제4세 ②

▶ 앞의 홍주洪州 황벽산黃蘗山 희운希運 선사의 법손

진주鎭州 임제臨濟 의현義玄 선사 · 33
목주睦州의 진陳 존숙尊宿 · 42
항주杭州 천경산千頃山 초남楚南 선사 · 55
복주福州 오석산烏石山 영관靈觀 선사 · 57
항주杭州 나한원羅漢院 종철宗徹 선사 · 60
배휴裴休 · 61

회양懷讓 선사의 제5세

▶ 앞의 원주袁州 앙산仰山 혜적慧寂 선사의 법손

앙산仰山 서탑西塔 광목光穆 선사 · 65
진주晉州 곽산霍山 경통景通 선사 · 66
항주杭州 문희文喜 선사 · 67
신라新羅 오관산五觀山 순지順支 대사 · 69
앙산仰山 남탑南塔 광용光涌 선사 · 70
앙산仰山 동탑東塔 화상 · 70

▶ 앞의 임제臨濟 의현義玄 선사의 법손

관계灌谿 지한志閑 선사 · 71
유주幽州 담공譚空 화상 · 74
진주鎭州 보수寶壽 소沼 화상 · 75
진주鎭州 삼성원三聖院 혜연慧然 선사 · 76

위부魏府 대각大覺 선사 · 78
위부魏府 흥화興化 존장存奬 선사 · 79
정주定州 선최善崔 선사 · 82
진주鎭州 만세萬歲 화상 · 82
운산雲山 화상 · 83
동봉桐峰 암주菴主 · 84
삼양杉洋 암주 · 85
탁주涿州 지의紙衣 화상 · 86
호계虎谿 암주 · 86
복분覆盆 암주 · 88
양주襄州 역촌歷村 화상 · 88
창주滄州 미창米倉 화상 · 89

▶ **목주**睦州 **진**陳 **존숙**尊宿**의 법손**

목주睦州 자사刺史 진조陳操 · 89

▶ **앞의 향엄**香嚴 **지한**智閑 **선사의 법손**

길주吉州 지관止觀 화상 · 91
수주壽州 소종紹宗 선사 · 92
양주襄州 연경延慶 법단法端 소진紹眞 대사 · 92
익주益州 남선南禪 무염無染 대사 · 93
익주益州 장평산長平山 화상 · 93
익주益州 숭복崇福 연교演敎 대사 · 93
안주安州 대안산大安山 청간淸幹 선사 · 93
종남산終南山 풍덕사豊德寺 화상 · 94
균주均州 무당산武當山 불암佛巖 휘暉 선사 · 94
강서江西 여산廬山 쌍계雙谿 전田 도자道者 · 94

▶ **앞의 복주福州 쌍봉雙峰 화상의 법손**

쌍봉雙峰 고古 선사 · 95

▶ **앞의 경산徑山 제3세 홍인洪諲 선사의 법손**

홍주洪州 미령米嶺 화상 · 96

▶ **앞의 양주揚州 광효원光孝院 혜각慧覺 화상의 법손**

도헌道巘 선사 · 96

회양懷讓 선사의 제6세

▶ **앞의 앙산仰山 남탑南塔 광용光涌 선사의 제자**

월주越州 청화淸化 전부全付 선사 · 98
영주郢州 파초산芭蕉山 혜청慧淸 선사 · 101
소주韶州 창락현昌樂縣 황련산黃連山 의초義初 선사 · 103
소주韶州 혜림慧林 홍구鴻究 선사 · 105

▶ **앞의 앙산仰山 서탑西塔 광목光穆 선사의 법손**

길주吉州 자복資福 여보如寶 선사 · 105

▶ **앞의 관계灌谿 지한志閑 선사의 법손**

지주池州 노조산魯祖山 교敎 화상 · 108

▶ **위부魏府 흥화興化 존장存奬 선사의 법손**

여주汝州 보응寶應 화상 · 109

▶ **앞의 보수寶壽 소沼 화상의 법손**

여주汝州 서원西院 사명思明 선사 · 112
보수寶壽 화상 · 114

▶ **앞의 삼성三聖 혜연慧然 선사의 법손**

진주鎭州 대비大悲 화상 · 114
치주淄州 수륙水陸 화상 · 114

▶ **앞의 위부魏府 대각大覺 화상의 법손**

여주廬州 대각大覺 화상 · 115
여주廬州 징심원澄心院 민덕旻德 화상 · 115
여주汝州 남원南院 화상 · 116

제 13 권 119

회양懷讓 선사의 제7세

▶ **앞의 영주郢州 파초산芭蕉山 혜청慧淸 선사의 법손**

영주郢州 흥양산興陽山 청양淸讓 선사 · 126
홍주洪州 유곡산幽谷山 법만法滿 선사 · 127

▶ **앞의 길주吉州 자복資福 여보如寶 선사의 법손**

길주吉州 자복資福 정수貞邃 선사 · 127
길주吉州 복수福壽 화상 · 128
담주潭州 녹원鹿苑 화상 · 129

▶ **앞의 여주汝州 보응寶應 화상의 법손**

여주汝州 풍혈風穴 연소延沼 선사 · 130

▶ **앞의 여주**汝州 **서원**西院 **사명**思明 **선사의 법손**

정주郢州 흥양興陽 귀정歸靜 선사 · 144

▶ **앞의 소주**韶州 **혜림**慧林 **홍구**鴻究 **선사의 법손**

소주韶州 영서靈瑞 화상 · 144

▶ **앞의 풍혈**風穴 **연소**延沼 **선사의 법손**

여주汝州 광혜廣慧 진眞 선사 · 145
여주汝州 수산首山 성념省念 선사 · 145

▶ **앞의 담주**潭州 **보자**報慈 **귀진**歸眞 **대사 덕소**德韶**의 법손**

기주蘄州 삼각산三角山 지겸志謙 선사 · 153
영주郢州 흥양興陽 사탁詞鐸 선사 · 154

▶ **앞의 여주**汝州 **수산**首山 **성념**省念 **선사의 법손**

분주汾州 선소善昭 선사 · 154

조계曹谿**에서 따로 나온 제2세**

▶ **앞의 남양**南陽 **혜충**慧忠 **국사의 법손**

길주吉州 탐원산耽源山 진응眞應 선사 · 156

▶ **낙양**洛陽 **하택**荷澤 **신회**神會 **대사의 법손**

황주黃州 대석산大石山 복림福琳 선사 · 158
기수沂水 몽산蒙山 광보光寶 선사 · 158

조계曹谿에서 따로 나온 제5세

▶ 앞의 수주遂州 도원道圓 선사의 법손

종남산終南山 규봉圭峰 종밀宗密 선사 · 159

제14권 ······································ 181

행사行思 선사의 제1세

석두石頭 희천希遷 대사 · 184

행사行思 선사의 제2세

▶ 앞의 석두石頭 희천希遷의 법손

형주荊州 천황天皇 도오道悟 선사 · 189
경조京兆 시리尸利 선사 · 195
등주鄧州 단하丹霞 천연天然 선사 · 195
담주潭州 초제招提 혜랑慧朗 선사 · 201
장사長沙 흥국사興國寺 진랑振朗 선사 · 202
예주澧州 약산藥山 유엄惟儼 선사 · 202
담주潭州 대천大川 화상 · 214
분주汾州 석루石樓 화상 · 215
봉상부鳳翔府 법문사法門寺 불타佛陀 화상 · 216
담주潭州 화림華林 화상 · 217
조주潮州 대전大顚 화상 · 217
담주潭州 유현攸縣 장자長髭 광曠 선사 · 219
수공水空 화상 · 220

행사行思 선사의 제3세

▶ 앞의 형주荊州 천황天皇 도오道悟 선사의 법손

예주澧州 용담龍潭 숭신崇信 선사 · 221

▶ 등주鄧州 단하산丹霞山 천연天然 선사의 법손

경조京兆 종남산終南山 취미翠微 무학無學 선사 · 223
단하산丹霞山 의안義安 선사 · 225
길주吉州 성공性空 선사 · 225
본동本童 화상 · 226
미창米倉 화상 · 226

▶ 앞의 약산藥山 유엄惟儼 선사의 법손

담주潭州 도오산道吾山 원지圓智 선사 · 227
담주潭州 운암雲巖 담성曇晟 선사 · 235
화정華亭 선자船子 화상 · 241
선주宣州 비수椑樹 혜성慧省 선사 · 242
고高 사미沙彌 · 242
악주鄂州 백안白顔 명철明哲 선사 · 245

▶ 담주潭州 장자長髭 광曠 선사의 법손

담주潭州 석실石室 선도善道 화상 · 246

▶ 조주潮州 대전大顚 화상의 법손

장주漳州 삼평三平 의충義忠 선사 · 250

▶ 담주潭州 대천大川 화상의 법손

선천僊天 화상 · 252
복주福州 보광普光 화상 · 253

제15 권

제15 권 ………………………………………………255

행사行思 선사의 제4세

▶ 앞의 예주澧州 용담龍潭 숭신崇信 선사의 법손

낭주朗州 덕산德山 선감宣鑒 선사 · 257
홍주洪州 늑담泐潭 보봉寶峰 화상 · 265

▶ 앞의 길주吉州 성공性空 선사의 법손

흡주歙州 무원茂源 화상 · 266
조산棗山 광인光仁 선사 · 266

▶ 앞의 경조京兆 취미翠微 무학無學 선사의 법손

악주鄂州 청평산淸平山 영준令遵 선사 · 267
서주舒州 투자산投子山 대동大同 선사 · 270
호주湖州 도량산道場山 여눌如訥 선사 · 281
건주建州 백운白雲 약約 선사 · 283

▶ 앞의 담주潭州 도오산道吾山 원지圓智 선사의 법손

담주潭州 석상산石霜山 경제慶諸 선사 · 284
담주潭州 점원漸源 중흥仲興 선사 · 289
녹청淥淸 화상 · 291

▶ 앞의 담주潭州 운암雲巖 담성曇晟 선사의 법손

균주筠州 동산洞山 양개良价 선사 · 291
탁주涿州 행산杏山 감홍鑒洪 선사 · 311
담주潭州 신산神山 승밀僧密 선사 · 311
유계幽谿 화상 · 314

▶ **앞의 화정**華亭 **선자**船子 **덕성**德誠 **선사의 법손**

예주澧州 협산夾山 선회善會 선사 · 314

행사行思 **선사의 제5세 ①**

▶ **앞의 서주**舒州 **투자산**投子山 **대동**大同 **선사의 법손**

투자投子 감온感溫 선사 · 320
복주福州 우두牛頭 미微 선사 · 321
서천西川 청성青城 향산香山 징조澄照 대사 · 322
협부陜府 천복天福 화상 · 323
호주濠州 사명思明 화상 · 323
봉상부鳳翔府 초복招福 화상 · 323
흥원부興元府 중량산中梁山 준고遵古 선사 · 323
양주襄州 곡은谷隱 화상 · 324
안주安州 구종산九嵕山 화상 · 324
반산盤山 화상 · 324
안주安州 구종산九嵕山 경혜敬慧 선사 · 325
동경東京 관음원觀音院 암준巖俊 선사 · 325

▶ **앞의 악주**鄂州 **청평산**淸平山 **영준**令遵 **선사의 법손**

기주蘄州 삼각산三角山 영규令珪 선사 · 326

| 제16권 | ……………………………………………329

행사行思 **선사의 제5세 ②**

▶ **앞의 낭주**朗州 **덕산**德山 **선감**宣鑒 **선사의 법손**

악주鄂州 암두巖頭 전활全豁 선사 · 333
복주福州 설봉雪峰 의존義存 선사 · 341

천태天台 서룡원瑞龍院 혜공慧恭 선사 · 356
천주泉州 와관瓦棺 화상 · 357
양주襄州 고정高亭 간簡 선사 · 357
홍주洪州 대녕大寧 감담感潭 자국資國 화상 · 357

▶ 앞의 담주潭州 석상산石霜山 경제慶諸 선사의 법손

하중河中 남제산南際山 승일僧一 선사 · 358
담주潭州 대광산大光山 거회居誨 선사 · 358
여산廬山 서현사棲賢寺 회우懷祐 선사 · 360
균주筠州 구봉九峰 도건道虔 선사 · 361
태주台州 용천涌泉 경흔景欣 선사 · 365
담주潭州 운개산雲蓋山 지원志元 선사 · 366
담주潭州 곡산谷山 장藏 선사 · 367
복주福州 복선산覆船山 홍천洪荐 선사 · 367
낭주朗州 덕산德山 존덕存德 선사 · 368
길주吉州 숭은崇恩 화상 · 369
석상石霜 휘輝 선사 · 369
영주郢州 파초芭蕉 화상 · 369
담주潭州 비전肥田 복伏 화상 · 370
담주潭州 녹원鹿苑 휘暉 선사 · 370
담주潭州 보개寶蓋 약約 선사 · 371
월주越州 운문산雲門山 증미사拯迷寺 해안海晏 선사 · 371
호남湖南 문수文殊 화상 · 372
봉상부鳳翔府 석주石柱 화상 · 372
담주潭州 중운中雲 개蓋 화상 · 373
하중부河中府 서암산棲巖山 대통원大通院 존수存壽 선사 · 374
남악南嶽 현태玄泰 상좌 · 374

▶ **앞의 예주**澧州 **협산**夾山 **선회**善會 **선사의 법손**

예주澧州 악보산樂普山 원안元安 선사 · 377
홍주洪州 상람上藍 영초令超 선사 · 387
운주鄆州 사선四禪 화상 · 388
강서江西 소요산逍遙山 회충懷忠 선사 · 389
원주袁州 반룡산盤龍山 가문可文 선사 · 391
무주撫州 황산黃山 월륜月輪 선사 · 391
낙경洛京 소산韶山 환보寰普 선사 · 394
태원太原 해호海湖 화상 · 396
가주嘉州 백수사白水寺 화상 · 397
봉상鳳翔 천개산天蓋山 유幽 선사 · 397
홍주洪州 건창建昌 봉서산鳳棲山 동안同安 화상 · 397

| 제 17 권 | ……………………………………………399

행사行思 선사의 제5세 ③

▶ **원주**袁州 **동산**洞山 **양개**良价 **선사의 법손**

홍주洪州 운거雲居 도응道膺 선사 · 403
무주撫州 조산曹山 본적本寂 선사 · 414
동산洞山 도전道全 선사 · 425
호남湖南 용아산龍牙山 거둔居遁 선사 · 426
경조京兆 화엄사華嚴寺 휴정休靜 선사 · 431
경조京兆 현자蜆子 화상 · 434
균주筠州 구봉九峰 보만普滿 대사 · 435
태주台州 유서산幽棲山 도유道幽 선사 · 435
후동산後洞山 사건師虔 선사 · 436
낙경洛京 백마白馬 둔유遁儒 선사 · 439
월주越州 건봉乾峰 화상 · 440

길주吉州 화산禾山 화상 · 441
명주明州 천동산天童山 함계咸啓 선사 · 441
담주潭州 보개산寶蓋山 화상 · 442
익주益州 북원北院 통通 선사 · 443
고안高安 백수白水 본인本仁 선사 · 446
무주撫州 소산疎山 광인光仁 선사 · 448
예주澧州 흠산欽山 문수文邃 선사 · 451

행사行思 선사의 제6세 ①

▶ 앞의 암두巖頭 전활全豁 선사의 법손

태주台州 서암瑞巖 사언師彦 선사 · 456
회주懷州 현천玄泉 언彦 선사 · 459
길주吉州 영암靈巖 혜종慧宗 선사 · 460
복주福州 나산羅山 도한道閑 선사 · 460
복주福州 향계香谿 종범從範 선사 · 464
복주福州 나원羅源 성수聖壽 엄嚴 화상 · 465

▶ 앞의 홍주洪州 감담感潭 자국資國 화상의 법손

안주安州 백조산白兆山 축건원竺乾院 지원志圓 선사 · 465

▶ 앞의 호주濠州 사명思明 화상의 법손

양주襄州 취령鷲嶺 선본善本 선사 · 467

▶ 앞의 담주潭州 대광산大光山 거회居誨 선사의 법손

담주潭州 곡산谷山 유연有緣 선사 · 467
담주潭州 용흥龍興 화상 · 468
담주潭州 복룡산伏龍山 화상 · 468

경조京兆 백운白雲 선장善藏 선사 · 469
담주潭州 복룡산伏龍山 화상(제2세) · 469
협부陜府 용준산龍峻山 화상 · 469
담주潭州 복룡산伏龍山 화상(제3세) · 470

▶ **앞의 균주**筠州 **구봉**九峰 **도건**道虔 **선사의 법손**

신라新羅 청원淸院 화상 · 471
홍주洪州 늑담泐潭 보봉寶峰 신당神黨 선사 · 471
길주吉州 남원산南源山 행수行修 선사 · 471
홍주洪州 늑담泐潭 명明 선사 · 472
길주吉州 추산秋山 화상 · 473
홍주洪州 늑담泐潭 연무延茂 선사 · 473
홍주洪州 봉서산鳳棲山 동안원同安院 상찰常察 선사 · 473
홍주洪州 늑담泐潭 광오匡悟 선사 · 474
길주吉州 화산禾山 무은無殷 선사 · 475
홍주洪州 늑담泐潭 모牟 화상 · 478

▶ **앞의 태주**台州 **용천**涌泉 **경흔**景欣 **선사의 법손**

태주台州 육통원六通院 소紹 선사 · 478

▶ **앞의 담주**潭州 **운개산**雲蓋山 **지원**志元 **선사의 법손**

담주潭州 운개산雲蓋山 지한志罕 선사 · 480
신라新羅 와룡臥龍 화상 · 480
영주影州 천태天台 화상 · 480

▶ **앞의 담주潭州 곡산谷山 장藏 선사의 법손**

신라新羅 서암瑞巖 화상 · 481
신라新羅 박엄泊嚴 화상 · 481
신라新羅 대령大嶺 화상 · 481

▶ **앞의 담주潭州 중운中雲 개蓋 화상의 법손**

담주潭州 운개산雲蓋山 경景 화상 · 482

제 18 권 ······ 483

행사行思 선사의 제6세 ②

▶ **복주福州 설봉雪峰 의존義存 선사의 법손**

복주福州 현사玄沙 종일從一 대사 · 484
복주福州 장경長慶 혜릉慧稜 선사 · 512
복주福州 대보산大普山 현통玄通 선사 · 522
항주杭州 용책사龍冊寺 순덕順德 대사 도부道怤 · 523
복주福州 장생산長生山 교연皎然 선사 · 534
신주信州 아호鵝湖 지부智孚 선사 · 538
장주漳州 보은원報恩院 회악懷岳 선사 · 540
항주杭州 서흥西興 화도化度 오진悟眞 대사 · 542
복주福州 고산鼓山 흥성興聖 국사 · 544
장주漳州 융수隆壽 흥법興法 대사 · 551
복주福州 선종원僊宗院 인혜仁慧 대사 · 552
복주福州 연화산蓮華山 영복원永福院 초증超證 대사 · 553
항주杭州 용화사龍華寺 진각眞覺 대사 · 555
명주明州 취암翠巖 영명永明 대사 · 560

제19권 ······ 563

행사行思 선사의 제6세 ③

▶ 복주福州 설봉雪峰 의존義存 선사의 법손

복주福州 안국원安國院 명진明眞 대사 · 565
양주襄州 운개산雲蓋山 쌍천원雙泉院 귀본歸本 선사 · 570
소주韶州 임천林泉 화상 · 571
낙경洛京 남원南院 화상 · 571
월주越州 동암洞巖 가휴可休 선사 · 572
정주定州 법해원法海院 행주行周 선사 · 572
항주杭州 용정龍井 통通 선사 · 573
장주漳州 보복원保福院 종전從展 선사 · 573
천주泉州 수룡산睡龍山 도부道溥 대사 · 584
항주杭州 용흥龍興 종정宗靖 선사 · 585
복주福州 남선南禪 계번契璠 선사 · 586
월주越州 제기현諸暨縣 사내師鼐 선사 · 587
남악南嶽 금륜金輪 가관可觀 선사 · 588
천주泉州 복청원福清院 현눌玄訥 선사 · 591
소주韶州 운문산雲門山 문언文偃 선사 · 592
구주衢州 남대南臺 인仁 선사 · 607
천주泉州 동선東禪 화상 · 607
여항餘杭 대전산大錢山 종습從襲 선사 · 608
복주福州 영태永泰 화상 · 608
지주池州 화룡산和龍山 수창원壽昌院 수눌守訥 선사 · 609
건주建州 몽필夢筆 화상 · 610
복주福州 고전古田 극락極樂 원엄元儼 선사 · 610
복주福州 부용산芙蓉山 여체如體 선사 · 611
낙경洛京 게학산憩鶴山 화상 · 612
담주潭州 위산潙山 서棲 선사 · 612

길주吉州 조산潮山 연종延宗 선사 · 613
익주益州 보통산普通山 보명普明 대사 · 613
수주隋州 쌍천산雙泉山 양가암梁家庵 영永 선사 · 614
장주漳州 보복원保福院 초오超悟 선사 · 614
태원太原 부孚 상좌 · 615
남악南嶽 반주도량般舟道場 보문寶聞 대사 · 618

|제 20 권| 621

행사行思 선사의 제6세 ④

▶ 앞의 홍주洪州 운거산雲居山 도응道膺 선사의 법손

항주杭州 불일佛日 화상 · 628
소주蘇州 영광원永光院 진眞 선사 · 631
홍주洪州 봉서산鳳棲山 동안同安 비丕 선사 · 632
여산廬山 귀종사歸宗寺 담권澹權 선사 · 634
지주池州 광제廣濟 화상 · 636
담주潭州 수서水西 남대南臺 화상 · 636
흡주歙州 주계朱谿 겸謙 선사 · 637
양주揚州 풍화豊化 화상 · 637
운거산雲居山 소화昭化 도간道簡 선사 · 638
여산廬山 귀종사歸宗寺 회운懷惲 선사 · 640
홍주洪州 대선大善 혜해慧海 선사 · 641
낭주郎州 덕산德山 화상 · 641
형주衡州 남악南嶽 남대南臺 화상 · 642
운거산雲居山 창昌 선사 · 642
지주池州 혜산嵇山 장章 선사 · 643
진주晉州 대범大梵 화상 · 643
신라新羅 운주雲住 화상 · 643

운거산雲居山 회악懷岳 화상 · 644
영각昤玨 화상 · 644

▶ **앞의 무주撫州 조산曹山 본적本寂 선사의 법손**

무주撫州 하옥산荷玉山 현오玄悟 대사 광혜光慧 · 645
균주筠州 동산洞山 도연道延 선사 · 648
형주衡州 상녕현常寧縣 육왕산育王山 홍통弘通 선사 · 648
무주撫州 금봉金峰 종지從志 대사 · 650
양주襄州 녹문산鹿門山 화엄원華嚴院 처진處眞 선사 · 651
무주撫州 조산曹山 혜하慧霞 대사 · 653
형주衡州 화광華光 범範 선사 · 654
처주處州 광리廣利 용容 선사 · 654
천주泉州 여산廬山 소계원小谿院 행전行傳 선사 · 656
서천西川 포수布水 암巖 화상 · 657
촉천蜀川 서선西禪 화상 · 657
화주華州 초암草庵 법의法義 선사 · 657
소주韶州 화엄華嚴 화상 · 658

▶ **앞의 담주潭州 용아산龍牙山 거둔居遁 선사의 법손**

담주潭州 보자報慈 장서藏嶼 광화匡化 대사 · 658
양주襄州 함주산含珠山 심철審哲 선사 · 661

▶ **앞의 경조京兆 화엄사華嚴寺 휴정休靜 선사의 법손**

봉상부鳳翔府 자릉紫陵 광일匡一 정각定覺 대사 · 662

▶ **앞의 균주筠州 구봉九峰 보만普滿 대사의 법손**

홍주洪州 봉서산鳳棲山 동안원同安院 위威 선사 · 663

▶ **앞의 청림**青林 **사건**師虔 **선사의 법손**

소주韶州 용광龍光 화상 · 664

양주襄州 봉황산鳳凰山 석문사石門寺 헌獻 선사 · 665

양주襄州 만동산萬銅山 광덕廣德 화상 · 668

정주郢州 파초芭蕉 화상 · 669

정주定州 석장石藏 혜거慧炬 화상 · 669

▶ **앞의 낙경**洛京 **백마**白馬 **둔유**遁儒 **선사의 법손**

흥원부興元府 청좌산靑剉山 화상 · 669

▶ **앞의 익주**益州 **북원**北院 **통**通 **선사의 법손**

경조京兆 향성香城 화상 · 670

▶ **앞의 고안**高安 **백수**白水 **본인**本仁 **선사의 법손**

경조京兆 중운重雲 지휘智暉 선사 · 671

항주杭州 서룡원瑞龍院 유장幼璋 선사 · 674

▶ **앞의 무주**撫州 **소산**疎山 **광인**匡仁 **선사의 법손**

소산疎山 증證 선사 · 677

홍주洪州 백장百丈 안安 화상 · 678

균주筠州 황벽산黃蘗山 혜慧 선사 · 679

수주隋州 수성산隋城山 호국원護國院 수징守澄 정과淨果 대사 · 681

낙경洛京 장수長水 영천靈泉 귀인歸仁 선사 · 682

연주延州 복룡산伏龍山 연경원延慶院 봉린奉璘 선사 · 682

안주安州 대안산大安山 성省 선사 · 683

홍주洪州 대웅산大雄山 백장百丈 초超 선사 · 684

홍주洪州 천왕원天王院 화상 · 684

상주常州 정근원正勤院 온蘊 선사 · 685

양주襄州 후동산後洞山 화상 · 686
경조京兆 삼상三相 화상 · 686

▶ **앞의 낙보樂普 원안元安 선사의 법손**

경조京兆 영안원永安院 선정善靜 선사 · 686
기주蘄州 오아산烏牙山 언빈彦賓 선사 · 689
봉상부鳳翔府 청봉산靑峰山 전초傳楚 선사 · 690
등주鄧州 중도中度 화상 · 691
가주嘉州 동계洞谿 화상 · 692
경조京兆 와룡臥龍 화상 · 693

▶ **앞의 강서江西 소요산逍遙山 회충懷忠 선사의 법손**

천주泉州 복청원福淸院 사외師巍 화상 · 693
경조京兆 백운白雲 무휴無休 선사 · 694

▶ **앞의 원주袁州 반룡산盤龍山 가문可文 선사의 법손**

강주江州 여산廬山 영안永安 정오淨悟 선사 · 694
원주袁州 목평산木平山 선도善道 선사 · 695
협부陜府 용계龍谿 화상 · 697

▶ **앞의 무주撫州 황산黃山 월륜月輪 선사의 법손**

정주郢州 동천산桐泉山 화상 · 698

▶ **앞의 낙경洛京 소산韶山 환보寰普 선사의 법손**

담주潭州 문수文殊 화상 · 699

제 21 권 701

행사行思 선사의 제7세 ①

▶ **앞의 복주福州 현사玄沙 사비師備 선사의 법손**

장주漳州 나한원羅漢院 계침桂琛 선사 · 704
복주福州 와룡산臥龍山 안국원安國院 혜구慧球 적조寂照 선사 · 714
항주杭州 천룡사天龍寺 중기重機 명진明眞 대사 · 718
복주福州 선종원僊宗院 계부契符 청법淸法 대사 · 719
무주婺州 금화산金華山 국태원國泰院 도瑫 선사 · 721
형악衡岳 남대南臺 성誠 선사 · 722
복주福州 승산升山 백룡원白龍院 도희道希 선사 · 722
복주福州 나봉螺峰 충오沖奧 명법明法 대사 · 724
천주泉州 수룡산睡龍山 화상 · 725
천태산天台山 운봉雲峰 광서光緖 지덕至德 대사 · 725
복주福州 대장산大章山 계여契如 암주庵主 · 726
복주福州 연화산蓮華山 영흥永興 녹祿 화상 · 728
천태산天台山 국청사國淸寺 사정師靜 상좌 · 729

▶ **앞의 복주福州 장경원長慶院 혜릉慧稜 선사의 법손**

천주泉州 초경원招慶院 도광道匡 선사 · 731
항주杭州 용화사龍華寺 언구彦球 실상實相 득일得一 대사 · 735
항주杭州 임안현臨安縣 보안保安 연連 선사 · 736
복주福州 보자원報慈院 광운光雲 혜각慧覺 대사 · 737
여산廬山 개선사開先寺 소종紹宗 원지圓智 선사 · 738
무주婺州 금린金鱗 보은원報恩院 보자寶資 효오曉悟 대사 · 739
항주杭州 경심사傾心寺 법도法瑫 종일宗一 선사 · 741
복주福州 수륙원水陸院 홍엄洪儼 선사 · 743
항주杭州 영은산靈隱山 광엄원廣嚴院 함택咸澤 선사 · 743
복주福州 보자원報慈院 혜랑慧朗 선사 · 745

복주福州 이산怡山 장경長慶 상혜常慧 선사 · 745
복주福州 석불원石佛院 정靜 선사 · 746
처주處州 취봉翠峰 종흔從欣 선사 · 747
복주福州 침봉枕峰 관음원觀音院 청환淸換 선사 · 747
복주福州 동선東禪 계눌契訥 선사 · 748
복주福州 장경원長慶院 홍변弘辯 묘과妙果 대사 · 748
복주福州 동선원東禪院 가륭可隆 요공了空 대사 · 749
복주福州 선종원僊宗院 수빈守玭 선사 · 750
무주撫州 영안원永安院 회열懷烈 정오淨悟 선사 · 750
복주福州 민산閩山 영함令含 선사 · 751
신라新羅 구산龜山 화상 · 752
길주吉州 용수산龍須山 자국원資國院 도은道殷 선사 · 752
복주福州 상광원祥光院 징정澄靜 선사 · 752
양주襄州 취령鷲嶺 명원明遠 선사 · 753
항주杭州 보자원報慈院 종괴從瓌 선사 · 753
항주杭州 용화사龍華寺 계영契盈 광변廣辯 주지周智 대사 · 754

▶ **앞의 항주杭州 용책사龍冊寺 도부道怤 선사의 법손**

월주越州 청화산淸化山 사눌師訥 선사 · 755
구주衢州 남선南禪 우연遇緣 선사 · 755
복주復州 자복원資福院 지원智遠 선사 · 756

▶ **앞의 장주漳州 보은원報恩院 회악懷岳 선사의 법손**

담주潭州 묘제원妙濟院 사호師浩 전심傳心 대사 · 758

▶ **앞의 복주福州 고산鼓山 신안神晏 국사의 법손**

항주杭州 천축산天竺山 자의子儀 심인心印 수월水月 대사 · 760
건주建州 백운白雲 지작智作 진적眞寂 선사 · 763
고산鼓山 지엄智嚴 요각了覺 대사 · 766

복주福州 용산龍山 지숭智嵩 묘공妙空 대사 · 766
천주泉州 봉황산鳳凰山 강彊 선사 · 767
복주福州 용산龍山 문의文義 선사 · 768
복주福州 고산鼓山 지악智岳 요종了宗 대사 · 768
양주襄州 정혜定慧 화상 · 770
복주福州 고산鼓山 청악淸諤 종효宗曉 선사 · 770
금릉金陵 정덕도량淨德道場 충후沖煦 혜오慧悟 선사 · 771
금릉金陵 보은원報恩院 청호淸護 선사 · 771

경덕전등록景德傳燈錄 제 12 권

회양懷讓 선사의 제4세 12인

홍주洪州 황벽산黃檗山 희운希運 선사의 법손 12인

진주鎭州 임제臨濟 의현義玄 선사

목주睦州 용흥사龍興寺 진陳 존숙尊宿

항주杭州 천경산千頃山 초남楚南 선사

복주福州 오석산烏石山 영관靈觀 선사

항주杭州 나한羅漢 종철宗徹 선사

상국相國 배휴裵休

〔이상 6인은 기록에 보임〕

양주楊州 육합六合 덕원德元 선사

사문士門 찬讚 선사

양주襄州 정政 선사

오문산吳門山 홍선弘宣 선사

유주幽州 초超 선사

소주蘇州 헌憲 선사

〔이상 6인은 기연機緣할 어구語句가 없으므로 기록하지 않음〕

제5세 51인

원주袁州 앙산仰山 혜적慧寂 선사의 법손 10인

원주袁州 앙산仰山 서탑西塔 광목光穆 선사

진주晉州 곽산霍山 경통景通 선사

항주杭州 용천龍泉 문희文喜 선사

신라국新羅國 순지順支 선사

원주袁州 앙산仰山 남탑南塔 광용光涌 선사

원주袁州 앙산仰山 동탑東塔 화상

〔이상 6인은 기록에 보임〕

홍주洪州 관음觀音 상견常蠲 대사

복주福州 동선東禪 혜무慧茂 대사

복주福州 명월산明月山 도숭道崇 대사

처주處州 수창遂昌 선사

〔이상 4인은 기연할 어구가 없으므로 기록하지 않음〕

진주鎭州 임제臨濟 의현義玄 선사의 법손 22인

악주鄂州 관계灌谿 지한志閑 선사

유주幽州 담공譚空 화상

진주鎭州 보수寶壽 소沼 화상

진주鎭州 삼성三聖 혜연慧然 선사

위부魏府 대각大覺 선사

위부魏府 홍화興化 존장存奬 선사

정주定州 선최善崔 선사
진주鎭州 만세萬歲 화상
운산雲山 화상
동봉桐峰 암주菴主
삼양杉洋 암주
탁주涿州 급의級衣 화상
호계虎谿 암주
복분覆盆 암주
양주襄州 역촌歷村 화상
창주滄州 미창米倉 화상
〔이상 16인은 기록에 보임〕
제용齊聳 대사
탁주涿州 수秀 선사
절서浙西 선권善權 철徹 선사
금사金沙 선사
윤성允誠 선사
신라국新羅國 지리산智異山 화상
〔이상 6인은 기연할 어구가 없으므로 기록하지 않음〕

목주睦州 진陳 존숙尊宿의 법손 2인

목주睦州 자사刺史 진조陳操
〔1인은 기록에 보임〕
목주睦州 엄릉嚴陵 균대鈞臺 화상
〔1인은 기연할 어구가 없으므로 기록하지 않음〕

등주鄧州 향엄香嚴 지한智閑 선사의 법손 12인

길주吉州 지관止觀 화상

수주壽州 소종紹宗 선사

양주襄州 연경延慶 법단法端 선사

〔11권에 이미 위산潙山 영우靈祐 선사의 밑에 수록됨〕

익주益州 남선南禪 무염無染 선사

익주益州 장평산長平山 화상

익주益州 숭복崇福 연교演教 대사大師

안주安州 대안산大安山 청간淸幹 선사

종남산終南山 풍덕사豊德寺 화상

균주均州 무당산武當山 불암佛巖 휘暉 선사

강주江州 쌍계雙谿 전田 도자道者

〔이상 10인은 기록에 보임〕

익주益州 조각사照覺寺 화상

목주睦州 동선東禪 화상

〔이상 2인은 기연할 어구가 없으므로 기록하지 않음〕

복주福州 쌍봉雙峰 화상의 법손 1인

쌍봉雙峰 고古 선사

〔1인은 기록에 보임〕

항주杭州 경산徑山 홍인洪諲 선사의 법손 4인

홍주洪州 미령米嶺 화상

〔1인은 기록에 보임〕

여주廬州 서현사棲賢寺 적寂 선사

임천臨川 의직義直 선사

항주杭州 공신원功臣院 영도令道 선사

〔이상 3인은 기연할 어구가 없으므로 기록하지 않음〕

양주揚州 광효원光孝院 혜각慧覺 선사의 법손 1인

승주昇州 장경長慶 도헌道巘 선사

〔1인은 기록에 보임〕

제6세 19인

원주袁州 앙산仰山 남탑南塔 광용光涌 선사의 법손 5인

월주越州 청화淸化 전부全付 선사

영주郢州 파초산芭蕉山 혜청慧淸 선사

소주韶州 황련산黃連山 의초義初 선사

소주韶州 혜림慧林 홍구鴻究 선사

〔이상 4인은 기록에 보임〕

홍주洪州 황룡산黃龍山 충忠 화상

〔1인은 기연할 어구가 없으므로 기록하지 않음〕

원주袁州 앙산仰山 서탑西塔 광목光穆 선사의 법손 1인

길주吉州 자복資福 여보如寶 선사

〔1인은 기록에 보임〕

관계灌谿 지한志閑 선사의 법손 1인

지주池州 노조산魯祖山 교敎 화상

〔1인은 기록에 보임〕

위부魏府 홍화興化 존장存奬 선사의 법손 2인

여주汝州 보응寶應 화상

〔1인은 기록에 보이니 곧 남원南院 옹顒임〕

위부魏府 천발天鉢 화상

〔1인은 기연할 어구가 없으므로 기록하지 않음〕

진주鎭州 보수寶壽 소沼 선사의 법손 2인

여주汝州 서원西院 사명思明 선사

제2세 보수寶壽 화상

〔이상 2인은 기록에 보임〕

탁주涿州 지의紙衣 화상의 법손 1인

진주鎭州 담공譚空 화상

〔1인은 기연할 어구가 없으므로 기록하지 않음〕

진주鎭州 삼성三聖 혜연慧然 선사의 법손 2인

진주鎭州 대비大悲 화상

치주淄州 수륙水陸 화상

〔2인은 기록에 보임〕

위부魏府 대각大覺 화상의 법손 4인

여주廬州 대각大覺 화상

여주廬州 징심澄心 민덕旻德 선사

여주汝州 남원南院 화상

〔이상 3인은 기록에 보임〕

송주宋州 법화法華 화상

〔1인은 기연할 어구가 없으므로 기록하지 않음〕

금릉金陵 도헌道巘 선사의 법손 1인

금릉金陵 광효원廣孝院 처미處微 선사

〔1인은 기연할 어구가 없으므로 기록하지 않음〕

회양懷讓 선사의 제4세 ②

앞의 홍주洪州 황벽산黃蘗山 희운希運 선사의 법손

진주鎭州 임제臨濟 의현義玄 선사

그는 조주曹州 남화南華 사람으로서 성은 형邢씨이다. 어려서부터 세간을 벗어날 뜻을 품고 있다가, 드디어 머리를 깎고 구족계를 받고 나서, 바로 선종禪宗을 흠모하였다.

처음에는 황벽에 있으면서 대중을 따라 모시면서 배웠는데, 이때 제1좌座가 질문을 하라고 권고하자, 대사가 물었다.

"어떤 것이 조사께서 서쪽에서 오신 적적的的한 뜻입니까?"

그러자 황벽이 곧바로 때렸다. 이렇게 세 차례 묻다가 세 차례 모두 얻어맞자, 대사는 제1좌에게 떠나겠다는 뜻을 밝혔다.

"일찍이 질문을 하라고 강력히 권고하시는 말씀을 따랐을 뿐인데, 오로지 화상의 몽둥이를 맞을 뿐이었습니다. 저의 우둔함을 한탄할 따름이니, 제방諸方으로 행각이나 떠나겠습니다."

상좌上座가 황벽에게 가서 고했다.

"의현義玄이 비록 후생後生이지만 매우 기특한 바가 있으니, 하직을 하러 오거든 화상께서 다시 잘 이끌어 주십시오."

이튿날 황벽에게 하직인사를 아뢰니, 황벽이 대우大愚에게 가라고 지시했다. 대사가 대우를 찾아가 뵙자, 대우가 물었다.

"어디서 오는가?"

"황벽에게서 왔습니다."

"황벽이 뭐라고 가르쳐 주던가?"

"제가 불법佛法의 적적的的한 뜻을 직접 물었다가 화상께 매만 맞았습니다. 이렇게 세 번 묻다가 세 번 매를 맞았는데, 저의 허물이 어디에 있는지 모르겠습니다."

대우가 말했다.

"황벽이 그렇게 그대를 위해 노파심老婆心으로 애를 썼는데, 아직도 허물을 찾고 있는가?"

대사가 이 말끝에 크게 깨닫고서 말했다.

"원래 황벽의 불법에는 별 것이 없구나."

대우가 대사의 옷깃을 거머잡고 물었다.

"이 오줌싸개야, 아까는 모르겠다고 하다가 지금은 황벽의 불법에는 별 것이 없다고 말하니, 이게 무슨 짓이냐?"

대사가 대우의 갈비뼈 밑을 주먹으로 한 대 갈기니, 대우가 탁 놓으면서 말했다.

"그대의 스승은 황벽이다. 나와는 관계가 없다."

대사가 대우를 하직하고 황벽에게 돌아오자, 황벽이 물었다.

"그대는 어찌하여 이리도 빨리 돌아왔는가?"

"너무 노파심이 간절했기 때문입니다."

"그 대우 늙은이를 보게 되면 아프도록 한 대 갈기겠다."

"보게 될 때를 기다릴 필요가 있겠습니까? 지금 당장 갈기시죠."

그리고는 황벽을 한 대 갈기자, 황벽이 헛헛하고 크게 웃었다.

어느 날 황벽이 울력으로 율미〔薏穀〕 밭을 매러 가는데, 대사가 뒤를 따르게 되었다. 황벽이 고개를 돌려서 대사가 맨손인 것을 보자 이내 물었다.

"호미는 어디에 있는가?"

"누군가 가지고 갔습니다."

"가까이 오라. 그대와 함께 의논할 일이 있다."

대사가 앞으로 다가가서 합장하고 서 있자, 황벽이 호미를 번쩍 들면서 말했다.

"나의 이것은 천하 사람이 다 들려 해도 들지 못한다. 누가 이것을 들 사람이 있겠는가?"

대사가 얼른 빼앗아서 번쩍 들고 말했다.

"이것이 어떻게 저[義玄]의 손아귀에 들어왔을까요?"

"오늘날 스스로 울력하는 사람이 있구나."

그리고는 방장으로 돌아갔다.[위산潙山에게 앙산仰山이 모시고 섰을 때 이 이야기를 했는데, 채 마치기도 전에 앙산이 다시 물었다. "호미가 황벽의 손에 있었는데 어찌하여 임제에게 빼앗겼습니까?" 위산이 말하였다. "도적이 소인小人이기는 하나 지혜는 군자를 뛰어넘는다."]

어느 날 황벽이 울력으로 차밭을 매러 가는데, 황벽이 나중에 도착했다. 대사가 인사를 하고 괭이를 짚고 섰으니, 황벽이 말했다.

"고단하지 않은가?"

"이제 겨우 파기 시작했는데 어찌 고단하다고 하겠습니까?"

황벽이 주장자를 들어서 때리니, 대사가 주장자를 빼앗고 황벽[和尙]을 밀쳐서 쓰러뜨렸다. 황벽이 소리쳐서 유나維那를 불렀다.

"유나야, 나를 좀 일으켜라."

유나가 일으키면서 말했다.

"화상께서 어찌 저 미친놈의 무례함을 용납하십니까?"

황벽은 얼른 유나를 때렸다. 대사는 스스로 땅을 파면서 말했다.

"모든 지역에서는 화장火葬을 하지만, 나는 차라리 이 속에다 산 채로 매장을 해야겠다."〔위산潙山이 앙산仰山에게 묻기를 "황벽과 임제의 이때의 뜻이 무엇이겠는가?" 하니, 앙산이 대답하기를 "도적놈은 달아나고, 도적을 잡는 순라군이 도리어 매를 맞았습니다"라고 하였다. 그러자 위산이 말하기를 "그렇다"고 하였다.〕

어느 날 대사가 황벽의 승당(僧堂 : 큰방)에서 졸고 있는데, 황벽이 들어와서 보고 주장자로 평상의 귀퉁이를 세 차례 내려쳤다. 대사가 고개를 들어 화상인 것을 보고는 다시 조니, 황벽이 자리를 세 번 두드리고 나갔다.

상간上間[1]에서 제1좌를 보고서 황벽이 말했다.

"이 잠에 취한 놈아, 어찌하여 하간下間의 선객禪客이 좌선하는 것을 모르는가? 너는 그저 졸음과 싸울 뿐이다."

상좌가 말했다.

"늙은 화상이 미쳤나?"

황벽이 그를 때렸다.〔위산이 앙산에게 묻기를 "황벽의 뜻이 무엇이었겠는가?"라고 하니, 앙산이 대답하기를 "하나의 예단을 두 곳에 선사하는군요"라고 하였다.〕

대사가 황벽과 함께 삼나무〔杉〕를 재배하는데, 황벽이 물었다.

---

1 윗자리를 말한다.

"깊은 산에다 이처럼 많은 나무를 심어서 무엇 하겠는가?"

대사가 말했다.

"후인들에게 예언을 하려는 것입니다."

그리고는 삽으로 땅을 두 차례 내리쳤다. 황벽이 주장자를 번쩍 들고서 말했다.

"그대는 나의 방망이를 맞았다."

대사가 "허허噓噓"라고 소리를 내니, 황벽이 말했다.

"나의 종지宗旨는 그대에 이르러서 세상에 크게 흥기하리라."〔위산潙山이 앙산仰山에게 묻기를 "황벽黃蘗의 뒷말은 임제臨濟에 한정된 예언인가, 다른 뜻이 있는가?" 하니, 앙산이 말하기를 "임제의 일이기도 하고 뒷일이기도 합니다"라고 하였다. 위산이 다시 묻기를 "뒷일이란 어떤 것인가?"라고 하니, 앙산이 말하기를 "한 사람이 남쪽을 가리키니 오월吳越의 군령이 시행됩니다"라고 하였다. 남탑南塔 화상和尙이 주注를 내기를 "홀로 앉아서 위엄을 떨쳐야 이 예언이 맞으리라"고 하였다. 또 말하기를 "만일 큰 풍화를 만나면 이 예언이 비로소 맞으리라"고 하니, 위산이 말하기를 "그렇다, 그렇다"라고 하였다.〕

대사가 하안거 중반쯤에 황벽산에 왔다가 화상(황벽)이 경을 읽는 것을 보고서 말했다.

"내 이런 사람인 줄 알았더니, 원래 검은콩〔黑豆 : 경전의 글귀〕을 우물거리는 늙은 화상이구나."

며칠 있다가 하직 인사를 하자, 황벽이 말했다.

"그대는 하안거 중반쯤에 왔으면서 하안거도 마치지 않고 가는가?"

"저는 잠시 화상을 문안하러 왔을 뿐입니다."

그러자 황벽이 때려서 쫓아 버렸다. 대사가 몇 리쯤 가다가 이 일이 의심이 나서 다시 돌아와 하안거를 마쳤다.

어느 날 대사가 황벽에게 하직을 아뢰니, 황벽이 말했다.
"어디를 가려는가?"
"하남河南 아니면 하북河北으로 가겠습니다."
황벽이 주장자를 들어서 때리니, 대사가 주장자를 잡아 멈추게 하고서 말했다.
"이 노장아, 눈먼 방망이로 앞으로는 사람을 잘못 때리지 마시오."
황벽이 시자를 불러 돌아가신 백장 선사의 궤안几案과 선판禪板을 가져오라고 하자, 대사가 말했다.
"시자야, 불을 가지고 오너라."
황벽이 말했다.
"그러지 말고 그대가 가져가라. 이후에는 앉아서 천하 사람의 혀끝을 끊으리라."
대사는 곧 떠났다.

대사가 웅이탑熊耳塔에 이르자, 탑주塔主가 물었다.
"부처님께 먼저 절을 하시겠습니까, 조사께 먼저 절을 하시겠습니까?"
"조사께도 부처님께도 모두 절을 하지 않겠다."
"장로는 조사와 부처님께 무슨 원한이 있기에 모두 절을 하지 않습니까?"
대사가 대답이 없었다.(또 다른 책에 이르기를 "대사가 탑주에게 묻기를 '부처님께 먼저 절을 할까, 조사에게 먼저 절을 할까?'라고 하니, 탑주가 말하기를 '조사와 부처는 누구의 제자입니까?'라고 하자, 대사가 소매를 흔들고 떠났다"고 하였다.〕

나중에 대사가 고향에 돌아왔다가 조인趙人의 청에 따라 성城의 남쪽에 있는 임제선원臨濟禪苑에 살았는데, 배우는 자들이 구름같이 모였다. 어느 날 상당하여 이렇게 말했다.

"그대들, 여러분의 붉은 살덩이 위에 하나의 무위진인(無位眞人 : 佛性)이 있어서 항상 그대들의 면문面門으로 출입한다. 그대들이 알아채지 못했다면 단지 노승에게 물어라."

어떤 스님이 나서서 물었다.

"어떤 것이 무위진인입니까?"

대사는 곧 그를 때리면서 말했다.

"무위진인이라니, 무슨 마른 똥 막대기〔乾屎橛〕 같은 소리냐?〔나중에 설봉雪峰이 듣고 말하기를 "임제는 마치 날강도〔白拈賊〕 같구나"라고 하였다.〕

대사가 낙보樂普에게 물었다.

"전부터 한 사람은 방망이질을 하고 한 사람은 할喝을 하는데, 어느 쪽이 더 친근한가?"

"모두 친근하지 않습니다."

"친근한 곳이 어디인가?"

낙보가 할을 하니, 대사가 곧 때렸다.

대사가 목구木口 화상에게 물었다.

"어떤 것이 노지백우(露地白牛 : 佛性)인가?"

목구가 "훔〔吽〕" 하니, 대사는 "아啞" 하였다. 이어 목구가 말했다.

"노형老兄은 어떠시오?"

"이 축생아."

대각大覺이 와서 뵈니, 대사가 불자拂子를 들었다. 대각이 방석을 펴니, 대사가 불자를 던졌다. 대각이 방석을 거두어 가지고 승당으로 들어갔다. 이에 대중이 말했다.

"저 스님이 화상의 친구가 아닐까? 절도 하지 않고, 방망이도 맞지 않는구나."

대사가 이 말을 듣고 새로 온 스님을 부르게 하니, 대각이 나왔다. 그러자 대사가 말했다.

"대중들이 말하기를 그대는 장로께 인사를 하지 않는다고 하더라."

그러자 대각이 "안녕하십니까?" 하고는 대중 속으로 돌아갔다.

마곡麻谷〔제2세〕이 뵈러 와서 방석을 펴고 물었다.

"십이면관세음十二面觀世音은 어느 것이 바른 얼굴입니까?"

대사가 승상繩床에서 내려와 한 손으로는 방석을 걷고, 한 손으로는 마곡을 거머잡고 말했다.

"십이면관세음이 어디로 갔는가?"

마곡이 몸을 돌려 승상에 앉으려 하자, 대사가 주장자를 들어서 때렸다. 마곡이 주장자를 막고서 맞붙잡고 방장으로 들어갔다.

대사가 상당하여 말했다.

"대중들이여, 법을 위하는 이는 신명身命을 잃는 것을 피하지 말아야 한다. 내가 돌아가신 황벽 화상의 처소에 있을 때에 세 번 그의 방망이를 맞았는데, 마치 쑥대〔蒿枝〕로 살짝 쓰다듬는 것과 같았다. 지금도 한 방망이 맞고 싶은데, 누가 나를 위해 손을 써 주겠는가?"

이때에 어떤 스님이 나서서 말했다.

"제가 손을 대겠습니다. 화상께서는 얼마나 맞으시겠습니까?"

대사가 주장자를 주자 그 스님이 받으려 하였는데, 대사가 스님을 곧바로 때렸다.

어떤 스님이 물었다.

"어떤 것이 제1구句입니까?"

"삼요三要의 도장〔印〕이 찍히니 붉은색이 선명해서 망설이고 따져서 빈주賓主를 나눌 길이 없다."

"어떤 것이 제2구입니까?"

"묘해(妙解 : 문수)가 어찌 무착 선사의 질문을 용납했으리오마는 방편문으로는 뛰어난 근기를 저버릴 수 없었을 것이다."

"어떤 것이 제3구입니까?"

"무대 위의 허수아비 놀음을 보라. 밀치고 당기는 것이 전적으로 그 속에 있는 사람에게 달렸다."

대사가 또 말했다.

"무릇 한 구절의 말에 모름지기 3현문玄門을 갖추어야 하고, 하나의 현문玄門에 모름지기 3요要를 갖추어서 방편도 있고 실다움도 있고 비춤도 있고 작용이 있어야 한다. 그대들 모두는 어떻게 생각하는가?"

당의 함통咸通 7년 병술丙戌 4월 10일에 곧 임종하려고 할 때 전법게傳法偈를 설했다.

흐름을 따라 그치지 않음이 무엇인지 묻는다면
참된 비춤은 끝이 없다고 그에게 말하리라.
모습도 여의고 이름도 여의어서 본래 없던 것과 같나니
취모검〔吹毛〕을 다 썼으면 급히 갈아 두어라.
沿流不止問如何　眞照無邊說似他
離相離名如不稟　吹毛用了急須磨

말을 마치고는 단정히 앉아서 입적하니, 시호는 혜조慧照 대사라 하고 탑호는 징령澄靈이라 하였다.

목주睦州 진陳 존숙尊宿

처음에는 목주睦州 용흥사龍興寺에 머물면서 정체를 숨기고 항상 짚신만을 삼아서 은밀히 길에다 놔두었다. 오랫동안 그렇게 하자 사람들이 차츰 알게 되어서 진포혜陳蒲鞋[2]라는 호칭까지 생겼다.

당시 학인들이 자주 도를 물으러 오면 물음에 따라 바로 대답해 주었는데, 그 말의 내용이 드높고 거칠어서 전철을 밟지 않았다. 때문에 근기가 낮은 무리는 왕왕 비웃었지만 오직 현묘한 배움으로 성품이 민첩한 자는 흔연히 감복하였다. 이로 말미암아 여러 지역에서 몰려들어 흠모하면서 진陳 존숙尊宿이라 불렀다.

대사가 만참晩參 때에 대중에게 말했다.

"그대들 여러 사람은 아직 들어갈 곳을 얻지 못했거든 들어갈

2 신발의 이름이다.

곳을 찾아라. 만약 들어갈 곳을 얻은 이후라면 노승을 저버리지 말라."

이때에 어떤 스님이 나와서 절을 하고 말했다.

"저는 끝내 화상을 저버리지 않겠습니다."

"벌써 나를 저버렸다."

대사가 또 말했다.

"노승이 여기에 주지를 시작한 이래로 아직까지 일 없는 사람〔無事人〕이 온 것을 본 적이 없다. 그대들은 어째서 가까이 오지 않는가?"

이때에 어떤 스님이 막 앞으로 다가가려고 하자, 대사가 말했다.

"유나維那가 없으니, 그대 스스로 삼문三門 밖으로 나가서 자신에게 20방망이를 때려라."

"저의 허물이 어디에 있습니까?"

"칼〔枷〕에다 족쇄까지 찼구나."

대사는 항상 납자衲子가 오는 것을 보면 문을 닫고, 강사〔講僧〕가 오는 것을 보면 "좌주여" 하고 불러서 그 스님이 대답하면 "이 외통수〔擔板漢〕야"라고 하거나 "이 안에 물통이 있으니 내게 물을 떠다 주게"라고 하였다.

어느 날 대사가 복도의 섬돌 위에 서 있는데, 어떤 스님이 와서 물었다.

"진 존숙의 방이 어디입니까?"

대사가 짚신을 벗어서 머리를 치니, 그 스님이 얼른 달아났다. 대사가 "대덕이여" 하고 부르니, 그 스님이 고개를 돌렸다. 이에 대사가 그를 가리키면서 말했다.

"그래도 그쪽을 쫓아서 가는구나."

어떤 스님이 문을 두드리니, 대사가 물었다.

"누구요?"

"아무개올시다."

"진秦나라 시대의 탁락찬鐸落鑽[3]이구나."

어느 날 천자의 사신이 와서 물었다.

"3문門이 모두 열리면 어느 문으로 들어갑니까?"

대사가 "상서尙書여" 하고 부르자, 천자의 사신이 "네" 하고 대답하니, 대사가 "믿음의 문으로 드시오"라고 하였다.

천자의 사신이 또 벽화壁畵를 보면서 물었다.

"저 두 존자가 무슨 이야기를 하고 있습니까?"

대사가 돌기둥〔露柱〕을 후려치며 말했다.

"3신身 가운데 어느 것이 법을 설하지 않으랴?"

대사가 좌주座主에게 물었다.

"그대는 유식唯識을 강의하지 않았는가?"

"그렇습니다."

대사가 말했다.

---

3 진시황이 만리장성을 쌓을 때에 쓰던 기구로, 그 뒤에는 너무 커서 쓸 수가 없었기에 후세에 아무 쓸 곳 없는 큰 물건을 가리키는 말로 사용하였다. 종문宗門에서는 한갓 말솜씨만이 지나치게 날카로울 뿐, 진실한 경계를 얻지 못한 사람을 평하는 말로 사용한다.

"5계戒도 지키지 못하는구나."

대사가 어떤 장로에게 물었다.

"요달하면 털끝에서 대해大海를 삼키니, 비로소 대지大地가 하나의 티끌임을 안다고 했는데, 장로는 어떻게 생각하는가?"

"누구에게 물으셨습니까?"

"장로에게 물었소."

"왜 말을 알아듣지 못하십니까?"

"그대가 말을 알아듣지 못하는가, 내가 말을 알아듣지 못하는가?"

대사가 스님이 오는 것을 보고서 말했다.

"공안公案을 이루는 것을 본다면 그대에게 30대〔棒〕를 때리리라."

"저는 이렇습니다〔如是〕."

"삼문三門 밖의 금강金剛은 왜 주먹을 쳐들고 있는가?"

"금강도 오히려 이러할 뿐입니다."

대사가 갑자기 때렸다.

"어떤 것이 위로 향하는 한 길〔向上一路〕입니까?"

"말하는 데 어떤 어려움이 있는가?"

"스님께서 말해 주십시오."

"처음은 31이요, 중간은 9요, 아래는 7이니라."[4]

"한 겹〔一重〕으로 한 겹을 제거하는 것은 묻지 않겠습니다. 한 겹으로 한 겹을 제거하지 않을 때에는 어떠합니까?"

---

4 옛사람이 외출할 때에 출행 날을 받는 방법을 말한다.

"어제 아침에는 가지〔茄子〕를 심었고, 오늘 아침에는 동아〔冬瓜〕를 심었다."

"어떤 것이 조계曹谿의 적적的的한 뜻입니까?"

"노승은 성내기는 좋아해도 기뻐하기는 좋아하지 않는다."

"어째서 그렇습니까?"

"길에서 검객劍客을 만나면 모름지기 검을 뺄 것이요, 시인詩人이 아니거든 시를 말하지 말라."

어떤 스님이 와서 뵙자, 대사가 물었다.

"어디서 왔는가?"

"유양瀏陽에서 왔습니다."

"그 고장의 노장들은 불법의 대의大意에 대해 대답할 때에 뭐라 하던가?"

"온 천지를 다녀도 길이 없다고 하였습니다."

"노장들이 분명 그렇게 말하던가?"

"예 확실합니다."

대사가 주장자를 들어 때리면서 말했다.

"이 남의 말이나 기억하는 놈아."

대사가 어떤 장로에게 물었다.

"만일 학인〔兄弟〕들이 오면 뭐라 대답하시겠소?"

"그들이 와 봐야 합니다."

"왜 지금 말하지 못하시오?"

"화상께서 바라는 것이 무엇입니까?"

"제발 이러쿵저러쿵 번거롭게 하지나 마시오."

어떤 스님이 와서 뵈니, 대사가 말했다.

"그대는 행각하는 스님이 아닌가?"

"그렇습니다."

"부처님께 절을 했는가?"

"그 흙덩이에다 절을 해서 무엇 합니까?"

"스스로 나가라."

스님이 물었다.

"제가 강의도 하고 행각도 했지만 불교의 뜻을 모를 때는 어찌 해야 합니까?"

"진실한 말은 반드시 참회가 되느니라."

"스님께서 지시해 주십시오."

"그대가 만일 모른다면, 나는 입을 봉하고 말을 않겠다."

"말씀해 주십시오."

"마음으로 사람을 저버리지 않으면 얼굴에 부끄러운 기색이 없느니라."

"한 구절로 말을 다하여 남음이 없는 때는 어떠합니까?"

"뜻〔義〕에 떨어졌구나."

"어느 곳이 학인이 뜻에 떨어진 곳입니까?"

"30방망이를 누구더러 맞으라 하는가?"

"교리의 뜻과 조사의 뜻이 같습니까, 다릅니까?"

"청산靑山은 제 스스로 청산이고, 백운白雲은 제 스스로 백운이니라."

"어떤 것이 청산입니까?"

"나에게 한 방울의 비를 뿌려 주느니라."

"말하지 못하겠으니, 스님께서 말씀해 주십시오."

"법화法華의 칼날로 앞에 진陣을 쳤고, 열반의 구절은 뒤를 거두었다."

대사가 어떤 스님에게 물었다.
"올 여름은 어디서 지냈는가?"
"화상께서 계신 곳을 알게 되면 말씀드리겠습니다."
"여우는 사자의 종류가 아니고, 등불은 일월日月의 광명이 아니니라."

대사가 처음 온 스님에게 물었다.
"어디서 왔는가?"
스님이 눈을 부릅뜨고 보자, 대사가 말했다.
"당나귀보다는 앞서고 말보다는 뒤진 놈이구나."
"스님께서 감정해 주십시오."
"당나귀보다 앞서고, 말보다 뒤진 놈아, 한마디 말해 보라."
그 스님이 대답이 없었다.

대사가 경을 보는데 상서尙書인 진조陳操가 와서 물었다.
"화상께서는 무슨 경을 보십니까?"
"『금강경』을 보고 있소."
"6조朝 시대에 번역되었는데, 이는 몇 번째 번역이 됩니까?"
대사가 경을 쳐들고서 말했다.
"온갖 유위有爲의 법은 꿈이나 허깨비 · 거품 · 그림자와 같소."

또 대사가 『열반경』을 보는데, 어떤 스님이 와서 물었다.

"화상께서는 무슨 경을 보십니까?"

대사가 경을 쳐들고 말했다.

"이는 「다비품荼毘品」의 가장 마지막이니라."

새로 온 스님에게 대사가 물었다.

"올 여름을 어디서 지냈는가?"

"경산徑山에서 지냈습니다."

"몇 사람이나 지냈는가?"

"4백 명이었습니다."

"이 밤참이나 축내는 놈들아."

"존숙尊宿들의 총림을 어째서 밤참이나 축내는 놈들이라 하십니까?"

대사가 몽둥이로 때려서 내쫓았다.

어떤 장로[老宿]가 가까이하기 어렵다는 말을 듣고, 대사가 몸소 찾아갔다. 장로는 대사가 오는 것을 보자 방장으로 들어가서 문득 할을 했다. 대사가 손바닥을 세우고서 말했다.

"두 겹의 공안公案이구나."

"허물이 어디에 있소?"

"이 들여우의 혼령아, 썩 물러가라."

대사가 어떤 스님에게 물었다.

"최근에 어디서 떠났는가?"

"강서江西에서 떠났습니다."

"짚신이 얼마나 해졌는가?"

스님은 대답이 없었다.

대사가 어떤 강승講僧과 차를 마시다가 말했다.

"나는 그대를 구원하지 못하겠다."

"저는 밝지가 못하니, 스님께서 잘 지시해 주십시오."

대사가 기름떡〔油餠〕을 들어 보이면서 말했다.

"이것은 무엇인가?"

"색법色法입니다."

"이 기름 가마에 튀길 놈아."

어떤 자의紫衣 대덕大德이 와서 절을 하니, 대사가 모자 끈을 들어 보이면서 말했다.

"이것을 무엇이라 부르는가?"

"조천모朝天帽라 합니다."

"그렇다면 나는 벗지 않아야겠다."

대사가 다시 물었다.

"어떤 업을 익혔는가?"

"유식唯識을 익혔습니다."

"뭐라고 설했는가?"

"삼계三界가 오직 마음뿐이요, 만법萬法은 오직 식識이라 했습니다."

대사가 문짝을 가리키면서 물었다.

"저것은 무엇인가?"

"색법色法입니다."

"발〔簾〕 앞에서 자의紫衣를 받고는 황제에게 경전을 설하는 이가 어찌하여 5계도 지키지 않는가?"

스님은 대답이 없었다.

어떤 스님이 물었다.

"저는 총림에 갓 들어왔습니다. 스님께서 지도해 주십시오."

"그대는 묻는 법을 모르는구나."

"화상께서는 어찌하시겠습니까?"

"그대에게 30방망이를 때리리니, 스스로 나가라."

"교리의 뜻에 대해 스님께서 요점을 보여 주십시오."

"묻기만 하라. 말해 주리라."

"화상께서 말씀해 주십시오."

"불전 안에서 향을 피우고, 삼문三門 밖에서 합장을 한다."

"어떤 것이 펼쳐 보이는 말입니까?"

"재량에 따라 직책을 주느니라."

"어찌하여야 펼쳐 연설하는 말에 떨어지지 않겠습니까?"

"복유상향伏惟尙饗[5]이로다."

대사가 초산焦山을 가까이 오라 부르고, 또 동자에게 도끼를 가져오라고 하니, 동자가 도끼를 가지고 와서 말했다.

"목줄이 없으니, 거칠게나마 쪼개겠습니다."

대사가 할을 하였다. 그리고 다시 동자를 불러서 말했다.

"어느 것이 네 도끼냐?"

동자가 쪼개는 시늉을 하니, 대사가 말했다.

---

5 내가 엎드려 제사를 올린다는 뜻이므로, 곧 상대방이 죽은 사람이라는 뜻이다.

"네 아버지 머리는 쪼개지 못하리라."

어떤 이가 물었다.

"어떤 것이 한 줄기 길을 놓는 것입니까?"

"재주에 따라 직책을 주는 것이니라."

"어떤 것이 한 줄기 길을 놓지 않는 것입니까?"

"복유상향이로다."

새로 온 스님이 와서 뵙자, 대사가 물었다.

"그대가 새로 왔는가?"

"그렇습니다."

"그럼 갈등葛藤을 내려놓게나. 알겠는가?"

"모르겠습니다."

"칼〔枷〕을 메고 죄상을 진술한 뒤에 스스로 나가거라."

그 스님이 나가니, 대사가 말했다.

"오라. 내가 진실한 말로 물으리라."

그리고 물었다.

"그대는 어디서 왔는가?"

"강서江西에서 왔습니다."

"늑담泐潭 화상이 그대의 배후에 있으면서 그대가 어지러이 지껄이는 것을 두려워하는데, 보았는가?"

스님은 대답이 없었다.

어떤 스님이 물었다.

"절 문 앞의 금강이 건곤과 대지는 들어 올리면서 터럭 끝 하나는 들어 올리지 못하여 만나지 못했을 때는 어떠하겠습니까?"

“훔훔[吽吽].[6] 나는 아직도 그렇게 묻는 이를 보지 못했는데, 먼저 3천을 뛰었다가 다시 8백을 물러섰으니, 그대는 어찌하겠는가?”

그 스님이 “네” 하고 대답하자, 대사가 말했다.

“먼저 조서 한 장에다 죄상을 따지는 게 좋겠다.”

그리고는 얼른 때렸다. 그 스님이 나가려고 하자, 대사가 말했다.

“오라. 그대와 이야기를 나누리라. 열리면 곧 건곤과 대지라고 하니, 그대는 동정호洞庭湖 속의 물이 얼마나 깊은지 말해 보라.”

“헤아려 본 적이 없습니다.”

“동정호는 또한 어떠한가?”

“그저 지금[今時]이 될 뿐입니다.”

“이런 이야기도 오히려 이해하지 못하는구나.”

그리고는 때렸다.

어떤 이가 물었다.

“어떤 것이 가는 곳마다 막히지 않는 구절입니까?”

“나는 그렇게 말하지 않겠다.”

“스님은 어떻게 말하시겠습니까?”

“화살이 서천西天 10만 리를 지나서 대당국大唐國을 향해 문안을 한다.”

어떤 스님이 와서 문을 두드리니, 대사가 물었다.

“무슨 일인가?”

“자기 일[己事]을 아직 밝히지 못했으니, 스님께서 지시해 주십

---

6 귀신을 쫓는 소리이다.

시오."

"여기서는 다만 방망이만 있으면, 문을 열 수 있다."

그 스님이 물으려 하자, 대사가 그 스님의 입을 움켜쥐고서 물었다.

"이以자로도 이뤄지지 않고, 팔八자도 아니니, 이게 무슨 구절인가?"

대사가 손가락을 한번 튀기고서 말했다.

"알겠는가?"

"모르겠습니다."

"예로부터 한량없는 수승한 인因을 표현해서 찬탄했으니, 두꺼비는 범천梵天에 뛰어오르고 지렁이는 동해를 달려서 지나간다."

서봉西峰 장로가 와서 뵙자, 대사가 다과茶果를 장만하여 자리를 권하고 물었다.

"장로께서는 올 여름 어디서 안거를 하였소?"

"난계蘭谿에서 지냈습니다."

"몇 사람이나 지냈소?"

"70명이었습니다."

"날마다 무엇으로 무리들에게 훈시를 하였소?"

장로가 감자甘子를 번쩍 들어 보이면서 말했다.

"이미 마쳤습니다."

"왜 그리 성질이 급한가?"

어느 날 어떤 스님이 새로 찾아와 뵈면서 막 절을 하려고 하자, 대사가 꾸짖었다.

"사리闍梨여, 어째서 상주물常住物인 과자를 훔쳐 먹는가?"

"학인이 이제 방금 왔건만, 화상께서는 어째서 과자를 훔쳐 먹는다고 하십니까?"

"훔친 물건이 보이는구나."

대사가 스님에게 물었다.

"최근에 어디서 떠났는가?"

"앙산仰山에서 떠났습니다."

"5계戒도 지니지 않는구나."

"제 말이 어디가 거짓말입니까?"

"여기서는 사미沙彌를 키우지 않는다."

항주杭州 천경산千頃山 초남楚南 선사

그는 민중閩中 사람으로서 성은 장張씨이다. 어릴 적에 개원사開元寺의 담애曇藹 선사에 의해 출가하였다가 스무 살이 되자 머리를 깎았고, 오대산에 가서 구족계를 받은 뒤에는 조군趙郡에 가서 율부律部를 배우다가 상도上都에 가서 『정명경淨名經』을 들었다. 그리하여 법의 이치를 정밀하게 연구했으나 현묘한 기틀을 요달하지 못했다.

마침내 부용芙蓉을 뵈러 가니, 부용이 그를 보고서 말했다.

"나는 그대의 스승이 아니다. 그대의 스승은 강 밖의 황벽黃蘗이다."

대사가 절하고 물러나서 황벽에게 가니, 황벽이 물었다.

"그대가 아직 삼계에 그림자〔影像〕를 나타내지 않았을 때에는 어떠한가?"

대사가 대답했다.

"바로 지금〔卽今〕을 어찌 있다고 하겠습니까?"

"있고 없음은 그만두고, 바로 지금은 어떠한가?"

"지금도 아니고 옛날도 아닙니다."

"나의 법안法眼은 이미 그대에게 있구나."

대사가 입실하여 시봉을 하면서 조석으로 법을 묻다가 당 무종武宗 때 불교를 폐하는 사태를 만나자, 깊은 산 속에 숨었다.

대중大中 초에 상공相公인 배휴裵休가 완릉宛陵을 순무巡撫하러 나왔다가 황벽 화상에게 산에서 나오기를 청하였는데, 대사도 따라서 나갔다. 이로 말미암아 고소姑蘇의 보은사報恩寺로 가서 부지런히 선정을 닦았는데, 20여 년 동안 문턱을 나서지 않았다. 이때 갑자기 군수의 청을 받아서 보림원寶林院에 살다가 오래지 않아 다시 지형산支硎山에 살라는 청을 받았고, 또 천경산千頃山 자운원慈雲院에서 황벽의 현풍玄風을 크게 드날렸다.

어느 날 대사가 상당하여 말했다.

"여러분이 설사 3세 부처님의 가르침을 병에서 물을 따르듯이 이해하고, 또 백천 가지 삼매를 얻었다 하여도, 일념一念으로 무루無漏의 도를 닦아서 인간과 하늘의 인과의 속박에서 벗어나는 것만 못하리라."

이때에 어떤 스님이 물었다.

"무루의 도는 어떻게 닦습니까?"

"그대가 아직 있지 않을 때 체득해 버렸다."

"제가 아직 있지도 않았을 때인데 누가 체득했겠습니까?"

"체득한다는 것도 또한 없느니라."

"어떤 것이 쉬운 일입니까?"

"옷 입고 밥을 먹을 뿐 경전을 읽거나 가르침을 살피는 일을 하지 않고, 도를 행한다거나 절을 한다거나 몸을 태운다거나 하는 일을 하지 않는다면, 어찌 쉽지 않겠는가?"

"그런 것이 쉽다면 어떤 것이 어렵습니까?"

"미미하게라도 생각이 나면 문득 5음陰과 삼계三界가 갖추어지나니, 생사에 윤회하는 것이 모두 그대의 일념에서 난 것이다. 그러므로 부처님께서 보살들에게 가르치시기를 '부처님께 호념護念하는 바'라고 하였느니라."

대사는 비록 근기에 응하여 가르치는 것을 게을리 하지 않으면서도, 항상 엄연히 선정에 처해서 혹은 한 달을 넘기도 하고 혹은 열흘을 지나기도 하였다.

광계光啓 3년에 전왕錢王의 청으로 산을 내려가 공양을 받았고, 소종昭宗이 그의 도덕을 듣고는 자의紫衣를 하사하였다.

문덕文德 원년 5월에 무리를 하직하고 엄숙히 열반에 드니, 수명은 76세이고 법랍은 56세였다. 탑은 선원의 서쪽 모퉁이에다 옮겨다 세웠다. 경복景福 원년〔어떤 책에는 대순大順 2년이라 하였다.〕 임자壬子 2월에 선주宣州의 손유孫儒가 전당錢塘을 침노했을 때 병사들이 탑을 열었는데, 전신이 흩어지지 않고 손톱과 모발이 자란 것을 보고, 죄를 뉘우치면서 떠나갔다. 대사가 생전에 저술한 것으로는 『반야경품송게般若經品頌偈』 1권과 『파사론破邪論』 1권이 세상에 남아 있다.

복주福州 오석산烏石山 영관靈觀 선사〔본산本山의 설로봉薛老峰 또는 정묘산丁墓山이라고도 하는 곳에 살았다. 당시의 사람들이 노관老觀 화상이라 불렀다.〕

평상시에는 문을 잠그고 있어서 사람들의 눈에 띄지 않았으나, 오직 신사信士 하나가 때마다 음식을 보낼 때만 문을 열었다.

어느 날 설봉雪峰이 기회를 엿보다가 문을 두드리니 대사가 문을 열고 나왔다. 설봉이 갑자기 멱살을 잡고서 다그쳤다.

"범부인가, 성현인가?"

대사가 침을 탁 뱉으면서 말했다.

"이 들여우의 혼령아."

그리고 설봉을 밀어내고는 문을 닫아 버리자, 설봉이 말했다.

"노형老兄을 알고 싶었을 뿐이오."

대사가 풀을 깎다가 어떤 스님에게 물었다.

"그대는 어디를 가는가?"

"서원西院의 안安 화상을 참례하러 갑니다."

이때 대나무 위에 푸른 뱀 한 마리가 있었는데, 대사가 그 뱀을 가리키면서 말했다.

"서원의 늙은 들여우 혼령을 알고자 하는가? 저것이 바로 그다."

어느 날 대사가 서원의 안 화상에게 물었다.

"이 한 조각 땅에다 무엇을 하면 좋겠습니까?"

"모습 없는 부처를 모시면 좋겠습니다."

"좋은 한 조각 땅인데 사형의 똥으로 더럽혀지는군요."

어느 날 대사가 물을 끌어다 대고 있는데 어떤 스님이 와서 참례하자, 대사가 물대는 막대기를 가로 메어 보이니 그 스님이 가버렸다. 저녁이 되자 대사가 사미에게 물었다.

"아까 왔던 스님은 어디에 있는가?"

"떠났습니다."

"겨우 말뚝 하나를 얻어 갔구나."〔현각玄覺이 말하기를 "어디가 작대기 하나가 모자라는 곳인가?"라고 하였다.〕

어떤 스님이 물었다.

"어떤 것이 부처입니까?"

대사가 혀를 내어 보였다. 그 스님이 절을 하고 물러가니, 대사가 말했다.

"잠시 기다려라. 그대는 무엇을 보았기에 절을 하는가?"

"화상께서 자비를 베푸시어 혀를 내어 보이신 일을 감사드립니다."

"내가 요즘 혀에 종기가 났느니라."

어떤 스님이 와서 문을 두드리니, 행자가 나가서 문을 열고는 문득 나가 버렸다. 그 스님이 들어와서 절을 하고 물었다.

"어떤 것이 서쪽에서 오신 뜻입니까?"

"아까 나간 사람이 누구인가?"

그 스님이 가까이 다가서려는데 대사가 버럭 밀쳐내고 문을 닫았다.

조산曹山이 행각行脚을 다닐 때에 대사에게 와서 물었다.

"어떤 것이 비로자나불의 스승이며 법신法身의 주인입니까?"

"내가 그대에 말한다면, 그 즉시 따로 있는〔別有〕 것이 된다."

조산이 동산에서 가서 이야기하니, 동산이 말했다.

"좋은 화두話頭인데, 다만 결점은 그 다음 진행된 말이구나. 다시 가서 '무엇 때문에 말하지 못하시오'라고 하라."

조산이 다시 돌아와서 앞의 말로 물으니, 대사가 말했다.

"만일 내가 말하지 않았다고 하면 내 입을 막는 것이요, 내가 말했다고 하면 내 혀를 곧게 한 것이다."

조산이 돌아와서 다시 동산에게 말하니, 동산이 깊이 수긍하였다.

항주杭州 나한원羅漢院 종철宗徹 선사

그는 호주湖州 오흥현吳興縣 사람이니, 성은 오吳씨이다. 어릴 때에 출가하였다가 나이가 차게 되자, 구족계를 받고 사방으로 참례參禮하던 끝에 황벽黃蘗 희운希運의 법회에 의지하였다. 황벽이 첫눈에 깊이 법기法器임을 알아서 입실하여 종지를 알게 하였다.

나중에 항주에 갔는데, 목사牧師인 유언劉彦이 그의 도덕을 흠모하여 서쪽에다 절을 짓고 나한원이라 부르니, 3백 명의 무리를 거느리게 되었다.

어느 때 대사가 상당하자, 어떤 스님이 물었다.

"어떤 것이 서쪽에서 오신 뜻입니까?"

"뼈가 부서졌다."[7]〔대사는 남의 물음에 답할 때에는 흔히 이 말을 했으므로 사람들은 골좌骨剉 화상이라 불렀다.〕

"어떤 것이 남종南宗과 북종北宗입니까?"

"마음이 종宗이니라."

"교리〔敎〕도 보아야 합니까?"

"교리도 마음이니라."

"성품의 땅〔性地〕에 어두움이 많은데, 어찌하여야 깨닫습니까?"

---

7 네가 내 뼈를 미련하게 부러뜨렸기 때문에 대답할 수 없다는 뜻이다.

"번뇌의 구름이 바람에 걷히니, 태허太虛가 텅 트여서 맑으니라."

"어찌하여야 밝힐 수 있겠습니까?"

"보름달이 희고 맑으니, 만 리에 빛을 비추느니라."

나중에 대사가 병든 모습을 보이다가 열반에 드니, 문인들이 선원의 북쪽 귀퉁이에다 탑을 세웠다. 양梁의 정명貞明 5년에 전왕錢王이 그 선원을 넓혀서 안국나한사安國羅漢寺라 하고, 대사의 탑을 대자산大慈山 중턱으로 옮겨다 세우니, 절과 탑이 지금도 남아 있다.

배휴裵休

자字는 공미公美이고, 하동河東의 문희聞喜 사람이다.〔당나라 때에 지어져 전하는 책에는 맹주孟州 제원濟源 사람이라 되어 있다.〕 신안新安 군수로 갔을 때에 때마침 황벽黃檗 선사가 황벽산에서 대중을 버리고 대안정사大安精舍에 들어가서 정체를 감추고 대중에 섞인 채 전당殿堂을 청소하고 있었다. 공(公 : 배휴)이 절을 찾아가 향을 피우자 지객〔主事〕이 접대하였는데, 배휴가 벽화壁畵를 보다가 물었다.

"저건 어떤 그림인가요?"

지객이 대답했다.

"고승高僧의 초상입니다."

"초상은 볼 수 있지만 고승은 어디에 있소?"

스님들이 아무도 대답을 못했다. 이때에 공이 물었다.

"여기에는 참선하는 스님이 없소?"

"요즈음 어떤 스님이 왔기에 절의 일을 시켰는데, 그가 참선하는 스님 같습니다."

"그를 청해서 얻은 바가 있는지 물어볼 수 있을까요?"

이에 갑자기 황벽 희운 대사를 찾아오니, 공이 첫눈에 보고 기뻐하면서 말했다.

"제가 아까 한 가지 질문을 했는데, 여러 스님들은 대답을 아끼셨습니다. 이제 상인上人께서 그들을 대신하여 한 말씀 해주시겠습니까?"

"상공의 마음대로 물으시오."

공이 앞의 말을 되풀이해서 물으니, 대사가 소리를 높여 외쳤다.

"배휴여."

공이 "네" 하고 대답하니, 대사가 말했다.

"어디에 있는가?"

공이 당장 종지를 깨달은 것이 마치 상투 속의 구슬〔髻珠〕을 얻은 것과 같았다. 공이 말했다.

"나의 스승은 참된 선지식이십니다. 사람에게 이렇게 분명하게 지적하시거늘 어째서 이런 곳에 눌러 계십니까?"

이때 절의 대중들은 깜짝 놀랐다.

이때부터 배휴가 고을로 맞아들여서 제자의 예로 공양하였으나, 여러 번 사양해 마지않았다. 그래서 다시 황벽산에 살면서 조사의 가르침을 펴기를 강력히 요청하고는 틈만 있으면 몸소 산꼭대기에 올라서 뵙기도 하고, 현묘한 말씀을 듣고 싶으면 고을로 맞아들이기도 하였다.

공은 이미 조사의 마음을 훤히 통달하고는 다시 뭇 교리를 열람하였으므로, 모든 곳에서 선을 배우는 자들이 모두 말하기를 "배휴는 황벽의 문을 함부로 나오지 않았다"고 하였다.

선성현宣城縣으로 벼슬자리를 옮기고서도 뵙고 싶은 생각이 나서 또 절을 짓고 맞아다 살기를 청하였다.〔당의 신안군新安郡은 곧 흡주歙州인데, 당사唐史의 배상본전裵相本傳에는 군수를 지냈다는 분명한 말이 없다. 비록 흡주 태수를 지내지 않은 것은 아니더라도 『전심법요傳心法要』 서序를 보건대 처음에 희운希運을 안 것은 홍주洪州이고, 두 번째 본 것은 선주宣州인데, 모두가 청해온 것일 뿐 우연히 만난 것은 아니다. 그런데 이제 서술된 고승의 초상을 물었다는 대목은 분명히 잘못 되었을 것이다. 진실로 흡주에 있었다면 『전심법요』 서序에서 어찌 말하지 않았겠는가? 『광등록廣燈錄』에 의하면 균주筠州에 있었다고 했고, 『사가록四家錄』에는 또 홍주에 있었다고 했는데, 모두가 옳지 못하다. 당사唐史에 의하건대 무덕武德 때에 홍주 고안현高安縣을 정주靖州에 두어 균주筠州라 하였고, 다시 그것을 폐했다가 남당南唐에 이르러서는 이경李景이 다시 두었다 했으니 중간에 어찌 군수가 있을 수 있었겠는가? 이것으로 보건대 『광등록』의 잘못을 알겠다. 또 『전심법요』 서序를 보건대 내가 회창會昌 2년에 종릉鐘陵을 지키러 나갔다가 산에서 고을로 모셔다가 용흥사龍興寺에 계시게 했다 하니, 이것으로 보건대 『사가록』도 틀렸음을 알 수 있다. 그 밖의 일은 황벽장黃蘗章에서 자세히 말했다.〕 비록 규봉圭峰이 선禪과 교敎를 해박하게 통달해서 배휴의 존중을 받았으나, 황벽에게 마음을 귀의해서 진심으로 복종하는 것과는 같을 수 없었다. 또 규봉의 비碑를 지었는데, 거기에 말하되 "나와 스님은 법으로는 형제요, 의리義理로는 벗이요, 은혜로는 선지식이요, 교리에 있어서는 안팎의 수호자였다"고 하였으니, 이것으로도 알 수 있다.

그리하여 황벽의 어록을 모은 뒤에 손수 서문을 지어서 책머리에 붙여 산문山門에 남겨 두었다. 또 대장경 5백 함函의 제목을 손수 썼는데 지금껏 보존되어 있다. 또 규봉 선사가 『선원제전禪源諸

詮』과 『원인론原人論』과 『원각경소주圓覺經疏注』와 『법계관法界觀』을 지었는데, 공이 모두 서문을 지어 붙였다.

공의 아버지는 이름이 숙肅이요, 자는 중명中明이었다. 월주越州의 관찰사觀察使로 임명되었을 때 3백 년의 예언에 응해서 용흥사龍興寺의 큰 법당을 다시 짓고는 손수 비명碑銘을 지었다.〔이에 앞서 월주越州에 담언曇彦이라는 사문이 있었는데 키가 다섯 자요, 눈썹이 두어 치나 되었다. 이때에 이름을 허순許詢, 자는 현도玄度라는 단월과 함께 벽돌과 나무로 두 곳에 탑을 세웠다. 담언은 신통이 많아서 하늘에서 바퀴 형상이 내리기도 하고 해를 멈추어서 일을 곱절이나 하기도 하였다. 다시 땅에서 쌓아 올려 탑 정수리에까지 이르렀다가 탑을 다 이룩하기 전에 죽었다.

담언 대사는 나이가 120세가 되도록 허순이 다시 몸을 받아 악양왕岳陽王이 되어 월주를 다스리러 나오기를 기다리니 원력 때문이었다. 담언이 문인들에게 말하기를 "허현도許玄度가 왔다"라고 하니 제자들은 모두가 말하기를 "노스님은 망령이 드셨구나. 허현도는 이미 30년 전에 죽었는데 어찌 다시 오겠는가?"라고 하였다. 이때에 악양왕은 벌써 지공誌公의 은밀한 계시를 받고 고을에 이르자 바로 절로 와서 찾아뵈었다. 담언 대사가 문밖에 나서서 기다리다가 멀리서 바라보고 말하기를 "허현도는 어째서 이렇게 늦게 오는가? 옛날의 탑이 아직도 이렇다"라고 하니, 악양왕이 말하기를 "제자의 성은 소蕭씨요, 이름은 찰察인데, 스님은 어째서 허현도라 하십니까?"라고 하였다. 담언이 말하기를 "숙명을 깨닫지 못하면 어찌 알겠는가?"라고 손을 잡고 방으로 들어가서 자리를 권한 뒤에 담언이 삼매의 힘을 악양왕에게 불어 넣으니, 전생에 탑을 짓던 일이 새록새록 오늘의 일과 같았다. 이 까닭에 두 탑이 더욱 장엄하게 되었다.

이때에 용흥사 대전大殿이 무너지니 무리가 담언에게 "중수하라"고 했으나, 담언은 말하기를 "내 힘으로 될 일이 아니다. 이후 3백 년 뒤에 비의(非衣 : '裵'字의 破字) 공덕주가 나타나서 이 절을 고치고 불사를 크게 일으키리라"고 하니, 이 일을 절의 대중이 돌에다 기록해 두었는데 기한이 되자, 배裵 태수가 부임하여 삼보를 일으키고 자기의 봉급을 털어 대전을 수리하니, 담언 대사의 예언이 틀리지 않음을 알게 되었다.〕

공은 드디어 내전(內典 : 불교 경전)을 독실하게 믿어서 법회法會에 깊이 들었다. 그의 발원문發願文이 세상에 전한다.

회양懷讓 선사의 제5세

앞의 원주袁州 앙산仰山 혜적慧寂 선사의 법손

앙산仰山 서탑西塔 광목光穆 선사

어떤 스님이 물었다.

"어떤 것이 바른 들음〔正聞〕입니까?"

"귀로 듣지 않는 것이니라."

"어째서 그렇습니까?"

"들었는가?"

어떤 스님이 물었다.

"교리의 뜻과 조사의 뜻은 같은 것입니까, 다른 것입니까?"

"같고 다른 것은 그만두고, 그대는 병 주둥이에서 무엇이 들락날락한다고 여기는가?"

"어떤 것이 서쪽에서 오신 뜻입니까?"

"그대는 불성이 없구나."

"어떤 것이 돈頓입니까?"

대사가 원상圓相을 그려 보였다. 그가 또 물었다.

"어떤 것이 점漸입니까?"

대사가 손으로 허공에 세 점을 찍었다.

진주晋州 곽산霍山 경통景通 선사

처음에 앙산仰山을 뵈러 갔는데, 앙산이 눈을 감고 앉았다. 이에 대사가 말했다.

"이러하고 이러하네. 서천西天의 28조祖도 이러하고, 중국의 6조도 이러하고, 화상도 이러하고, 경통景通도 이러하다."

이렇게 말하고는 오른쪽으로 돌고 한 발을 들고 섰으니, 앙산이 일어나서 등나무 주장자로 네 차례 때렸다. 이로 인해 대사는 스스로 집운봉集雲峰 밑에서 등나무 주장자로 네 번 맞은 천하의 대선불大禪佛이라 자칭하였다.〔귀종歸宗의 밑에도 대선불大禪佛이라는 이가 있었는데, 이름은 지통智通이요, 임종은 오대산五臺山에서 했다.〕

나중에 곽산霍山에 살았는데, 어떤 행자가 물었다.

"어떤 것이 불법의 대의입니까?"

대사가 절을 하자, 행자가 물었다.

"화상은 어찌하여 속인에게 절을 하십니까?"

"그대는 제자를 존중한다는 말을 듣지 못했는가?"

어떤 스님에게 물었다.

"어디서 왔는가?"

스님이 방석을 번쩍 드니, 대사가 말했다.

"용두사미龍頭蛇尾로구나."

어떤 스님이 물었다.

"어떤 것이 부처입니까?"

대사가 때리자, 스님도 대사를 때렸다. 대사가 말했다.

"그대가 나를 때린 것은 도리가 있지만, 내가 그대를 때린 것은 도리가 없다."

스님이 대답이 없자, 대사가 때려서 내쫓았다.

세상 인연이 다할 무렵에 먼저 장작을 교외의 들에다 준비시키고, 여러 단월들에게 두루 하직한 뒤에 공양을 끝내자, 장작 있는 곳에 가서 제자들에게 말했다.

"해가 한낮이 되거든 와서 알려라."

한낮이 되자, 대사는 손수 촛불을 들고 장작더미 위로 올라가서 삿갓을 벗어 머리 뒤에다 세워서 원광圓光같이 하고, 손으로는 주장자를 들어 항마저降魔杵의 형세를 짓고서 선 채로 불길 속에서 임종했다.

항주杭州 문희文喜 선사

그는 가화嘉禾의 어아御兒 사람으로서 성은 주朱씨이다. 일곱 살에 출가하여, 당나라 개성開成 2년에 조군趙郡에서 구족계를 받았다. 처음에는 『사분율四分律』을 익혔는데, 때마침 회창會昌의 폐교廢教 사태를 만나자, 법복을 반납하고 자취를 감추었다. 그러다가 대중大中 초에 법에 따라 다시 스님이 되어 염관鹽官의 제봉사齊峰寺에서 득도하였다.

나중에 대자산大慈山의 성공性空 선사를 뵈었는데, 성공이 말했다.

"그대는 어찌하여 두루 참례參禮하지 않는가?"

함통咸通 3년에 홍주洪州의 관음원觀音院에 가서 앙산仰山을 보았을 때 말끝에 단박에 요달해서 마음이 계합하였다. 앙산이 그에게 전좌典座 소임을 맡겼는데, 어느 날 이상한 스님이 와서 밥을 달라 하자, 대사는 자기 몫을 나누어서 먹였다. 앙산이 미리 알고서도 짐짓 물었다.

"아까 과위果位를 얻은 사람이 왔었는데, 그대는 밥을 주었는가?"

"제 것을 그에게 베풀어 주었습니다."

앙산이 말했다.

"그대는 큰 이익을 얻었다."

7년에 절우浙右로 가서 천경산千頃山에 머무르며 초막을 짓고 살았는데, 때마침 황소黃巢의 난리를 만나자, 호주湖州로 피난을 가서 인왕원仁王院에 살았다.

광계光啓 3년에 전왕錢王이 용천龍泉의 공청〔廨署〕〔지금의 자광원慈光院이다.〕에 살라는 청을 받았다. 스님이 물었다.

"어떤 것이 열반의 모습입니까?"

대사가 말했다.

"향과 연기가 다한 곳에서 증험하라."

"어떤 것이 불법의 대의입니까?"

"원주院主를 불러 오라. 이 스님이 미쳤구나."

"어떤 것이 자기自己입니까?"

대사가 잠자코 있으니, 그 스님은 어리둥절하여 다시 물었다. 대사가 대답했다.

"푸른 하늘이 어두워도 달 있는 쪽을 향해 날지 않는다."

대순大順 원년에 전왕이 자의紫衣[8]를 하사할 것을 품신하였고, 건녕乾寧 4년에 또 대사의 호를 무착無著이라 주청하였다.

광화光化 3년에 병이 났는데, 12월 27일 자시子時에 대중에게 이렇게 말했다.

"삼계의 마음이 다하면 그것이 열반이니라."

말을 마치고 곧 가부좌를 맺은 채 임종하니, 수명은 80세이고 법랍은 60세였다. 임종할 때에 방장에서 하얀 광채가 발하였는데, 대나무가 같은 색깔로 변하였다. 11월 22일에 영은산靈隱山 서쪽 언덕으로 탑을 옮겨다 세웠다.〔천우天祐 2년에 선성宣城의 원수〈帥〉 전군田頵이 항주 장수인 허사許思의 반란을 진압할 때에 허사가 많은 군사를 풀어 노략질하면서 대사의 탑을 파헤친 것을 보았는데, 몸이 무너지지 않고 머리털이 자라고 있었다. 무숙왕武肅王이 기이하게 여겨 비장裨將인 소지邵志를 보내 탑을 다시 세워 안치하도록 하였다.〕

신라新羅 오관산五觀山 순지順支 대사

본국(本國 : 신라)에 있을 때의 법호는 요오了悟 대사였다.

어떤 스님이 물었다.

---

8 스님들의 최고 품계를 상징한다.

"어떤 것이 서쪽에서 오신 뜻입니까?"

대사 순지가 불자를 세우자, 스님이 말했다.

"그것만으로 옳다고 할 수 없지 않겠습니까?"

대사가 불자를 던져 버렸다.

"이以자로도 이루어지지 않고 팔八자로도 아니라면, 그것이 무엇입니까?"

대사가 원상을 그려 보였다.

어떤 스님이 대사 앞에서 다섯 고리의 원상을 그리니, 대사가 지워 버리고 따로 원상 하나만을 그렸다.

앙산仰山 남탑南塔 광용光涌 선사

스님이 물었다.

"문수는 7불佛의 스승인데, 문수도 스승이 있습니까?"

"인연을 만나면 있다."

"어떤 것이 문수의 스승입니까?"

대사가 불자를 세워 보이니, 그 스님이 말했다.

"그것만으로 옳다고 할 수 없지 않겠습니까?"

대사가 불자를 던지고 합장을 하였다.

"어떤 것이 묘한 작용[妙用]의 한 구절입니까?"

"물이 이르러서 개울을 이루느니라."

"참 부처님은 어디에 계십니까?"

"말끝에 모습이 없을 뿐이니, 다른 곳에 있지 않다."

앙산仰山 동탑東塔 화상

스님이 물었다.

"어떤 것이 군왕君王의 검劍입니까?"

"새끼[纜]를 끊고도 공功을 구하지 않느니라."[9]

"쓰는 이는 어떠합니까?"

"요즘 사람의 손에 떨어지지 않느니라."

"법왕法王과 군왕君王이 만날 때는 어떠합니까?"

"두 손바닥에 사사로움[私]이 없느니라."

"만난 뒤에는 어떠합니까?"

"중간에 상像이 끊겼느니라."

앞의 임제臨濟 의현義玄 선사의 법손

관계灌谿 지한志閑 선사

그는 위부魏府 관도館陶 사람으로서 성은 사史씨이다. 어려서 백암柏巖 선사에 의해 머리를 깎았다가 20세에 구족계를 받았다.

나중에 임제臨濟 화상을 뵙자, 화상이 붙들고 있다가 한참만에야 놓아주었다. 이에 대사가 말했다.

"알았습니다."

그 뒤에 대중에게 말했다.

"내가 임제를 보고 말이 없었는데, 지금까지도 배가 불러서 배고픈 줄 모른다."

"스님에게 빌리지 않은 것[不借][10]을 청합니다."

"내가 입에 가득 빌리지 않음을 말했느니라."

---

9 물에서 전쟁을 할 때에 물속에 줄을 쳐서 적을 막는데, 그 줄을 끊고 온 이는 큰 공을 차지한다. 이를 낙람의 공[落纜之功]이라 한다.

10 설법을 뜻한다.

대사가 또 말했다.

“대유령大庾嶺 마루에서는 부처를 만나지 못하고, 황매산黃梅山 길에는 중생이 없다.”

대사의 회상會上에 있던 어떤 스님이 석상石霜에게 가니, 석상이 물었다.

“어디서 오는 길인가?”

“관계에서 왔습니다.”

“내가 북산北山에 머무는 것이 그가 남산南山에 머무는 것만 못하구나.”

스님은 대답이 없었다. 대사가 이 말을 전해 듣고 말했다.

“그저 열반당涅槃堂을 다 수리해 놓았다고 말할 것이지.”

어떤 스님이 물었다.

“오랫동안 관계(灌谿 : 흐르는 시냇물)의 소문을 들었지만, 와서 보니 옹달샘뿐이구나.”

“그대는 옹달샘만 보고, 관계는 보지 못하는구나.”

“어떤 것이 관계입니까?”

“쏜살같이 급하도다.”〔뒷사람이 현사玄沙에게 이 이야기를 하니, “다시 30년을 배워도 선법을 알지 못하리라” 하였다.〕

어떤 이가 물었다.

“어떤 것이 옛사람의 뼈입니까?”

“안치安置할 수 없느니라.”

“어째서 안치할 수 없습니까?”

"금 까마귀〔金烏 : 해〕를 어떻게 푸른 하늘에서 내려오게 하겠는가?"

"황금 사슬〔金鎖 : 열반에 대한 집착〕이 끊어진 뒤에는 어떠합니까?"

"그대가 바로 본받을 곳이니라."

"어떤 것이 미세함입니까?"

"돌이켜 바꾸면서도〔迴換〕 돌이켜 바꾸지 않느니라."[11]

"마지막 일이 어떠합니까?"

"장육丈六 화신의 입〔口〕도 꺼리느니라."

"어떤 것이 한 빛깔〔一色〕입니까?"

"따르지 않느니라."

"한 빛깔 후에는 어떠합니까?"

"사리(闍梨 : 그대)가 이것을 알아들을 분수가 있는가?"

"오늘의 한 모임은 누구를 대적한 것입니까?"

"범부도 성현도 위하지 않느니라."

"한 구절이란 무엇입니까?"

"천 성인의 근기에도 떨어지지 않느니라."

"어떤 것이 동정호의 물입니까?"

"사람을 씻지 않느니라."

대사가 당나라 건녕乾寧 2년 을묘乙卯 5월 29일에 시자에게 물었다.

"앉아서 죽은 이가 누군가?"

---

11 돌이킨다 함은 거친 데서 미세한 곳으로 가는 것이요, 돌이키지 않는다는 것은 곱고 거친 경지에 빠지지 않는다는 것이다.

"승가僧伽입니다."

"서서 죽은 이는 누군가?"

"승회僧會입니다."

그리하여 여섯, 일곱 걸음을 걷다가 손을 드리운 채 서거했다.

유주幽州 담공譚空 화상

어떤 비구니가 법당을 열어 설법을 하려고 하자, 대사(담공)가 말했다.

"비구니는 법당을 열 필요가 없다."

비구니가 말했다.

"용녀龍女가 여덟 살에 부처를 이룬 것은 또 어떠한가?"

"용녀는 열여덟 가지 변화를 부렸다. 그대도 내 앞에서 한 가지 변화를 부려 보라."

"변화를 부리는 것은 또한 들여우 혼령의 짓거리요."

대사가 때려서 내쫓았다.

보수寶壽 화상이 물었다.

"중근기와 상근기 이외의 사람이 오면, 사형師兄께서는 어찌하겠습니까?"

"그대는 아까부터 잘못 이야기했다."

"사형께서도 허물이 없을 수 없습니다."

"그대가 도리어 나의 사형이 되라."

보수가 손바닥을 세우면서 "이 늙은 도적아"라고 말했다.

진주鎭州 보수寶壽 소沼 화상〔제1세 주지〕

어떤 스님이 물었다.

"만 가지 경계가 와서 침노할 때에는 어찌하겠습니까?"

"관계치 말라."

스님이 절을 하자, 대사(보수)가 말했다.

"움직이지 말라. 움직이면 그대의 허리를 꺾어 버리겠다."

조주趙州 종심從諗 화상이 왔는데, 대사는 선상禪床을 등지고 앉았다. 조주가 방석을 펴고 절을 하자, 대사는 일어나서 방장으로 들어갔고, 조주는 방석을 거두어서 나갔다.

대사가 어떤 스님에게 물었다.

"어디서 왔는가?"

"서산에서 왔습니다."

"원숭이 떼를 보았는가?"

"보았습니다."

"어떠한 재주를 부리던가?"

"저를 보더니, 한 가지 재주도 부리지 못했습니다."

그러자 대사가 그를 때렸다.

호정교胡釘鉸[12]가 오니, 대사가 물었다.

"그대가 호정교胡釘鉸인가?"

"그렇기는 합니다."

---

12 성명이지만 한자로 풀면 못이라는 뜻으로 해석할 수 있다.

"허공에도 못을 칠 수 있겠는가?"

"화상은 제가 박은 못을 뽑아 보십시오."

대사가 주장자로 때리니, 호정교가 말했다.

"화상은 저를 잘못 때리지 마십시오."

"뒷날에 입바른 종사가 나서 그대를 점검해 주리라."〔조주趙州가 말하기를 "이 한 땀〈縫〉도 어쩌지 못하리라"고 하였다. 그리고는 대신 말하기를 "이 한 땀이나 꿰매 보라"고 하였다.〕

"만 리에 조각구름도 없을 때는 어떠합니까?"

"푸른 하늘도 방망이를 맞아야 한다."

대사가 세상을 떠나려 할 때에 문인들에게 말했다.

"너희들은 나의 행적을 아느냐?"

"화상께서는 일생 동안 밤에도 눕지 않고 앉아서 정진하셨습니다〔長坐不臥〕."

문인들을 가까이 다가오라고 해서 문인들이 다가오자, 대사는 이렇게 말했다.

"가거라. 내 권속이 아니구나."

말을 마치고는 열반에 들었다.

진주鎭州 삼성원三聖院 혜연慧然 선사

임제臨濟에게서 깊은 가르침 받은 뒤에 총림을 두루 다니다가 앙산仰山에게 가니, 앙산이 물었다.

"그대의 이름이 무엇인가?"

"혜적慧寂입니다."

"혜적이라면 내 이름인데."

"그렇다면 제 이름을 혜연慧然으로 하겠습니다."

앙산이 껄껄 웃고 말았다.

대사가 향엄香嚴에게 가자, 향엄이 물었다.

"어디서 왔는가?"

"임제에게서 왔습니다."

"임제의 칼을 가지고 왔는가?"

대사가 날쌔게 방석을 들어서 입을 때리고는 떠나갔다.

대사가 덕산德山에게 가서 막 방석을 펴려는데, 덕산이 말했다.

"밥 짓는 수건을 펴지 말라. 여기에는 남은 밥이 없다."

"설사 있다 하여도 손댈 곳이 없습니다."

덕산이 주장자로 대사를 때리자, 대사가 딱 붙잡고서 덕산을 선상 위로 밀쳤다. 이에 덕산이 껄껄 웃으니, 대사는 "아이고〔蒼天〕, 아이고"라고 곡을 하면서 떠났다.

대사가 설봉雪峰에 있을 때에 설봉이 설법을 하였다.

"사람마다 다 일면一面의 옛 거울이 있고, 저 원숭이도 일면의 옛 거울이 있다."

이때에 대사가 나서서 물었다.

"여러 겁을 지나도록 이름이 없었거늘, 화상께서는 어찌하여 옛 거울이라는 이름을 지으십니까?"〔어떤 책에는 "이름을 드러냅니까?"라고 하였다.〕

"흠집이 났구나."

대사가 꾸짖으면서 말했다.

"저 노화상이 말귀도 알아듣지 못하는구나."

설봉이 말했다.

"노승(老僧 : 나)의 주지 일이 많은 것이 잘못이지."

대사가 보수寶壽 화상이 개당開堂한 것을 보고, 한 스님을 보수의 앞으로 밀어서 세우니, 보수가 그 스님을 때렸다.

이때에 대사가 말했다.

"저 장로가 저런 식으로 사람을 위하다가는 온 진주성 사람들의 눈을 온통 멀게 하리라."〔법안法眼이 말하기를 "어디가 남의 눈을 멀게 하는 곳인가?"라고 하였다.〕

위부魏府 대각大覺 선사

홍화興化 존장存奬 선사가 원주로 있었을 때, 어느 날 대사가 물었다.

"내가 항상 듣건대, 그대가 말하기를 남쪽으로 한 바퀴 다녀왔어도 주장자 끝에 불법 아는 사람을 하나도 만나지 못했다 하니, 무슨 도리에 의하여 그런 말을 했는가?"

홍화가 할을 하자, 대사가 때렸다. 홍화가 다시 할을 하자, 대사가 또 때렸다.

이튿날 홍화가 법당 앞을 지나는데, 대사가 불러 세우고서 말했다.

"원주야, 나는 어제 그대가 한 할을 아직까지 풀지 못하고 있으니, 나에게 말해다오."

홍화가 말했다.

"저〔存奬〕는 평생 동안 삼성三聖에게 배운 것을 몽땅 화상에게 꺾여 버리고 말았으니, 바라건대 저에게 안락安樂의 법문을 일러 주십시오."

대사가 대답했다.

"저 눈먼 당나귀가 와서 저렇게 허물을 드러내는구나. 웃옷을 벗고 통쾌하게 한 대 맞아라."

흥화가 이 말끝에 종지를 이해했다. 그리하여 비록 같이 임제의 뒤를 이었으나, 항상 대사를 깨우쳐 주는 벗으로 여겼다.

대사는 임종할 때에 대중에게 말했다.

"내게 화살 하나가 있는데 누군가에게 전하고자 한다."

이때에 한 스님이 나서서 말했다.

"화상의 화살을 주십시오."

"그대는 무엇을 화살이라 하는가?"

그 스님이 할을 하자, 대사가 몇 차례 때리고는 방장으로 돌아갔다. 그리고는 또 그 스님을 불러들여서 물었다.

"그대는 아까 일을 알겠는가?"

"잘 모르겠습니다."

대사가 또 몇 차례 때리고는 주장자를 던지면서 말했다.

"이후에 눈 밝은 사람을 만나거든 분명히 말하라."

그리고는 문득 열반에 들었다.

위부魏府 흥화興化 존장存奬 선사

스님에게 물었다.

"어디서 왔는가?"

"최崔 선사 처소에서 왔습니다."

"최 선사의 할을 가져왔는가?"

"가져오지 못했습니다."

"그러면 최 선사로부터 오지 않은 것이로구나."

스님이 할을 하니, 대사가 때렸다.

대사가 대중에게 말했다.

"나는 그저 복도에서도 할을 하고, 뒷마루에서도 할을 하는 것을 들어왔다. 여러분, 그대들은 맹목적인 할이나 혼란스런 할은 하지 말라. 설사 홍화(나)에게 할을 해서 하늘 중간에 머무르게 하고, 다시 두드려 떨어뜨려서 기절을 시키고 싶더라도, 홍화가 소생하면 그대들에게 도가 없다고 하리라. 무슨 까닭인가? 나는 자주 비단 장막 안에서 진주眞珠를 그대들에게 뿌려본 적이 없기 때문이니, 허공 속에서 혼란스럽게 할을 한들 무슨 소용이 있으랴?"

대사가 유나維那 극빈克賓에게 말했다.

"그대는 오래지 않아 도를 제창하는 스승이 되리라."

극빈이 대답했다.

"그러한 보임의 무리〔保社〕에는 들어가지 않겠습니다."

"알고서 들어가지 않는 것인가, 알지 못해서 들어가지 못하는 것인가?"

"전혀 그런 것과 상관없습니다."

대사가 문득 때리고서 말했다.

"극빈 유나는 법의 싸움〔法戰〕에서 이기지 못했으니, 벌금 5관貫과 한 대중에게 음식을 베풀라."

이튿날 대사가 손수 대중에게 말했다.

"극빈 유나는 법의 싸움에서 이기질 못해서 벌금 5관貫을 물고 대중에게 음식을 베풀 것이오. 그러므로 음식을 먹지 못할 것 같으면 얼른 절 밖으로 나가시오."

어떤 스님이 물었다.

"국사國師가 시자를 부르신 뜻이 무엇입니까?"

"한 소경이 뭇 소경을 이끌고 가는 것이니라."

대사는 가끔 "아무개야" 하고 스님을 불러서, 그 스님이 "네" 하고 대답하면, 이렇게 말했다.

"점고〔點〕하면 도달하지 못한다."[13]

또 따로 한 스님을 불러서 그 스님이 "네"라고 대답하면, 대사는 이렇게 말했다.

"도달했으면 점고하지 말라."

대사는 나중에 후당後唐의 장종莊宗의 스승이 되었는데, 어느 날 장종이 대사에게 말했다.

"짐朕이 대량大梁을 손에 넣으면서 값으로 따질 수 없는 밝은 구슬을 하나 얻었는데, 아무도 값을 정하지 못하오."

대사가 말했다.

"폐하시여, 구슬을 보여 주십시오."

황제가 손으로 복두(幞頭 : 머리에 쓰는 관) 끈을 풀었다. 대사가 말

---

13 그대가 거기 있다고 점고(인정)하면 "나와 그대는 완연히 다르므로 그대는 나에게 이르지 않았다"고 하였다.

했다.

"군왕의 보배를 누가 감히 값을 매기겠습니까?"〔현각玄覺이 말하기를 "홍화는 동광(同光 : 장종 때의 연호)을 수긍한 것인가, 동광을 수긍하지 않은 것인가? 수긍했다면 홍화의 안목은 어디에 있었을까? 만일 수긍하지 않았다면 허물이 어디에 있었으랴?"라고 하였다.〕

대사가 입멸한 뒤에 광제廣濟 대사라 시호를 내렸고, 탑호는 통적通寂이라 하였다.

정주定州 선최善崔 선사

고을의 장수〔州將〕인 왕공王公이 관아에다 자리를 펴고 대사(선최)에게 설법을 청하니, 대사가 법좌에 올라서 한참 있다가 대중에게 말했다.

"나와도 때리고 나오지 않아도 때리겠다."

이때에 담공譚空 화상이 나서면서 말했다.

"최 선사여, 적䥥."[14]

대사가 말했다.

"오래 서 있었군요. 태위太尉여, 진중珍重하시오."

그리고는 내려갔다.

진주鎭州 만세萬歲 화상

스님이 물었다.

"대중이 법당에 모였습니다. 무엇을 말씀하시겠습니까?"

"서품序品 제일이니라."

---

14 적䥥은 귀신을 쫓는 진언眞言이다.

"승가의 구경究竟은 무엇입니까?"

"본래는 단지 재를 부는 법〔吹灰法 : 외도의 종류〕이었는데, 어느새 여울가로 가서 옷을 벗는다."[15]

대사가 보수寶壽를 방문해서 처음 보자마자 방석을 폈는데, 보수가 즉시 선상禪床에서 내려왔다. 대사가 얼른 그의 선상에 앉으니, 보수는 달음질로 방장으로 들어갔다. 조금 있다가 지사(知事 : 知客)가 대사에게 아뢰었다.

"당두(堂頭 : 住持) 화상이 벌써 문을 닫았으니, 화상은 고두庫頭에 가서 차나 마시십시오."

대사는 이내 선원으로 돌아왔다. 이튿날 보수가 와서 다시 뵈니, 대사는 선상禪床에 걸터앉아 있었다. 보수가 방석을 펴니, 대사도 자리에서 내려왔다. 보수가 또 대사의 선상에 앉으니, 대사는 방장으로 들어가서 문을 닫았다. 보수는 시자료侍者寮 안으로 들어가서 재〔灰〕를 갖다가 방장 앞에다 세 줄을 두르고는 물러갔다.[16]

운산雲山 화상

어떤 스님이 서경西京에서 오니, 대사가 물었다.

"서경 주인의 서신이라도 가지고 왔는가?"

"감히 망령되게 소식을 통할 수 없습니다."

"작가(作家 : 宗師)가 될 스님은 천연天然으로 존재하는구나."

---

15 개울에서 옷을 벗는 것은 외도의 법을 버리고 몸을 씻고 불법에 귀의한다는 뜻이다.

16 재를 뿌리는 것은 시체가 있는 곳임을 표시하는 방법이다.

"남은 국과 나물은 누가 먹겠습니까?"

"그대만이 즐겨 먹지 않는구나."

그 스님이 토하는 시늉을 하자, 대사가 시자를 불러서 말했다.

"저 병들은 스님을 부축해서 나가라."

그 스님은 얼른 나가 버렸다.

동봉桐峰 암주菴主

스님이 물었다.

"화상께서는 이 속에서 갑자기 범을 만나면 어찌하시겠습니까?"

대사가 으르렁거리는 소리를 내니, 그 스님이 두려워하는 시늉을 했다. 대사가 크게 웃자, 그 스님이 말했다.

"이 늙은 도적놈아."

"이 늙은 스님을 어찌하겠는가?"

어떤 스님이 암자 앞에 왔다가 그대로 가자, 대사가 불렀다.

"사리여, 사리여."

그 스님이 고개를 돌리면서 문득 할을 하자, 대사가 한참 동안 가만히 있었다. 이에 그 스님이 말했다.

"이 늙은이가 죽었구나."

대사가 때리니, 스님은 말이 없었다. 이에 대사가 껄껄 웃었다.

어떤 스님이 암자에 들어와서 대사를 꼭 잡으니, 대사가 소리를 질렀다.

"사람 죽인다. 사람 죽인다."

그 스님이 탁 밀치면서 말했다.

"소리는 왜 지르시오?"

"누가?"

그 스님이 할을 하자, 대사가 그를 때렸다. 스님이 나가면서 고개를 돌리고 말했다.

"기다리시오, 기다리시오."

대사가 크게 웃었다.

삼양杉洋 암주

어떤 스님이 와서 뵈니, 대사가 물었다.

"누군가?"

"삼양杉洋 암주올시다."

"그건 나다."

그 스님이 문득 할을 하자, 대사가 헛기침을 했다. 스님이 말했다.

"오히려 방망이가 필요하겠군."

대사가 얼른 때렸다.

어떤 스님이 물었다.

"암주께서는 어떤 도리를 얻었기에 이 산에서 사십니까?"

"소식을 통하고자 하는 것이며, 또 남의 점검을 받을까 두려워서이다."

"어떻게 면하시겠습니까?"

대사가 할을 하니, 그 스님이 말했다.

"비슷하군요."

대사가 또 때리니, 그 스님이 껄껄 웃으면서 나갔다. 이에 대사가 말했다.

"오늘은 크게 졌구나, 크게 졌어."

탁주涿州 지의紙衣 화상

처음에 임제臨濟를 뵙고 이렇게 물었다.

"어떤 것이 사람은 빼앗고 경계는 빼앗지 않는 것입니까?"

임제가 대답했다.

"봄볕이 돋으니 땅에다 비단을 깐 듯하고, 어린 아기가 머리를 푸니 하얗기가 실과 같구나."

"어떤 것이 경계는 빼앗고 사람은 빼앗지 않는 것입니까?"

"왕의 명령이 이미 행해져서 천하에 두루 퍼지고, 장군이 변방 밖에 있으니 전쟁이 벌어지지 않느니라."

"무엇이 사람과 경계를 모두 빼앗지 않는 것입니까?"

"왕이 보좌에 오르니, 농부는 태평가를 부르느니라."

"무엇이 사람과 경계를 모두 빼앗는 것입니까?"

"병주幷州와 분주汾州의 소식이 끊기니, 홀로 한쪽[一方]에 처했느니라."

대사(지의)가 말끝에 깨닫고서 3현玄·3요要·4구句의 법문에 깊이 들어가서 교화에 크게 도움이 되었다.

호계虎谿 암주

스님이 와서 방석을 들고 뵙기를 청했으나, 대사는 돌아보지도 않았다. 그 스님이 말했다.

"암주菴主에게 이런 기봉機鋒이 있는 줄은 알았소."

대사가 손가락을 한 번 튀겨서 소리를 내니, 스님이 물었다.

"그게 무슨 종지宗旨입니까?"

대사가 갑자기 때리니, 스님이 말했다.
"오늘 인간의 편의에 떨어진 줄로 압니다."
대사가 말했다.
"아직 방망이가 필요하구나."

어떤 스님이 막 문으로 들어오는데, 대사가 문득 할을 했다. 스님이 잠자코 있었다. 이에 대사가 때리니, 스님이 또 할을 하였다. 대사가 말했다.
"참한 좀도적이구나."
그 스님이 들어와서 안부를 여쭙자, 대사가 말했다.
"누구인가?"
스님이 할을 하니, 대사가 말했다.
"그렇다면 손님과 주인이 없겠군."
"아직도 두 번째 할이 남아 있습니다."
이제는 대사가 할을 하였다.

어떤 스님이 물었다.
"화상은 어디 사람이십니까?"
"농서隴西 사람이다."
"듣건대 농서에는 앵무새가 있다는데, 사실입니까?"
"그렇다."
"화상은 앵무새가 아니시겠죠?"
대사가 앵무새 소리를 내자, 스님이 말했다.
"멋진 앵무새로구나."
대사가 얼른 때렸다.

복분覆盆 암주

어떤 스님에게 물었다.

"어디서 왔는가?"

"복분산覆盆山 밑에서 왔습니다."

"암주를 보았는가?"

스님이 할을 하였다. 대사가 얼른 때리니, 스님이 말했다.

"왜 그러십니까?"

대사가 또 할을 하였다.

어느 날 어떤 스님이 산 밑에서부터 곡을 하며 올라오자, 대사가 절 문을 닫았다. 스님이 문에다 원월상圓月相 하나를 그려 놓으니, 대사는 뒷문으로 빠져나가 산 밑으로 가서 곡을 하면서 올라왔다. 이에 그 스님이 할을 하면서 말했다.

"아직도 그런 짓을 하는구려."

대사가 손을 바꾸어 가슴을 치면서 말했다.

"선사先師를 이 한 마당에 묻다니, 애석한 일이로다."

"괴롭고, 괴롭습니다."

"암주가 속았을 뿐이다."

양주襄州 역촌歷村 화상

차를 달이는데 어떤 스님이 물었다.

"어떤 것이 조사께서 서쪽에서 오신 뜻입니까?"

대사가 차 숟가락을 번쩍 들자, 스님이 말했다.

"단지 그것만으로 마땅하다고 하겠습니까?"

대사가 다시 불 속에다 던졌다.

"어떤 것이 그 음성을 관觀하여 해탈을 얻는 것입니까?"

대사가 부젓가락으로 부목[柴頭]을 때리면서 물었다.

"그대는 들었는가?"

"들었습니다."

"누가 해탈을 얻지 못했더냐?"

창주滄州 미창米倉 화상

군수가 대사와 보수寶壽 화상을 관청으로 초청해서 공양을 올리고자 하였다. 그래서 사람을 보내 이렇게 말했다.

"바라건대 두 장로께서 불법을 담론해 주십시오."

보수가 말했다.

"사형께서 회답을 하십시오."

대사가 할을 하니, 보수가 따졌다.

"제가 아직 묻지도 않았는데, 왜 할을 먼저 하십니까?"

대사가 말했다.

"그래도 약간 모자람이 있다."

보수가 되레 할을 하였다.

목주睦州 진陳 존숙尊宿의 법손

목주睦州 자사刺史 진조陳操

스님들과 더불어 공양을 하다가 떡 하나를 들면서 스님에게 물었다.

"강서江西나 호남湖南에도 이런 것이 있습니까?"

스님이 대답했다.

"상서尙書는 아까 무엇을 잡수셨습니까?"

자사刺史가 말했다.

"종을 치니 메아리가 울리는구나."

어느 날 또 대중들과 공양을 하는데 몸소 떡을 돌렸다. 어떤 스님이 손을 펴서 받으려 하자 자사가 손을 거두었다. 스님이 말이 없자, 자사가 말했다.

"과연, 과연일세."

다른 날 스님에게 물었다.

"어떤 일이 생겼는데, 상좌와 상의를 할 수 있겠습니까?"

스님이 말했다.

"개 주둥이를 다물어라."

자사가 제 가슴을 치면서 말했다.

"진조陳操의 잘못이오."

스님이 말했다.

"허물을 알면 반드시 고쳐야 한다."

자사가 말했다.

"그렇다면 상좌의 입을 빌어서 밥을 먹어야겠군요."

또 대중에게 공양을 하여 손수 밥을 돌리다가 말했다.

"상좌께서 시식施食을 하십시오."

상좌上坐가 대답했다.

"3덕德과 6미味로다."

"틀렸습니다."

상좌가 대답이 없었다.

또 관속들과 누각에 오르는데 몇 명의 스님이 오고 있었다. 관리 하나가 말했다.

“저기 오는 이들은 모두 행각하는 스님이지요?”

자사가 말했다.

“아니다.”

“어떻게 아닌 줄 아십니까?”

“가까이 오거든 물어보자.”

스님들이 누각 앞을 지날 때에 자사가 갑자기 “상좌여” 하고 부르니, 스님들이 모두 돌아보았다. 이에 자사가 관리들에게 말했다.

“내 말이 맞지 않느냐?”

또 참선하는 이에게 게송을 주었다.

> 참선하는 이는 현묘한 기틀이 있지만
> 현묘한 기틀이라 하면 또한 잘못이네.
> 기틀 이전의 종지를 요달하고자 하지만
> 모두가 언구言口 아래에서 어긋나고 있구나.
> 禪者有玄機　機玄是復非
> 欲了機前旨　咸於句下違

앞의 향엄香嚴 지한智閑 선사의 법손

길주吉州 지관止觀 화상

어떤 스님이 물었다.

“어떤 것이 비로자나의 스승입니까?”

대사가 멱살을 잡고 한 대 갈겼다.

"어떤 것이 돈頓입니까?"

"양梁이나 진陳은 아니다."[17]

수주壽州 소종紹宗 선사

어떤 스님이 물었다.

"어떤 것이 서쪽에서 오신 뜻입니까?"

"좋은 일은 문밖을 나가지 않고, 나쁜 일은 천 리까지 전해진다."

어떤 관원이 대사에게 말했다.

"강서江西는 종지를 세우지 않는다고 말들 하더군요."

"인연을 만나면 세운다."

"인연을 만나면 세우는 것이 무엇입니까?"

"강서는 종지를 세우지 않는다."

양주襄州 연경延慶 법단法端 소진紹眞 대사

어떤 관원이 물었다.

"지렁이를 두 토막으로 끊으면 두 토막이 모두 움직이는데, 불성은 어느 쪽에 있습니까?"

대사가 두 손을 쫙 폈다.〔동산洞山이 말하기를 "지금 묻는 것은 어느 쪽을 말하는가?"라고 하였다. 이것이 11권의 위산潙山의 전기에도 있으니 어찌 된 일인가.〕

---

17 돈은 돈오頓悟라는 뜻인데 어떤 것이 돈오냐고 물으니 그를 묵살하기 위하여 땅 이름에 쓰이는 돈주頓州·양주梁州·진주陳州를 들어서 말했다.

익주益州 남선南禪 무염無染 대사

어떤 이가 물었다.
"구절 없는 구절을 스님께서는 대답하실 수 있습니까?"
"종래로 오직 이 일만을 밝혔다."
"끝내 어떠합니까?"
"또 물어보아라."

익주益州 장평산長平山 화상

어떤 이가 물었다.
"눈을 깜박여도 미치지 못하는 곳은 어떠합니까?"
"나는 눈을 부릅떴어도 공부는 하지 않았느니라."
"어떤 것이 조사의 뜻입니까?"
"서천西天에서 왔다가 당토唐土에서 떠났느니라."

익주益州 숭복崇福 연교演敎 대사

어떤 이가 물었다.
"어떤 것이 너그럽고 확 트인 말입니까?"
"입으로는 말할 수 없다."
"어떤 것이 서쪽에서 오신 뜻입니까?"
"오늘과 내일이니라."

안주安州 대안산大安山 청간淸幹 선사

어떤 이가 물었다.
"예로부터 성인들은 무엇으로부터 증득했습니까?"
대사가 이마를 두드렸다.

"어떤 것이 서쪽에서 오신 뜻입니까?"

"부채〔羊頭車子〕로 밝은 달을 밀치느니라."

종남산終南山 풍덕사豊德寺 화상

어떤 이가 물었다.

"어떤 것이 화상의 가풍입니까?"

"일에 닿으면 벽에 직면한 듯한다."

"어떤 것이 본래의 일입니까?"

"끝내 다시는 남에게 묻지 말아야 한다."

균주均州 무당산武當山 불암佛巖 휘暉 선사

어떤 이가 말했다.

"근년에 병이 났다가 다시 약에 중독되었습니다. 화상께서 고쳐 주십시오."

"이의탕二宜湯 한 사발을 먹어라."

"어떤 것이 부처님의 위로 향하는 일〔向上事〕입니까?"

"소라 상투〔螺髻子〕이니라."

강서江西 여산廬山 쌍계雙谿 전田 도자道者

어떤 이가 물었다.

"어떤 것이 줄탁啐啄의 기틀입니까?"[18]

대사가 손으로 쪼는 시늉을 하였다.

---

18 닭이 알을 품어서 병아리가 다 되었을 때에 밖의 어미와 안의 새끼가 동시에 쪼아서 병아리가 나오는 것을 돕는 것. 스승과 제자의 사이를 말한다.

"어떤 것이 서쪽에서 오신 뜻입니까?"
"어디서 그렇게 묻는 법을 배웠는가?"

앞의 복주福州 쌍봉雙峰 화상의 법손

쌍봉雙峰 고古 선사〔제2세 주지〕

본래 경전을 강의하였는데, 쌍봉에 올라가서 뵙고 절을 하자, 쌍봉이 물었다.

"대덕은 어디에 사는가?"

"성안〔城內〕에 삽니다."

"평소에도 나를 생각했는가?"

"항상 화상을 생각했으나 뵈올 기회가 없었습니다."

"다만 그 생각함이 바로 대덕大德이다."

대사가 이로부터 깨닫고 본래 있던 절로 돌아가서 거처를 버리고 강의까지 그만두고는 산으로 들어와서 몇 해 동안 시봉을 하였다.

나중에 석상石霜에 가서 그저 대중 생활을 따를 뿐 전혀 묻는 일이 없으니, 대중들이 모두 말하기를 "고古 시자侍者는 일찍이 쌍봉의 인가를 받았다"고 하였는데, 종종 석상의 귀에까지 들렸다. 석상이 그의 깨달은 바를 시험해 보고자 했으나 짬을 얻지 못했는데, 대사가 석상께 하직을 고할 때에 석상이 불자를 들고 문밖에까지 전송을 나왔다가 불렀다.

"고 시자여."

대사가 고개를 돌리자, 석상이 말했다.

"망설이면 어긋나고, 옳다고 단정해도 어긋난다. 망설이지도 않고 옳다고 단정치도 않는다는 알음알이조차 짓지 말라. 그릇됨을 없애면 앎이 있지만, 그것을 능히 안다고 하지는 말라. 잘 가라. 잘 가라."

대사가 대답하고서 그 길로 돌아오니, 때마침 쌍봉이 입적하였으므로 대사가 대를 이어서 주지가 되었다.

어떤 스님이 물었다.

"화상이 당시 석상에게 대답하셨을 때에 석상이 그렇게 말했는데, 그 뜻이 무엇입니까?"

"그저 날더러 시비에 집착하지 말라는 것이었느니라."〔현각玄覺이 말하기를 "보라. 그가 석상의 뜻을 알겠는가?"라고 하였다.〕

앞의 경산徑山 제3세 홍인洪諲 선사의 법손

홍주洪州 미령米嶺 화상

평상시에 이렇게 말하였다.

"이를 능가하는 것이 없다."

어떤 스님이 물었다.

"무엇이 이를 능가하는 것이 없다는 것입니까?"

"이것에서 나오지 못한다."〔그 스님이 나중에 장경長慶에게 묻기를 "어째서 그것보다 뛰어날 것이 없습니까?"라고 하니, 장경이 말하기를 "그대는 이것을 무엇이라 불러야 한다고 여기느냐?"라고 하였다.〕

앞의 양주揚州 광효원光孝院 혜각慧覺 화상의 법손

도헌道巘 선사

그는 여주廬州 사람으로서 성은 유劉씨이다. 처음에 혜각慧覺 화상을 뵙고 모시다가 미묘한 말씀을 깨닫고는 즉시 호남湖南의 대광산大光山에서 머리를 깎았다. 덕의 교화가 널리 퍼지게 되자, 청을 받아 승주昇州의 장경선원長慶禪苑에서 살았다.

어느 날 상당하여 대중에게 말했다.

"미륵세존께서 아침에 절에 들어왔다가 저녁에 정각을 이루었다. 그리고는 이러한 게송을 말씀하셨다.

삼계의 위와 아래의 법을
나는 모두 마음이라고 하노니
온갖 마음의 법들을 여의고는
다시 얻을 수 있는 것은 없다.

三界上下法　我說皆是心
離於諸心法　更無有可得

그가 이렇게 말한 것을 살펴보건대 너무나 성성惺惺하지만, 가령 우리 무리와 견준다면 역시 우둔한 이였다. 왜냐하면 일념에 도를 보아서 3세의 정情이 다한 것이 마치 도장을 진흙에 찍는 것과 같아서 다시는 앞과 뒤가 없기 때문이다.

여러분들, 생사生死의 일이 너무나 신속하니, 모름지기 잘 가려내서 등한시하지 말라. 업식業識이 아득해지는 것은 대체로 자기를 미혹하고 사물을 쫓기 때문이니라. 세존께서 열반에 드시려 할 때에 문수가 부처님께 다시 법륜法輪을 굴릴 것을 요청하자, 부처님께서 문수를 꾸짖으시면서 '내가 49년 동안 세상에 머물면서 일찍이 한 글자도 사람들에게 준 일이 없다. 그런데 이제 네가 나에게 다시 법륜을 굴리라고 청하는 것은 바로 내가 일찍이 법륜을 굴린 적이 있다고 말하는 것과 같으니, 지금 이 대중 속에서 손님과 주인을 설정하여 문답을 하는 것은 어쩔 수 없는 일로서 초심자를 위했을 뿐이다'라고 하셨다."

어떤 스님이 물었다.

"어떤 것이 장경長慶의 경계입니까?"

"그대가 밝혀 보라."

"어떤 것이 불법의 대의입니까?"

"옛사람이 말하지 않았는가? 오늘이 3월 3일이구나."

"학인은 잘 모르겠습니다."

"그만두라. 말하지 않겠다. 내 법은 묘하여 생각하기 어려우니라."

그리고는 문득 법좌에서 내려왔다. 함평咸平 2년에 입적하였다.

회양懷讓 선사의 제6세

앞의 앙산仰山 남탑南塔 광용光涌 선사의 제자

월주越州 청화淸化 전부全付 선사

그는 오군吳郡 곤산崑山 사람이니, 아버지는 장사꾼이었다. 대사가 그를 따라 예장豫章에 갔다가 선원의 성대한 모임이 있다는 말을 듣고 출가할 뜻을 아뢰었다.

그는 곧 강하江夏로 가서 청평淸平 대사에게 귀의하니, 청평이 물었다.

"그대는 무엇을 구하러 왔는가?"

"법을 구합니다."

청평이 기특하게 여겨서 받아들이니, 이어서 계를 받고 더욱 부지런히 시봉을 하였다. 그러다가 어느 날 혼자 생각하였다.

'배움에는 일정한 스승이 없거늘, 어찌 여기에서만 만족하게 여겨서 묶여 있으랴?'

그리고는 곧 하직하고 떠나서 앙산仰山으로 가서 남탑南塔의 광용光涌 화상을 뵈었는데, 광용이 물었다.

"어디서 왔는가?"

"악주鄂州에서 왔습니다."

"악주의 군수는 이름이 무엇인가?"

"신분이 워낙 미천하여 감히 만나 보질 못했습니다."

"이곳에서는 전혀 두려워할 것이 없다."

"대장부가 어찌 반드시 시험을 치러야 하겠습니까?"

광용이 흔연히 웃었다.

드디어 인가를 받고 여릉廬陵 안복安福으로 갔는데, 그 현縣의 원님이 그를 위해 응국선원應國禪苑을 지어준 뒤에 맞아들여서 그 고을의 무리를 모으게 하였다. 황제께 상주하여 청화원清化院이란 이름을 하사하였다.

어떤 스님이 물었다.

"어떤 것이 화상께서 급하고 간절하게 사람을 위하시는 곳입니까?"

"아침에는 동남을 보고, 저녁에는 서북을 보느니라."

"잘 모르겠습니다."

"헛되이 동쪽 햇별의 손님임을 자랑하면서, 서쪽 햇별의 진귀함은 모르는구나."

"어떤 것이 정법의 안목입니까?"

"청천백일靑天白日에 오줌을 싸지 말라."

나중에 고향에서 온 스님의 권고에 의하여 고국으로 돌아가니, 전씨錢氏 문목왕文穆王이 특별히 대우하고 소중히 여겼다. 진晋의 천복天福 2년 정유丁酉에 전錢씨의 변방 장수가 운봉산雲峰山에 선원을 짓고 또 청화淸化라 이름하니, 법려法侶들이 모여들었다.

어떤 스님이 물었다.

"어떤 것이 불법의 대의입니까?"

"화표주華表柱 꼭대기에 나무 학〔木鶴〕이 나느니라."

"길에서 도를 통달한 이를 만났을 때에 말이나 침묵으로 대하지 않는다면, 무엇으로 상대하겠습니까?"

"눈동자에 비친 사람이 호루라기〔叫子〕를 부느니라."

"화상의 나이는 얼마입니까?"

"비로소 지난 해 9월 9일임을 보았는데, 이제 또 가을 낙엽이 누런 것을 보겠다."

"그렇다면 헤아릴 수 없습니다."

"낙엽을 취해서 물어보라."

"필경의 일은 어떠합니까?"

"여섯 쪽의 골패〔骰子 : 주사위〕가 동이〔盆〕 가득 붉으니라."

"죽은 스님이 천화遷化하면 어디로 갑니까?"

"긴 강은 끊임이 없고, 물거품은 바람 따라 나부끼느니라."

"제사를 받습니까?"

"제사라면 없지 않다."

"어떻게 제사를 지냅니까?"

"뱃노래에 돛을 다니, 골짜기에 소리가 들린다."

충헌왕忠獻王 대에 이르러 자색 방포方袍를 하사했으나, 대사가 받지 않았다. 그러자 왕은 납의衲衣로 고쳐서 하사하고, 그 호칭을 순일純一 대사라 하였다. 이에 대사가 말했다.

"내가 일부러 꾸며서 사양한 것이 아니다. 뒷사람이 나를 흉내 내어 욕심을 부릴까 걱정되는구나."

개운開運 4년 정미丁未 7월에 병이 나더니, 편안히 앉아서 입적하였는데, 큰 바람이 휘몰아쳐서 나무를 부러뜨렸다. 수명은 66세이고, 법랍은 45세였다.

영주郢州 파초산芭蕉山 혜청慧清 선사

그는 신라新羅 사람이다. 어떤 이가 물었다.

"어떤 것이 파초수芭蕉水입니까?"

"겨울에는 따사롭고 여름에는 서늘하니라."

"어떤 것이 취모검吹毛劍입니까?"

"세 걸음 앞으로 나가라."

"쓰는 자는 어떠합니까?"

"세 걸음 뒤로 물러나라."

"어떤 것이 화상께서 사람을 위하는 한 구절입니까?"

"오로지 그대가 묻지 않을까 걱정할 뿐이다."

대사가 상당하여 대중에게 말했다.

"알겠는가? 아는 이가 별로 없어 진중하구나."

"말을 하지 않고 물음이 있을 때에는 어떠합니까?"

"삼문三門을 나서지도 않았는데 천 리 길을 갔다."

"어떤 것이 자기입니까?"

"남쪽을 향하여 북두北斗를 본다."

"광명과 경계가 모두 없어지면 다시 어떤 물건입니까?"

"앎〔知〕."

"앎이 무엇입니까?"

"건주建州의 구랑九郎이니라."

"어떤 것이 제바종提婆宗입니까?"

"붉은 깃발이 왼쪽에 있는 것이니라."

대사가 어느 스님에게 물었다.

"요새 어디서 떠났는가?"

"스님께서 말씀해 보십시오."

"배 위의 장사꾼인 줄 알았더니, 원래 당주當州의 작은 손〔小客〕이구나."

"두 머리, 세 머리는 묻지 않겠으니, 스님께서 본래의 면목을 곧바로 가리켜 주십시오."

대사는 묵묵히 정좌正坐하였다.

"도적이 오면 때려야 하고, 손님이 오면 맞아야 하는데, 갑자기 손님과 도적이 함께 올 때에는 어찌해야 합니까?"

"집 안에 떨어진 짚신 한 켤레가 있느니라."

"그 떨어진 짚신도 쓸 수가 있습니까?"

"만일 그대가 가져간다면 먼저는 흉하고 나중에는 불길하리라."

"북두에 몸을 숨긴다는 뜻이 무엇입니까?"

"9·9는 81이니라."

대사는 이어서 말했다.

"알겠는가?"

"잘 모르겠습니다."

"1·2·3·4·5니라."

"옛 부처님께서 나시기 전에는 어떠합니까?"

"천년 묵은 가지의 뿌리이니라."

"나오신 뒤에는 어떠합니까?"

"금강이 힘을 쓰니 눈알이 나온다."

대사가 상당하여 잠자코 있다가 말했다.

"크게 욕을 보셨소. 잘 있으시오."

소주韶州 창락현昌樂縣 황련산黃連山 의초義初 선사

그의 호는 명미明微 대사이다. 어떤 이가 물었다.

"3승乘 12분교分教는 묻지 않겠지만, 입을 열고서도 대답하지 않는 말을 스님께 청합니다."

"보화대寶華臺 위에서 고금古今을 정하느니라."

"어떤 것이 보화대 위에서 고금을 정하는 것입니까?"

"먹물 한 점이 몸을 바꾸어도 옮기지 않았다."[19]

"학인은 전체全體를 알지 못하겠으니, 스님께서 말씀해 주십시오."

"신령한 자각[靈覺]은 비록 구르더라도 허공 꽃은 떨어지지 않는다."

---

19 스님 현고玄高의 일이다. 그가 죽으려 할 때에 그의 어머니에게 말하기를 "나는 조종趙宗의 집안에 큰 인연이 있으니 내생에는 그 집안에 태어나겠다"라고 하고 그 표시로 오른쪽 겨드랑이에 먹을 찍었는데, 조씨네 집에 태어난 아기가 과연 그 자리에 먹이 있었다는 고사이다.

"옛길에 자취가 없으니, 어떻게 나아가겠습니까?"
"해〔金烏〕가 수미산을 돌아도, 원래 겁劫과 더불어 동시同時이다."
"그렇다면 피안에 도달할 수 있습니다."
"황하黃河는 3천 년에 한 차례 맑아지느니라."

광남廣南 유劉씨가 대사의 덕화를 듣고 고을로 청해서 설법케 했는데, 어떤 스님이 물었다.
"인왕人王과 법왕法王이 만날 때에는 어떠합니까?"
"두 거울이 서로 비추니, 만상萬象이 역력하니라."
"법왕의 심요心要를 달마가 서쪽으로 전하고, 5조는 이를 조계의 6조에 전한 뒤에 다시는 의발을 전하지 않았다고 하는데, 모르겠습니다만 벽옥의 섬돌 앞에서는 무엇을 부촉하시렵니까?"
"돌염소〔石羊〕가 물위를 다니고, 나무말〔木馬〕이 밤에 어린 망아지로 변했다."
"그렇다면 우리 국왕이 위덕이 있어서 만국이 조공을 바치러 오겠습니다."
"당시 사람이 모두 태평가太平歌를 부른다."
"어떤 것이 부처입니까?"
"가슴에 만卍자를 쓰고 등에는 원광圓光을 지고 있느니라."
"어떤 것이 도입니까?"
대사가 두 손을 펴서 보이니, 스님이 다시 물었다.
"부처와 도의 거리는 얼마나 됩니까?"
"물〔水〕인 듯 물결〔波〕인 듯하니라."

소주韶州 혜림慧林 홍구鴻究 선사

호는 묘제妙濟 대사이다.

어떤 스님이 물었다.

"천 성인이 항상 이 길을 걸었다고 하는데, 어떤 것이 이 길입니까?"

"과연 보지 못하는구나."

"노조魯祖 화상이 벽을 향해 앉은 뜻이 무엇입니까?"

"어디에 씻을 곳이 있는가?"

"어떤 것이 급하고 간절한 일입니까?"

"둔한 놈이로구나."

"어떤 것이 화상의 가풍입니까?"

"제방諸方의 사례〔例〕가 크니라."

"선정과 지혜를 균등히 배워서 이理의 성품을 분명히 보는 것은 어떠합니까?"

"절〔梵宇〕을 새로 짓는 일이다."

앞의 앙산仰山 서탑西塔 광목光穆 선사의 법손

길주吉州 자복資福 여보如寶 선사

어떤 스님이 물었다.

"어떤 것이 근기에 감응하는 구절입니까?"

대사(여보)가 잠자코 있으니, 또 물었다.

"어떤 것이 현묘한 종지입니까?"

"그대는 나를 위해 문을 닫아 주게."

"노조魯祖 화상이 벽을 향해 앉은 뜻이 무엇입니까?"

"전혀 관련이 없느니라."

"어떤 것이 위로부터 전하는 참되고 바른 안목입니까?"

대사가 가슴을 치면서 말했다.

"아이고, 아이고."

"여쭈어 본들 무슨 해로움이 있겠습니까?"

"곤하다."

"그것도 배움을 받아들입니까?"

"땅에다 괭이질을 해서 허공을 가꾼 적은 없노라."

"어떤 것이 납승衲僧의 급하고 절박한 곳입니까?"

"이 질문을 지나치지 않는다."

"학인이 묻기 전에 스님께서 말씀해 주십시오."

"흥."

"제방諸方에서 모두가 묘한 작용을 하는데, 화상께서는 여기서 어찌하십니까?"

"흥."

"옛사람은 망치를 쳐들거나 불자를 세웠는데, 그 이치가 무엇입니까?"

"아瘂."

"어떤 것이 열반문涅槃門으로 통한 외길입니까?"

대사가 손가락을 한 차례 튀기고 또 두 손을 벌려 보이자, 스님이 말했다.

"어떻게 이해하오리까?"

"가을 달이 밝거늘 그대 스스로 8, 9일에 설치고 다니는 것이 아닌가?"

"어떤 것이 화상의 가풍입니까?"

"밥 먹은 뒤에 차 석 잔이니라."

어느 날 대사가 방석〔蒲團〕을 번쩍 들고 대중에게 보이면서 말했다.

"불보살들과 이理에 들어간 성인들이 모두가 이 속에서 나왔다."

그리고는 내동댕이치고 가슴을 헤치면서 말했다.

"어떤가?"

대중들이 아무도 대답하지 못했다.

어떤 스님이 물었다.

"학인이 처음으로 총림에 들어와서 여름도 다 끝나 가는데 화상의 가르침을 받지 못하였으니, 바라옵건대 손을 잡아서 건져 주십시오."

대사가 그 스님을 때리면서 말했다.

"나도 주지를 한 이래로 한 스님의 눈도 멀게 한 적이 없다."

어느 때 대사가 앉아서 한참 동안 가만히 있다가 좌우를 돌아보면서 말했다.

"알겠는가?"

대중이 말했다.

"모릅니다."

"모른다면 그대들을 속였구나."

어느 날 대사가 방석을 머리에 얹고서 말했다.

"그대들은 이런 때에 함께 이야기하기 어렵다."

대중이 아무도 대답하지 못했다. 대사는 앉으려 하다가 얼른 말했다.

"그래도 비슷할 뿐이다."

앞의 관계灌谿 지한志閑 선사의 법손

지주池州 노조산魯祖山 교敎 화상

어떤 스님이 물었다.

"어떤 것이 눈앞의 일입니까?"

"실같이 가는 대나무[絲竹]로는 아직 악기를 만들지 못하고, 시렁 위의 호리병박[葫蘆]도 역시 거두어 쓰지 못한다."

"어떤 것이 쌍림雙林의 나무입니까?"

"모습 있는 몸속[有相身中]의 모습 없는 몸[無相身]이니라."

"어떤 것이 모습 있는 몸속의 모습 없는 몸입니까?"

"금향산金香山 밑의 철곤륜鐵崑崙이니라."

"어떤 것이 높은 봉우리에서 혼자 사는 사람입니까?"

"한밤중에 해가 밝고, 한낮에 3경更의 종을 치느니라."

"어떤 것이 격格 밖의 일입니까?"

"교화의 인연이 끝난 뒤의 허공 저쪽이니라."

"나가려 해도 문이 없을 때에는 어찌합니까?"

"이 둔한 친구야."

"둔한 근기는 아니라 해도 당장 나아가려는데 문이 없을 때에는 어찌합니까?"

"신령스런 근기는 변제邊際를 의논하지 않고, 법을 끝없이 집착하는 이는 어둠 속에 있다."

"어떤 것이 학인이 힘을 써야 할 곳입니까?"

"봄이 오면 풀은 스스로 푸르고, 달이 뜨니 이미 하늘이 밝았구나."

"어떤 것이 힘을 쓰지 않을 곳입니까?"

"무너지는 산에서 돌덩이가 떨어지고, 평평한 개울에서 타오르는 불길이 흘러간다."

위부魏府 흥화興化 존장存奬 선사의 법손

여주汝州 보응寶應 화상〔또는 남원南院 제1세 주지. 즉 혜옹慧顒 선사라고도 한다.〕

상당하여 대중에게 말했다.

"붉은 살덩이 위에 천길 벽이 서 있다."

이때에 어떤 스님이 물었다.

"붉은 살덩이 위에 천길 벽이 서 있다 함은 어찌 화상의 도가 아니겠습니까?"

"그렇다."

그 스님이 선상을 흔들자, 대사가 "이 눈먼 나귀 놈〔瞎驢〕아" 하면서 때렸다.

대사가 어떤 스님에게 물었다.

"최근에 어디서 떠나왔는가?"

"장수長水에서 왔습니다."

"동쪽으로 흐르는가, 서쪽으로 흐르는가?"

"전혀 그렇지 않습니다."

"왜 그런가?"

스님이 하직을 고하자, 대사가 때려서 법당에서 쫓아냈다.

어떤 스님이 와서 뵙자, 대사가 불자를 들었다. 이에 스님이 말했다.

"오늘 실례했습니다."

대사가 불자를 놓아 버리니, 스님이 말했다.

"아직도 그런 것이 있네요."

대사가 방망이로 때렸다.

대사가 어떤 스님에게 물었다.

"요즈음 어디서 떠나왔는가?"

"근래에 양주襄州에서 왔습니다."

"무엇 하러 왔는가?"

"화상께 예배하려고 특별히 왔습니다."

"때마침 보응寶應 노장이 없을 때에 왔군."

그 스님이 할을 하자, 대사가 말했다.

"그대에게 있지 않다고 말했거늘 할을 해서 무엇 하겠는가?"

그 스님이 또 할을 하니, 대사가 때렸다. 그 스님이 절을 하자, 대사가 말했다.

"이 방망이의 본분은 그대가 나를 때리면 나도 그대를 때리기를 셋, 다섯 방망이 계속해서 이 이야기가 크게 행해지길 기대한 것이다."

사명思明 화상이 서원西院에 살기 전에 뵈러 와서 절을 한 뒤에 아뢰었다.

"별로 좋은 선물이 없기에 허주許州에서 강서江西의 체도剃刀 하나를 사 가지고 와서 화상께 바칩니다."

"그대가 허주에서 왔다면서 어떻게 강서의 체도를 구했는가?"

사명이 대사의 손을 한 차례 당기자, 대사가 말했다.

"시자야, 거두어들여라."

사명이 소매를 떨치고 떠나자, 대사가 이렇게 말했다.

"아랄랄阿剌剌."

어느 날 대사가 상당하여 말했다.

"제방에는 다만 줄탁동시(啐啄同時 : 안에서 쪼고 밖에서 쪼는 것을 동시에 함)의 안목만 갖추었지, 줄탁동시의 기용機用은 갖추지 못했다."

이때에 어떤 스님이 불쑥 물었다.

"어떤 것이 줄탁동시의 기용입니까?"

"작가作家를 만나면 줄탁하지 말지니, 줄탁동시를 잃게 된다."

"이것도 아직 제가 물은 것에 대한 대답은 아닙니다."

"그대가 물은 곳이란 또 무엇인가?"

"잃었습니다."

대사가 때리자, 그 스님이 수긍하지 않았다. 그리고 나중에 운문雲門의 회상에서 두 스님이 앞의 일을 이야기하다가 한 스님이 말하기를 "당시에 남원의 방망이가 부러졌겠군" 하니, 그 스님이 이 말을 듣고 홀연히 크게 깨닫고는 남원이 대답한 말의 뜻을 비로소 알았다. 그 스님이 다시 여주로 문안을 오니, 대사가 이미 원적(圓寂 : 涅槃)한 뒤였다. 이어 풍혈風穴 화상을 참례하였다. 풍혈이 알아차리고 곧 물었다.

"상좌는 당시 남원 선사에게 줄탁에 관한 이야기를 물었던가?"
"그렇습니다."
"알았는가?"
"이미 알았습니다."
"그대는 어떻게 알고 있는가?"
"저는 당시 등불의 그림자 속을 걷고 있는 듯하여 비추고 있으면서도 드러내지 못했습니다."
"그대는 알았다."

앞의 보수寶壽 소沼 화상의 법손

여주汝州 서원西院 사명思明 선사

어떤 사람이 물었다.
"어떤 것이 가람伽藍입니까?"
"가시덤불의 총림이니라〔荊棘叢林〕."
"어떤 것이 가람 속의 사람입니까?"
"너구리〔獾兒〕와 오소리〔狢子〕니라."
"어떤 것이 임제의 한 할〔一喝〕입니까?"
"천千 균鈞의 큰 활로는 다람쥐를 향해 쏘지 않는다."
"화상의 자비는 어디에 있습니까?"
대사가 때렸다.

종의從漪라는 스님이 방부를 들인 지 10일 만에야 입을 열었다.
"불법을 이해한 사람이라고 말하지 마십시오. 화두를 든 사람을 찾았습니까?"

대사가 듣고서 잠자코 있었다. 종의가 다른 날 법당에 올라왔는데, 대사가 "종의여" 하고 부르니, 종의가 고개를 들었다. 이에 대사가 말했다.

"틀렸다."

종의가 다시 세 걸음을 걸으니, 대사가 또 말했다.

"틀렸다."

종의가 다시 가까이 다가가자, 대사가 말했다.

"아까 두 차례 틀렸다고 한 것은 상좌 쪽의 잘못인가, 아니면 사명 노장 쪽의 잘못인가?"

"종의의 잘못입니다."

대사가 말했다.

"틀렸다."

그리고는 이어서 말했다.

"상좌여, 여기서 여름을 지내라. 그대와 함께 이 두 가지 잘못을 헤아려 주리라."

종의가 수긍하지 않고 떠났다. 나중에 상주相州의 천평산天平山에 살면서 앞의 이야기를 이렇게 말한 적이 있다.

"내가 행각을 할 때는 모진 바람에 휩쓸려서 여주로 갔는데, 서원西院 장로라는 이가 나를 감정하면서 연달아 세 번 틀렸다는 말을 하였고, 이어서 날더러 여름을 함께 지내면서 헤아려 보자고 하였다. 그러나 나는 그때 틀렸다고 여기지 않았기에 그곳을 떠났는데, 남쪽으로 가는 도중에야 문득 틀린 줄을 알았다."〔수산首山 성념省念 화상이 말하기를 "천평天平의 그런 말에 의하건대 꿈에도 서원을 보지 못했다. 무엇 때문에 나중 이야기가 있는가?"라고 하였다.〕

보수寶壽 화상〔제2세 주지〕

어떤 스님이 물었다.

"어떤 것이 조사입니까?"

"얼굴은 검고, 눈동자는 희니라."

"화성化城을 차서 쓰러뜨릴 때는 어떠합니까?"

"죽은 사람은 베지 않는다."

"베었다."

대사가 이내 때렸다.

앞의 삼성三聖 혜연慧然 선사의 법손

진주鎭州 대비大悲 화상

어떤 스님이 물었다.

"위도 제거하고 아래도 없애고서 스님께서 곧바로 말씀해 주십시오."

"내가 입을 열면 틀린다."

"참으로 학인의 스승이십니다."

"오늘 제자의 손에서 죽었구나."

치주淄州 수륙水陸 화상

어떤 스님이 물었다.

"어떤 것이 학인들이 마음을 쓸 곳입니까?"

"마음을 쓰면 틀린다."

"한 생각〔一念〕도 일으키지 않을 때에는 어떠합니까?"

"쓸모없는 놈이로구나."

“이 일을 어떻게 보임保任하리까?”

“제발 그러지 마라.”

“어떤 것이 최초의 한 구절입니까?”

대사가 문득 할을 했다.

“좁은 길에서 만날 때에는 어떠합니까?”

대사가 가슴을 움켜쥐고 한 번 때렸다.

앞의 위부魏府 대각大覺 화상의 법손

여주廬州 대각大覺 화상

어떤 이가 물었다.

“우두牛頭가 4조를 보기 전에는 어째서 새와 짐승이 꽃을 물고 왔습니까?”

“그러한 축생이 있었기 때문이니라.”

“4조를 본 뒤에는 어째서 꽃을 물고 오지 않았습니까?”

“그러한 축생이 없어졌기 때문이니라.”

여주廬州 징심원澄心院 민덕旻德 화상

홍화興化에 있을 때에 홍화 화상이 이런 설법을 하였다.

“만일 작가作家인 장수이거든 단도직입單刀直入해야지 다시는 망설이지 말라.”

이때 대사(민덕)가 나가서 절하고 일어나면서 할을 하니, 홍화도 할을 하였다. 대사가 또 할을 하니, 홍화도 다시 할을 하였다. 대사가 절을 하고는 무리 속으로 돌아가니, 홍화가 말했다.

“민덕이 오늘밤 홍화의 20방망이를 면했다. 비록 그렇다 하더라도 저 민덕이 알았더라면, 민덕은 그런 할을 하지 않았으리라."

여주汝州 남원南院 화상

어떤 이가 물었다.

"필마匹馬와 단창單槍으로 올 때에는 어찌합니까?"

"내가 방망이를 깎기를 기다려라."

"상상근기上上根器의 사람도 제접提接하십니까?"

"제접한다."

"스님께서 제접해 주십시오."

"평교(平交 : 벗)로 트자."

대사가 새로 온 스님에게 물었다.

"근래에 어디서 떠났는가?"

"한상漢上에서 떠났습니다."

"너도 잘못했고, 나도 잘못했구나."

스님은 대답이 없었다.

대사가 새로 온 스님을 보자, 꼭 붙들고 말했다.

"어찌하겠는가, 어찌하겠는가?"

스님이 대답이 없으니, 대사가 말했다.

"30년 말타기를 했는데, 오늘 당나귀에게 차였다."〔어디서는 "말 재주〈馬伎〉를 배웠다"라고도 했고, 어디서는 "말 타는 재주를 배웠다"라고도 하였다.〕

어떤 스님이 새로 오자, 대사가 말하였다.

"졌다."

그리고는 주장자를 던졌다. 이에 스님이 말했다.

"그렇게 말을 하시다니요."

대사가 문득 때렸다.[20]

---

20 신수대장경에 의하면 이 부분에 제12권의 앞머리에서 나온 회양懷讓 선사의 제4세 법손 가운데 홍주洪州 황벽산黃蘗山 희운 선사의 법손인 진주鎭州 임제臨濟 의현義玄 선사까지의 내용이 중복되어 나오고 있으므로 다시 해석을 하지 않았다.

경덕전등록 제 13 권

회양懷讓 선사와 조계曹溪에서 따로 나온 이가 모두 77인이다.〔회양懷讓 선사의 제7세에서 제9세까지이고, 조계曹溪의 별출別出 제2세에서 제6세까지이다.〕

회양懷讓 선사의 제7세 11인〔7세를 혹 9세라고도 함〕

영주郢州 파초산芭蕉山 혜청慧淸 선사의 법손 4인

영주郢州 흥양興陽 청양淸讓 선사

홍주洪州 유곡산幽谷山 법만法滿 선사

〔이상 2인은 기록에 보임〕

영주郢州 흥양興陽 의심義深 선사

파초산芭蕉山의 제2세 주우住遇 선사

〔이상 2인은 기연할 어구가 없으므로 기록하지 않음〕

길주吉州 자복資福 여보如寶 선사의 법손 4인

길주吉州 자복資福 정수貞邃 선사

길주吉州 복수福壽 화상

담주潭州 녹원鹿苑 화상

〔이상 3인은 기록에 보임〕

담주潭州 보자報慈 덕소德韶 대사

〔1인은 기연할 어구가 없으므로 기록하지 않음〕

여주汝州 보응寶應 화상의 법손 1인〔곧 남원南院 옹顒임〕

여주汝州 풍혈風穴 연소延沼 선사

여주汝州 서원西院 사명思明 선사의 법손 1인은 기록에 보인다.

영주郢州 흥양興陽 귀정歸靜 선사

소주韶州 혜림慧林 홍구鴻究 선사의 법손 1인은 기록에 보인다.

소주韶州 영서靈瑞 화상

회양懷讓 선사의 제8세 6인

여주汝州 풍혈風穴 연소延沼 선사의 법손 4인

여주汝州 광혜廣慧 진眞 선사

여주汝州 수산首山 성념省念 선사

〔이상 2인은 기록에 보임〕

봉상鳳翔 장흥長興 화상

담주潭州 영천靈泉 화상

〔이상 2인은 기연할 어구가 없으므로 기록하지 않음〕

담주潭州 보자報慈 귀진歸眞 대사 덕소德韶의 법손 2인

기주蘄州 삼각산三角山 지겸志謙 선사

영주郢州 흥양興陽 사탁詞鐸 선사

〔이상 2인은 기록에 보임〕

회양懷讓 선사의 제9세 1인

여주汝州 수산首山 성념省念 선사의 법손 1인은 기록에 보인다.

분주汾州 선소善昭 선사

〔1인은 기록에 보이며, 찬송讚頌 권말卷末에 덧붙임〕

조계曹谿에서 따로 나온 제2세 30인

나부산羅浮山 정진定眞 화상의 법손 1인

나부산羅浮山 영운靈運 선사

〔1인은 기연할 어구가 없으므로 기록하지 않음〕

제공산制空山 도진道進 화상의 법손

형주荊州 현각玄覺 선사

〔1인은 기연할 어구가 없으므로 기록하지 않음〕

소주韶州 하회전下回田 선쾌善快 화상의 법손 1인

선오善悟 선사

〔1인은 기연할 어구가 없으므로 기록하지 않음〕

사공산司空山 본정本淨 화상의 법손 1인

중사中使 양광정楊光庭

〔1인은 기연할 어구가 없으므로 기록하지 않음〕

연소緣素 화상의 법손 2인

소주韶州 소도진小道進 선사

소주韶州 유적遊寂 선사

〔이상 2인은 기연할 어구가 없으므로 기록하지 않음〕

기타祇陀 화상의 법손 1인

형주衡州 도천道倩 선사

〔1인은 기연할 어구가 없으므로 기록하지 않음〕

남양南陽 혜충慧忠 국사의 법손 5인〔1인은 기록에 보임〕

길주吉州 탐원산耽源山 진응眞應 선사〔1인은 기록에 보임〕

당唐 숙종肅宗 황제皇帝

당唐 대종代宗 황제

개봉開封 손지고孫知古

등주鄧州 향엄香嚴 유계惟戒 선사

〔이상 4인은 기연할 어구가 없으므로 기록하지 않음〕

낙양洛陽 하택荷澤 신회神會 대사의 법손 18인

황주黃州 대석산大石山 복림福琳 선사

기수沂水 몽산蒙山 광보光寶 선사

〔이상 2인은 기록에 보임〕

자주磁州 법여法如 선사

회안군懷安郡 서은산西隱山 진평進平 선사

예양澧陽 혜연慧演 선사

하양河陽 회공懷空 선사

남양南陽 원진圓震 선사

의춘宜春 광부廣敷 선사

강릉江陵 행각行覺 선사

오대산五臺山 신영神英 선사

오대산五臺山 무명無名 선사

남악南嶽 호옥皓玉 선사

선주宣州 지만志滿 선사

부주涪州 낭朗 선사

광릉廣陵 영탄靈坦 선사

영주寧州 통은通隱 선사

익주益州 남인南印 선사

하남윤河南尹 이상李常

〔이상 16인은 기연할 어구가 없으므로 기록하지 않음〕

조계曹谿에서 따로 나온 제3세 9인

하회전下回田 선오善悟 선사의 법손

담주潭州 무학無學 선사

〔1인은 기연할 어구가 없으므로 기록하지 않음〕

형주衡州 도천道倩 화상의 법손

호남湖南 여보如寶 선사

〔1인은 기연할 어구가 없으므로 기록하지 않음〕

탐원산耽源山 진응眞應 화상의 법손

길주吉州 정수貞邃 선사

〔1인은 기연할 어구가 없으므로 기록하지 않음〕

자주磁州 법여法如 화상의 법손

형남荊南 유충惟忠 선사

〔1인은 기연할 어구가 없으므로 기록하지 않음〕

하양河陽 회공懷空 화상의 법손

채주蔡州 도명道明 선사

〔1인은 기연할 어구가 없으므로 기록하지 않음〕

오아산烏牙山 원진圓震 선사의 법손

오吳 두타頭陀

사면산四面山 법지法智 선사

〔이상 2인은 기연할 어구가 없으므로 기록하지 않음〕

오대산五臺山 무명無名 선사의 법손 1인

오대五臺 화엄華嚴 징관澄觀 대사

〔1인은 기연할 어구가 없으므로 기록하지 않음〕

익주益州 남인南印 화상의 법손 1인

의면義俛 선사

〔1인은 기연할 어구가 없으므로 기록하지 않음〕

조계曹谿에서 따로 나온 제4세 5인

형남荊南 유충惟忠 선사의 법손 4인〔충忠 선사를 남인南印으로도 부름〕

도원道圓 선사

익주益州 여일如一 선사

봉국奉國 신조神照 선사

여산廬山 동림東林 아雅 선사

〔이상 4인은 기연할 어구가 없으므로 기록하지 않음〕

오吳 두타頭陀의 법손 1인

현고玄固 선사

〔1인은 기연할 어구가 없으므로 기록하지 않음〕

조계曹谿에서 따로 나온 제5세 4인

수주遂州 도원道圓 선사의 법손 1인은 기록에 보인다.

종남산終南山 규봉圭峰 종밀宗密 선사

봉국奉國 신조神照 선사의 법손

진주鎭州 상일常一 선사

활주滑州 지원智遠 선사

녹대鹿臺 현수玄邃 선사

〔이상 3인은 기연할 어구가 없으므로 기록하지 않음〕

조계曹谿에서 따로 나온 제6세 11인

규봉圭峰 종밀宗密 선사의 법손

규봉圭峰 온溫 선사

자은사慈恩寺 태공太恭 선사

흥선사興善寺 태석太錫 선사

만승사萬乘寺 종宗 선사

서성사瑞聖寺 각覺 선사

화도사化度寺 인유仁瑜 선사

〔이상 6인은 기연할 어구가 없으므로 기록하지 않음〕

녹대鹿臺 현수玄邃 선사의 법손

용흥龍興 염念 선사

〔1인은 기연할 어구가 없으므로 기록하지 않음〕

활주滑州 지원智遠 선사의 법손

팽문彭門 심용審用 선사

원소圓紹 선사

상방上方 진眞 선사

동경東京 법지法志 선사

〔이상 4인은 기연할 어구가 없으므로 기록하지 않음〕

회양懷讓 선사의 제7세

앞의 영주郢州 파초산芭蕉山 혜청慧淸 선사의 법손

영주郢州 흥양산興陽山 청양淸讓 선사

어떤 스님이 물었다.

"대통지승불大通智勝佛이 10겁을 도량에 앉았어도 불법이 현전하지 않아서 불도를 이루지 못했을 때는 어떠합니까?"

대사가 대답했다.

"그 질문이 매우 지당하니라."

“이미 도량에 앉았는데 어째서 불도를 이루지 못했습니까?”
“그가 부처가 되지 못했기 때문이다.”

홍주洪州 유곡산幽谷山 법만法滿 선사

스님이 물었다.
“어떤 것이 도입니까?”
대사가 잠자코 있다가 말했다.
“알겠는가?”
“학인은 잘 모르겠습니다.”
“도를 이야기할 때는 말끝에 소리 없이 심오한 종지를 거양擧揚하니, 정녕 선의 요체를 바로 지금 알아들어야지 넋 놓고 따로 나중을 기약해서는 안 된다.”

앞의 길주吉州 자복資福 여보如寶 선사의 법손

길주吉州 자복資福 정수貞邃 선사〔제2세 주지〕

어떤 스님이 물었다.
“화상께서 고인古人을 보았을 때에 어떤 뜻을 얻었기에 문득 쉬셨습니까?”
대사가 원상圓相을 그려 보였다.
“어떤 것이 고인의 노래입니까?”
대사가 또 원상을 그려 보였다.
“어떤 것이 최초의 한 구절입니까?”
“세계가 아직 갖추어지기 전에 그대〔闍梨〕도 여기에 있었느니라.”
“백장百丈이 자리를 걷은 뜻이 무엇입니까?”

대사가 잠자코 있었다.

또 물었다.

"고인이 말하기를 전삼삼前三三 후삼삼後三三이라 한 뜻이 무엇입니까?"

"그대의 이름은 무엇인가?"

"아무개입니다."

"차나 마시거라."

대사가 대중에게 말했다.

"강江을 사이에 두고 자복資福의 찰간刹竿을 보고서 문득 돌아가더라도 그의 발꿈치에 30방망이를 때려야 하거늘, 하물며 강을 건너온 때이겠는가?"

그때 어떤 스님이 나서려고 하자, 대사가 말했다.

"함께 이야기할 만하지 못하다."

"어떤 것이 옛 부처님의 마음입니까?"

"산하대지山河大地이니라."

길주吉州 복수福壽 화상

어떤 스님이 물었다.

"조사의 뜻과 교리의 뜻이 같습니까, 다릅니까?"

대사가 손을 벌렸다.

"문수는 사자를 타고 보현은 코끼리를 탔는데, 석가는 무엇을 탑니까?"

대사가 손을 들고 말했다.

"사사邪邪."

담주潭州 녹원鹿苑 화상

어떤 스님이 물었다.

“다른 국토에서 부처를 이루면 달리 이름이 있습니까?”

대사가 원상을 그려 보였다.

“어떤 것이 녹원의 한 길입니까?”

“길료吉嘹[1]의 혀끝으로 물어라.”

“어떤 것이 문을 닫고 수레를 만드는 것입니까?”

“남악南嶽의 돌다리이니라.”

“어떤 것이 문을 나서서 바퀴 자국과 합하는 것입니까?”

“주장자 끝에 짚신이 걸렸느니라.”

대사가 상당하여 손을 벌리고 말했다.

“천하의 노화상과 여러분들의 목숨이 모두 이 손안에 있다.”

어떤 스님이 나서서 말했다.

“거둘 수 있습니까?”

“천태산天台山의 오른쪽 돌다리이니라.”

“저는 그렇지 않습니다.”

“복유상향伏惟尙饗.”

“어떤 것이 세존께서 설함 없이 설한 것입니까?”

“수미산이 거꾸러졌다.”

“어떤 것이 가섭의 들음 없는 들음입니까?”

“대해大海가 다 말랐느니라.”

---

1 새의 이름이다.

앞의 여주汝州 보응寶應 화상의 법손〔남원南院이라고도 한다.〕

여주汝州 풍혈風穴 연소延沼 선사

그는 여항餘杭사람이니, 처음에 월주越州 경청鏡淸 순덕順德 대사에게 출가하였다. 그러나 깊은 경지에 이르지 못하다가 이윽고 양주襄州의 화엄원華嚴院에 가서 수랑守廊 상좌를 만나니, 그가 곧 여주汝州 남원南院의 시자侍者였다. 그리하여 남원의 종지를 은밀히 탐구하게 되었다.

처음 남원을 뵐 때는 절도 하지 않은 채 불쑥 물었다.

"입문入門해서는 모름지기 주인〔主〕를 가려내야 하는데, 그 참된 뜻을 스님께서 분별해 주십시오."

남원이 왼손으로 무릎을 만지자, 대사가 할을 하였다. 남원이 다시 오른손으로 무릎을 만지자, 대사가 또 할을 하였다. 이에 남원이 왼손을 들면서 말했다.

"이것은 그대를 따르겠지만."

남원이 다시 오른손을 들면서 말했다.

"이것은 또 어찌하겠는가?"

대사가 말했다.

"눈멀었구나."

남원이 주장자를 들려는데, 대사가 말했다.

"무엇을 하려고요? 주장자를 뺏어서 노화상을 때려도 말하지 못했다고 하지 마십시오."

남원이 말했다.

"30년 주지를 지냈으나, 오늘에야 누런 얼굴의 절강성 사람이 문턱에 와서 비단 짜는 꼴을 보았다."

"화상은 마치 발우도 얻지 못한 이가 거짓으로 시장하지도 않다고 말하는 것 같습니다."

"그대는 언제 남원에 왔는가?"

"그게 무슨 말씀입니까?"

"노승이 분명한 일을 그대에게 물었느니라."

"그래도 놓치지 말아야 합니다."

"우선 앉아서 차나 마셔라."

대사가 비로소 제자의 예를 올렸다. 이후부터 위산潙山과 앙산仰山의 예언에 따라 세상에 드러나서 무리를 모으니, 남원의 법이 이로 말미암아 모든 지역에서 크게 떨쳤다.

대사가 상당하여 대중에게 말했다.

"무릇 현묘한 법을 배우는 안목은 근기에 따라서 적절하게 곧바로 대용大用이 나타나는 것이니, 사소한 절차에 스스로 구애되어서는 안 된다. 설사 말하기 전에 깨달았다 해도 껍질에 걸리고 경계에 미혹하는 것이요, 비록 말한 뒤에 정밀하게 통한다 하여도 가는 곳마다 미친 소견〔狂見〕을 면치 못한다. 그대들 여러 사람을 관찰하건대 전부터 남으로 인해 앎을 일으키느라, 밝고 어두운 두 갈래 길로 미혹했지만, 이제는 이것을 일시에 쓸어버리고 낱낱의 사람마다 큰 사자가 땅에 버티고 선 채 외마디 포효하면서 천 길 벼랑 위에 서 있는 것처럼 하리니, 누가 감히 똑바로 바라보겠는가? 만일 쳐다보는 이가 있으면 당장에 그의 눈을 멀게 하리라."

대사는 또 정주郢州 관아〔衙〕에 가서 자리에 올라 대중에게 보였다.

"조사祖師의 심인心印은 마치 무쇠 소의 기용〔鐵牛之機〕과 같아서 가면 도장 문채가 머물고, 머무르면 도장 문채가 깨진다. 만일 가지도 머물지도 않는다면, 도장 문채를 찍는 것이 옳은가, 찍지 않는 것이 옳은가. 대중들 중에서 말할 수 있는 자가 있는가?"

이때 노피盧陂 장로가 물었다.

"학인에게는 무쇠 소의 기용이 있으니, 스님께서는 도장을 그냥 두지 마십시오."

대사가 말했다.

"원래 고래를 잡기 위해서 맑고 큰 물에 들어가야 하는데, 안타깝게도 개구리 걸음을 하며 진흙 모래 위를 헤매는구나."〔『경공사원卿公事苑』에서 말하기를 "와蛙는 마땅히 와(洼 : 개울)로 써야 한다"고 하였으니, 이른바 말〈馬〉이 진흙 개울〈渥洼水〉에서 나온다는 것이다. 풍혈風穴이 말한 뜻은 훌륭한 말이 맑은 물에서 나왔으나 도리어 진흙 개울에서 뒹군다고 한 것이 그 뜻이다. 이 책에서 '와蛙'라 함은 청개구리〈蝦蟆〉이니, 어찌 말 걸음을 하고서 뒹굴 수 있겠는가? 전驙은 장張과 선扇의 반절이다.〕

노피가 가만히 생각하고 있으니, 대사가 할을 하고서 말했다.

"장로는 어째서 말을 하지 않는가?"

노피가 나아가 말하려고 하는데, 대사가 불자로 입을 때리며 말했다.

"앞의 말을 기억하는가? 말해 보라."

노피가 입을 열려고 하는데, 대사가 불자로 또 한 번 때렸다. 그러자 목주(牧主 : 군수)가 말했다.

"불법佛法과 왕법王法은 똑같군요."

"어떤 도리를 보았는가?"

"끊어야 할 것을 끊지 않으면, 도리어 재앙을 불러들이게 됩니다."

대사가 자리에서 내려왔다.

대사가 상당하니, 어떤 스님이 물었다.

"스님께서는 어떤 가풍의 곡조를 노래하고, 누구의 종풍宗風을 이으셨습니까?"

"초연히 위음威音부처님 밖을 멀리 벗어났거늘, 부질없이 한 다리를 쳐들고서 저사底沙부처님을 찬탄하는구나."〔『본생경本生經』에서 말하기를 "아주 오랜 옛날에 저사底沙라는 부처님께서 계셨고, 이때에 두 보살이 있었는데 하나는 석가이고, 하나는 미륵이었다. 그 부처님께서 관찰하니 석가보살만이 홀로 마음이 아직 익지 않았을 뿐, 다른 제자들의 마음은 이미 익고 있었다. 이에 생각하기를 '한 사람의 마음은 교화하기 쉽고 뭇 사람의 마음은 빨리 다스리기 어렵다' 하고, 바로 설산에 올라가서 보굴寶窟 속에 들어 큰 선정에 들었다. 이때에 석가보살이 외도 선인의 몸으로 있으면서 약을 캐러 산에 올라왔다가 저사부처님을 보았다. 부처님을 뵙고는 기뻐하며 공경하는 마음을 내어 한 발을 들고 합장하고서 부처님을 향하여 일심으로 우러러 뵙되 잠시도 눈을 깜빡이지 않았다. 이렇게 7일 낮과 7일 밤을 지니면서 게송으로 부처님을 찬탄하기를 '하늘 위나 하늘 아래에 부처님과 같을 이가 없고, 시방세계에도 견줄 이가 없나이다. 세계에 있는 것을 내가 두루 보았지만 모두가 부처님과 같은 이가 없나이다'라고 하였다. 이 까닭에 9겁劫의 수행을 초월하여 91겁 만에 아뇩보리阿耨菩提를 이루었다"라고 하였다.〕

"옛 곡조에 음률이 없는데 어찌해야 화합해서 가지런해질 수 있겠습니까?"

"나무 닭이 밤중에 울고, 풀로 만든 개가 대낮에 짖는다."

"어떤 것이 나무불南無佛을 한 번 부르는 것입니까?"

"봉시등鳳翅燈이 이어져서 집 앞을 비추고, 달그림자가 아미산〔娥眉〕에 걸려서 얼굴을 기울이며〔頓〕 본다."〔비頓자는 필匹과 미迷의 반절이다. 고개를 갸우뚱한다는 뜻이다.〕

"어떤 것이 부처입니까?"

"어떤 것이 부처가 아닌가?"

"현묘한 말씀을 깨닫지 못하겠으니, 스님께서 직접 말씀해 주십시오."

"집이 해문주海門洲에 있으니, 동쪽에서 돋은 해가 가장 먼저 비춘다."

"둥근 달이 중천에 떴을 때는 어떠합니까?"

"하늘에서 굴러온 적이 없으니, 마음대로 땅에다[2] 묻어라."

"어떤 것이 부처입니까?"

"바람결에 우짖는 나무말에게는 굴레를 씌울 수 없고, 등에 뿔이 솟은 진흙 소에게는 아프게 채찍질을 한다."

"어떤 것이 광혜廣慧의 검입니까?"

"죽은 놈은 베지 않는다."

"옛 거울을 아직 갈지 않았을 때는 어떠합니까?"

"천마天魔의 간담이 찢어지느니라."

"검을 간 뒤에는 어떠합니까?"

"헌원軒轅의 도가 없어졌느니라."

"둥근 달이 중천에 닿았을 때는 어떠합니까?"

"둥근 하늘〔圜天〕〔또는 원천圓天이라고도 한다.〕에만 있지 않고 마을 집에도 거처하느니라."

---

2 그 스님이 스스로를 둥근 달에 견주었으므로 제지한 말이다.

"창과 방패[矛盾]를 처음 만든 것은 걱정을 서로서로 막은 것이지만, 제망帝網의 밝은 구슬은 그 일이 어떠합니까?"

"산을 만든 것은 아홉 길 높이에 오르기 위함이요, 한 줌의 흙은 천 근의 무게를 누른다."

"어떠합니까?"

"어떠한가?"

"간목(干木 : 周의 名士)이 문후(文侯 : 魏의 왕)를 받들 때에 그 마음을 아는 이가 몇이나 됩니까?"

"소년 시절에는 용사龍蛇의 진陣을 부수기도 했는데, 늙어서는 도리어 나무꾼들의 노래나 듣는다."

"어떤 것이 청량산淸涼山 안의 주인입니까?"

"한 구절이 무착의 물음에도 미치지 못하여, 아직껏 촌스런 중으로 남아 있다."

"언구言句가 근기에 맞지 않을 때에는 어떻게 도를 드러냅니까?"

"대묘大昴[3]가 설사 하늘과 똑같더라도 해는 정오에 이르지 않는다."

"어떤 것이 화상의 가풍입니까?"

"학鶴이 구고(九皐 : 매우 으슥하고 깊은 곳)에 있지만 날개를 펼쳐서 날기가 어렵고, 말은 천 리를 멀다 않지만 바람을 쫓기란 아득하구나."

"어떤 것이 부처입니까?"

"다른 사람이 듣지 못하게 하라."

"아직까지 있은 적이 없는 말을 스님께서 말씀해 주십시오."

---

3 서쪽에 뜨는 샛별을 말한다.

"저자에 들어서서는 긴 휘파람을 불다가 집에 돌아가서는 짧은 옷을 입는다."

"여름이 끝난 오늘에 스님의 뜻은 어떠하십니까?"

"거위〔鵝〕를 보호한 눈〔雪〕 같은 계행은 연민하지 않으나, 법랍〔蠟〕을 받은 이의 얼음 같은 계행은 기뻐한다."

"고향에 돌아갈 길이 없을 때는 어떠합니까?"

"붉게 부어오른 자리를 찬찬히 엿보아라. 그대의 평생을 빛내게 하려 할 뿐이었다."[4]

대사가 고을 관아의 청을 받아서 상당하였는데, 어떤 스님이 물었다.

"인왕人王과 법왕法王이 마주 볼 때는 어떠합니까?"

"크게 춤추면서 임천林泉을 도니, 세간에는 기쁨도 근심도 없다."

스님이 말했다.

"함께 무슨 일을 이야기하겠습니까?"

"호표암虎豹巖 앞에 일찍이 연좌宴坐했다가, 송골매 깃발〔隼旟〕[5]의 광채 속에서 참다운 종풍을 드날린다."

"잎을 따고 가지를 찾는 일은 묻지 않겠습니다. 어떤 것이 근원根源을 바로 끊는 것입니까?"

"공양을 받기 위해 새벽에 들어가고, 집〔堂〕〔또는 당(塘 : 못・제방)이라고 쓴 곳도 있다.〕에 갔다가 비를 맞으면서 돌아온다."

"온갖 물음은 모두가 억지로 꾸민 것이니, 스님께서 바로 근원

---

4 어머니의 은혜를 찬양함이니 고향에 돌아가라는 뜻이다.
5 군사의 전진을 알리는 깃발이다.

을 가리켜 주십시오."

"귀가 뚫린 나그네〔穿耳客〕는 만나기 드물지만, 배에다 표시를 하는 이〔刻舟人〕는 만나기 쉽더라."

"바로 이런 때를 당해서는 어떠합니까?"

"눈먼 거북이 나무를 만나니 편하기는 하지만, 고목 나무에 꽃이 피는 격이니 만물 밖의 봄이다."

"어떤 것이 비밀한 방〔密室〕 안의 일입니까?"

"팔짱을 끼고 고금을 논하는데, 얼굴을 돌린 채 눈썹을 찡그린다."

"흑룡〔驪龍〕의 턱 밑에 있는 여의주를 어떻게 얻습니까?"

"일찍이 바닷가에서 마른 대〔竹〕로 찔렸는데, 지금까지 거문고를 치고만 있구나."[6]

"큰 배가 허공에 흔들릴 때에는 어떻게 돛을 답니까?"

"스스로 가슴을 치지 말아야 하니, 온 집안이 보기를 좋아하지 않는다."

"바람을 쫓아도 잡기 어려우니, 앞길이 어떠하겠습니까?"

"파사(波斯 : 페르시아) 사람의 옷이 벗겨졌다."

"왕자로 탄생한 이도 급제를 빌려야 합니까?"

"한 구절로 선객의 물음을 빛내려 하나, 삼함三緘으로 고인의 기틀을 등질까 걱정이다."

"인연을 따라 변치 않는 이가 갑자기 뜻을 아는 사람을 만날 때에는 어떠합니까?"

---

6 이는 『방편경方便經』의 이야기이니, 아우가 형의 눈을 빼고 보물을 빼앗았는데, 형은 거문고에 능해서 그 거문고 소리로 인해 보물을 되찾는다는 이야기이다.

"망사를 입고 삿갓을 비켜 쓰니 1천 봉우리 속이요, 물을 끌어 채소밭에 대니 오로봉五老峰 앞이다."

"배〔舟〕에다 표시를 해서 찾아도 얻지 못하니, 당체當體의 일을 어찌해야 합니까?"

"큰 공훈은 상을 타지 않으니, 사립문 앞은 풀이 절로 깊구나."

"예로부터 고인古人들은 도장〔印〕과 도장이 서로 계합한다고 했는데, 어떤 것이 도장의 안목입니까?"

"경솔하게 말하는 이가 기틀의 변화를 아니, 젖은 영혼에게 눈물을 닦는 수건을 준다."

"여름 동안〔九夏〕 수고한 이에게 상을 주고자 하니, 스님께서 천거해 보십시오."

"굴에서 벗어나 열어젖히니 용동龍洞의 비이고, 물결에 뜬 스님이 솟아나니 발우와 바랑의 꽃이다."

"가장 처음의 자자일〔自恣〕인데 어떤 사람을 상대하리까?"

"한 줌의 향기로운 풀을 들었다가 아직 내려놓지 않았는데, 육환장六環杖의 방울〔金錫〕 소리가 허공을 뒤흔든다."

"조사께서 전해 오신 것을 스님께서 분명하게 말씀해 주십시오."

"개 한 마리는 헛되이 짖으나, 원숭이〔猱〕 천 마리는 실제로 싸운다〔啀〕."〔노猱는 마땅히 노獶라고 써야 한다. 노獶는 노奴와 도刀의 반절이다. 긴 털을 가진 사나운 개다. 노猱는 원숭이〈猴〉이니, 맞는 뜻이 아니다. 애啀의 음은 애崖이며, 개가 싸운다는 뜻이다.〕

"왕도王道와 불도佛道의 거리는 얼마나 됩니까?"

"풀로 만든 개가 짖을 때에 천지가 합하고, 나무 닭이 운 뒤에는 조사의 등불이 빛난다."

"조사의 심인心印을 스님께서 지워 주십시오."

“조사의 달이 허공을 넘으매 거룩한 지혜가 원만하니, 어느 산의 소나무인들 푸르디푸르지 않으리오?”

“대중이 다 모였으니, 스님께서 설법을 해주십시오.”

“맨발인 사람이 토끼를 쫓았는데, 나막신을 신은 사람이 고기를 먹는다.”

“공왕空王의 교법을 널리 살핀 적이 없으니, 대략이나마 현묘한 이치에 의지해서 말씀해 주십시오.”

“백옥에 흠이 없는데도 변화卞和는 발꿈치가 끊겼다.”

“어떤 것이 무위無爲의 구절입니까?”

“보배 촛불이 바로 난간에 드러나니, 붉은 광채가 태허太虛를 비춘다.”

“어떤 것이 기틀에 응하는 한 구절입니까?”

“바람을 이용하여 불을 피우니, 큰 힘이 들지 않는다.”

“맨 얼굴이 서로 드러날 때는 어떠합니까?”

“얼굴을 가리는 비단을 들어라.”

“어떤 것이 납승衲僧의 기질〔氣息〕입니까?”

“무릎으로 다니고 팔꿈치로 기는 것을 대중은 보았다.”

“‘붉은 국화가 반쯤 피어서 이미 가을이 오니, 달이 둥글어 창문을 비추네’라는 말의 뜻은 무엇입니까?”

“봉래도〔蓬島〕에 달이 뜬 것 누구나 바라보지만, 지난밤에 서리가 내린 것은 그대는 모르는가?”

“어떤 것이 곧바로 끊는 한 길〔一路〕입니까?”

“곧바로 끊음이 우회하는 것이니라.”

“어떤 것이 사자후입니까?”

“누가 그대에게 승냥이〔野干〕의 울음을 하라던가?”

"어떤 것이 진리〔諦實〕의 말입니까?"

"마음이 벽 위에 걸린 것이니라."

"마음으로도 능히 반연하지 못하고, 입으로도 말할 수 없을 때는 어떠합니까?"

"사람을 만나거든 단지 그렇게만 말하라."

"용이 맑은 못에 숨었을 때는 어떠합니까?"

"이마에 도장을 찍히고 꼬리를 잡혔구나."

"성품에 맡겨 떴다 잠겼다 할 때는 어떠합니까?"

"소를 끌어다 난간에 들이지 않느니라."

"있고 없음이 모두 갈 곳이 없을 때는 어떠합니까?"

"3월에 한가롭게 꽃 사이로 길을 노니는데, 한 집안이 근심스럽게 빗속에 문을 닫는구나."

"말하고 침묵하는 것은 이離와 미微에 상관하니〔조肇 법사法師의 『보장론寶藏論』「이미체정품離微體淨品」에서 말하기를 "들어가면 이離요 나오면 미微이니, 들어가는 이를 알면 바깥 경계가 의지할 바 없고, 나오는 미를 알면 안의 마음이 할 바가 없다. 안의 마음이 할 바가 없으면 온갖 소견이 옮기지 않고, 바깥 경계가 의지할 바가 없으면 만유萬有가 일어나지 않는다. 만유가 일어나지 않으면 생각들이 흩어지지 않고, 온갖 소견이 옮기지 않으면 적멸하여 부사의하니, 이른바 본래 맑은 본체는 이미離微하다고 하리라. 들어감에 의하여 이離라 하고, 작용에 의하여 미微라 하였으니, 혼동하면 하나의 이미 없음이 되어서 본체가 맑아 물듦이 없으므로 맑음도 없다. 본체가 미묘하여 있다고 할 수 없고, 있지 않으므로 없음도 없다"고 하였다.〕 어떻게 해야 통하면서 범함이 없겠습니까?"

"항상 강남의 3월을 생각하니, 자고새〔鷓鴣〕 우는 곳에 들꽃이 향기롭다."

"백을 알고 천을 감당할 때는 어떠합니까?"

"밤에 다니는 것을 허락하지 않으니 밝거든 오라."

"몸 둘 곳이 없을 때는 어떠합니까?"

"웅이탑熊耳塔이 열리니 두드리는 나그네가 없더라."

"어찌해야 좋습니까?"

"속히 끊어 버려라."[7]

"온 땅 위의 사람이 와서 일시에 물으면 어떻게 대답하시겠습니까?"

"백아伯牙〔혹은 자기子期라고도 한다.〕의 거문고 소리를 아는 이가 별로 없다."

"앙굴마라〔央堀〕가 부처님을 핍박할 때는 어떠합니까?"

"여러분이 보호하라."

만회감萬迴憨이 물었다.

"심인心印을 아직 밝히지 못했으니, 어찌하여야 들어갈 수 있겠습니까?"

"유수酉帥가 항복했다는 말은 들었으나, 염소를 끌고 구슬을 바치러 오는 이는 아직 보지 못했다."

"어떤 것이 임제 휘하의 일입니까?"

"걸(桀 : 暴君)이 키우는 개는 요(堯 : 聖君)를 보고도 짖는다."

"어떤 것이 화살촉을 무는 일입니까?"〔『태평광기太平廣記』에서 말하였다. "수隋의 말엽에 독군모督君謨라는 이가 있었다. 눈을 감고도 활을 잘 쏘았는데, 그가 눈에다 조준을 하면 눈에 맞고 입에다 조준을 하

7 어찌해야 좋을까 하는 마음 자체를 끊으라고 한 것이다.

면 입에 맞았다. 이때에 왕영지王靈智라는 이가 독군모에게 활쏘기를 배워서 그 묘함이 극진했다. 그리하여 독군모를 죽이고 자기가 명성을 독차지하려 하니, 독군모가 단도短刀 하나를 들고 화살이 날아오는 대로 칼로 끊어 버렸다. 그 가운데 화살 하나만은 독군모가 입을 벌려 받고는 그 촉을 씹고 웃으면서 말하기를 '네가 3년 동안 배웠지만 화살촉 무는 법은 가르치지 않았다'고 하였다."〕

"맹랑하게도 언사를 빌려서 말의 뿔〔馬角〕을 이야기하는구나."

"선정과 지혜를 닦지 않았거늘, 어찌하여 부처를 이루는 것을 의심하지 않습니까?"

"황금 닭은 오로지 새벽을 알리는데, 칠통漆桶에서는 검은빛을 뿜는구나."

"한 생각이 만년萬年일 때는 어떻습니까?"

"바위 위를 털다가 선인의 옷〔仙衣〕이 해어졌다."

"큰 종을 치기 전에는 어떠합니까?"

"대천세계에 음률이 퍼지지 않은 곳이 없지만, 묘하게 그윽한 운치를 머금은 것을 어찌 분별할 수 있으랴?"

"종을 친 뒤에는 어떠합니까?"

"석벽石壁과 산하山河에도 걸림이 없으니, 가림이 없어져서 열린 뒤에는 엿듣는 것을 좋아한다."

"어떤 것이 서쪽에서 오신 뜻입니까?"

"산과 물이 다함을 찾으나 산은 다함이 없다."

"대인의 모습〔大人相〕을 어째서 갖추지 못하는 것입니까?"

"올빼미가 밤중에 새매를 속인다."

"예전과 지금이 자못 나뉘었으니, 스님께서 은밀한 요체를 가리켜 주십시오."

"겹겹으로 겹친 혀를 끊어라."

"어떤 것이 대인大人의 모습입니까?"

"홀딱 발가벗었느니라."

"화상께서의 두 때〔二時〕[8]는 어떠합니까?"

"머루 넝쿨을 휘어잡고, 지팡이를 끄느니라."

"어떤 것이 손님 가운데 주인입니까?"

"저자에 들어가서 두 눈동자가 멀었느니라."

"어떤 것이 주인 가운데 손님입니까?"

"천자의 수레를 타고 돌아오는 길에 일월의 광명〔兩曜〕이 새로우니라."

"어떤 것이 손님 가운데 손님입니까?"

"눈썹을 찡그리면서 흰 구름에 앉는다."

"어떤 것이 주인 가운데 주인입니까?"

"삼척검〔三尺〕의 칼날을 갈아서 불평하는 사람을 벤다."

"어떤 것이 괭이 끝의 뜻입니까?"

"산 앞이 한 조각 푸름이니라."

"어떤 것이 부처입니까?"

"장림산杖林山 밑의 대〔竹〕 뿌리 채찍이니라."〔『서역기西域記』에서 말하기를 "옛적에 마갈타국摩竭陀國에 바라문이 있었는데, 석가모니부처님의 신장이 장육(丈六 : 16자)이란 말을 듣고 믿지 않았다. 그리하여 16자 되는 대 지팡이로 부처님의 신장을 재려 하였으나, 항상 지팡이 높이보다 16자 위로 솟았다. 이리하여 차츰 높아지므로 실제 키를 끝내 재지 못하고 드디어 지팡이를 던지고 가 버렸는데, 그 뿌리에서 대밭〈竹

---

8 아침과 낮을 말한다.

林)이 생겨 지금도 울창한 대나무가 산골짜기를 덮고 있다"고 하였다.]

대사는 대송大宋 개보(開寶, 973) 6년 계유癸酉 8월 1일에 법상에 올라 게송을 말하고, 15일에 가부좌를 맺은 상태로 열반하였다. 떠나기 하루 전에 손수 글을 써서 단월들에게 이별을 알리니, 수명은 87세이고 법랍은 59세였다.

앞의 여주汝州 서원西院 사명思明 선사의 법손

정주郢州 흥양興陽 귀정歸靜 선사

처음 서원西院에 가서 선사를 뵙고 물었다.

"물으려다가 묻지 않는 때는 어떠합니까?"

서원이 얼른 때렸다. 대사(귀정)가 한참동안 가만히 있으니, 서원이 이렇게 말했다.

"만일 방망이라 부르면 눈썹과 수염이 몽땅 빠지리라."

대사가 이 말끝에 크게 깨달았다.

어떤 스님이 물었다.

"스님은 어느 가풍의 곡조를 부르며, 종풍宗風은 누구를 이었습니까?"

"소실산小室山 앞에 다른 길이 있지 않느니라."

앞의 소주韶州 혜림慧林 홍구鴻究 선사의 법손

소주韶州 영서靈瑞 화상

어떤 사람이 물었다.

"어떤 것이 부처입니까?"

대사가 할喝을 하면서 말했다.

"그대는 촌사람이구나."

"어떤 것이 서쪽에서 오신 뜻입니까?"

"10만 8천 리이니라."

"어떤 것이 본래의 마음입니까?"

"비로자나의 정수리에 앉아서 태허太虛 속을 들락거리는구나."

앞의 풍혈風穴 연소延沼 선사의 법손

여주汝州 광혜廣慧 진眞 선사

어떤 스님이 물었다.

"어떤 것이 광혜廣慧의 경계입니까?"

"소사小寺의 앞이요, 자경資慶의 뒤이니라."

"어떤 것이 화상의 가풍입니까?"

"가래 자루와 괭이이니라〔杴爬钁子〕."

여주汝州 수산首山 성념省念 선사

그는 내주萊州 사람으로서 성은 적狄씨이다. 고향의 남선원南禪院에서 공부를 하다가 풍혈風穴에게 법을 얻었다.

처음에 수산에 머물면서 제1세 주지가 되었는데, 개당開堂하는 날에 어떤 스님이 물었다.

"스님은 어느 집안의 곡조를 노래하며, 종풍은 누구의 것을 이어받았습니까?"

"소실少室의 바위 앞에서 직접 손바닥을 보아라."

"다시 큰 소리로 한마디 화답을 주시기 바랍니다."
"지금도 여러 사람이 알기를 바라고 있다."

대사가 대중에게 말했다.
"불법을 국왕과 대신, 힘 있는 단월에게 부촉하여 등불과 등불이 이어지듯이 끊임없이 상속하여 오늘에 이르게 하였다. 대중은 말해 보라. 상속한 것이 무엇인가?"
대사가 잠자코 있다가 말했다.
"오늘 일은 모름지기 가섭迦葉 사형師兄이라야 되겠다."
스님이 물었다.
"어떤 것이 화상의 가풍입니까?"
"한마디로 1천 강江의 입을 절단하니, 만 길 봉우리 앞에서 비로소 현묘함을 얻는다."
"어떤 것이 수산首山의 경계입니까?"
"한결같이 뭇 사람이 보는 데 맡겨둔다."
"어떤 것이 경계 속의 사람입니까?"
"방망이를 맞아보겠는가?"
스님이 절을 하자, 대사가 말했다.
"또한 다른 때를 기다려라."
"어떤 것이 조사께서 서쪽에서 오신 뜻입니까?"
"바람이 불고 햇볕이 비춘다."
"위로부터의 여러 성인들은 어디를 향해 밟아 나갔습니까?"
"쟁기를 끌고 가래질을 했느니라."
"옛사람이 방망이를 들거나 불자를 세운 뜻이 무엇입니까?"
"외로운 봉우리에는 투숙객이 없느니라."

"그것이 무슨 뜻입니까?"

"그루터기를 지키는 사람은 아니겠지."

"어떤 것이 보리菩提의 길입니까?"

"여기서 양현襄縣까지는 5리里이니라."

"위로 향하는 일은 어떠합니까?"

"왕래하기가 쉽지 않으니라."

"여러 성인들이 다 말하지 못한 곳을 스님께서 말씀해 주십시오."

"만 리의 신령한 광명도 몽땅 하나의 비춤이니, 누가 감히 해와 같이 가지런할 수 있으랴?"

"한 나무도 또한 꽃이 피겠습니까?"

"꽃이 핀 지 오래니라."

"모르겠습니다만 열매도 맺었습니까?"

"지난밤에 서리를 맞았다."

"임제臨濟의 할과 덕산德山의 방망이는 어떤 일을 밝힌 것입니까?"

"그대가 말해 보라."

스님이 할을 하니, 대사가 말했다.

"눈먼 놈아."

스님이 다시 할을 하니, 대사가 말했다.

"이 눈먼 놈아, 이렇게 시끄럽게 할을 해서 무엇 하겠는가?"

스님이 절을 하니, 대사가 문득 때렸다.

어떤 이가 물었다.

"사부대중이 둘러쌌는데, 대사께서는 어떤 법을 말씀하시렵니

까?"

"풀을 치면 뱀이 놀라기 마련이다."

"어떻게 손을 써야 할지 모르겠습니다."

"아까는 거의 상신실명喪身失命할 뻔했다."

"두 용이 여의주를 다투는데 어느 쪽이 얻습니까?"

"얻은 자는 잃는다."

"얻지 못한 쪽은 어찌됩니까?"

"여의주가 어디에 있던가?"

어떤 이가 물었다.

"유마維摩가 침묵하자 문수가 찬탄했는데, 그 뜻이 무엇입니까?"

"그 당시의 청중廳衆은 반드시 이렇지는 않았으리라."

"유마가 침묵한 뜻은 무엇입니까?"

"은혜를 아는 이는 적고 은혜를 저버리는 이는 많구나."

"온갖 부처님이 모두 이 경에서 나왔다고 하는데, 어떤 것이 이 경입니까?"

"소리를 낮추어라, 소리를 낮춰."

"어떻게 받아 지니오리까?"

"절대로 더럽히지 말라."

"세존께서 입멸하신 뒤에 법은 누구에게 전해졌습니까?"

"좋은 물음인데 대답할 사람이 없구나."

어떤 이가 물었다.

"색色을 보면 문득 마음을 본다고 하지만, 모든 법은 형상이 없거늘 무엇을 가지고 보겠습니까?"

"한 집에 일이 생기면 백 집이 바쁘니라."

"학인은 잘 모르겠습니다. 스님께서 다시 가르쳐 주십시오."

"사흘 뒤에 살펴보라."

어떤 이가 물었다.

"어떤 사람이 수도에 들어가서 거룩한 임금을 뵈어야 하는데, 겨우 당관潼關[9]에 왔다가 돌아가는 때는 어떠합니까?"

"여전히 둔한 놈이로구나."

"길에서 도를 통달한 사람을 만났을 때 말이나 침묵으로 대하지 않으면, 무엇으로 대합니까?"

"깜짝할 사이에 삼천 세계가 있느니라."

"한 구절을 분명히 요달하면 백억百億을 초월한다고 하는데, 어떤 것이 한 구절입니까?"

"가는 곳마다 사람들에게 이야기하라."

"궁극의 일〔畢竟事〕이 어떠합니까?"

"다만 이렇게 말함을 알라."

"어떤 것이 옛 부처의 마음입니까?"

"진주鎭州의 나복(蘿蔔 : 무)의 무게가 세 근이더라."

"허공은 무엇을 체體로 삼습니까?"

"내가 그대의 다리 밑에 있구나."

"화상께서 어찌하여 저의 다리 밑에 계십니까?"

"그대가 당달봉사임을 알기 때문이다."

"어떤 것이 현묘함 속의 명백함입니까?"

---

9 낙양에서 수도인 장안으로 향하는 곳에 있는 고을 이름이다.

"할 말이 있거든 말해야 한다."

"이 뜻이 무엇입니까?"

"말이 없는 귀신도 성을 낸다."

"어떤 것이 납승衲僧의 안목입니까?"

"그 물음도 여전히 합당치 않다."

"합당한 뒤에는 어찌하시겠습니까?"

"무엇을 감당하겠는가?"

"어찌하여야 뭇 인연을 여의겠습니까?"

"천년에 한 차례 만나느니라."

"여의지 않을 때에는 어떠합니까?"

"뭇 사람의 앞에 서 있구나."

"어떤 것이 크게 안락한 사람입니까?"

"한 법도 보지 않는 것이다."

"무엇으로 사람들을 지도하십니까?"

"그대가 말을 알아들어서 고맙다."

"무엇이 항상 존재하는 사람입니까?"

"어지러이 달려서 무엇 하는가?"

"하나의 털도 나기 전에는 어떠합니까?"

"길에서 귀를 뚫은 나그네를 만난다."

"난 뒤에는 어떠합니까?"

"다시 망설일 필요가 없느니라."

"줄 없는 거문고를 뜯어보십시오."

대사가 잠자코 있다가 말했다.

"들었는가?"

"듣지 못했습니다."

"왜 큰 소리를 듣지 못하는가?"

"학인이 오랫동안 미혹함에 빠져 있었으니, 스님께서 한 차례 지도해 주시기 바랍니다."

"노승에게는 그러한 부질없는 공부가 없다."

"화상께서는 어찌 그러하십니까?"

"다니고자 하면 다니고, 앉고자 하면 앉기 때문이다."

"어떤 것이 범부와 성현을 떠난 구절입니까?"

"숭산嵩山의 안安 화상이니라."

"그것이 화상의 극치의 경지가 아니겠습니까?"

"남악南岳의 회양懷讓 선사이니라."

"학인은 총림에 막 들어왔으니, 스님께서 가르침을 내려주십시오."

"그대가 여기에 온 지 얼마나 되는가?"

"이미 겨울과 여름을 겪었습니다."

"남들에게 잘못 이야기하지 말라."

"어떤 사람이 탕진蕩盡하고 온다면, 스님께서 지도해 주시겠습니까?"

"탕진하는 일이야 없지 않겠지만, 그게 누구인가?"

어떤 스님이 말했다.

"오늘은 바람은 드세고 달빛은 찹니다."

대사가 말했다.

"승당僧堂에 몇 사람이나 앉고 누웠느냐?"

스님이 대답이 없으니, 대사가 말했다.

"나를 속이는구나."

"어떤 것이 범음상梵音相입니까?"

"나귀의 울음과 개 짖는 소리니라."

"어떤 것이 곧바로 질러가는 외길입니까?"

"산간山間에 있기도 하고 나무 밑에 있기도 하느니라."

"조계曹谿의 한 구절을 천하의 사람이 들었다는데, 화상의 한 구절은 어떤 사람이 듣습니까?"

"삼문三門 밖을 나서지 않았느니라."

"어째서 삼문 밖을 나서지 않습니까?"

"천하의 사람에게 이야기하라."

어떤 스님이 물었다.

"어떤 것이 화상께서 사람을 속이지 않는 안목입니까?"

"조심하라. 겨울이 닥쳐 온다."

"끝내는 어찌 되겠습니까?"

"곧 봄바람이 오겠지."

"멀리서 듣건대 화상께서는 실 한 오라기도 걸치지 않았다고 하던데, 와서 보건대 어째서 지켜야 할 산이 있습니까?"

"무슨 말을 하는가?"

스님이 할을 하였다. 대사도 할을 하니, 스님이 얼른 절을 하였다. 이에 대사가 말했다.

"그대에게 20방망이를 때려야겠다."

대사는 다음에 보안산寶安山 광교원廣教院에 살았는데, 거기서도 제1세 주지였다. 나중에 대중의 청에 따라 성에 들어와서 보응원寶應院〔곧 남원南院의 제3세 주지였다.〕에 사니, 세 곳의 법석에는 항상 바다와 같은 대중이 모였다.

순화(淳化, 992) 3년 12월 4일 오시午時에 상당하여 이런 게송을 대중에게 보였다.

올해 나이 67세이니
늙고 병든 채 인연에 따라 세월을 보낸네.
금년에 내년 일을 예언하나니
내년에는 오늘 아침 해를 기억하리라.
今年六十七　　老病隨緣且遣日
今年記却來年事　來年記著今朝日

순화 4년의 어느 달 어느 날에 이르자, 앞의 예언과 조금도 다르지 않았다. 상당하여 대중을 하직하고 게송을 말했다.

백은白銀의 세계에 금색金色의 몸이니
유정과 무정이 함께 하나의 참[一眞]이네.
밝음과 어둠이 다할 때 둘 다 비추지 않으니
해가 기운 오후에야 온몸[全身]이리라.
白銀世界金色身　情與非情共一眞
明暗盡時俱不照　日輪午後見全身

말을 마치자 편안히 앉았다가 해가 기울 무렵에 열반에 드니, 수명은 68세였다. 다비를 마친 뒤에 사리를 거두었다.

앞의 담주潭州 보자報慈 귀진歸眞 대사 덕소德韶의 법손

기주蘄州 삼각산三角山 지겸志謙 선사

어떤 스님이 물었다.

"어떤 것이 부처입니까?"

대사(지겸)가 대답했다.

"속히 절을 세 번 하라."

영주郢州 흥양興陽 사탁詞鐸 선사〔제3세 주지〕

스님이 물었다.

"부처님의 세계와 중생의 세계의 거리가 얼마입니까?"

"말할 수 없다."

"참〔眞〕이 어떤 것입니까?"

"비슷한 것이 있다."

"일산日傘의 덮개가 홀연히 보배 좌대 앞에 이르렀는데, 스님은 지금 까치둥지의 시절과 무엇이 다릅니까?"

"말할 수 없다."

"바로 지금이군요."

"그대에게 불법 하나를 보냈구나."

앞의 여주汝州 수산首山 성념省念 선사의 법손

분주汾州 선소善昭 선사

상당하여 대중에게 말했다.

"무릇 한 구절의 말에는 반드시 세 가지 현묘한 문〔三玄門〕을 갖추어야 하고, 현묘한 문 하나마다 세 가지 요체〔三要〕를 갖추어야 한다. 비춤도 있고 작용도 있어야 하는데, 혹은 먼저 비추고 나중에 작용하며, 혹은 먼저 작용하고 나중에 비추며, 혹은 비춤과 작용이 동시이며, 혹은 비춤과 작용이 동시가 아니다. 먼저 비추고 나중에 작용함은 그대들과 함께 헤아리는 것이 필요하지만, 먼저 작용하고 나중에 비춤은 그대들도 모름지기 그러한 사람이라야 한다. 비춤과 작용이 동시이면 그대는 어떻게 대항하겠으며, 또 비춤과 작용이 동시가 아니라면 어떻게 정박하겠는가?"

스님이 물었다.

"어떤 것이 대도大道의 근원입니까?"

"땅을 파 들어가면서 푸른 하늘을 찾는구나."

"어째서 그렇습니까?"

"그윽한 현지玄旨를 알아채야 한다."

"어떤 것이 손님 가운데의 손님입니까?"

"합장한 채 암자 앞에서 세존께 묻는다."

"어떤 것이 손님 가운데의 주인입니까?"

"대면해도 짝이 없다."

"어떤 것이 주인 가운데의 손님입니까?"

"구름이 피어오르면서 바다 위를 가로지르고, 칼을 뽑아서 용문龍門을 뒤흔든다."

"어떤 것이 주인 가운데의 주인입니까?"

"삼두육비三頭六臂가 천지를 놀라게 하고, 성난 나타那吒[10]가 제석천의 종을 친다."

---

10 비사문천왕毘沙門天王의 태자이니, 머리가 셋이요, 팔이 여섯이라 한다.

조계曹谿에서 따로 나온 제2세

앞의 남양南陽 혜충慧忠 국사의 법손

길주吉州 탐원산耽源山 진응眞應 선사

혜충慧忠 국사의 시자로 있었을 때다. 어느 날 국사가 법당 안에 있는데, 대사가 들어오자 국사가 한쪽 발을 내려놓았다. 대사가 이를 보고서 얼른 나가더니, 한참 있다가 다시 돌아왔다. 이에 국사가 말했다.

"아까는 어떤 생각을 했었느냐?"

"누구에게 말해야 합니까?"

"나는 그대에게 물었다."

"어디서 저를 보셨습니까?"

대사는 또 물었다.

"백 년 후에 어떤 이가 극칙極則의 일을 물으면 어찌하시겠습니까?"

"딱하기도 하구나. 호신부護身符는 찾아서 무엇 하려고 하느냐?"

다른 날, 대사가 광주리를 들고 방장으로 돌아가자, 국사가 물었다.

"광주리에 무엇이 있는가?"

"청매靑梅입니다."

"장차 무엇에 쓰려는가?"

"공양에 쓸 것입니다."

"푸른 것을 어떻게 공양에 쓰겠느냐?"

"이것으로써 성의를 표시합니다."

"부처님께서는 공양을 받지 않으신다."

"저는 다만 이렇습니다만, 화상께서는 어찌하시겠습니까?"

"나는 공양하지 않겠다."

"왜 공양하지 않으십니까?"

"나에게는 과일이 없기 때문이다."

백장百丈 회해懷海 화상이 늑담산泐潭山에서 수레를 끄는데, 대사가 말했다.

"수레는 여기에 있는데 소는 어디에 있소?"

백장이 이마를 때리니, 눈을 비비고 자세히 보았다.

마곡麻谷이 물었다.

"십이면관음十二面觀音이 어찌 성인이 아니겠소?"

"그렇소."

마곡이 대사를 한 차례 때리니, 대사가 말했다.

"그대는 아직 이 경지에 도달하지 못했다고 생각한다."

국사의 제삿날에 재齋를 차리는데, 어떤 스님이 물었다.

"국사께서 오실까요?"

"아직 타심통他心通을 갖추지 못했다."

"또 재는 차려서 무엇 하겠습니까?"

"세제世諦를 단절하지 않기 위해서이다."

낙양洛陽 하택荷澤 신회神會 대사의 법손

황주黃州 대석산大石山 복림福琳 선사

그는 형주荊州 사람으로서 성은 원元씨이다. 본래 유교의 집안에 태어나서 어릴 적에 불교에 귀의하였고, 현정사玄靜寺의 겸저謙著 선사에게 머리를 깎고 계를 받았다.

행각을 다니다가 하택荷澤 선사를 만나서 무념無念의 영지靈知는 인연을 따라 있지 않다는 말을 듣고는 환하게 진제眞諦를 보았다. 나중에 황주黃州의 대석산大石山에 가서 암자를 짓고 머무니, 사방에서 좌선하는 무리가 매우 많이 와서 의지했다.

당나라 홍원興元 2년(786)에 입멸하니, 수명은 82세였다.

기수沂水 몽산蒙山 광보光寶 선사

그는 병주幷州 사람으로서 성은 주周씨이다. 처음에 하택 화상을 뵙고 곁에서 부지런히 시봉을 하였는데, 어느 날 하택이 이런 말을 했다.

"그대의 이름이 광보光寶라 하는데, 정定의 체體로써 이름 지은 것이다. 보배는 자기에게 있는 것이고, 광명은 밖에서 구하는 것이 아니니, 그대의 뜻대로 사용하여도 조금도 모자람이 없고, 오랜 세월 비춤을 받아도 잠시도 쉬는 적이 없다. 그대가 이를 믿는가?"

대사(광보)가 대답했다.

"믿기는 믿습니다만 광명과 보배는 같습니까, 다릅니까?"

"광명이 곧 보배요 보배가 곧 광명이니, 어찌 같고 다름의 이름이 있을 수 있겠는가?"

"눈과 귀도 소리와 색을 반연할 때에 같이 움직이는 것입니까,

아니면 따로 도는 것입니까?"

"따로 행하거나 어울린다고 하는 것은 그만두고, 그대는 어떤 법을 보고 소리와 색의 체體라고 하는 것인가?"

"스님의 말씀처럼 소리와 색을 얻을 수가 없습니다."

하택이 이어 말했다.

"만일 그대가 소리와 색의 체體가 공한 것을 요달하며, 또한 눈과 귀 따위의 여러 감관과 범성凡聖이 평등해서 허깨비 같은 줄도 믿으면, 맞서서 행한다거나 서로 어울린다는 그 이치가 분명하게 드러나리라."

대사가 이 말에 깨닫고는 절을 하고 물러가, 기수沂水의 몽산蒙山에 숨어 살았다.

당나라 원화元和 2년(807)에 입적하니, 수명은 90세였다.

조계曹谿에서 따로 나온 제5세

앞의 수주遂州 도원道圓 선사의 법손

종남산終南山 규봉圭峰 종밀宗密 선사

그는 과주果州의 서충西充 사람으로서 성은 하何씨이다. 집안이 본래 크고 번성하였으므로 어릴 적부터 유서儒書에 정통하였고, 20세쯤부터는 불교의 경전을 탐구하였다.

당나라 원화元和 2년에 과거를 보러 가는 길에 조원造圓 화상의 법석法席에 잠시 들렀는데, 흔연히 뜻이 맞아서 머리를 깎아 달라 하였고 그 해에 구족계를 받았다.

어느 날 승가대중을 따라 고을 아전인 임관任灌의 집에 재齋를 올리러 갔다가 맨 아랫자리에서 차례에 따라 경을 받을 때에 『원각경圓覺經』 12장章을 얻었는데, 그 경을 다 보기 전에 감격하여 눈물을 흘리고는 돌아와서 깨달은 취지를 조원에게 고했다. 이에 조원이 그를 어루만지면서 말했다.

"그대는 장차 원돈圓頓의 교법을 크게 펴리라. 이는 모든 부처님들이 그대에게 주신 것이다. 떠나라. 이 한 구석에 막혀 있지 말라."

대사(규봉)가 눈물을 흘리면서 명을 받들어 하직하고 떠났다. 그리하여 형남荊南의 장張 선사〔남인南印〕를 뵈었는데, 장 선사가 말했다.

"교법을 전할 사람이니, 마땅히 수도에 가서 불교를 펴라."

대사는 다시 낙양洛陽에 가서 조照 선사〔봉국奉國 신조神照〕를 뵈었는데, 신조가 말했다.

"보살인 줄을 누가 알아채겠는가?"

이윽고 양한襄漢으로 가니, 어떤 병든 스님이 『화엄소華嚴疏』 한 질을 주었는데, 바로 수도에 있는 징관(澄觀 : 청량) 대사가 저술한 것이었다. 대사는 일찍이 이것을 익힌 바가 없었지만 한 번 보고서도 강의를 하였다. 그는 스스로 『화엄소』를 만난 것을 기뻐하면서 말했다.

"예전에 여러 스님들이 저술한 것은 그 종지를 궁구한 것이 드물어서 이 소疏의 언사言辭의 연원이 유창하고 그윽하며 심오한 진리를 밝힌 것만 못하다. 나는 선법은 남종南宗을 만났고, 교법은 『원각경』을 만나서 한마디에 마음 바탕〔心地〕이 트이고 한 권 안에서 의리義理의 하늘이 밝아졌는데, 이제 또 이렇게 절세의 소를 얻어서 내 정성을 모두 쏟게 되었도다."

강을 마치고 나서 소疏를 쓴 사람을 한 번 보고자 하였지만, 때마침 문인門人인 태공太恭이 팔을 끊어서 은혜를 보답하였으므로 우선 글로써 소를 쓴 사람에게 보내어 멀리서 제자의 예를 올리면서 몇 차례 서신을 주고받았다. 이윽고 태공의 상처가 나으니, 그때서야 비로소 수도로 가서 제자의 예로 뵈었다. 징관이 그에게 말했다.

"비로자나의 화장세계華藏世界에서 나를 따라 거닐 이는 오직 그대뿐이다."

대사는 징관에게 입실한 뒤에 날마다 그 덕을 새롭게 하여서, 방편〔筌〕을 인정하고 형상에 집착하는 허물을 영원히 여의었다.

북쪽에 있는 청량산淸凉山을 갔다가 다시 악현鄂縣의 초당사草堂寺로 돌아와서 살았고, 오래지 않아 다시 절 남쪽에 있는 규봉난야圭峰蘭若로 들어가서 살았다.

대화大和 때에 어명을 받고서 대궐에 들어가자 자색가사〔紫衣〕를 하사받았으니, 황제가 자주 법의 요체를 물었고 조정의 선비가 모두 그를 흠모하였다. 특히 상국(相國 : 정승)인 배휴裵休는 진리의 전당에 깊숙이 들어와 교법을 전해 받고 훌륭한 외호자外護者가 되었다.

대사는 선학자禪學者와 교학자敎學者가 서로 헐뜯고 다투는 것을 보고 마침내 『선원제전禪源諸詮』을 저술하였다. 즉 여러 사람이 서술한 것을 필사로 채록해서 선문의 근원이 되는 도리를 드러냈으니, 문자와 게송들로 1장藏〔혹은 100권〕을 만들어 후손들에게 물려주었다.

그는 서문〔都序〕에서 이렇게 말했다.

"선禪은 인도의 말로서, 갖추어 말하면 선나禪那이다. 한역하면 사유수思惟修, 또는 정려靜慮라 하니, 모두가 선정과 지혜를 통틀어 부른 말이다. 원源이라 함은 모든 중생들의 본각本覺인 참 성품으로서, 불성佛性이라고도 하고 심지心地라고도 한다. 깨달으면 지혜〔慧〕라 하고 닦으면 선정〔定〕이라 하는데, 선정〔定〕과 지혜〔慧〕를 통틀어서 선禪이라 하니, 이 성품이 선의 근원이므로 선원禪源이라 말한 것이다.

또는 선나이행禪那理行이라고도 하는데, 이것의 본원本源은 선의 이치〔禪理〕이고 정념情念을 잊고 계합하는 것은 선의 행〔禪行〕이기 때문에 이행理行이라 말하는 것이다. 그러나 지금 수집한 여러 사람의 저술은 선의 이치를 담론한 것은 많으나 선의 행을 말한 것은 적기 때문에 선원禪源으로 제목을 붙인 것이다.

요즈음 참 성품〔眞性〕만을 지목하여 선이라 하는 이가 있는데, 이는 이행理行의 지취旨趣를 요달하지 못한 것이고, 또 중국과 인도의 말을 분별하지 못한 것이다. 그러나 참 성품을 여의고 따로 선의 체體가 있는 것은 아니다. 다만 중생들이 참〔眞〕을 미혹해서 티끌에 계합하는 것을 이름하여 산란散亂이라 하고, 티끌을 등지고 참에 계합하는 것을 선정이라 할 뿐이다. 만일 본래의 성품을 곧바로 논한다면 진眞도 아니고 망妄도 아니며, 등짐도 아니고 합하는 것도 아니며, 선정도 아니고 산란도 아니거늘 무엇을 선禪이라 말하겠는가? 하물며 이 참 성품은 선문의 근원일 뿐만 아니라 만법의 근원이기 때문에 법성法性이라 이름하고, 중생들이 미혹하고 깨치는 근원이기 때문에 여래장식如來藏識〔『능가경楞伽經』에 나온다.〕이라 이름하고, 모든 부처님들의 만 공덕의 근원이기 때문에 불성佛性〔『열반경涅槃經』 등에 나온다.〕이라 하고, 보살들의 만행의 근원이므로 심지心地라고도 하는 것이다.〔『범망경梵網經』「심지법문품心地法門品」에 말하기를 "이것이 여러 부처님의 본원이요, 행해야 할 보살도의 근본이며, 이는 대중의 여러 불자들의 근본이다"라고 하였다.〕

만행萬行이 6바라밀波羅蜜을 벗어나지 않나니, 선문禪門은 다만 그 여섯 바라밀 가운데 하나로서 다섯째에 해당하거늘, 어찌 참 성품을 모두 지목해서 하나의 선행禪行이라 하겠는가? 그러나 선정의 한 가지 행行이 가장 뛰어나고 묘해서 능히 성품 위의 무루지혜無漏智慧를 일으킬 수 있나니, 온갖 묘한 작용과 만행萬行과 만덕萬德과 나아가 신통과 광명이 모두 선정에서 일어난다. 그러므로 3승乘의 학인이 거룩한 도를 구하고자 하면 반드시 선을 닦아야 하니, 이것을 여의고서는 문門이 없고, 이것을 여의고서는 길이 없다. 심지어는 염불을 하여 정토에 태어나기를 구하는 것도 16관觀의 선법이나 염불삼매念佛三昧나 반주삼주般舟三昧를 닦아야 한다.

또 참 성품은 더럽지도 않고 깨끗하지도 않은 것이라서 범부와 성인의 차이가 없지만, 선에는 깊기도 하고 얕기도 한 계급의 차이가 있다. 이른바 다른 계교를 품은 채 위를 좋아하고 아래를 싫어하면서 닦는 것은 외도선外道禪이요, 인과를 올바로 믿고는 있지만 역시 좋아하고 싫어함으로써 닦는 것은 범부선凡夫禪이요, 나〔我〕의 공함이란 치우친 진리만을 깨닫고서 닦는 것은 소승선小乘禪이요, 나〔我〕와 법法이 둘 다 공하여 참 이치를 나타낸 바를 깨닫고서 닦는 것은 대승선大乘禪이다.〔앞의 네 가지에는 모두 4색계色界와 4무색계無色界의 차이가 있다.〕 만일 스스로의 마음이 본래 청정하여 원래 번뇌가 없고, 무루 지혜의 성품이 본래 구족함을 단박에 깨달아서 이 마음이 궁극적으로 부처와 차이가 없다는 데 의지해 닦는 것은 최상승선最上乘禪이며, 또한 여래청정선如來淸淨禪이라고도 하고,

일행삼매一行三昧라고도 하고, 진여삼매眞如三昧라고도 한다. 이는 온갖 삼매의 근본이니, 만약 생각 생각마다 닦아 익히면 자연히 점차적으로 백천 삼매를 얻게 된다. 달마達磨의 문하에서 차례차례 전하는 것이 이 선법이다.

달마가 오기 전에 옛날 여러 사람이 이해한 것은 모두가 예전의 4선禪・8정定이니, 여러 고승들이 그것을 닦아서 모두 공용功用을 얻었다. 남악南嶽과 천태天台는 3제諦의 이치에 의지해서 3지止와 3관觀을 닦게 하였으니, 교의가 가장 원만하고 묘하기는 하나 들어가는 문호門戶와 차례는 역시 앞의 여러 선법의 행상行相과 같았다. 오직 달마가 전한 것만이 단박에 불체佛體와 동등해서 여러 다른 종문과 크게 다르니, 이 때문에 종宗을 익힌 자는 그 취지를 얻기가 어렵다. 얻으면 속히 성스러움을 이루어서 조속히 보리를 증득하지만, 잃으면 삿됨을 이루어서 신속히 도탄塗炭에 빠진다.

선조先祖들은 우매함을 고치고 잃는 것을 막기 위하여 한 사람이 한 사람씩에게 전했지만, 후대에 와서는 이미 의지할 것이 생겼으므로 천 등불에 맡겨 천 곳을 비추게 하였다. 그러나 법이 오래되어 폐단을 이루면서 잘못 아는 이가 많아져, 경론經論을 배우는 학인들의 의혹이나 비방도 많아졌다. 원래 부처님께서는 돈교頓敎와 점교漸敎를 말씀하셨고, 선법에는 돈문頓門과 점문漸門을 열었는데, 두 교법과 두 선법은 각기 서로가 부합하는 것이다. 그런데도 요즈음 강의하는 자는 점문의 뜻만을 치우치게 드러내고, 선禪하는 이는 돈문의 종지만을 치우치게 전파하니, 선사와 강사가 서로 호월胡越의 거리만큼 멀리 벌어지게 되었다.

나[宗密]는 전생에 어떤 업을 지어서 이 마음을 익혔는지는 모르겠지만, 스스로도 해탈치 못하고서 남의 속박을 풀어 주려고 하는가? 법을 위해서는 몸과 목숨을 잊었고, 남을 연민하는 것은 감정과 정신에 사무쳤기 때문이다.〔『정명경淨名經』에서 말하기를 "자기에게 속박이 있으면서 남의 속박을 풀어 준다고 함은 옳지 못하다. 그러나 그만두려 해도 그칠 수 없으니 이는 전생의 습기〔宿習〕를 고치기 어렵기 때문임을 알겠다"라고 하였다.〕

매번 법과 사람이 어긋나서 법이 사람의 병이 됨을 한탄하였으므로 따로 경과 율과 논과 소를 지어서 계戒와 정定과 혜慧의 문을 크게 열었다. 돈오를 드러내어 점수에 자량資糧을 주어서 조사의 말이 부처님의 뜻에 부합됨을 증명하였다. 뜻은 이미 본말을 자세히 보였지만, 글이 많고 방대하여서 찾기 어려운 탓에 배우는 이는 많으나 뜻〔志〕을 얻은 이는 적었다. 하물며 자취가 이름〔名〕과 모습〔相〕에 걸렸으니, 어찌 금과 놋쇠를 구별하리오? 헛되이 수고할 뿐 근기의 감응은 아직 보지 못했다.

비록 부처님께서 중생을 불쌍히 여기는 마음을 더욱 늘리는 것도 하나의 수행이라고 설하셨으나, 스스로 애견愛見을 막기 어려울 것이 염려되었기 때문에 마침내 대중을 버리고 산에 들어가 선정과 지혜를 균등히 익혀서 앞과 뒤로 생각을 쉰 것이 무릇 10년이었다.〔앞뒤라 함은 중간에 조칙을 받고 대궐에 들어가서 성안에 2년을 살다가 청을 올리고서야 다시 산으로 돌아온 것을 이른다.〕 미세한 습기와 감정의 일고 꺼짐이 고요한 지혜에 밝게 드러나고, 차별법의 뜻이 벌려져서 공심空心에 나타나서 마치 빈틈으로 비추는 햇빛에 가는 티끌이 아물거리고 맑은 못 밑의 그림자가 분명한 것과 같아졌으니, 어찌 공연히 침묵을 지키는 어리석은 선법이나 글줄만을 찾는 미친 지혜에다 견주겠는가?

그러나 본래부터 스스로의 마음을 요달해서 모든 교법을 분별했기 때문에 심종心宗에 마음이 간절했고, 또 모든 교법을 분별해서 마음 닦는 법을 이해했기 때문에 교의敎義에 더욱 정성을 다하였다. 교리〔敎〕라 함은 부처님과 보살들이 남기신 경론이요, 선禪이라 함은 여러 선지식들이 서술하신 어구와 게송이니라. 다만 불경은 펼쳐서 대천세계의 팔부대중을 망라하였고, 선의 게송은 간략하여서 이곳의 한 종류 근기에만 나아갔으니, 대중을 망라하면 드넓어서 의지하기 어렵고, 한 근기에 나아가면 핵심을 가리켜서 쓰기가 쉬우니, 이제 찬술하여 모으는 뜻이 바로 여기에 있다."

배휴裵休는 서문에서 이렇게 말했다.

"여러 종파의 문하에는 모두 통달한 사람〔達人〕이 있다. 그러나 제각기 익힌 바에 안주해서, 통달한 이는 적고 국집하는 이는 많게 되었다. 수십 년 이래로 조사의 법이 더욱 파괴되어서 이어받은 것으로 문호를 삼아 제각기 벌여 놓은 채 경과 논을 무기로 삼아서 서로 서로가 공격을 일삼는다. 감정이 갑옷〔函〕을 만드는 사람과 화살을 만드는 사람에 따라 변천하고,〔『주례周禮』에 말하기를 "함인函人은 갑옷을 만드는 사람이다"라고 하였고, 『맹자孟子』에 말하기를 "화살 만드는 사람이 갑옷 만드는 사람보다는 어찌 어질지 못하겠는가? 하지만 화살 만드는 사람은 사람이 상하지 않을 것을 걱정하고, 갑옷 만드는 사람은 사람이 상할까 걱정한다"라고 하였으니, 모두가 익히는 술법이 그렇게 만든 것이다. 지금의 학자들은 다만 종도宗徒를 따라 피차 서로 비난할 뿐이다.〕 법은 나와 너를 따라서 높고 낮아지니, 시비가 분분히 일어나서 판가름을 할 수가 없게 되었다. 그렇다면 지난날 세존과 보살과 제방의 종파의 교종敎宗이 충분히 뒷사람들로 하여금 논쟁을 일으키게 하여 번뇌의 병만 더하게 할 뿐이니, 무슨 이익이 있으랴?

이에 규산圭山 대사가 오래 탄식하다가 말하기를 '내가 이때를 당하여 침묵하고만 있을 수 없다'고 하였다. 그리하여 여래의 세 가지 교의로써 선종의 세 가지 법문을 인증하니, 병·소반·비녀·팔찌를 녹여 하나의 금으로 만들고, 소락酥酪과 제호醍醐를 섞어서 한 맛이 되게 하는 것과 같고, 벼리〔綱〕와 옷깃〔領〕을 잡으면 들리는 것이 모두가 순조롭고,〔『순자荀子』가 말하기를 "마치 갑옷의 옷깃을 들 때에 다섯 손가락을 구부리기만 하여도 끌려오는 것처럼 순조롭게 되는 것이 헤아릴 수 없을 정도로 많다"고 하였다.〕 도회지를 의거하여 오는 자가 모두 같은 곳에 이르게 되는 것과 같다.〔『주역약례周易略例』에 말하기를 "도회지를 의거해서 사방에서 오는 이를 보면 천지사방〈六合〉으로부터 아무리 많이 와도 많은 것이 아니다"라고 하였으니, 『도서都序』가 원교圓敎에 의하여 모든 종취宗趣를 감정하면 아무리 백가百家의 학설이라도 총괄하지 못할 것이 없으리라.〕 오히려 배우는 자들이 밝히기 어려울까 걱정해서 다시 근본과 근원의 본말本末과 진망眞妄의 화합과 공종空宗과 성종性宗의 숨고 드러남과 법法과 의義의 차별됨과 돈점頓漸의 같고 다름과 차전遮詮과 표전表詮의 엇바뀜〔迴互〕과 권교權敎와 실교實敎의 깊고 얕음과 통달함과 국집함의 시비是非를 곧바로 보셨다.

우리 스승 같은 분은 부처〔佛日〕를 받들어서 간곡히 돌이켜 비추어서 의혹에 가린 마음을 모두 제거하고, 부처의 마음〔佛心〕에 순응하여 큰 자비를 널리 펴서 겁이 다하도록 이익을 받게 하였으니, 그렇다면 세존께서는 교리를 펴신 주인이요, 우리 스승은 교리를 회통 시킨 사람이니, 본말이 서로 부합하고 멀고 가까움이 서로 비추어서 일대시교一代時敎의 장한 일을 마쳤다고 할 수 있으리라.〔세존께서 가르침을 펴신 이래로 오늘날까지 그것을 회통하니 "가히

장한 일을 마쳤다"라고 한 것이다.〕

혹 어떤 이가 묻기를 '여래로부터 아직까지 통틀어서 회통한 적이 없었는데, 이제 하루아침에 종취宗趣를 어겨서 지키지 않나니, 관방關防을 폐지하여 의거하지 않은 것과 같으니, 이는 비밀히 갈무리하고 은밀히 계합하는 도를 어기는 것이 아니겠는가?'라고 하니, 이에 대답하되 '여래께서 처음에는 3승을 따로따로 말씀하셨지만 나중에는 하나의 도로 회통하였느니라' 하였다.〔30년 전에는 소승을 말씀하시기도 하고, 공교空敎를 말씀하시기도 하고, 상교相敎를 말씀하시기도 하고, 성교性敎를 말씀하시기도 해서 듣는 이가 제각기 성품에 따라 깨달았으나 서로 통하여 알지 않았다. 하지만 40년 뒤에는 영취산에 앉아서 3승을 회통하고 구시拘尸에 가서 한 성품을 드러내셨으니, 이것이 전후의 일정한 궤칙軌則이었다.〕

그러므로 『열반경涅槃經』에서 가섭보살이 찬탄하기를 '모든 부처님들은 비밀스런 말씀〔密語〕은 있어도 비밀스런 창고〔密藏〕는 없습니다'라고 하니, 세존께서 칭찬하시기를 '여래의 말은 열려 있고 드러나고 청정하고 가림이 없거늘, 어리석은 사람들은 이를 알지 못하고서 비밀스런 창고라고 하지만 지혜로운 이는 요달하여서 창고라고 이름하지 않는다'고 하셨으니, 이것이 그 증거이다. 그러므로 왕도王道가 흥왕하면 밖의 문을 닫지 않아도 도적이 지켜지고, 불도가 갖추어지면 모든 법을 총체적으로 지니면서도 마군과 외도는 막아진다.〔열반의 원교圓敎에서 모든 법을 화합하여 회통하되, 악마의 교설과 외도 논사의 삿된 교설만은 분명히 가려내었다.〕 그러니 다시는 망정에 집착해서 팔을 그 사이에 흔들지 말라."〔대사는 또 『원각경』의 대소大小 두 소초疏鈔를 지었고, 『법계관문法界觀門』과 『원인론原人論』을 지었는데 모두 배휴裵休가 서문을 지었으니, 세상에 성행

하였다.〕

대사는 회창會昌 원년(元年, 841) 정월 6일에 흥복사興福寺 탑원塔院에 앉아서 입멸하니, 그 달 22일에 도속道俗들이 시신을 규봉圭峰에다 모셨다가, 2월 12일에 화장을 하여 밝고 크고 윤택한 사리를 얻었다. 나중에 문인들이 울면서 구하니, 모두가 타고남은 재 속에서 얻었는데 다 석실石室 속에 봉안하였다. 그의 수명은 62세이고, 법랍은 34세였다.

대사는 유언하기를 "시체를 메다가 새와 짐승에게 보시하고, 뼈는 태워서 흩뿌려라. 슬퍼하고 사모하다가 선관禪觀을 어지럽히지 말 것이며, 매년 청명淸明 때에는 산에 올라가서 7일 동안 살림〔講道〕을 하라. 그 밖의 주지하는 법은 계율에 맞출 것이며, 어기는 자는 나의 제자가 아니다"라고 하였다.

상복을 입은 사부대중, 수천 백 명이 슬피 울면서 들판을 뒤덮었는데, 선종宣宗이 다시 불교를 세우게 되면서 정혜定慧 선사라는 시호를 추가로 하사하고, 탑호는 청련靑蓮이라 하였다.

상공相公인 소면蕭俛이 자기의 견해를 바치고, 선사에게 주석注釋하여 주기를 다음과 같이 청했다.

"하택荷澤 선사가 말하기를 '모든 삼매에서 청정한 본체를 보면, 8만 4천의 온갖 바라밀문도 모두가 소견을 통해 한 때 일어나 작용하는 것일 뿐이니, 이를 이름하여 혜안慧眼이라 한다. 만약 진여와 상응할 때를 당當한다면〔선악善惡을 생각하지 않고, 공유空有를 생각하지 않는 것이다.〕 만 가지 변화가 적멸하니〔만법이 모두 생각과 반연에서 생겨 모두가 허공인 까닭에 변화라 한다. 이미 한 생각도 나지 않는다면, 만법이 전혀 일어나지 않겠기에 없애지 않아도 자연히 적멸하게 된다.〕 이때에는 다시 보는 바가 없고,〔비추는 본체가 홀로 섰고 꿈과 지혜에는 계급이 없어진다.〕 삼매의 온갖 바라밀문도 일시에 공적해서 다시 얻을 바가 없다'〔산란散亂과 삼매三昧, 이 언덕과 저 언덕은 마주 대하여 물리치는 말인데, 마음에 망념이 없고 성품에 생멸이 없음을 알면 선정과 어지러움, 참과 허망이 일시에 적멸해지니, 따라서 얻은 바가 없다.〕고 하니, 이것이 소견에 의해 일시에 일어나 작용하는 것입니까?〔그러나 소견의 성품이 원명圓明하고 이치는 형상을 여의었으니, 형상을 끊으면 묘한 작용이 되고, 형상에 머무르면 집착하는 정이 된다. 8만 법문이 모두가 그러하여서 한 법이 있으면 하나의 티끌이요, 한 법이 공하면 하나의 작용이다. 그러므로 말하기를 "소견의 청정한 본체는 일시적으로 일어난 작용이다"라고 하였다.〕 바라건대 이후에 저에게 대답을 보내 주십시오."

사史 산인山人의 열 가지 물음에 다음과 같이 대답하였다.〔문답問答마다 각각 한 권이므로 이를 참작해서 필사한다.〕

첫 번째 물음 : 어떤 것이 도이며, 어떻게 닦습니까? 반드시 닦아서 이루어야 합니까, 아니면 공용功用을 빌리지 않는 것입니까?

답변 : 걸림 없음이 도이고 허망을 깨닫는 것이 수행이다. 도는 본래부터 원만하나 허망하게 일어남이 허물이니, 허망한 생각이 몽땅 다하면 그것이 바로 닦아 이루는 것이다.

두 번째 물음 : 만일 도가 닦아서 이루어진다면 이는 조작造作하는 것이라서, 세간법이 허망해서 실답지 않으므로 이루어졌다가 다시 무너지는 것과 똑같으리니, 어찌 세간을 벗어난 법이라 이름하겠습니까?

답변 : 조작이란 업業을 짓는 것이니, 이름하여 거짓된 세간〔虛僞

世間]이다. 조작 없음이 바로 수행이니, 곧 진실인 출세간이다.

세 번째 물음 : 그 닦는 바라는 것은 돈수頓修입니까, 점수漸修입니까? 점수라면 앞의 것을 잊고 뒤의 것을 잃으리니, 어떻게 모아서 이루겠습니까? 돈수라면 만행의 길이 많거늘 어찌 일시에 원만하겠습니까?

답변 : 참 이치[眞理]는 즉각 깨달음으로써 단박에 원만해지고, 망령된 정情은 그 정을 쉼으로써 점차적으로 다한다. 단박에 원만함은 마치 갓 태어난 아기가 일시에 팔다리가 이미 온전한 것과 같고, 점차적으로 닦음은 마치 오래 길러서 어른이 되어서야 의지와 기상이 서는 것과 같다.

네 번째 물음 : 무릇 심지心地를 닦는 법은 마음을 깨달으면 곧 요달하는 것입니까, 아니면 따로 행문行門이 있습니까? 만약 따로 행문이 있다면 무엇을 남종南宗의 돈오의 종지라 이름하며, 만약 깨닫는 즉시 모든 부처님과 같다면 어찌 신통 광명을 발하지 않습니까?

답변 : 얼음이 언 연못이 전부 물인 줄 알지만 햇볕을 빌어야 녹고, 범부인 채로 참[眞]이란 것을 깨달아도 법력法力을 빌어야 닦아 익힌다. 얼음이 녹으면 물의 흐름이 원활해져서 바야흐로 관개의 공功을 드러내고, 허망이 다하면 심령이 통하여 비로소 신통 광명의 감응을 발휘한다. 그러니 마음을 닦는 이외에 다른 행문行門은 없다.

다섯 번째 물음 : 만일 마음을 닦기만 하여도 부처를 이룬다면, 무슨 까닭에 모든 경전에서는 "불국토를 장엄하고 중생을 교화하여야 비로소 도를 이루었다고 한다"고 설하였습니까?

답변 : 거울이 밝으니 그림자에 천 가지 차별이 있고, 마음이 맑

으니 신통이 만 가지로 감응한다. 그림자는 불국토를 장엄하는 것을 비유하고, 신통은 중생을 교화하는 것을 비유했다. 그러나 장엄이면서도 곧 장엄이 아니고, 그림자이지만 또한 색色이면서 색이 아니다.

여섯 번째 물음 : 여러 경에서 말하기를 "중생을 제도하라"고 하였으나, 중생은 곧 중생이 아니거늘 무엇 때문에 다시 수고롭게 제도하여 해탈케 해야 합니까?

답변 : 만일 중생이 실답다면 제도하기가 수고롭겠지만, 이미 스스로 말하기를 "곧 중생이 아니다"라고 하였으니 어찌 제도하되 제도함이 없음을 예시한 것이 아니겠는가?

일곱 번째 물음 : 여러 경에서 말하기를 "부처님께서는 상주常住하신다"고 하고, 혹은 "부처님께서는 열반에 드신다"고 하였는데, 상주하시면 열반에 들지 않을 것이요, 열반에 들면 상주하지 않아야 할 것입니다. 이 어찌 서로 어기는 것이 아니겠습니까?

답변 : 온갖 모습을 여읜 것을 이름하여 모든 부처라 하니, 어찌 세상에 나오거나 열반에 드는 실체가 있으랴? 태어나고 소멸하는 것은 기연機緣에 달려 있는 것이니, 기연이 감응하면 보리수 밑에 나타나시고, 기연이 다하면 사라娑羅 숲 사이에서 열반에 드신다. 마치 맑은 물이 무심해서 나타내지 못하는 영상이 없는 것과 같나니, 영상은 나의 것이 아니라 외적인 껍데기[外質]가 가고 오는 것일 뿐이다. 모습은 부처의 몸이 아니거늘 어찌 여래께서 출몰함이 있으랴?

여덟 번째 물음 : 부처님께서는 변화로 해서 태어나셨는데, 나도 그렇게 태어났다고 하는 것은 무슨 이유입니까? 부처님께서는 이미 생겨남이 없으니[無生], 그렇다면 생겨남[生]이란 무슨 뜻입

니까? 만일 마음이 생기면 법도 생겨나고 마음이 멸하면 법도 멸한다고 한다면, 어떻게 무생법인無生法忍을 얻겠습니까?

답변 : 이미 변화한 것과 같다고 했으니, 변화함〔化〕은 곧 공空이다. 공은 바로 무생이거늘 어찌 생겨남의 뜻을 따지는가? 생멸이 멸하고 나면 적멸이 참〔眞〕이 되니, 이 법의 무생을 인가忍可한 것을 이름하여 무생법인이라고 한다.

아홉 번째 물음 : 모든 부처님들께서 도를 이루시고 설법을 한 것은 다만 중생을 제도하시기 위함이라고 했는데, 중생은 이미 여섯 갈래 길〔六道〕에 모두 있는데 부처님께서는 어째서 인간 세계에서만 나타나서 머무르십니까? 또 부처님께서 열반에 드신 뒤에 가섭에게 법을 부촉해서 마음에서 마음으로 전하시고, 나아가 중국에 이르러서 7조祖도 매양 한 사람에게만 전하였으니, 이미 "온갖 중생에게 모두 외아들의 지위를 얻게 한다"고 하고서 어찌하여 두루 전해 주지 않았습니까?

답변 : 해와 달이 하늘에 떠서 6합合을 함께 비춰도 소경은 보지 못하고, 엎어진 동이 밑은 밝히지 못하는 법이다. 하지만 이것은 해가 두루하지 않은 것이 아니라 장애물의 탓이다. 제도하는 것과 제도하지 않은 것은 그 뜻이 이처럼 유사하니, 인간과 천상에만 국집해서 귀신과 축생을 가려내지 말아야 한다. 다만 인도人道에서만 경전을 능히 결집해서 끊임없이 전했기 때문에 부처님께서 인간에만 나타나는 것을 알아야 한다. 부처님께서 열반에 드신 뒤에 가섭에게 부촉해서 차례차례 한 사람씩만 이어받은 것은 그 당시의 교주敎主를 말한 것이어서, 마치 한 나라에 두 임금이 있을 수 없는 것과 같은 것이니, 실제로 제도를 받은 이가 그것뿐인 것은 아니다.

열 번째 물음 : 화상은 무엇을 인하여 발심했으며, 어떤 법을 사모해서 출가했으며, 지금은 어떻게 수행하며, 어떤 법의 맛을 얻었으며, 수행한 바가 어떤 지위에 이르렀습니까? 지금은 마음을 머물고 있습니까, 아니면 마음을 닦으십니까? 마음을 머물게 한다면 마음 닦는 일에 방해가 될 것이요, 마음을 닦는다면 생각이 움직여서 편안치 못할 것이거늘, 어찌 도를 배운다고 하겠습니까? 또 마음을 편안히 해서 하나로 정해지면, 어찌 성품이 결정된 무리와 다르겠습니까? 바라건대 대덕께서 대자대비를 베푸시어 이치대로 여여如如하게 차례차례 대답해 주십시오.

답변 : 4대大가 허깨비 같음을 자각하고, 6진塵이 허공의 꽃 같음을 통달하며, 자기의 마음이 부처의 마음임을 깨닫고, 본 성품이 법성임을 보면 이것이 발심發心이요, 마음이 머무를 바 없음을 알면 그것이 바로 수행이요, 머무를 바 없는데도 알면 그것이 바로 법의 맛〔法味〕이다. 법에 머물러 집착하면 그것이 생각이 움직이기 때문이니, 마치 어떤 사람이 어두운 곳에 들어가면 보이지 않는 것과 같고, 이제 머무는 바가 없으면 물들지 않고 집착하지 않기 때문이니, 마치 어떤 사람이 눈이 있고 태양의 광명이 있으면 갖가지 법을 보는 것과 같다. 어찌 까닭 없이 결정된 성품의 무리라 하겠는가? 이미 머물러 집착하는 바가 없다면 어찌 장소를 논하겠는가?

또 산남山南의 온조溫造 상서尙書가 물었다.

"이理를 깨닫고 망상을 쉰 사람은 업을 짓지 않는데, 한 번 받은 수명이 다한 뒤에는 영성靈性은 어디에 의지합니까?"

"온갖 중생은 깨달음의 성품〔覺性〕을 갖추지 않은 이가 없으니,

신령스럽게 밝고 공적함이 부처와 다름이 없다. 다만 비롯함이 없는 겁 이래로 아직까지 깨닫지를 못하고 허망하게 몸을 집착하여 나의 모습이라 여긴다. 그러므로 사랑과 미움 따위의 정情을 일으키고, 그 정에 따라 업을 짓고, 업에 따라 생·노·병·사의 과보를 받아서 오랜 겁 동안 윤회한다. 그러나 몸 안에 있는 깨달음의 성품〔覺性〕은 일찍이 태어나거나 죽은 적이 없으니, 마치 어떤 사람이 꿈속에서 남에게 이끌려 수고를 했지만 본래의 몸은 한가하고, 물이 얼음이 되었지만 습기의 성품은 바뀌지 않는 것과 같다.

만일 이 성품이 곧 법신임을 깨달으면 본래 스스로 무생이니, 어디에 의탁할 곳이 있으랴? 신령스럽고 신령스러워서 어둡지 않고 명료하고 명료해서 항상 알고 있으니, 좇아서 온 곳도 없고 또한 간 곳도 없다.

그러나 많은 이가 허망한 집착을 내고 습기習氣로 성품을 이루어서 기쁨·성냄·슬픔·즐거움이 미세하게 흘러든다. 참된 이치는 비록 단박에 깨달았으나 이 망령된 정은 갑자기 제거하기 어려우므로 모름지기 오래오래 각찰覺察해서 덜고 또 덜어야 한다. 마치 바람이 단박에 그쳐도 물결은 차츰차츰 멈추는 것과 같나니, 어찌 일생 동안 닦은 것이 모든 부처님들의 역용力用과 같을 수 있으랴?

다만 공적空寂으로써 스스로의 체體를 삼을지언정 색신色身을 인정하지 말 것이며, 신령스런 앎으로 스스로의 마음을 삼을지언정 허망한 생각〔妄念〕을 인정하지 말라. 허망한 생각이 일어나도 전혀 따르지 않으면, 목숨이 다할 때에는 자연히 업業이 속박하지 못할 것이니, 비록 중음신〔中陰〕이 있다 하여도 향하는 바가 자유로워서 천상이든 인간이든 뜻대로 의탁하리라.

만일 사랑하고 미워하는 생각이 이미 없어지면 분단신(分段身 : 몸)을 받지 않아서 스스로 짧은 것을 길게 바꿀 수 있고, 거친 것을 묘한 것으로 바꿀 수 있다. 만일 미세한 흐름이 모두 적멸해지면 오직 원각圓覺의 큰 지혜만이 환해져서 홀로 존재하리니, 이것이 곧 기연의 감응에 따라 천백 억의 몸을 나타내어 인연 있는 중생을 제도하는 것으로서 이름하여 부처라 한다.

삼가 대조하여 해석하건대, 마명보살馬鳴菩薩이 백 가지 대승경大乘經의 종지를 모아서 『대승기신론大乘起信論』을 짓고, 그 논서 안에서 종지를 세우되 '온갖 중생의 마음에는 깨달음의 뜻과 깨닫지 못함의 뜻이 있는데, 깨달음에 다시 본각本覺의 뜻과 시각始覺의 뜻이 있다'고 하였는데, 위에서 서술한 바는 비록 이치를 비추고 마음을 관찰하는 곳에서만 말했으나, 법의 뜻은 도리어 저 『기신론』과 같다.

이른바 처음에서부터 '부처님과 다름이 없다'고 한 곳까지는 본각本覺이요, '다만 비롯함이 없는' 이하는 불각不覺이요, '만일 이 일을 능히 깨달으면'부터는 시각始覺이다. 시각 중에도 돈오와 점수가 있으니, 이로부터 다음에 '가는 곳도 없다'는 데까지는 돈오요, '그러나 많은 이가 허망한 집착을 낸다' 이하부터는 점수이다.

점수 중에도 처음 발심에서부터 부처를 이루기까지 세 지위의 자재함이 있으니, 이로부터 '뜻대로 의탁한다'는 곳까지는 생을 받는〔受生〕 자재함이요, '만약 사랑하고 미워하는 생각' 이하는 변역變易의 자재함이요, '만약 미세한 흐름' 이하는 구경究竟의 자재함이다. 또 '다만 공적空寂을 스스로의 체體로 삼을 수 있다'에서부터 '자연히 업이 속박하지 못하리라'에 이르기까지는 바로 이理를 깨달은 사람이 조석으로 마음을 행하고 지관止觀을 닦아 익히는 요긴한 대목이다.

내[宗密]가 먼저 여덟 구절의 게송으로 이 뜻을 드러내어 일찍이 상서의 처소에서 읊고서 명命을 받들어 해석하였다. 이제 여기에 다음과 같이 삼가 주석注釋을 하니, 게송과 주석은 다음과 같다."

뜻[義] 있는 일을 하면 깨달은 마음이요

[뜻〈義〉이라 함은 의리義理를 말함이지, 인의仁義나 은의恩義를 말한 것은 아니다. 뜻인즉 대체로 작위作爲한 바를 밝힌 것으로서 먼저 이해利害를 상세히 하였는데, 이로써 도리에 맞는 바가 있은 뒤에 행해야만 바야흐로 똑같이 취하고 미친 사람을 면하게 된다. 불법佛法에 나아가는 세 가지 뜻이 있으니, 이는 곧 행할 만한 것이다. 첫째는 색신色身을 자량資糧하는 일로서 옷·음식·의약품· 방사房舍 등 세간의 뜻이요, 둘째는 법신을 자량하는 일로서 이른바 계·정·혜·6바라밀다 등의 제1의第一義요, 셋째는 바른 법을 널리 펴서 뭇 중생을 이롭게 하고 구제하는 것이다. 나아가 법을 위하는 온갖 반연의 일은 세간과 출세간에 다 통한다.]

뜻이 없는 일을 하면 미친 마음이니

[이른바 대체로 작위하는 바가 위의 세 가지 일을 반연치 않으면 곧 뜻 없다〈無義〉고 한다. 미친 사람이라고 하는 것은 가령 세간의 취하고 미친 사람이 어디를 가든 처소를 분간하지 못하고, 하는 일마다 시비를 가리지 못하는 것이다. 지금은 이미 어떤 뜻과 이로움이 있는지 분간하지를 못한 채 다만 정情과 망념을 따라 하고자 하면 그대로 하기 때문에 미친 것 같다고 한 것이다. 위의 4구句는 업인業因을 서술한 것이며, 아래의 4구는 과보를

받음을 말한 것이다.〕

광란狂亂으로 정념情念을 따르면 임종할 때 업에 이끌리고

〔이미 망념에 따라서 하고 싶으면 곧 할 뿐이지 이理를 깨달은 지혜로 시비를 가리지 못하니, 마치 미친 사람과 같다. 이 때문에 임종할 때에 업의 길에서 업에 이끌리게 되어서 미래의 과보를 받는다. 그러므로 『열반경』에 말하기를 "무명의 서방님과 탐애貪愛의 마왕이 몸과 마음을 부리기를 종을 구박하듯 한다"고 한 것이다.〕

또렷하게 깨달아서 정情을 말미암지 않으면 임종할 때에 업을 바꿀 수 있다.

〔정情 속에 작위하고 싶어도 이理를 살펴서 감응하지 않거든 즉시 멈추어야 하고, 정情 속에 작위하고 싶지 않아도 이치에 비추어서 상응하면 즉시 해야 한다. 다만 시비의 이理를 말미암아야지 사랑과 미움의 감정을 말미암지 않는다면, 임종할 때에 업이 능히 속박할 수 없고 하늘과 인간을 뜻대로 자재하게 된다. 결론지어 말하건대, 아침저녁에 하는 일이 망정의 티끌에 이끌리면 임종할 때에 업에 이끌려서 태어남을 받게 되고, 만약 작위하는 바가 자각의 지혜를 말미암고 망정의 티끌을 말미암지 않으면 임종할 때에 내 마음대로 자유롭게 태어남을 받아서 업을 말미암지 않는다. 그러므로 시험 삼아 임종할 때 태어남을 받는 것이 자재로운가, 자재롭지 못한가를 알고 싶다면, 다만 티끌 경계에 대한 평소의 행심行心이 자유로운가 자유롭지 못한가를 시험해야 한다는 것을 알아야 한다.〕

선사가 상당上堂해서 말했다.[11]

"조사의 심인(心印 : 마음 도장)을 오늘 온전히 제시하겠다. 가면 심인이 머물겠지만, 머물면 심인이 파괴되리라. 다만 가지도 않고 머물지도 않는다면, 인印을 쳐야 옳은가, 치지 말아야 옳은가? 대중 속에서 말할 수 있는 자가 있는가?"

그때 노피盧陂 장로가 물었다.

"학인學人에게는 무쇠 소의 기용이 있으니, 바라건대 스님께서는 도장을 그냥 두지 마십시오."

대사가 말했다.

"원래 고래를 잡기 위해서 맑고 큰 물에 들어가야 하는데, 안타깝게도 달팽이 걸음을 하며 진흙 모래 위를 헤매는구나."

노피가 우물쭈물하고 있자, 대사가 불자로 입을 때리면서 말하였다.

"앞서 한 말을 기억하는가?"

노피가 말했다.

"기억합니다."

대사가 말했다.

"말하여 보라."

노피가 입을 열려고 하자, 대사가 또 한 번 불자로 때렸다.

대사가 상당하여 대중에게 말하였다.

"대개 참학參學하는 안목이라면, 모름지기 기용에 임해서 곧바로 대용大用이 현전해야지 소소한 예절에 스스로 구애받지 말아야

---

11 신수대장경 주註에 의하면, 이 부분부터 13권 끝까지는 명본明本과 원본元本의 내용이 다르기 때문에 부기附記해 놓은 것이라고 서술되어 있다. 이 내용은 앞의 여주汝州 풍혈風穴 연소延沼 선사에 나온다.

한다. 설사 말 이전에 얻었다 해도 오히려 껍질에 막히고 미혹된 것이며, 비록 언구 아래 정밀히 통했다 해도 길에 이르러서는 미친 견해를 면하지 못한다. 여러분들을 살펴보건대, 예전에 남에 의지해 배우고 이해한 것으로 양 갈래 길에서 헤매고 있으니, 이제 여러분과 함께 일제히 쓸어버리리라. 그리하여 저마다 큰 사자가 되어 땅에 버티고 선 채 외마디 포효하고서 천 길 벼랑에 서면, 누가 감히 정안正眼으로 엿보겠는가? 만약 엿본다면 당장 그의 눈을 멀게 하리라."

어떤 스님이 물었다.

"스님께서는 어느 집안의 곡조를 노래하시며, 종풍宗風은 누구를 이으셨습니까?"

스님이 말했다.

"위음왕불 밖으로 아득히 초연하게 벗어났거늘, 공연히 발돋움하고 서서 수고롭게 저사底沙를 찬탄하는구나."

경덕전등록 제 14 권

길주吉州 청원산靑原山 행사行思 선사의 법손

제1세 1인

남악南嶽 석두石頭 희천希遷 대사〔1인은 기록에 보임〕

제2세 21인

남악南嶽 석두石頭 희천希遷 대사의 법손 21인

형주荊州 천황사天皇寺 도오道悟 선사

경조京兆 시리尸利 선사

등주鄧州 단하산丹霞山 천연天然 선사

담주潭州 초제사招提寺 혜랑慧朗 선사

장사長沙 흥국사興國寺 진랑振朗 선사

예주澧州 약산藥山 유엄惟儼 선사

담주潭州 대천大川 화상和尙

분주汾州 석루石樓 화상

봉상鳳翔 법문사法門寺 불타佛陀 화상

담주潭州 화림華林 화상

조주潮州 대전大顚 화상

담주潭州 장자長髭 광曠 선사

수공水空 화상

〔이상 13인은 기록에 보임〕

보통寶通 선사

해릉海陵 대변大辯 선사

저경渚涇 화상

형주衡州 도선道詵 선사

한주漢州 상청常淸 선사

복주福州 쇄석碎石 화상

상주商州 상령商嶺 화상

상주常州 의흥義興 화상

〔이상 8인은 기연할 어구가 없으므로 기록하지 않음〕

제3세 23인

형주荊州 천황天皇 도오道悟 선사의 법손 1인

예주澧州 용담龍潭 숭신崇信 선사

〔1인은 기록에 보임〕

등주鄧州 단하산丹霞山 천연天然 선사의 법손 7인

경조京兆 취미翠微 무학無學 선사

단하산丹霞山 의안義安 선사

길주吉州 성공性空 선사
본동本童 화상
미창米倉 화상
〔이상 5인은 기록에 보임〕
양주揚州 육합六合 대은大隱 선사
단하산丹霞山 혜근慧勤 선사
〔이상 2인은 기연할 어구가 없으므로 기록하지 않음〕

약산藥山 유엄惟儼 화상의 법손 10인

담주潭州 도오산道吾山 원지圓智 선사
담주潭州 운암雲巖 담성曇晟 선사
화정華亭 선자船子 덕성德誠 선사
선주宣州 비수椑樹 혜성慧省 선사
약산藥山 고高 사미沙彌
악주鄂州 백안百顏 명철明哲 선사
〔이상 6인은 기록에 보임〕
영주郢州 경원산涇源山 광복光虙 선사
약산藥山 기夔 선사
선주宣州 낙하落霞 화상
낭주朗州 자사刺史 이고李翺
〔이상 4인은 기연할 어구가 없으므로 기록하지 않음〕

담주潭州 장자長髭 광曠 선사의 법손 1인

담주潭州 석실石室 선도善道 화상
〔1인은 기록에 보임〕

조주潮州 대전大顚 화상의 법손 2인

장주漳州 삼평산三平山 의충義忠 선사

〔1인은 기록에 보임〕

길주吉州 서산薯山 화상

〔1인은 기연할 어구가 없으므로 기록하지 않음〕

담주潭州 대천大川 화상의 법손 2인

선천僊天 화상

복주福州 보광普光 화상

〔이상 2인은 기록에 보임〕

행사行思 선사의 제1세

석두石頭 희천希遷 대사

그는 단주端州의 고요高要 사람으로서 성은 진陳씨이다. 처음 어머니가 태기가 있을 때에 마늘이나 파 따위를 좋아하지 않았고, 대사는 어릴 적부터 보모保母를 번거롭게 하지 않았으며, 약관弱冠의 나이가 되었을 때는 이미 의젓한 모습을 갖추었다. 마을 사람들이 귀신을 두려워해서 자주 굿을 하면서 늘 소를 잡고 술을 빚는 일을 하자, 대사는 달려가서 사당을 허물고 소를 빼앗아 가지고 돌아오기를 몇 십 년을 계속하니, 마을 장로들도 막지를 못했다.

나중에 곧장 조계曹谿로 가자, 6조 대사가 제도하여 제자를 삼았으나, 구족계를 받기 전에 조사가 열반에 들었다. 그리하여 그의 유언에 따라 여릉廬陵의 청원산青原山 행사行思 선사를 뵙고 정성을 다하여 그를 따랐다.〔만남과 관련된 내용은 행사선사장行思禪師章에 자세히 기록되어 있다.〕

어느 날 행사 선사가 대사(석두)에게 물었다.

"어떤 사람이 영남嶺南에 소식消息이 있었다고 말하는구나."

"어떤 사람은 그런 식으로 말하지 않았습니다."

"그렇다면 대승장경〔大藏〕과 소승장경〔小藏〕은 어디로부터 나왔는가?"

"모두가 이 속으로부터 나갔지만, 끝내 조금도 다른 일은 없습니다."

행사가 매우 가상히 여겼다.

대사는 당나라 천보天寶 초에 형산衡山의 남사南寺로 추천되었다. 절 동쪽에 좌대 모양의 돌이 있어서 그 위에 암자를 짓고 사니, 당시 사람들이 그를 일러 석두石頭 화상이라 하였다.

어느 날 대사가 상당하여 이렇게 말하였다.

"나의 법문은 선대로부터 부처님께서 전해 주신 것이니, 선정과 정진에 걸림 없이 오직 부처의 지견知見을 통달하면, 마음 그대로가 부처이다. 마음과 부처와 중생, 보리와 번뇌는 이름은 다르나 본체는 하나일 뿐이다.

그대들은 반드시 알아야 한다. 자기 심령의 본체는 단견과 상견〔斷常〕을 여읜 것으로서 성품은 더럽거나 깨끗한 것이 아니니, 담연하고 원만해서 범부와 성인이 가지런하고, 감응하여 작용하는 데 일정한 방향이 없어서 심의식心意識을 여의었다. 삼계三界와 6도道는 오직 자기의 마음으로부터 나타난 것일 뿐이니, 물속의 달과 거울에 비친 영상이 어찌 생멸이 있겠는가? 그대들이 능히 알 수만 있다면 갖추지 못한 바가 없느니라."

당시 도오道悟라는 문인門人이 물었다.
"조계의 뜻을 누가 얻었습니까?"
"불법을 아는 사람이 얻었다."
"스님께서도 얻으셨습니까?"
"나는 불법을 모른다."

어떤 스님이 물었다.
"어떤 것이 해탈입니까?"
"누가 그대를 속박이라도 했는가?"
"어떤 것이 정토淨土입니까?"
"누가 그대를 더럽히기라도 했는가?"
"어떤 것이 열반입니까?"
"누가 그대에게 생사生死를 주기라도 했던가?"

대사가 새로 온 스님에게 물었다.
"어디서 왔는가?"
"강서에서 왔습니다."
"마馬 대사大師를 보았는가?"
"보았습니다."
대사가 마른나무 토막 하나를 가리키면서 물었다.

"마 대사와 저것이 서로 어떠한가?"

스님이 대답을 못하고 돌아가서 마 대사에게 말하니, 마 대사가 말했다.

"그대는 그 나무토막이 얼마나 크게 보이던가?"

"굉장히 컸습니다."

"그대는 매우 힘이 세구나."

"왜 그렇습니까?"

"그대가 남악에서 나무토막 하나를 지고 여기까지 왔으니, 어찌 힘이 세지 않은가?"

어떤 스님이 물었다.

"어떤 것이 서쪽에서 온 뜻입니까?"

"돌기둥에게 물어보라."

"학인은 잘 모르겠습니다."

"나는 더욱 모르겠다."

대전大顚이 대사에게 물었다.

"옛사람이 말하기를 '있다거나 없다거나 하면 두 가지 비방이 된다'고 했으니, 스님께서 제거해 주십시오."

"한 물건도 없는데 무엇을 제거하랴?"

대사가 도리어 물었다.

"목구멍과 입술을 막고 말해 보겠느냐?"

대전이 대답했다.

"그런 것은 없소."

"그렇다면 그대는 입문入門한 것이다."

도오가 물었다.

"어떤 것이 불법의 대의입니까?"

"몰라서는 안 될 일이지."

"위로 향하는 길에도 다시 몸을 돌릴 곳이 있습니까?"

"넓은 하늘은 흰 구름이 나는 것을 막지 않는다."

"어떤 것이 선禪입니까?"

"벽돌이니라."

"어떤 것이 도道입니까?"

"나무토막이니라."

이 밖에도 문도들에게 지취旨趣를 깨닫게 한 온갖 문답은 각각 본장本章[1]에 나와 있다. 대사가 참동계參同契 한 편을 지었는데, 문장이 깊고 부드러워서 그에 대한 주석이 나오면서 세상에 널리 퍼졌다.

남악南嶽의 귀신 대부분이 자취를 나타내서 법을 들었는데, 대사가 모두 계를 주었다. 광덕廣德 2년에 문인들이 양단梁端에 내려오기를 청하자 현묘한 교화를 널리 드날렸다. 이때 강서의 주인은 대적大寂이요, 호남湖南의 주인은 석두石頭였으니, 학도들이 두 대사의 문하를 왕래하면서 정성껏 물었다.

정원貞元 6년 경오庚午 12월 25일에 세상을 뜨니, 수명은 91세이고 법랍은 63세였다. 문인들이 동령東嶺에다 탑을 세웠는데, 장경長慶 때에 무제無際 대사라 시호를 내렸고, 탑호는 견상見相이라 하였다.

1 그 사람마다의 전기를 말한다.

행사行思 선사의 제2세

앞의 석두石頭 희천希遷의 법손

형주荊州 천황天皇 도오道悟 선사

그는 무주婺州 동양東陽 사람으로서 성은 장張씨이다. 생김새가 남달리 뛰어났으며〔挺異〕, 어릴 적에는 타고난 지혜가 있었고〔生知〕, 자라서는 온갖 빼어난 재주를 갖추었다〔神俊〕. 나이 14세에 출가할 뜻을 간절히 말했으나, 부모가 허락하지 않았기 때문에 맹세의 뜻을 세워서 음식을 줄여 하루에 겨우 한 끼니만을 먹었다. 몸이 몹시 쇠약해지자 부모가 마지못해 허락을 하니, 명주明州 대덕에 의해 머리를 깎았다.

25세 항주杭州의 죽림사竹林寺에서 구족계를 받고 정성껏 범행梵行을 닦으니, 당시 사람들이 용맹勇猛하다고 추앙하였다. 어떤 때는 바람 불고 비오는 밤에 무덤 사이에서 좌선하면서도 몸과 마음이 편안하고 고요하여 온갖 두려움을 여의었다.

어느 날 여항餘杭에 갔다가 먼저 경산徑山 국일國一 선사를 뵙고, 마음의 법을 받은 뒤에 다섯 해 동안 부지런히 섬겼고, 당나라 대력大歷 때에 종릉鐘陵에 가서 마조 대사를 뵙고, 먼저 이해한 바를 거듭 인가 받으니, 법에 이설異說이 없었다.

거기서 다시 2년을 살다가 석두石頭 희천希遷 대사를 뵙고 이렇게 물었다.

"정혜定慧를 여의고서 어떤 법으로 사람들을 가르치십니까?"

석두가 대답했다.

"나의 이 속에는 사내종·계집종이 없거늘, 무엇을 여의겠는가?"

"어찌해야 밝게 터득합니까?"

"그대는 허공을 붙잡을 수 있겠는가?"

"그렇게 되면 오늘부터 시작할 것이 없겠습니다."

"그대는 언제 거기서 왔는가?"

"저〔道悟〕는 그쪽 사람이 아닙니다."

"나는 벌써 그대가 온 곳을 알고 있다."

"대사는 어째서 사람을 속이십니까?"

"그대의 몸이 현실에 있지 않는가?"

"그렇더라도 궁극적으로 어떻게 뒷사람들에게 보이십니까?"

"그대는 누구를 뒷사람이라 하는가?"

대사가 이로부터 단박에 깨닫고 나니, 앞의 두 종사의 말 아래서 얻은 마음이 자취도 없이 사라졌다. 나중에 형주荊州 당양當陽의 시자산柴紫山〔5백 나한이 넘나드는 지역이다.〕에 자리를 잡으니, 학도學徒들이 끊임없이 따랐고, 고을의 남녀가 바람에 쏠리듯 모여들었다. 당시 숭업사崇業寺의 상수上首가 서류를 갖추어서 도원수〔連帥〕에게 보고하니, 그가 고을로 맞아들였다.

성의 왼쪽에 천황사天皇寺라는 유명한 가람이 있었는데, 화재로 인하여 없어졌다. 주지인 영감靈鑒이란 스님이 복구할 생각을 하면서 말했다.

'만일 도오道悟 선사가 화주化主가 되어 주신다면 내 소원〔福〕은 반드시 이루어지리라.'

그리고는 밤중에 숨어 들어가서 애달피 청한 뒤에 업고서 오니, 이로 인해 천황사에 살게 되었다.

이때 강릉江陵 군수이자 우복야右僕射인 배공裵公이 머리를 조아리고 법을 물었는데, 정성이 매우 지극하였다. 대사는 본디 맞이하고 전송하는 일이 없어서 귀한 손님이든 천한 손님이든 모두 앉아서 읍揖을 하니, 배공이 더욱 소중히 여겼다. 이 까닭에 석두의 법문이 이 법석에서 성황을 이루었다.

어떤 스님이 물었다.

"어떤 것이 현묘한 설법입니까?"

대사가 대답했다.

"내가 불법을 풀어달라고 말하지 말라."

"그렇지만 학인의 의문이 풀리지 않으니 어쩌겠습니까?"

"왜 노승(老僧 : 나)에게 묻지 않는가?"

"이미 물었습니다."

"가거라. 그대가 머물 곳이 아니다."

대사는 원화元和 정해丁亥 4월에 병이 나자 제자들에게 임종할 것을 알렸는데, 그믐날이 되어서 대중이 문병을 갔을 때에 갑자기 전좌典座를 불렀다. 전좌가 가까이 다가서니, 대사가 말했다.

"알겠는가?"

"모르겠습니다."

대사가 베개를 들어서 땅 위에다 던지고 즉시 임종하니, 수명은 60세이고 법랍은 35세였다. 그해 8월 5일에 고을 동쪽에다 탑을 세웠다.〔적음寂音 존자尊者가 말하기를 "형주荊州 천황사의 도오道悟 선사는 『전등록』의 기록에 의하건대, 도오는 석두石頭에게 법을 얻었고 그가 살던 절은 천황이다. 무주婺州의 동양東陽 사람으로서 성은 장張씨이다.

14세에 출가해서 명주明州 대덕에 의하여 머리를 깎았고, 25세에 항주抗州의 죽림사竹林寺에서 구족계를 받았다. 먼저 경산徑山의 국일國一 선사를 뵙고 5년 동안 부지런히 모시다가, 대력大曆 때에 종릉鍾陵에 가서 마조馬祖 대사를 뵙고 2년 동안을 지낸 뒤에 다시 석두에게로 갔다. 원화元和 정해년丁亥年 4월에 병이 나니, 수명은 60세이고, 법랍은 35세였다. 그런데 달관達觀 영穎 선사가 편집한 『오가종파五家宗派』를 보건대, '도오는 마조의 법을 이었다' 하였고, 당의 구현소丘玄素가 지은 비문 몇 천 마디 말을 인용하여 그 대략을 말하면 이렇다. '대사의 호는 도오道悟이니 저궁渚宮 사람이다. 성은 최崔씨이니 자옥子玉의 후손이었다. 나이 15세에 장사사長沙寺의 담저曇翥 율사에 의해 출가했다가, 23세에 숭산嵩山의 율덕律德을 뵙고 계법〈尸羅〉을 얻었다. 석두를 뵙고 2년 동안 적멸의 법을 물었으나, 깨달은 바가 없어서 바로 장안長安에 들어가 충忠 국사國師를 뵈었다. 34세에 시자侍者인 응진應眞과 함께 남쪽으로 돌아와서 마대사를 뵙고 그 말끝에 크게 깨달으니, 그를 축하하면서 훗날 옛 자리를 여의지 말라 하였으므로 다시 저궁渚宮으로 돌아왔다. 원화元和 13년 무술戊戌 4월 초순에 병이 나서 13일에 입적하니, 수명은 82세이고 법랍은 63세였다'라 하였다. 이렇게 전기를 상고하건대, 도오가 두 사람인 듯하다. 그리고 현소玄素의 말에 의하건대 '법을 전해 받은 이는 숭신崇信 선사이니, 예주澧州의 용담龍潭에 살았다. 당나라 때의 유명한 사람인 귀등歸登이 지은 남악南岳 회양懷讓 선사의 비에 법손 몇 사람을 끝에다 열거했는데 도오라는 이름이 있고, 규봉圭峰이 배상국에게 종취를 대답하는 편지에서 마조의 법손 여섯 사람을 열거했는데 맨 첫머리에 강릉의 도오라 하였고, 그 밑의 주에 겸하여 경산의 법을 받았다고 했는데, 이제 까닭 없이 운문雲門과 임제臨濟 두 종파가 다투는 것은 우스꽝스럽다' 하였다"라고 하였다. 위의 내용은 모두 『임간록林間錄』의 말이다.

그리고 각몽당覺夢堂의 『중교오가종파重校五家宗派』 서문에 말하기를 "경덕景德 때의 오吳 지방의 스님인 도원道原이 『전등록傳燈錄』 30권을 지었는데, 조계曹溪 이하를 두 파로 간추려 놓았으니 하나는 남악 회양으로서 회양에서 마 대사가 나왔고, 또 하나는 청원靑原 행사行思로서 행사에서 석두石頭 희천希遷이 나왔다. 두 파 밑에서 다시 5종宗이 나뉘어지는데, 마 대사 밑에서 84인의 선지식이 나왔다. 그 중에 백장百丈 회해懷海가 있고, 회해에게서 황벽黃檗 희운希運과 위산潙山 영우靈祐 두 사람이 나왔고, 황벽에게서 임제 의현이 나오니 그런 까닭에 임제종臨濟宗이라 한 것이다. 위산 영우 밑에서 앙산仰山 혜적慧寂이 나왔으므로 위앙종潙仰宗이라 했다. 84인 가운데에 또 천황天皇 도오道悟가 있는데, 도오는 용담龍潭 신信을 얻었고, 용담은 덕산德山 감鑒을 얻었고, 덕산은 설봉雪峰 존存을 얻었고, 설봉에서 운문雲門 언偃을 얻어서 운문종雲門宗이라 했다. 다음은 현사玄沙 사비師備가 있었는데, 현사에게서 지장地藏 계침桂琛이 나왔고, 지장 밑에 청량淸凉 익益이 나와서 법안종法眼宗이라 하였다. 다음에 석두 희천 밑에서 약산藥山 유엄惟儼과 천황天皇 도오道悟 두 사람이 나왔고, 도오 밑에서 혜진慧眞이 나왔고, 혜진 밑에서 유한幽閑이 나왔고, 유한 밑에서 문분文賁이 나왔는데 3대 만에 뒤가 끊겼다. 그러나 약산만은 운암雲巖 성晟을 얻었고, 운암 성은 동산洞山 양개良价를 얻었고, 동산은 조산曹山 장章을 얻어서 조동종曹洞宗이다. 지금 『전등록』에서 운문종과 법안종을 석두 밑에다 둔 것은 착오가 아닌가 생각한다. 같은 시대에 도오가 두 사람 있었으니, 하나는 강릉江陵 성서城西의 천왕사天王寺 도오道悟로 저궁渚宮 사람이다. 그는 최자옥崔子玉의 후손으로 마조의 법을 이었으며 원화 13년 4월 13일에 입적하였다. 정의대부正議大夫 구현소丘玄素가 지은 탑명塔銘이 몇천 마디인데, 그것을 대략적으로 말하건대, 마조가 축하하면서 '훗날에 옛 자리를 여의지 말라고 하였으므로 다시 저궁으로 돌아왔다'고 했다. 또 하나는 강릉 성동城東의 천황사天皇寺 도오道悟이니, 무주婺州 동양東陽 사람으로서 성은 장張씨이다. 석두石頭의 법을 이었고, 원화 2년 정해丁亥에 입적하였다. 협률랑協律郎 부재符載가 탑명을 지었는데, 두 비의 기록에 태어난 인연과 태어난 곳이 분명하건만, 도원이 『전등록』을 편집할 때에 낱낱이 직접 가서 상고하지 않고 그저 사람들에게 부탁해서 자료를 얻은 데 불과했으므로 이렇게 잘못 되었을 것이다. 경덕 이후로 지금까지 천하와 사해에서 오직 『전등록』으로 근거를 삼을 뿐, 여러 절에서 상당한 지위를 차지하고 종지를 세우는 이까지도 아무런 연구를 하지 않았다. 오직 승상丞相인 무진無盡 거사居士 장공張公과 여하경呂夏卿, 두 군자만이 매번 모여 종문宗門의 일을 의논할 때마다 '석두는 약산을 얻고, 약산은 조동을 얻어 한 종파의 교리행과敎理行果와 말씀이 퍼지게 되었다. 또 천왕 도오 밑에서는 주금강周金剛이 나와서 바람을 꾸짖고 비를 나무라면서 비록 불조佛祖라도 칼끝을 감당할 수 없다 했으니 아마도 천황으로부터 틀렸는가 생각된다'고 논했다. 적음寂音 존자도 의심하기를 '도오가 두 사람이 있는 것 같다'고 하였고, 무진 거사도 나중에 달관 영 선사에게서 당唐의 부재符載가 지은 천황 도오의 탑기塔記를 얻고, 또 구현소가 지은 천황 도오의 탑기도 얻어서 이를 싸가지고 제방으로 두루 다니면서 '내가 일찍이 덕산德山과 동산洞山이 모두가 석두 밑에서 나온 것을 의심했으니, 그들이 손을 쓰는 곳마다 살활殺活이 같지 않았기 때문이다. 이제 구丘씨와 부符씨의 두 기록으로써 증험하건대, 분명하고 명백해서 내가 사람을 시험하고 법을 가리는 눈이 틀리지 않은 줄을 확신하겠다' 하였다. 그리고 적음 존자가 말하기를 '규봉이 배상국에게 종취를 대답하는 편지에서 마조의 법손 여섯 사람을 열거하였는데, 첫머리에 강릉 도오라 하였고, 그 밑에 주를 내되 겸하여 경산에게 물었다고 했거늘 이제 허망하게 운문과 임제 두 종파가 다투는 것은 한바탕 웃을 일이다'라고 하였다. 대요를 간략히 써서 전하니, 밝게 통달한 이로 하여금 5가家의 정파正派가 이와 같은 줄 알게 할 뿐이다"라고 하였다.〕

경조京兆 시리尸利 선사

처음에 석두石頭에게 물었다.

"어떤 것이 학인의 본분사本分事입니까?"

석두가 대답했다.

"그대는 그것을 어찌 나에게서 찾는가?"

"스님으로부터 찾지 않으면 어떻게 얻겠습니까?"

"그대가 잃은 적이 있던가?"

대사가 이내 그 뜻을 깨달았다.

등주鄧州 단하丹霞 천연天然 선사

어느 곳의 사람인지 모른다. 처음에는 유교를 배워서 과거를 보러 장안으로 들어갔는데, 여관에서 쉬다가 홀연히 흰 광명이 방안에 가득한 꿈을 꾸었다. 이에 점치는 사람이 공空을 터득할 상서로움이라 해석하니, 때마침 어떤 선객禪客이 나서서 물었다.

"당신은 어디로 가십니까?"

"관리로 뽑히기 위해서 과거 보러 갑니다."

"관리로 뽑히는 것이 부처로 뽑히는 것만 하겠습니까?"

"부처로 뽑히려면 어디로 가야 합니까?"

선객이 대답했다.

"지금 강서江西에는 마 대사가 세상에 나타나셨는데, 거기가 부처를 뽑는 도량입니다. 당신도 그리로 가시오."

그 길로 강서로 가서 마 대사를 보자마자 손으로 복두幞頭의 이마 부분을 치니, 마 대사가 돌아보면서 양구良久하다가 말했다.

"남악南嶽의 석두가 그대의 스승이다."

바로 남악에 가서 앞의 뜻으로써 귀의하니 석두가 말했다.

"방앗간에나 가거라."

대사가 절을 하고 물러나서 행자들의 방으로 들어가서는, 절차에 따라 부엌일을 3년 동안 계속했다.

어느 날 석두가 홀연히 대중에게 말했다.

"내일은 불전佛殿 앞의 풀을 깎자."

이튿날, 대중과 아이들까지 제각기 낫을 가지고 풀을 깎았으나, 대사만은 대야에다 물을 떠서 머리를 감고 화상 앞에 꿇어앉았다. 석두가 이를 보고 웃으면서 머리를 깎아 주고, 또한 계법戒法을 설명해 주려고 하자 대사가 귀를 막고 나가 버렸다. 그리고는 강서로 가서 다시 마 대사를 뵈었는데, 절을 하기 전에 바로 승당僧堂으로 들어가서 성승聖僧[2]의 목을 타고 앉았다. 대중들이 깜짝 놀라서 마 대사에게 알리자, 마 대사가 몸소 승당에 들어와 보고서 말했다.

"나의 제자로다. 천연天然스럽기 그지없구나."

대사가 얼른 내려와 절을 하면서 말했다.

"스님께서 이름〔法號〕을 내려 주시니 감사합니다."

이로 인해 천연이라고 부르게 되었다.

마 대사가 물었다.

"어디서 왔는가?"

"석두에서 왔습니다."

---

2 승당 안에 모셔 놓은 본존상을 말한다.

"석두의 길이 미끄러운데 넘어지지는 않았는가?"

"넘어졌다면 오지 못했을 것입니다."

그리고는 지팡이를 짚고 사방을 다니다가 천태산天台山의 화정봉華頂峰에서 3년을 머문 뒤에 여항餘杭의 경산徑山에 가서 국일國一 선사를 뵈었다. 당나라 원화元和 때에는 낙경洛京의 용문龍門 향산香山에 가서 복우伏牛 화상과 막역한 벗이 되었다.

나중에 혜림사慧林寺에 있을 때 날씨가 몹시 추웠는데, 대사가 목불(木佛 : 나무 불상)을 패서 땔감으로 쓰자 사람들이 비난을 하였다. 이에 대사가 말했다.

"나는 태워서 사리를 얻으려고 했다."

사람들이 말했다.

"나무 불상에 어찌 사리가 있겠는가?"

"그렇다면 어찌 나를 꾸짖는가?"

어느 날 대사가 충忠 국사를 뵈러 가서 먼저 시자侍者에게 물었다.

"국사께서 계시는가?"

"계시기는 하나 손님을 만나시지 않습니다."

"너무 깊고 먼 사람이군."

"부처의 눈으로 엿보아도 보이지 않습니다."

"용은 용의 새끼를 낳고, 봉은 봉의 새끼를 낳는구나."

국사가 잠에서 깨어나자 시자는 앞에 있었던 일을 보고했는데, 국사가 시자에게 20방망이를 때려서 쫓아냈다. 나중에 단하가 이 말을 듣고 말했다.

"남양 국사란 이름이 헛되지 않았구나."

이튿날 절을 하러 가서 국사를 보고는 방석을 펴니, 국사가 말했다.

"필요치 않다. 필요치 않다."

대사가 물러서니, 국사가 말했다.

"그렇다, 그렇다."

대사가 다시 앞으로 다가서니, 국사가 말했다.

"그렇지 않다. 그렇지 않다."

대사가 국사를 한 바퀴 돌고 나가 버리자, 국사가 말했다.

"성인과의 거리가 점점 멀어져서 대부분의 사람들이 게을러지니, 30년 뒤에는 이런 사람도 만나기 어려우리라."

대사가 방龐 거사居士를 찾아갔다가, 그의 딸이 나물 캐는 것을 보고서 물었다.

"거사께서 계시는가?"

딸이 광주리를 놓고 손을 모으고 섰다. 대사가 또 물었다.

"거사께서 계시는가?"

딸이 다시 광주리를 들고 떠났다.

원화元和 3년에 천진교天津橋 위에 누웠는데, 때마침 유수留守인 정공鄭公이 나왔다가 그를 꾸짖었지만 일어나지 않았다. 관리가 그 까닭을 물으니, 대사는 느릿느릿 말했다.

"일 없는 중이외다."

유수가 기이하게 여겨서 비단 피륙과 옷 두 벌을 받들어 올리고, 날마다 쌀과 밀을 바치니, 이로부터 서울 장안이 흔연히 귀의했다.

원화 15년 봄이 되자, 문인들에게 고했다.

"나는 이제 산속〔林泉〕에서 여생을 마칠까 하노라."

이때에 문인인 영제令齊와 정방靜方이 남양의 단하산丹霞山을 점찍어서 암자를 짓고 섬기니, 3년 동안 학인들이 3백 명이나 모여서 큰 선원을 이루었다.

대사가 상당하여 말했다.

"그대들이여, 집안의 하나의 신령스런 물건을 절실히 보호하라. 그대들이 이름을 짓거나 모양을 그릴 수 있는 것이 아니니, 다시 어찌 천거되고 천거되지 못함을 말하겠는가? 내가 지난 날 석두화상을 뵈었더니, 그도 역시 이 일을 잘 보호하라고 가르치셨으나, 이 일은 말로 할 수 있는 것이 아니다.

그대들은 제각기 하나의 앉을 자리가 있거늘, 다시 무엇을 의심하랴? 참선은 그대들이 알 수 있는 것이라 하겠지만, 부처야 어찌 이룰 수 있겠는가? 부처라는 한 글자는 영원히 듣고 싶지 않다. 그대들은 잘 살펴보라. 선교방편善巧方便과 자慈·비悲·희喜·사捨는 밖으로부터 얻는 것도 아니고, 마음에 집착할 것도 아니다. 선교는 문수文殊이고 방편은 보현普賢인데, 그대들은 또 무엇을 찾아 헤매는가? 경經에 의존하지도 말고, 공空에 떨어지지도 말라. 요사이의 학자들이 소란하게 구는 것은 모두가 참선하고 도를 묻고 따지는 일이지만, 나의 이곳에는 닦을 도도 없고 증득할 법도 없다. 한 번 마시고 한 번 먹음에 각기 스스로의 분수가 있으니 더 이상 의심하지 말라. 곳곳마다 이러함이 있으니, 만약 알아채기만 한다면 석가 그대로가 범부이리라. 그대들 스스로가 잘 살필 것이니, 한 소경이 뭇 소경을 이끌고 불구덩이로 들어가며, 말판 색깔도 구분하지 못하는 어두운 한밤중에 주사위 놀이〔雙陸〕를 하는 것과 같은 짓을 하지 말라. 어찌 하여야 무사하겠는가. 진중하라."

어떤 스님이 참문하러 왔다가 산 밑에서 대사를 보고 물었다.
"단하산은 어디로 갑니까?"
대사가 산을 가리키면서 말했다.
"새파랗게 아득한 곳이다."
"단지 그것이면 되지 않겠습니까?"
"진정한 사자의 새끼라면 한번 건드림에 얼른 움직인다."

대사가 어느 스님에게 물었다.
"어디서 잤는가?"
"산 밑에서 잤습니다."
"어디서 밥을 먹었는가?"
"산 밑에서 먹었습니다."
"그대에게 밥을 주는 사리闍梨가 눈을 갖추고 있던가?"
스님은 대답이 없었다.〔장경長慶이 보복保福에게 이야기하고 묻기를 "밥을 주어 먹이면 감사를 받을 분수가 있거늘, 어째서 눈을 감추지 못했을까?"라고 하니, 보복이 말하기를 "준 놈이나 받을 놈이 모두 당달봉사로세"라고 하였다. 장경이 말하기를 "그 기용機用을 다할 때에는 어찌하겠는가?"라고 하니, 보복이 말하기를 "나를 눈멀게 할 수 있다는 말인가?"라고 하였다. 현각은 말하기를 "말해 보라. 장경은 단하의 뜻을 밝혔는가, 아니면 자기살림을 활용했는가?"라고 하였다.〕

대사가 장경長慶 4년 6월 23일에 문인들에게 말하였다.
"목욕물을 데워라. 나는 떠나야 한다."

그리고는 삿갓을 쓰고 지팡이를 짚고 신을 신은 뒤에 한 발을 내딛었는데, 발이 미쳐 땅에 닿기도 전에 입적하니 수명은 86세였다. 문인들이 돌을 다듬어서 탑을 세우니, 시호를 지통智通 선사라 하고, 탑호를 묘각妙覺이라 하였다.

담주潭州 초제招提 혜랑慧朗 선사

그는 시흥始興의 곡강曲江 사람으로서 성은 구양씨歐陽氏이다. 13세에 등림사鄧林寺의 모模 선사에 의해 머리를 깎고, 17세에 남악南嶽에 갔다가 20세에 그곳 남악의 절에서 구족계를 받은 뒤에 건주虔州의 공공산龔公山으로 가서 대적大寂을 뵈었다.

대적이 그에게 물었다.

"그대는 무엇을 구하러 왔는가?"

"부처의 지견知見을 구하러 왔습니다."

"부처는 지견이 없으니, 지견은 바로 마군〔魔〕의 경계이다. 그대는 남악에서 왔으면서도 석두의 『조계심요曹谿心要』를 보지 못한 모양이구나. 그대는 도로 돌아가라."

대사(혜랑)가 분부를 받고는 남악으로 돌아와서 석두를 찾아가 물었다.

"어떤 것이 부처입니까?"

석두가 대답했다.

"그대는 불성이 없다."

"꼬물거리는 생령〔含靈〕들은 어떻습니까?"

"꼬물거리는 생령들은 오히려 불성이 있다."

"어째서 저〔慧朗〕에게는 없습니까?"

"그대가 기꺼이 받아들여 감당하지 못하기 때문이니라."

대사가 이 말끝에 깊이 믿음이 생겼다.

나중에 양단梁端의 초제사招提寺에서 살았는데, 30여 년 동안 문밖을 나서지 않으면서 학자들이 오기만 하면 언제나 이렇게 말했다.

"가거라, 가거라. 그대에게는 불성이 없다."

그가 기근機根을 제접하는 방법이 대략 이러하였다.〔당시 사람들이 대랑大朗 선사라 불렀다.〕

장사長沙 흥국사興國寺 진랑振朗 선사

처음에는 석두를 뵙고 이렇게 물었다.

"어떤 것이 조사가 서쪽에서 오신 뜻입니까?"

석두가 대답했다.

"돌기둥에게 물어라."

"진랑은 모르겠습니다."

"나도 모르겠다."

이에 대사가 문득 깨달았다.

거기 머문 뒤로는 어떤 스님이 와서 참문할 경우 대사는 늘 "상좌야"라고 불러서 스님이 "네" 하고 대답하면 이렇게 말했다.

"홀로 저버리는구나."

"스님께서는 왜 비추지 않으십니까?"

대사가 눈을 닦고 들여다보니, 스님은 말이 없었다.〔당시 사람들이 소랑小朗 선사라 불렀다.〕

예주澧州 약산藥山 유엄惟儼 선사

그는 강주絳州 사람으로서 성은 한韓씨이다. 17세에 조양潮陽 서산西山의 혜조慧照 선사에 의해서 출가하였고, 당나라 대력大歷 8년에 형악衡嶽의 희조希操 율사에게 구족계를 받고서 말했다.

"대장부가 마땅히 법을 여의어서 스스로 청정할지언정, 어찌 사소한 일로 세행細行을 일삼겠는가?"

그리고는 바로 석두를 뵙고서 비밀히 현묘한 종지를 깨달았다.

어느 날 대사가 앉았는데 석두가 보고서 물었다.

"그대는 거기서 무엇을 하는가?"

"전혀 하는 것이 없습니다."

"그렇다면 한가롭게 앉은 것이군."

"한가롭게 앉았다면, 그것마저도 하는 것입니다."

"그대는 하지 않는다고 말하는데, 하지 않는다는 것이 무엇인가?"

"천 명의 성인도 알아채지 못합니다."

석두가 게송으로 찬탄하였다.

> 지금까지 함께 머물면서도 이름을 모르고
> 운運에 맡겨 서로 거느리면서 그렇게 가는구나.
> 예로부터의 뛰어난 성현도 알아채질 못하는데
> 예사로운 범부들이 잠깐 사이에 어찌 밝힐 수 있으랴.
> 從來共住不知名　任運相將只麽行
> 自古上賢猶不識　造次凡流豈可明

어느 날 석두가 이렇게 말했다.

"언어와 동작으로는 교섭하지 말라."

대사가 대답했다.

"언어와 동작이 아닌 것으로도 교섭하지 마십시오."

"이 속은 바늘로 찔러도 들어가지 않는다."

"이 속은 돌 위에다 꽃을 심은 것과 같습니다."

석두가 옳다고 여겼다.

나중에 대사가 예주의 약산에 머무니, 대중이 구름같이 모였다.〔자세한 어록은 다른 책에 있다.〕

어느 날 대사가 경을 보는데, 백암柏巖이 말했다.

"화상은 원숭이 놀음을 쉬게 하실 수 있습니까?"

대사가 경을 탁 덮으면서 말했다.

"해가 어디쯤인가?"

"바로 정오입니다."

"아직도 그런 문채文彩가 남았느냐?"

"저에게는 없다는 것도 없습니다."

"그대는 몹시도 총명하구나."

"저는 그렇거니와 화상의 높으신 뜻은 어떠하십니까?"

"나는 절름거리고 비틀거리는 등 백천 가지 추태를 부리면서 세월을 보낸다."

대사가 도오道吾와 이야기를 할 때에 이런 말을 했다.

"명계(茗谿 : 道行 禪師)는 전생〔上世〕에 절찰(節察 : 순사)이었나 보다."

도오가 물었다.

"화상께서는 전생에 무엇을 하셨습니까?"

"나는 뒤틀리고 여윈 채로 그럭저럭 살았다."

"왜 그랬습니까?"

"나는 일찍이 다른 책을 편 적이 없기 때문이다."〔석상石霜이 따로 말하기를 "책은 일찍이 펼친 적이 없었다"라고 하였다.〕

원주가 와서 아뢰었다.

"종을 쳤습니다. 화상께서는 법당에 오르십시오."

대사가 말했다.

"그대는 내 발우를 좀 들어다오."

"화상께서는 손 없이 지낸 지가 얼마나 되셨습니까?"

"그대는 그저 가사를 헛되이 걸쳤을 뿐이구나."

"저는 그렇거니와 화상께서는 어떠하십니까?"

"나는 그러한 권속이 두지 않는다."

대사는 원두(園頭 : 밭을 관리하는 스님)가 나물 키우는 것을 보고 말했다.

"키우는 것은 막지 않겠다만 뿌리가 나지 않게 하라."

"뿌리가 나지 않게 하라고 하시면 대중은 무엇을 먹습니까?"

"그대도 입이 있는가?"

그 스님은 대답이 없었다.

어떤 스님이 물었다.

"어찌하여야 모든 경계에 미혹되지 않습니까?"

"듣게나. 그것이 어찌 그대를 장애하겠는가?"

"잘 모르겠습니다."

"어떤 경계가 그대를 미혹시키던가?"

스님이 물었다.
"어떤 것이 길 가운데 놓인 지극한 보배입니까?"
"아첨하거나 왜곡하지 말라."
"아첨하거나 왜곡하지 않을 때에는 어떠합니까?"
"나라가 기운다 해도 바꾸지 않는다."

어떤 스님이 두 번째 와서 의탁하기를 청하자, 대사가 물었다.
"누군가?"
"상탄常坦입니다."
대사가 꾸짖었다.
"먼저도 상탄이더니, 나중에도 상탄인가?"

어느 날 원주院主가 대사에게 상당上堂을 청했다. 대중이 다 모였는데도 대사는 잠자코 있더니만, 그대로 방장으로 돌아가서 문을 닫았다. 원주가 뒤를 따라가서 말했다.
"화상께서 저에게 상당법문을 허락하시고서 어찌 방장으로 돌아가십니까?"
대사가 말했다.
"원주야, 경에는 경사經師가 있고, 논에는 논사論師가 있고, 율에는 율사律師가 있는데, 어찌 나를 이상하게 여기는가?"

대사가 운암雲巖에게 물었다.
"무엇을 하는가?"
"똥을 풉니다."
"그것은?"

"있습니다[在]."

"그대는 무엇 때문에 왔다갔다하는가?"

"다른 것과 바꾸려고요."

"어찌하여 한꺼번에 하지 않는가?"

"화상은 사람을 비방하지 마십시오."

"그렇게 말하지 않아야 하는데."

"어떻게 말하리까?"

"젊어진 적이 있기는 한가?"

대사가 앉았는데 어떤 스님이 물었다.

"오뚝하게 앉아서 무엇을 사량思量하십니까?"

"사량하지 않는 것을 사량한다."

"사량하지 않는 것을 어떻게 사량한단 말입니까?"

"사량에 얽매이지 않기 때문이니라[非思量]."

어떤 스님이 물었다.

"학인이 고향에 돌아가고자 할 때 어찌해야 합니까?"

"그대의 부모는 온몸이 붉게 부어서 가시덤불 숲에 누웠거늘, 그대는 어디로 돌아간다 하는가?"

"그렇다면 돌아가지 않겠습니다."

"그러나 그대는 고향으로 가야 한다. 만일 그대가 고향으로 돌아간다면 나는 그대에게 음식을 끊는 법을 일러 주겠다."

"말씀해 주십시오."

"두 차례씩 상당하였으나 쌀 한 톨도 깨물어 터뜨리지 못했다."

어떤 스님이 물었다.

"어떤 것이 열반입니까?"

"그대가 입을 열기 전을 무엇이라 부르는가?"

대사가 준포납遵布衲이 불상을 씻는 것을 보고서 물었다.

"이것은 그대가 씻고 있지만, 저것도 씻을 수 있는가?"

준포납이 말했다.

"저것을 잡아서 가져오십시오."

대사가 그만두었다.〔장경長慶이 말하기를 "삿된 법은 유지하기가 어렵구나"라고 하였다. 현각玄覺이 말하기를 "말해 보라. 장경이 그렇게 말한 것이 손님 쪽에 있는가, 주인 쪽에 있는가? 대중 가운데에서는 이를 부처를 씻는 말이라고도 하고 겸해서 하는 말이라고도 하는데 결론적으로 선한 말인가, 결론적으로 선하지 못한 말인가?"라고 하였다.〕

어떤 스님이 물었다.

"학인이 의심이 있으니, 스님께서 풀어 주십시오."

"상당했을 때에 오라. 그대를 위해 의심을 풀어 주리라."

저녁이 되어 상당했다. 대중이 모여서 좌정坐定하자, 대사가 말했다.

"오늘 의심을 풀어 달라고 청한 상좌가 지금 어디에 있는가?"

그 스님이 대중 앞에 나와서 서니, 대사가 선상에서 내려와 붙들고서 말했다.

"대중아, 이 스님이 의심이 있단다."

그리고는 놓아 버리고 방장으로 돌아갔다.〔현각이 말하기를 "그에게 의심을 풀어 준 것인가? 풀어 주었다면 어디가 푼 곳인가? 의심을

풀지 않았다면 상당할 때에 의심을 풀어 주겠다고 하지 않았던가?"라고 하였다.〕

대사가 반두(飯頭 : 공양을 담당하는 스님)에게 물었다.
"여기에 얼마나 있었는가?"
"3년 있었습니다."
"나는 전혀 그대를 모르겠는데……."
반두가 어쩔 줄을 모르다가 화를 내고 떠났다.

어떤 스님이 물었다.
"몸과 목숨이 급한 곳이 어디입니까?"
"잡종雜種을 심지 말라."
"무엇으로 공양하오리까?"
"물건이라 할 것이 없다."

대사가 공양주供養主를 시켜 교화 다니는 스님을 조사하게 하였다. 감甘 행자가 스님에게 물었다.
"어디서 오셨습니까?"
그 스님이 대답했다.
"약산藥山에서 왔습니다."
"무엇 때문에 오셨습니까?"
"교화하러 왔습니다."
"약을 가지고 오셨습니까?"
"행자께 무슨 병이라도 있으십니까?"
감 행자가 은전 두 냥을 던지면서 말했다.

"만약 사람이 있으면 돌려보낼 것이고, 사람이 없으면 그냥 두십시오."

대사가 스님이 너무 빨리 돌아온 것을 괴이하게 여기니, 그 스님이 말했다.

"불법佛法을 물어서 은전 두 냥을 얻었습니다."

대사가 그 스님에게 그 이야기를 다시 하게 하였다. 그 스님이 말을 마치자, 대사는 그 스님에게 빨리 행자의 집으로 돌려주게 하였다. 행자는 스님이 돌아온 것을 보고서 말했다.

"스님이 오셨으니, 은을 보태서 시주하겠습니다."〔동안同安이 대신 말하기를 "그런 물음을 알고 있었다. 끝내 약산에서 왔다고는 말하지 않으리라"고 하였다.〕

대사가 어떤 스님에게 물었다.

"그대가 허虛와 실實을 헤아릴 수 있다고 말하는 것을 보았네."

"외람스럽습니다."

"시험 삼아 나를 헤아려 보라."

스님은 대답이 없었다.〔운암雲巖이 나중에 동산에게 묻기를 "그대는 어찌 생각하는가?"라고 하니, 동산이 대답하기를 "화상의 생일을 말씀해 주십시오"라고 하였다.〕

대사가 불佛자를 써 놓고 도오道吾에게 물었다.

"이것이 무슨 글자인가?"

도오가 말했다.

"불佛자입니다."

"말 많은 중이구나."

어떤 스님이 물었다.

"자기 일을 아직 밝히지 못했으니, 화상께서 가르쳐 주십시오."

대사가 잠자코 있다가 말했다.

"내가 지금 그대에게 한마디 하기는 어렵지 않다. 다만 그대들이 말끝에 즉각 알아야 한다. 그렇다면 약간은 견주겠지만, 만일 다시 사량思量이 끼어든다면 도리어 나의 죄가 된다. 그러니 우선 입을 다물고 서로 누를 끼치는 것을 면하는 것만 못하다."

대중이 밤에 뵈러 왔을 때에 등불을 켜지 않고 대사가 말했다.

"내게 한 마디〔一句〕가 있는데, 특별히 송아지가 새끼를 낳아야 그대들에게 말하리라."

이때에 어떤 스님이 말했다.

"송아지가 새끼를 낳았는데, 스님께서는 왜 말씀하시지 않습니까?"

"시자야, 등불을 가져 오라."

그 스님이 물러나 대중 속으로 들어갔다.〔운암이 나중에 동산에게 이야기하니, 동산이 말하기를 "그 스님이 알기는 했지만 그저 절을 하지 않았을 뿐이다"라고 하였다.〕

어떤 스님이 물었다.

"달마 조사께서 오시기 전에도 이 국토에 조사의 뜻이 있었습니까?"

"있었다."

"이미 조사의 뜻이 있었다면 어찌하여 또 오셨습니까?"

"다만 있다고 하기 때문에 오셨을 뿐이다."

대사가 경을 보는데, 어떤 스님이 물었다.

"스님께서는 평소에 남들에게는 경을 보지 말라고 하시더니, 어째서 스님께서는 보십니까?"

"나는 그저 눈을 가리려는 것이다."

"제가 화상을 본받아도 되겠습니까?"

"만일 그렇다면 그대는 쇠가죽도 꿰뚫어 보아야 하리라."〔장경長慶이 말하기를 "눈이 무슨 허물이 있는가?"라고 하였다. 현각玄覺이 말하기를 "말해 보라. 장경은 약산의 뜻을 알았을까, 몰랐을까?"라고 하였다.〕

낭주郎州 자사刺史 이고李翶가 대사의 현묘한 교화를 멀리서 듣고 자주 청했으나, 끝내 일어나지 않으므로 몸소 산에 들어가서 뵈었다. 그러나 대사는 경을 보면서 돌아보지도 않았다. 이에 시자가 아뢰었다.

"태수太守가 오셨습니다."

이고는 성질이 급해서 이렇게 말했다.

"얼굴을 보는 것이 이름을 듣는 것만 못하구나."

대사가 태수를 부르니, 이고가 대답했다. 이에 대사가 말했다.

"어째서 귀만 귀하게 여기고 눈은 천하게 여기는가?"

이고가 손을 모으고 사죄하면서 물었다.

"어떤 것이 도입니까?"

대사가 손으로 위와 아래를 가리키면서 말했다.

"알겠는가?"

"모르겠습니다."

"구름은 하늘에 있고, 물은 병에 있다."

이고는 기쁘고 부끄러운 마음으로 절을 하고는 게송 하나를 읊었다.

몸의 형상을 단련한 것이 학의 형상과 같고
1천 그루 소나무 밑에 두 함函의 경일세.
내가 와서 도를 물으니 다른 말은 없고
구름은 푸른 하늘에 있고 물은 병에 있다고 하네.
練得身形似鶴形　千株松下兩函經
我來問道無餘說　雲在靑天水在缾

〔현각玄覺이 말하기를 "말해 보라. 이李 태수太守는 그를 찬탄한 말인가, 그를 밝혀준 말인가? 행각行脚한 안목을 갖춘 이라야 비로소 되리라"고 하였다.〕

이고가 다시 물었다.
"어떤 것이 계戒·정定·혜慧입니까?"
"나의 이 속에는 그러한 쓸모없는 가구家具가 없다."
이고가 현묘한 취지를 헤아리지 못하자, 대사가 말했다.
"태수께서 이 일을 보전해 지니시려면, 바로 높고 높은 산꼭대기에 가서 앉고, 깊고 깊은 바다 밑을 다녀야 하오. 규합閨閤 안의 물건은 버릴 수 없으니 그대로 새어 버리게 하오."

어느 날 밤에 대사가 산에 올라 거닐다가 홀연히 구름이 걷히면서 달이 나타나는 것을 보자 크게 웃으니, 그 소리가 예양澧陽 동쪽의 90리까지 들렸다. 마을 사람들 모두가 동쪽 집에서 나는 소리라 여겨서 이튿날 아침 차츰차츰 물어서 약산까지 와서 물으니, 약산의 대중들이 대답했다.

"지난밤에 화상께서 산꼭대기에서 크게 웃으셨다."

이고가 이 말을 듣고 다시 시를 바쳤다.

그윽한 거처를 잡아서 야정野情에 흡족한지
해가 끝나도 맞이하지도 않고 보내지도 않네.
때로는 외로운 봉우리 정상에 곧바로 올라서
달 아래 구름이 걷히자 한바탕 크게 웃네.

選得幽居愜野情　終年無送亦無迎
有時直上孤峰頂　月下披雲笑一聲

대화大和 8년 2월에 임종하기 직전에 외쳤다.

"법당이 쓰러진다. 법당이 쓰러진다."

대중이 모두 기둥을 잡고 지탱하니, 대사가 손을 흔들면서 말했다.

"그대들은 나의 뜻을 모른다."

그리고는 입적하니, 수명은 84세이고 법랍은 60세였다. 입실한 제자 중에 충허沖虛라는 이가 선원의 동쪽에다 탑을 세우니, 시호는 홍도弘道 대사라 하였고 탑호는 화성化城이라 하였다.

담주潭州 대천大川 화상〔대호大湖라고도 한다.〕

강릉江陵에서 어떤 스님이 새로 와서 절을 하고 한쪽에 서 있자, 대사가 말했다.

"강릉을 떠난 지 얼마나 되는가?"

스님이 방석을 들어 올리자, 대사가 말했다.

"그대가 멀리 온 것이 고맙다. 내려가라."

스님이 얼른 나가니, 대사가 말했다.

"만일 그렇지 않았다면, 어찌 안목이 분명했음을 알 수 있었으랴?"

스님이 손바닥을 비비면서 말했다.

"하마터면 제방의 노숙老宿들을 잘못 판단할 뻔한 것이 괴로울 따름입니다."

대사가 수긍하였다.〔어떤 스님이 단하丹霞에게 이야기하니, 단하가 말하기를 "대천의 법에는 말하기만 하면 되지만 나의 여기에는 그렇지 않다"라고 하였다. 스님이 말하기를 "여기는 어떻습니까?"라고 하니, 단하가 말하기를 "대천에게 세 걸음쯤 비슷해졌다"라고 하였다. 그리고 그 스님이 절을 하니, 단하가 말하기를 "여러 지역의 장로들을 잘못 판단하는 이가 매우 많다"라고 하였다. 동산이 이 말을 듣고 말하기를 "단하가 아니면 옥과 돌을 가리기 어려웠으리라"고 하였다.〕

분주汾州 석루石樓 화상

대사가 상당上堂하니, 어떤 스님이 나와서 물었다.

"전생의 일을 알지 못하겠으니, 스님께서 방편으로 가르쳐 주십시오."

대사가 대답했다.

"석루는 귓바퀴〔耳朶〕가 없다."

"저는 스스로 그른 줄 알고 있습니다."

"내게도 허물이 있던가?"

"화상의 허물이 어디에 있습니까?"

"그대가 그르다고 하는 곳에 허물이 있다."

스님이 절을 하니, 대사가 때렸다.

대사가 어떤 스님에게 물었다.

"요즈음 어디서 떠났는가?"

"한漢나라에서 떠났습니다."

"한나라의 천자도 불법을 소중히 여기던가?"

"애달프고도 애달픕니다. 저에게 물었기에 다행이지, 다른 사람에게 물었더라면 큰 화禍가 생길 뻔했습니다."

"왜 그런가?"

"사람도 볼 수 없는데 무슨 중시할 만한 불법이 있겠습니까?"

"그대는 계를 받은 지 얼마나 되는가?"

"30년입니다."

"아무도 보지를 않아서 아주 좋겠구나."

그리고는 때렸다.

봉상부鳳翔府 법문사法門寺 불타佛陀 화상

항상 염주 하나를 들고 염주 알을 세면서 세 가지 명호를 염念했다.

"첫째는 석가釋迦요, 둘째는 원화元和요, 셋째는 불타佛陀이니, 그 밖의 것이야 모두 완달구椀躂丘[3]이다."

이렇게 계속해서 되풀이하여 그 행적이 기이하였는데, 당시 사람들은 헤아릴 수 없었다.

---

3 개의 생식기를 말한다.

담주潭州 화림華林 화상

스님이 뵈러 와서 바야흐로 방석을 펴는데, 대사가 말했다.

"천천히 하라."

스님이 말했다.

"화상께서는 무엇을 보셨습니까?"

"아깝게도 종루鐘樓가 주저앉았구나."

그러자 그 스님은 크게 깨달았다.

조주潮州 대전大顚 화상

처음에 석두石頭를 뵈니, 석두가 대사에게 물었다.

"어느 것이 그대의 마음인가?"

"말하는 이것입니다."

문득 석두에게 할을 당하고 쫓겨났다. 십여 일이 지나자, 대사가 다시 물었다.

"먼저의 대답이 틀렸다면, 이를 제외하고 어떤 것이 마음입니까?"

석두가 대답했다.

"눈썹을 치키거나 눈을 깜박이는 일을 제외하고서 마음을 가져오라."

"가져올 마음이 없습니다."

"원래 마음이 있거늘 어째서 마음이 없다고 하는가? 마음이 없다고 하면 모두가 비방하는 말이 된다."

대사가 이 말끝에 크게 깨달았다.

훗날 시봉하면서 서 있는데, 석두가 물었다.

"그대는 참선하는 승려인가, 고을로 돌아다니는 승려인가?"

“참선하는 승려입니다.”

“어떤 것이 선인가?”

“눈썹을 치키고 눈을 깜박이는 것입니다.”

“눈썹을 치키고 눈을 깜박이는 일을 제외하고, 그대의 본래면목을 갖다 바쳐라.”

“화상께서 눈썹을 치키고 눈을 깜박이는 일을 제외하고 저에게 보여 주십시오.”

“나는 제거해 버렸다.”

“저도 이미 화상께 바쳤습니다.”

“그대가 이미 바쳤다니, 내 마음은 어떠한가?”

“화상과 다르지 않습니다.”

“그대의 일에는 관계하지 않는다.”

“본래 물건이 없습니다.”

“그대도 물건이 없다.”

“이미 물건이 없다면 곧 참 물건이겠습니다.”

“참 물건은 얻을 수 없다. 그대 마음의 현량(見量 : 正體)과 의취意趣가 이러하니, 부디 잘 보호해 지녀라.”

대사가 나중에 그곳을 떠나서 조주 영산靈山에 은거하니, 배우려는 자들이 사방에서 모였다.

대사가 상당하여 말했다.

“도를 배우는 사람은 모름지기 자가自家의 본심을 알려고 하므로 마음을 가지고 보여 주면 바야흐로 도를 볼 수 있다. 요즘 사람들이 단지 눈썹을 치키거나 눈을 굴리거나 한 번 말하고 한 번 침묵하는 것을 인정해서 곧바로 인가하는 것을 심요心要라고 여기는 사람들이 많은데 실제로는 아직 요달하지 못한 것이다. 내가 이제 그대들에게 분명히 말해 주겠으니, 제각기 자세히 들어라. 다만 온갖 망상과 헤아리는 소견을 버리면 바로 그대의 참 마음이니, 이 마음은 티끌 경계에 응할 때든 고요한 침묵을 지키면서 인정할 때든 전혀 교섭이 없다.

마음 그대로가 부처이니, 닦고 다스릴 필요가 없다. 왜냐하면 근기에 응하는 데 따라 비추면서 차디차게 스스로 작용하지만, 그 작용하는 곳을 궁구해도 끝내 얻을 수 없다. 묘한 작용이라 부르려 하지만 바로 본래의 마음일 뿐이니, 부디 잘 보호해 지니면서 경솔히 여기지 말라."

어떤 스님이 물었다.

"그 속의 사람끼리 서로 볼 때는 어떠합니까?"

"벌써 그 속이 아니다."

"그 속이란 것은 어떠합니까?"

"그런 물음을 하지 말라."

"괴로움의 바다에 파도가 깊으니, 무엇으로 배나 뗏목을 삼으리까?"

"나무로 배나 뗏목을 만들라."

"그러면 건넙니까?"

"장님은 여전히 장님이요, 벙어리는 여전히 벙어리다."

담주潭州 유현攸縣 장자曠 광長髭 선사

처음에 조계에 가서 6조의 탑에 예배하고 돌아오는 길에 석두石頭를 뵈니, 석두가 물었다.

"어디서 오는 길인가?"

"영남에서 왔습니다."

"영嶺 마루턱의 한 존자尊者는 공덕을 이루었던가?"

"성취한 지 오랩니다만 아직 점안點眼을 못 했습니다."

"점안해 주기를 바라는가?"

"청하옵니다."

석두가 한 발을 드니, 대사가 절을 하였다. 이에 석두가 말했다.

"그대는 어떤 도리를 보았기에 절을 하는가?"

"제가 보건대, 커다란 화롯불 위에 한 점의 눈송이가 내린 것 같습니다."〔현각玄覺이 말하기를 "말해 보라. 장자는 안목을 갖추고서 대답했는가, 안목을 갖추지 못하고 대답했는가? 안목을 갖추었다면 왜 눈을 떼어 달라 했을까? 안목을 갖추지 못했다면 또 도를 성취한 지가 오래라고 한 말은 어찌 풀이해야 할까?"라고 하였다. 그러자 법등法燈이 대신 말하기를 "화상은 눈이 어두우시군요"라고 하였다.〕

수공水空 화상

어느 날 복도에서 한 스님을 만나자 이렇게 물었다.

"하루의 일이 어떠한가?"

스님이 그저 가만히 있자, 대사(수공)가 다시 물었다.

"그렇게만 하면 되는가?"

"머리 위에다 머리를 붙이는군요."

대사가 때리면서 말했다.

"가거라, 가. 이후로는 남의 집 남녀들을 홀리겠구나."

행사行思 선사의 제3세

앞의 형주荊州 천황天皇 도오道悟 선사의 법손

예주澧州 용담龍潭 숭신崇信 선사

본래는 저궁渚宮의 떡 장수 자손으로서 성씨는 알 수 없지만, 어렸을 때부터 매우 영리하였다.

처음에 도오 화상이 영감靈鑒의 은밀한 청을 받아 천황사天皇寺에 거처하였지만 아무도 아는 이가 없었다. 이때 대사의 집은 절 밑의 마을에 있었는데, 날마다 떡 열 개를 보내서 공양시키고 있었다. 도오는 매번 받아서 다 먹고 나서는 항상 떡 하나를 남기며 말했다.

"내가 그대에게 주어서 자손들에게 음덕蔭德이 내리게 하리라."

어느 날 대사가 생각하였다.

"내가 떡을 가지고 가면, 어찌하여 나에게 돌려주는 것일까? 무슨 뜻이 있는가 보다."

그리하여 곧장 찾아가서 물으니, 도오가 대답했다.

"그대가 가져온 것을 그대에게 돌려주는 것이 무엇이 이상한가?"

대사가 이 말을 듣고 자못 현묘한 뜻이 밝아졌다. 그리하여 출가를 청하여 말하니, 도오가 말했다.

"그대는 옛적에 복福과 선善을 숭상하고 지금은 내 말을 믿으니, 이름을 숭신崇信이라 부르자."

이로부터 곁에서 부지런히 시봉을 하였는데, 어느 날 물었다.

"제가 여기에 온 뒤로 아직껏 마음의 요체[心要]를 가리켜[指示]

주시는 것을 보지 못했습니다."

"나는 그대가 온 뒤로 그대 마음의 요체를 가리키지 않은 적이 없었다."

"어디서 가리켜 주셨습니까?"

"그대가 차를 끓여 오면 나는 너를 위해 받았고, 밥을 갖다 주면 너를 위해 받아먹었고, 그대가 합장을 하면 나 역시 고개를 숙였다. 어딘들 마음의 요체를 가리키지 않았단 말인가?"

대사가 머리를 숙이고 잠자코 앉았으니, 도오가 말했다.

"보려면 당장에 보아야지 생각으로 헤아리려면 바로 어긋난다."

대사는 이 말에 견해가 열렸다. 그리하여 다시 물었다.

"어떻게 보호해 지니오리까?"

"성품에 맡겨서 그대로 자유롭게 두고, 연緣에 따르되 놓아 버려 비워라. 오직 범부의 마음만을 다할 뿐이지 따로 수승한 견해가 없느니라."

대사가 나중에 예양澧陽의 용담사龍潭寺에 가서 사는데 어떤 스님이 와서 물었다.

"상투 안의 구슬[髻中珠]을 누가 얻습니까?"

"즐겨 구경하지 않는 이가 얻는다."

"어느 곳에 안착安著합니까?"

"처소가 있느니라."

"처소가 있으면 말해 주십시오."

비구니 대중이 물었다.

"어찌하여야 스님이 되겠습니까?"

"비구니가 된 지 얼마나 되는가?"
"스님이 될 때가 있기는 하겠습니까?"
"그대는 지금 무엇이란 말인가?"
"현재는 비구니의 신분이니, 어찌 모른다 하십니까?"
"누가 그대를 알겠는가?"

이고李翺가 대사에게 물었다.
"어떤 것이 진여의 반야입니까?"
"나에게는 진여의 반야가 없다."
"화상을 만난 것이 다행입니다."
"이것도 분수 밖의 말이다."

덕산德山이 물었다.
"용담龍潭의 소문을 들은 지 오래인데, 와서 보니 못도 보이지 않고 용도 나타나지 않네요."
대사가 말했다.
"그대는 직접 용담에 와 보기는 했는가?."
그러자 덕산이 그만두었다.〔현각玄覺이 말하기를 "말해 보라. 덕산이 용담을 수긍했는가, 수긍하지 않았는가? 수긍했다면 덕산의 안목이 어디에 있는가? 수긍하지 않았다면 어째서 대를 이어가는가?"라고 하였다.〕

등주鄧州 단하산丹霞山 천연天然 선사의 법손

경조京兆 종남산終南山 취미翠微 무학無學 선사

처음에 단하丹霞에게 물었다.

"어떤 것이 부처님들의 스승입니까?"

단하가 꾸짖으면서 말했다.

"이 딱한 중생아, 수건과 빗자루〔巾箒〕를 잡아서 무엇을 하려 하는가?"

대사가 세 걸음 물러서자, 단하가 말했다.

"틀렸다."

대사가 앞으로 나서자, 단하가 말했다.

"틀렸다, 틀렸어."

대사가 한 발을 들고, 몸을 한 바퀴 돌린 뒤에 나가니 단하가 말했다.

"얻기는 얻었으나 다른 부처님들을 홀로 저버렸구나."

대사가 이로 인해 현묘한 뜻을 깨닫고 취미翠微에 살기 시작했다.

투자投子가 물었다.

"2조祖가 처음으로 달마를 보았을 때에 무엇을 얻었습니까?"

대사가 대답했다.

"그대는 지금 나를 보고 무엇을 얻었는가?"

어느 날 대사가 법당 안에서 거니는데, 투자가 앞으로 나서서 절을 하고 물었다.

"서쪽에서 온 비밀한 뜻을 화상께서는 어찌하여 남에게 보이십니까?"

대사가 잠시 걸음을 멈추자, 투자가 또 말했다.

"스님께서 가르쳐 주십시오."

"더러운 물을 한 바가지 더해서 어찌하려는가?"
투자가 절을 하고 물러가니, 대사가 말했다.
"파묻히지 말라."
투자가 대답했다.
"때가 되면 뿌리와 싹이 저절로 납니다."

대사가 나한에게 공양을 올리는데, 어떤 스님이 물었다.
"단하 스님은 나무부처를 태웠는데, 화상께서는 어찌하여 나한께 공양을 올리십니까?"
"태워도 태워지지 않으니, 공양 역시 마음대로 공양하느니라."
"나한께 공양하면 나한이 오십니까?"
"그대는 매일 먹었는가?"
스님이 대답이 없으니, 대사가 말했다.
"영리한 사람이 드물구나."

단하산丹霞山 의안義安 선사〔제2세 주지〕

어떤 스님이 물었다.
"어떤 것이 부처입니까?"
대사(의안)가 대답했다.
"어떤 것이 그대〔上坐〕인가?"
"그렇다면 다를 것이 없겠습니다."
"그대에게 할 말이다."

길주吉州 성공性空 선사

어떤 스님이 와서 참문하자, 대사가 손을 벌려 보였다. 스님이 앞으로 다가섰다가 다시 물러서니, 대사가 말했다.

"부모가 모두 죽었는데도 전혀 슬퍼하지 않는구나."

그 스님이 깔깔 웃으니, 대사가 말했다.

"잠시 그대와 더불어 슬퍼하마."

그 스님이 곤두박질을 치면서 나가니, 대사가 말했다.

"아이고, 아이고."

본동本童 화상

문하의 스님들이 대사의 초상화를 그려 바치니, 대사가 말했다.

"이것이 나라면 다시 누구에게 바쳐야 하는가?"

스님이 말했다.

"어찌 분수 밖의 일이겠습니까?"

"만일 분수 밖의 것이 아니라면, 그대가 오히려 그것을 거두어라."

그 스님이 거두려 하자, 대사가 얼른 때리면서 말했다.

"진짜 분수 밖인데 억지를 쓰는구나."

"그렇다면 꼭 스님께 바쳐야겠군요."

"거두어라, 거두어라."

미창米倉 화상

어떤 스님이 새로 참례하러 와서 대사를 세 번 돌고, 선상禪床을 두드리면서 말했다.

"주인 늙은이가 보이지 않으니, 끝내 참선하는 무리 속에 끼지는 않겠다."

대사(미창)가 말했다.

"어느 곳의 정식情識이 왔다갔다하느냐?"

"과연 있지 않구나."

대사가 주장자로 한 차례 때리니, 그 스님이 말했다.

"하마터면 정식情識에 떨어질 뻔하였습니다."

그러면서 껄껄 웃자, 대사가 말했다.

"시골 풀밭을 걷다가 하나 걸려들었을 뿐인데, 무슨 말이 있겠느냐?"

"그럼 대중에 들어가서 참구해야겠군요."

앞의 약산藥山 유엄惟儼 선사의 법손

담주潭州 도오산道吾山 원지圓智 선사

대사는 예장豫章 해혼海昏 사람으로서 성은 장張씨이다. 어릴 적에 반槃 화상에게 계를 받고, 약산의 법회에 가서 심인心印을 깨달았다.

어느 날 약산이 물었다.

"그대는 어디를 갔었는가?"

"산을 돌고 왔습니다."

"이 방을 여의지 말고, 빨리 말해 보라."

"산 위의 까마귀 새끼는 눈과 같이 희고, 시냇물 속의 노는 고기는 바빠서 멈추지 않습니다."

대사가 운암과 함께 모시고 섰는데, 약산이 말했다.

"지혜가 이르지 못하는 곳은 절대로 말하지 말라. 말하면 곧 머리에서 뿔이 난다. 원지圓智 두타頭陀는 어찌하겠는가?"

대사가 나가 버리니, 운암이 약산에게 물었다.

"원지 사형은 어째서 화상의 말씀에 대답하지 않습니까?"

약산이 대답했다.

"나는 오늘 등이 아프다. 이 일은 그가 알 것이니, 그대가 가서 물어보아라."

운암이 다시 와서 대사에게 물었다.

"아까 사형은 왜 화상의 말씀에 대답을 하지 않았습니까?"

대사가 말했다.

"그대는 화상에게 가서 물어보아라."〔어떤 스님이 운거雲居에게 묻기를 "절대로 말하지 말라는 뜻이 무엇입니까?"라고 하니, 운거가 말하기를 "이 말은 가장 독기가 있다"라고 하였다. 스님이 다시 묻기를 "어떤 것이 독기 있는 말입니까?"라고 하니, 운거가 말하기를 "용과 뱀을 한 몽둥이로 때려죽인다"라고 하였다.〕

운암이 임종할 때에 하직하는 편지를 써서 사람을 시켜 대사에게 보내 왔는데, 대사가 펴서 읽어보고 말했다.

"운암은 당시에 그에게 말하지 않았던 것을 아직도 뉘우칠 줄 모르는구나. 그러나 비록 그렇더라도 약산의 제자임에는 틀림이 없다."〔현각玄覺이 말하기를 "옛사람이 그렇게 말한 것이 까닭이 있을까?"라고 하였다. 또 말하기를 "운암이 당시에 몰랐다 하니 어디가 그가 알지 못한 곳인지 말해 보라"고 하였다.〕

약산이 상당하여 말했다.

"나에게 한마디 말이 있는데 아직 아무에게도 말한 적이 없다."

대사가 나서면서 말했다.

"서로 따릅니다."

어떤 스님이 약산에게 말했다.
"한마디를 어떻게 설명합니까?"
약산이 대답했다.
"언설이 아니니라."
대사가 말했다.
"벌써 언설이 되었습니다."

대사가 누웠는데 비수椑樹 화상이 와서 말했다.
"무엇을 하시오?"
"이불을 덮었소."
"누웠소, 앉았소?"
"그 두 가지에 있지 않소."
"그럼 어찌하여 덮었다고 했소?"
"어지럽게 말하지 마오."
대사가 비수 화상이 앉아 있는 모습을 보고 말했다.
"무엇을 하시오?"
비수가 대답했다.
"안녕하십니까?〔和南〕"
대사가 말했다.
"멀리 떨어진 지 얼마나 되었소?"
비수가 "비슷하군" 하고는 소매를 흔들면서 나갔다.

대사가 삿갓을 들고 나가는데 운암이 말했다.
"무엇을 하렵니까?"
"쓸 곳이 있소."

"비바람이 닥치면 어찌하렵니까?"

"덮어쓰죠."

"그도 덮어씌울 수 있습니까?"

"비록 그렇다 해도 새지는 않습니다."

위산潙山이 운암雲巖에게 물었다.

"보리菩提는 무엇을 자리〔坐〕로 삼습니까?"

운암이 대답했다.

"무위無爲로써 자리를 삼습니다."

그리고는 운암이 다시 위산에게 물으니, 위산이 말했다.

"모든 법의 공함을 자리로 삼습니다."

그리고는 위산이 대사에게 물으니, 대사가 말했다.

"앉으려면 알아서 앉고, 누우라면 알아서 눕겠지만, 한 사람만은 앉지도 눕지도 않나니, 속히 말해 보시오."

위산이 대사에게 물었다.

"어디를 갔다 오시오?"

"병자를 돌보고 옵니다."

"몇 사람이나 병이 났습니까?"

"병든 이도 있고 병들지 않은 이도 있습니다."

"병들지 않은 이라 함은 원지 두타가 아니겠소?"

"병들거나 병들지 않거나 그 일과는 전혀 관계가 없으니, 속히 말해 보시오."

어떤 스님이 물었다.

"만 리에 구름이 없어도 본래의 하늘은 아니리니, 어떤 것이 본래의 하늘입니까?"

"오늘은 햇볕이 좋으니 보리[麥]를 말려라."

"신통도 없는 보살의 발자국을 어째서 찾기 어렵습니까?"

"도가 같아야 비로소 안다."

"화상께서는 아십니까?"

"모른다."

"어째서 모르십니까?"

"그대는 내 말뜻을 모르는구나."

운암이 물었다.

"사형의 가풍은 무엇입니까?"

"그대로 하여금 가리키게 한 것을 감히 무엇이라 하겠는가?"

"그것 없던 지가 얼마나 되었습니까?"

"어금니 뿌리에서 여전히 떫은맛이 난다."

"어떤 것이 지금 힘을 쓸 곳입니까?"

"천 사람이 불러도 고개도 돌리지 않아야 비로소 약간이나마 분수가 있다."

"홀연히 불이 났을 때에는 어떠합니까?"

"대지를 능히 태운다."

대사가 어떤 스님에게 물었다.

"별과 불길을 제외하고는 어느 것이 불이던가?"

"불이 아닙니다."

다른 스님이 곁에 있다가 물었다.

"스님께서는 불을 보셨습니까?"

"보았다."

"어디서 일어납니까?"

"다니고, 머물고, 앉고, 눕는 일을 떠나서 다시 한 번 물어라."

남전南泉이 대중에게 보였다.

"법신法身에도 4대大가 갖추어져 있는가? 대답하는 이에게는 잠방이 한 벌을 주리라."

이에 대사가 나서서 말했다.

"성품의 땅〔性地〕은 공空이 아니고 공은 성품의 땅이 아니니, 이것이 지대地大입니다. 나머지 3대大〔어느 본에는 4대大로 되어 있다.〕도 또한 그러합니다."

남전이 앞의 약속을 어기지 않고 잠방이 한 벌을 대사에게 주었다.

운암雲巖이 병이 들자, 대사가 문병을 가서 말했다.

"이 껍질을 여의고 어디서 다시 만날까?"

운암이 말했다.

"나지도 않고 멸하지도 않는 곳에서 만납시다."

"어찌 나지도 않고 멸하지도 않는 곳에서도 만나기를 바라지 않는다고 말하지 않으시오?"

대사가 운암이 신을 깁는 것을 보고 물었다.

"무엇을 하는가?"

"부서진 것으로 부서진 것을 꿰매오."

"어찌 부서진 것 그대로가 부서지지 않은 것이라고 말하지 않는가?"

어떤 스님이 『유마경維摩經』에 "8천 보살과 5백 성문이 모두 문수사리 대사를 따르고 싶어했다"는 부분을 읽는 것을 대사가 듣고서 물었다.

"어디로 가는가?"

그 스님이 대답이 없으니, 대사가 때렸다.

나중에 어떤 스님이 화산禾山에게 물으니, 화산이 대신 대답하였다.

"시중을 드는 자는 알고 있습니다."

대사가 산을 내려와 오봉五峰에게 가니, 오봉이 물었다.

"약산藥山 노숙老宿을 알고 있습니까?"

"모르오."

"왜 모르십니까?"

"모른다. 몰라."

어떤 이가 물었다.

"어떤 것이 화상의 가풍입니까?"

대사가 선상에서 내려와 여인의 절을 하면서 말했다.

"그대가 멀리서 와서 고맙긴 하나 도무지 대꾸할 것이 없구나."

"어떤 것이 조사께서 서쪽에서 오신 뜻입니까?"

"동토東土에서는 만난 적이 없느니라."

"선사先師의 제사를 차렸는데, 과연 선사께서 오시겠습니까?"

"그대들, 이 재齋는 차려서 무엇 하겠는가?"

"머리 위에 보배 관(寶蓋)이 생겨도 내가 옳다고 말하지 않는다면 어떠합니까?"

"그의 뜻을 허락한다."

"화상께서는 어떠하십니까?"

"내게는 그런 것이 없다."

석상石霜이 대사에게 물었다.

"백 년 뒤에 어떤 사람이 극칙極則의 일을 물으면, 어떻게 대답하시겠습니까?"

대사가 사미를 부르자, 사미가 대답했다. 대사가 그에게 말했다.

"깨끗한 병에 물을 넣어 가지고 오너라."

그리고는 잠자코 있다가 도리어 석상에게 물었다.

"아까 무엇을 물었던가?"

석상이 다시 이야기하니, 대사는 얼른 일어나서 가 버렸다.

다른 날, 석상이 또 물었다.

"화상의 한 조각 뼈를 두드려서 구리 같은 소리가 날 때에는 어디로 가시겠습니까?"

대사가 시자를 부르자, 시자가 대답했다. 대사가 그에게 말했다.

"당나귀 해(驢年 : 영원히 오지 않는 해)에나 가겠구나."

당나라 대화大和 9년 을묘乙卯 9월에 병을 얻어 괴로워하므로 대중이 문안을 갔더니, 이렇게 말했다.

"받기만 하고 갚지 않는 것을 그대들은 알겠는가?"

그러자 대중이 모두 슬퍼하였다. 11일에 떠나려 하다가 대중에게 말했다.

"나는 마땅히 서쪽으로 가겠다. 동쪽으로 옮길 까닭이 없다."

말을 마치자 입적하니, 수명은 67세였다. 화장한 뒤에 사리 몇 개를 얻어 석상산石霜山의 남쪽에다 탑을 세워 안치하였다. 시호는 수일修一 대사이고, 탑호는 보상寶相이라 하였다.

담주潭州 운암雲巖 담성曇晟 선사

그는 종릉鍾陵 건창建昌 사람으로서 성은 왕王씨이다. 어릴 때에 석문사石門寺에서 출가하였다. 처음에는 백장百丈 회해懷海 선사를 뵈었으나, 현묘한 이치를 깨닫지 못한 채 20년 동안을 곁에서 모시고 있었다. 백장이 열반에 들자, 대사는 약산藥山을 뵈러 가서 한마디에 계합하였다.〔자세한 내용은 약산장藥山章에 있다.〕

어느 날 약산이 물었다.

"그대가 백장에 있던 것 이외에 어디를 다녔는가?"

"일찍이 광남廣南까지 갔다 왔습니다."

"듣건대 광주성의 동문 밖에 하나의 둥근 돌이 있는데, 군수가 옮기려 했다고 하던데 사실인가?"

"군수뿐이 아니라 온 나라 사람이 옮기려 해도 움직이지 않았습니다."

약산이 다시 물었다.

"듣건대 그대는 사자師子를 부릴 줄 안다는데 사실인가?"

"사실입니다."

"몇 가지 재주나 부리는가?"

"여섯 가지 재주를 부립니다."

"나도 사자를 부린다."

"화상께서는 몇 가지 재주나 부리십니까?"

"나는 한 가지 재주만 부린다."

"하나가 곧 여섯이요, 여섯이 곧 하나입니다."

대사가 나중에 위산에 갔었는데, 위산이 물었다.

"듣건대 장로는 약산에 있으면서 사자를 부렸다는데 사실인가?"

대사가 대답했다.

"사실입니다."

"영구히 부리는가, 그칠 때도 있는가?"

"부리려면 부리고, 그치려면 그칩니다."

"그칠 때에는 사자가 어디에 있소?"

"그쳤소. 그쳤어."

어떤 이가 물었다.

"위로부터의 모든 성인이 모두 어디로 갔습니까?"

대사가 잠자코 있다가 말했다.

"무엇이라 했는가?"

"잠시도 있지 않아서 마치 죽은 사람과 같을 때에는 어찌합니까?"

"묻어 버리는 것이 좋겠다."

"크게 보임保任하는 사람은 그것과 하나입니까, 둘입니까?"

"한 베틀에서 짠 비단이 한 끝인가, 두 끝인가?"

동산洞山이 이 말을 듣고 말했다.

"마치 사람이 나무를 접하는 것과 같구나."

대사가 차를 달이는데 도오가 물었다.
"차를 달여서 누구에게 주려는가?"
"어느 한 사람이 요구합니다."
"왜 그더러 몸소 달이라 하지 않는가?"
"다행히 제가 있으니까요."

대사가 석상에게 물었다.
"어디서 왔는가요?"
석상이 대답했다.
"위산에서 왔습니다."
"거기서 얼마나 있었죠?"
"어영부영 여름과 겨울을 지냈습니다."
"그러시면 산의 어른이 됐겠군요."
"비록 거기에 있었지만 모릅니다."
"그도 알 것이 아니요, 인식할 것도 아니오."
석상이 대답이 없었다. 나중에 도오가 이 말을 듣고 말했다.
"그렇게도 불법에 인연이 없을까."

나중에 대사가 담주潭州 유현攸縣에 있는 운암산雲巖山에 살았는데, 어느 날 대중에게 이렇게 말했다.
"어떤 집 아들이 와서 묻더라도 대답치 못할 것이 없노라."
동산洞山이 물었다.
"그 집안에 서적들이 얼마나 있습니까?"
"한 글자도 없다."
"그런데 어찌 그리 많이 압니까?"

"밤낮으로 잔 적이 없기 때문이니라."

"한 조각의 일이라도 얻을 수 있습니까?"

"대답하는 것이 도리어 대답하지 못하는 것이니라."

어떤 스님에게 물었다.

"어디서 오는가?"

"향을 피우고 옵니다."

"부처님을 보았는가?"

"보았습니다."

"어디서 보았는가?"

"아래 세계〔下界〕에서 보았습니다."

"옛 부처로구나. 옛 부처야."

도오가 물었다.

"대비보살은 천 개의 눈과 천 개의 손을 가졌다는데, 어느 것이 바른 눈〔正眼〕입니까?"

"가령 등불이 없을 때에 목침을 잡았다면 어떻겠는가?"

"알았소이다. 알았소이다."

"어떻게 알았는가?"

"온몸〔通身〕이 눈이군요."

대사가 마당을 쓰는데 위산이 말했다.

"퍽 분주하군."

"모름지기 분주하지 않은 놈이 있다는 것을 알아야 하죠."

"그렇다면 곧 둘째 달이 있는 것이군."

대사가 빗자루를 세우고서 말했다.

"이것은 몇째 달인가요?"

그러자 위산潙山[4]이 머리를 숙이고 떠나 버렸다.〔현사玄沙가 말하기를 "이것이야말로 둘째 달이구나"라고 하였다.〕

대사가 어떤 스님에게 물었다.

"어디서 왔는가?"

"돌 위에서 이야기를 하다가 옵니다."

"돌이 고개를 끄덕이던가?"

스님이 대답하지 못하자, 대사가 말했다.

"묻기 전에 고개를 끄덕였다고 하라."

대사가 신을 삼는데 동산이 물었다.

"스님께 눈동자를 얻으러 왔는데 주시겠습니까?"

"그대의 것은 누구에게 주었는가?"

"저〔良价 : 동산〕는 그것이 없습니다."

"본래 있던 것을 그대는 어디에다 두었는가?"

동산이 말이 없으니, 대사가 말했다.

"눈동자를 달라는 것이 눈인가?"

"눈이 아닙니다."

대사는 그를 꾸짖었다.

4 본문에는 대사〔師〕로 되어 있으나, 이로 할 경우 앞뒤 화자가 맞지 않는다. 그러나 명본明本에는 위산潙山으로 되어 있고, 이것이 문맥의 의미에 합당하므로 위산으로 번역하였다.

대사가 비구니들에게 물었다.

"그대들은 아버지가 있는가?"

"계십니다."

"나이가 얼마나 되는가?"

"80세입니다."

"그대들에게 80세가 되지 않는 아버지가 있다는 것을 알고 있는가?"

"이렇게 온 것이 바로 그가 아니겠습니까?"

"역시 아이들이구나."〔동산이 말하기를 "설사 그렇게 오지 않았어도 역시 아이들이다"라고 하였다.〕

어떤 스님이 물었다.

"한 생각〔一念〕이 별안간 일어나서 문득 마魔의 세계에 빠질 때는 어떠합니까?"

"그대는 무엇 때문에 부처의 세계에서 왔는가?"

스님이 대답이 없자, 대사가 말했다.

"알겠는가?"

"모르겠습니다."

"체득하지 못했다고 말하지 말라. 설사 체득했다 하여도 그저 갈팡질팡할 뿐이다."

대사가 어떤 스님에게 물었다.

"그대가 점을 칠 줄 안다니 사실인가?"

"그렇습니다."

"내 점을 좀 쳐보게나."

스님이 대답이 없었다.〔동산洞山이 대신 말하기를 "화상의 생일을 말씀해 주십시오"라고 하였다.〕

당나라 회창會昌 원년 신유辛酉 10월에 병이 나서 26일에 목욕을 마치고, 일 보는 스님〔主事僧〕에게 분부하되 "내일 어떤 상좌가 떠나니, 재를 차려라"고 하였는데, 27일에 아무도 떠나는 이가 없었다. 그런데 밤이 되자 대사가 입적하니, 수명은 60세였다. 다비를 한 뒤에 사리 1천여 개를 얻어서 돌무덤 속에 갈무리했으며, 시호는 무주無住 대사이고 탑호는 정승淨勝이었다.

화정華亭 선자船子 화상

이름은 덕성德誠이니, 약산의 법을 이어받았다. 일찍이 화정華亭의 오강吳江에 조그마한 배 하나를 띄워 놓고 지냈기 때문에 사람들이 선자(船子 : 뱃사공) 화상이라 하였다.

대사가 일찍이 동학同學인 도오道吾에게 말했다.

"이 뒤에 영리한 좌주가 하나 오거든 내게로 보내 주오."

나중에 도오가 경구京口 화상 선회善會를 권유해서 대사를 참례參禮하게 했는데, 대사가 선회에게 물었다.

"좌주는 어느 절에 있었는가?"

선회가 말했다.

"절이라면 곧 머물지 않음이요, 머문다면 닮지 않습니다."

"닮지 않았다니, 닮는다 함은 무엇인가?"

"눈앞에는 비슷한 것〔相似〕이 없습니다."

"어디서 배운 것인가?"

"귀와 눈이 이르지 않는 곳입니다."

대사가 웃으면서 말했다.

"한마디 딱 들어맞는 말이 만 겁의 당나귀를 묶어두는 말뚝이로다. 1천 자〔尺〕나 되는 실을 드리우는 것은 깊은 못 속에 뜻이 있으니, 세 치 갈고리를 여의고 속히 말하라, 속히 말하라."

선회가 입을 벌리려고 하자, 대사가 삿대〔篙〕로 밀어서 물속에 빠뜨려 버렸는데, 이로 인해 크게 깨달았다.

대사는 그 자리에서 배를 버리고 떠나갔는데, 그의 마지막이 어떤지는 알 수 없다.

선주宣州 비수椑樹 혜성慧省 선사

동산洞山이 대사를 참문하자, 대사가 물었다.

"무엇 하러 왔는가?"

"화상을 가까이하려고 왔습니다."

"가까이하려고 왔다면서 입술 조각은 왜 놀리는가?"

동산이 대답이 없었다.〔조산曹山이 나중에 이 말을 듣고 말하기를 "외아들이 친견하게 되었구나"라고 하였다.〕

어떤 스님이 물었다.

"어떤 것이 부처입니까?"

"고양이 등 위에 돌기둥이니라."

"학인은 잘 모르겠습니다."

"돌기둥에게 물어라."

고高 사미沙彌〔약산藥山의 암자에 살았다.〕

처음에 약산藥山을 찾아가 뵈니, 약산이 물었다.

“어디서 오는가?”

“남악南嶽에서 왔습니다.”

“어디로 가는가?”

“강릉으로 계를 받으러 갑니다.”

“계는 받아서 무엇을 하려는가?”

“생사生死를 면하려고 합니다.”

“어떤 사람은 계를 받지 않고도 생사를 면하는데 그대는 아는가?”

“그렇다면 부처님의 계율은 무엇에 쓰겠습니까?”

“아직도 입술에 걸려 있구나.”

그리고는 유나維那를 불러서 말했다.

“저 절름발이 사미에게 스님의 소임을 주지 말고, 뒤에 있는 암자에다 안배해라.”

그리고는 다시 운암雲巖과 도오道吾에게 말했다.

“아까 온 사미 하나가 뜻밖에 총명하더라.”

도오가 말했다.

“아직 완전히 믿을 수 없으니 더 검증해 보아야 합니다.”

이에 약산이 다시 대사(사미)를 불러서 물었다.

“듣건대 장안長安은 더 시끄럽다는데 사실인가?”

대사가 대답했다.

“내 나라는 편안합니다.”〔법안法眼이 따로 말하기를 “누구의 말을 들으셨습니까?”라고 하였다.〕

약산이 다시 물었다.

“그대는 경을 보아 얻었는가, 법문을 물어서 얻었는가?”

“경을 보고 얻은 것도 아니고, 법문을 청해서 얻은 것도 아닙니

다."

"대부분의 사람들도 경을 보지 않고 법문도 묻지 않는데, 어찌하여 얻지 못하는가?"

"그들이 없다고 말할 것이 아니니, 다만 그들이 기꺼이 수긍하지 않을 뿐입니다."

대사가 곧 약산을 하직하고 암자로 살러 가려고 하니, 약산이 말했다.

"생사의 일이 큰데 어째서 계를 받지 않는가?"

"그 일인 줄 아는데 어찌하여 계를 받습니까?"

약산이 꾸짖으면서 말했다.

"이 사미가 말이 많구나. 들어와서 가까운 암자에 살다가 때때로 다시 만나자꾸나."

대사가 암자에 살다가 비오는 날 뵈러 가니, 약산이 말했다.

"그대가 왔구나."

"그렇습니다."

"몹시 젖었구나."

"이번에는 북 치고 피리 불지 마십시오."

운암이 말했다.

"가죽도 없는데 무슨 북을 치리오?"

도오가 말했다.

"북도 없는데 무슨 가죽을 치리오?"

약산이 말했다.

"오늘의 곡조가 퍽 좋구나."

어떤 스님이 물었다.

"한 구절[一句]로도 다 도달하지 못하는 경지가 있습니까?"
"세상에 순응하지 않는다."

재齋를 차리자 약산이 손수 북을 쳤다. 고 사미가 발우를 들고 춤을 추면서 방으로 들어가니, 약산이 북을 던지면서 말했다.
"이것은 몇 번째의 화답[和]인가?"
"둘째 화답입니다."
"그러면 어떤 것이 첫째 화답인가?"
대사가 통 안에서 밥을 한 주걱 퍼 가지고 나가 버렸다.

악주鄂州 백안百顔 명철明哲 선사

동산洞山이 밀密 사백師伯과 함께 와서 뵈니, 대사가 물었다.
"그대들은 최근에 어디로부터 떠나왔는가?"
동산이 말했다.
"호남湖南에서 왔습니다."
"관찰사觀察使의 성명이 무엇인가?"
"성姓을 모릅니다."
"이름은 무엇인가?"
"이름도 모릅니다."
"그렇다면 일을 보든가?"
"그저 막사[郎幕]에 머물러 있을 뿐입니다."
"출입이야 하지 않겠는가?"
동산이 소매를 털었다.
이튿날 대사가 승당에 들어가서 물었다.
"어제 두 스님[闍梨]를 대했어도 한 마디[一轉語]도 여물게 하지 못했다. 이제 두 스님에게 청하나니, 말해 보라. 만일 말할 수 있으면 내가 죽과 밥을 나누어서 여름을 같이 지내리라. 빨리 말하라. 빨리 말하라."

동산이 말했다.

"너무나 존귀한 분이군요."

대사가 죽과 밥을 내어서 한 여름을 같이 지냈다.

담주潭州 장자長髭 광曠 선사의 법손

담주潭州 석실石室 선도善道 화상

유현攸縣의 장자長髭 광曠 선사의 법을 이어받았는데, 사미였을 때에 장자가 계를 받으러 보내면서 말했다.

"그대가 돌아오는 날에 반드시 석두에게 가서 참례하라."

대사가 계를 받고 난 후에 돌아오다가 석두를 뵈었다. 어느 날 석두를 따라 산을 도는데 석두가 말했다.

"그대는 나와 함께 내 앞을 가로막는 면전의 나무를 베야 한다."

대사가 대답했다.

"칼을 가지고 오지 않았습니다."

석두가 칼을 뽑아서 대사에게 거꾸로 주니, 대사가 말했다.

"그것에 지나지 않습니다."

"그대는 그것으로 무엇을 하려는가?"

대사가 이 말에 크게 깨닫고서 곧 돌아왔다. 장자가 그에게 물었다.

"석두에게 갔었는가?"

"가기는 갔으나 성명을 통하지 않았습니다."

"계는 누구에게 받았는가?"

"남에게 의지하지 않았습니다."

"거기서는 그렇게 했다 처도 내게 와서는 어찌할 것인가?"

"위배되지 않습니다."

"아주 도도한 놈이군."

"혀끝을 댄 적이 없습니다."

석두가 꾸짖으면서 말했다.

"사미야, 나가라."

대사가 나와 버리니, 장자가 말했다.

"어찌하여 사람을 만나지 못했는가?"

대사는 이윽고 사태沙汰를 만났는데, 행자의 행색으로 석실石室에서 살면서 매번 스님을 보면 지팡이를 세우고 말했다.

"3세世의 부처님들이 모두 이로 말미암았다."

그러나 상대하는 이들 중에는 이 은밀한 뜻을 알아채는 이가 없었다. 장사長沙가 이 말을 듣고 말했다.

"만일 내가 보았더라면 지팡이를 던지게 하고 따로 소식을 통하게 했을 것이다."

삼성三聖이 이 말을 가지고 석실로 와서 대꾸를 하려다가 대사에게 그것이 장사의 말임을 들켰다. 행산杏山은 삼성이 기회를 놓쳤다는 말을 듣고서 다시 직접 석실로 오자, 대사는 행산의 대중스님들이 따라온 것을 보고 슬쩍 방앗간으로 갔다.

행산이 말했다.

"행자도 쉽지 않고, 나도 어렵군요."

"무심無心의 그릇에다 가득히 담아 와서 꿰맨 자국이 없는 소반에다 담아 가는 것을 무엇을 어렵다고 말하리오?"

행산이 그만두었다.

앙산仰山이 물었다.

"부처와 도의 거리가 얼마입니까?"

"도는 손을 편 것 같고, 부처는 주먹을 쥔 것 같다."

"결국 어떻게 믿고 어떻게 의지해야 합니까?"

대사가 손으로 허공을 두세 번 튀기면서 말했다.

"그런 일이 없다. 그런 일이 없어."

"그러면 경전의 가르침을 빌려야 합니까?"

"3승乘 12분교分教는 분수 밖의 일이다. 만일 그와 상대를 이룬다면 마음과 경계의 두 법이고 능能과 소所의 쌍행雙行인지라 갖가지 견해가 생기게 되리니, 이 또한 미친 지혜일 뿐이라서 족히 도라고 하지 못한다. 만일 그와 상대를 이루지 않는다면 하나의 일도 없으니, 이 때문에 조사께서 말씀하시기를 '본래 한 물건도 없다'고 한 것이다. 그대는 어린 아기가 태胎에서 갓 나올 때를 보지 못했는가? '내가 경전을 본다거나 경전을 보지 못한다'고 하던가? 갓 나왔을 때에는 불성이 있다는 뜻이건 불성이 없다는 뜻이건 알지 못하다가 차츰 자라면서 갖가지 지식을 배우면 '내가 유능하고 내가 안다'고 말하지만 그것이 객진客塵번뇌임을 알지 못한다.

16행行 가운데서 어린이의 행이 으뜸이니, 치치화화哆哆和和[5]할 때를 도를 배우는 사람이 분별과 취사取捨의 마음을 여읜 것에 비유한다. 이 때문에 어린이를 찬미하기도 하는데, 하물며 비유로

5 어린아이가 말을 배우기 시작할 무렵 의미 없이 중얼거리는 옹알이를 말한다.

취하는 것이랴? 그러나 만일 어린이를 도라고 한다면 당장에 잘못안 것이다."

대사가 어느 날 저녁에 앙산과 함께 달구경을 하는데, 앙산이 물었다.

"저 달이 둥글 때에는 뾰족한 모습이 어디로 갔으며, 뾰족할 때에는 둥근 모습이 어디로 갔습니까?"

"뾰족할 때에는 둥근 모습이 숨고, 둥근 때에는 뾰족한 모습이 숨는다."〔운암雲巖이 말하기를 "뾰족할 때에는 둥근 모습이 있지만 둥근 때에는 뾰족한 모습이 없다"라고 하였다. 도오道吾는 말하기를 "뾰족할 때에도 없어지지 않았고 둥근 때에도 없어지지 않았다"라고 하였다.〕

앙상이 하직하니, 대사가 문밖까지 전송을 나왔다가 "사리여" 하고 불렀다. 앙산이 "네" 하고 대답을 하자, 대사가 말했다.

"한 방향으로 가지만 말고, 이쪽으로도 돌아오게나."

어떤 스님이 물었다.

"스님께서는 오대산五臺山에 가보셨습니까?"

"갔었다."

"문수를 보셨습니까?"

"보았다."

"문수가 행자께 뭐라 하셨습니까?"

"문수가 말하기를 '그대의 부모가 시골의 풀 속에 살고 있다'고 하더라."

조주潮州 대전大顚 화상의 법손

장주漳州 삼평三平 의충義忠 선사

그는 복주福州 사람으로서 성은 양楊씨이다. 처음에는 석공石鞏을 뵙고 배웠는데, 석공은 항상 활에다 화살을 메우고 학인을 기다렸다.

대사(의충)가 법석法席에 이르니, 석공이 소리쳤다.

"화살을 보라."

대사가 가슴을 벌리면서 말했다.

"이것은 사람을 죽이는 화살입니까, 사람을 살리는 화살입니까?"

석공이 이내 활줄을 세 번 내리치자, 대사가 문득 절을 하였다. 석공이 말했다.

"30년을 활 하나를 당기고 화살을 메우고 있었지만, 겨우 반쪽 성인을 쏘게 되었구나."

그리고는 활과 화살을 꺾어 버렸다. 나중에 대사가 대전大顚에게 이야기하니, 대전이 말했다.

"이미 사람을 살리는 화살이라면 어째서 활줄 위에서 설명했겠는가?"

대사가 대답이 없었다. 이에 대전이 말했다.

"30년 뒤에 어떤 사람에게 이 이야기를 시키기도 어려우리라."

그후 대전을 참문하고 장주漳州에 가서 삼평산三平山에 살았다.

어느 날 대중에게 이렇게 말했다.

"요즘 사람들은 모두 조급히 구하는 것만을 배움으로써 자기의 안목이라고 여기지만, 어찌 그것이 합당하겠는가? 그대들은 배우고 싶은가? 다른 것은 전혀 필요치 않다. 그대들에게 제각기 본분의 일이 있거늘, 어째서 체득하지 않고 이렇듯 마음은 시끌시끌하고 입은 우물우물하니 무슨 이익이 있으랴?

분명히 말하나니, 만일 수행의 길이나 여러 성인들이 건립한 교화의 문을 요구한다면, 그것은 바로 대장경의 글에 있다. 하지만 만일 선종의 일이라면, 그대들은 절대로 마음을 잘못 쓰지 말아야 한다."

이때에 어떤 스님이 나서서 물었다.

"배움의 길이 있습니까?"

"외길이 있는데 미끄럽기가 이끼와 같으니라."

"학인이 밟을 수 있겠습니까?"

"마음을 헤아리지 말고 그대 스스로 살펴라."

어떤 사람이 물었다.

"검은콩이 싹 트지 않았을 때는 어떠합니까?"

"부처님도 모르신다."

어떤 강사가 와서 물었다.

"3승 12분교는 제가 의심이 없는데, 어떤 것이 조사가 서쪽에서 오신 뜻입니까?"

"거북이 털로 만든 불자拂子와 토끼 뿔로 된 지팡이를 대덕은 어디에 두겠는가?"

"거북이 털과 토끼의 뿔이 어찌 있겠습니까?"

"살덩이 무게는 천 근이나 되면서도 지혜는 한 푼의 무게도 없구나."

대사가 또 대중에게 말했다.

"여러분이 아직도 선지식을 보지 못했다면 옳지 않은 것이다. 만일 일찍이 작자作者를 본 적이 있다면, 문득 바탕을 합하고 그 의도를 취해서 바위 계곡 사이에 들어가서 나무껍질을 먹고 풀잎 옷을 입어야 한다. 그렇게 하면 비로소 조금이나마 상응하겠지만, 만일 조급히 지식과 구절의 뜻만을 구한다면, 곧 만 리 밖에서 고향의 관문만을 바라보게 되리라. 진중하게나."

담주潭州 대천大川 화상의 법손

선천僊天 화상

신라新羅의 스님이 뵈러 와서 방석을 펴고 절을 하려는데, 대사가 꼭 붙들고 말했다.

"본국을 떠나기 전에 한 마디 말하라."

그 스님이 말이 없으니, 대사가 버럭 밀치면서 말했다.

"그대에게 한 마디를 물었더니 두 마디를 말하는구나."

또 어떤 스님이 와서 절을 하려고 하자, 대사가 말했다.

"이 들여우 귀신아, 무엇을 보았기에 절을 하려고 하느냐?"

그 스님이 말했다.

"늙은 까까머리야, 무엇을 보았기에 그렇게 묻는가?"

대사가 말했다.

"괴롭고 괴롭다. 선천이 오늘 앞을 잊고 뒤도 잃는구나."

"얻기를 바랄 때는 끝내 잃은 것을 보충하지 못합니다."

"어찌 그렇지 않겠는가?"

"누가요?"

"하하. 멀기는 멀구나."

복주福州 보광普光 화상

어떤 스님이 서 있는데, 대사가 손으로 가슴을 풀어헤치면서 말했다.

"노승老僧의 일을 맡아 주겠는가?"

스님이 대꾸했다.

"아직도 그런 것이 있습니까?"

대사가 다시 가슴을 가리면서 말했다.

"활짝 드러내는 것을 방해하지 않는구나."

스님이 물었다.

"회피할 곳이 어디에 있습니까?"

"분명히 피할 곳이란 없다."

"바로 지금은 어떻습니까?"

대사가 때렸다.

경덕전등록 제 15 권

길주吉州 청원산靑原山 행사行思 선사의 법손

제4세 17인

예주澧州 용담龍潭 숭신崇信 선사의 법손 2인

낭주朗州 덕산德山 선감宣鑒 선사

홍주洪州 늑담泐潭 보봉寶峰 화상

〔이상 2인은 기록에 보임〕

길주吉州 성공性空 선사의 법손 2인

흡주歙州 무원茂源 화상

조산棗山 광인光仁 선사

〔이상 2인은 기록에 보임〕

경조京兆 취미翠微 무학無學 선사의 법손 5인

악주鄂州 청평산淸平山 영준令遵 선사

서주舒州 투자산投子山 대동大同 선사

호주湖州 도량산道場山 여눌如訥 선사
건주建州 백운白雲 약約 선사
〔이상 4인은 기록에 보임〕
복우산伏牛山 원통元通 선사
〔1인은 기연할 어구가 없으므로 기록하지 않음〕

담주潭州 도오산道吾山 원지圓智 선사의 법손 3인
담주潭州 석상산石霜山 경제慶諸 선사
담주潭州 점원漸源 중흥仲興 선사
녹청祿淸 화상
〔이상 3인은 기록에 보임〕

담주潭州 운암雲巖 담성曇晟 선사의 법손 4인
균주筠州 동산洞山 양개良介 선사
탁주涿州 행산杏山 감홍鑒洪 선사
담주潭州 신산神山 승밀僧密 선사
유계幽谿 화상
〔이상 4인은 기록에 보임〕

화정華亭 선자船子 덕성德誠 선사의 법손 1인
예주澧州 협산夾山 선회善會 선사
〔이상 1인은 기록에 보임〕

제5세 14인

서주舒州 투자산投子山 대동大同 선사의 법손 13인
제2세世 투자投子 온溫 선사
복주福州 우두牛頭 미微 선사

서천西川 향산香山 징조澄照 대사
협부陜府 천복天福 화상
호주濠州 사명思明 화상
봉상부鳳翔府 초복招福 화상
홍원興元 중량산中梁山 준고遵古 선사
양주襄州 곡은谷隱 화상
안주安州 구종산九嵕山 화상
유주幽州 반산盤山 제2세 화상
구종산九嵕山 경혜敬慧 선사
동경東京 관음원觀音院 암준巖俊 선사
〔이상 12인은 기록에 보임〕
계양桂陽 용복龍福 진眞 선사
〔1인은 기연할 어구가 없으므로 기록하지 않음〕

악주鄂州 청평산淸平山 영준令遵 선사의 법손 1인
기주蘄州 삼각산三角山 영규令珪 선사
〔1인은 기록에 보임〕

행사行思 선사의 제4세

앞의 예주澧州 용담龍潭 숭신崇信 선사의 법손

낭주朗州 덕산德山 선감宣鑒 선사

그는 검남劍南 사람으로서 성은 주周씨이다. 어린 나이에 출가했다가 나이가 차면서 구족계를 받았고, 율장律藏을 정밀하게 연구하였다. 또 성종性宗과 상종相宗의 여러 경전의 깊은 뜻을 두루 통달한 뒤에 항상 『금강반야경金剛般若經』을 강하였으므로, 당시 사람들이 그를 주금강周金剛이라 불렀다.

그 뒤 선종을 찾아가는 길에 동학同學들에게 말했다.

"한 가닥의 털이 바다를 삼켜도 바다의 성품은 이지러지지 않고, 겨자씨를 칼끝에 던져도 칼끝의 날카로움은 움직이지 않나니, 배움〔學〕과 배우지 않음〔無學〕은 오직 나만이 안다."

그리고는 용담龍潭 숭신崇信 선사를 찾아가서 문답한 것은 단지 한마디뿐이었다.〔자세한 내용은 앞에 나왔다.〕 대사는 곧 하직하고 떠나려 했지만 용담이 만류하기에 하룻밤을 방 밖에서 잠자코 앉아 있었다. 이에 용담이 물었다.

"왜 들어오지 않는가?"

"어둡군요."

용담이 촛불을 켜서 대사에게 주었는데, 대사가 받으려는 찰나에 용담이 얼른 불어서 껐다. 이에 대사가 절을 하니, 용담이 물었다.

"무엇을 보았는가?"

"지금부터는 천하 노화상들의 혀끝에 미혹되지 않겠습니다."

이튿날 떠나 버린 뒤에 용담이 대중에게 말했다.

"어떤 사람이 하나 있는데 어금니는 검수劍樹와 같고, 입은 피사발〔血盆〕과 같다. 한 방망이를 때려도 고개도 돌리지 않으니, 훗날 외로운 봉우리 정상에서 나의 도를 세우리라."

대사는 위산으로 가서 법당 서쪽에서 동쪽으로 지나면서 방장을 돌아보았는데, 위산은 말이 없었다. 그러자 대사가 말했다.

"없구나. 없다."

그리고는 뛰쳐나와 승당僧堂 앞으로 가서 말하기를 "비록 그렇더라도 경솔할 수는 없구나"라고 한 뒤에 위의威儀를 갖추고 다시 뵈었다. 대사는 문턱을 들어서자마자 방석을 번쩍 들면서 말했다.

"화상."

위산이 불자를 잡으려 하자, 대사가 할을 하고는 뛰쳐나갔다.

저녁이 되자 위산이 대중에게 물었다.

"오늘 새로 온 스님이 어디에 있는가?"

대중이 대답했다.

"그 스님은 화상을 뵙고 나서 다시 승당도 돌아보지도 않고 떠나 버렸습니다."

"그 스님이 누구인줄 아는가?"

"모릅니다."

"그가 뒷날에 주인 노릇〔把茅蓋頭〕을 하게 되면 부처도 조사도 모두 꾸짖어 버릴 사람이다."

대사가 30년 동안 예양에 살다가 당나라 무종武宗의 법난法難을 만나자, 독부산獨浮山의 석실石室로 피난을 갔다. 대중大中 초에 무릉武陵 태수太守 설정망薛廷望이 덕산정사德山精舍를 다시 수리하여 고덕선원古德禪院이라 부르고,〔상국相國 배휴裵休가 쓴 변액이 지금까지 전해져 남아 있다.〕 밝은 종사를 구해 주지로 삼으려는 끝에 대사의 덕행을 듣고 자주 청했으나, 대사는 끝내 산에서 내려가지 않았다. 이에 설정망이 거짓 계교를 써서 아전을 보내 차와 소금의 법을 범했다 하면서 대사를 데리고 오게 하였다. 그리고는 대사를 뵙고 예배한 뒤에 간절히 머물기를 청하니, 이에 종풍을 크게 드날리게 되었다.〔총인總印 선사가 처음 선원을 세웠으니 덕산은 제2세 주지가 된다.〕

대사가 상당하여 대중에게 말했다.

"자기에게 일이 없으면 망령되이 구하지 말라. 망령되이 구해서 얻은 것은 얻은 것이 아니다. 그대들은 다만 마음에 일이 없고 일에 마음이 없으면〔無事於心無心於事〕 비어 있으면서도 신령스럽고 공적하면서도 묘하겠지만, 만일 털끝만치라도 근본과 끝이 있다고 말하면 모두 스스로를 속이는 것이 된다. 털끝만치라도 생각에 얽매이면 3악도〔三塗〕의 업인業因이요, 잠깐이라도 정情을 낳으면 만 겁의 굴레이니라. 범부와 성인이란 말이 온통 허망한 소리이고, 특출한 모습이든 열등한 모습이든 모두 허깨비 빛깔〔幻色〕이거늘, 그대들이 이를 구하려 한다면 어찌 허물이 아니겠는가? 더구나 그것을 싫어하면 또 하나의 큰 병통을 이루니 끝내 무익할 뿐이다."

대사가 상당하여 말했다.

"오늘 저녁에는 묻지 말라. 말을 거는 자는 30방망이를 때리겠다."

이때에 어떤 스님이 나서서 절을 하려는데 대사가 얼른 때리니, 스님이 말했다.

"저는 아직 아무 말도 묻지 않았는데, 화상께서는 어찌하여 저를 때리십니까?"

"그대는 어느 곳 사람인가?"

"신라국 사람입니다."

"그대가 배에 채 오르기 전에 30방망이를 때렸어야 했다."〔법안法眼은 말하기를 "딱한 덕산德山이 말을 두 가닥으로 했구나"라고 하였고, 현각玄覺은 말하기를 "총림에서 남을 낮추는 말을 하는 것은 그렇다 치고, 덕산이 말하기를 묻는 자는 30방망이를 때려 주겠다고 한 뜻은 무엇이었는가?"라고 하였다.〕

어떤 스님이 와서 뵙자, 대사가 유나에게 물었다.
"오늘 몇 사람이나 새로 왔는가?"
"여덟 사람입니다."
"데리고 와서 한꺼번에 조서를 꾸며라."

용아龍牙가 물었다.
"학인이 막야검鏌鋣劍을 짚고 와서 스님의 목을 끊으려 하면 어찌하시겠습니까?"
대사가 목을 늘이자,〔법안法眼이 따로 대답하기를 "그대는 어디에다 손을 대겠는가?"라고 하였다.〕 용아가 말했다.
"머리가 떨어졌습니다."
대사가 빙그레 웃었다.
나중에 용아가 동산洞山에게 가서 앞의 이야기를 하니, 동산이 말했다.
"덕산이 뭐라 하던가?"
"덕산은 아무 말이 없습니다."
"말없다는 소리는 그만두고, 덕산의 떨어진 머리를 주워 노승에게 바쳐라."
용아가 허물을 뉘우치고 사죄했다. 어떤 사람이 이 일을 대사에게 이야기하니, 대사가 말했다.

"동산 노인은 좋고 나쁜 것도 모른다. 그 놈은 죽은 지가 언제인데 구원해서 무슨 쓸모가 있겠는가?"

어떤 스님이 물었다.

"어떤 것이 보살입니까?"

대사가 때리면서 말했다.

"그 속에다 똥을 누지 말고 나가라."

"어떤 것이 부처입니까?"

"부처란 바로 서천西天의 늙은 비구이니라."

설봉雪峰이 물었다.

"위로부터 내려온 종풍宗風은 어떤 법을 사람에게 제시합니까?"

"나의 종지에는 어구語句가 없다. 진실로 한 법도 남에게 전해줄 것이 없다."

암두巖頭가 듣고서 말했다.

"덕산 노인의 한 줄기 척량골(脊梁骨 : 등골뼈)이 쇠처럼 강해서 휘어도 꺾이지 않는다. 그러나 교법을 제창하는 부문에서는 아직도 비슷할 뿐이다."〔보복保福이 들어 초경招慶에게 묻기를 "암두巖頭가 세상에 나와서 어떤 말을 한 것이 덕산보다 낫기에 그렇게 말합니까?"라고 하니, 초경이 대답하기를 "그대는 보지 못했는가? 암두가 말하기를 '사람이 활쏘기를 배우되 오래오래 하면 맞는다'고 하지 않았는가?"라고 하였다. 이에 보복이 다시 묻기를 "맞은 뒤에는 어떠합니까?"라고 하니, 초경이 대답하기를 "전 사리(展闍黎 : 보복의 이름)는 감각이 없는 이가 아니오"라고 하였다. 이에 보복이 또 말하기를 "화상은 오늘 말로만 할 뿐이 아니시군요"라고 하니, 초경이 대답하기를 "전 사리는 오늘 무슨 마음씨인고?"라고 하였다. 이때에 명소明昭가 말하기를 "초라한 초경이 말을 잘못하는구나"라고 하였다.〕

대사는 평상시에 스님이 와서 물으면 매번 주장자로 때렸다. 임제臨濟가 이 말을 듣고 시자를 보내어 뵙게 하면서 "덕산이 그대를 때리거든 다만 주장자를 빼앗아서 가슴을 한 대 때려라"고 하였다. 시자가 그 말대로 찾아가서 절을 하려는데 대사가 때렸다. 그러자 시자는 주장자를 빼앗아서 한 대 때리니, 대사가 방장으로 돌아갔다. 시자가 돌아와서 임제에게 이야기하니, 임제가 말했다.

"전부터 그를 의심했었다."〔암두巖頭가 말하기를 "덕산 노인은 항상 눈앞의 주장자 하나를 믿고 부처가 와도 때리고 조사가 와도 때렸지만 비슷할 뿐이니 어찌하랴?"라고 하였다. 동선東禪 제齊가 말하기를 "임제가 말하기를 내가 처음부터 그를 의심했었다고 한 것은 그를 긍정한 말인가, 부정한 말인가? 그 밖에 다른 도리가 있는가 판단해 보라"고 하였다.〕

대사가 상당하여 말했다.

"물으면 허물이 있고, 묻지 않아도 어긋난다."

어떤 스님이 나와서 절을 하자, 대사가 때렸다. 이에 그 스님이 말했다.

"저는 겨우 절을 했을 뿐인데 왜 때리십니까?"

"네가 입을 열도록 기다려서 무엇 하랴?"

대사가 시자를 시켜 설봉雪峰을 불러오게 하였다. 의존義存〔설봉의 이름]이 오자, 대사가 말했다.

"나는 의존을 불렀는데, 네가 와서 무엇 하겠는가?"

설봉이 대답이 없었다.

어떤 스님이 오는 것을 보고 대사가 문을 닫았다. 그 스님이 와서 문을 두드리니, 대사가 물었다.

"누구인가?"

"사자 새끼입니다."

대사가 문을 열어 주니, 그 스님이 절을 하였다. 이에 대사가 그의 목에 올라타면서 말했다.

"이 짐승아, 어디를 갔다 왔느냐?"

설봉이 물었다.

"옛사람이 고양이 새끼의 목을 끊은 뜻이 무엇입니까?"

대사가 때려서 내쫓았다가 다시 "대사여" 하고 부르면서 말했다.

"알겠는가?"

"모르겠습니다."

"내가 이렇게 간절히 마음을 다했는데도 모르겠는가?"

어떤 스님이 물었다.

"범부와 성인의 거리가 얼마입니까?"

대사가 할을 하였다.

대사가 병이 났는데 어떤 스님이 물었다.

"병이 나지 않는 자가 있습니까?"

"있다."

"어떤 이가 병들지 않는 자입니까?"

"아야, 아야."

대사가 다시 대중에게 말했다.

"허공을 더듬고 메아리를 쫓으니, 그대의 마음과 정신이 수고롭구나. 꿈도 깨달음도 모두 아님을 깨달으면, 끝내 무슨 일이 있겠는가?"

말을 마치고는 편안히 앉아서 열반에 드니, 때는 당나라 함통咸通 6년 을유乙酉 12월 3일이다. 수명은 86세이고 법랍은 65세이며, 시호는 견성見性 대사였다.

홍주洪州 늑담泐潭 보봉寶峰 화상

어떤 스님이 새로 왔는데 대사(보봉)가 그에게 말했다.

"그 속의 일은 말하기 쉽지만, 그 속에 떨어지지 않는 일은 시종일관 말하기 어렵다."

그 스님이 대꾸했다.

"제가 행각을 하고 있을 때에 그런 물음이 있을 줄 알았습니다."

"다시 20년쯤 행각을 해도 많다고 하지 못하겠구나."

"화상의 뜻과 계합하지 않음이 있습니까?"

"쓴 참외로 어찌 손님 대접을 하리오?"

대사가 스님에게 물었다.

"옛사람에게는 후진後進의 초심자를 제접하는 외길[一路]이 있었는데, 그대는 알겠는가?"

"스님께서 옛사람의 외길을 가르쳐 주십시오."

"그렇다면 그대도 안 것이니라."

"머리 위에다 다시 머리를 붙이시는군요."

"보봉이 그대에게 묻는 것은 합당치 않다."

"물은들 무슨 방해로움이 있겠습니까?"

"이 속에서는 어느 누구도 도리를 어지러이 지껄인 적이 없다. 나가라."

앞의 길주吉州 성공性空 선사의 법손

흡주歙州 무원茂源 화상

평전平田이 참문하러 오자, 대사가 몸을 일으키려고 했다. 그러자 평전이 붙들고 말했다.

"입을 열어도 잃고 입을 다물어도 잃으니, 이런 시절을 떠나서 스님께서 말씀해 주십시오."

대사는 손으로 귀를 가리고 있을 뿐이었다. 그러자 평전이 손을 놓으면서 말했다.

"한 걸음은 쉽더니, 두 걸음은 어렵구나."

"무엇이 그리 다급했는가?"

평전이 혼잣말로 말했다.

"이 스님이 아니었다면 제방의 점검點檢을 면치 못했을 것이다."

조산棗山 광인光仁 선사

상당上堂할 때에 대중이 모였다. 대사(광인)는 방장에서 나와 선상禪床으로 가는 도중에 대중에게 말했다.

"평생에 행각한 안목을 저버리지 않고서 질문을 하라. 그런 이가 있겠는가?"

그리고는 법당에 올라가 앉으려는데, 어떤 스님이 나와서 절을 하였다. 대사가 말했다.

"나를 저버리지 않으면서 또한 대중을 따르는 것이 무엇인가?"

그리고는 방장으로 돌아갔다.

이튿날 다른 스님이 앞서 말한 의지意旨가 무엇인지 설명해 달라고 하자, 대사가 말했다.

"밥 때에 밥이 있으니 그대가 먹을 것이요, 밤에는 침상이 있으니 그대가 자면 되거늘, 오로지 나만을 졸라서 무엇 하겠는가?"

스님이 절을 하니, 대사가 말했다.

"괴롭다, 괴롭다."

스님이 말했다.

"스님께서 곧바로 가리켜 주십시오."

그러자 대사가 곧 발을 드리우면서 말했다.

"펴건 오므리건 내 마음대로이다."

앞의 경조京兆 취미翠微 무학無學 선사의 법손

악주鄂州 청평산淸平山 영준令遵 선사

그는 동평東平 사람으로서 성은 왕王씨이다. 어릴 때에 고향의 북보리사北菩提寺에 의지해 있다가 당나라 함통咸通 6년에 머리를 깎고, 나중에 활주滑州 개원사開元寺에 가서 구족계를 받고 율장을 전공하였다.

어느 날 동료들에게 말했다.

"사문은 마땅히 생사를 결연히 벗어나고, 불법의 이치를 그윽이 통해야 하는데, 만일 책장에 얽매여서 문자에만 걸려 있다면 모두가 바다의 모래를 세는 것이라서 헛되이 마음만을 괴롭힐 뿐이다."

그리고는 하던 일을 치우고 멀리 선원을 찾아서 강릉의 백마사白馬寺로 가니, 큰방에 혜근慧勤이라는 노숙老宿이 있었다. 대사가 그를 가까이 섬기면서 물으니, 혜근이 말했다.

"내가 오랫동안 단하丹霞를 모셨다. 이제는 늙어서 후학을 지도하기 어려우니, 그대는 취미翠微를 찾아가 뵈어라. 그는 나와 도반〔同參〕이다."

대사는 그를 하직하고 바로 취미에게 가서 물었다.

"어떤 것이 서쪽에서 오신 분명하고 확실한 뜻입니까?"

취미가 대답했다.

"사람이 없기를 기다렸다가 그대에게 말해 주리라."

대사가 잠자코 있다가 말했다.

"사람이 없으니, 스님께서 말씀해 주십시오."

취미가 선상에서 내려와 대사를 데리고 대나무 밭으로 들어갔다. 이에 대사가 또 말했다.

"사람이 없으니, 스님께서 말씀해 주십시오."

취미가 대나무를 가리키면서 말했다.

"이 대나무는 이렇게 길고, 저 대나무는 저렇게 짧구나."

대사가 비록 그 미묘한 말을 알아듣기는 하였으나, 아직도 현묘한 뜻은 사무치지 못했다.

문덕文德 원년에 상채上蔡에 가니, 때마침 주장州將이 불법을 중시해서 대통선원大通禪苑을 짓고 대사에게 종지의 요체를 펴 달라고 하였다. 이에 대사는 처음 취미를 만나던 이야기를 하면서 대중에게 말했다.

"선사先師께서 물에도 들어가고 진흙에도 들어가면서 나를 가르쳤지만, 나 스스로가 좋고 나쁨을 알아채지 못했을 뿐이다."

대사는 이로부터 교화하기 10년, 광화光化 때에는 권속 1백여 명을 거느리고 악주로 가서 절도사節度使인 두홍杜洪의 청에 따라 청평산 안락원安樂院에 머물렀다.

상당하여 대중에게 말했다.

"여러 상좌들이여, 출가한 사람은 불법의 뜻을 알아야 한다. 부처의 뜻을 아는 데는 승속僧俗과 남녀와 귀천에 있지 않다. 다만 집안의 풍부함과 검소함에 따라서 안락하기만 하면 된다. 여러 상좌들은 모두 오랫동안 총림에 있으면서 여러 존숙尊宿을 두루 참배한 사람들이니, 부처의 뜻을 어떻게 알고 있는가? 나와서 여럿이 토론해 볼 것이지 공연히 기고만장하지 말라. 나중이 되어서 하나의 일도 이루지 못하면 일생을 헛되이 보내는 것뿐이다. 만일 불법의 뜻을 알지 못하면, 설사 머리 위로 물을 내뿜고, 발밑에서는 불을 내고, 몸을 태우고 팔을 지지며, 총명하여 변재가 좋고, 권속을 1천 명, 2천 명 모으며, 설법을 구름처럼 비처럼 하고, 강의할 때 하늘에서 꽃이 어지러이 떨어지더라도, 다만 삿된 말을 이루어 시비를 다툴 뿐이라서 불법과는 거리가 너무 멀다. 그대들은 다행히 색신色身이 건강하여 온갖 어려움을 만나지 않았으니, 이 공부를 가까이하는 데 무슨 방해가 있겠는가? 불법의 뜻을 체득하는 데 좋다고 할 것이다."

이때에 어떤 스님이 나서서 물었다.

"어떤 것이 대승大乘입니까?"

"삼베 노끈〔麻索〕이니라."

"어떤 것이 소승小乘입니까?"

"돈 꾸러미이니라."

"어떤 것이 청평淸平의 가풍입니까?"

"한 말의 가루로 세 개의 전병을 만든다."

"어떤 것이 선禪입니까?"

"원숭이가 나무에 오르다가 꼬리를 걸고 거꾸러졌느니라."

"어떤 것이 유루有漏입니까?"

"조리笊籬이니라."

"어떤 것이 무루無漏입니까?"

"표주박이니라."

"얼굴을 맞대고 서로 드러낼 때에는 어떠합니까?"

"전좌典坐에게 주라고 분부했다."

그밖에 근기에 맞는 방편은 그때의 상황에 순응하였으니, 거스르고 따르고 펼치고 말아 들이는 말이 격식을 초월하였다.

천우天祐 16년 정월 25일 오시午時에 입적하니 수명은 75세였다. 주周나라 현덕顯德 6년에 시호를 법희法喜 선사라 하였고, 탑호를 선응善應이라 하였다.

서주舒州 투자산投子山 대동大同 선사

그는 본주(本州 : 舒州) 회녕懷寧 사람으로서 성은 유劉씨이다. 어릴 때에 낙하洛下 보당保唐의 만滿 선사에 의해 출가하였는데, 처음에는 안반관(安般觀 : 數息觀)을 익혔으나, 그 후 『화엄경華嚴經』을 보고서 성품의 실체〔性海〕를 깨달았다. 그러다가 다시 취미산翠微山의 법회에 가서 선종의 종지를 단박에 깨달았다.〔취미장翠微章에 보인다.〕 이로부터 그저 발 닿는 대로 두루 다니다가 고향으로 돌아와서 투자산投子山에 은거하여 초막을 짓고 살았다.

어느 날 조주趙州 종심從諗 화상이 동성현桐城縣에 온다기에 대사도 산을 내려가 도중에서 만났으나 서로 알아보지 못했다. 조주가 속인들에게 몰래 물어서 투자임을 알고 거슬러 와서 물었다.

"투자산의 주인이 아니십니까?"

"용돈〔茶鹽錢〕이나 한 푼 주시오."

조주가 먼저 암자에 와서 앉았는데, 대사가 나중에 기름 한 병을 들고 암자로 돌아왔다. 이에 조주가 말했다.

"투자의 소문을 들은 지 오래인데, 이제 와서 보니 한낱 기름 장수 늙은이로군."

"그대는 기름 장수 늙은이만 보았지 투자는 모르는군요."

"어떤 것이 투자입니까?"

"기름이요, 기름."

조주가 다시 물었다.

"죽음 속에서 삶을 얻는 때는 어떠합니까?"

"밤에 다니는 것은 허락하지 않나니 밝거든 오시오."

"나는 일찍이 후백侯白이라 여겼더니, 다시 후흑侯黑이 있구나."
〔대동大同과 조주趙州 두 사람이 서로 문답한 것은 각각 본집本集에 있는데, 그 말이 간결하고 웅건하며 뜻이 깊고 높으므로, 사람들이 "조주와 투자投子는 빼어난 묘용妙用을 얻었다"라고 하였다.〕

이로부터 대사의 이름이 천하에 퍼지니, 행각을 하는 스님〔雲水〕들이 다투어 모여들었다.

대사가 대중에게 말했다.

"그대들은 여기에 와서 신선한 어구語句나, 잘 다듬어지고 화려한 사륙四六의 문체나, 입에 담을 만한 희귀한 말을 찾으려고 하지만, 늙은 나는 기력이 부치고 입술과 혀가 둔하다. 만일 그대들이 나에게 무엇을 묻는다면 나는 그저 물음에 따라 대답하겠지만, 그대들에게 전해 줄 현묘함 따위는 없다. 또 그대들로 하여금 뿌리를 내리라 하지도 않고, 끝내 향상向上과 향하向下, 부처 있음과 법의 있음, 범부와 성인이 있다고 설하지도 않고, 또 그저 앉아서 그대들을 속박하지도 않겠다. 그대들 모두가 천변만화의 변화를 부린다고 하여도 그것 모두는 그대들 각자의 알음알이로부터 생겨난 것일 뿐이니, 스스로의 짐을 지고 와서 스스로가 짓고 스스로가 받는 것이다. 그러나 여기에는 그대들에게 줄 만한 것이 없고, 감히 그대를 속일 수도 없고, 그대들에게 설할 만한 겉도 없고 속도 없다. 그대들은 알겠는가?"

이때에 어떤 스님이 물었다.

"겉과 속〔表裏〕을 거두지 않을 때에는 어떠합니까?"

"그대는 그 속에서 뿌리를 박으려 하는가?"

"대장경〔大藏敎〕 속에도 기특한 일이 있습니까?"

"대장경을 연출演出하느니라."

"어떤 것이 눈이 열리지 않았을 때의 일입니까?"

"눈이 맑고 길고 넓어서 마치 청련青蓮 같으니라."

"온갖 부처와 불법이 모두 이 경에서 나왔다니, 어떤 것이 이 경입니까?"

"그러한 이름〔名字〕으로 그대들은 마땅히 받들어 지녀야 한다."

"마른나무 속에도 또한 용의 울음이 있습니까?"

"나는 해골 속에서도 사자의 울부짖음이 있다고 하겠노라."

"한 법이 온갖 중생을 두루 적신다고 하는데, 어떤 것이 한 법입니까?"

"비가 내리는구나."

“한 티끌이 법계를 머금을 때는 어떠합니까?”
“벌써 몇 티끌을 이루었구나.”
“황금 사슬이 열리지 않을 때는 어떠합니까?”
“열렸다.”
“학인이 수행을 하고자 할 때는 어찌합니까?”
“허공은 무너진 적이 없느니라.”

설봉雪峰이 모시고 섰는데, 대사가 암자 앞의 돌덩어리 하나를 가리키면서 말했다.
“3세의 부처님께서 모두 저 속에 있느니라.”
“저 속에 있지 않는 것도 알아야 합니다.”
대사는 그대로 암자로 돌아가서 좌정하였다.

어느 날 설봉이 대사를 따라 용면龍眠 암주庵主를 찾아갔다. 설봉이 물었다.
“용면으로 가는 길은 어디로 갑니까?”
대사가 주장자로 앞쪽을 가리키자, 설봉이 말했다.
“동쪽으로 갈까요, 서쪽으로 갈까요?”
“칠통漆桶이구나.”
다른 날에 설봉이 또 물었다.
“한 망치로 문득 이루었을 때는 어떠합니까?”
“성질이 조급한 사람이 아닐까?”
“한 망치도 빌리지 않을 때는 어떠합니까?”
“칠통이구나.”

어느 날 대사가 암자에 앉았는데 설봉이 물었다.

"화상이시여, 여기에도 뵈러 오는 이가 있습니까?"

대사가 평상 밑에서 괭이를 들어 면전에다 던지자, 설봉이 말했다.

"그렇다면 한번 파헤쳐 보아야 하겠습니다."

"칠통이 불쾌하구나."

설봉이 하직하고 떠나는데, 대사가 문까지 전송을 나와서 갑자기 "도자道者여" 하고 불렀다. 설봉이 고개를 돌리면서 "네" 하고 대답하니, 대사가 말했다.

"먼 길에 조심하라."

어떤 스님이 물었다.

"묵은해는 가고 새해가 오고 있는데, 이 두 길에 간섭하지 않는 것이 있습니까?"

"있다."

"어떤 것이 이 두 길에 간섭하지 않는 것입니까?"

"설날 아침이 상서로움을 여니, 만물이 새롭구나."

"의지해 바라는 것이 반달과 같고, 비슷한 형상이 삼성三星과 같은 것은 건곤乾坤도 거두지 못하는데, 스님은 어디를 밝히시겠습니까?"

"무슨 소리를 하는가?"

"생각하건대 스님께서는 다만 조용한 물의 물결은 있어도 하늘까지 찌르는 파도는 없군요."

"부질없는 소리로구나."

"같은 종류에서 왔을 때에는 어떠합니까?"

"인간의 종류에서 왔는가, 말의 종류에서 왔는가?"

"부처와 부처가 손수 전하고, 조사와 조사가 서로 전했다고 하는데, 전한 것이 무슨 법입니까?"

"나는 부질없는 말은 모른다."

"어떤 것이 문을 나서서 부처를 보지 못한 것입니까?"

"볼 바가 없느니라."

"어떤 것이 방에 들어와서 부모와 이별하는 것입니까?"

"생겨난 바가 없느니라."

"어떤 것이 불길 속에 몸을 숨기는 것입니까?"

"어디 가릴 곳이 있던가?"

"어떤 것이 숯 더미 속에 몸을 숨기는 것입니까?"

"나는 그대가 옻〔漆〕같이 검다고 하노라."

"적적的的하면서도 밝히지 못할 때는 어떠합니까?"

"밝다."

"어떤 것이 마지막의 한 구절입니까?"

"최초를 밝힐 수 없다."

"싹으로부터 땅을 변별하고, 말을 인因해서 사람을 알아채는데, 무엇이 변별하고 알아채는 것입니까?"

"당겨도 당겨지지 않는다."

"선원 안에 있는 3백 명 가운데 수효에 들지 않은 사람도 있습니까?"

"100년 전이나 50년 뒤에 살펴라."

대사가 어떤 스님에게 물었다.

"소산疎山의 생강〔薑〕을 들은 지 오래인데, 이것이 아닌가?"

대답이 없었다.〔법안法眼이 대신 말하기를 "화상의 중重하심은 들은 지 오랩니다"라고 하였다.〕

어떤 스님이 물었다.

"다듬지 않은 옥돌〔璞玉〕을 안고 스님께 귀의하오니, 스님께서 잘 조각해 주십시오."

"기둥이나 대들보 감은 못된다."

"그렇다면 변화卞和[1]는 몸을 뺄 곳이 없겠습니다."

"짊어지고 다니려면 절룩거리면서 고생께나 하겠구나."

"짊어지고 다니지 않을 때에는 어떠합니까?"

"그대로 하여금 '다듬지 않은 옥돌을 안고 스님께 귀의하오니 잘 조각해 주십시오'라고 하게 하지는 않을 것이다."

"나타那吒 태자가 뼈를 쪼개서 아버지께 바치고, 살은 베어서 어머니께 돌렸다는데, 어떤 것이 나타 태자의 본래의 몸입니까?"

대사가 손에 들었던 주장자를 놓아 버렸다.

또 물었다.

"불법佛法이란 두 글자의 청탁淸濁을 어떻게 가려야 합니까?"

"불법이 청탁이니라."

"학인은 잘 모르겠습니다."

"그대는 아까 무엇을 물었는가?"

"모두가 같은 물인데 왜 바닷물은 짜고 강물은 싱겁습니까?"

"하늘에는 별이요, 땅에는 나무이니라."〔법안法眼이 따로 말하기를 "많이 어긋나는 것 같구나"라고 하였다.〕

---

1 전국 시대 때 매우 진귀한 옥돌을 지니고 있었던 초楚나라 사람의 이름이다.

"어떤 것이 조사의 뜻입니까?"
"미륵이 수기한 곳을 찾아도 찾지 못했다."
"화상께서 여기에 살기 시작한 이래로 어떤 경계가 있습니까?"
"귀밑머리를 딴 계집아이의 머리가 실같이 희다."
"어떤 것이 무정설법無情說法입니까?"
"악惡."
"어떤 것이 비로자나입니까?"
"이미 이름이 생겼구나."
"어떤 것이 비로자나의 스승입니까?"
"비로자나가 있기 전에 이미 알았다."
"분명하게 떨어지는 한마디를 말씀해 주십시오."
"호好."
"네 산의 모습이 핍박할 때에는 어떠합니까?"
"5온蘊이 모두 공했다."
"한 생각도 나기 전에는 어떠합니까?"
"참으로 부질없는 말이구나."
"범부와 성인의 거리가 얼마입니까?"
대사가 선상에서 내려갔다.
"학인이 하나를 물으면 즉시 화상께서는 대답하시는데, 만일 천만 가지를 물으면 어찌하겠습니까?"
"닭이 알을 품은 것과 같으니라."
"하늘 위와 하늘 아래서 내〔我〕가 가장 높다는데, 어떤 것이 나입니까?"
"그 늙은이〔老胡〕[2]를 넘어뜨린들 무슨 허물이 있겠는가?"
"어떤 것이 화상입니까?"

"맞이해도 그 머리를 보지 못하고, 따르면서도 그 형상을 보지 못한다."

"상像을 조성하다가 채 이루지 못했을 때에 몸은 어디에 있습니까?"

"함부로 조작하지 말라."

"그렇지만 나타나면서도 나타나지 않는 것을 어찌해야 합니까?"

"어디에 숨었는가?"

"눈 없는 사람은 어떻게 나아갑니까?"

"시방에 두루하느니라."

"눈이 없는데 어찌 시방에 두루합니까?"

"눈을 얻는 데 집착함이 아닌가?"

"어떤 것이 서쪽에서 오신 뜻입니까?"

"꺼리지 않는다."

"달이 둥글지 않을 때에는 어떠합니까?"

"2, 3개를 삼켜 버렸다."

"둥근 뒤에는 어떠합니까?"

"7, 8개를 토해 버렸다."

"해와 달이 밝기 전에 부처와 중생이 어디에 있었습니까?"

"내가 성내는 것을 보거든 성낸다고 하고, 내가 기뻐하는 것을 보거든 기뻐한다고 하라."

대사가 어떤 스님에게 물었다.

"어디서 왔는가?"

---

2 부처님을 의미하는 말이다.

“동서산東西山에 가서 조사께 예배하고 옵니다.”

“조사는 동서산에 있지 않다.”

스님은 대답이 없었다.〔법안이 대신 말하기를 “화상은 조사를 아시는군요”라고 하였다.〕

또 물었다.

“어떤 것이 현묘함 속의 과녁〔的〕입니까?”

“그대 입 속의 말로는 도달하지 못한다.”

“우두牛頭가 4조祖를 보기 전에는 어떠합니까?”

“남의 스승이 되어 주느니라.”

“본 뒤에는 어떠합니까?”

“남의 스승이 되어 주지 않는다.”

“부처님들께서 세상에 출현하신 것은 오직 일대사一大事의 인연인데, 어떤 것이 일대사의 인연입니까?”

“윤尹 사공司空이 나에게 개당開堂을 청했다.”

“어떤 것이 부처입니까?”

“허깨비는 구할 수 없느니라.”

“천 리를 걸어 스승을 찾아왔으니, 스님께서 한 번 가르쳐 주십시오.”

“오늘은 내가 허리가 아프다.”

채두菜頭가 방장에 들어와서 법을 물으니, 대사가 말했다.

“갔다가 아무도 없는 때에 오면 그대를 위해 말해 주리라.”

이튿날 채두가 아무도 없는 틈을 타서 다시 대사를 찾아와 말해 달라고 청하니, 대사가 말했다.

“가까이 오너라.”

채두가 가까이 다가오자, 대사가 말했다.

"함부로 남에게 이야기하지 말라."

"목구멍과 입술을 다물고서 말씀해 주십시오."

"그대는 다만 내가 말을 못하기를 바라는구나."

"달마가 오기 전에는 어떠합니까?"

"하늘과 땅에 두루했느니라."

"온 뒤에는 어떠합니까?"

"덮어도 덮을 수 없느니라."

"화상께서 선사先師를 뵙기 전에는 어떠했습니까?"

"온몸〔通身〕은 어찌하지 못한다."

"선사를 본 뒤에는 어떠합니까?"

"온몸을 두드려도 부서지지 않는다."

"스승에게 얻은 것이 있습니까?"

"끝내 서로 저버리지는 않았다."

"그렇다면 스승으로부터 얻으신 것이군요."

"스스로 분명한 눈이라야 나아가 얻는다."

"그렇다면 선사를 저버리신 것입니다."

"선사만을 저버린 것이 아니라 나 자신도 저버렸다."

"7불佛은 문수의 제자인데, 문수에게도 스승이 있습니까?"

"아까부터 그렇게 말한 것이 흡사 자기를 굽혀서 남에게 미룬 것과 같구나."

"황금 닭이 울기 전에는 어떠합니까?"

"그런 소리가 없었겠지."

"운 뒤에는 어떠합니까?"

"제각기 때〔時〕를 안다."

"사자는 짐승의 왕인데, 어찌하여 6진塵에 삼켜집니까?"

"4대大에 인상人相과 아상我相이 없음을 짓지 않기 때문이다."

대사가 투자산投子山에 산 지 30여 년 동안, 왕래하면서 깨우침을 받고 배우는 이가 항상 방에 가득하였다. 대사는 그들을 받아들여서 두려움 없는 변재로 물음에 따라 즉석에서 대답해 주니, 안팎에서 동시에 쪼아주고 쪼는[啐啄同時] 미묘한 말이 퍽 많으나, 이제 조금이나마 기록해 둔다.

당나라 중화中和 때에 황소黃巢의 난이 일어나서 천하가 어지러워졌을 때에 미친 무리가 칼을 들고 산으로 올라와서 대사에게 물었다.

"여기에 살면서 무엇을 하는가?"

대사가 알맞게 설법해 주니, 두목이 듣고서 굴복되어 절을 하였다. 그리고는 몸에 입었던 옷을 벗어서 베풀고는 떠났다.

대사는 건화乾化[3] 4년 갑술甲戌 4월 6일에 병이 났는데, 대중이 의원을 청하자 대사가 말했다.

"4대의 움직임은 모였다 흩어졌다 함이 예사이니, 그대들은 걱정을 말라. 내가 알아서 잘 보전하리라."

말을 마치자 가부좌를 맺고 앉아서 입멸하니, 수명은 96세였다. 시호는 자제慈濟 대사이고, 탑호는 진적眞寂이라 하였다.

호주湖州 도량산道場山 여눌如訥 선사

어떤 스님이 물었다.

3 후양后梁 태조 때의 연호이니 서기 914년, 당의 애제哀帝 11년이다.

"어떤 것이 교리의 뜻입니까?"

대사가 대답했다.

"그대 스스로 살펴보라."

스님이 절을 하니, 대사가 말했다.

"밝은 달이 밤하늘에 비추니, 산천의 형세가 스스로 분명하다."

"어찌하여야 듣는 성품이 연緣을 따르지 않을 수 있습니까?"

"그대가 잘 들어보라."

스님이 절을 하니, 대사가 말했다.

"귀머거리라면 피리〔胡笳調〕를 불면서도 좋고 나쁨과 높고 낮음을 자기는 듣지 못한다."

"그렇다면 듣는 성품이 분명하군요."

"돌이 허공에 떠 있고, 불이 물속에서 탄다."

"허공도 끝이 있습니까?"

"그대는 너무 아는 것이 많다."

스님이 절을 하니, 대사가 말했다.

"3척 지팡이 끝에 해와 달을 달고, 한 티끌이 일어나서 멋대로 하늘을 막는다."

"어떤 것이 도인입니까?"

"다니고 움직임에 자취가 없고, 앉고 섬에 아는 이가 없다."

"어찌하여야 됩니까?"

"세 개의 도가니에 힘이 다하니 연기도 불꽃도 없고, 만경萬頃의 평평한 밭에는 물이 흐르지 않는다."

"한 생각〔一念〕도 나지 않을 때는 어떠합니까?"

"무엇에 쓰겠는가?"

스님이 대답이 없자, 대사가 다시 말했다.

"용문龍門을 뚫고 올라가니 비와 구름이 합치고, 산천과 대지가 들어가도 자취가 없다."

대사는 눈에 중동(重瞳 : 겹 눈동자)이 있고, 손을 내리면 무릎을 지났다. 취미에게 비결을 받은 뒤에 도량산道場山에 머물면서 풀을 베어 암자를 세우니, 배우는 무리가 사방에서 모여들어 마침내 선원禪苑을 이루어서 교화를 널리 펴게 되었다. 남긴 물건으로는 해진 납의衲衣 세 벌과 개산開山할 때의 주장자와 나막신이 지금도 영당影堂에 남아 있다.〔탑명塔銘에 의하면 대사의 성은 허許씨이며, 오흥吳興 사람이다. 7세에 속세를 떠나 오돈烏墩의 광복사光福寺에 살다가 8년 만에 서울에 가서 구족계를 받고, 이어 예장豫章에 가서 취미에게 인가를 받았다. 나중에 도량산에다 초암을 짓고 사니 사납던 짐승들도 길이 들어 마치 가르침을 받드는 것 같았다.〕

건주建州 백운白雲 약約 선사〔일찍이 강주江州의 동선원東禪院에 살았다.〕

어떤 스님이 물었다.

"공空에 치우친 집에도 앉지 않고, 무학無學의 지위에도 머물지 않으면, 이런 사람은 어떤 곳에 안치安置해야 합당하겠습니까?"

"맑은 하늘에는 번개 불빛이 없다."

천태산天台山의 덕소德韶 선사가 뵈러 오자, 대사가 물었다.

"어디서 오는가?"

"강북江北에서 옵니다."

"배로 왔는가, 육지로 왔는가?"

"배로 왔습니다."

"물고기와 자라들을 만나 보았겠군."

"간혹 만났습니다."

"만났을 때 어찌하였는가?"

덕소가 "돌咄" 하고 머리를 움츠리고 물러가니, 대사가 껄껄 웃었다.

앞의 담주潭州 도오산道吾山 원지圓智 선사의 법손

담주潭州 석상산石霜山 경제慶諸 선사

그는 여릉廬陵 신감新淦 사람으로서 성은 진陳씨이다. 13세에 홍정洪井 서산西山 소란紹鑾 선사에 의해 머리를 깎고, 23세에 숭악嵩嶽에 가서 구족계를 받고, 낙하洛下에 가서 율장의 교리를 배웠다. 그리하여 해야 할 일과 하지 말아야 할 일을 분별하여 알기는 했으나 이는 결국 점종漸宗의 일임을 깨닫고, 다시 대위산(大潙山 : 영우)의 법회에 가서 미두(米頭 : 양곡 관리)의 소임을 맡았다.

어느 날 쌀광에서 쌀을 까부는데 위산이 와서 말했다.

"시주물施主物을 흘리지 말라."

"흘리지 않습니다."

위산이 땅바닥에서 쌀 한 톨을 주워 들고서 말했다.

"너는 흘리지 않는다고 말했는데, 그렇다면 이건 어디서 났는가?"

대사가 대답이 없었다. 이에 위산이 다시 말했다.

"이 한 톨을 속이지 말라. 백천 톨이 모두 이 한 톨에서 나온다."

"백천 톨은 이 한 톨에서 난다지만, 이 한 톨은 어디서 났습니

까?"

위산이 껄껄 웃으면서 방장으로 돌아갔다가 저녁에 상당하여 말했다.

"대중들이여, 쌀 속에 벌레가 있다."

대사가 나중에 도오를 뵙고 물었다.

"어떤 것이 눈에 닿는 것마다 보리입니까?"

도오가 "사미야" 하고 불러 사미가 "네" 하고 대답하니, 도오가 말했다.

"깨끗한 병에다 물을 더 부어라."

도오가 다시 대사에게 물었다.

"그대는 아까 무엇을 물었지?"

대사가 앞의 말을 다시 하면서 물으니, 도오가 문득 일어나서 갔는데, 대사가 여기서 깨달은 바가 있었다.

도오가 물었다.

"내가 병이 나서 머지않아 세상을 떠날 것이다. 마음속에 물건이 있은 지 오래되어서 병이 되었는데, 누가 없앨 수 있겠는가?"

대사가 말했다.

"마음도 물건도 모두 아니니, 없애려고 들면 더욱 병이 됩니다."

도오가 말했다.

"현명하구나, 현명해."

이때 대사는 이제 막 두 여름을 지낸 스님이 되었지만, 세상을 피해 장사성長沙城 유양현瀏陽縣에 있는 도가방陶家坊에서 세속 사람과 섞여 사니, 아침저녁으로 만나는 사람도 알지 못했다. 나중에 동산洞山 양개良价 화상이 스님을 보내 찾아 나섰기 때문에 정체가 드러나서 동산의 추천으로 석상산에 살게 되었다.

훗날 도오가 대중을 버리고 세상을 떠나려 할 때에 대사를 맏제자로 삼고 몸소 석상산에 와서 살았다. 대사는 날마다 부지런히 모시면서 스승에 대한 예를 다하였다. 도오가 입적한 후에는 학인〔學侶〕이 구름같이 모여서 5백 명이 되었다.〔보다 자세한 말은 다른 권에 있다.〕

어느 날 대중에게 말했다.

"일대시교一代時敎는 당시 사람들의 손과 발을 묶어 놓는다. 그 까닭은 모두가 금시今時에 떨어졌기 때문이다. 설사 법신의 경지에 이르렀어도 법신이 아니라 함은 바로 교가敎家의 극칙이기 때문이니, 우리 사문들은 전혀 긍정할 수 없는 일이다. 만약 나눈다면 어긋나고 ,나누지 않는다면 흙탕물에 박혀 있게 되리니, 그 까닭은 오직 마음과 뜻에 의하여 망령되게 지껄이고, 보고 듣고 하기 때문이다."

어떤 스님이 물었다.

"어떤 것이 서쪽에서 오신 뜻입니까?"

대사가 대답했다.

"공중에 한 조각돌이니라."

스님이 절을 하자, 대사가 말했다.

"알겠는가?"

"모르겠습니다."

"모르는 것이 다행이다. 알았다면 그대의 머리를 부쉈을 것이

다."

"어떤 것이 화상의 본분의 일입니까?"

"돌 머리에서도 땀이 나던가?"

"이 속에 이르러서는 어째서 말하지를 못한다고 합니까?"

"발바닥에 입이 붙었으니까."

"참 몸〔眞身〕도 세상에 나옵니까?"

"세상에 나오지 않는다."

"그렇다면 어떻게 참 몸이라 합니까?"

"유리병의 주둥이로다."

대사가 방장에 계시는데, 어떤 스님이 창문 밖에서 물었다.

"지척 사이인데 어째서 스님의 얼굴이 보이지 않습니까?"

"나는 온 세계에 두루하여 본래 숨은 일이 없노라."

그 스님이 설봉雪峰에게 가서 물었다.

"온 세계에 두루하여 숨지 않는다는 뜻이 무엇입니까?"

설봉이 대답했다.

"어디가 석상 아닌 곳인가?"

그 스님이 다시 대사에게 와서 설봉의 말을 전하니, 대사가 말했다.

"노장이 어찌 그리 방정스러울까?"〔동선東禪 제齊가 말하기를 "설봉은 석상의 뜻을 알았을까, 석상의 뜻을 몰랐을까? 알았다면 어째서 방정스런 노장이라 했으며, 알지 못했다면 어찌 되겠는가? 설봉이 어찌 모를 수 있으랴? 그러나 법은 다르지 않지만 이어받음이 같지 않고 아는 견해가 다르니 어찌하랴? 그가 말한, 온 누리에 두루하여 숨기지 않는다는 말은 배운 이라야 안다. 함부로 지껄이면 안 된다"라고 하였다.〕

운개雲蓋가 물었다.

"만호萬戶의 문이 모두 닫힌 것은 묻지 않겠지만 만호의 문이 모두 열린 때는 어떠합니까?"

"당堂 안의 일은 어떠한가?"

"아무도 그를 제접할 사람이 없습니다."

"이르기는 퍽 잘 일렀다만 겨우 8, 9할 정도를 일렀다."

"화상께서는 어떻게 이르시겠습니까?"

"아무도 그를 알아차릴 사람이 없다."〔동선東禪 제齊가 말하기를 "석상의 뜻이 무엇이겠는가? 동일하다면 앞서는 어째서 허락하지 않았을까? 다른 도리가 있다면 그저 말만 한 번 더하는 것이다. 말해 보라. 옛사람들의 뜻이 무엇이랴?"라고 하였다.〕

어떤 이가 물었다.

"불성佛性이 허공과 같다 함이 무엇입니까?"

"누웠을 때에는 있고, 앉았을 때에는 없는 것이다."

"한 발 거두는 것을 잊었을 때는 어떠합니까?"

"그대와 함께 즐기지 못하겠다."

"바람이 불어 파도가 생길 때는 어떠합니까?"

"호남湖南의 성안이 대단히 시끄러워서 사람들은 강서江西로 가려 하지 않는다."

어떤 스님이 와서 동산이 만참에 설법한 내용을 대사에게 들어 말했다.

"여러분, 초가을 여름 막바지에 혹은 동쪽으로 가고 서쪽으로 가는데, 곧장 만 리 밖에 한 치의 풀도 없는 곳으로 가야 하니, 만리 밖에 한 치의 풀도 없는 곳을 어떻게 가겠는가?"

대사가 이 말을 듣고 말했다.

"문을 나서면 문득 풀이다."

그 스님이 동산에게 이야기하니, 동산이 말했다.

"대당국大唐國 안에 몇 사람이나 있을까?"〔동선東禪 제齊가 듣고 말하기를 "말해 보라. 석상은 동산의 뜻을 알았을까? 만일 알았다면 여러 상좌들이 매일같이 굴신하고 맞고 보내는데 그들이 길에서 떨어져 풀밭에 드는가? 아니면 낱낱이 궤도에 맞던가? 만일 동산의 뜻을 몰랐다면 어떻게 그런 말을 할 수 있으랴? 알 도리가 있겠는가? 상좌들은 어디로 가려는가? 만일 이 일을 밝힌다면 가히 환향곡還鄕曲이라 하리라. 보지 못했는가? 일찍이 그가 말하기를 '그러면 가지 않는 것입니다'라고 하였느니라"고 하였다.〕

대사가 석상산에 있은 지 20년 동안에 배우는 무리 가운데 장좌불와長坐不臥하는 이들이 있었는데, 마치 나무그루처럼 우뚝해서 사람들이 고목대중枯木大衆이라 불렀다. 당나라 희종僖宗이 대사의 명성을 듣고 사신을 보내 자의紫衣를 하사했으나, 대사는 끝내 사양하고 받지 않았다.

광계光啓 4년 무신(戊申, 888) 2월 20일 기해己亥에 병으로 입멸하니, 수명은 82세이고 법랍은 59세였다. 그해 3월 15일에 선원의 서북 모퉁이에서 장사를 지내니, 시호는 보회普會 대사이고 탑호는 견상見相이었다.

담주潭州 점원漸源 중흥仲興 선사

도오道吾의 회상에서 전좌典座의 일을 맡아 보았는데, 어느 날 도오를 따라 단월檀越 집에 조상弔喪을 갔다가 손으로 관을 문지르면서 말했다.

"살았는가, 죽었는가?"

도오가 말했다.

"살았어도 말하지 못하고, 죽었어도 말하지 못하리라."

"어째서 말하지 못합니까?"

"말하지 못한다. 말하지 못해."

조문을 마치고 함께 돌아오다가 대사가 말했다.

"화상은 오늘 반드시 중홍에게 말하셔야 합니다. 만일 여전히 말하지 못하면 때리겠습니다."

"때리려면 멋대로 때려라. 살았어도 말하지 못하고, 죽었어도 말하지 못한다."

대사가 드디어 몇 차례 주먹으로 도오를 때렸다. 절에 돌아와서 도오가 말했다.

"다른 곳으로 가라. 조금 있다가 일을 관장하는 스님이 알면 그대를 때릴 것이다."

대사가 하직하고 석상에게 가서 앞의 이야기와 사실을 말하고 화상께서 말씀해 주시기 바란다고 하였다. 이에 석상이 말했다.

"그대는 도오가 살았어도 말하지 못하고, 죽었어도 말하지 못한다고 한 것을 듣지 못했는가?"

대사가 즉시 크게 깨닫고는 재齋를 마련해서 참회하였다.

어느 날 대사가 괭이를 들고 법당으로 올라가서 동쪽에서 서쪽으로, 서쪽에서 동쪽으로 가자, 석상이 물었다.

"무엇을 하려는가?"

"선사先師들의 사리를 찾습니다."

석상이 말했다.

"커다란 물결이 넓고 아득하고, 흰 파도가 하늘까지 넘실거리는데, 무슨 사리를 찾는단 말인가?"

"정말 힘을 잘 쓰는군요."

"이 속은 바늘을 찔러도 들어가지 않거늘, 무슨 힘을 쓴다고 하는가?"〔태원太原 부孚 상좌가 대신 말하기를 "선사의 사리가 아직도 있습니다"라고 하였다.〕

녹청祿淸 화상

어떤 스님이 물었다.

"도오道吾의 기틀에 떨어지지 않는 법을 스님께서 말씀해 주십시오."

대사가 대답했다.

"뜰 앞의 홍현紅莧 나무가 잎은 났으나 꽃은 피지 않는다."

그리고는 잠자코 있다가 다시 말했다.

"알겠는가?"

"잘 모르겠습니다."

"이것이 바로 도오의 기틀이거늘 어째서 모르는가?"

스님이 절을 하니, 대사가 때리면서 말했다.

"내가 그대를 때려야 되겠구나."

앞의 담주潭州 운암雲巖 담성曇晟 선사의 법손

균주筠州 동산洞山 양개良价 선사

그는 회계會稽 사람으로서 성은 유兪씨이다. 어릴 적에 스승을 따라 절에 가서 『반야심경般若心經』을 외우다가 근根과 진塵이 없는 이치를 물으니, 그 스승이 깜짝 놀라면서 말했다.

"나는 그대의 스승이 아니다."

그리하여 바로 오설산五洩山에 가서 묵默 선사에게 귀의하고 머리를 깎았다. 21세에 숭산嵩山에 가서 구족계를 받고, 사방을 유행하면서 먼저 남전南泉을 뵈었는데, 때마침 마조馬祖의 제삿날이어서 재를 마련하다가 남전이 대중에게 물었다.

"내일 마馬 대사의 제사를 지내는데, 마 대사가 오시겠는가?"

대중이 아무도 대답하지 못하자 대사가 나서서 말했다.

"도반이 있기를 기다렸다가 오십니다."

남전이 이 말을 듣고 칭찬하였다.

"이 사람이 후생後生이기는 하지만 꽤 다듬을〔雕琢〕 만하구나."

대사가 말했다.

"화상은 양민良民을 억압하여 천민으로 만들지 마십시오."

다음에는 위산潙山에게 가서 물었다.

"전에 충忠 국사國師께서 무정설법無情說法을 하셨다고 들었는데, 저는 그 미묘한 이치를 아직 궁구하지 못했습니다."

위산이 말했다.

"나에게도 있지만, 다만 그런 사람을 얻기 어려울 뿐이었다."

"스님께서 저에게 일러 주십시오."

"부모가 낳아준 입으로는 끝내 말할 수 없다."

"스님과 함께 동시에 도를 사모한 분이 계십니까?"

"여기서 석실石室 쪽으로 가면 운암雲巖 도인이 있다. 만약 풀을 헤치고 바람을 거스르면서 찾아가면, 반드시 그대가 존중할 만한 사람일 것이다."

운암에게 이르러 물었다.

"무정설법은 어떤 사람이 듣습니까?"

운암이 대답했다.

"무정설법은 정이 없는 사람이라야 듣는다."

"화상께서는 들으셨습니까?"

"내가 들었다면, 그대는 나의 설법을 듣지 못하게 된다."

"그렇다면 양개良价는 화상의 설법을 듣지 못하겠습니다."

"그대는 나의 설법도 듣지 못하거늘 하물며 무정설법이겠는가?"

대사가 게송을 지어 운암에게 바쳤다.

> 신기하고도 신기하여라.
> 무정설법의 부사의不思議함이여,
> 만약 귀로써 들으려면 끝내 알기 어려우니
> 눈으로 소리를 들어야 바야흐로 알게 된다네.
> 也大奇　也大奇　　無情解說不思議
> 若將耳聽聲不現　　眼處聞聲方可知

마침내 운암을 하직하니, 운암이 물었다.

"어디로 가는가?"

"화상의 곁을 떠나기는 하나 있을 곳을 정하지는 않았습니다."

"호남湖南으로 가지 말라."

"안 갑니다."

"고향으로 가지 말라."

"안 갑니다."

"조만간 돌아오라."

"화상께서 머무시는 곳이 생기면 곧 오겠습니다."

"이렇게 한 번 떠나면 다시 보기가 어렵겠군."

"다시 보지 않는 것도 어렵습니다."

그리고는 도리어 운암에게 물었다.

"화상께서 별세〔百年〕하신 뒤에 어떤 사람이 스승의 참된 모습을 그릴 수 있느냐고 물으면 어떻게 대답해야 하겠습니까?"

"그저 그에게 '다만 그러하다'고 말하라."

대사가 잠자코 한참 있자, 운암이 말했다.

"이 일을 수긍하려면 크게 세밀해야 한다."

대사는 그래도 엷은 의심이 풀리지 않다가 나중에 물을 건너다가 물속의 그림자를 보고 앞의 종지를 크게 깨닫고 게송을 읊었다.

> 절대로 남에게 구하지 말아야 하나니
> 아득하고 아득하게 나와는 성글어진다.
> 내 이제 홀로 스스로 가지만
> 곳곳에서 그를 만나는구나.
> 切忌從他覓　　迢迢與我疎
> 我今獨自往　　處處得逢渠
>
> 그가 바로 지금의 나이지만
> 나는 지금 그가 아니니
> 마땅히 이렇게 알아야만
> 바야흐로 여여如如함에 계합하리라.

渠今正是我　　我今不是渠
應須恁麽會　　方得契如如

훗날 운암의 영정〔眞影〕에 공양하는데 어떤 스님이 물었다.
"선사께서 말씀하시기를 '다만 그러하다'고 하셨다는데 사실입니까?"
"그렇다."
"그 뜻이 어떠합니까?"
"그 당시에 자칫했으면 선사의 말씀을 잘못 이해할 뻔하였다."
"선사께서도 알고 있으셨습니까?"
"만일 알고 있지 못했다면 어찌 이런 말을 이해하겠는가? 만일 알고 있다면 어찌 이런 말을 긍정했으리오?"〔장경長慶 능陵이 말하기를 "있음을 알았다면 왜 그렇게 말했으리오?"라고 하였다. 또 말하기를 "자식을 길러야 부모의 은혜를 안다"고 하였다.〕

대사가 늑담泐潭에 있을 때에 초初 상좌가 대중들에게 설법을 하는 것을 보았다.
"매우 신기하구나, 매우 신기하구나. 부처의 경계와 도의 경계는 부사의하구나."
대사가 말했다.
"부처의 경계와 도의 경계는 묻지 않겠지만, 부처의 경계와 도의 경계를 말하는 사람은 누구입니까? 한마디만 말씀해 주시오."
초 상좌가 잠자코 대답이 없으니, 대사가 말했다.
"왜 얼른 말하지 못하시오?"
초 상좌가 말했다.

"다투면 안 됩니다."

"말해도 말한 적이 없는데, 어째서 다투면 안 된다고 하시오?"

초 상좌가 대답이 없으니, 대사가 말했다.

"부처와 도는 단지 이름일 뿐인데, 어째서 교리의 말씀도 인용하지 못하는가?"

"교리에서는 무엇이라 했습니까?"

"뜻을 얻었거든 말은 잊어라."

"그렇지만 교리의 뜻으로 마음 머리에 병을 만드는 것입니다."

"부처의 경계와 도의 경계라는 병이 얼마나 큰지 말하시오."

초 상좌는 이로 인하여 세상을 떠났다.

대사는 당나라 대중大中 말년이 되자 신풍산新豊山에서 학도學徒들을 지도하기 시작했으며, 그 후 예장豫章의 고안高安에 있는 동산洞山〔지금의 균주筠州를 말한다.〕에서 교화를 크게 드날렸다.

어느 날 운암의 제삿날에 재를 차리는데, 어떤 스님이 물었다.

"화상은 선사의 처소에서 어떤 지시를 받았습니까?"

대사가 대답했다.

"비록 거기에 있기는 했으나 아무런 지시도 받지 못했다."

"아무런 지시도 받지 못했다면 제사는 차려서 무엇 합니까?"

"아무리 그렇지만 어찌 감히 그를 거스르겠는가?"

어떤 스님이 물었다.

"화상은 처음에 남전을 뵙고 발심을 하셨는데, 왜 운암의 제사를 지내십니까?"

대사가 대답했다.

"나는 선사의 도와 덕을 중시하지도 않고, 불법을 위하지도 않는다. 오직 나에게 설파說破[4]하지 않은 것을 중시할 뿐이다."

또 기재일忌齋日에 제사를 차리는데, 어떤 스님이 물었다.

"화상은 선사를 위해 제사를 지내시는데, 선사를 긍정하시는 것입니까?"

대사가 대답했다.

"반은 긍정하고, 반은 긍정하지 않는다."

"어째서 완전히 긍정하지 않습니까?"

"만일 완전히 긍정하면 선사를 저버리는 것이다."

어떤 스님이 물었다.

"화상의 본래 스승을 뵙고자 하는데, 어찌하여야 뵙겠습니까?"

"나이가 비슷하니 막힐 것이 없다."

스님이 의심되는 바를 다시 물으니, 대사가 말했다.

"앞사람의 발꿈치만을 따르지 말고, 다시 한 가지 질문을 청하라."

스님이 대답이 없었다. 이에 운거雲居가 대신 말했다.

"그렇다면 저는 화상의 본래 스승을 뵙지 못하겠습니다."〔나중에 교皎 상좌上坐가 이 일을 들어 장경에게 묻기를 "어떤 것이 나이가 비슷한 것인가?"라고 하니, 장경이 대답하기를 "옛사람이 그렇게 말한 것을 교 상좌는 다시 거기서 무엇을 찾는가?"라고 하였다.〕

대사가 또 말했다.

4 알기 전에 말하는 것이다.

"4은恩과 3유(有 : 三界의 業種)를 갚지 않을 이가 있겠는가? 만일 이 뜻을 체득하지 못하면 어찌 처음부터 끝까지 근심을 초탈하리오? 다만 마음과 마음이 사물에 저촉하지 않고, 걸음걸음이 처소가 없어야만 항상 간단間斷이 없어서 점점 상응하게 되리라."

대사가 어떤 스님에게 물었다.
"어디서 왔는가?"
그 스님이 대답했다.
"산을 유람하고 옵니다."
"정상까지 갔던가?"
"갔습니다."
"정상에도 사람이 있던가?"
"사람이 없습니다."
"그렇다면 그대는 정상에 도달하지 못했네."
"정상까지 가지 않았다면 어찌 사람 없는 줄을 알았겠습니까?"
"왜 그대는 거기에 머물지 않았는가?"
"제가 머무는 것을 사양하지는 않으나, 서천西天의 어느 사람도 긍정하지 않습니다."

대사가 태太 장로에게 물었다.
"어떤 물건 하나가 위로는 하늘을 버티고 아래로는 땅을 버텼는데, 항상 움직이는 작용 속에 있으면서 검기가 옻칠과 같다. 허물이 어디에 있는가?"
태 장로가 대답했다.
"움직여 쓰는 데 허물이 있습니다."〔동안同安 현顯이 따로 말하기를

"모릅니다"라고 하였다.〕

대사는 꾸짖으면서 "나가라"고 하였다.

어떤 이가 물었다.

"어떤 것이 서쪽에서 오신 뜻입니까?"

대사가 대답했다.

"마치 해계서(駭雞犀 : 물소 뿔)와 같다."

대사가 설봉에게 물었다.

"어디서 오는가?"

"천태산天台山에서 옵니다."

"지자智者 대사를 보았는가?"

"제가 무쇠 방망이를 맞을 일이 생겼군요."

어떤 스님이 물었다.

"뱀이 두꺼비를 삼키는데 구해야 합니까, 구하지 말아야 합니까?"

대사가 대답했다.

"구하면 두 눈으로 보지 못하고, 구하지 않으면 형체와 그림자가 드러나지 않는다."

대사가 밤에 등불을 켜지 않고 있었는데, 어떤 스님이 나와서 물어 말했다. 그가 물러간 뒤에 대사가 시자를 시켜서 등불을 켜게 하고 아까 와서 질문한 스님을 나오라고 불렀다. 그 스님이 앞으로 다가서니, 대사가 말했다.

"밀가루 세 냥을 가져다가 이 상좌에게 주어라."

그 스님이 소매를 흔들면서 물러갔다.

그는 이로부터 현묘한 지취旨趣를 깨닫고, 마침내 옷과 도구를 팔아서 공양하다가 3년 후에 대사를 떠났다. 대사는 그에게 "잘 가라"고 전송을 했다.

설봉이 모시고 섰다가 물었다.

"저 스님이 떠났다가 언제 다시 돌아옵니까?"

대사가 대답했다.

"그는 오직 한 길로 갈 줄만 알았지 다시 올 줄은 모른다."

그 스님이 큰방으로 가서 의발衣鉢 밑에 앉아서 열반에 들었다. 설봉이 올라와서 대사에게 보고하니, 대사가 말했다.

"아무리 그렇지만 그래도 나의 3생生과는 비교된다."

설봉이 올라와서 문안을 드리니, 대사가 말했다.

"문에 들어와서 말해야 하며, 벌써 들어왔다는 따위의 말은 말라."

설봉이 대답했다.

"저는 입이 없습니다."

"입이 없는 것은 그만두고, 내 눈이나 돌려다오."

설봉은 말이 없었다.〔운거雲居 응膺이 따로 말하기를 "제가 입이 생기거든 말하지요"라고 하였다. 장경長慶 능稜이 따로 말하기를 "그렇다면 저는 물러나겠습니다"라고 하였다.〕

대사가 어떤 스님에게 물었다.

"어디서 왔는가?"

"3조祖의 탑 앞에서 옵니다."

"조사 계신 곳에서 왔다면 다시 나를 만나 무엇 하리오?"

"조사는 구별되지만, 학인과 화상은 구별되지 않습니다."

"내가 그대의 본래의 스승을 뵙고자 하는데 되겠는가?"

"역시 화상 스스로가 나서기를 기다려야만 비로소 가능하겠습니다."

"내가 아까는 잠시 여기에 있지 않았다[不在]."

운거가 물었다.

"어떤 것이 조사께서 서쪽에서 오신 뜻입니까?"

대사가 대답했다.

"그대[闍梨]가 앞으로 주인노릇[把茅蓋頭]을 할 때에 어떤 사람이 그대에게 물으면 그대는 그에게 무엇이라 하겠는가?"

어떤 관원[官人]이 물었다.

"수행修行해야 할 사람이 있습니까?"

대사가 대답했다.

"공公이 남자가 되거든 수행하라."

어떤 스님이 물었다.

"옛사람이 말하기를 서로 만나서 드러내 보인 일이 없는데도 뜻하는 바를 선뜻 안다고 하는데, 이런 때는 어떠합니까?"

대사가 합장정대合掌頂戴를 하였다.

대사가 덕산德山의 시자에게 물었다.

"어디서 오는가?"

"덕산에서 왔습니다."

"왜 왔는가?"

"화상께 공경을 다하러 왔습니다."

"세간에서는 무엇이 가장 공경스러운가?"

시자가 대답이 없었다.

언젠가 대사가 이렇게 말했다.

"부처님의 향상사向上事를 체득해야 비로소 그나마 이야기를 나눌 자격〔分〕이 있다."

어떤 스님이 벌떡 일어나서 물었다.

"어떤 것이 이야기입니까?"

"이야기할 때 그대는 듣지 못했구나."

"화상께서는 들으셨습니까?"

"내가 이야기하지 않을 때에는 듣는다."

어떤 스님이 물었다.

"어떤 것이 바르게 묻고 바르게 대답하는 것입니까?"

대사가 대답했다.

"입으로 말하지 못한다."

"누군가가 묻는다면 스님께서 대답하시겠습니까?"

"아직도 묻지 못하는구나."

"어떤 것이 문門으로 들어온 것은 보배가 아니라는 것입니까?"

"그만두어라, 그만두어라."

대사가 『유마경維摩經』을 강의하는 스님에게 물었다.

"지혜로써 알 수 없고 의식으로 인식하지 못한다고 하니, 무엇을 뜻한 말인가?"

"법신法身을 찬탄한 말입니다."

"법신이란 말이 이미 찬탄인데, 어찌하여 다시 찬탄하는가?"

어느 때 대사가 이렇게 설했다.

"곧은 도는 본래 한 물건도 없어서 발우 주머니 하나도 수용하지 못한다."

이에 어떤 스님이 선뜻 물었다.

"어떤 사람이 이에 계합할 수 있습니까?"

"문에 들지 않은 이라야 한다."

"오직 문에 들지 않은 이라면 계합할 수 있습니까?"

"비록 그렇다 해도 그에게 주지 않을 수 없다."

대사가 또 말했다.

"곧은 도는 본래 한 물건도 없어서 다른 의발도 수용하지 못하지만, 그 속에서 합치하는 한 마디〔一轉語〕를 얻어야 한다. 어떠한 말을 해야 하는가?"

어떤 상좌가 96회나 말을 했으나 모두가 대사의 뜻에 맞지 않다가 마지막 한마디가 대사의 뜻에 맞았다. 이에 대사가 말했다.

"그대는 왜 진작 그렇게 말하지 않았는가?"

어떤 스님이 이 소식을 듣고 이야기해 달라고 청하면서 수건과 물병의 시봉을 3년 동안 했으나, 끝내 이야기를 듣지 못한 채 상좌가 병이 났다. 이에 그 스님이 말했다.

"제가 이렇게 3년 동안 시봉을 하면서 앞의 말을 이야기해 달라고 했는데, 아직껏 화상의 자비를 입지 못했습니다. 선의로 얻으려다 안 되니 악으로라도 얻어야겠습니다."

그리고는 칼을 들고 마주 서서 말했다.

"만일 나에게 이야기를 해 주지 않으면 즉시 상좌를 죽이겠소."

상좌가 겁이 나서 말했다.

"스님, 잠깐 기다리시오. 내가 이야기하겠소."

그리고는 다시 입을 열었다.

"설사 가지고 왔다 하여도 둘 곳이 없소."

그 스님은 절을 하고 사죄하였다.

어떤 스님이 물었다.

"스님은 평상시에 학인들에게 새의 길〔鳥道〕을 행하라고 가르치는데, 새의 길이란 무엇입니까?"

대사가 대답했다.

"한 사람도 만나지 않는다."

"어떻게 행합니까?"

"발바닥에 실오라기도 없이 가야 한다."

"오직 새의 길을 행하기만 하면 그것이 본래면목이 아니겠습니까?"

"그대는 어째서 뒤바뀐 소리를 하는가?"

"어느 곳에서 학인이 뒤바뀌었습니까?"

"뒤바뀌지 않았다면 어째서 종을 상전으로 여기는가?"

"어떤 것이 본래의 면목입니까?"

"새의 길을 행하지 않는 것이다."

어느 날 대사가 대중에게 말했다.

"부처님의 위로 향하는 사람〔佛向上人〕이 있음을 알아야 비로소 이야기를 나눌 자격이 있다."

이때에 어떤 스님이 물었다.

"어떤 것이 부처님의 위로 향하는 사람입니까?"

대사가 대답했다.

"일반적인 것이 아니다〔非常〕."〔보복保福이 따로 말하기를 "부처는 아니다"라고 하였고, 법안法眼이 따로 말하기를 "임시방편으로 부처라 한다"라고 하였다.〕

대사가 어떤 스님에게 물었다.

"어디를 갔다 오는가?"

스님이 대답했다.

"신을 삼다가 왔습니다."

"스스로 이해했는가, 남에게 의지했는가?"

"남에게 의지했습니다."

"그가 그대에게 가르쳐 주던가?"

"진실하면 어김이 없습니다."

어떤 스님이 와서 이런 이야기를 했다.

"제가 수유茱萸에게 묻되 '어떤 것이 사문의 행〔沙門行〕입니까?'라고 하니, 수유가 대답하되 '행이라면 없지 않지만 사람이 깨달았다면 곧 어긋난다'고 하였습니다."

대사가 이 말을 듣자 다시 그 스님을 수유에게 보내 이렇게 물으라고 하였다.

"무슨 행行입니까?"

수유가 대답했다.

"부처의 행이다, 부처의 행이야."

그 스님이 돌아와서 대사에게 말하니, 대사가 말했다.

"유주幽州는 그래도 비슷하다고 할 만한데, 가장 괴로운 것은 신라新羅다."〔동선東禪 제齊가 이 말을 들어 말하기를 "이 말에 의혹이 있는가? 있으면 어디가 틀렸는가? 없다면 그가 말하기를 '가장 괴로운 것은 신라다'라고 했으니, 어찌할까 잘 살펴보라. 그가 말하기를 '행은 없지 않으나 사람이 깨닫는다면 어긋난다'고 하니, 대사가 다시 가서 '이것은 무슨 행인가?'라고 하게 하였을 때에는 부처의 행이라 했는데, 그 스님은 알면서 물었는가, 모르면서 물었는가 잘 판단해 보라"고 하였다.〕

그 스님이 도리어 대사에게 물었다.

"어떤 것이 사문의 행입니까?"

대사가 대답했다.

"머리의 길이는 세 척이요, 목의 길이는 두 치니라."〔어떤 스님이 이 일을 들어 귀종歸宗 권權 화상에게 묻기를 "동산의 뜻이 무엇이겠습니까?"라고 하니, 권權이 대답하되 "겉껍질의 두께가 두 치니라"라고 하였다.〕

대사는 유幽 상좌가 오는 것을 보고 얼른 일어나서 선상禪床 뒤에 숨었다. 이에 유 상좌가 와서 말했다.

"화상은 어찌하여 학인을 회피하십니까?"

"나는 그대가 나를 찾는 줄 알았다."

"어떤 것이 현묘함 속의 현묘함입니까?"

"죽은 사람의 혓바닥과 같다."

대사가 발우를 씻다가 새 두 마리가 개구리 하나를 두고 다투는 것을 보았는데, 어떤 스님이 문득 물었다.

"저것이 어찌하여 저 지경에 이르렀습니까?"

"오직 그대 때문이다."

"어떤 것이 비로자나의 스승이며, 법신의 주인입니까?"

"벼 줄기와 조 이삭이니라."

"3신身 가운데에서 어느 몸이 대중의 수에 떨어지지 않습니까?"

"나도 항상 그에 대하여 간절했다."〔어떤 스님이 조산曹山에게 묻기를 "선사께서 말씀하시기를 '나도 항상 그에 대하여 간절했다'고 하신 뜻이 무엇입니까?"라고 하니, 조산이 대답하기를 "내 머리가 필요하거든 베어 가라"라고 하였다. 또 설봉雪峰에게 물으니 설봉이 주장자를 그에 비기면서 말하기를 "나도 일찍이 동산洞山에게 갔다 왔노라"고 하였다.〕

대사가 볏논〔稻田〕을 지키는데 낭朗 상좌上坐가 소를 끌고 왔다. 이에 대사가 말했다.

"그 소를 잘 지키시오. 벼를 먹을까 걱정이오."

낭 상좌가 대꾸했다.

"좋은 소라면 마땅히 벼를 먹지 않습니다."

대사가 어떤 스님에게 물었다.

"세간에서 어떤 것이 가장 괴로운가?"

그 스님이 대답했다.

"지옥의 고통이 가장 괴롭습니다."

"그렇지 않다."

"스님의 뜻은 어떠하십니까?"
"이 법의法衣 아래서 큰 일〔大事〕을 밝히지 못하는 것이 가장 괴로우니라."

대사가 어떤 스님에게 물었다.
"이름이 무엇인가?"
"아무개입니다."
"어느 것이 그대〔闍梨〕의 주인공인가?"
그 스님이 '보는 것'이라고 대답하려는데, 대사가 탄식하였다.
"괴롭다, 괴로워. 요새 사람은 거의가 이와 같구나. 당나귀 앞이나 말 뒤에서 종노릇이나 하는 놈〔驢前馬後〕을 잘못 알아 자기라고 여기니, 불법이 쇠퇴한다는 것이 이를 가리킨 말이구나. 손님 가운데서 주인을 가리기도 아직 분명하지 않은데, 어떻게 주인 가운데의 주인을 가려내겠는가?"
어떤 스님이 물었다.
"어떤 것이 주인 가운데의 주인입니까?"
대사가 대답했다.
"그대가 대답해 보라."
"제가 말하면 그것은 이미 손님 가운데의 주인이니, 어떤 것이 주인 가운데의 주인입니까?"
"그렇게 말하기는 쉬우나 상속相續하기는 매우 어려우니라."〔운거雲居가 따로 말하기를 "저는 말할 수 있되, 나그네 가운데의 주인은 아닙니다"라고 하였다.〕

대사가 병이 나자 사미를 운거雲居에게 보내서 소식을 전하게 했다. 그리고는 덧붙였다.

"그가 갑자기 그대에게 '화상께서 무슨 말씀이 있던가?'라고 묻거든, 그저 '운암雲巖의 길이 끊어지려고 합니다'라고 하라. 그대는 이 말만을 하고 멀리 서 있어라. 그가 그대를 때릴까 걱정해서다."

사미가 분부를 받고 가서 말을 마치기도 전에 운거에게 한 방망이를 맞았다. 이에 사미는 아무 말이 없었다.〔동안同安 현顯이 대신 말하기를 "그렇다면 운암의 한 가지가 떨어지지 않겠다"라고 하였다. 나중에 운거雲居 석錫이 말하기를 "상좌여, 말해 보라. 운암의 길이 끊겼는가, 끊이지 않았는가?"라고 하였다. 숭수崇壽 조稠가 말하기를 "옛사람이 이 한 방망이를 때린 뜻이 무엇이겠는가?"라고 하였다.〕

대사가 입적할 무렵에 대중에게 말했다.

"나는 부질없는 이름을 세상에 남겼다. 누가 나를 위해 없애 주겠는가?"

대중이 아무도 대답하지 못하자, 이때 사미가 나서서 말했다.

"화상의 법호를 말씀해 주십시오."

대사가 말했다.

"나의 이름이 이미 없어졌구나."〔석상石霜이 말하기를 "아무도 그를 긍정할 사람이 없다"라고 하였다. 운거雲居가 말하기를 "부질없는 이름이 있으면 나의 선사가 아니다"라고 하였다. 조산曹山이 말하기를 "예부터 지금까지 아무도 그를 설명하지 못했다"라고 하였다. 소산疎山이 말하기를 "용이 물에서 뛰어오를 근기가 있건만 아무도 짐작하는 이가 없다"라고 하였다.〕

어떤 스님이 물었다.

"화상께서 병이 드셨다는데 병들지 않는 자도 있습니까?"

대사가 대답했다.

"있다."

"병들지 않는 자가 화상을 간호해 줍니까?"

"내가 그를 간호할 분수는 있다."

"화상께서 어떻게 그를 간호하시겠습니까?"

"내가 간호할 때는 병이 보이지 않는다."

대사가 또 말했다.

"이 껍데기를 여의고는 어디서 나와 서로 만날꼬?"

대중이 아무도 대답하지 못했다.

당나라 함통咸通 10년 3월에 문인들을 시켜서 머리를 깎고, 옷을 갈아입고, 종을 치게 한 뒤에 엄숙히 앉아서 세상을 떠났다. 이때 대중이 슬피 울다가 해가 기울었는데, 대사가 홀연히 눈을 뜨고 일어나서 말했다.

"출가한 사람의 참된 수행이란, 마음이 사물에 붙지 않아야 하니, 살면 수고롭고 죽으면 쉬는데 어찌 슬픔이 있겠는가?"

그리고는 일을 담당하는 스님을 불러서 우치재愚癡齋[5]를 한바탕 지내게 하니, 대체로 그 연연하는 정을 꾸짖는 것이었다. 대중이 여전히 연모하기를 그치지 않자, 7일을 더 지내다가 공양 때가 되자 대사도 대중을 따라 재齋를 마치고 말했다.

"스님의 집에는 일이 없어야 하는데, 대체로 떠날 때가 되면 이

---

5 원문에는 "우치제愚癡齊"로 되어 있다. 우치재愚癡齋는 반야般若를 얻지 못하고 세정世情에 끌려서 사람의 죽음을 슬퍼하는 이를 위로하기 위하여 베푸는 재齋를 말한다.

처럼 수선을 떤다."

그리고는 8일째 되는 날 목욕을 마치고 단정히 앉아서 입적하니, 수명은 63세이고 법랍은 42세이다. 시호는 오본悟本 대사요, 탑호는 혜각慧覺이었다.〔대사가 예전에 늑담泐潭에 있을 때에 대장경을 번역해 내고, 『대승경요大乘經要』 1권을 편찬하니 대체로 승속을 격려하는 게송과 훈계로서, 세상에 널리 퍼졌다.〕

탁주涿州 행산杏山 감홍鑒洪 선사

임제가 물었다.

"어떤 것이 맨 땅의 흰 소〔露地白牛〕입니까?"

대사가 대답했다.

"훔〔吽〕."

"행산의 입은 벙어리로군."

"노형老兄은 어떠시오?"

"이 축생아."

대사가 그만두었다.〔석실石室과의 문답과 같으니 그의 전기에 나왔다.〕

대사의 다섯 가지 읊음〔詠〕과 열 가지 빼어남〔秀〕이 모두 현묘한 가풍을 드날렸다. 입멸한 뒤에 다비를 해서 오색 사리를 거두었다.

담주潭州 신산神山 승밀僧密 선사

남전南泉의 회상에 있을 때에 팽이치기〔打羅〕를 하는데 남전이 물었다.

"무엇을 하는가?"

"팽이치기를 합니다."

"그대는 손으로 치는가, 다리로 치는가?"

대사(승밀)가 말했다.

"화상께서 말씀해 주십시오."

"똑똑히 기억해 두었다가 나중에 눈 밝은 작가作家를 만나거든 단지 그렇게만 말하라."〔운암雲巖이 대신 말하기를 "손발이 없는 이라야 비로소 치겠구나"라고 하였다.〕

대사가 동산洞山과 함께 물을 건너는데 동산이 말했다.

"발을 잘못 딛지 마시오."

"잘못 디디면 건너지를 못합니다."

"잘못 되지 않는 일이 어떤 것이오?"

"장로와 함께 물을 건너시오."

어느 날 동산과 함께 차밭〔茶園〕을 매는데, 동산이 호미를 던지면서 말했다.

"나는 오늘 고단해서 기력이 하나도 없소."

"기력이 없다면 어떻게 그렇게 말할 수 있단 말이오?"

동산이 다시 말했다.

"그대가 기력이 있다고 여긴 것이 이것입니다."

배裵 대부大夫가 어떤 스님에게 물었다.

"부처님께 공양하면 잡수십니까?"

그 스님이 대답했다.

"마치 대부가 집에서 신령에게 제사하는 것과 같습니다."

대부가 운암에게 이야기하니, 운암이 대신 대답했다.

"몇 가지 음식이나 있는지 일시에 내려 주기나 하시오."

그리고는 운암이 대사에게 물었다.

"일시에 내린 뒤에는 어찌하겠소?"

대사가 대답했다.

"발우를 찾는 것이 옳겠습니다."

운암이 긍정하였다.

어떤 스님이 물었다.

"어떤 것이 듣는 바 없는 자가 경을 듣는 것이라고 말하는 것입니까?"

대사가 대답했다.

"알고자 하는가?"

"알고 싶습니다."

"아직 경을 들을 줄 모르는구나."

어떤 이가 물었다.

"첫 지위에서는 둘째 지위를 보지 못한다 하니 어떤 것입니까?"

"그대가 잘못 알지 않았는가? 그대는 어느 지위인가?"

어떤 행자가 물었다.

"생사生死의 일에 대해 스님께서 한 말씀 해주십시오."

"그대는 어느 때 나고 죽고 오고 가는가?"

"저는 잘 모릅니다. 스님께서 말씀해 주십시오."

"모르겠거든 한바탕 죽어 보라."

유계幽谿 화상

어떤 스님이 물었다.

"큰 작용〔大用〕이 현전해서 궤칙軌則이 존재하지 않을 때에는 어떠합니까?"

대사(유계)가 일어나서 선상을 한 바퀴 돌고 앉았다. 스님이 무엇인가 말을 하려 하니, 대사가 한 번 걷어찼다. 이에 그 스님이 제자리로 돌아가서 섰으니, 대사가 말했다.

"그대는 그렇지만 나는 그렇지 않고, 그대는 그렇지 않지만 나는 그렇다."

스님이 다시 무슨 말을 하려고 하자, 대사가 다시 한번 차면서 말했다.

"30년 뒤에는 나의 도가 크게 행하리라."

앞의 화정華亭 선자船子 덕성德誠 선사의 법손

예주澧州 협산夾山 선회善會 선사

그는 광주廣州와 현정峴亭 사람으로서 성은 요廖씨이다. 아홉 살 때에 담주潭州의 용아산龍牙山에서 출가하여서 나이가 차자 계를 받았으며, 강릉江陵으로 가서 경론經論을 익힌 뒤에는 3학學에 두루 통달하였다. 그러다가 마침내 선회禪會를 찾아가서 힘껏 묻고 배웠다.

처음에는 경구京口에 살았는데, 어느 날 저녁 도오道吾가 지팡이를 끌고 찾아왔다. 때마침 대사가 상당하였는데, 어떤 스님이 물었다.

"어떤 것이 법신法身입니까?"

대사가 대답했다.

"법신은 모습이 없다."

"어떤 것이 법안法眼입니까?"

"법안은 티가 없다."

대사는 거듭 입을 열었다.

"눈앞에 법이 없다는 것은 '눈앞'이라는 것에 뜻을 둔 말일 뿐, 눈앞의 법에 눈과 귀가 미치지 않는다는 것은 아니다."

도오가 이 말을 듣고 깔깔 웃으니, 대사는 의심이 생겨 도오에게 물었다.

"왜 웃으시오?"

도오가 말했다.

"화상은 뛰어난 근기를 가지고 세상에 나왔건만, 아직 스승을 만나지 못했군요. 제중瀏中의 화정현華亭縣으로 가서 선자船子 화상을 찾아뵈시오."

"찾아뵈면 만나 주시나요?"

"그 스님은 위로는 기와조각 하나 덮지 않았고, 아래로는 송곳 하나 세울 땅이 없습니다."

대사는 드디어 옷을 갈아입고 화정으로 가니, 때마침 선자 화상이 뱃전을 두드리면서 왔다. 이에 스승과 제자의 도가 계합하여 미묘한 차이도 남기지 않았다.〔자세한 말은 선자장船子章에 보인다.〕

그 뒤 대사는 세상을 피하고 세속의 욕심을 잊었으나, 이내 배우는 자들이 모여들어 여실廬室에 가득하게 늘어서서 아침저녁으로 뵙고 물었다. 당나라 함통咸通 11년 경인庚寅에 바다와 같은 대중이 협산夾山에 자리를 잡으니, 마침내 선원이 이루어졌다.

대사가 상당上堂하여 대중에게 보여 말했다.

"조사가 다녀가신 뒤로 많은 사람이 잘못 알고 이어받았다. 지금도 불조佛祖들의 어구로써 남의 스승이 되는 이가 있으니, 이렇게 되면 도리어 미친 사람이 될 뿐 지혜로운 사람은 없을 것이다. 그들은 다만 그대들에게 지시하기를 '법이 없는 것이 본래 도이니, 도에는 한 법도 없어서 이룰 만한 부처도 없고, 얻을 만한 도도 없고, 버릴 만한 법도 없다'고 한다. 그래서 '눈앞에 법이 없다는 것은 눈앞에 뜻이 있는 것일 뿐, 그것이 눈앞의 법은 아니다'라고 말하는 것이다. 만일 불조佛祖의 지말적인 학문을 향하는 이 같은 사람은 바른 안목이 없기 때문에 모두 의지한 바의 법에 속해서 자유롭지 못할 것이다. 본래는 다만 생사가 되는 망망한 식識의 성품이 스스로 말미암을 분수가 없으니, 천리만리를 가서 선지식을 찾더라도 모름지기 바른 안목이 있어야 한다. 허망하고 그른 소견을 영원히 벗어나야만 눈앞의 생사가 실제로 있다고 해야 할지, 실제로 없다고 해야 할지를 단정할 수 있으리라. 만일 누군가가 단정할 수 있다면 그대의 벗어남을 허락하리니, 상근기의 사람은 말이 떨어지는 즉시 도를 밝히고, 중간과 하층의 근기는 물결을 따라 헤매기만 한다. 어찌하여 생사 속에 들어가서 단정하여 취하지 않고, 어디서 다시 부처와 조사가 그대의 생사를 대신해 줄까 의심하는가? 지혜 있는 사람이 그대를 비웃으리라."

그리고는 게송을 읊었다.

생사의 법을 수고롭게 지닌 채
오직 부처의 변두리만을 향해서 구하니
눈앞에서 바른 이치[理]를 미혹하는 것이라서
불을 휘저으면서 거품을 찾는 것과 같구나.
勞持生死法　唯向佛邊求

目前迷正理　撥火覓浮漚

어떤 스님이 물었다.

“예부터 조사의 뜻과 교리의 뜻을 세웠는데, 화상은 이 과정을 어찌하여 없다고 하십니까?”

대사가 대답했다.

“3년 동안 밥을 먹지 않았는데, 눈앞에 주린 사람이 없다.”

“주린 사람이 없다면 저는 왜 깨닫지 못합니까?”

“오직 깨달음이 그대를 미혹할 뿐이다.”

그리고는 게송을 말했다.

분명하고도 분명해서 깨달을 법이 없나니
법을 깨달으면 도리어 미혹한 사람이다.
두 다리를 쭉 뻗고서 잘지니
거짓도 없고 또한 참도 없노라.

明明無悟法　悟法却迷人
長舒兩脚睡　無僞亦無眞

어떤 스님이 물었다.

“어떤 것이 도입니까?”

“태양은 눈[目]에 가득하니, 만 리에 조각구름도 걸리지 않았다.”

“어찌하여야 알 수 있습니까?”

“맑고 맑은 물에서 헤엄치는 고기가 스스로 미혹한다.”

“어떤 것이 근본입니까?”

“물을 마시노라면 근원을 미혹하지 않는다.”

“옛사람이 머리카락을 진흙땅에 편 것은 무엇을 위해서였습니

까?"

"까마귀 아홉 마리는 다 쏘았으나 하나의 가림이 아직도 남았으며, 화살 하나가 땅에 떨어진다 해도 천하가 어둡지는 않느니라."

"조사의 뜻과 교리의 뜻이 같습니까, 다릅니까?"

"바람이 연꽃잎에 부니 연못 가득 푸름이요, 10리를 가는 행인들은 대체로 같은 길이다."

대사에게 오랜 세월 시봉한 제자가 하나 있었는데, 주지가 된 후에 그를 행각을 보냈다. 그는 사방의 선원을 찾아다녔으나 아무런 관심 없이 지내다가 대사가 대중을 모으고 도덕이 다른 지방까지 미친다는 소문을 듣고는 돌아와서 뵙고 물었다.

"화상에게 이렇게 대단한 일이 있으면서도 왜 진작 저에게 말씀하시지 않았습니까?"

대사가 대답했다.

"그대가 밥을 지으면 내가 불을 땠고, 그대가 밥을 돌리면 내가 발우를 펼쳤는데, 어디가 그대를 저버린 곳인가?"

제자가 이 말에 깨달았다.

어느 날 대사가 차를 마시고 나서 다시 손수 차를 달여다가 시자에게 주었다. 시자가 받으려 하자, 대사가 손을 움츠리면서 말했다.

"이것이 무엇인가?"

시자가 대답이 없었다.

어떤 대덕이 와서 물었다.

"교리의 뜻이라면 제가 의심치 않지만, 선문禪門의 일이라면 어떠합니까?"

대사가 대답했다.

"나는 그저 설은 것을 익게 바꾸는 것만을 알고 있다."

"어떤 것이 실제의 이치입니까?"

"돌 위에는 뿌리 없는 나무이고, 산은 움직임 없는 구름을 머금었다."

"어떤 것이 굴 밖에 나선 사자師子입니까?"

"허공에는 영상影象이 없는데, 발밑에서 구름이 생긴다."

서천西川 수좌首座가 제방을 다니다가 백마白馬에게 이르렀을 때 『화엄경』의 말씀을 들어서 물었다.

"하나의 티끌이 법계의 끝없음을 머금을 때는 어떠합니까?"

백마가 대답했다.

"새의 두 날개와 같고, 수레의 두 바퀴와 같다."

수좌가 말했다.

"선문에는 특별히 기특한 일이 있다고 여겼더니, 원래 교리의 부문을 벗어나지 않는구나."

그리하여 본고장으로 돌아갔다가 이윽고 협산夾山의 성대한 법회 소식을 듣고는 제자를 보내서 앞의 말로 대사에게 묻게 하였다. 대사가 대답했다.

"모래에 조각을 해도 옥이라는 말은 없고, 풀을 맺어서 도인의 생각을 어그러뜨린다."

제자가 돌아와서 수좌에게 말하니, 수좌가 찬탄했다.

"선문과 교문의 뜻이 다르지 않다고 여겼는데, 원래 기특한 일이 있구나."

그리고는 협산에게 물었다.

"어떤 것이 협산의 경계입니까?"

"원숭이가 새끼를 안고 푸른 봉우리 속으로 돌아가고, 새는 꽃을 물고 푸른 바위 앞으로 날아 내린다."

대사가 현묘한 법을 다시 펴기를 1기紀[6] 동안 계속하다가 당나라 중화中和 원년 신축辛丑 11월 7일에 소임을 보는 스님을 불러서 말했다.

"내가 대중에게 여러 해 동안 불법을 이야기해 주었으니, 불법의 깊은 뜻에 대해서는 여러분 스스로 잘 알았을 것이다. 나는 이제 허깨비 형질〔幻質 : 몸〕의 때가 다해서 떠나게 되었다. 그대들은 내가 살아 있을 때처럼 잘 보호할 것이며, 세상 사람들처럼 덩달아 슬퍼하지 말라."

말을 마치고 밤중이 되자 태연히 떠났다. 그 달 29일에 본산本山에 탑을 세우니, 수명은 77세이고 법랍은 57세였다. 시호는 전명傳明 대사이고, 탑호는 영제永濟였다.

행사行思 선사의 제5세 ①

앞의 서주舒州 투자산投子山 대동大同 선사의 법손

투자投子 감온感溫 선사〔제2세 주지〕

어떤 스님이 물었다.

6 1기紀는 20년의 기간을 말한다.

"스님께서는 보배 법상에 오르시어 어떻게 사람을 지도해 주십니까?"

"달이 1천 개울에 비치는 것과 같으니라."

"그렇다면 땅에 가득하여 이지러짐이 없겠습니다."

"그렇게 말하지 말라."

어떤 스님이 물었다.

"투자投子란 자식을 던진다는 뜻인데, 왜 아버지는 던지지 않고 아들만을 던집니까?"

"어찌 다른 사람 집의 일이겠는가?"

"아버지와 자식이 모두 공功에 속합니까?"

"속하지 않는다."

"공功에 속하지 않는 것은 어째서 입니까?"

"아버지와 자식이 제각기 스스로 벗어나기 때문이다."

"왜 그렇습니까?"

"그대가 나에게 가르쳐다오."

대사가 산을 돌다가 매미가 껍질을 벗어 놓은 것을 보았다. 이에 시자가 물었다.

"껍질은 여기에 있는데 매미는 어디로 갔습니까?"

대사가 껍질을 들어 귓가에다 대고 서너 차례 흔든 뒤에 매미 소리를 하니, 그 스님이 깨달았다.

복주福州 우두牛頭 미微 선사

대사가 상당하여 대중에게 말했다.

"3세의 부처님들이 한 가지 기량도 부리지 못하고, 천하의 노화상의 입이 광주리 같거늘, 여러분은 어찌하여 그다지 용이하지 못한가? 오직 아는 이가 아니면 알지 못한다."

스님이 물었다.

"어떤 것이 화상의 가풍입니까?"

대사가 대답했다.

"산에 있는 전답의 좁쌀 밥이요, 야채의 누런 시래기이니라."

"홀연히 점잖은 손님이 오면 어찌하십니까?"

"먹으려면 마음대로 먹게 하고, 먹지 않으면 동서로 마음대로 가라 한다."

"검은 용의 턱 밑에 있는 여의주는 묻지 않겠습니다만, 어떻게 집안의 보배를 알아챕니까?"

"바쁜 가운데 어찌 한가한 사람이 되겠는가?"

서천西川 청성青城 향산香山 징조澄照 대사

어떤 스님이 물었다.

"부처님들은 어려움이 있으면 불꽃 속에 들어가서 몸을 숨기지만, 스님에게 어려움이 있으면 어느 곳에다 몸을 숨깁니까?"

"수정水精 항아리 속에 파사波斯[7]를 새긴다."

"어떤 것이 초승달입니까?"

"대부분의 사람이 보지 못하는 것이다."

---

7 인도인의 초상肖像 조각彫刻을 말한다.

협부陜府 천복天福 화상

스님이 물었다.

"어떤 것이 불법의 대의입니까?"

"황하黃河에 물방울이 없고, 화악華嶽이 몽땅 평평해졌다."

호주濠州 사명思明 화상

투자投子의 회상에 있을 때에 어떤 스님이 물었다.

"어떤 것이 상좌 사미沙彌의 동진행童眞行입니까?"

대사가 대답했다.

"예."

"어떤 것이 청정법신淸淨法身입니까?"

"똥 속에 구더기가 들락날락하느니라."

봉상부鳳翔府 초복招福 화상

스님이 물었다.

"동아東牙도 오아烏牙도 모두 대열에 나서는데, 화상은 어째서 대열에 나서지 않습니까?"

"주지하는 법이 같지 않거늘, 그대는 무엇을 괴이하게 생각하는가?"

흥원부興元府 중량산中梁山 준고遵古 선사

어떤 이가 물었다.

"공겁空劫 때에는 능히 법을 묻는 이가 없지만, 지금은 물을 법이 어디에 있습니까?"

"대비보살이 항아리 속에 앉았다."

"어떤 것이 조사께서 서쪽에서 오신 뜻입니까?"

"도사道士가 새는 동이를 메고 간다."

양주襄州 곡은谷隱 화상

어느 스님이 물었다.

"어떤 것이 백운白雲의 기틀을 건드리지 않은 것입니까?"

대사가 말하였다.

"학의 띠〔鶴帶〕와 갈까마귀의 얼굴〔鴉顔〕에 덧없는 인생을 버리지 않음이다."

안주安州 구종산九嵕山 화상

어떤 스님이 물었다.

"어떤 것이 부처입니까?"

"바로 그대이다."

"멀리서 9종嵕의 소문을 들었는데, 와서 보니 1종嵕만이 보이는군요."

"그대는 1종만을 보고 9종은 보지 못하는구나."

"어떤 것이 9종입니까?"

"물이 급해서 물거품이 거칠다."

반산盤山 화상〔유주幽州의 제2세 주지이다.〕

어떤 스님이 물었다.

"어찌하여야 삼계를 벗어나겠습니까?"

대사가 대답했다.

"그 속에 있은 지 얼마나 되는가?"

"어떻게 벗어나겠습니까?"
"청산青山은 백운白雲이 떠가는 것을 막지 않는다."

어떤 이가 물었다.
"경전에 말하기를 '허깨비 사람〔化人〕의 번뇌와 같고, 석녀石女의 아기 같다'고 하는데, 그것이 무슨 이치입니까?"
"그대가 마치 석녀의 아기 같구나."

안주安州 구종산九嵕山 경혜敬慧 선사〔제2세 주지〕

어떤 스님이 물었다.
"깊은 구덩이에서 벗어나려면 어떻게 통과해야 합니까?"
대사가 대답했다.
"통과할 것을 구하지 말라."
"어떻게 지나가야 합니까?"
"통과를 구하는 것도 잘못이다."

동경東京 관음원觀音院 암준巖俊 선사

그는 형대邢臺 사람으로서 성은 염廉씨이다. 처음에는 조사들의 법석을 찾아서 형산〔衡〕·여산〔廬〕·민岷·촉蜀 지방을 두루 다녔는데, 봉림鳳林의 깊은 골짜기를 지나다가 홀연히 진기한 보배를 보았다. 동료들이 서로 돌아보면서 가지려고 하자, 대사가 말했다.
"옛사람은 호미 끝에 황금이 닿아도 기와처럼 여겼다. 내가 주인 노릇〔菅茆覆頂〕을 하게 되거든, 이것으로 사방의 스님들에게 공양하자."
이렇게 말하고는 버리고 떠나가서 투자 화상을 뵈었다. 투자가 물었다.

"그대는 지난 밤 어디에서 잤는가?"

"움직이지 않는 도량에서 잤습니다."

"움직이지 않는다면 어떻게 여기까지 왔는가?"

"여기까지 온 것이 어찌 움직임이겠습니까?"

"원래 집착하지 않는 곳에서 자야 한다."

그러면서도 투자는 묵묵히 대사를 인정했다.

대사가 이어 동경東京으로 가니, 때마침 양梁의 소보(少保 : 태자의 스승)인 이자李鄑는 곧 하양河陽 절도사節度使인 이한李罕의 형으로서 불경을 독실하게 믿었으며, 더구나 대사를 존중히 여겨서 자기 집을 내놓아 절을 만들고 관음명성觀音明聖이라 한 뒤에 대사에게 와서 살기를 청했다.

후주後周의 고조高祖와 세종世宗 두 임금이 동궁에 있을 때에 매번 방장에 와서 무릎을 꿇고 절을 했으며, 왕위에 오른 뒤에는 특별히 자의紫衣를 하사하면서 정계淨戒 대사라 호칭하니, 무리가 항상 백 사람에 이르렀다.

건덕乾德 병인(丙寅, 606) 3월에 병이 나서 문인들에게 훈계를 내리고, 편안한 얼굴인 채로 합장하고 입멸하니, 수명은 85세이고 법랍은 65세였다. 그해 4월 8일에 동교東郊의 풍대촌豊臺村에 탑을 세웠다.

앞의 악주鄂州 청평산淸平山 영준令遵 선사의 법손

기주蘄州 삼각산三角山 영규令珪 선사

처음에 청평淸平 화상을 뵈었는데, 청평이 물었다.

"무엇 하러 왔는가?"

"예배하러 왔습니다."

"누구에게 예배를 하려는가?"

"특히 화상께 예배하렵니다."

청평이 꾸짖었다.

"이 둔한 중아."

대사가 절을 하니, 청평이 대사의 목을 손날로 한번 내려쳤다. 대사가 이로부터 제자의 예로 섬겨서 종지를 은밀히 이어받았다.

나중에 대사가 주지가 된 뒤에 어떤 스님이 물었다.

"어떤 것이 부처입니까?"

대사가 대답했다.

"내일 오라. 아직까지 말하지 못하던 것을 그대에게 말해 주리라."

경덕전등록 제16권

길주吉州 청원산靑原山 행사行思 선사의 제5세 중 72인

낭주朗州 덕산德山 선감宣鑒 선사의 법손 9인

악주鄂州 암두巖頭 전활全豁 선사

복주福州 설봉雪峰 의존義存 선사

천태天台 서룡원瑞龍院 혜공慧恭 선사

천주泉州 와관瓦棺 화상

양주襄州 고정高亭 간簡 선사

홍주洪州 감담感潭 자국資國 화상

〔이상 6인은 기록에 보임〕

덕산德山 아호鵝湖 소석紹奭 대사

봉상부鳳翔府 무구無垢 화상

익주益州 쌍류雙流 위지尉遲 화상

〔이상 3인은 기연할 어구가 없으므로 기록하지 않음〕

담주潭州 석상石霜 경제慶諸 선사의 법손 41인

하중河中 남제산南際山 승일僧一 선사

담주潭州 대광산大光山 거회居誨 선사

여산廬山 회우懷祐 선사

균주筠州 구봉九峰 도건道虔 선사

태주台州 용천涌泉 경흔景欣 선사

담주潭州 운개산雲蓋山 지원志元 선사

담주潭州 곡산谷山 장藏 선사

복주福州 복선산覆船山 홍천洪荐 선사

낭주朗州 덕산德山 존덕存德 혜공慧空 선사

길주吉州 숭은崇恩 화상

석상石霜 제3세 휘輝 선사

영주郢州 파초芭蕉 화상

담주潭州 비전肥田 복伏 화상

담주潭州 녹원鹿苑 휘暉 선사

담주潭州 보개寶蓋 약約 선사

월주越州 운문雲門 해안海晏 선사

호남湖南 문수文殊 화상

봉상부鳳翔府 석주石柱 화상

담주潭州 중운中雲 개蓋 화상

하중河中 서암棲巖 존수存壽 선사

남악南嶽 현태玄泰 상좌

〔이상 21인은 기록에 보임〕

항주杭州 용천龍泉 경敬 선사

노부潞府 반정盤亭 종민宗敏 선사
신라新羅 흠충欽忠 선사
신라新羅 행적行寂 선사
홍주洪州 녹원鹿源 화상
영주郢州 대양산大陽山 화상
활주滑州 관음觀音 화상
운주鄆州 정각正覺 화상
상주商州 고명高明 화상
허주許州 경수慶壽 화상
진주鎭州 만세萬歲 화상
제2세 진주鎭州 영수靈壽 화상
진주鎭州 홍제洪濟 선사
길주吉州 간지簡之 선사
대량大梁 홍방洪方 선사
앙주卬州 수한守閑 선사
신라新羅 낭朗 선사
신라新羅 청허淸虛 선사
분주汾州 상爽 선사
여항餘杭 통通 선사
〔이상 20인은 기연할 어구가 없으므로 기록하지 않음〕

예주澧州 협산夾山 선회善會 선사의 법손 22인

예주澧州 악보산樂普山 원안元安 선사
홍주洪州 상람上藍 영초令超 선사

운주鄆州 사선四禪 화상

강서江西 소요산逍遙山 회충懷忠 선사

원주袁州 반룡산盤龍山 가문可文 선사

무주撫州 황산黃山 월륜月輪 선사

낙경洛京 소산韶山 환보寰普 선사

태원太原 해호海湖 화상

가주嘉州 백수사白水寺 화상

봉상부鳳翔府 천개산天蓋山 유幽 선사

홍주洪州 동안同安 화상

〔이상 11인은 기록에 보임〕

소주韶州 담보曇普 선사

길주吉州 선거산僊居山 화상

태원太原 자복資福 단端 선사

홍주洪州 노선산盧僊山 연경延慶 화상

월주越州 월봉越峰 화상

낭주朗州 기사산祇闍山 화상

익주益州 서목棲穆 화상

숭산嵩山 전全 선사

익주益州 협산원夾山院 화상

서경西京 운암雲巖 화상

안복安福 연휴延休 화상

〔이상 11인은 기연할 어구가 없으므로 기록하지 않음〕

행사行思 선사의 제5세 ②

앞의 낭주朗州 덕산德山 선감宣鑒 선사의 법손

악주鄂州 암두巖頭 전활全豁 선사

그는 천주泉州 사람으로서 성은 가柯씨이다. 어릴 때에 청원淸原 의공誼公에게 귀의하여 머리를 깎고, 장안長安의 보수사寶壽寺에 가서 계를 받고, 경과 율의 여러 부部를 익히다가, 선원을 두루 돌면서 설봉雪峰 의존義存과 흠산欽山 문수文邃 등과 도반을 맺었다.

여항餘杭의 대자산大慈山을 떠나서 그럭저럭 임제臨濟에 이르렀는데, 때마침 임제가 입적하였으므로 앙산仰山을 뵈었다. 문 안으로 들어서자마자 방석을 들면서 말했다.

"화상이시여."

앙산이 불자를 들려고 하니, 대사가 말했다.

"훌륭한 솜씨이군요."

나중에 덕산德山 화상을 뵈올 때에 방석을 들고 법당에 올라가서 쳐다보자, 덕산이 말했다.

"무엇인가?"

대사가 꾸짖으니, 덕산이 말했다.

"노승老僧의 허물이 어디에 있는가?"

"두 겹의 공안公案이군요."

그리고는 참문하는 방으로 내려가니, 덕산이 말했다.

"이 스님은 약간 행각을 한 사람 같구나."

이튿날 올라가서 문안을 드리니, 덕산이 말했다.

"그대가 어제 새로 온 사람인가?"

"그렇습니다."

"어디서 그 따위 헛된 짓을 배웠는가?"

"전활全豁은 끝내 스스로를 속이지 않습니다."

"이 뒤에는 나를 저버리지 말라."

다음날 대사가 참문參問을 갔다가 방장 문에 들어서서 몸을 비끼며 물었다.

"범부입니까, 성인입니까?"

덕산이 할을 하니, 대사가 절을 하였다. 이에 어떤 사람이 동산洞山에게 이야기하니, 동산이 말했다.

"만일 전활 상좌가 아니었다면 알아듣기가 퍽 어려웠을 것이다."

대사가 이 말을 듣고 말했다.

"동산 노인이 좋고 나쁜 것도 모르고 말을 잘못하였다. 나는 당시에 한 손은 들고 한 손은 내렸었다."

설봉이 덕산의 회상에서 반두飯頭를 하는데, 어느 날 밥이 늦었다. 덕산이 발우를 들고 법당으로 올라가는데, 설봉이 밥 수건을 말리다가 덕산을 보고 말했다.

"종도 치지 않고 북도 울리지 않았는데, 노화상께서는 어디로 가십니까?"

덕산이 그대로 방장으로 돌아갔다. 대사가 법당에서 이 말을 듣고 손바닥을 어루만지면서 말했다.

"가엾은 덕산이 마지막 구절을 알지 못했구나."

덕산이 이 말을 듣고 시자를 시켜 대사를 방장으로 불러 놓고 물었다.

"그대는 나를 긍정하지 않는가?"

대사가 은밀히 자신의 뜻을 열어 보이니, 이튿날 덕산이 상당해서 이야기했을 때는 평소와는 달랐다. 대사가 큰방 앞에 가서 손뼉을 치고 껄껄 웃으면서 말했다.

"저 늙은이가 마지막 구절을 안 것이 기쁘다. 훗날 천하 사람들도 그를 어쩌지 못하리라. 그러나 겨우 3년뿐이다."〔과연 덕산德山이 3년 만에 죽어 버렸다.〕

어느 날 대사가 설봉雪峰 의존義存, 흠산欽山 문수文邃와 셋이서 이야기를 하다가 설봉이 갑자기 사발에 든 물을 가리키니, 문수가 말했다.

"물이 맑아서 달이 나타난다."

설봉이 말했다.

"물이 맑아서 달이 나타나지 않는다."

대사가 물 사발을 차 버리고 떠나 버렸다. 이로부터 흠산은 동산의 제자가 되고, 설봉과 전활 두 대사는 함께 덕산의 법을 이었다.

대사가 설봉과 함께 덕산을 하직하니, 덕산이 물었다.

"어디로 가려는가?"

대사가 대답했다.

"잠시 화상의 곁을 떠나서 하산하겠습니다."

"앞으로는 어찌하겠는가?"

"잊지 않겠습니다."

"무엇에 의지하여 그런 말을 하는가?"

"어찌하여 '지혜가 스승을 능가해야 비로소 스승의 가르침을 온전히 전해줄 수 있으며, 지혜가 스승과 같으면 훗날 스승의 덕을 반으로 줄일까 걱정이다'는 말을 듣지 못했습니까?"

"그렇다, 그렇다. 잘 보호해 지녀라."

두 대사가 절을 하고 물러났다. 의존은 민천閩川으로 돌아가 상골산象骨山의 설봉雪峰에서 살았고, 대사는 동정洞庭의 와룡산臥龍山에 암자를 짓고 사니, 무리들이 모여들었다.

어떤 스님이 물었다.

"스승이 없어도 출신처出身處가 있습니까?"

"음성 이전의 옛 솜털〔毳〕이 현란하다."

"당당하게 올 때는 어떠합니까?"

"눈을 찔러서 깨트리겠다."

"어떤 것이 조사의 뜻입니까?"

"여산廬山을 옮기고 오면 그대에게 말해 주리라."

어느 날 대사가 상당하여 무리들에게 말했다.

"내가 일찍이 『열반경』을 7, 8년 동안 연구했는데, 두세 단락의 문장은 납승衲僧의 말과 비슷하더라."

그리고는 또 말했다.

"그만두라, 그만두라."

이때에 어떤 스님이 나와서 절을 하고 말해 달라고 청했다. 이에 대사가 대답했다.

"불법의 뜻은 이(伊 : ∴)자의 세 점과 같다. 첫째는 동쪽에다 한 점을 찍어서 모든 보살들의 눈을 점하여 열고, 둘째는 서쪽에다 한 점을 찍어서 모든 보살의 목숨〔命根〕을 점하고, 셋째는 위쪽에다 한 점을 찍어서 모든 보살의 정수리를 점하니, 이것이 첫째 단락의 뜻이다. 또 불법의 뜻은 마혜수라摩醯首羅가 얼굴을 번쩍 들어서 한 개의 눈이 세워진 것과 같으니, 이것이 둘째 단락의 뜻이다. 또 불법의 뜻은 도독고(塗毒鼓 : 독을 바른 북)와 같으니, 한 번 소리를 울리면 멀고 가까운 곳의 사람이 다 상실하거나 또는 함께 죽는다. 이것이 셋째 단락의 뜻이다."

이때에 소엄小嚴 상좌가 물었다.

"어떤 것이 도독고입니까?"

대사가 두 손으로 무릎을 껴안고 몸을 꾸부리며 말했다.

"한신韓信이 조회朝會에 임한 것이니라."

소엄은 말이 없었다.

협산夾山의 회상에 있던 스님이 석상石霜에게 와서 문에 들어서면서 인사를 했다. 이에 석상이 말했다.

"안녕하신가? 그대여."

그 스님이 말했다.

"그럼 안녕히 계십시오."

다시 암두巖頭에게 가서 앞에서처럼 인사를 하니, 대사가 말했다.

"허허〔噓〕."

스님이 말했다.

"그럼 안녕히 계십시오."

그리고는 발길을 돌렸다. 이에 대사가 말했다.

"비록 후생後生이기는 하나 관장〔管帶〕할 줄 아는구나."

그 스님이 돌아가서 협산에게 이야기하니, 협산이 말했다.

"대중은 알겠는가?"

대중이 대답이 없으니, 협산이 말했다.
"아무도 말을 하지 않는다면, 내가 두 눈썹이 빠질 것을 두려워하지 않고 말하리라."
그리고는 이어서 말했다.
"석상은 살인도殺人刀는 있으나 활인검活人劍은 없다."

대사가 나산羅山과 함께 탑 자리를 잡으러 갔는데, 나산이 길 중간에서 갑자기 말했다.
"화상!"
대사가 고개를 돌리면서 말했다.
"왜 그러시오?"
나산이 손을 들면서 말했다.
"저기에 좋은 땅이 한 조각 있소."
대사가 꾸짖으면서 말했다.
"과주瓜州[1]에서 참외를 파는 놈이로구나."
또 몇 리를 가다가 서성거리는데, 나산이 절을 하고서 물었다.
"화상께서 30년 동안 동산에 계시지 않았습니까? 그런데도 동산을 수긍치 않으셨습니다."
"그렇다."
"또 화상은 덕산의 법을 잇지 않았습니까? 그런데도 덕산을 수긍치 않으셨습니다."
"그렇다."
"덕산을 수긍치 않은 것은 묻지 않겠지만, 동산에게는 어떤 모

1 참외를 많이 생산하는 고을이다.

자람이 있습니까?"

대사가 한참 있다가 말했다.

"동산은 좋은 부처이지만 광채가 없을 뿐이다."

어떤 이가 물었다.

"날카로운 칼로 천하를 베는데 누가 머리를 내밀겠습니까?"

대사가 말했다.

"어둡구나."

그가 다시 물으려고 하자, 대사가 꾸짖었다.

"이 둔한 놈아, 나가라."

"고금古今을 거치지 않을 때에는 어떠합니까?"

"눈을 부라려라."

"고금의 일이 어떠합니까?"

"마음대로 무르익느니라."

대사가 어떤 스님에게 말했다.

"어디서 오는가?"

"서경西京에서 옵니다."

"황소黃巢가 지나간 뒤에 칼을 거두어서 얻었는가?"

"거두어서 얻었습니다."

대사가 목을 늘여서 칼날을 받는 시늉을 하자, 스님이 말했다.

"스님의 머리가 떨어졌습니다."

대사가 크게 웃었다.〔그 스님이 나중에 설봉雪峰에게 가서 앞의 이야기를 하다가 주장자를 맞고 산 밑으로 쫓겨 내려왔다.〕

"두 용이 여의주를 다투는데 누가 얻습니까?"

“둘 다 틀렸다.”

어떤 스님이 설봉에게 물었다.

“성문들의 견성見性은 밤에 달을 보는 것과 같고, 보살의 견성은 낮에 해를 보는 것과 같다고 하였는데, 화상의 견성은 어떠하십니까?”

설봉이 주장자로 세 차례 때렸다. 그 스님이 나중에 앞의 이야기를 다시 대사에게 물으니, 대사는 주먹으로 세 차례 갈겼다.

“무엇이 삼계의 주인입니까?”

“그대는 무쇠 방망이를 맞아야 하는 것을 알고 있는가?”

서암瑞巖이 물었다.

“어떤 것이 비로자나의 스승입니까?”

“무엇이라 했는가?”

서암이 다시 물으니, 대사가 말했다.

“그대의 나이가 17, 8세가 아닌가?”

“티끌 속에서 어떻게 주인을 가려냅니까?”

“구리 쟁반에 기름을 담았다.”

“활이 부러지고 화살이 다했을 때에는 어떠합니까?”

“가거라.”

“어떤 것이 암두의 적적的的한 뜻입니까?”

“지시해 주어서 고맙다.”

“화상께서 답변해 주십시오.”

“진중珍重하게.”

“어떤 것이 도입니까?”

"헤어진 짚신을 호수 속에 던진다."

"만 길 우물 속에서 어떻게 해야 바닥까지 도달할 수가 있습니까?"

"훔(吽)."

스님이 다시 물으니, 대사가 말했다.

"발밑으로 지나갔다."

"옛날의 돛을 달지 않았을 때에는 어떠합니까?"

"후원後園에서 당나귀가 풀을 뜯고 있다."

그 뒤에도 사람들이 부처를 묻고 법을 묻고 도를 묻고 참선을 물으면, 대사는 언제나 '허噓' 소리를 내면서 또 항상 대중에게 이렇게 말했다.

"내가 갈 때에는 큰 울부짖음을 한바탕하고 갈 것이다."

당나라 광계光啓 후에 중원中原에 도적이 일어나서 모두가 피난을 가는데, 대사만이 태연히 앉아 있었다. 그러던 어느 날 도적 떼가 많이 와서 공양거리가 없다는 이유로 칼로 찔렀다. 대사는 태연자약한 안색으로 큰 소리를 한마디 지르고 임종하였는데, 그 소리가 몇 십 리까지 들렸다. 이때가 곧 광계光啓 3년 정미(丁未, 887) 4월 8일이었다. 나중에 문인들이 화장을 하고 사리 49개를 얻었으며, 대중이 탑을 세우니 수명은 60세였다. 희종僖宗이 청엄淸嚴 대사라 시호를 내렸고, 탑호는 출진出塵이라 하였다.

복주福州 설봉雪峰 의존義存 선사

그는 천주泉州 남안南安 사람으로서 성은 증曾씨이다. 집안이 대대로 불법을 믿었으므로 대사는 나면서부터 마늘과 파 따위를 싫어하였다. 강보襁褓 속에서 범종 소리를 듣거나 번幡과 꽃과 불상을 시설한 것을 보면, 반드시 엄숙한 얼굴을 지었다.

나이 12세에 그의 부친을 따라 포전莆田의 옥간사玉澗寺에 갔다가 경현慶玄 율사를 보자, 얼른 절을 하면서 말했다.

"나의 스승이시군요."

그리고는 머물러서 시봉을 하였다. 17세에 머리를 깎고 부용산芙蓉山의 상조常照 대사를 뵈었는데, 상조가 어루만지면서 법기〔器〕로 여겼다. 나중에 유주幽州의 보찰사寶刹寺에 가서 구족계具足戒를 받고 오랫동안 선원을 돌다가 덕산德山과 인연을 맺었다.

당나라 함통咸通 때에 민중閩中으로 돌아와서 상골산象骨山에 올라가 설봉雪峰에다 선원을 지으니, 무리들이 흡연翕然히 모여들었다. 의종懿宗이 진각眞覺 대사라는 호를 내렸으며, 자색 가사를 하사하였다.

어떤 스님이 물었다.

"교리의 뜻과 조사의 뜻이 같습니까, 다릅니까?"

대사가 대답했다.

"우레 소리가 땅을 흔들어도 방 안에는 들리지 않는다."

그리고는 또 말했다.

"그대가 행각을 하는 것은 무엇 때문인가?"

"저의 눈은 본래 바른데, 스승 때문에 삿되게 되었을 때에는 어찌합니까?"

"미혹해서 달마達磨를 만난 것이다."

"저의 눈은 어디에 두어야 합니까?"

"스승을 추종하지 않아야 한다."

“머리를 깎고, 염색한 옷을 입고, 부처님의 은혜를 입었는데, 어째서 부처님을 인정하지 말라고 하십니까?”

“좋은 일도 없는 것만 못하니라.”

대사가 어떤 강사에게 물었다.

“여시如是라는 두 글자는 모두가 과목의 글인데, 어떤 것이 본문인가?”

강사가 대답이 없었다.〔오운五雲 화상이 대신 말하기를 “다시 세 단원으로 나눕니까?”라고 하였다.〕

“어떤 사람이 ‘3신身 가운데서 어느 몸이 온갖 수數에 떨어지지 않는가?’라고 물으니, 옛사람이 대답하기를 ‘나도 항상 이에 대하여 간절하다’고 한 뜻이 무엇입니까?”

“내가 아홉 차례 만에 동산洞山에 올랐느니라.”

스님이 다시 물으려 하니, 대사가 말했다.

“이 승려를 끌어내라.”

“어떤 것이 눈앞의 일입니까?”

“천 리가 멀지 않느니라.”

“어떤 것이 대인의 모습〔大人相〕입니까?”

“우러러보면 분수가 있다.”

“문수文殊와 유마維摩는 무슨 일을 이야기했습니까?”

“뜻〔義〕에 떨어졌다.”

어떤 스님이 물었다.

“적연寂然해서 의지할 곳이 없을 때에는 어떠합니까?”

“여전히 병이다.”

"전변轉變한 뒤에는 어떠합니까?"

"배가 벌써 양주揚州로 내려갔다."

"옛사람이 말하기를……."

이렇게 말을 시작하는데, 대사가 눕는 시늉을 하였다가 한참 만에 일어나서 말했다.

"무엇을 물었느냐?"

스님이 다시 물으니, 대사가 말했다.

"헛되이 났다가 헛되이 죽는 놈아."

"화살이 드러나매 칼을 던지는 때는 어떠합니까?"

"훌륭한 솜씨는 과녁을 맞히지 않는다."

"눈앞에 보이는 것에 과녁이 전혀 없을 때에는 어떠합니까?"

"분수에 따른 훌륭한 솜씨를 방해하지 않는다."

"옛사람이 말하되, '길에서 도를 통달한 사람을 만나면 말과 침묵으로 대답하지 않는다'고 했는데, 그렇다면 무엇으로 대답합니까?"

"차나 마시게."

대사가 스님에게 물었다.

"어디서 왔는가?"

"신광神光에서 왔습니다."

대사가 말했다.

"낮에는 햇빛이라 부르고 밤에는 불빛이라 부르는데, 무엇을 신광神光이라 하는가?"

스님이 대답이 없으니, 대사 스스로가 대답했다.

"햇빛과 불빛이니라."

서栖 전좌典座가 물었다.

"옛사람이 말하기를 부처님의 향상사向上事를 알아야 이야기를 나눌 자격이 있다고 했는데, 어떤 이야기입니까?"

대사가 꽉 붙들고 말했다.

"말하라, 말해."

서 전좌가 대답이 없자, 대사가 걷어차서 쓰러뜨렸다. 서 전좌가 일어나서 땀을 흘렸다.

대사가 어떤 스님에게 물었다.

"어디서 왔는가?"

스님이 대답했다.

"근래에 제중(淛中 : 浙中)을 떠났습니다."

"배로 왔느냐, 뭍으로 왔느냐?"

"두 길을 모두 거치지 않았습니다."

"그러면 어떻게 여기를 왔느냐?"

"무슨 막힘이 있습니까?"

대사가 곧 때렸다.

"옛사람이 눈앞에 서로 드러낸다고 말할 때는 어떠합니까?"

"이렇다[是]."

"어떤 것이 눈앞에 서로 드러내는 것입니까?"

"아이고, 아이고."

대사가 어떤 스님에게 물었다.

"이 검은 암소의 나이가 얼마인가?"

스님이 대답이 없으니, 대사가 스스로 대답했다.

"77세이다."

그 스님이 물었다.

"화상이 어째서 검은 암소가 되셨습니까?"

"무슨 잘못〔罪過〕이야 있는가?"

어떤 스님이 하직하니, 대사가 물었다.

"어디로 가는가?"

"경산徑山 화상께 절을 하러 갑니다."

"만일 경산이 그대에게 이 지방의 불법이 어떠냐고 물으면 무엇이라 대답하겠는가?"

"묻게 되면 대답하겠습니다."

대사가 주장자로 때리고, 이어서 도부道怤에게 이 이야기를 하면서 물었다.〔도부道怤는 곧 경청鏡淸 순덕順德 대사이다.〕

"그 스님은 허물이 어디에 있기에 방망이를 맞았는가?"

도부가 말했다.

"경산에게 묻다가 크게 곤란을 당했습니다."

"경산은 제중浙中에 있는데, 어떤 질문을 했기에 크게 곤란을 당했다고 하는가?"

도부가 말했다.

"듣지 못하셨습니까? 멀리 묻고 가까이 대답한다는 말을."

대사가 그만두었다.〔동선東禪 제齊가 말하기를 "그 스님이 설봉의 뜻을 알았다면 왜 매를 맞았을까? 알지 못했다면 그를 때려서 무엇 하랴? 말해 보라. 허물이 어디에 있는가? 경청鏡淸이 비록 부자간으로 분석했으나 마치 커다란 졸작을 만든 것 같다. 알겠는가? 또 설봉이 그만둔 것은 그를 긍정한 것인가, 그를 긍정하지 않은 것인가?"라고 하였다.〕

어느 날 대사가 혜릉慧稜에게 말했다.〔혜릉은 곧 장경長慶이다.〕

"나는 위산潙山이 앙산仰山에게 '여러 성인들이 어디로 갔느냐?' 고 묻자, 앙산이 '혹은 하늘에 있고, 혹은 인간에 있다'고 대답하는 것을 들었는데, 그대의 생각에는 앙산의 뜻이 무엇이라 여기는가?"

혜릉이 대답했다.

"여러 성인들이 들고 나는 곳을 물었다면 그렇게 대답하지 말아야 합니다."

"그러면 그대는 전혀 긍정치 않는 것이니, 만일 어떤 사람이 홀연히 물으면 그대는 어떻게 대답하겠는가?"

"그저 틀렸다고 말하겠습니다."

"그대는 틀리지 않았구나."

"틀린 것과 무엇이 다릅니까?"

대사가 어떤 스님에게 물었다.

"어디서 왔는가?"

"강서江西에서 왔습니다."

"강서와 여기와는 거리가 얼마인가?"

"멀지 않습니다."

대사가 불자를 세우고 말했다.

"이것을 막아 볼 텐가?"

"그것을 막으면 곧 멀어집니다."

대사가 때렸다.

"학인이 처음으로 총림에 들어왔으니, 스님께서 들어갈 길을 지시해 주십시오."

대사가 대답했다.

"차라리 스스로 몸을 티끌처럼 부술지언정 끝내 한 스님의 눈을 멀게 하지는 않겠다."

"49년 뒤의 일은 묻지 않겠거니와 49년 이전의 일은 어떠합니까?"

대사가 불자拂子로 입을 윽박지르면서 때렸다.

어떤 스님이 대사를 하직하고 영운靈雲에게 가서 물었다.

"부처님께서 세상에 나시기 전에는 어떠합니까?"

영운이 불자를 드니, 또 물었다.

"세상에 나신 뒤에는 어떠합니까?"

영운이 또 불자를 들었다. 그 스님이 이내 돌아오자, 대사가 물었다.

"그대는 최근에 떠난 것 같은데 빨리도 돌아왔구나."

그 스님이 대답했다.

"제가 저기에 가서 불법을 묻다가 맞지 않아서 돌아왔습니다."

"그대는 무슨 일을 물었는가?"

스님이 앞의 이야기를 하니, 대사가 말했다.

"그대가 물어라. 내가 말해 주리라."

스님이 물었다.

"부처님께서 세상에 나시기 전에는 어떠합니까?"

대사가 불자를 들었다.

"세상에 나신 뒤에는 어떠합니까?"

대사가 불자를 내려놓았다. 이에 그 스님이 절을 하니, 대사가 문득 때렸다.〔나중에 스님이 현사玄沙에게 이야기하니, 현사가 말하기를 "그대가 알고자 하는가? 내가 비유 하나를 말해 주리라. 마치 어떤 사람이 동산 한 자리를 파는데, 동·서·남·북을 모두 계약해서 팔았으나 가운데 있는 정자나무 하나는 여전히 내 것인 것과 같다"라고 하였다. 숭수崇壽 조稠가 말하기를 "그가 아는 곳을 때렸겠는가? 다른 도리가 있겠는가?"라고 하였다.〕

그리고 6조가 말한 '바람이 움직이는 것도 아니고, 깃발이 움직이는 것도 아니고, 그대의 마음이 움직일 뿐이다'고 한 이야기를 들자, 대사가 말했다.

"초라한 조사여, 용두사미가 되고 말았으니 20방망이쯤 때리는 것이 좋겠구나."

이때 태원太原 부孚 상좌가 모시고 섰다가 이 말을 듣고 치아를 부딪치니, 대사가 다시 말했다.

"내가 아까 그렇게 말한 것도 20방망이를 때리는 것이 좋겠다." 〔운거雲居 석錫이 말하기를 "어디가 조사께서 용두사미가 된 곳이기에 20방망이를 맞아야 한다고 했을까?"라고 했으며, 또 설봉이 말하기를 "나도 방망이를 맞아야 한다 했으니 불법의 뜻은 무엇이겠는가? 오랫동안 대중의 상좌에 있었기에 모르는 것이 없을 것이거늘 처음 들어온 형제들은 어떻게 이해해야 하는가?"라고 하였다. 동선東禪 제齊가 말하기를 "설봉이 그렇게 말한 것이 점검한 것인가, 다른 함정이 있는가? 대중 가운데서 스스로의 허물을 드러냈다거나 드러내지 않았다 하는 것은 그만두고 조사께서 말씀하기를 '바람이 움직이는 것도 아니고, 깃발이 움직이는 것도 아니다'라고 한 뜻이 무엇일까?"라고 하였다.〕

대사가 혜전慧全에게 물었다.

"그대가 들어갈 곳을 얻었는데, 어찌하겠는가?"

혜전이 말했다.

“화상과 함께 다 헤아렸습니다.”

“어느 곳을 헤아렸는가?”

“어느 곳을 가고 옵니까?”

“그대가 들어갈 곳을 얻었으니 또 어찌하겠는가?”

혜전이 대답이 없으니, 대사가 때렸다.

전탄全坦이 물었다.

“평평한 풀밭에서 사슴들이 떼를 이루고 있는데, 어찌하면 사슴 중의 왕을 쏘아 잡을 수 있겠습니까?”

대사가 전탄을 부르니, 전탄이 대답했다. 이에 대사가 말했다.

“차나 마셔라.”

대사가 어떤 스님에게 물었다.

“요사이 어디서 떠났는가?”

“위산潙山에서 떠났습니다. 거기서 ‘어떤 것이 조사께서 서쪽에서 오신 뜻입니까?’ 하고 물었더니, 위산이 자리에 걸터앉았습니다.”

대사가 물었다.

“그대는 그를 긍정하는가?”

“저는 그를 긍정하지 않습니다.”

대사가 충고했다.

“위산은 옛 부처의 후신後身이다. 빨리 가서 절하고 참회하라.”

현사玄沙가 말했다.

“산골의 늙은이가 위산의 일을 잘못 아는구나.”〔동선東禪 제齊가 말하기를 "어디가 지나친 곳인가? 지나칠 때에 그렇게 알아야 할 것인가? 만일 그렇게만 알아야 한다면 위산의 뜻을 알지 못하리라. 또 설봉이 말하기를 '위산은 옛 부처의 후신이니 빨리 가서 참회하라'고 했으니 이는 위산을 증명한 말인가, 찬탄한 말인가? 이 일은 자세히 하기가 어려우나, 잘 보면 어려운 일은 아니다"라고 하였다.〕

어떤 이가 물었다.

"학인이 말할 수 없는 곳을 스님께서 말씀해 주십시오."

대사가 대답했다.

"나는 법을 위해서 사람을 아낀다."

대사가 불자拂子를 들어 어떤 스님에게 보이니, 그 스님이 나가 버렸다.〔장경長慶 능稜이 천주泉州의 왕연빈王延彬에게 이야기하고 이어 말하기를 "이 스님은 한 방망이를 먹었다 해야 하리라"고 하니, 왕연빈이 말하기를 "화상은 무슨 생각을 하십니까?"라고 했다. 이에 장경 능이 말하기를 "자칫하면 놓칠 뻔했다"라고 하였다.〕

대사가 혜릉慧稜에게 말했다.

"옛사람이 앞으로 셋셋〔前三三〕이고, 뒤로 셋셋〔後三三〕이라고 한 뜻이 무엇입니까?"

혜릉이 나가 버렸다.〔아호鵝湖가 따로 말하기로 "예"라고 하였다.〕

대사가 어떤 스님에게 물었다.

"어디서 왔는가?"

"쪽밭〔藍田〕에서 왔습니다."

대사가 말했다.

"어찌하여 풀숲에 들지 않았는가?"〔장경 능이 말하기를 "험하다"고 하였다.〕

"큰일을 어떻게 하나요?"

대사가 스님의 손을 잡고 말했다.

"상좌가 이것을 누구에게 물었는가?"

어떤 스님이 절을 하니, 대사가 다섯 방망이를 때렸다. 이에 그 스님이 말했다.

"허물이 어디에 있습니까?"

대사가 다시 다섯 방망이를 때리고 꾸짖어 내쫓았다.

대사가 어떤 스님에게 물었다.

"어디서 왔는가?"

"영외嶺外에서 왔습니다."

"달마達磨를 만났는가?"

"청천백일靑天白日이옵니다."

"자기 일은 어떻게 할 것인가?"

"다시 무엇을 어쩌라 하십니까?"

대사가 문득 때렸다. 대사가 그 스님을 전송하려고 네댓 걸음 가다가 "상좌여" 하고 불렀다. 스님이 고개를 돌리자, 대사가 말했다.

"길 조심하오."

어떤 스님이 물었다.

"망치를 들거나 불자를 세우는 것은 종승宗乘에 맞지 않는데, 화상께서는 어찌하시겠습니까?"

대사가 불자를 세웠다. 그 스님이 스스로 고개를 숙이고 나가자, 대사는 돌아보지 않았다.〔법안法眼이 대신 말하기를 "대중은 이 장수 한 분을 보라"고 하였다.〕

어떤 스님이 물었다.

"3승乘 12분교分敎는 범부를 위해서 연설하였습니까, 범부를 위해서 연설하시지 않았습니까?"

"한 곡조의 양류지楊柳枝도 필요하지 않다."

대사가 경청鏡淸에게 말했다.

"예전에 어떤 노숙老宿이 관인官人을 데리고 법당을 돌다가 '이 대중들은 모두가 불·법·승을 배우는 사람들이오'라고 말하니, 관인이 대답하기를 '금싸라기가 아무리 귀하다지만 어찌하겠는가'라고 해서 노숙이 대답하지 못했다."

이에 경청이 대신 말했다.

"아까 벽돌을 던져서 옥을 얻었다."〔법안法眼이 말하기를 "관인은 어째서 귀만을 소중히 여기고 눈은 천히 여기는가?"라고 하였다.〕

대사가 상당하여 불자를 들고 말했다.

"이것은 중·하의 근기를 위한 것이다."

이때에 어떤 스님이 물었다.

"상상上上 근기의 사람이 오면 어찌하겠습니까?"

대사가 불자를 드니, 스님이 말했다.

"그것은 중·하의 근기를 위하는 것입니다."

대사가 때렸다.

"국사國師가 시자를 세 차례 부른 뜻이 무엇입니까?"

대사가 일어나서 방장으로 돌아갔다.

대사가 어떤 스님에게 물었다.

"올 여름에 어디에 있었는가?"

"용천涌泉[2]에 있었습니다."

"오래 솟던가, 잠시 솟던가?"

"화상의 물음이 맞지 않습니다."

"내 물음이 맞지 않는다고?"

"그렇습니다."

대사가 때렸다.

농막으로 울력을 가다가 길에서 원숭이를 만났다. 이에 대사가 말했다.

"저 축생이 일면一面의 옛 거울을 하나 등에 지고서 산승의 벼이삭을 따는구나."

어떤 스님이 말했다.

"광겁曠劫에 이름이 없거늘 어째서 옛 거울이라 하십니까?"

대사가 대답했다.

"흠집이 생겼구나."

"왜 그리 급하십니까? 말귀도 모르시는군요."

"내가 잘못했다."

---

2 지명地名으로서, 샘이 솟는다는 뜻이다.

민수閩帥가 은교상銀交床을 시주하니, 어떤 스님이 물었다.

"화상은 대왕의 이와 같은 공양을 받으시고 장차 무엇으로 보답하시렵니까?"

대사가 손으로 땅을 치면서 말했다.

"나를 칠 이가 별로 없다."〔어떤 스님이 소산疎山에게 묻기를 "설봉이 나를 때릴 이가 없다고 말한 뜻이 무엇입니까?"라고 하니, 소산이 말하기를 "머리 위에다 외꽃을 꽂고 꼬리를 드리우니 발꿈치에 가지런하다"고 하였다.〕

"비로자나를 몽땅 삼켰을 때에는 어떠합니까?"

"복당(福唐 : 福州의 縣)이 수복된 뒤에 잘 평정되었는가?"

대사가 대중에게 말했다.

"내가 만일 이러쿵저러쿵 말을 하면 그대들은 말을 쫓고 구절을 찾겠지만, 내가 만일 영양羚羊이 뿔을 걸듯 하면 그대들은 어디를 더듬겠는가?"〔어떤 스님이 보복保福에게 묻기를 "설봉이 무슨 말씀이 있었기에 영양羚羊이 뿔을 걸은 것으로 견주는가?"라고 하니, 보복이 말하기를 "설봉의 제자 노릇도 하지 못하는 것이 아닌가"라고 하였다.〕

대사가 민천閩川에 있는 40여 년 동안 배우는 자들이 여름 겨울을 막론하고 1천5백 명에서 줄지 않았다.

양梁나라 개평開平 2년 무진戊辰[3] 춘3월에 병이 나니, 민수閩帥가 의원에게 진찰을 하라고 했다. 그러자 대사가 말했다.

"나는 병이 난 것이 아닙니다."

그리고는 끝내 그 약을 먹지 않고 게송을 남기면서 법을 전했

3 서기 808년이다.

다. 여름 5월 2일 아침에 쪽밭〔藍田〕에 갔다가 저녁때에 돌아와서 목욕을 하고 밤중에 입적하니, 수명은 87세이고 법랍은 59세였다.

천태天台 서룡원瑞龍院 혜공慧恭 선사

그는 복주福州 사람으로서 성은 나羅씨이다. 집안이 대대로 유교 집안이라서 17세에 진사進士에 나가려고 서울로 갔는데, 종남산終南山 봉일사奉日寺에 갔다가 조사들의 영정〔遺像〕을 보고 드디어 출가할 뜻을 내었다.

22세에 계를 받고 사방을 돌아다니다가 덕산德山 선감宣鑒 선사를 뵈었는데, 선감이 물었다.

"알겠는가?"

혜공이 대답했다.

"무엇을 말씀입니까?"

"서로 만나자."

"아셨습니까?"

선감이 껄껄 웃으니, 마침내 입실入室하였다. 선감이 세상을 떠난 뒤에 문인들과 함께 천태산의 서룡원瑞龍院에 가서 법석法席을 크게 열었다.

당나라 천복天復 3년 계해(癸亥, 903) 12월 2일 오시午時에 대중에게 종을 치라고 하고는 좌우를 돌아보면서 말했다.

"간다."

말을 마치고는 가부좌를 틀고 입멸하니, 수명은 80세이고 법랍은 62세였다. 문인들이 탑을 세웠다.

천주泉州 와관瓦棺 화상

덕산德山이 물었다.

"그대는 알겠는가?"

대사가 대답했다.

"잘 모르겠습니다."

"그대는 모른다는 것을 취하여 이루는 것이 좋겠다."

"알지 못하는데 또 무엇을 이루겠습니까?"

"그대는 무쇠덩어리와 같구나."

대사는 마침내 덕산에게 제자의 예를 올렸다.

양주襄州 고정高亭 간簡 선사

처음에 강을 사이에 두고 덕산德山을 뵙자 합장하고 인사를 하였다. 덕산이 손에 든 부채로 그를 부르자, 대사가 홀연히 깨닫고는 옆 걸음[橫趨]으로 물러가서 다시는 돌아보지 않았다.

나중에 양주에서 법석을 열어 덕산의 대를 이었다.

홍주洪州 대녕大寧 감담感潭 자국資國 화상

백조白兆가 물었다.

"집안에 초상이 났으니, 화상께서 위로해 주십시오."

대사가 대답했다.

"괴롭고 슬프구나."

백조가 대답했다.

"아버지도 죽고, 어머니도 죽었습니다."

대사가 때려서 내쫓았다. 대사는 대체로 스님들을 만나면 거의 주장자로 때려서 쫓았다.

앞의 담주潭州 석상산石霜山 경제慶諸 선사의 법손

하중河中 남제산南際山 승일僧一 선사

어떤 스님이 물었다.

"모처럼 스님께 가까이 예배하게 되었으니, 스님께서 지시해 주십시오."

대사가 대답했다.

"내가 만일 그대에게 지시한다면 그대를 모독하는 것이니라."

"학인이 어찌해야 옳습니까?"

"절대로 시비를 따지지 말라."

"어떤 것이 납승衲僧의 숨결〔氣息〕입니까?"

"일찍이 그대에게 훈습熏習한 적이 있는가?"

"종류는 묻지 않겠으나, 어떤 것이 다른 종류입니까?"

"머리가 필요하거든 멋대로 쪼개서 갖고 가라."

"어떤 것이 법신의 주인입니까?"

"지나칠 수 없는 것이다."

"어떤 것이 비로자나의 스승입니까?"

"초월하지 못하는 것이다."

대사가 처음에는 말산末山에 살았는데, 나중에 민수閩帥가 법석을 열어 달라고 청했다. 장경선원長慶禪苑에서 임종하니, 시호는 본정本淨 대사이고 탑호는 무진無塵이었다.

담주潭州 대광산大光山 거회居誨 선사

그는 경조京兆 사람으로서 성은 왕王씨이다. 처음에 석상石霜에게 입실하여 함장函丈[4]에서 묻고 배우면서 2년을 지냈다. 또 북탑北

塔을 지키게 하니, 베옷을 입고 짚신을 신으며 자못 자기의 몸을 위하는 생각을 품지 않았다.

어느 날 석상이 그의 얻은 바를 시험하기 위하여 물었다.

"국가에서 매년 과거를 열어서 급제를 시키니, 조정에 가서 직책을 하나 받지 않겠는가?"

대사가 대답했다.

"벼슬자리에 나가려 하지 않는 사람도 있습니다."

"왜 그렇지?"

"명예를 위하지 않기 때문이겠죠."

석상이 문병을 왔다가 물었다.

"오늘을 제외하고 따로 다시 시간이 있는가?"

대사가 대답했다.

"그에게는 오늘이란 말도 하지 않는 것이 옳습니다."

석상이 퍽 옳다고 여겼다. 이와 같이 묻기를 몇 차례 거듭했으나 대답하는 것이 어긋남이 없었다. 20년 가까이 그 주변을 배회하던 끝에 유양瀏陽의 청신사淸信士 호공胡公이 대광산大光山에 살기를 청하니, 거기서 종지를 크게 드날렸다.

어떤 스님이 물었다.

"달마 스님은 조사이십니까?"

"조사가 아니다."

"조사가 아니라면 무엇 하러 왔습니까?"

"그대가 조사로 추천하지 않기 때문이다."

---

4 강의하는 자리를 말한다.

"추천된 뒤에는 어떠합니까?"

"조사가 아닌 줄을 비로소 알게 된다."

"혼돈混沌이 나뉘기 전에 어떠합니까?"

"부처님의 일대시교一代時敎는 누구에게 편 것인가?"

대사가 또 말했다.

"일대시교라는 것은 다만 당대의 사람들을 거두기 위한 것이다. 설사 철저한 경지에 이르러도 결국 일을 마친 사람일 뿐이니, 그대들은 납의衲衣 밑의 일이라고 여기지 말아야 한다. 그래서 49년 동안 밝혀도 다 밝히지 못했고, 49년 동안 표방해도 표식을 세우지 못했다고 말하는 것이다."

무릇 배우는 자들에게 보인 설법이 대략 이와 같았다.

당나라 천복天復 3년 계해(癸亥, 903) 9월 3일에 입적하니, 수명은 67세였다.

여산廬山 서현사棲賢寺 회우懷祐 선사

그는 천주泉州 선유僊遊 사람이다. 구좌산九坐山의 진陳 선사에게 배우다가 이윽고 석상石霜에게 입실하여 참학參學하였다. 이미 오묘한 경지에 들어가서는 사산謝山에 살았으나, 그의 덕화가 널리 퍼지기 전에 다시 서현사棲賢寺로 옮겨서 머무르자, 무리가 많이 모였다.

어떤 스님이 물었다.

"어떤 것이 오로봉五老峰 앞의 구절입니까?"

대사가 대답했다.

"만고천추萬古千秋이니라."

"그러면 후사後嗣가 끊어지지 않겠습니까?"

"누구에게 주려고 주저하는가?"

어떤 스님이 물었다.
"멀리서 왔으니, 스님께서 깨우쳐 주십시오."
"때〔時〕를 맞추지 않는구나."
"스님께서 때를 맞추어 주십시오."
"나 또한 바꾸지 못한다."
"어떤 것이 법마다 차별이 없는 것입니까?"
"눈 위에다 서리를 더하는군〔雪上加霜〕."
대사가 나중에 여산에서 입멸하니, 시호는 현오玄悟 대사이고 탑호는 전등傳燈이라 하였다.

균주筠州 구봉九峰 도건道虔 선사

그는 복주福州 후관侯官 사람으로서 성은 유劉씨이다. 법회法會를 두루 편력하다가 나중에 석상石霜의 수기를 받고, 구봉九峰에서 무리를 교화하였다.
대사가 상당하였을 때에 어떤 스님이 물었다.
"무간지옥의 사람은 어떤 행을 합니까?"
"축생의 행을 행한다."
"축생은 또 어떤 행을 합니까?"
"무간지옥의 행을 한다."
"그것은 마치 항상 길에서 사는 사람과 같겠습니다."
"그대는 목숨을 함께하지 않은 자가 있음을 알아야 한다."
"어찌하여 목숨을 함께하지 않습니까?"
"길이 살면 기운이 일정치 않느니라."

대사가 또 말했다.

"여러 형제들이여, 목숨을 알겠는가? 목숨을 알고 싶다면 흐르는 샘이 목숨이요, 맑고 고요함은 몸이요, 천 물결이 다투어 솟구침은 문수의 경계요, 맑은 하늘과 하나로 맞붙음은 보현의 평상平床이다. 그 다음 한 구절을 빌리는 것은 달을 가리키는 것이요, 그 안의 일은 달을 이야기함이요, 위로부터의 온갖 종문의 일은 절도사節度使의 신호 깃발과 같다.

그렇다면 제방의 선덕先德들이 아직 허다한 명목을 세워서 설명하기 전에는 여러 형제들은 어떠한 체격(體格 : 바탕의 격식)을 잡아서 헤아리는가? 여기에 이르러서는 혀를 빌리지 않고 이야기해야 하고, 귀를 빌리지 않고 들어야 하고, 눈을 빌리지 않고 분별해야 한다.

그러므로 말하기를 '소리 이전에는 던져도 나오지 않고, 구절 뒤에는 형체를 감추지 못한다'고 하였다. 건곤이 몽땅 그대 당사자의 본체인데, 어디에다 눈과 귀와 코와 혀를 안치하려는가? 다만 의근意根을 향해서 도모하고 헤아리면서 알음알이를 짓지 말지니, 오는 세상이 다하여도 쉴 분수가 없으리라. 그러므로 옛사람이 말하기를 '마음과 뜻을 가지고 현묘한 종지를 배우려고 하면, 마치 서쪽으로 가려는 이가 동쪽을 향한 것과 같다'고 한 것이다."

이때에 어떤 스님이 물었다.

"구중궁궐에 소식이 없는데 은사恩赦가 어떻게 오겠습니까?"

"흐르는 빛이 비록 두루하더라도 문지방 안에는 비추지 못한다."

"흐르는 빛과 문지방 안의 거리가 얼마나 됩니까?"

"푸른 물에 파도가 일고, 청산의 빛깔이 아름다우니라."

"사람마다 다 가르쳐 달라고 하면, 스님은 무엇으로 구제하시렵니까?"

"그대는 거대한 산악에 한 줌 흙이 모자란다고 말하는 것인가?"

"그러면 사방에서 배우러 온 이들이 무엇을 해야 합니까?"

"연야달다演若達多가 머리를 잃었다고 한 것은 스스로의 마음이 미쳤기 때문이다."

"미치지 않은 이가 있겠습니까?"

"있다."

"어떤 것이 미치지 않은 사람입니까?"

"갑자기 새벽길을 가노라면 눈이 떠지지 않는다."

"어떤 것이 학인의 자기自己입니까?"

"다시 누구에게 묻는가?"

"그대로 문득 알아들을 때에는 어떠합니까?"

"수미산 위에 다시 수미산을 얹겠는가?"

"조사와 조사가 잇달아 전했다고 하는데, 전한 것이 어떤 법입니까?"

"석가는 인색한데, 가섭은 후덕했다."

"궁극적으로 전한 일이 무엇입니까?"

"백세의 노인이 밤 등잔을 나누어 켠다."

"모든 부처님들도 나의 도가 아니라면, 어떤 것이 나의 도입니까?"

"나의 도는 모든 부처를 부정한다."

"모든 부처를 부정하면, 무엇 때문에 나의 도를 세웠습니까?"

"아까는 잠시 불러들이고, 이제는 도리어 쫓아낸다."

"어째서 쫓아냅니까?"

"쫓아내지 않으면 눈에 티가 든다."

"온갖 곳에서 찾을 수 없다고 하니, 이 어찌 성인이 아니겠습니까?"

"어떤 성인인가?"

"우두牛頭가 4조를 만나기 전에 어찌 성인이 아니겠습니까?"

"이는 성인의 경계를 아직 잊지 못한 것이다."

"두 성인의 거리가 얼마입니까?"

"티끌 속에서는 몸을 숨기는 술법이 있지만, 온몸이 황제의 수도에 들어간 것을 어찌하겠는가?"

"옛사람이 참 마음〔眞心〕과 허망한 마음〔妄心〕을 말했다고 들었는데, 어떠합니까?"

"참을 세우므로 허망함이 나타난 것이다."

"어떤 것이 참 마음입니까?"

"잡식雜食을 하지 않는다."

"어떤 것이 허망한 마음입니까?"

"반연攀緣이 일어났다 거꾸러졌다 하는 것이다."

"이 두 가지 길을 여의고서 어떤 것이 학인學人의 본체本體입니까?"

"본체는 여의지 않는다."

"어째서 여의지 않습니까?"

"공덕천功德天도 공경치 않으니, 누가 흑암녀黑暗女를 미워하겠는가?"

"예로부터 말하기를 건곤乾坤이 온통 눈망울이라 했는데, 어떤 것이 건곤의 눈입니까?"

"건곤도 그 속에 있다."

"건곤의 눈이 어디에 있습니까?"

"바로 건곤의 눈이다."

"비추어 볼 수가 있습니까?"

"세 가지 광명의 힘을 빌리지 않는다."

"세 가지 광명의 힘을 빌리지 않는다면, 무엇에 의지하여 건곤의 눈이라 말하겠습니까?"

"만일 그렇지 않으면 해골 앞에서 무수한 귀신을 보리라."

"붓 한 자루로 단청을 하는데, 어째서 초상을 그리지 못합니까?"

"승요僧繇가 지공誌公을 허락했다."

"승요는 누구의 인가를 받았기에 지공을 허락했습니까?"

"검은 거북이 수미須彌의 기둥에다 절을 한다."

"동용動容이 옛 길에 잠기고 몸이 침몰한 뒤에야 안다고 하니, 이 뜻이 어떠합니까?"

"부처님 돈을 훔쳐서 부처님의 향을 산다."

"학인은 잘 모르겠습니다."

"모르겠거든 향을 피우고 본래의 부모님께 공양하라."

대사가 나중에 늑담泐潭에 살다가 임종하니, 시호는 대각大覺 선사이고, 탑호는 원적圓寂이었다.

태주台州 용천涌泉 경흔景欣 선사

그는 천주泉州 선유僊遊 사람이었는데 본래 백운산白雲山에서 수행을 하다가 석상石霜의 가르침을 받고는 단구丹丘의 용천사〔涌泉之蘭若〕에 살았다.

어느 날 대사가 가사를 입지 않고 밥을 먹으니, 어떤 스님이 물었다.

"너무 속되지 않습니까?"

대사가 대답했다.

"지금[今]에 즉한다면 어찌 스님이겠는가?"

강彊과 덕德, 두 선객이 오다가 길에서 대사가 소를 타고 가는 것을 보고도 알아채지 못하고서 중얼거렸다.

"뿔과 발톱은 너무나 분명하지만, 타고 있는 이를 모르겠는데 어찌하겠는가?"

대사가 소를 몰아서 가 버렸다. 두 선객은 어느 정자나무 밑에 쉬면서 차를 달였다. 대사가 되돌아오다가 소에서 내려 두 선객에게 인사를 건네고는 함께 앉아서 차를 마셨다. 대사가 물었다.

"두 선객은 최근에 어디서 떠났는가?"

"저쪽에서 떠났소."

"저쪽 일이 어떠하던가?"

그가 찻잔을 번쩍 드니, 대사가 말했다.

"이것은 오히려 이쪽이다. 저쪽은 어떤가?"

두 선객이 대답이 없었다. 이에 대사가 말했다.

"소를 탄 사람을 모르겠다고 하지 않는 것이 좋겠다."

담주潭州 운개산雲蓋山 지원志元 선사

그의 호는 원정圓淨 대사인데, 제방으로 행각을 할 때에 운거雲居에게 물었다.

"지원이 어쩔 수 없을 때에는 어떻게 합니까?"

운거가 대답했다.

"다만 그대의 공력이 미치지 못하는 곳일 뿐이다."

대사가 절을 하고 물러나서 석상石霜에게 가서도 앞과 같이 물으니, 석상이 대답했다.

"그대뿐이 아니라 나도 어쩔 수 없다."

"화상께서 어찌하여 어쩔 수 없습니까?"

"내가 만일 어쩔 수 있다면, 그대의 어쩔 수 없음을 듣고 지나갔을 것이다."〔그 밖에도 문답이 있는데 석상장石霜章에서 서술되어 있다.〕

어떤 스님이 물었다.

"어떤 것이 부처입니까?"

"얼굴이 누런 그것이다."

"어떤 것이 법입니까?"

"장경 안에 있는 그것이다."

"연등然燈부처님께서 세상에 나시기 전에는 어떠하였습니까?"

"어두울 수 없다."

"뱀〔蛇子〕이 어찌하여 도롱뇽〔蛇師 : 이무기나 용〕을 삼킵니까?"

"온몸의 빛깔이 같지 않기 때문이니라."

"어떤 것이 납승衲僧입니까?"

"선지식을 찾아서 도를 묻는 자다."

담주潭州 곡산谷山 장藏 선사

스님이 물었다.

"조사의 뜻과 교리의 뜻이 같습니까, 다릅니까?"

"푸른 하늘에 밝은 해와 한밤중의 진한 서리니라."

복주福州 복선산覆船山 홍천洪荐 선사

스님이 물었다.

"어떤 것이 본래의 면목입니까?"

대사가 눈을 감고 혀를 내밀었다가 다시 눈을 뜨고 혀를 내밀었다. 이에 스님이 말했다.

"본래부터 그렇게 많은 면목이 있습니까?"

"아직까지 무엇을 보았는가?"

"길에서 도를 통달한 사람을 만나면 말이나 침묵으로 대답하지 않는다고 하는데, 무엇으로 대답해야 합니까?"

"나도 이럴 뿐이다."

대사가 입멸하기 3일 전에 시자를 시켜서 제1 상좌를 불러오게 하였다. 대사가 누워서 방귀를 한 방 뀌니, 제1 상좌가 시자에게 말했다.

"화상께서 목이 말라 물을 마시겠다고 하신다."

대사가 벽을 향해 누워서 임종하면서 대중을 모으게 하고는 이어서 두 손을 펴고 혀를 내어 보이니, 그때 제3좌坐가 말했다.

"여러분, 화상의 혀가 굳어집니다."

이에 대사가 말했다.

"괴롭다, 괴롭다. 진실로 제3좌의 말과 같이 혀가 굳어진다."

이렇게 두 번 말하고 입적하니, 시호는 소륭紹隆 대사이고 탑호는 광제廣濟였다.

낭주朗州 덕산德山 존덕存德 선사

호는 혜공慧空 대사이다.〔제6세 주지〕

어떤 스님이 물었다.

"어떤 것이 한 구절입니까?"

대사가 말했다.

"다시 물어라."

"어떤 것이 화상의 선타바僊陀婆입니까?"

"지난밤 3경更에 달 밝은 것을 보았다."

길주吉州 숭은崇恩 화상

어떤 스님이 물었다.

"조사의 뜻과 교리의 뜻이 같습니까, 다릅니까?"

"소림에는 비록 달이 있지만 총령葱嶺에서 구름을 뚫지는 못했다."

석상石霜 휘輝 선사〔제3세 주지〕

어떤 스님이 물었다.

"부처님께서 세상에 나신 뒤에는 먼저 다섯 비구를 제도하셨지만, 화상께서 세상에 나오셔서는 누구를 먼저 제도하셨습니까?"

"전혀 제도하지 않았다."

"어째서 제도하지 않았습니까?"

"그가 다섯 비구가 아니기 때문이다."

"어떤 것이 화상의 가풍입니까?"

"대 젓가락과 질그릇 사발이니라."

영주郢州 파초芭蕉 화상

어떤 스님이 물었다.

"위로부터의 종승宗乘을 어떻게 드러냈습니까?"

"이미 눈빛이 차가운 이〔冷眼人〕에게 들켰다."

"온갖 반연에 떨어지지 않고 스님께서 곧바로 일러 주십시오."
"물음이 있어야 대답이 있다."
"어떤 것이 화상께서 사람을 위하시는 한 구절입니까?"
"그대가 묻지 않을까 걱정만 했었다."

담주潭州 비전肥田 복伏 화상

호는 혜각慧覺 대사이다.
어떤 스님이 물었다.
"이 지방의 이름이 무엇입니까?"
"비전肥田이니라."
"어찌해야 합니까?"
대사가 주장자로 때려서 쫓았다.

담주潭州 녹원鹿苑 휘暉 선사

어떤 스님이 물었다.
"온갖 인연을 빌리지 말고 말씀해 주십시오."
대사가 화로를 두드렸다. 이에 스님이 말했다.
"친절한 자리를 다시 한마디 말씀해 주십시오."
"잠꼬대하지 말라."
"우두牛頭가 4조를 보기 전에는 어떠하였습니까?"
"달이 물속에 있는 것과 같다."
"본 뒤에는 어떠합니까?"
"물이 달에 있는 것과 같다."
"조사와 조사가 서로 전했다 하는데 무엇을 전했습니까?"
"그대가 나에게 물으면 나는 그대에게 물으리라."

"그러면 승속(緇素)을 분별치 못하겠습니다."

"어디를 갔다 왔는가?"

담주潭州 보개寶蓋 약約 선사

어떤 스님이 물었다.

"보개寶蓋를 높디 높이 달면 그 안의 일이 어떠합니까? 스님에게 언하言下의 종지 한 구절만 청할 뿐 많이는 필요치 않습니다."

"보개는 공중에 매달려 있어 길이 있어도 통한 적이 없으니, 행여 언하의 종지를 구한다면 문득 동쪽과 서쪽이 있게 된다."

월주越州 운문산雲門山 증미사拯迷寺 해안海晏 선사

어떤 스님이 물었다.

"어떤 것이 법복(衲衣) 밑의 일입니까?"

"사람이 딱딱한 돌멩이를 씹는 것과 같다."

"어떤 것이 옛 절에 있는 한 화로의 향불(一爐香)입니까?"

"광대하여서 아무도 냄새를 맡는 이가 없다."

"냄새를 맡으면 어떠합니까?"

"6근根이 모두 이르지 못한다."

"오랫동안 증미사(拯迷)[5]의 소문을 들었는데, 이제 왔건만 왜 증미拯迷를 보여 주지 않습니까?"

"그대는 증미를 알아채지 못한다."

---

5 미혹한 이를 제도한다는 뜻이다.

호남湖南 문수文殊 화상

어떤 스님이 물었다.

"승요僧繇는 왜 지공誌公의 초상을 그리지 못했습니까?"

"비단 승요뿐만 아니라 지공도 그리지 못한다."

"지공이 왜 그리지 못합니까?"

"채색과 비단을 가지고 오지 않았기 때문이다."

"화상께서는 그리실 수 있습니까?"

"나도 그릴 수 없다."

"화상은 어째서 그리지 못하십니까?"

"그는 얼굴빛과 상관치 않으니, 내가 어떻게 그를 그리겠는가?"

"어떤 것이 비밀한 방입니까?"

"팽팽해서 나아가지 못한다."

"어떤 것이 비밀한 방 안의 사람입니까?"

"소 등에 앉지 않는다."

봉상부鳳翔府 석주石柱 화상

제방으로 교화를 다닐 때에 동산洞山 화상〔제3세 주지〕이 이렇게 법문하는 것을 보았다.

"네 종류의 사람이 있으니, 한 사람은 말은 부처와 조사를 능가하지만 한 걸음도 행하지를 못하고, 한 사람은 행은 부처와 조사를 능가하나 말은 한 구절도 하지를 못하고, 한 사람은 행하기도 하고 설하기도 하고, 한 사람은 설하지도 못하고 행하지도 못한다. 어떤 것이 그 사람이겠는가?"

대사가 무리에서 나서서 대답했다.

"말은 부처와 조사를 능가하지만 행이 미치지 못하는 사람은 단지 혀가 없어서 행을 허락하지 않았을 뿐이고, 행은 부처와 조사를 능가하나 한 구절도 말하지 못하는 사람은 다만 발이 없어서 말을 허락하지 않았을 뿐이고, 설하기도 하고 행하기도 한 사람은 함函과 뚜껑이 맞아떨어지는 것이고, 설하지도 못하고 행하지도 못하는 사람은 마치 목숨을 끊으면서 살려고 하는 것과 같으니, 이는 석녀石女가 칼을 쓰고 족쇄를 찬 것과 같습니다."

동산이 말했다.

"그대의 자신〔自己〕은 어찌 되었는가?"

"두루 통한 회상會上이라면 탁월함이 어찌 드러나겠습니까?"

"만일 바다 위에 명공明公이 빼어나다면 어떻겠는가?"

"허깨비의 사람〔幻人〕이 서로 만나니 손뼉을 치면서 깔깔 웃습니다."

담주潭州 중운中雲 개蓋 화상

어떤 스님이 물었다.

"화상께서 법당을 여셨으니, 무엇을 하시렵니까?"

대사가 대답했다.

"당나귀 같은 그대를 위한다."

"모든 부처님께서 세상에 나오셔서는 무슨 일을 합니까?"

"당나귀 같은 그대를 위한다."

"부처와 조사가 세상에 나시기 전에는 어떠합니까?"

"형상을 잡을 수 없다."

"세상에 나신 뒤에는 어떠합니까?"

"그대도 모름지기 몸을 옆으로 뉘어야겠다."

"어떤 것이 위로 향하는 한 구절입니까?"

"문수도 입을 잃는다."

"어떤 것이 문턱의 한 구절입니까?"

"머리에 꽃송이를 꽂았다."

"어떤 것이 백억百億을 초월하는 것입니까?"

"초월한 사람은 긍정할 수 없다."

하중부河中府 서암산棲巖山 대통원大通院 존수存壽 선사

어떤 사람인지 모르나 성은 매梅씨이다. 처음에는 경론을 강의하다가 나중에 석상石霜에게 입실하고, 인연 따라 교화를 다니다가 포판蒲阪에 다다르니, 승속이 마음을 기울여 귀의하였다.

어떤 스님이 물었다.

"연꽃이 물에서 나오기 전에는 어떠합니까?"

"그대는 물 밖에 나온 뒤의 연꽃을 물은 것이 아닌가?"

스님이 대답이 없었다.

대사는 평상시에는 말이 드물지만, 묻는 이가 있으면 대답하였다. 제도한 제자가 4백 명이고 비구니가 100여 명이었다. 수명은 93세이고, 시호는 진적眞寂 대사였다.

남악南嶽 현태玄泰 상좌

어떤 사람인지 자세하지 않으나 침착하여 말수가 적었으며, 한 번도 비단을 입지 않았으므로 사람들이 태포납泰布衲이라 불렀다.

처음에 덕산德山 선감宣鑒 선사를 뵙고 대청〔堂〕까지 올랐다가 나중에 석상石霜 보회普會 선사를 뵙고 드디어 입실하였다. 살던 절이 형산衡山의 동쪽에 있었는데 칠보대七寶臺라고 칭하였다. 그는 문도門徒를 기르지 않기로 맹세하였으나 사방에서 모인 후진들이 따르므로 모두 평교平交의 예로써 상대하였다.

일찍이 형산衡山 일대가 화전火田을 일구기 위해 놓은 불로 많은 피해를 입자 대사가 화전〔畬田〕의 노래를 지으니, 이 노래가 널리 퍼져 대궐에까지 들리게 되어서 어명으로 불 놓는 일이 금지되었다. 이 때문에 형악 안에 있는 절들은 다시는 불에 타는 일이 없었으니, 모두가 대사의 힘이었다.

여전畬山의 노래는 다음과 같다.[6]

여산요畬山謠

밭을 일구는 사내는 아는 것이 없어서
해마다 푸른 산턱을 베고 자른다네.
그 중에도 가장 수려한 형악의 산색인
검푸른 솔밭이 날카로운 도끼에 꺾이네.
畬山兒無所知　　年年斫斷青山嵋
就中最好衡嶽色　　杉松利斧摧貞枝

영묘한 새와 들짐승이 의지할 곳을 잃었고
흰 구름도 검은 연기를 피해 길을 바꾸고
원숭이는 길이 막혀 바위산을 떠나가고
나물과 곡식 대신 잡초만 무성하네.
靈禽野鶴無因依　　白雲迴避青煙飛
猿猱路絶巖崖出　　芝朮失根茅草肥

6 이 부분은 신수대장경에 주註로 되어 있으나 내용상 본문에 넣어 번역하였다.

해마다 깎은 뒤에는 씨 뿌리고 김매니
천년이 지나도 처음 모습 회복 못해
그리고도 올해는 적게 심었다고 하니
명년에는 양지쪽을 더 많이 깎으려 하네.
나라 위해 추수하는 명산도 이렇거늘
이 이치가 무엇인지 알고도 모르리라.〕

年年斫罷仍栽鋤　　千秋終是難復[7]初
又道今年種不多　　來年更斫當陽坡
國家壽嶽尚如此　　不知此理如之何

임종할 때가 되어도 아무 스님도 오지 않으니, 몸소 문밖에 나아가 스님 하나를 불러들여서 화장 준비를 하라고 한 뒤에 게송을 읊었다.

금년에 65세인데
4대大가 주인을 떠나려 하네.
그 도는 스스로 현묘하고 현묘하니
거기에는 부처도 조사도 없네.

今年六十五　　四大將離主
其道自玄玄　　箇中無佛祖

머리도 깎지 말고
목욕도 시키지 말고
한 무더기 사나운 불길이면

---

7 신수대장경에는 '□'로 되어 있으나, 다른 경에는 '복復'으로 되어 있으므로 이에 의거해 번역하였다.

천만 번 만족하리라.

不用剃頭　　不須澡浴
一堆猛火　　千足萬足

게송을 마치고는 단정히 앉아서 한 발을 드리우고 떠났다. 화장을 마치고 사리를 거두어서 견고堅固 선사의 탑 왼쪽에다 조그만 부도를 세우고 봉안하니, 세상 수명은 65세였다.

앞의 예주澧州 협산夾山 선회善會 선사의 법손

예주澧州 악보산樂普山 원안元安 선사

봉상부鳳翔府 인유麟遊 사람으로서 성은 담淡씨이다. 어린 나이에 출가하여 고향의 회은사懷恩寺 우祐 율사에 의해 머리를 깎고 계를 받은 뒤에 경과 논을 통달하였다. 그러다가 취미翠微와 임제臨濟에게 처음으로 도를 물었는데, 임제는 언제나 대중 앞에서 다음과 같이 칭찬하였다.

"임제 문하의 화살 하나를 그 누가 감히 맞서겠는가?"

대사는 인가를 받고 나자 스스로 족하다고 여겨서 바로 협산夾山에 가서 암자를 세웠다. 나중에 협산夾山에게서 편지가 왔는데 열어 보고는 깜짝 놀랐다. 그는 암자를 버리고 협산에게 가서 절을 하고 단정히 섰는데, 협산이 말했다.

"닭이 봉鳳의 둥지에 서식하니, 똑같은 종류가 아니다. 나가라."

대사가 말했다.

"먼 곳에서 덕화를 흠모하고 찾아왔으니, 스님께서 한번 지도해 주십시오."

"눈앞에 그대가 없고, 여기에는 노승이 없다."

"틀렸습니다."

"가만히 있어라. 그대는 너무 경솔히 굴지 말라. 계곡과 산은 저마다 다르지만, 구름과 달은 같다. 그대가 천하 사람의 혀끝에 앉아서 판단하는 일은 없지 않겠으나, 어찌 혀가 없는 사람으로 하여금 말을 알아듣게 하겠는가?"

대사가 멍하니 대답하지 못하자, 협산이 때렸다. 대사는 이로부터 몇 해 동안을 섬겼다.〔홍화興化가 대신 말하기를 "부처가 되면 중생 걱정은 말라"고 하였다.〕

어느 날 대사가 협산에게 물었다.

"부처도 마귀도 이르지 못하는 곳을 어떻게 체득하겠습니까?"

"촛불은 천 리 밖의 상像을 밝히는데, 어두운 방 안의 노승이 제 홀로 미혹한다."

또 물었다.

"아침 해가 이미 솟았고 저녁 달이 나타나지 않았을 때는 어떠합니까?"

협산이 대답했다.

"용이 바다의 구슬을 물고 있으나, 노니는 물고기는 돌아보지도 않는다."

협산이 입멸하려 할 적에 대중에게 말했다.

"석두石頭의 한 가지를 살피고 살펴라. 곧 사라지리라."

대사가 이에 대답했다.

"그렇지 않습니다."

"왜 그런가?"

"스스로 청산青山이 있기 때문입니다."

"사실이 그렇다면 나의 도는 멸망치 않으리라."

협산이 세상을 떠난 뒤에 대사는 잠양涔陽에 갔다가 고향 사람을 만났다. 그에게 무릉武陵에서 있었던 일을 이야기하니까 고향 사람이 물었다.

"훌훌히 지난 몇 해 동안을 어디서 피난을 하셨소?"

"다만 시끄러운 곳에만 있었소."

"왜 사람 없는 곳으로 가지 않았소?"

"사람 없는 곳에는 무슨 어려움이 있는가?"

"시끄러운 곳에서 어떻게 피난을 합니까?"

"비록 시끄러운 곳에 있으나 사람들이 알아채지 못하오."

고향 사람이 어리둥절하였다. 이어서 그가 또 물었다.

"듣건대 서천西天에 28조祖가 있지만 중국에 와서는 한 사람이 한 사람에게만 전했다 하는데, 그들 서로가 간곡한 말을 하지 않았다면 어떠했을까요?"

"촌 늙은이의 문 앞에서는 조정의 일을 이야기할 것이 못되오."

"그러면 무엇을 이야기하리까?"

"아직 헤어진 자를 만나지 못했다면 끝내 주먹을 펴지 않소."

"조정에서 오지 않은 이를 만나도 이야기를 나누겠습니까?"

"국량局量을 벗어난 기틀을 쓸데없이 목격하는구나."

그 스님은 대답이 없었다.

대사는 이어 예양의 악보산으로 가서 조용히 살다가 나중에 낭주朗州의 소계蘇谿로 옮기니, 사방에서 참선하는 무리가 모였다. 이에 대중에게 보였다.

"맨 마지막의 한마디에 비로소 마지막 관문에 이르나니, 요긴한 길목을 지키고 앉았노라면 범부도 성인도 통하지 못한다. 상류上流의 선비를 알고자 하는가? 조사나 부처의 견해를 이마에다 붙여서 마치 신령스러운 거북이 등에다 그림을 진 것 같게 하지는 말라. 이는 스스로 목숨을 잃는 근본이 된다."

또 말했다.

"남쪽을 가리키는 외길은 지혜로운 이라야 소통할 줄 안다."

"별안간 볼 때에는 어떠합니까?"

"새벽 별이 서광의 빛깔을 보이지만 어찌 태양 빛만 하리오?"

"이렇게 와도 세우지 못하고 이렇게 가도 없애지 못할 때는 어떠합니까?"

"땔나무를 파는 나무꾼은 비단옷을 귀하게 여기지만 도인은 가볍게 여긴다."

"경에 말하기를 '백천百千의 부처님께 공양하는 것이 하나의 수행도 없고 깨달음도 없는 자에게 공양하는 것만 못하다'고 하였으니, 백천 부처님에게는 무슨 허물이 있고, 수행도 깨달음도 없는 자에게는 무슨 공덕이 있습니까?"

"한 조각 흰 구름이 골짜기 입구에 걸리니, 밤에 돌아갈 둥지를 헷갈린 새들이 얼마나 많던가?"

"해가 돋기 전에는 어떠합니까?"

"바다에 물이 마르자 용은 그대로 숨고, 은하수에 구름이 뭉게뭉게 피어오르니 봉황도 따라서 난다."

"어떤 것이 본래의 일입니까?"

"한 알의 씨앗이 거친 밭에 떨어지니 김을 매지 않아도 싹이 잘 자란다."

"한결같이 김을 매지 않으면 풀 속에 매몰되지 않겠습니까?"

"살과 뼈〔肌骨〕는 꿀〔芻蕘〕과는 다르고, 피〔稊稗〕는 끝내 벼가 될 수 없다."

"사물의 생명을 상하지 않는 것은 어떠합니까?"

"눈병으로 산 그림자가 굴러가니, 미혹한 이가 공연히 방황한다."

"고금古今을 이야기하지 않을 때는 어떠합니까?"

"신령스런 거북도 괘의 징조〔兆〕가 없거늘 빈껍데기를 부질없이 뚫지 말라."

"밝음과 어두움을 내걸지 않을 때에는 어떠합니까?"

"현묘함 속에서는 말하기 쉬우나 뜻을 벗어난 것은 제기하기 어렵다."

"여래의 집에 태어나지 않고 화황華王[8]의 자리에 앉지 않을 때에는 어떠합니까?"

"그대는 화로火鑪의 무게가 얼마나 된다고 말하는가?"

"조사의 뜻과 교리의 뜻이 같습니까, 다릅니까?"

"사자의 굴속에는 다른 짐승이 없고, 코끼리가 지난 곳에는 여우의 발자취가 끊어진다."

"행行이 부사의不思議한 곳에 이르면 어떠합니까?"

"청산靑山은 항상 발을 드는데, 밝은 해는 조금도 옮기지 않는다."

"몽땅 시든 거친 밭에 홀로 서 있는 일은 어떠합니까?"

"백로〔鷺〕가 눈 쌓인 둥우리에 깃든 것은 그나마 가리기 쉬우나, 까마귀가 칠漆에 뛰어들어서 서 있는 것은 분간하기 어렵다."

---

8 화려한 왕위를 말한다.

"어떤 것이 손님과 주인을 한꺼번에 이야기하는 것입니까?"

"마른나무에 곁가지가 없어서 새가 와도 발붙이기 어렵다."

"종일 몽롱朦朧할 때에는 어떠합니까?"

"보배를 모래밭 속에 던지니, 알아챈 이는 천연스럽게 이상히 여긴다."

"그러면 손을 벌리고도 스님을 만나지 못하겠습니다."

"학의 울음을 꾀꼬리 소리로 잘못 듣지 말라."

"원이삼점圓伊三點은 사람들이 모두 소중히 여기는데, 악보산樂普山의 가풍은 어떠합니까?"

"우레 소리가 한 번 진동하니, 북소리는 저절로 사라진다."

"한낮일 때는 어떠합니까?"

"한낮이라도 오히려 반은 이지러졌다. 해가 넘어가야 비로소 둥글어진다."

"어떤 것이 서쪽에서 오신 뜻입니까?"

"삽삽颯颯[9]한 마루 끝의 대나무는 서리를 거쳐도 스스로 추위를 모른다."

스님이 다시 물으려 하니, 대사가 말했다.

"다만 바람이 소리만 들릴 뿐, 몇 천 줄기[竿]인지는 전혀 모른다."

대사가 상당하여 대중에게 말했다.

"손빈孫賓이 점포를 거두고 떠났으니, 점칠 자는 나오너라."

이때에 어떤 스님이 나서서 말했다.

---

9 까슬까슬한 모습이다.

"화상께서 한 괘 풀어 주십시오."

대사가 대답했다.

"그대의 집에서 그대의 아버지가 죽었다."

그 스님이 대답이 없었다.〔법안法眼이 대신 손바닥으로 세 차례 내리쳤다.〕

"어떤 것이 서쪽에서 오신 뜻입니까?"

대사가 선상을 두드리면서 말했다.

"알겠는가?"

"잘 모르겠습니다."

"하늘에서 홀연히 우레가 진동하여 우주가 놀라는데, 우물 안의 두꺼비는 고개도 들지 않는다."

"악마도 부처도 이르지 못하는 곳을 어떻게 가려냅니까?"

"연야달다는 머리를 잃은 것이 아닌데, 거울 속의 것을 잘못 알았다."

"어떤 것이 생사를 여의도록 구원하는 것입니까?"

"물그릇을 잡고 구차히 목숨을 늘리는 자는 하늘 음악의 묘함을 듣지 못한다."

"4대大는 어떻게 해서 있습니까?"

"조용한 물에는 본래 물결이 일지 않거늘 물거품이 바람결에 일어난다."

"물거품이 꺼져서 물로 돌아갈 때에는 어떠합니까?"

"섞이거나 혼탁하지 않아서 물고기와 용이 마음대로 뛰논다."

"생사의 일이 어떠합니까?"

"일념一念에 기틀을 잊으니, 태허太虛에 티가 없다."

"어떤 것이 도입니까?"

"기틀(기계)을 간직하면 오히려 자취에 막히고, 말뚝(기계의 고동)을 버리면 통하는 길이 있다."

"어떤 것이 한 창고[一藏]에다 다 갈무리하지 못하는 것입니까?"

"비가 북돋우니 세 가지 풀이 빼어나고, 옥은 본래부터 빛나고 있다."

"한 가닥의 털이 큰 바다를 다 삼킨다는데, 거기에 다시 무슨 말이 있겠습니까?"

"집안에 백택白澤[10]의 그림이 있으니, 반드시 그러한 요괴는 없을 것이다."[보복保福이 따로 말하기를 "집안에 백택의 그림이 없어도 그러한 요물은 반드시 없으리라"고 하였다.]

"응연凝然[11]할 때에는 어떠합니까?"

"때때로 우레가 시절에 응하니, 산봉우리를 흔들고 개구리를 놀라게 한다."

"천만 가지 운동이 이 응연과 다르지 않을 때에는 어떠합니까?"

"신령스런 학은 허공 밖을 날지만, 둔한 새는 둥우리를 여의지 못한다."

"그 일이 어떠합니까?"

"백발노인이 소년에게 절하는 일은 온 세상 사람이 믿기 어렵다."

"여러 성인들이 이렇게 오시면 무엇으로 공양하십니까?"

"토숙土宿이 비록 석장錫杖을 짚었으나 바라문은 아니다."

---

10 신화에 나오는 짐승. 모든 일을 잘 안다.

11 척 얼리는 모습이다.

"조사의 뜻과 교리의 뜻이 같습니까, 다릅니까?"

"해와 달이 함께 하늘을 구르는데, 뉘 집에만 따로 길이 있겠는가?"

"그렇다면 드러나고 숨음의 길이 달라서 일이 한 가닥이 아니겠습니다."

"스스로 염소를 잃지만 않았다면 어찌 기로岐路에서 울 필요가 있으랴?"

"학인이 고향으로 돌아가려 할 때에는 어떠합니까?"

"집도 부서지고 사람도 죽었는데, 그대는 어디로 돌아가려 하는가?"

"그러면 돌아가지 않겠습니다."

"뜰 앞에 남은 눈은 해가 녹이겠지만, 방안에 돌아다니는 먼지 뉘라서 없애랴?"

"움직임〔動〕은 법왕의 싹이요, 고요함〔寂〕은 법왕의 뿌리라 하는데, 뿌리와 싹은 묻지 않겠지만 무엇이 법왕입니까?"

대사가 불자를 드니, 스님이 말했다.

"그것도 역시 법왕의 싹입니다."

"용이 동굴에서 나오지 않으면 누가 어찌하겠는가?"

대사가 두 산에서 개당한 법어가 제방에 널리 퍼졌다.

당나라 광화光化 원년元年 무오戊午 가을 8월에 소임을 보는 스님을 불러서 경계하였다.

"출가의 법에는 물건을 오래 남겨두지 않는다. 씨를 뿌릴 때에는 마땅히 일을 줄이고 살펴서 이리저리 얽어매는 잡무는 모두 멈춰라. 세월은 너무나 빠르고 대도大道는 깊고 현묘하니, 만일 그럭저럭 보낸다면 어떻게 깨달아 체득할 수 있으랴?"

이와 같이 간절히 격려했으나 대중은 늘 있는 일이라고 하면서 전혀 주의하지 않았다. 그 해 겨울이 되어서 약간의 병이 났으나, 물으러 온 이들을 지도하기에 게을리 하지 않다가 12월 1일에 대중에게 고했다.

"나는 내일이 아니면 모레에 떠난다. 이제 한 가지 일을 그대들에게 묻겠으니, 만일 그것을 옳다고 하면 머리 위에 다시 머리를 포개는 것이요, 그것을 옳지 않다고 하면 머리를 끊고서 살기를 구하는 것이다."

이때에 제1 상좌가 대답했다.

"청산은 발을 들지 않고, 밝은 낮에는 등불을 들지 않습니다."

"이것이 어떤 시절인데 그런 말을 하는가?"

이때에 언종彦從 상좌가 따로 대답했다.

"이 두 갈래를 떠났으니, 화상께서는 더 묻지 마십시오."

"맞지 않았다. 다시 말해라."

"언종도 다하지 않음을 말했습니다."

"나는 그대가 다하든 다하지 않든 상관하지 않는다."

"언종에게는 화상의 말씀에 대답할 시자가 있지 않습니다."

대사가 하당下堂하였다.

그날 밤 시자를 시켜서 언종을 불러다 놓고 물었다.

"그대가 오늘 나에게 대답한 것이 매우 도리가 있다. 그대의 말에 의하건대 분명히 선사先師의 뜻을 체험했다. 선사께서 말씀하시기를 '눈앞에는 법이 없고 뜻이 눈앞에 있을 뿐이니, 눈앞의 법은 귀나 눈이 미치는 곳이 아니다'라고 하셨는데, 어느 구절이 주인인 구절이라 여기는가? 만일 가려낸다면 의발衣鉢 주머니를 전해 주리라."

"언종은 모릅니다."

"그대는 알 것이니, 말이나 해보라."

"언종은 진실로 모릅니다."

대사가 할을 하여 내쫓고 말했다.

"괴롭구나, 괴로워."〔현각玄覺이 말하기를 "언종彦從 상좌가 참으로 모르는가? 아니면 의발 주머니에 집착될 것이 두려워서인가?"라고 하였다.〕

그 달 2일 오시午時에 다른 스님이 앞의 이야기를 들어서 대사에게 물으니, 대사가 스스로 대신 대답하였다.

"자비의 배〔慈舟〕는 맑은 물결 위에서 노를 젓지 않고, 검의 골짜기〔劍峽〕에서는 헛되이 나무오리〔木鵝〕만을 놓았다."[12]

그리고는 이내 입적하니, 수명은 65세이고 법랍은 46세였다. 탑은 절의 서북쪽 모퉁이에 세웠다.

홍주洪州 상람上藍 영초令超 선사

처음에는 균주筠州의 상람산上藍山에 있으면서 협산夾山의 선법을 설하니, 배우는 무리가 많이 모였다. 나중에는 홍주에다 선원을 짓고 살면서 상람上藍이라 부르니, 교화가 더욱 번성하였다.

어떤 스님이 물었다.

"어떤 것이 상람의 본분의 일입니까?"

"천 성인에게도 빌리지 않았거늘 어찌 만 가지 기틀에서 구하

---

12 검협劍峽은 험준한 성이요, 나무오리〔木鵝〕는 수隋·당唐 때부터 있던 성을 공격하는 무기의 일종이니, 험준한 검협에는 이 나무오리의 공격도 아무런 효력이 없었다는 말이다.

랴?"

"구하지도 않고 빌리지도 않을 때에는 어떠합니까?"

"그대의 손아귀에서 들거나 놓지 않을 수 있겠는가?"

"칼날 앞에서 어떻게 일을 가려내겠습니까?"

"칼날 앞에서 그림자가 드러나지 않았으니, 혀끝에서 찾지 말라."

"두 용이 구슬을 다투는데 어느 쪽이 얻습니까?"

"그 구슬이 땅에 두루하지만 눈에는 진흙처럼 보이니라."

"선재善財가 문수文殊를 만난 뒤에 다시 남쪽으로 간 뜻이 무엇입니까?"

"배움은 입실入室에 의지해야 비로소 알아서 방향을 통달한다."

"어째서 미륵이 문수에게 보내서 보게 했습니까?"

"도가 넓어서 끝이 없으니, 만나는 사람 또한 다함이 없다."

당나라 대순大順 경술庚戌 정월 초에 대중을 불러 모으고 말했다.

"내가 본래 머물기로 잡은 시한이 10년이었다. 이제 교화의 일이 끝났으니 떠나야겠다."

그리고는 보름달 공양을 마치고 종소리를 들으면서 단정히 앉아 영원히 떠나니, 시호는 원진元眞 대사이고 탑호는 본공本空이었다.

운주鄆州 사선四禪 화상

어떤 스님이 물었다.

"옛사람들은 청하는 이가 있으면 저버리지 않았습니다. 이제 화상께 우물에 드시기를 청하오니, 가시겠습니까?"

대사가 대답했다.

"깊고 깊어서 딴 근원이 없건만, 마시는 이는 온갖 근심을 멸한다."

"어떤 것이 화상의 가풍입니까?"

"그 속에 있는 사람의 뜻을 알자면, 모름지기 달빛의 차가움을 알아야 한다."

강서江西 소요산逍遙山 회충懷忠 선사

어떤 스님이 물었다.

"비슷하지 않은 구절을 이야기할 수 있는 사람이 있습니까?"

"혹은 닷새의 공양 이전이거나 혹은 닷새의 공양 이후이다."

"칼과 거울이 밝고 날카로운데 털끝만치라도 어떻게 미혹되겠습니까?"

"불공견삭不空羂索이니라."

"큰 화로의 맹렬한 불길이 어떤 물건을 삶아서 단련하겠습니까?"

"부처와 조사를 삶는다."

"부처와 조사를 어떻게 삶습니까?"

"업業이 그 속에 있다."

"무엇을 업이라 합니까?"

"부처님의 힘도 그만은 못하니라."

"49년 동안 한마디도 말씀하시지 않았다고 하는데, 어떤 것이 한마디 말씀도 하지 않은 것입니까?"

"신발 한 짝을 들고 서쪽으로 간 도인은 돌아보지도 않았느니라."

"그것이 화상께서 멈추실 자리가 아니겠습니까?"

"말〔馬〕이 관가의 말이니 마패〔印〕를 쓸 필요가 없다."

"어떤 것이 한편으로는 늙는데, 한편으로는 늙지 않는 것입니까?"

"3종從과 6의義이니라."

"어떤 것이 기특한 한 구절입니까?"

"부처님의 평상에 앉아서 부처님의 밑동을 찍는다."

"조사와 부처 어느 쪽과 더 친합니까?"

"순금과도 바꾸려 하지 않거늘 뉘라서 진흙덩이와 바꾸려 하겠는가?"

"그렇다면 긍정하지 않음이 있습니다."

"그대는 귀한데, 나는 비천하구나."

"어떤 것이 만년 묵은 소나무에 검을 달아 둔 것입니까?"

"틀린 말로는 미칠 수 없다."

"마땅히 무엇을 해야 합니까?"

"그저 그대가 이야기하라."

"언어 밖의 일을 어떻게 밝힐 수 있습니까?"

"날이 오래고 해가 쌓이다 보니 힘줄과 뼈만 앙상하다."

"마군魔軍을 대적하지 않고서 어떻게 도를 증득하겠습니까?"

"바닷물은 표주박으로는 푸지 못한다."

"구름 있는 산에는 머물지 않고, 항상 밑바닥 없는 배에만 거처할 때에는 어떠합니까?"

"과일이 익는 것은 저절로 그러하다."

"다시 한 번 말씀해 주십시오."

"문 앞의 것이 참다운 불제자이다."

"학인은 어째서 보지 못합니까?"

"곳곳마다 왕王 노사老師이다."

원주袁州 반룡산盤龍山 가문可文 선사

어떤 스님이 물었다.

"죽은 스님이 천화遷化하면 어디로 갑니까?"

"돌소〔石牛〕가 강가의 길을 따라 가고, 대낮에 야명등夜明燈을 밝히는구나."

"어떤 것이 부처입니까?"

"어리석은 아이가 아비를 버리고 달아나는군."

대사는 나중에 상람원上藍院에 가서 살았다.

무주撫州 황산黃山 월륜月輪 선사

그는 복주福州의 복당福唐 사람으로서 성은 허許씨이다. 15세〔志學之歲〕에 고향에 있는 황벽산黃檗山에 가서 관觀 선사에게 귀의하여 교법과 계법을 받고, 행각을 떠나 도수塗水에 가서 삼봉三峰 화상을 만났다. 비록 문답에 조리가 있었으나 기연機緣이 맞지 않았다.

이윽고 협산夾山에서 성대한 교화를 듣고서 찾아가 뵈니, 협산이 물었다.

"이름이 무엇인가?"

"월륜月輪입니다."

협산이 동그라미 하나를 그려 놓고 물었다.

"이것과 어떻게 닮았는가?"

"화상의 그런 말씀을 제방諸方에서는 아무도 긍정하지 않습니

다."

"나는 그렇다 치자. 그대는 어떤가?"

"월륜을 보기는 하셨습니까?"

"그대는 그렇게 말하나, 요즘의 제방 사람은 아무도 긍정하지 않는다."

이에 대사는 가르침을 받아 지니고서, 자주 묻고 배웠다.

어느 날 협산이 소리 높여 물었다.

"그대는 어디 사람인가?"

"민중閩中 사람입니다."

"나를 알겠는가?"

"화상께서도 저를 아시겠습니까?"

"그렇지 않다. 그대는 먼저 나에게 짚신 값을 갚아라. 그런 뒤에 나는 그대에게 강릉江陵의 쌀값을 갚으리라."

"저 화상을 알지도 못하고, 강릉의 쌀값이 얼마인지도 확실히 모릅니다."

"그대는 사자후를 잘 하였다."

그리하여 협산에게 입실하여 수기를 받고는 그에게 의지해 있다가 7년 만에 하직하였다. 무주의 용제산龍濟山에 가서 자리를 잡으니, 배우는 자들이 구름같이 모였다. 대사가 마침내 여기서 협산의 심오한 종지를 펴니, 명성이 제방에 뻗쳤다. 나중에 임천臨川으로 돌아가 기꺼이 황산黃山에 머물렀다.

대중에게 말했다.

"내가 이 산에 살기 시작한 이래로 자못 본래의 뜻에 맞았다."

대사는 이어 상당하여 대중에게 말했다.

"조사께서 서쪽에서 오셔서 특별히 이 일을 제창하셨거늘, 여러 분들이 알지 못하고 밖을 향해 구하느라고 흙탕물 속에서 구슬을 찾고 형산荊山에 가서 옥을 뒤진다. 그래서 문으로 들어오는 것은 집안의 보배가 아니라고 말한 것이니, 그림자를 머리로 인정하니 어찌 큰 잘못이 아니랴?"

이때에 어떤 스님이 물었다.

"어떤 것이 조사의 뜻입니까?"

"양전梁殿에는 공功을 들이지 않고, 위방魏邦과는 마음 자취가 끊어졌다."

"어떤 것이 도입니까?"

"돌소〔石牛〕는 자주 삼춘三春의 안개를 뿜고, 나무말〔木馬〕이 우는 소리가 길거리에 가득하다."

"어찌하여야 본래의 면목을 보겠습니까?"

"돌거울〔石鏡〕을 매달려고 애를 쓰지 말지니, 날이 새면 자연히 닭이 운다."

"종문의 한 구절을 스님께서 헤아려 주십시오."

"황산 봉우리가 홀로 초탈하여 사물 밖에 빼어나고, 해가 오고 달이 가매 냉기가 으스스하다."

"분별치 않는 말을 어떻게 지적해 냅니까?"

"칼을 잃은 지가 오랜데 이제야 뱃전에다 표시를 하는가?"

"어떤 것이 법복 밑의 일입니까?"

"돌소가 물 위에 누웠으니, 동서남북을 마음대로 다닌다."

"어떤 것이 눈앞의 일입니까?"

"가을바람은 여운이 있고, 조각달은 안 비추는 곳이 없다."

"어떤 것이 학인이 마음을 쓸 곳입니까?"

"깨달음의 문은 가리지 않았으니, 달을 대하여 미혹하지 말라."

"어떤 것이 푸른 하늘의 길〔靑霄路〕입니까?"

"학이 구름 밖의 나무에 깃드니, 괴로운 풍상風霜이 그칠 줄 모른다."

"과거의 일이 어떠합니까?"

"용이 맑은 못에서 울부짖으니, 물결이 저절로 쉰다."

대사가 황산에 있은 지 모두 13년 동안 배우는 자가 왔다가 헛되이 간 적이 없었다.

이후 당唐의 동광(同光, 925) 3년 12월 21일에 약간의 병이 났다가 그 달 26일 오시午時에 단정히 앉아서 떠나니, 수명은 72세이고 법랍은 53세였다. 이듬해 정월 20일에 선원의 서북 모퉁이에다 탑을 세웠다.

낙경洛京 소산韶山 환보寰普 선사

어떤 스님이 와서 뵙고 절을 한 뒤에 서 있자, 대사가 말했다.

"천재가 못난이 집에 숨었구나."

그 스님이 앞을 지나서 한쪽에 가서 서 있자, 대사가 말했다.

"대들보 재목을 하나 잃었구나."

준포납遵布衲이 산 밑에서 대사를 만나서 물었다.

"소산韶山이 어디쯤입니까?"

"푸르디푸른 울창한 곳이다."

"다만 그것 뿐은 아니겠죠?"

"그렇기는 하나 그대에게 무슨 일이 있는가?"

"제가 한 가지 묻고자 하는데 대답해 주시겠습니까?"

“그대를 보니, 황금 어금니로 된 사람이 아니거늘, 어찌 활을 당겨 위지尉遲[13]를 쏠 줄 알겠는가?”

“봉황은 곧바로 구름 속으로 날아갔거늘, 그 누가 숲속의 들까치를 두려워하겠습니까?”

“망루 위에 달린 그림이 그려진 북을 그대 뜻대로 쳐서 나와 같은 가풍을 펼쳐 보아라.”

“한 구절이 고금의 격식을 초월하지만, 송라(松蘿 : 머루 덩굴)가 달 바퀴와 더불어 가지런하지는 못합니다.”

“설사 그대가 곧바로 위음왕부처님 밖으로 뛰쳐나왔다 해도 여전히 소산韶山에 오기까지는 보름의 여정이 있다.”

“허물이 어디에 있습니까?”

“거리낌 없는 말은 요즘 사람들도 알고 있다.”

“그렇다면 참된 옥은 진흙 속에서도 다르므로 만기萬機의 티끌을 배척하지 않습니다.”

“노반(魯般 : 노나라에 재주가 매우 뛰어난 사람)의 문하에서 헛되이 재주를 부리는구나.”

“저는 그렇거니와 스님의 뜻은 어떠합니까?”

“옥녀玉女가 밤에 북〔梭〕을 던지고 서쪽 집에서 비단을 짠다.”

“그것은 화상의 가풍이 아닙니까?”

“밭가는 농부가 보습 자루〔玉漏〕를 놓으니,〔『경공사원卿公事苑』에 말하기를 “옥루玉漏는 마땅히 옥루玉樓로 써야 하나니, 루樓는 보습 자루〈犁〉이다. 농부가 보습을 쓰는 까닭은 씨를 뿌리기 위한 것이다”라고 하였다. 『선록禪錄』에서 말한 “보습을 보면서 보습을 친다”고 한 것이 이

---

13 종족의 이름이다.

것이다. 『위략魏略』에 말하기를 "황보음皇甫陰이 돈황燉煌 태수太守로 있을 때에 백성들이 밭 갈기와 씨뿌리기를 모르므로 백성들에게 보습 만드는 법을 가르쳐 주니 힘이 반이나 적게 들었다. 그러나 보습은 여전히 내륙지방의 농구로서 남쪽 사람들은 대체로 모르니, 이 때문에 여기서 자세히 밝힌다.〕 능숙한 이〔行家〕의 행위는 아니다."

"그것은 역시 말과 글입니다. 어떤 것이 화상의 가풍입니까?"

"몸을 가로누워 우주를 상대하니, 누가 머리를 내민 사람인가?"

임종한 뒤에 시호를 무외無畏 선사라 하였다.

태원太原 해호海湖 화상

어떤 사람이 관정灌頂 삼장을 청해서 공양하려고 자리를 펴니, 대사(해호)가 그 자리에 앉아 버렸다.

이때에 운섭雲涉이라는 좌주坐主가 있다가 물었다.

"화상은 몇 해나 도를 닦았습니까?"

대사가 말했다.

"좌주여, 가까이 오라."

운섭이 가까이 다가서니, 대사가 말했다.

"교진여憍陳如는 몇 해나 도를 닦았는가?"

운섭이 물끄러미 서 있자, 대사가 꾸짖었다.

"이 오줌싸개야."

어떤 스님이 물었다.

"화상의 선원에는 왜 사람이 적고, 정수定水 화상의 선원에는 왜 사람이 많습니까?"

대사가 대답했다.

"풀이 깊으니 들 사슴〔野鹿〕이 많고, 암벽이 높으니 해태〔獬豸〕들이 드물다."

가주嘉州 백수사白水寺 화상

어떤 스님이 물었다.

"어떤 것이 서쪽에서 오신 뜻입니까?"

대사가 대답했다.

"사해에 굴택窟宅이 없지만 한 방울 물로 천지를 적신다."

"조계曹溪의 외길에서 무슨 일을 이야기합니까?"

"시냇가의 천년 묵은 소나무에는 학이 모이고, 달 속의 향기로운 계수나무에는 봉황이 돌아온다."

봉상鳳翔 천개산天蓋山 유幽 선사

어떤 스님이 물었다.

"어떤 것이 천개산天蓋山의 물입니까?"

"사해四海에는 넘쳐흘러도 물방울〔涓滴〕에는 침범하지 않는다."

"학인이 경經을 보려고 하는데 어떻습니까?"

"이미 큰 상인〔大商〕이 되었는데 어찌하여 조그만 이익을 구하는가?"

홍주洪州 건창建昌 봉서산鳳棲山 동안同安 화상〔제1세 주지〕

어떤 스님이 물었다.

"어떤 것이 화상의 가풍입니까?"

"금빛 닭이 알을 품고 은하수로 돌아가고, 옥빛 토끼가 새끼를 배고 자미紫微 별로 들어간다."

스님이 말했다.

“홀연히 나그네가 오면 어떻게 대하시겠습니까?”

“황금 과일을 이른 아침에 원숭이가 따러 가고, 옥빛 꽃은 밤늦게 봉황새가 물어 온다.”

“종일토록 못에 있었는데 왜 고기를 낚지 못했습니까?”

“현묘한 근원은 무생無生의 보배를 숨기지 않나니, 부질없이 푸른 못에다 낚시를 드리우지 말라.”

“맑은 기틀의 한 구절이 밝게 드러났는데도 만나지 못할 때에는 어떠합니까?”

“태양의 문하에는 별도 달도 없고, 천자의 대궐 앞에는 가난한 아이가 없다.”

“어떤 것이 동안同安이 몸을 굴릴[轉身] 곳입니까?”

“광겁토록 옥로玉露에 잠긴 일이 없는데, 눈앞에서 어찌 태양의 기틀에 걸리랴?”

“험악한 길을 어떻게 나아갑니까?”

“현묘한 몸이 천 갈래 길을 투과하지만, 푸른 바다에는 파도가 없으니 가기가 어렵다.”

“어떤 것이 법복 밑의 일입니까?”

“한 조각 밝은 달은 예나 지금이나 여전하니, 어찌 어부들이 밤에 낚시를 드리운 것과 같으랴?”

“어떤 것이 크게 부끄러움이 없는 사람입니까?”

“공왕空王은 무생전無生殿에 앉지 않고, 가섭당迦葉堂 앞에서는 등불을 켜지 않는다.”

경덕전등록 제 17 권

길주吉州 청원산靑原山 행사行思 선사의 법손

제5세 밑의 26인

원주袁州 동산洞山 양개良价 선사의 법손 26인

홍주洪州 운거산雲居山 도응道膺 선사

무주撫州 조산曹山 본적本寂 선사

동산洞山 제2세 도전道全 선사

호남湖南 용아산龍牙山 거둔居遁 선사

경조京兆 화엄사華嚴寺 휴정休靜 선사

경조京兆 현자蜆子 화상

균주筠州 구봉九峰 보만普滿 대사

태주台州 유서幽棲 도유道幽 선사

동산洞山 제3세 사건師虔 선사

낙경洛京 백마白馬 둔유遁儒 선사

월주越州 건봉乾峰 화상

길주吉州 화산禾山 화상

명주明州 천동산天童山 함계咸啓 선사〔11권에 목록만 있고 전하는 것은 없음〕

담주潭州 보개산寶蓋山 화상

익주益州 북원北院 통通 선사

고안高安 백수白水 본인本仁 선사

무주撫州 소산疎山 광인光仁 선사

예주澧州 흠산欽山 문수文邃 선사

〔이상 18인은 기록에 보임〕

명주明州 천동산天童山 의義 선사

태원太原 자성資聖 방方 선사

신라국新羅國 금장金藏 화상

익주益州 백白 선사

담주潭州 문수文殊 화상

서주舒州 백수산白水山 화상

소주邵州 서호西湖 화상

청양靑陽 통현通玄 화상

〔이상 8인은 기연할 어구가 없으므로 기록하지 않음〕

제6세 43인

악주鄂州 암두巖頭 전활全豁 선사의 법손 9인

태주台州 서암瑞巖 사언師彦 선사

회주懷州 현천玄泉 언彦 선사

길주吉州 영암靈巖 혜종慧宗 선사

복주福州 나산羅山 도한道閑 선사
복주福州 향계香谿 종범從範 선사
복주福州 나원羅源 성수聖壽 엄嚴 선사
〔6인은 기록에 보임〕
홍주洪州 대녕大寧 해일海一 선사
신주信州 아호산鵝湖山 소韶 화상
홍주洪州 대녕大寧 눌訥 화상
〔이상 3인은 기연할 어구가 없으므로 기록하지 않음〕

홍주洪州 감담感潭 자국資國 화상의 법손 1인
안주安州 백조산白兆山 지원志圓 선사
〔1인은 기록에 보임〕

호주濠州 사명思明 화상의 법손 1인
양주襄州 취령鷲嶺 선본善本 선사
〔1인은 기록에 보임〕

담주潭州 대광산大光山 거회居誨 선사의 법손 13인
담주潭州 곡산谷山 유연有緣 선사
담주潭州 용흥龍興 화상
담주潭州 복룡산伏龍山 제1세 화상
경조京兆 백운白雲 선장善藏 선사
담주潭州 복룡산伏龍山 제2세 화상
협부陝府 용준산龍峻山 화상
담주潭州 복룡산伏龍山 제3세 화상
〔이상 7인은 기록에 보임〕

대광산大光山 현玄 선사

장주漳州 등하藤霞 화상

송주宋州 정각淨覺 화상

화주華州 숭승崇勝 증證 화상

악주鄂州 영수永壽 화상

악주鄂州 영죽靈竹 화상

〔이상 6인은 기연할 어구가 없으므로 기록하지 않음〕

균주筠州 구봉九峰 도건道虔 선사의 법손 10인

신라新羅 청원淸院 화상

홍주洪州 늑담泐潭 신당神黨 선사

길주吉州 남원산南源山 행수行修 선사

홍주洪州 늑담泐潭 명明 선사

길주吉州 추산秋山 화상

홍주洪州 늑담泐潭 연무延茂 선사

홍주洪州 동안同安 상찰常察 선사

홍주洪州 늑담泐潭 오悟 선사

길주吉州 화산禾山 무은無殷 선사

홍주洪州 늑담泐潭 모牟 화상

〔이상 10인은 기록에 보임〕

태주台州 용천涌泉 경흔景欣 선사의 법손 1인

태주台州 육통원六通院 소紹 선사

〔1인은 기록에 보임〕

담주潭州 운개산雲蓋山 지원志元 선사의 법손 3인

운개산雲蓋山 지한志罕 선사
신라新羅 와룡臥龍 화상
팽주彭州 천태天台 화상
〔이상 3인은 기록에 보임〕

담주潭州 곡산谷山 장藏 선사의 법손 3인
신라新羅 서암瑞巖 화상
신라新羅 박엄泊巖 화상
신라新羅 대령大嶺 화상
〔이상 3인은 기록에 보임〕

담주潭州 중운中雲 개산蓋山 화상의 법손 1인
운개산雲蓋山 경景 화상
〔1인은 기록에 보임〕

하중부河中府 서암棲巖 존수存壽 선사의 법손 1인
도덕道德 선사
〔1인은 기연할 어구가 없으므로 기록하지 않음〕

행사行思 선사의 제5세 ③

원주袁州 동산洞山 양개良价 선사의 법손

홍주洪州 운거雲居 도응道膺 선사

그는 유주幽州 옥전玉田 사람으로서 성은 왕王씨이다. 어릴 때에 스승에 의지하여 교법을 배우다가 25세에 범양范陽의 연수사延壽寺에서 구족계를 받았다. 은사〔本師〕가 성문聲聞의 편취(篇聚 : 소승의 계율)를 익히라고 하니, 대사가 한탄하였다.

"대장부가 어찌 계율에 얽매이겠는가?"

그리고는 취미산翠微山에 가서 도를 물었다. 3년이 지났는데, 행각을 다니는 스님이 예장豫章으로부터 와서 동산洞山 양개良价 선사의 법석法席을 굉장히 칭찬하니, 대사가 드디어 그의 말을 따라 그곳으로 갔다.

동산洞山이 대사에게 물었다.

"그대의 이름이 무엇인가?"

"도응道膺입니다."

"위로 향한〔向上〕 법을 한번 말해 봐라."

"향상이라고 말하면 도응이라 이름하지 못합니다."

"내가 운암雲巖에 있을 때에 대답하는 것과 다르지 않구나."

나중에 대사가 물었다.

"어떤 것이 조사의 뜻입니까?"

동산이 대답했다.

"그대가 훗날 주인 노릇을 할 때에 홀연히 어떤 사람이 그대에게 물으면 무엇이라 대답하겠는가?"

"도응이 잘못했습니다."

언젠가 동산이 대사에게 이렇게 말했다.

"내가 듣건대 사대思大[1] 화상이 왜국倭國에 태어나서 왕이 되었다는데, 사실인지 알고 싶다."

대사가 대답했다.

"만일 진실로 사대라면 부처도 짓지 않거늘 하물며 국왕이겠습니까?"

동산이 그렇다고 여겼다.

어느 날 동산이 또 물었다.

"어디를 갔다 왔는가?"

"산을 돌고 옵니다."

"어느 산이 살만 하던가?"

"어느 산인들 살 수 없겠습니까?"

"그렇다면 나라 안이 온통 그대에게 점령을 당하겠구나."

"그렇지 않습니다."

"그러면 그대는 들어갈 길을 얻었구나."

"길이 없습니다."

"길이 없으면 어떻게 나를 보러 왔는가?"

"길이 있다면 화상과는 간격이 생깁니다."

동산이 다시 말했다.

"이 사람은 나중에 천만 사람이 붙들어도 잡지 못하리라."

어느 날 동산을 따라 물을 건너는데, 동산이 물었다.

"물이 얼마나 깊은가?"

대사가 대답했다.

"젖지 않습니다."

---

1 스님의 이름. 생각이 크다고 해서 사대思大라 한다.

"거친 사람이구나."

"스님께서 말씀해 보십시오."

"마르지 않았다."

동산이 대사에게 말했다.

"옛날에 남전南泉이 『미륵하생경彌勒下生經』을 강론하는 스님에게 묻기를 '미륵이 언제 하생下生하는가?'라고 하니, 그가 대답하기를 '지금은 천궁天宮에 계시는데 장차 하생하실 것입니다'라고 하였다. 이에 남전이 말하기를 '하늘에도 미륵이 없고 땅에도 미륵이 없다'고 하였느니라."

그러자 대사가 얼른 이 이야기를 들추면서 물었다.

"하늘에도 미륵이 없고 땅에도 미륵이 없다면, 누가 이름을 지었습니까?"

동산이 곧바로 선상禪床이 진동함을 느끼고서 말했다.

"도응, 그대이네."

대사가 장을 담그는데 동산이 물었다.

"무엇을 하는가?"

"장을 담급니다."

"소금을 얼마나 넣는가?"

"저어서 넣습니다."

"어떤 맛이 나는가?"

"되었습니다."

동산이 물었다.

"대천제大闡提는 부모를 죽이고, 부처의 몸에서 피를 내고, 화합의 승단을 깨뜨렸는데, 이런 갖가지 죄악에 효양孝養이 어디 있겠는가?"

대사가 대답했다.

"비로소 효양을 하게 되었습니다."

이로부터 동산이 입실을 허락하여 대중 가운데서 우두머리가 되었다.

처음에 삼봉三峰에 있을 때에는 그 덕화가 넓지 못하더니, 나중에 운거산雲居山에 살기 시작하면서 사부대중이 구름같이 모였다.

어느 날 상당해서 옛사람이 '지옥의 고통은 아직 괴로움이 아니고, 이 가사袈裟 밑에서 큰일을 밝히지 못하고 죽는 것이 가장 괴롭다'고 한 말을 들고서 대중에게 말했다.

"그대들이 이미 이러한 수행의 무리에 있다. 10분의 9를 버렸더라도 많다고 생각지 말고 다시 작은 힘이라도 써야만 그대들의 평생 행각을 욕되지 않게 하고 총림을 저버리지 않는 것이리라. 옛사람이 말하기를 '이 일을 보임保任하고 싶다면 모름지기 높고 높은 산 정상에 서고, 깊고 깊은 물 밑으로 다녀야 비로소 조그마한 기력이 있는 것이다'라고 하였으니, 그대들이 이 일을 끝내지 못했다면 모름지기 현묘한 길을 밟아 나가야 한다."

어떤 스님이 물었다.

"어떤 것이 사문이 소중히 여겨야 할 바입니까?"

"심식心識이 이르지 못할 곳이니라."

"부처와 조사는 어떤 계급이 있습니까?"

"둘 다 계급이다."

"어떤 것이 서쪽에서 오신 뜻입니까?"

"옛 길에서 사람들을 만나지 않았느니라."

가관可觀 상좌上座가 물었다.

"표식도 과녁도 없으니, 스님께서 빨리 지도해 주십시오."

"바로 지금 어떠한가?"

"말하라면 없지는 않으나, 말하지 않는 것이 낫겠습니다."

"어찌 그대뿐이겠는가?"

"어떤 것이 구결口訣입니까?"

"가까이 오라. 그대에게 말해 주리라."

스님이 다가가서 말했다.

"말씀해 주십시오."

"알았다, 알았어."

대사가 효자손〔癢和〕을 던지면서 물었다.

"대중은 알겠는가?"

대중이 대답했다.

"모르겠습니다."

"참새 쫓는 물건도 모르는가?"

"어찌하여야 화상을 괴롭히지 않겠습니까?"

"처덕(處德 : 사람 이름)을 내게로 불러다오."

그 스님이 가서 불러오니, 대사가 말했다.

"문을 닫아다오."

"마조馬祖는 88인의 선지식을 내었는데, 화상은 몇 사람을 내었습니까?"

대사가 손을 펴서 보였다.

"어떤 것이 향상인向上人이 밟아 나갈 곳입니까?"
"천하태평天下太平이니라."
"놀러 나간 자식이 돌아올 때에는 어떠합니까?"
"돌아오니 반갑다."
"무엇을 바칩니까?"
"아침에 3천 번, 저녁에 8백 번 때린다."
대사가 대중에게 말했다.
"좋은 사냥개는 자취만을 잘 찾을 줄 아니, 홀연히 영양羚羊이 뿔을 걸고 있으면 자취만이 아니라 숨소리도 모른다."
어떤 스님이 물었다.
"영양이 뿔을 걸었을 때에는 어떠합니까?"
"6·6이 36이니라."
대사가 또 말했다.
"알겠는가?"
"모릅니다."
"자취가 없다고 하지 않았는가?"〔어떤 스님이 조주趙州에게 말하니 조주가 말하기를 "운거雲居 사형은 오직 있었구나"라고 하였다. 그 스님이 다시 묻기를 "영양이 뿔을 걸었을 때에는 어떠합니까?"라고 하니, 조주가 대답하기를 "6·6이 36이니라"라고 하였다.〕

대중이 밤에 법문을 청하러 모였는데, 시자가 등불을 가지고 오니 그림자가 벽에 비쳤다. 이에 어떤 스님이 물었다.
"두 개가 서로 같을 때에는 어떠합니까?"
"하나는 그림자이다."
"학인이 고향으로 돌아가고자 할 때에는 어떠합니까?"

"단지 그것뿐이다."

신라新羅의 스님이 물었다.
"불타파리佛陀波利가 문수를 보고서 왜 돌아갔습니까?"
"다만 갖고 오지 않았기 때문에 돌아갔을 뿐이다."

대사가 대중에게 말했다.
"불법을 배우는 사람은 못을 끊고 쇠를 자르는 기질이라야 한다."
이때에 어떤 스님이 나서서 물었다.
"화상의 못과 무쇠를 주십시오."
"입 속의 것은 무엇인가?"

어떤 스님이 물었다.
"경전에 말하기를 '이 사람은 전생의 죄업으로 의당 악도에 떨어질 것이라서 지금 사람들에게 경멸을 받는다'고 하니, 이 뜻이 무엇입니까?"
"움직이면 악도에 떨어지고, 고요하면 남에게 천대를 받는다."
〔숭수崇壽 조稠가 말하기를 "마음 밖에 법이 있다 하면 악도에 떨어지고 자기의 본분만을 지키면 남에게 업신여김을 받는다"고 하였다.〕
"향적세계香積世界의 밥은 누가 먹을 수 있습니까?"
"먹는 사람은 입에 들어가도 모름지기 끌어내야 함을 알아야 한다."

어떤 스님이 방 안에서 경을 염念하는데, 대사가 창 밖에서 물었다.

"그대가 염念하는 것이 무슨 경인가?"

"『유마경維摩經』입니다."

"『유마경』을 물은 것이 아니라, 염念하는 것이 무슨 경인가?"

그 스님이 이로부터 깨달았다.

어떤 스님이 물었다.

"외로이 아득하고 우뚝할 때는 어떠합니까?"

"외로이 아득하고 우뚝하니라."

"잘 모르겠습니다."

"눈앞에 있는 안산案山도 모르는가?"

신라의 스님이 물었다.

"무엇이기에 그렇게 말하기가 어렵습니까?"

"말하기 어려울 것이 무엇인가?"

"화상께서 말씀해 주십시오."

"신라新羅, 신라이니라."

"눈 밝은 사람이 왜 칠漆처럼 검습니까?"

"괴이할 것이 무엇인가?"

형남荊南 절도사節度使 성예成汭가 대장으로 하여금 공양거리를 가지고 산으로 보내면서 그 편에 물었다.

"세존께서는 비밀한 말씀을 하셨고, 가섭은 숨기지 않았다는데, 어떤 것이 세존의 비밀한 말씀입니까?"

대사가 불렀다.

"상서尙書여."

그 사람이 대답하니 대사가 말했다.

"알겠는가?"

"모르겠습니다."

"그대가 모른다면 세존께서는 비밀한 말씀을 하셨고, 그대가 알면 가섭이 숨기지 않았느니라."

어떤 스님이 물었다.

"갓난아기는 왜 아무것도 모릅니까?"

"같이 나지 않았기 때문이니라."

"나기 전에 어떠합니까?"

"멸한 적이 없느니라."

"나기 전에는 어느 처소에 있었습니까?"

"처소는 있으나 거두어지지 않는다."

"어떤 사람이 멸함을 받습니까?"

"멸할 수 없는 자이니라."

대사가 대중에게 말했다.

"그대들 스님들은 말을 하거나 기염을 토하려면 반드시 까닭이 있어야 하고, 무릇 일을 물을 때에는 모름지기 좋고 나쁨, 높고 낮음, 귀하고 천함을 알아야 한다. 멋대로 지껄여서는 이익이 없거늘 가는 곳마다 옆집의 비슷한 말만을 찾는다. 그래서 평상시에 항상 그대들에게 말하기를 '비슷하지 않다고 걱정하지 말라'고 한 것이니, 똑같이 배운 것이 너무 많을까 걱정하기 때문이다. 첫째로 갖고 오지를 말라. 갖고 오면 비슷하지 않다. 팔십 먹은 노인이 과거를 보러 가는 것은 아이들의 장난이 아니다. 한마디가 차이가 나면 천 리나 만 리나 어긋나서 거두기가 어려우니, 곧바로 뼈를 깨뜨려서 골수를 꺼내야 모름지기 유래가 있고, 언어가 가위처럼 서로 맞물려서 끊이지 않아야 비로소 옳다. 가지가지마다 갖추고, 물건 물건마다 새로우니, 이 정밀함으로 묘함을 얻는 일이 아니겠는가?

그대에게 말하나니, 앎이 있는 이는 끝내 차례를 따르지 않기에 열 차례를 말하려 하다가도 아홉 차례를 쉰다. 왜 그렇겠는가? 이익이 없을까 걱정하기 때문이다. 바로 체득한 사람은 마음이 섣달의 부채〔臘月扇〕와 같아서 입가에 다만 곰팡이가 피어날 뿐이지만, 이것은 그가 억지로 그런 것이 아니라 자연히 그러한 것이다. 이러한 일을 얻고자 하면 모름지기 이러한 사람이라야 하나니, 이미 이러한 사람이라면 어찌 이러한 일을 근심하랴? 부처의 변사邊事를 배운다는 것은 마음을 잘못 쓴 것이니, 설사 천 권의 경전과 만 권의 논論을 알고, 강의할 때 하늘에서 꽃이 떨어지고 돌이 고개를 끄덕인다 하여도 자기의 일과는 전혀 관련이 없거늘, 하물며 그 밖의 것이 무슨 용처用處가 있겠는가? 만일 유한有限한 심식心識으로 무한無限 속의 작용을 지으면 마치 모난 나무를 둥근 구멍에 맞추는 것과 같아서 상당히 어긋난다. 설사 꽃과 비단을 모아서 일마다 모두 완성하고 또 온갖 일을 다 할지라도 다만 일 마친 사람이요 허물없는 사람이라고 불릴 뿐이지, 끝내 존귀하다고는 부르지 않을 것이다. 장차 존귀함의 변두리라도 안다면 어떤 물건을 덧붙이겠는가? 보지 못했는가? 문으로 들어오는 것은 보배가 아니고, 방망이 위에서는 용을 이루지 못한다고 한 것을."

대사가 이와 같이 30년 동안 깊고 묘한 진리를 강설하니, 무리들이 항상 1천5백 명에 이르러서 남창南昌 주씨周氏가 더욱 그 기풍을 흠모했다.

당나라 천복天復 원년 가을에 병이 나더니, 12월 28일에 대중에게 마지막 방편을 열어서 세상을 벗어나는 일의 시작과 마지막의 뜻을 펴니, 대중이 모두 처연해 했다. 이듬해 정월 3일에 가부좌를 맺고 입적하니, 지금도 본산本山에는 영당影堂이 남아 있다. 시호는 홍각弘覺 대사라 하였고, 탑호는 원적圓寂이라 하였다.

무주撫州 조산曹山 본적本寂 선사

그는 천주泉州 포전莆田 사람으로서 성은 황黃씨이다. 어릴 적에는 유학儒學을 흠모하다가 19세에 출가하여 복주福州의 복당현福唐縣에 있는 영석산靈石山으로 들어가서 25세에 구족계를 받았다.

당나라 함통咸通 초엽에는 선종禪宗이 융성하였다. 때마침 동산洞山 양개良价 선사가 도량에 머물러 있어서 법을 물으러 갔는데, 동산이 그에게 먼저 물었다.

"그대의 이름이 무엇인가?"

"본적本寂입니다."

"위로 향하는 뜻으로 다시 말해 보라."

"말할 수 없습니다."

"어째서 말하지 못하는가?"

"본적이라고 이름 짓지 못하니까요."

동산이 깊이 그를 그릇〔器〕으로 여겼다. 이로부터 대사는 동산께 입실하여 이해한 바를 인가 받고, 그 주변을 서성거리기 몇 해만에 동산을 하직하니, 동산이 물었다.

"어디로 가려는가?"

"변하지 않는 곳으로 갑니다."

"변하지 않는다면 어찌 간다는 것이 있겠는가?"

"가더라도 변하지는 않습니다."

그리고는 이내 하직하고 떠나서 인연 따라 방랑하였다. 처음에는 청을 받아서 무주撫州의 조산曹山에 머물다가 나중에는 하옥산荷玉山에 살았는데, 두 곳의 법석에 배우는 자들이 구름같이 모였다.

어떤 이가 물었다.

"만 가지 법과 짝이 되지 않는 이는 누구입니까?"

대사(본적)가 대답했다.

"그대는 홍주洪州에 있던 많은 사람들이 어디로 갔다고 여기는가?"

"눈썹과 눈이 서로 압니까?"

"서로 모른다."

"어째서 서로 알지 못합니까?"

"한 곳에 같이 있기 때문이다."

"그렇다면 분간치 못하겠군요."

"그러나 눈썹은 눈이 아니니라."

"어떤 것이 눈입니까?"

"분명〔端的〕한 것이니라."

"어떤 것이 눈썹입니까?"

"나도 의심이 난다."

"화상께서는 왜 의심을 하십니까?"

"의심하지 않는다면 분명할 것이다."

"모습에서는 무엇이 참입니까?"

"모습 그대로가 참이니라."

"어떻게 드러내야 합니까?"

대사가 탁자(托子 : 찻상)를 번쩍 들었다.

"허깨비의 근본은 무엇이 참됩니까?"

"허깨비의 근본은 원래 참되니라."〔법안法眼이 따로 말하기를 "허깨비의 근본은 참되지 않다"라고 하였다.〕

"허깨비이거늘 어떻게 드러냅니까?"

"허깨비 그대로를 드러내느니라."〔법안이 따로 말하기를 "허깨비는 그대로라 할 것이 없다"라고 하였다.〕

"그렇다면 시종일관 허깨비를 여의지 않았겠습니다."

"허깨비의 모습을 도저히 찾을 수 없느니라."

"어떤 것이 항상 존재하는 사람입니까?"

"내가 잠시 외출한 틈을 만났구나."

"어떤 것이 항상 존재하지 않는 사람입니까?"

"그런 이는 얻기 어렵다."

청예淸銳라는 스님이 와서 물었다.

"저는 외롭고 가난하니, 스님께서 구제해 주십시오."

"예銳 사리闍梨야, 이리 가까이 오너라."

청예 사리가 가까이 다가서자, 대사가 말했다.

"천주泉州 백씨 댁에서 술 석 잔을 주었는데, 아직 입술도 적시지 않았는가?"〔현각玄覺이 말하기를 "그에게 술을 준 곳은 어딘가?"라고 하였다.〕

"망설이는 것이 어찌 류類가 아니겠습니까?"

"설사 망설이지 않는다 해도 역시 류類이다."

"어떤 것이 다른 종류입니까?"

"감각〔痛痒〕이 없는 것들이 아니겠는가."

경청鏡淸이 물었다.

"맑고 텅 빈 이치〔理〕가 끝내 몸이 없을 때에는 어떠합니까?"

"이치는 그렇다 치고 현실〔事〕은 어떠한가?"

"이치 그대로가 현실입니다."

"조산曹山의 한 사람쯤은 속이기 쉬우나, 온갖 성인의 눈이야 어찌하겠는가?"

"만일 온갖 성인의 눈이 없다면 어찌 그렇지 않음을 비추겠습니까?"

"법으로는 바늘 끝도 통하지 않지만, 사사롭게 수레와 말이 드나든다."

운문雲門이 물었다.

"고쳐지지 않는 사람이 왔는데, 스님께서 지도해 주시겠습니까?"

대사가 대답했다.

"조산曹山에는 그렇게 한가로운 공부를 하는 사람이 없다."

"옛사람이 말하기를 사람마다 모두 제자가 있다고 하는데, 전란이 났을 때도 있습니까?"

대사가 그에게 "손을 내밀어라" 하고는, 그의 손가락을 하나하나 가리키면서 말했다.

"하나 · 둘 · 셋 · 넷 · 다섯이 찼구나."

"노조(魯祖 : 보운 선사)께서 벽을 향해 앉은 것은 무엇을 표현한 것입니까?"

대사가 손으로 귀를 막았다.

"듣건대 옛사람이 말하기를 '누구든지 땅에 쓰러지면 땅으로 인하여 일어나지 않는 이가 없다'고 하였는데, 어떤 것이 쓰러지는 것입니까?"

"긍정하는 바로 그것이니라."

"무엇이 일어나는 것입니까?"

"일어났구나."

"경전에 말하기를 '커다란 바다는 시체를 묵혀 두지 않는다'고 하였는데, 어떤 것이 바다입니까?"

"만유萬有를 포함하는 것이다."

"어째서 시체를 묵혀 두지 않습니까?"

"호흡〔氣〕이 끊어진 자는 붙지 못하기 때문이다."

"이미 만유를 포함한다면서 왜 호흡이 끊긴 자는 붙지 못합니까?"

"만유는 공덕이 아니요, 호흡이 끊긴 자라야 공덕이 있느니라."

"향상向上에도 또한 일〔事〕이 있습니까?"

"있다고 하든 없다고 하든 무방하지만, 용왕이 칼을 어루만지는 것은 어찌하겠는가?"

"어떤 지혜를 갖추어야 대중의 어려운 물음에 잘 맞추어 대답합니까?"

"말을 드러내지 않는 것이다."

"묻고 따지는 것은 무엇입니까?"

"칼이나 도끼로 쪼개도 들어가지 않느니라."

"그렇게 묻고 따지는데도 긍정하지 않을 사람이 있겠습니까?"

"있다."
"어떤 사람입니까?"
"나〔曹山〕다."

어떤 이가 물었다.
"말이 없을 때에는 어떻게 드러냅니까?"
"그 속에서 드러내지 말라."
"어디서 드러내오리까?"
"지난밤 3경更에 평상 머리에서 돈 세 닢을 잃었느니라."
"해가 뜨기 전에는 어떠합니까?"
"나도 진작부터 이렇게 왔다."
"해가 뜬 뒤에는 어떠합니까?"
"그래도 나는 보름 동안 갈 길〔半月程〕이 남았다."

대사가 어떤 스님에게 물었다.
"무엇을 하는가?"
"마당을 씁니다."
"부처님 앞을 쓰는가, 부처님의 뒤를 쓰는가?"
"앞과 뒤를 한꺼번에 씁니다."
"나에게 짚신이나 갖다다오."

대사가 강덕彊德 상좌에게 말했다.
"보살이 선정에 있으면 코끼리가 강 건너는 소리를 듣는다는 말이 어느 경전에 있는 법문인가?"
"『열반경』에 있습니다."

"선정 이전에 듣는가, 선정 이후에 듣는가?"

"화상께서 떠내려가십니다."

"이르기는 힘차게 일렀다만 이제야 절반을 얻었다고 할 수 있다."

"화상께서는 어떠하십니까?"

"여울 밑에서 건져다오."

"학인이 하루 종일 어떻게 보임保任해야 합니까?"

"마치 독기 있는 마을을 지난 것 같아서 물 한 방울도 젖지 않느니라."

"어떤 것이 법신法身의 주인입니까?"

"이곳〔秦〕에는 사람이 없다는 말이다."

"그것이면 문득 옳지 않겠습니까?"

"목을 벤다."

"어떤 도반道伴을 가까이하여야 듣지 못하던 것을 항상 들을 수 있습니까?"

"한 이불을 같이 덮는 사람이니라."

"그것은 역시 화상에게 들은 것이죠. 어떤 것이 듣지 못한 것을 항상 듣는 것입니까?"

"목석木石과는 다르니라."

"어느 것이 앞에 있고, 어느 것이 뒤에 있습니까?"

"듣지 못하는 것을 항상 듣는다고 말하는 것을 보지 못했는가?"

"나라 안에서 칼을 빼 들은 이가 누구입니까?"

"나〔曹山〕다."〔법등法燈이 따로 말하기를 "그대는 그런 사람이 아니다"라고 하였다.〕

"누구를 죽이려 했습니까?"

"그저 일체를 몽땅 죽인다."

"갑자기 본래의 부모를 만나면 어찌합니까?"

"무엇을 가리겠는가?"

"자기는 어찌하겠습니까?"

"누가 나를 어찌하겠는가?"

"왜 죽이지 못합니까?"

"손댈 곳이 없느니라."

"한 마리의 소가 물을 마시는데 다섯 마리의 말이 울지 않을 때는 어떠합니까?"

"나는 입 다무는 법을 알고 있다."

또 말했다.

"나, 조산은 효성이 극진하다."

"항상 생사의 바다 속에 있다고 하였는데, 빠진 이가 누구입니까?"

"둘째 달〔第二月〕이니라."

"벗어나기를 구해야 합니까?"

"벗어나서 여의기를 구하지만 길이 없다."

"벗어난다면 누가 그를 제접합니까?"

"무쇠 칼〔鐵枷〕을 멘 사람이니라."

어떤 스님이 와서 약산의 일화를 들면서 물었다.

"약산이 어떤 스님에게 묻기를 '그대는 몇 살인가?' 하니, 스님이 대답하기를 '72살입니다'라고 하고, 약산이 다시 묻기를 '나이가 72세란 말이지' 하니, 스님이 대답하기를 '그렇습니다'라고 하자, 약산이 문득 때렸는데, 이 뜻이 무엇입니까?"

대사가 대답했다.

“앞의 화살은 그나마 쓸 만하더니, 나중의 화살은 사람에게 깊이 박혔구나.”

“어찌하여야 방망이를 면하겠습니까?”

“바른 칙명勅命이 시행된 뒤에는 제후들이 길을 피한다.”〔동선東禪 제齊가 말하기를 “조산曹山은 약산藥山의 뜻을 알고서 손을 내민 것인가, 아니면 다른 도리가 있는가 판단해 보라. 저 스님이 조산에게 이야기하고 물었을 때에 그가 알아들을 만한 곳이 있었던가? 홀연히 그에게 묻기를, ‘그대는 몇 살인가?’ 하였더라면 그는 따로 어떤 대답을 했을까?”라고 하였다.〕

“어떤 것이 불법의 대의입니까?”

“구덩이를 메우고 골짜기를 채우느니라.”

“어떤 것이 사자입니까?”

“뭇 짐승이 가까이 가지 못하느니라.”

“어떤 것이 사자 새끼입니까?”

“부모도 능히 잡아먹는다.”

“이미 뭇 짐승이 가까이 가지 못하는데, 어째서 새끼에게 잡혀먹힙니까?”

“새끼가 울부짖으면 조부모까지도 함께 다하느니라.”

“조부모도 다한단 말입니까?”

“역시 다한다.”

“다한 뒤에는 어떠합니까?”

“온몸이 아버지에게로 돌아간다.”

“아까는 왜 조부까지 다한다고 하셨습니까?”

“듣지 못했는가? ‘왕자王子가 능히 한 나라의 일을 이루니, 마른

나무 위에서 약간의 꽃들을 다시 딴다'고 했느니라."

"잠깐이라도 옳고 그름이 있어서 어지러이 마음을 잃을 때는 어떠합니까?"

"목을 벤다, 목을 벤다."

어떤 스님이 와서 향엄香嚴의 일화를 다음과 같이 이야기했다.

"어떤 사람이 향엄에게 묻기를 '어떤 것이 도입니까?' 하니, 향엄이 대답하기를 '마른나무 속에서 용龍이 운다'고 하였습니다. 그 사람이 다시 '잘 모르겠습니다'라고 하니, 향엄이 대답하기를 '해골바가지 속의 눈동자이니라'라고 하였습니다. 그 사람이 나중에 석상石霜에게 가서 묻기를 '어떤 것이 마른나무 속에서 용이 우는 것입니까?' 하니, 석상이 말하기를 '아직도 기쁨을 띠고 있구나'라고 하였으며, 그가 다시 '어떤 것이 해골바가지 속의 눈동자입니까?'라고 물으니, 석상이 대답하기를 '아직도 식識을 띠고 있구나'라고 하였습니다."

대사가 이 이야기를 듣고 게송을 말했다.

마른나무에서 용이 우니 참으로 도를 보고
해골바가지에 식識이 없으니 눈은 애초에 밝네.
기쁨과 식識이 다할 때에 소식이 다한다면
그 사람은 어떻게 흐림 속의 맑음을 가려내랴.

枯木龍吟眞見道　　髑髏無識眼初明
喜識盡時消不盡　　當人那辨濁中淸

이 게송을 듣자, 그 사람이 다시 대사에게 물었다.

"어떤 것이 마른나무 속에서 용이 우는 것입니까?"

"혈맥이 끊이지 않는 것이니라."

"어떤 것이 해골바가지 속의 눈동자입니까?"

"다 마르지 않은 것이니라."

"그런 말을 들은 이가 있겠습니까?"

"온 누리에서 듣지 못한 이는 아무도 없느니라."

"용이 운다는 것은 어떤 장구章句입니까?"

"무슨 장구인지는 알지 못하나 듣는 이는 모두 상실한다."

대사는 이와 같이 상근기를 깨우치되 그 자취를 찾을 수 없게 하더니, 동산洞山의 오위전량五位銓量을 받은 뒤로는 특별히 총림의 표준으로 삼았다.

당시 홍주洪州의 종씨鍾氏가 자주 청했지만 일어나지 않고, 오직 대매大梅 화상의 산거송山居頌 한 수만을 써서 대답했다.

천복天復 신유辛酉의 늦여름, 어느 날 밤에 소임 맡은 스님에게 물었다.

"오늘이 며칠이냐?"

"6월 15일입니다."

"나는 일생 동안 행각을 하면서 간 곳마다 90일을 한 철로 삼고 살았다."

이튿날 아침에 입적하니, 수명은 62세이고 법랍은 37세였다. 문인門人이 사리〔眞骨〕을 거두어 탑을 세웠다. 시호는 원증元證 대사요, 탑호는 복원福圓이었다.

동산洞山 도전道全 선사〔제2세 주지이니, 중동산中洞山이라고 도 한다.〕

처음에 동산洞山 양개良介 화상에게 물었다.

"어떤 것이 세상을 벗어나 여의는 요체입니까?"

동산이 대답했다.

"그대〔闍梨〕의 발밑에서 연기가 나는구나."

대사가 당장에 깨달아 다시는 다른 곳으로 가지 않았다.〔운거雲居 응진膺進이 말하기를 "화상께서 말씀하신 '발밑에서 연기가 난다'는 말씀을 끝내 저버리지 않겠습니다"라고 하니, 동산이 말하기를 "걸음마다 현묘함을 얻는 이는 공력이 이른 것이다"라고 하였다.〕

동산 화상이 입적한 뒤에 대중이 그의 뒤를 이으라고 청해서 주지가 되니, 바닷물같이 많은 대중이 기꺼이 복종하여서 현묘한 기풍이 전혀 실추되지 않았다.

어떤 스님이 물었다.

"부처님께서 왕궁에 드신 것이 어찌 큰 성인께서 다시 오신 것이 아니겠습니까?"

"호명護明보살이 하생下生한 것은 아니니라."

"이미 큰 성인이 다시 오셨다면, 어찌하여 다시 6년 동안 고행을 하셨습니까?"

"허깨비 사람이 허깨비 일을 한 것이로다."

"허깨비가 아닌 자는 어떠합니까?"

"왕궁에서 찾아도 찾을 수 없다."

"청정행淸淨行을 수행한 자가 열반에 들지 못하고, 파계한 비구가 지옥에 들지 않는다고 하는데, 무슨 뜻입니까?"

"제도를 다해서 그림자도 남기지 않으니, 그는 도리어 열반도 초월한다."

"눈에 가득한 천 리 길이 어떤 가풍과 모범입니까?"

"그대의 가풍과 모범이니라."

"그러면 화상의 가풍과 모범은 어떠합니까?"

"바사(婆娑 : 토인의 인형)의 눈을 펴지 않는다."

호남湖南 용아산龍牙山 거둔居遁 선사

그는 무주撫州 남성南城 사람으로서 성은 곽郭씨이다. 나이 14세에 길주吉州의 만전사滿田寺에서 스님이 되었다가, 나중에 숭악嵩嶽에 가서 계를 받고 여러 선방을 찾아 주장자를 짚고 돌아다녔다.

처음에 취미翠微 화상을 뵙고 물었다.

"학인이 화상의 회상에 온 지 한 달이 지났는데, 화상께서는 매일 상당하면서도 한 법도 보여 주시지 않으니, 무슨 까닭입니까?"

취미가 대답했다.

"무엇을 의심하는가?"〔어떤 스님이 앞의 이야기를 들어 동산洞山에게 물으니, 동산이 말하기를 "그대는 무엇을 나에게 괴이하게 여기는가?"라고 하였다. 법안法眼이 따로 말하기를 "조사께서 오셨다"라고 하였다. 동선東禪 제齊가 말하기를 "이 세 존숙의 말에 친소親疎가 있는가? 있다면 어디가 친한가? 없다면 친소의 안목은 어디다 두었겠는가?"라고 하였다.〕

또 덕산德山을 뵙고 물었다.

"멀리서는 덕산의 한 구절 불법을 들었는데, 곁에 와서 보니 화상의 한 구절의 설법도 볼 수 없습니다."

덕산이 대답했다.

"무엇을 의심하는가?"

대사는 이 말을 긍정하지 않고 바로 동산으로 가서 앞과 같이 물으니, 동산이 대답했다.

"어찌하여 나를 괴이하게 여기는가?"

대사는 다시 덕산에서 있었던 일을 이야기하고, 이어 스스로 허물을 깨달았다. 마침내 동산에 머물면서 대중을 따라 묻고 배웠다.

어느 날 이렇게 물었다.

"어떤 것이 조사의 뜻입니까?"

동산이 대답했다.

"동산의 물이 거슬러 흐르거든 그대에게 말하리라."

대사가 이때부터 불법의 깊은 뜻을 깨달아서 다시 제자의 예로 섬기기를 8년 만에 호남湖南에 있는 마씨馬氏의 청을 받아 용아산龍牙山 묘제선원妙濟禪苑에 가서 사니, 호는 증공證空 대사였다. 5백 명의 무리가 모였는데 법을 얻지 못한 이가 없었다.

어느 날 상당하여 대중에게 보였다.

"불법을 배우려는 사람은 부처도 조사도 모두 뚫고 지나가야 한다. 신풍新豊 화상이 말하기를 '부처님도 조사도 모두 원수의 집안인양 여겨야 비로소 배울 자격이 있다'고 하였으니, 만일 부처와 조사의 벽을 뚫고 지나지 못하면 부처와 조사에게 속임을 당하리라."

이때에 어떤 스님이 물었다.

"조사와 부처가 사람을 속이려는 마음이 있습니까?"

"그대는 강과 호수들이 사람을 막으려는 마음이 있다고 여기는가?"

그리고는 또 말했다.

"강과 호수는 비록 사람을 막으려는 마음이 없으나, 사람들이 지나갈 수 없기 때문에 강과 호수가 사람을 가로막게 된 것이므로 강호江湖가 사람을 가로막지 않는다고는 할 수 없다. 조사와 부처는 비록 사람을 속이려는 마음이 없으나, 사람이 뚫고 지나지 못하므로 조사와 부처가 사람을 속이게 된 것이므로 조사와 부처가 사람을 속이지 않는다고는 말할 수 없다. 만일 조사와 부처를 뚫고 지나면 이 사람은 조사와 부처를 초월한 것이니, 비로소 조사와 부처의 뜻을 체득하여 향상向上의 옛사람과 같게 되리라. 만일 뚫고 지나지 못하고 그저 부처를 배우거나 조사를 배운다면, 만 겁을 지나도 기약할 수가 없다."

또 어떤 이가 물었다.

"어찌하여야 조사와 부처의 속임을 받지 않습니까?"

"모름지기 스스로가 깨달아야 한다."

대사가 취미에 있을 때에 취미 화상에게 물었다.

"어떤 것이 조사의 뜻입니까?"

취미가 말했다.

"나에게 선판禪板을 갖다다오."

대사가 선판을 갖다 주니, 취미가 받아 가지고는 대사를 때렸다. 이에 대사가 말했다.

"때리기는 화상 마음대로 때리지만 조사의 뜻은 없습니다."

또 임제臨濟에게 가서 물었다.

"어떤 것이 조사의 뜻입니까?"

임제가 말했다.

"나에게 방석〔蒲團〕을 갖다 주시오."

대사가 방석을 갖다 주니, 임제가 받아 가지고는 대사를 때렸다. 이에 대사가 말했다.

"때리기는 화상 마음대로 때리지만 조사의 뜻은 없습니다."

나중에 어떤 스님이 대사에게 와서 물었다.

"화상께서 행각하실 때에 두 존숙에게 조사의 뜻을 물으셨다는데, 두 존숙의 도안道眼이 밝았습니까?"

대사가 대답했다.

"밝기는 밝더라마는 조사의 뜻은 없었다."〔동선東禪 제齊가 말하기를 "대중 가운데서 말하기를 불법은 있으나 조사의 뜻이 없다 하니, 이렇게 알아서야 무슨 쓸모가 있으랴? 그렇다고 조사의 뜻이 없다는 이치를 달리 어떻게 이해해야 하는가?"라고 하였다.〕

어떤 이가 물었다.

"어떤 것이 도입니까?"

"다른 사람과 다르지 않은 마음이 그것이니라."

또 말했다.

"만일 어떤 사람이 다른 사람과 다르지 않은 마음을 체득했다고 한다면 비로소 도인이다. 만일 이것이 말뿐이라면 아무 관련이 없다.

도자(道者 : 수행자)여, 그대들은 완전한 도인道人을 아는가? 하루 종일 옷 입고 밥 먹는 일을 제외하고는 털끝만큼도 다른 사람과 다른 마음이 없고 사람을 속이려는 마음이 없어야 그가 비로소 도인이다. 만일 내가 얻었다거나 내가 알았다고 하면, 전혀 교섭할 길이 없으니 매우 어려운 일이니라."

어떤 이가 물었다.

"어떤 것이 조사께서 서쪽에서 오신 뜻입니까?"

대사가 대답했다.

"석오구(石烏龜 : 돌 거북)가 말을 하거든 그대에게 말하리라."

"석오구가 말을 합니다."

"그대에게 뭐라 하던가?"

"옛사람이 무엇을 얻었기에 문득 쉬었습니까?"

"도적이 빈방에 든 것 같으니라."

"무변신보살無邊身菩薩은 어째서 여래의 정수리를 보지 못했습니까?"

"그대는 여래에게 정수리가 있다고 말하는 것인가?"

"대유령大庾嶺 마루에서 들어도 들리지 않을 때에는 어찌합니까?"

"6조는 어떻게 가지고 갔는가?"

"쥐 두 마리가 등 넝쿨을 침범할 때에는 어찌합니까?"

"몸을 숨길 곳이 있어야 한다."

"어떤 것이 몸을 숨길 곳입니까?"

"내 집을 본 일이 있는가?"

"유마 거사가 손바닥으로 세계를 받쳤다고 하는데, 유마는 어디에 섰었습니까?"

"도사여, 그대는 유마가 손바닥으로 세계를 받쳤다고 여기는가?"

"앎이 있는 이도 생사가 있습니까?"

"흡사 그대가 깨닫기 전과 같다."

"어떤 것이 서쪽에서 오신 뜻입니까?"

"그 하나의 물음이 가장 괴롭다."〔보자報慈가 말하기를 "이 한 물음이 가장 좋구나"라고 하였다.〕

"조사의 뜻과 교리의 뜻이 같습니까, 다릅니까?"

"조사는 나중에 오신 분이다."

"조사는 일 없는 사문입니까?"

"사문이라면 일이 없을 수 없다."

"어째서 일이 없을 수 없습니까?"

"한 개를 찾아도 얻기 어렵다."

"두꺼비〔蟾蜍〕에게는 반조返照의 빛이 없고, 옥토끼〔玉兎〕가 달을 짝으로 삼을 뜻이 없을 때는 어떠합니까?"

"요순堯舜 임금의 덕화가 아직도 남았다."〔동선東禪 제齊가 말하기를 "이것이 무슨 문안인가? 그대들을 하루에 다 견주건대, 이것은 어느 시각에 하는 인사에 해당하는가?"라고 하였다.〕

"어찌하여야 이 몸이 안락합니까?"

"다른 몸〔別身〕에 속지 않아야 된다."〔법안法眼이 따로 말하기를 "누가 그대를 괴롭히기라도 하던가?"라고 하였다.〕

대사는 양梁나라 용덕龍德 3년 계미(癸未, 933) 8월에 경미한 병이 났고, 그해 9월 13일 밤중에 큰 별이 방장 앞에 떨어지는 일이 있었는데, 이튿날 아침에 단정히 앉아 입멸하니 수명은 89세였다.

경조京兆 화엄사華嚴寺 휴정休靜 선사

대사가 일찍이 낙보樂普 화상의 휘하에서 유나維那 소임을 맡았을 때에 종을 쳐 울력〔普請〕을 알리면서 말했다.

"상간(上間 : 윗목)의 스님은 나무를 나르고, 하간(下間 : 아랫목)의 스님은 김을 매시오."

이때에 제1 상좌가 물었다.

"성승聖僧[2]은 무엇을 합니까?"

대사가 대답했다.

"방 안에서도 바로 앉지 못하니, 양쪽 어디에도 속하지 못하오."

대사가 동산에 있을 때에 물었다.

"학인이 이치의 길〔理路〕을 보지 못했으므로 미혹한 마음〔情識〕을 면치 못했습니다."

동산이 대답했다.

"그대는 이치의 길을 보기는 했는가?"

"보는 것〔見〕에는 이치의 길이 없습니다."

"어디서 미혹한 마음〔情識〕을 얻었는가?"

"제가 묻고자 하는 일입니다."

"그렇다면 모름지기 만 리 밖에 한 치의 풀도 없는 곳에서 서 있어야 한다."

"한 치의 풀도 없는 곳에서 서는 것을 허락할까요?"

"곧장 그렇게 가라."

대사가 나무를 나르는데, 동산이 나무 단을 꼭 붙들고 물었다.

"좁은 길에서 서로 만났을 때에는 어찌하는가?"

"엎치락뒤치락하니 얼마나 다행입니까?"

동산이 다시 말했다.

"그대는 내 말을 명심하라. 그대가 남쪽으로 가서 살면 천 명의

---

2 큰방에 모신 문수文殊의 등상을 의미한다.

무리가 있고, 북쪽으로 가서 살면 2·3백 명뿐이니라."

대사가 처음에 복주福州 동산東山에 있는 화엄사華嚴寺에 살다가 오래지 않아 후당後唐의 장종莊宗 황제의 부름을 받아서 현묘한 기풍을 크게 드날렸으니, 그때의 무리는 3백 명이었다.

어떤 이가 물었다.

"조사의 뜻과 교리의 뜻이 같습니까, 다릅니까?"

대사가 대답했다.

"용궁에 간직한 3장藏을 다 뒤져도 뭇 이치는 다 말하지 못한다."

"크게 깨달은 사람이 어째서 다시 미혹합니까?"

"깨진 거울은 거듭 비추지 못하고, 떨어진 꽃은 다시 가지에 붙지 않는다."

"대군大軍이 천왕天王에게 재齋를 마련해서 승리를 빌고, 적군도 천왕에게 재를 마련해서 승리를 빌면, 천왕은 누구의 소원을 이루어 줍니까?"

"하늘이 비를 내릴 때에는 초목의 무성함과 말라죽음을 가리지 않는다."

어느 날 어가[車駕]의 행차가 절에 이르러 향을 피웠다. 황제가 물었다.

"이것은 어느 신神이오?"

"호법선신護法善神입니다."

"불법이 사태沙汰를 당할 때에는 어디를 갔었는가?"

"하늘이 비를 내리는 것은 초목의 무성함과 말라죽음을 가리지 아닙니다."

나중에 대사는 하삭河朔 지방을 왕래하다가 평양平陽에서 입적했는데, 다비하여 얻은 사리로 네 곳에 부도浮圖를 세웠으니, 첫째는 진주晋州요, 둘째는 방주房州요, 셋째는 종남산終南山 소요원逍遙園이요, 넷째는 종남산 화엄사華嚴寺이다. 시호는 보지寶智 대사요, 탑호는 무위無爲였다.

경조京兆 현자蜆子 화상

그는 어떤 사람인지 알 수 없다. 다만 그 행적이 몹시 기이하고, 사는 곳이 일정치 않았다.

동산에게 심인心印을 받은 뒤로 민천閩川에서 속세에 어울려 살았는데, 도구道具를 갖추지도 않고 계율을 따르지도 않았다. 날마다 강변에 가서 조개와 굴을 따다가 배를 채우고, 저녁에는 동산에 있는 백마묘白馬廟에 가서 지전紙錢[3] 속에 묻혀 사니, 사람들이 그를 현자蜆子 화상이라 불렀다.

이때에 화엄사華嚴寺의 휴정休靜 선사가 그의 진가眞假를 시험하기 위해서 먼저 지전 속에 잠입했는데, 밤이 깊어지자 대사가 돌아왔다. 이에 휴정이 꼭 붙들고 물었다.

"어떤 것이 조사께서 서쪽에서 오신 뜻인가?"

대사가 얼른 대답했다.

"신 앞에 놓인 술상이오."

휴정이 기특히 여겨서 사과하고 물러갔다. 나중에 휴정이 수도에서 법을 펴는데 대사도 왔었으나, 끝내 무리를 모아 놓고 설법하는 일은 없었고 오직 거짓으로 미친 척할 뿐이었다.

---

3 신을 모시기 위한 장식물이다.

균주筠州 구봉九峰 보만普滿 대사

어떤 스님에게 물었다.

"어디서 떠나왔는가?"

"민중閩中에서 왔습니다."

"먼 길을 오기에 어려웠겠군."

"어렵지 않았습니다. 걸음을 옮기니 어느덧 당도했습니다."

"걸음을 옮기지 않는 이도 있는가?"

"있습니다."

"그러면 어떻게 여기까지 왔지?"

스님이 대답을 못하자, 대사가 꾸짖었다.

"사람을 몽땅 속이는구나."

어떤 스님이 물었다.

"어떤 것이 화상의 가풍입니까?"

"바로 지금의 것은 무엇인가?"

"학인은 잘 모르겠습니다."

"네거리에 핀 마린화馬藺華이니라."

태주台州 유서산幽棲山 도유道幽 선사

경청鏡淸이 물었다.

"어떤 것이 소부少父입니까?"

대사가 대답했다.

"표적이 없는 것이니라."

"표적 없는 것이 소부입니까?"

"무슨 허물이 있는가?"

"소부는 어떠합니까?"
"도자道者는 어떤 생각을 하고 있는가?"
"어떤 것이 부처입니까?"
"그대의 믿지 못함이 중생이다."
"학인은 철저히 믿습니다."
"만일 훌륭하다는 생각〔勝解〕을 내면, 곧 갖가지 삿됨에 빠지리라."

대사가 임종하려 할 때에 어떤 스님이 물었다.
"화상께서 입멸하신 뒤에는 어디로 가시렵니까?"
"조화롭다, 조화롭다."
이렇게 말하고는 앉은 채로 입적하였다.

후동산後洞山 사건師虔 선사〔제3세 주지이니, 청림靑林 화상이라고도 한다.〕

처음에 협산夾山에 있다가 선동산先洞山을 뵈니, 양개良价 화상이 물었다.
"요사이 어디서 떠났는가?"
"무릉武陵에서 떠났습니다."
"무릉의 불법이 이 지방과 어떤가?"
"오랑캐 땅에는 겨울에도 죽순이 돋습니다."
동산이 시자들에게 분부했다.
"별도의 시루에다 향기로운 밥을 지어서 이 사람에게 공양하라."
대사가 곧이어 나가자, 동산이 말했다.

“이 사람이 후일에는 천하 사람을 몹시 날뛰게 하리라.”

대사가 동산에서 소나무를 가꾸는데, 유옹劉翁이라는 노인이 와서 게송을 써 달라고 하므로 이런 게송을 지었다.

> 죽죽 뻗어서 석 자도 넘는 것이
> 울창하여 잡초를 덮었네.
> 알지 못할세라, 어느 시대의 사람이
> 이 소나무의 늙은 모습 보게 되려나.
> 長長三尺餘　鬱鬱覆荒草
> 不知何代人　得見此松老

유옹이 게송을 받아 가지고 동산에게 갖다 바치니, 동산이 말했다.

“늙은이여, 고맙소. 이 사람만이 제3세 주지가 될 수 있소.”

대사가 처음에는 수주隋州 토문土門에 있는 소청림小青林 난야蘭若에 있었으나, 나중에는 과연 다시 동산으로 돌아와 대를 잇게 되었다. 그는 스님이 새로 오면 우선 땔나무를 세 차례 옮기게〔三轉〕 한 뒤에 큰방에 들도록 하였다.

이때에 어떤 스님이 그 일을 수긍하지 않으면서 물었다.

“세 차례 옮기기 전은 묻지 않겠지만, 세 차례 옮긴 뒤에는 어떠합니까?”

대사가 대답했다.

“철륜천자鐵輪天子가 천하에 명령을 내린다.”

스님이 대답이 없으니 대사가 때려서 내쫓았다.

어떤 스님이 물었다.

"지난날에 병을 앓다가 이제 또 중독이 되었으니, 스님께서 고쳐 주십시오."

"금비(金鎞 : 금으로 된 수술용 칼)로 골을 쩍 가르고, 정수리에다 제호醍醐를 부어라."

"그렇다면 스님께서 고쳐 주신 것에 감사를 드립니다."

대사가 때렸다.

"오랫동안 짊어지고도 만나지 못할 때에는 어찌합니까?"

"옛 황실의 자〔尺〕는 한 치〔寸〕였느니라."

"스님께서 이야기에 대답을 해주십시오."

"아수라가 해와 달을 손바닥으로 가리노라."

대사가 상당하여 대중에게 말했다.

"조사의 종지가 오늘날 시행되어 법령이 이미 드러났으니, 다시 무슨 일이 있겠는가?"

이때에 어떤 스님이 물었다.

"정법안장正法眼藏은 조사에서 조사로 똑같이 인가하셨다는데, 화상께서는 누구에게 전해 주셨습니까?"

"신령스런 싹은 나는 땅이 있지만, 큰 깨달음〔大悟〕은 스승에게 매여 있지 않다."

"어떤 것이 도입니까?"

"소〔牛〕를 돌이켜서 먼 개울을 찾는구나."

"어떤 것이 도 가운데 있는 사람입니까?"

"머리에 눈〔雪〕을 맞고 눈썹을 치키는 것이니라."

"길이 천 가닥으로 다른데, 어떻게 단박에 깨닫습니까?"

"발바닥 밑의 여주驪珠를 등지고, 공연히 긴 하늘의 달만을 원망하는구나."

낙경洛京 백마白馬 둔유遁儒 선사

어떤 이가 물었다.

"어떤 것이 납승衲僧의 본분사本分事입니까?"

"십도十道에 바람이 통하지 않는데 벙어리가 먼 곳의 소식을 전한다."

"무슨 소식을 전했습니까?"

대사가 합장한 채로 정대頂戴하였다.

"어떤 것이 밀실密室 안의 사람입니까?"

"자못 생生은 얻을 수 없고, 생겨나지 않았을 때도 귀하지 않다."

"무엇이 생겨나지 않았을 때도 귀하지 않은 것입니까?"

"그대의 아버지이니라."

어떤 이가 물었다.

"3천 리 밖에서 백마의 소문을 듣고 왔는데, 와서 보니 어째서 보이지 않습니까?"

"그대에게 보이지 않는 것이 나에게 무슨 상관이냐?"

"화상께서 지시해 주소서."

"지시한다면 곧바로 핵심과 멀어진다."

"어떤 것이 학인의 본분사입니까?"

"지난밤 3경更에 해가 한복판이었다."

"어떤 것이 법신法身의 향상사向上事입니까?"

"우물 밑의 개구리가 달을 삼킨다."〔어떤 스님이 황룡黃龍에게 묻기를 "어떤 것이 우물 안의 개구리가 달을 삼키는 것입니까?"라고 하니, 황룡이 대답하기를 "어쩔 수 없느니라"고 하였다. 스님이 말하기를 "그러면 삼키겠습니다"라고 하니, 황룡이 대답하기를 "마음대로 삼키게 둬라"고 하였다. 스님이 다시 묻기를 "삼킨 뒤에는 어떠합니까?"라고 하니, 황룡이 대답하기를 "좋은 개구리로다"라고 하였다.〕

"어떤 것이 학인이 시급히 힘써야 할 곳입니까?"

"날랜 새도 둔한 것이 안타까워 일찍 하지만 이미 늦다고 한다."

"어떤 것이 서쪽에서 오신 뜻입니까?"

"이마에 점 박힌 원숭이가 달을 건지려다 물결을 일으킨다."

월주越州 건봉乾峰 화상〔혹은 서봉瑞峰이라고도 한다.〕

어떤 스님에게 물었다.

"어디서 왔는가?"

"천태산天台山에서 왔습니다."

"돌다리〔石橋〕가 양단兩段으로 되었다는데 정말인가?"

"화상은 어디서 그런 소식을 들으셨습니까?"

"나는 그대가 화정봉華頂峰 앞의 손님인가 여겼더니, 그저 평전平田의 농막〔莊〕 속 사람이구나."

"어찌하여야 삼계를 벗어납니까?"

대사가 소리를 질렀다.

"원주院主를 불러다가 저 승려를 쫓아내라."

대사가 여러 스님들에게 물었다.

"6취趣를 헤맬 때 어떤 안목眼目을 갖추어야 하는가?"

대중이 대답이 없었다.

어떤 이가 물었다.
"어떤 것이 부처와 조사를 초월하는 말입니까?"
"내가 그대에게 묻겠다."
"화상은 그만두십시오."
"나의 한 가지 물음도 알지 못하면서 부처와 조사를 초월하는 말은 물어서 무엇 하려는가?"

길주吉州 화산禾山 화상

어떤 이가 물었다.
"학인이 한 가지 묻고자 하는데 스님께서 대답해 주시겠습니까?"
"화산이 벌써 그대에게 대답했네."
"어떤 것이 서쪽에서 오신 뜻입니까?"
"화산의 대정(大頂 : 앞이마)이니라."
"어떤 것이 화상의 가풍입니까?"
"눈에 가득한 청산에 흰 구름이 이는 것이니라."

명주明州 천동산天童山 함계咸啓 선사〔앞서 소주蘇州의 보화산寶華山에 살았다.〕

어떤 스님이 물었다.
"어떤 것이 본래 없는 물건입니까?"
"돌이 윤기가 있어도 옥을 함유하지 않았거나, 쇳돌이 노다지와 다른 것이니라."

복룡산伏龍山 화상이 왔는데 대사가 물었다.

"어디서 왔는가?"

"복룡산伏龍山에서 왔습니다."

"용을 항복시켰는가?"

"그 축생을 항복시키지 못했습니다."

대사가 말했다.

"차나 마시고 가라."

간簡 대덕大德이 물었다.

"학인이 우뚝우뚝 찾아왔으니 스님께서 또렷또렷 지시해 주십시오."

대사가 대답했다.

"나는 여기서 똥 한 번 누면 그만인데, 무슨 우뚝우뚝과 또렷또렷이 있으랴?"

"화상께서 그렇게 말씀하시니, 다시 짚신을 사서 행각을 다니셔야 되겠습니다."

"앞으로 가까이 오게."

간簡 대덕이 가까이 오자, 대사가 말했다.

"내가 그렇게 대답한 것이 허물이 어디에 있는가?"

간 대덕이 대답이 없으니, 대사가 때렸다.〔11권 목록에 경산徑山 감종鑒宗 밑에도 수록되어 있는데, 무슨 까닭인지 모르겠다.〕

담주潭州 보개산寶蓋山 화상

어떤 스님이 물었다.

"한 칸의 새지 않는 집〔無漏舍〕에 누가 살아야 옳습니까?"

대사가 대답했다.

"이름이 없으니 체體를 걸지 않는다."
"지위는 있습니까?"
"처하지 않는다[不處]."
"어떤 것이 보배 일산입니까?"
"하늘이나 인간으로부터는 얻지 못한다."
"어떤 것이 보배 일산 속의 사람입니까?"
"시인時人에게는 알려지지 않느니라."

어떤 스님이 물었다.
"부처님께서 오실 때는 어찌합니까?"
"그의 길을 찾으려 해도 찾을 길이 없다."
"간절하고 간절할 때에 어째서 사람을 세우지 않습니까?"
"돌아갈 때도 밟을 것이 없느니라."
"그럴 때에는 어떻게 성립합니까?"
"시인時人에게는 알려지지 않느니라."
"세계가 무너질 때에 이것은 어디로 갑니까?"
"천 명의 성인이 찾아도 찾지 못하느니라."
"시인時人은 어떻게 귀의합니까?"
"다만 모름지기 비슷할 뿐이니라."
"과녁이라도 있습니까?"
"표식도 세우지 않느니라."

익주益州 북원北院 통通 선사

협산夾山에 있을 때 어느 날 협산夾山이 상당하여 이렇게 말했다.
"즉각 끊어 버린 주인공이라야 제2의 소견에 떨어지지 않으리라."

이에 대사가 나서서 말했다.

"짝과 합하지 않는 한 사람이 있다는 것을 모름지기 알아야 합니다."

협산이 말했다.

"그것도 역시 제2의 소견이다."

대사가 선상을 흔들어 엎으니, 협산이 말했다.

"그대는 어떤가?"

"제 혀가 썩거든 화상께 이야기하겠습니다."

다른 날 대사가 또 협산에게 물었다.

"눈앞에 법이 없다 함은 '눈앞'에 뜻을 둔 것이지 '눈앞의 법'이 아니므로 귀와 눈이 이르지 못한다고 한 것이 어찌 화상의 말씀이 아니겠습니까?"

"그렇다."

이에 대사가 선상禪床을 흔들어 엎고 합장〔叉手〕하고 섰으니, 협산이 일어나서 주장자로 한 차례 때렸다. 그러자 대사는 물러가 버렸다.〔법안法眼이 말하기를 "그가 선상을 흔들어 엎고는 어찌하여 얼른 달아나지 않고, 한 방망이 맞은 뒤에 물러갔을까?"라고 하였다.〕

대사가 동산에 있을 때에 대중을 따라 법문을 들었으나 현묘한 뜻을 깨닫지 못하고 마침내 동산을 떠나 촉령蜀嶺으로 들어가겠다고 하직을 아뢰었다. 이에 동산이 말했다.

"잘 가라. 험준한 봉우리에 원숭이가 날뛰니, 조심하거라."

대사가 침음沈吟하면서 잠자코 있자, 동산이 "통通 사리闍梨여" 하고 불렀다. 대사가 "네" 하고 대답을 하니, 동산이 말했다.

"어찌하여 촉령으로 들어가지 않는가?"

대사가 이로 인하여 깨닫고 다시는 촉령으로 들어가지 않고 동산을 섬겼다.〔당시에 곽두통钁頭通이라고 불렀다.〕

주지가 된 뒤에 상당하여 대중에게 말했다.

"여러 상좌들이여, 무슨 일이 있거든 나와서 따지시오. 만일 상상근기上上根機라면 이런 일이 필요치 않지만, 중류나 하류라면 모름지기 문호門戶를 꽁꽁 단속하여 보송보송하게 하여 흙탕물이 들어오지 못하게 하라. 그리고 제일 빠르게 일을 덜려면〔省事〕 모름지기 무심無心이어야 한다. 만일 무심이 되지 못하면 천 가지, 만 가지를 이야기하더라도 다만 알음알이〔知解〕를 이룰 뿐이니, 이 납승의 문하에서 무슨 쓸모가 있겠는가?"

어떤 스님이 물었다.

"어떤 것이 무심입니까?"

"얽매이지 않는 것이니라."

"두 용이 여의주를 다투면, 어느 쪽이 차지합니까?"

"얻는 것이 잃는 것이니라."

"잃지 않으면 어떠합니까?"

"내 구슬을 돌려다오."

"어떤 것이 청정법신입니까?"

"티가 묻지 않은 것이니라."

"굴리지〔轉〕 못할 때에는 어떠합니까?"

"공功에 이르지 못하니라."

"어떤 것이 크게 부귀한 사람입니까?"

"마치 전륜왕轉輪王의 보배창고와 같은 것이니라."

"어떤 것이 몹시 궁색한 사람입니까?"
"술집의 허리띠 같은 것이니라."
"물을 뿌려도 묻지 않을 때에는 어떠합니까?"
"보송보송하게 말랐다."
"한 번의 망치로 문득 이룰 때는 어떠합니까?"
"우연한 일이 아니다."
입멸한 뒤에 시호를 증진證眞 대사라 하였다.

고안高安 백수白水 본인本仁 선사

동산洞山에서 수기를 받은 뒤, 당나라 천복天復 때에 홍정洪井 고안현 백수원白水院으로 옮겨와서 머무니, 무리는 3백 명이 넘었고 현묘한 말씀은 널리 퍼졌다.

어느 날 동산 화상의 기재忌齋를 마련했는데, 어떤 스님이 물었다.

"선사先師께 공양을 올리면, 선사께서 오십니까?"
대사가 대답했다.
"공양거리 한 몫을 더 놓아야 하겠구나."

홍주洪州 서산西山에서 여러 행자들이 와서 절하고 물었다.
"오늘 다른 일로 온 것이 아니오니, 스님께서 지시해 주십시오."
대사가 대답했다.
"그대들 모두가 지시를 바라는가?"
"그렇습니다."
"나더러 누구에게 법을 전하라는 것이냐?"
경청鏡淸이 행각行脚 길에 들르자, 대사가 그에게 말했다.

"수도자여, 날씨가 춥군요."

경청이 대답했다.

"그렇다고 아뢰기가 외람됩니다."

"누울 자리와 덮을 것은 얻으셨소?"

"설사 있다 해도 펴는 재주가 없습니다."

"설사 수도자가 물방울을 얼려서 얼음을 이룬다 해도 그 일에 관계치 않으리라."

"물방울과 얼음이 생기는 일과는 전혀 상관이 없습니다."

"그렇다."

"이 사람의 뜻은 어떠합니까?"

"이 사람은 뜻에 떨어지지 않는다."

"뜻에 떨어지지 않는다면, 이 사람은 어디에 머무릅니까?"

"높은 산의 정상은 수도자와 더불어 이야기할 바가 아니다."

"어떤 것이 서쪽에서 오신 뜻입니까?"

"뜰 앞에 향나무를 본 일이 있는가?"

"그러시면 화상은 오늘 저로 인해 시비를 벌이시는 것이군요."

"말 많은 중〔座主〕이구나."

교연皎然이라는 스님이 떠난 뒤에 대사는 비로소 그가 설봉雪峰에 있던 선객임을 알고서 말했다.

"법을 훔치는 사람은 끝내 법기法器를 이루지 못한다."〔교연皎然이 나중에 장생산長生山에 사는데 어떤 스님이 와서 묻기를 "위로부터 종승宗乘을 어떻게 드날렸습니까?"라고 하니, 교연이 대답하기를 "그대 한 사람을 위하여 온 장생산을 더럽힐 수는 없다"라고 하였다. 현사玄沙가 이 말을 듣고 말하기를 "교연 사형의 불법이 크게 시행될 것이며 수기를 받을 인연도 익었다"고 하였지만, 그 뒤로 모든 인연이 맞지 않아

서 과연 본인本人의 예언이 맞았다.〕

어떤 스님이 물었다.

"어떤 것이 변천하지 않는 이치입니까?"

"낙화落華는 흐르는 물을 따르고, 명월明月은 외로운 봉우리 위에 솟았다."

대사가 세상을 떠나려 할 때에 사부대중이 다 모여서 제사를 차리고 종을 치고 향을 피우자, 대중에게 고했다.

"향 연기가 끊어지는 곳이 내가 열반에 드는 때이다."

이 말을 마치고 가부좌를 맺고 앉으니, 호흡이 향 연기를 따라 사라졌다.

무주撫州 소산疎山 광인光仁 선사

키가 작고 흉한 모습이었지만, 말씨가 능숙하여 대중에서 으뜸이었다. 당시 동산의 문하에서 뛰어난 인격으로 현묘한 진리를 고양하는 이는 모두가 광인光仁을 능전량能詮量의 표준으로 삼았고, 제방諸方에서 삼매를 닦는 이들은 앉은뱅이 사숙(師叔 : 광인을 가리킴)에게 물어야 한다고 하였다.

어떤 스님이 물었다.

"어떤 것이 부처님들의 스승입니까?"

"왜 소산疎山 늙은이에게 묻지 않는가?"〔스님이 대답하지 못했다.〕

대사가 손에 나무 뱀〔木蛇〕를 잡고 있으니, 어떤 스님이 물었다.

"손에 있는 것이 무엇입니까?"

대사가 번쩍 들면서 말했다.

“조曹씨네 딸이다.”

“어떤 것이 화상의 가풍입니까?”

“1척 5촌 되는 머리 수건이니라.”

“어떤 것이 1척 5촌 되는 머리 수건입니까?”

“원圓 속에서 얻을 수 없는 것이니라.”

대사가 향엄香嚴의 이야기를 들어서 경청鏡淸에게 물었다.

“긍정이 중重하여도 온전하지 못하다 하였으니, 부怤 도자道者는 어떻게 생각하는가?”

부 도자가 대답했다.

“온전하게 긍정의 중함에 돌아갑니다.”

“온전한 긍정을 얻지 못한 자는 어떤가?”

“거기에는 긍정의 길이 없습니다.”

“비로소 병든 스님의 뜻에 맞는구나.”

고산鼓山이 위음왕불威音王佛의 스승을 이야기한 일로 인하여 대사가 물었다.

“어떤 것이 위음왕불의 스승인가?”

고산이 대답했다.

“부끄러움 없는 것을 좋다고 하지 마십시오.”

대사가 다시 말했다.

“그대는 그렇게 말하면 되겠지만, 만약 병든 이 중으로서는 그렇지 않다.”

“그러면 어떤 것이 위음왕불의 스승입니까?”

"귀함이 없는 지위에는 앉지 않는 것이니라."

동산洞山〔제4세 주지〕이 물었다.
"어떤 것이 한 구절입니까?"
"말하지 못한다."
"어찌하여 말하지 못하십니까?"
"때에 맞는 무리가 없기 때문이다."
"이러할 때에는 어떠합니까?"
"장군은 편교(便橋 : 다리 이름)에도 오르지 않았거늘, 금아金牙에서 쓸데없이 오누〔筈 : 화살의 꼬리〕를 잡았다."
"어떤 것이 바로 가리키는 것입니까?"
"구슬 속에 물이 있는 것이니, 만일 믿지 못한다면 하늘가에 가서 태양에게 물어라."

동짓날 밤에 상당했는데, 어떤 스님이 와서 물었다.
"어떤 것이 겨울이 오는 뜻입니까?"
"수도 안에서 대황(大黃 : 약초의 종류)이 나는 것이니라."
"화상께서 세상을 뜨신 뒤에는 어디로 가시겠습니까?"
"등 밑은 풀밭이요, 네 다리는 하늘을 가리키느니라."
대사가 임종할 때에 게송을 읊었다.

나의 길은 푸른 하늘 밖이니
흰 구름은 정처 없이 한가롭네.
세상에는 뿌리 없는 나무가 있으니
가랑잎은 바람에 실려 돌아오네.

我路碧空外　白雲無處閑
世有無根樹　黃葉風送還

게송을 마치고는 입적하였다. 또 『사대송四大頌』 등과 『약화엄장자론略華嚴長者論』을 저술하였는데, 세상에 널리 퍼졌다.

예주澧州 흠산欽山 문수文邃 선사

그는 복주福州 사람이니, 어려서부터 항주杭州 대자산大慈山 환중寰中 선사에 의거하여 공부를 하였다. 이때에 암두巖頭와 설봉雪峰이 무리 속에 있다가 대사(문수 선사)가 토론하는 것을 보고는, 그가 법기法器임을 알고서 그를 데리고 여러 곳으로 행각을 떠났다.

두 대사는 덕산德山과 인연이 맞아서 둘 다 인가를 받았는데, 대사는 아무리 자주 깨우쳐 주어도 끝내 의심이 풀지 못했다. 그러다가 어느 날 덕산에게 물었다.

"천황天皇도 그렇게 말하고 용담龍潭도 그렇게 말했는데, 덕산은 어떻게 말씀하시겠습니까?"

덕산이 말했다.

"그대는 천황과 용담이 말한 것을 이야기하여 보라."

대사가 바야흐로 말을 하려는데, 덕산이 주장자로 때리고 열반당(涅槃堂 : 임종하는 방)으로 메고 들어갔다. 이에 대사가 말했다.

"옳기는 옳으나 나를 때리는 것이 너무 심하군요."〔법안法眼이 따로 말하기를 "옳기는 옳으나 나를 잘못 때렸습니다"라고 하였다. 이 밖에도 여러 가지 어록이 있는데, 덕산德山과 암두巖頭의 장章에 자세히 나와 있다.〕

대사는 나중에 동산洞山의 말 아래서 지견을 얻고 이어서 동산의 제자가 되었다. 27세에 흠산欽山에 머물면서 대중 앞에서 스스로의 허물을 뉘우치고, 이어 처음 동산을 뵈었을 때에 일을 이야기하였다.

“동산이 나에게 묻기를 ‘어디서 왔는가?’라고 하였고, 내가 대답하기를 ‘대자大慈에서 왔습니다’라고 하니, ‘대자를 보았느냐?’고 묻기에 ‘보았습니다’라고 대답하였다. 동산이 다시 묻기를 ‘색色 이전을 보았는가, 색 이후를 보았는가?’라고 하기에 ‘이전도 이후도 아닌 것을 보았습니다’라고 하니, 동산이 그만두었습니다.”

그리고는 대사가 다시 말했다.

“스승을 너무 빨리 여의어서 스승의 뜻을 다 이해하지 못했다.”

이에 어떤 이가 물었다.

“어떤 것이 조사께서 서쪽에서 오신 뜻입니까?”

“양공梁公의 곡척(曲尺 : 굽은 자)이요, 지공誌公의 전도剪刀니라.”

“일체의 불법이 모두 이 경에서 나오셨다고 하는데, 어떤 것이 이 경입니까?”

“항상 구르는 것이니라.”

“경에서 무엇을 말씀하셨습니까?”

“의심이 있거든 물어라.”

“어떤 것이 화상의 가풍입니까?”

“비단 휘장과 은으로 된 향주머니에 바람이 불면 길가에 향기 가득하니라.”

어떤 스님이 대사의 초상을 그려다 바치니, 대사가 물었다.

“나를 닮았느냐?”

스님이 대답이 없으니, 대사가 스스로 대답했다.

"대중이 눈치를 챘다."

어느 날 대사가 욕실에 들어갔다가 어떤 스님이 물레방아〔水輪〕를 밟아 돌리는 것을 보았다. 그 스님이 대사를 보고 내려 와서 인사를 하니, 대사가 말했다.

"신통하게도 녹록碌碌하게 물을 푸다가 어찌하여 그렇게 하는가?"

그 스님이 말했다.

"그러하지 않으면 또 어찌하겠습니까?"

"그렇게 한다면 흠산欽山의 안목이 어디에 있으랴?"

"어떤 것이 스님의 안목입니까?"

대사가 손으로 눈썹을 문지르는 시늉을 하니, 스님이 말했다.

"화상은 또 그렇게 하는군요."

"그렇다. 내가 이렇게 하면 문득 이렇게 되지 않는다."

스님이 대답이 없으니, 대사가 말했다.

"싸움을 해서 공이 없으니, 한바탕 민망할 뿐이니라."

한참 동안 가만히 있다가 스님에게 물었다.

"알겠는가?"

"잘 모르겠습니다."

"흠산이 그대 짐의 반을 나누어 졌다."

대사가 설봉雪峰·암두巖頭와 함께 강서江西로 가다가 어느 찻집에 들려서 차를 마셨는데, 대사가 말했다.

"몸을 굴리고 기를 통할 줄〔轉身通氣〕 모르는 자는 오늘 차를 마시지 못하기로 합시다."

암두가 말했다.

"그렇다면 나는 결정코 차를 마시지 못하겠소."

설봉이 말했다.

"나도 그렇소."

이에 대사가 말했다.

"두 늙은이가 말귀도 못 알아듣는구나."

암두가 말했다.

"어디로 가시겠소?"

대사가 말했다.

"자루 속에 있는 늙은 까마귀는 살아 있어도 마치 죽은 것 같소."

암두가 말했다.

"뒤로 물러서시오, 뒤로 물러서시오."

대사가 말했다.

"활豁 사형은 그만두고, 존공存公은 어찌하시겠소?"

설봉이 손으로 동그라미를 그리니, 대사가 말했다.

"묻지 않을 수 없구나."

암두가 '하하' 웃으면서 말했다.

"까마득하구나."

대사가 말했다.

"입이 있어도 차를 마시지 못할 사람이 많구나."

암두와 설봉이 모두 말이 없었다.

양良 선객禪客이라는 이가 뵈러 와서 절을 하고는 물었다.

"화살 하나로 세 관문을 쏠 때는 어떠합니까?"

대사가 말했다.

"관문 속의 주인을 쫓아내 봐라."

"그렇다면 허물을 아니 반드시 고치겠습니다."

"다시 어느 시절을 기다리겠는가?"

"하나의 화살을 잘 쏠 뿐 장소에 집착하지 않습니다."

그리고는 나가 버리니, 대사가 말했다.

"세 관문을 쏘려거든 흠산에게 화살을 날려 보라."

양 선객이 다가 와서 잠자코 있다가 물러가니, 대사가 양 선객을 일곱 방망이 때렸다. 양 선객이 나가 버리자 대사가 말했다.

"저 어지러운 사람이 마음속으로 30년 동안 의심하게 놓아두리라."

어떤 사람이 동안同安 화상에게 가서 이야기하니, 동안이 말했다.

"양공(良公 : 양 선객)이 비록 활을 쏘기는 했으나 과녁에 맞지 않았다."

그 스님이 동안에게 물었다.

"어찌하여야 과녁에 맞겠습니까?"

동안이 대답했다.

"관문 안의 주인이 누구인가?"

그 스님이 돌아와서 대사에게 이야기하니, 대사가 말했다.

"양공이 만일 그렇게 알았더라면 흠산欽山의 입길〔口〕을 면했으리라. 그러나 동안同安도 좋은 마음은 아니니 잘 살피어야 한다."

어떤 스님이 뵈러 오니, 대사가 주먹을 번쩍 세우고 말했다.

"만일 펴서 손바닥을 이루면 다섯 손가락이 들쑥날쑥하겠지만, 지금은 주먹이 되었으니 반드시 높고 낮음이 없으리라. 그대는 흠산이 헤아릴 수 있다고 여기는가, 헤아릴 수 없다고 여기는가?"

그 스님이 가까이 와서 주먹만을 세우고 있으니, 대사가 말했다.

"그렇게 한다면 그대는 필경 폈다 오므렸다 하지 못하는 놈이리라."

"그렇다면 화상께서는 어떻게 사람을 제접하십니까?"

"내가 만일 사람을 제접한다면 그대와 매 한가지다."

"특별히 스님께 배우려 왔으니, 종풍宗風을 토로해 주십시오."

"그대가 만일 특별히 왔다면 나는 반드시 토로하겠다."

"말씀해 주십시오."

대사가 때리니, 그 스님이 말이 없었다. 이에 대사가 말했다.

"그루터기를 지키면서 토끼를 기다리니, 정신만 헛되이 썼구나."

행사行思 선사의 제6세 ①

앞의 암두巖頭 전활全豁 선사의 법손

태주台州 서암瑞巖 사언師彥 선사

그는 민월閩越 사람으로서 성은 허許씨이다. 어릴 적부터 스님이 되어서 흠결 없이 계를 지켰다.

처음에 암두巖頭를 뵙고 물었다.

"무엇이 본래의 항상한 이치〔常理〕입니까?"

암두가 대답했다.

"움직였다."

"움직일 때에는 어떠합니까?"

"본래의 항상한 이치가 아니니라."

대사가 한참 동안 생각에 잠겨서 잠자코 있자, 암두가 말했다.

"긍정한다면 근진根塵을 벗어나지 못하고, 긍정하지 않으면 영원히 생사에 허덕인다."

이 말에 대사는 깨달아서 몸과 마음이 가뿐하였다. 이에 암두가 다시 불러서 이리저리 시험해 물었으나, 어긋난 대답이 없었다.

대사는 다시 협산夾山 회會 화상에게 가서 뵈니, 협산이 물었다.

"어디서 왔는가?"

"와룡臥龍에서 왔습니다."

"올 때에 용이 일어났던가?"

대사가 뒤를 돌아보니, 협산이 말했다.

"뜬 종기 위에다 다시 쑥불을 놓는구나."

"화상은 또 그런 고통을 받아서 무엇 하시렵니까?"

협산이 그만두었다.

대사는 다시 단구丹丘에게 가서 종일 바보처럼 하고 있으니, 사부대중이 흠모하여 서암瑞巖에 머물기를 청하였다. 대중을 통솔함이 엄중하다고 강표江表 지방에서 그를 칭송하였다.

어떤 스님이 물었다.

"머리 위에 보배 일산이 나타나고 발밑에 구름이 생길 때에는 어떠합니까?"

"칼을 쓰고 족쇄를 찬 놈이니라."

"머리에 보배 일산이 없고, 발밑에서 구름도 나지 않을 때에는 어떠합니까?"

"여전히 칼을 쓰고 있느니라."
"끝내 어떠합니까?"
"밥 먹은 뒤에는 피곤하니라."

경청鏡淸이 물었다.
"하늘이 덮지 못하고 땅이 싣지 못한다 하니, 어찌 그렇지 않겠습니까?"
"만일 그렇다면 곧 덮이고 싣게 되는 것이니라."
"만일 서암瑞巖 화상이 아니었더라면 거의 만날 뻔하였습니다."

대사는 사언師彦이라고 자칭했는데, 어떤 이가 물었다.
"어떤 것이 부처입니까?"
"돌소[石牛]이니라."
"어떤 것이 법입니까?"
"돌소의 새끼이니라."
"그러면 같지 않겠습니다."
"합칠 수는 없느니라."
"어째서 합칠 수 없습니까?"
"같다고 할 만한 같음[同]이 없거늘 합쳐서 무엇 하리오?"
"어떻게 헤아려야 계급에 떨어지지 않겠습니까?"
"물리쳐도 벗어나지 못하니라."
"어째서 물리쳐도 벗어나지 못합니까?"
"본래부터 계급이 전혀 없기 때문이니라."
"어떤 지위와 차례에 있습니까?"
"보광전普光殿에도 머물지 않느니라."

"그렇다면 다스리고 교화하시기는 하십니까?"
"이름이 삼계에 소중하게 퍼졌으니, 어느 곳에선들 조정에 돌아오지 않으랴?"

어느 날 마을에 사는 어떤 노파가 와서 절을 하니, 대사가 물었다.
"그대는 빨리 집으로 돌아가서 수천 명의 생명을 구제하라."
노파가 황급히 집으로 돌아오니, 그의 며느리가 대나무 광주리에다 소라를 주워 가지고 돌아왔다. 노파가 그것을 받아서 모두 물에다 넣어 주었다.
대사의 기이한 행적이 매우 많았는데, 모두 다른 기록에 남아 있다.

회주懷州 현천玄泉 언彥 선사

어떤 스님이 물었다.
"어떤 것이 도道 가운데 사람입니까?"
"해가 지면 외로운 주막에 투숙하느니라."
"어떤 것이 부처입니까?"
"장張씨네 세 아기이니라."
"학인은 잘 모르겠습니다."
"맏이와 중간과 막내도 모르는가?"
"어떤 것이 소리 이전의 한 구절입니까?"
"훔〔吽〕."
"구른 뒤에는 어떠합니까?"
"그게 무엇인가?"

길주吉州 영암靈巖 혜종慧宗 선사

그는 복주福州 장계張谿 사람으로서 성은 진陳씨이다. 구산龜山에게서 가르침을 받았다.

어떤 스님이 물었다.

"어떤 것이 영암靈巖의 경계입니까?"

"소나무와 회檜나무가 빽빽해서 막혔느니라."

"어떤 것이 경계 속의 사람입니까?"

"밤마다 원숭이가 운다."

"어떤 것이 학인의 자기 본분사입니까?"

"진짜 금은 던져 버리고 기와조각을 주워서 무엇을 하려는가?"

대사는 나중에 화산禾山에서 살다가 임종했다.

복주福州 나산羅山 도한道閑 선사

그는 본 고을의 장계長谿 사람으로서 성은 진陳씨이다. 구산龜山에 의해 스님이 되었다가, 나이가 들어 구족계를 받고 제방을 돌아다녔다.

일찍이 석상石霜을 뵙고 물었다.

"가고 머무름에 편안하지 않을 때에는 어찌합니까?"

석상이 대답했다.

"다만 다 버릴 뿐이다."

대사가 뜻에 맞지 않아서 다시 암두에게 가서 앞서와 같이 물으니, 암두가 말했다.

"그저 가고 머무는 대로 할 뿐 그것을 상관해서 무엇 하랴?"

대사가 이에 감복하였다. 이어 청량산으로 가니, 민수閩帥가 그의 법문을 듣고 나산에 머물기를 청하니, 호를 법보法寶 대사라고

했다.

처음 상당하는 날에 법상에 올라 옷을 여미면서 말했다.

"잘 있었는가?"

조금 있다가 또 말했다.

"잘 모르는 이는 앞으로 나서라."

이때에 어떤 스님이 나서서 절을 하니, 대사가 소리를 높여 말했다.

"너무나 괴롭구나."

그 스님이 일어나서 물으려고 망설이는데, 대사가 할을 해서 내쫓았다.

어떤 이가 물었다.

"어떤 것이 기특한 한 구절입니까?"

"무엇이라 했는가?"

"부처님께서 이마 사이로부터 백호광명白毫光明을 놓으셔서 1만 8천 세계를 비추었다고 하는데, 어떤 것이 광명입니까?"

"큰 소리로 말하라."

"어떤 세계를 비춥니까?"

대사가 할을 하여 내쫓았다.

어떤 스님이 물었다.

"급해서 달려왔습니다. 스님께서 한 차례 지도해 주십시오."

"알겠는가?"

"잘 모릅니다."

"화살이 지나갔다."

“아홉 여자가 끌지 않으면, 누가 슬프게 끌어 주는 자입니까?”

“큰 소리로 물어라.”

스님이 다시 물으려 하자, 대사가 말했다.

“어디를 가려는가?”

“어떤 것이 종문宗門의 유포流布입니까?”

대사가 발을 뻗어 보였다.

“칼날 앞에 선 일을 어떻게 가려내서 밝힙니까?”

대사가 여의(如意 : 法具의 일종)를 들어 보이니, 스님이 다시 말했다.

“화상께서 자비를 베풀어 주십시오.”

“너무나 멀다.”

“어떤 것이 가장 묘한 한 구절입니까?”

“헤쳐서 드러냈는데 알겠는가?”

스님이 말을 계속하려고 하니, 대사가 말했다.

“말에 떨어졌다[話墮].”

정혜定慧 상좌가 와서 뵙자, 대사가 물었다.

“어디서 왔는가?”

“멀리서는 서촉西蜀에서 떠났고, 가까이는 개원開元을 출발했습니다.”

더 앞으로 가까이 나서면서 물었다.

“지금은 어찌하리까?”

대사가 대답했다.

“차나 마시고 가라.”

정혜가 그래도 물러서지 않으니, 대사가 말했다.

"가을바람이 약간 훈훈하구나. 가거라."

정혜 상좌가 법당 밖으로 나가서 탄복하였다.

"오늘 나산의 산채[寨]를 치려고 했는데, 활이 부러지고 화살이 다했구나."

그리고는 그만두고 내려가서 큰방으로 들어갔다. 이튿날 대사가 상당했는데 정혜가 나서서 물었다.

"창문을 활짝 열었을 때에 마루에 서 있는 이가 누구입니까?"

대사가 할을 하니, 정혜가 말이 없었다. 이에 대사가 말했다.

"털도 아직 나지 않았구나. 가거라."

스님이 한산시寒山詩를 들어서 물었다.

"온갖 새들이 꽃을 물어 올 때는 어떠합니까?"

"정녀貞女가 방 안에서 읊조리느니라."

"천 리를 한 숨에 갈 때는 어떠합니까?"

"손님을 전송하고 뜰 밖에서 노닌다."

"봉래산蓬萊山으로 가고자 할 때에는 어떠합니까?"

"퇴침에 기대고 앉아서 원숭이를 구경한다."

"이것으로 양식을 충당할 때에는 어떠합니까?"

"고검古劍이 해골 앞에 있느니라."

"온갖 풀[百草]의 끝이 다 조사의 뜻이라는 것이 무엇입니까?"

"그대의 눈을 찔러 꿰뚫으리라."

"소리 이전에 옛 털이 난만[爛]하다는 뜻이 무엇입니까?"

"벽에 기대라."

"앞에는 만 길 벼랑이 있고, 뒤에는 호랑이와 사자가 있는데, 바로 이러할 때에는 어찌합니까?"

"자재하니라."

"누가 삼계의 주인입니까?"

"밥을 먹을 줄 아는가?"

대사가 임종할 무렵에 상당하여 대중을 모았다. 가만히 잠자코 있다가 왼손을 펴니, 소임을 맡은 이가 어쩔 줄을 몰라 하면서 동쪽에 앉은 스님들을 뒤로 물러나게 했다. 대사가 또 오른손을 펴니, 다시 서쪽에 앉은 스님들을 뒤로 물러나게 했다. 이에 대사가 대중에게 말했다.

"부처님의 은혜를 갚고자 한다면 대교大教를 퍼뜨리는 것보다 나은 것은 없느니라. 나는 돌아간다. 돌아간다. 잘 있어라."

말을 마치고는 태연히 입적하였다.

복주福州 향계香谿 종범從範 선사

어떤 스님이 와서 뵈니, 대사(종범)가 물었다.

"그대는 고산鼓山의 스님이 아닌가?"

"그렇습니다."

"이마의 구슬을 어째서 보지 못하는가?"

스님이 대답이 없었다. 스님이 하직하는데 대사가 문까지 전송을 나왔다가 "상좌여" 하고 불렀다. 스님이 고개를 돌리니, 대사가 말했다.

"뱃속에 가득한 것이 모두 선禪이구나."

"화상은 무슨 생각을 하십니까?"

대사가 크게 웃을 뿐이었다.

대사가 납의衲衣를 입다가 게송을 읊었다.

가섭의 높고도 이름난 옷은
입으려면 민첩한 근기라야 하나니
과녁과 화살이 나뉘고 난 뒤엔
감추지 않던 거북이 은밀히 드러나네.

迦葉上名衣　披來須捷機
才分招的箭　密露不藏龜

복주福州 나원羅源 성수聖壽 엄嚴 화상

어떤 스님이 천주泉州에서 돌아와서 뵙자, 대사가 바느질을 하다가 번쩍 들어 보이면서 말했다.

"산승山僧의 누더기 한 벌을 여러 사람 앞에 펴 보이나니, 운수雲水여, 두어 바늘 꿰매 주시되 침선針線이 보이지 않게 하라. 빨리 말하라."

스님이 대답이 없으니, 대사가 말했다.

"그렇게 많은 세월을 거기서 무엇을 했는가?"

앞의 홍주洪州 감담感潭 자국資國 화상의 법손

안주安州 백조산白兆山 축건원竺乾院 지원志圓 선사

호는 현교顯教 대사이다.

어떤 스님이 물었다.

"부처님들의 심인心印을 누가 전해 받았습니까?"

대사가 대답했다.

"달마 대사니라."

"달마가 어찌 능히 전해 받았겠습니까?"

"그대는 누가 전해 받는다고 여기는가?"

"어떤 것이 곧바로 질러가는 외길입니까?"

"바로 질러라."

"어떤 것이 불법의 대의입니까?"

"괴롭구나[苦]."

"어떤 것이 도입니까?"

"두루하다[普]."

"어떤 것이 학인學人의 본래 몸[自己]입니까?"

"잃었구나[失]."

"무엇이 산하山河와 대지大地가 없어진 것입니까?"

"소견을 일으키지 말라."

현칙玄則이 물었다.

"어떤 것이 부처입니까?"

"병정丙丁 동자童子[4]가 불을 얻으러 왔구나."[현칙이 나중에 법안法眼에게 참문하고 나서야 비로소 그 이치를 깨닫고 금릉金陵의 보은원報恩院에 살았다.]

"어떤 것이 필발라굴畢鉢羅窟 가섭도량迦葉道場 속의 사람입니까?"

"석가모니불이니라."

---

4 여기서 말하는 병정丙丁 동자童子의 '병정'은 십간十干으로, 오행五行에 맞추면 불[火]에 해당한다. 그러므로 병정 동자는 '불의 동자'이고, '병정동자래구화丙丁童子來求火'는 불의 동자가 불을 구하러 왔다는 이야기가 된다.

“어떤 것이 주정왕朱頂王[5]보살입니까?”
“그런 머리 붉은 자를 무엇 때문에 묻는가?”

앞의 호주濠州 사명思明 화상의 법손

양주襄州 취령鷲嶺 선본善本 선사

욕실浴室에 들어갔을 때에 어떤 스님이 물었다.
“화상은 때〔垢〕를 여읜 사람인데, 어째서 목욕을 하십니까?”
“고인 물〔定水〕이 맑고 가득하니, 이 때 없는 사람〔無垢人〕을 목욕하게 한다.”
“조사의 뜻과 경전의 뜻이 같습니까, 다릅니까?”
“취령鷲嶺의 봉우리 위에 푸른 풀이 하늘을 찌르고, 녹야원鹿野苑 안에 여우와 토끼가 어지럽게 달린다.”

앞의 담주潭州 대광산大光山 거회居誨 선사의 법손

담주潭州 곡산谷山 유연有緣 선사

어떤 스님이 물었다.
“객지에서 노닐던 자식이 어떻게 집으로 돌아옵니까?”
“사람이 만나는 길에서는 통하지 않느니라.”
“그렇다면 받들어 섬길 곳이 없겠습니다.”
“내가 말하나니, 그대의 발우가 땅에 떨어졌는데 들어 올려도 움직이지 않는구나.”

---

5 정수리가 붉다는 의미이다.

"한 번 퉁겨서 문득 구를 때에는 어떠합니까?"

"야생말〔野馬〕이 달릴 때에 고삐가 끊어지니, 돌사람〔石人〕이 손뼉을 치면서 깔깔 웃는다."

담주潭州 용흥龍興 화상

어떤 스님이 물었다.

"한 번 퉁겨서 문득 구를 때에는 어떠합니까?"

"근기가 날카롭지 않구나."

"자리를 얻어서 옷깃을 풀 때에는 어떠합니까?"

"단정하지 않다."

"어찌하여 단정하지 못합니까?"

"증득함으로써 생기는 것이 아니니라."

"어떤 것이 도중道中의 사람입니까?"

"종일토록 적막하여 눈썹을 비빈다."

담주潭州 복룡산伏龍山 화상〔제1세 주지〕

어떤 스님이 물었다.

"긴 강〔長河〕을 저어서 소락酥酪을 만들고, 땅덩이〔大地〕를 황금으로 변화시킬 때에는 어떠합니까?"

"팔은 긴데 소매가 짧구나."

"인연을 따라 결과를 인식한다고 하는데, 어떤 것이 결과입니까?"

"눈 속에 핀 모란꽃이니라."

"어떤 것이 조사께서 서쪽으로 오신 뜻입니까?"

"그대는 그처럼 아프고 가려운 것도 모르는가?"

경조京兆 백운白雲 선장善藏 선사

어떤 스님이 물었다.
"어떤 것이 깊고 깊은 곳입니까?"
"난쟁이가 깊은 개울을 건너는구나."
"맨다리〔赤脚〕를 드러낼 때에는 어떠합니까?"
"어찌하여 다 벗어 버리지 않는가?"
"어떤 것이 법과 법이 생겨나지 않는 것입니까?"
"만 갈래 물이요, 천 봉우리의 산이니라."

담주潭州 복룡산伏龍山 화상〔제2세 주지〕

어떤 스님이 물었다.
"인연을 따라 인득認得할 때에는 어떠합니까?"
"그대는 흥국문루興國門樓의 높이가 얼마나 되리라 여기는가?"
"자식이 아비의 덕을 이야기하지 않을 때에는 어떠합니까?"
"소리를 낮춰라. 소리를 낮춰라."

협부陝府 용준산龍峻山 화상

어떤 스님이 물었다.
"어떤 것이 용준산龍峻山입니까?"
대사가 대답했다.
"불안佛眼으로 보아도 보지 못한다."
"어떤 것이 산중山中의 사람입니까?"
"무엇을 하려는가?"
"어떤 것이 선악을 모르는 사람입니까?"

"천 명의 성인도 가까이하지 못하느니라."

"이 사람도 향상사向上事가 있음을 압니까?"

"모르느니라."

"어째서 모릅니까?"

"선악도 알지 못하는데, 무슨 향상사를 말하겠는가?"

"어째서입니까?"

"안욕(犴狢 : 짐승 이름)〔앞 글자는 아俄와 한寒의 반절이고, 뒷글자의 음은 욕欲이다.〕이란 말을 모르는가?"

"어떤 것이 부처님의 향상인입니까?"

"용모에 드러나지 않느니라."

"무릇 펼치고 여는 것은 다 금시今時에 떨어진다고 했는데, 펼치지도 열지도 않을 때에는 어떠합니까?"

"펼치지 말라, 펼치지 말라."

"끝내 어떠합니까?"

"열지 말라, 열지 말라."

담주潭州 복룡산伏龍山 화상〔제3세 주지〕

어떤 이가 물었다.

"천산千山의 길을 다 걸으면, 현묘한 기틀〔玄機〕의 일이 어떠합니까?"

대사가 대답했다.

"새의 길〔鳥道〕에는 깃들지를 못한다."

앞의 균주筠州 구봉九峰 도건道虔 선사의 법손

신라新羅 청원淸院 화상

"말을 달리면서 격구 놀이〔爭毬〕를 하면 누가 이기는 자입니까?"

"누가 지는 자인가?"

"그러면 겨루지 않는 것이 좋겠군요."

"설사 겨루지 않는다 하여도 역시 허물이 있다."

"어찌하여야 이런 허물을 면합니까?"

"애초에 잃은 적이 없다."

"잃지 않은 곳을 어떻게 단련하겠습니까?"

"두 손으로 떠받쳐도 일어나지 않는다."

홍주洪州 늑담泐潭 보봉寶峰 신당神黨 선사

어떤 스님이 물었다.

"네 가지 위의威儀 속에서 어떻게 주인을 가려내겠습니까?"

"보봉寶峰이 신을 벗지 않은 것을 바로 만났구나."

"어떤 것이 불법의 대의입니까?"

"허공에 무쇠 배를 띄우니, 산봉우리의 물결이 하늘을 찌른다."

길주吉州 남원산南源山 행수行修 선사

호는 혜관慧觀 선사 또는 광목光睦 화상이다.

어떤 스님이 물었다.

"어떤 것이 남원산南源山의 경치입니까?"

"몇 개의 봉우리에서 원숭이와 새가 울었던가? 한 줄기 평평한 개울에서 놀던 아이들이 헤매는구나."

"어떤 것이 남원南源의 깊고 깊은 곳입니까?"

"뭇 사람이 모두가 본다."

"그렇다면 얕겠습니다."

"그 두 지점은 퍽 멀다."

홍주洪州 늑담泐潭 명明 선사

어느 날 객승의 자리로 내려가 앉으니, 대중이 방장으로 돌아가라고 청했다. 이에 대사가 말했다.

"말할 수 있으면 곧 가겠다."

이때에 모牟 화상이라는 이가 대답했다.

"대중이 청합니다."

대사가 그때서야 법당에 오르니, 어떤 이가 물었다.

"생각으로 헤아릴 수 없는 곳이라서 식정識情으로 헤아리지 못할 때에는 어떠합니까?"

"나는 옛사람을 어기고 싶지 않다."

"옛사람의 뜻을 어기지 않으면 어떠합니까?"

"그래도 절 세 번은 받을 수 있다."

스님이 물었다.

"방아와 다듬이로 갈고 갈아서 잊지 말아야 한다는데, 이게 무슨 뜻입니까?"

"호랑이 아가리 속에 살아 있는 참새이니라."

"어떤 것이 수행하는 도자道者입니다."

"털이 삼삼毵毵하니라."

"어떤 것이 도자의 가풍입니까?"

"불전佛殿 앞에서 존자를 만난다."
"어떤 것이 화상의 하루 일입니까?"
"발우 속에 부러진 젓가락이 없느니라."
"어떤 것이 사문의 하루 일입니까?"
"시끄럽게 만인萬人의 근기를 빌지 않는다."

길주吉州 추산秋山 화상

어떤 스님이 물었다.
"어떤 것이 조사께서 서쪽에서 오신 뜻입니까?"
"삼杉나무니라."

홍주洪州 늑담泐潭 연무延茂 선사

어떤 스님이 물었다.
"어떤 것이 옛 부처님의 마음입니까?"
"끝내 토목이나 기왓장이라고 말하지 않아야 옳다."
"해가 서산에 졌는데 숲 속의 일은 어떠합니까?"
"뜰 앞에는 붉은 꽃이 수려하건만, 방 안에서는 봄을 알지 못한다."

홍주洪州 봉서산鳳棲山 동안원同安院 상찰常察 선사

어떤 스님이 물었다.
"어떤 것이 봉서鳳棲의 가풍입니까?"
"봉서에는 가풍이 없다."
"이미 봉서라면 어째서 가풍이 없습니까?"
"손님을 영접하지도 않고, 손님을 대접하지도 않느니라."
"그러면 사해四海에서 배우러 온 자들은 무엇을 해야 합니까?"

"쟁반의 음식은 저절로 옆의 사람이 베푼다."
"어떤 것이 봉서의 경계입니까?"
"천 봉우리가 줄을 지어 솟아 있고, 만 골짜기는 봄을 알지 못한다."
"어떤 것이 경계 안의 사람입니까?"
"외로운 바위가 돌에 기대어 앉았으니, 백운白雲의 마음을 내리지 않는다."

홍주洪州 늑담泐潭 광오匡悟 선사〔제4세 주지〕

어떤 스님이 물었다.
"어떤 것이 바로 질러가는 외길입니까?"
"좋은 소식 같구나."
"또한 향상사와도 통합니까?"
"물고기가 밑으로 지나간다."
"어떤 것이 문을 닫고 수레를 만드는 것입니까?"
"살림살이에 한 물건도 없느니라."
"어떤 것이 문에 나서서 바퀴를 맞추는 것입니까?"
"앉은 채로 장안長安에 가느니라."
"향 연기가 자욱하게 큰 법석法席을 베풀었는데, 위로부터 내려온 종승宗乘을 어떻게 드날리겠습니까?"
"남에게 잘못 말하지 말라."
"그렇다면 총체적으로 이러해야겠습니다."
"역시 교섭이 없느니라."
"여섯 잎이 향기로운데, 스님은 어느 잎을 전하셨습니까?"
"여섯 잎은 상속하지 않고, 꽃이 피어도 열매를 맺지 않느니라."

"어찌 오늘의 일이 없겠습니까?"

"만약 오늘이라면 있는 것이니라."

"오늘의 일이 어떠합니까?"

"잎과 잎이 이어진 가지마다 빼어난데, 꽃이 피니 곳곳마다 향기롭다."

길주吉州 화산禾山 무은無殷 선사

그는 복주福州 사람으로서 성은 오吳씨이다. 7세에 설봉雪峰 진각眞覺 대사에 의해 스님이 되었다가, 나이가 차자 구족계를 받고 행각을 떠나 균양筠陽에 가서 구봉九峰을 뵈었다. 구봉이 입실入室을 허락하고는 어느 날 이렇게 물었다.

"그대가 멀리서 와서 재치 있게 대중을 따르는데, 어떠한 경계로서 수행할 수 있어야 한다고 보며, 어떠한 지름길을 통해서 벗어나 여의어야 한다고 여기는가?"

대사가 대답했다.

"겹겹의 어둠이 확 밝아졌으나 소경은 제 스스로가 보지 못할 뿐입니다."

구봉은 처음에는 허락하지 않았으나, 대사가 나중에 그 뜻을 깨닫고 알던 지견을 단박에 잊었다.

그 뒤에 청을 받아서 길주吉州 화산禾山에 있는 대지원大智院에 머무르면서 배우는 자들을 제도했다. 대사가 일찍이 교훈 열 편을 지으니, 제방에서 탄복하면서 '화산은 총림의 본보기로 삼을 만하다'고 여겼다.

당시 강남江南의 이李씨가 대사를 초빙하고서 물었다.

"화상은 어디서 오셨소?"

"화산禾山서 왔습니다."

"화산이 어디에 있소?"

"사람은 조정의 대궐 앞에 오지만, 산악山嶽은 움직인 적이 없습니다."

국주國主가 소중히 여겨서 양주揚州의 상광원祥光院에 살도록 명하였으나, 다시 산으로 들어가겠다고 청하여 강서江西 지방의 훌륭한 경관인 취암원翠巖院을 선택해서 살았다.

당시 상람원上藍院에서도 방을 비워 놓고서 대사에게 왕래하며 교화해 달라고 하고, 호를 징원澄源 선사라 하였다.

이때에 어떤 스님이 물었다.

"학인이 처음으로 총림에 들어 왔으니, 스님께서 지시해 주십시오."

대사가 대답했다.

"그대에게 아끼지 않겠다."

"앙산仰山이 삽을 꽂은 뜻이 무엇입니까?"

"그대가 나에게 묻는 것이다."

"현사玄沙가 삽을 걷어차서 쓰러뜨린 뜻은 무엇입니까?"

"내가 그대에게 묻는 것이다."

"참다운 종풍을 가려내지 못했는데, 어떻게 체득할 수 있겠습니까?"

"머리가 크고 꼬리가 뾰족하니라."

"지척 사이에 있는데 어째서 스님의 얼굴이 보이지 않습니까?"

"그대에게 하나의 반만 일러 주리라."

"어째서 전부를 일러 주시지 않습니까?"

"법이 다하면 백성이 없다."

“백성들이 없는 것은 두렵지 않으니, 스님께서 법을 다해 주십시오.”

“지기(知己 : 벗)를 위해서 몸을 잃는다.”

“어째서 몸을 잃습니까?”

“좋은 마음이라도 좋은 보답은 없다.”

“존자가 눈썹을 치키고 눈을 부릅뜨면서 아육왕〔育王〕을 볼 때는 어떠합니까?”

“지금도 그렇다.”

“학인은 어떻게 이해하오리까?”

“마리지산摩利支山 아님이 없다.”

“마니보전摩尾寶殿에 네 귀퉁이가 있는데, ‘한 귀퉁이는 항상 드러나 있다’고 합니다. 어떤 것이 항상 드러난 귀퉁이입니까?”

대사가 손을 번쩍 들고 말했다.

“그대가 나를 때려라.”

그리고는 물었다.

“그대는 알겠는가?”

“모르겠습니다.”

“그대가 어찌 나를 때릴 줄 알겠는가?”

“어떤 것이 서쪽에서 오신 뜻입니까?”

“쳐서 부셔라.”

“이미 이글거리는 불꽃 속에 있으니, 스님께서 단련해 주십시오.”

“망치가 떨어지면 그릇이 되느니라.”

“그러면 단련이 되었군요.”

“지주池州 화상이니라.”

"사방 벽에서는 벼를 떨고, 중간 줄은 풀을 벱니다. 화상께서는 어느 쪽으로 가시겠습니까?"

"어느 곳으로도 나가지 않는다."

"그러면 대중과 똑같이 가겠군요."

"보잘것없는 스승의 제자로군."

대사는 건륭乾隆 원년元年 경신庚申 2월에 작은 질병이 생겼었는데, 3월 2일에는 시자를 시켜서 "방장 문을 열고 대중을 모아라"고 한 뒤에 하직을 고했다.

"나중의 학자들은 화산을 알지 못하리니, 바로 지금 알아 둬라. 잘 있어라."

이보다 앞서 대중은 생장生藏을 세우게 되었는데, 본국에서는 시호를 법성法性 선사라 하고 탑호는 묘상妙相이라 하였다.

홍주洪州 늑담泐潭 모牟 화상

"어떤 것이 학인이 힘을 쓰는 곳입니까?"

"바로 그것이 힘을 쓴 것이니라."

"옛사람이 자리를 걷은 뜻이 무엇입니까?"

"잘 있어라."

그리고는 법당에서 내려 왔다.

앞의 태주台州 용천涌泉 경흔景欣 선사의 법손

태주台州 육통원六通院 소紹 선사

처음에 용천涌泉 화상을 뵙고서 입실하여 종지를 깨달았다.

어느 날 밭을 태우고서 돌아오니, 용천이 물었다.

"어디를 갔다 왔는가?"

"밭을 태우고 옵니다."

"불을 지른 뒤의 일은 어찌 되었는가?"

"무쇠 뱀이 뚫어도 들어가지 않습니다."

용천이 허락했다.

나중에 육통원六通院에 살기 시작하니, 참선하는 무리가 모여와서 의지했다.

어떤 스님이 물었다.

"목구멍과 입술을 벗어나지 않는 일이 어떠합니까?"

"그대가 호미로 한 번 찍어서 건자산巾子山을 끊게 되면 그대에게 말해 주리라."

"남산에 독룡毒龍 한 마리가 있는데 어찌하여야 가까이하겠습니까?"

"그대뿐만이 아니라 천 명의 성인이라도 가까이하지 못한다."

"듣건대 남방에는 한 칼[一劍]에 관한 이야기가 있다는데, 어떤 것이 한 칼입니까?"

"칼날[鋒]과 맞서지 않느니라."

"머리가 떨어지면 어찌하겠습니까?"

"나는 칼날과도 맞서지 않는다 했는데 무슨 머리가 있겠는가?"

그 사람이 절을 하고 물러갔다.

대사가 여름을 쉬기 위해서 천태산天台山의 화정봉華頂峰에 들어가 자취를 감춘 뒤로는 그의 여생을 알 수 없다.

앞의 담주潭州 운개산雲蓋山 지원志元 선사의 법손

담주潭州 운개산雲蓋山 지한志罕 선사

어떤 스님이 물었다.

“어떤 것이 산봉우리의 물결이 하늘까지 넘실대는 것입니까?”

“문수보살이 바로 시끄러움을 일으킨다.”

“바로 시끄럽게 굴 때에는 어찌합니까?”

“기틀 앞을 향해서 대비大悲를 펴지 말라.”

신라新羅 와룡臥龍 화상

“어떤 것이 대인大人의 모습입니까?”

“자줏빛 휘장 안에서 손을 내리지 못한다.”

“어째서 손을 내리지 못합니까?”

“존귀하지 못하기 때문이다.”

“하루 종일 어떻게 마음을 쓰리까?”

“원숭이가 털 있는 벌레〔毛蟲〕를 잡아먹었다.”

영주影州[6] 천태天台 화상〔앞서 천태산에 살았다.〕

“옛 부처님께서는 어디로 가셨습니까?”

“복판에 있는 큰집이 우뚝 솟아서 해마다 신령스런 싹을 낸다.”

“옛 거울을 갈지 않았을 때에는 어떠합니까?”

“공력을 들이지 않는다.”

“간 뒤에는 어떠합니까?”

---

6 제17권 권두卷頭에는 팽주彭州로 되어 있다.

"비추지 않는다."

앞의 담주潭州 곡산谷山 장藏 선사의 법손

신라新羅 서암瑞巖 화상

"흑과 백이 모두 없이 부처의 눈을 열었을 때에는 어떠합니까?"
"그대가 안을 지킬까 걱정이다."
"어떤 것이 탄생한 왕자입니까?"
"깊은 궁궐에 있어서 끌어내도 나오지 않는다."

신라新羅 박엄泊嚴 화상

"어떤 것이 선禪입니까?"
"옛 무덤〔古塚〕은 집이 되지 못한다."
"어떤 것이 도道입니까?"
"공연히 수레와 말의 자취만 났구나."
"어떤 것이 교教입니까?"
"패다라엽〔貝葉〕에 다 적지 못한 것이니라."

신라新羅 대령大嶺 화상

어떤 스님이 물었다.
"겨우 동관(潼關 : 수도인 장안으로 향하는 길목)에 와서 그만둘 때에는 어떠합니까?"
"그저 도중의 살림이니라."
"그 안의 살림은 어떠합니까?"
"체體는 곧 얻었으나, 당當은 얻지 못했느니라."

"체는 얻었는데 어째서 당은 얻지 못했습니까?"

"체體가 어떤 사람의 분상分上의 일이기 때문이다."

"그 안의 일이 어떠합니까?"

"존귀함을 짓지 않느니라."

앞의 담주潭州 중운中雲 개蓋 화상의 법손

담주潭州 운개산雲蓋山 경景 화상

호는 증각證覺 선사이다.

어떤 스님이 물었다.

"국토가 안정되면 공功은 어느 곳에 돌아갑니까?"

"은대문(銀臺門 : 상소를 받는 문) 밑에서는 하례를 하지 않는다."

"굴려도 공이 없을 때에는 어떻습니까?"

"왕가王家의 일은 그럴 수도 있느니라."

경덕전등록 제 18 권

길주吉州 청원산青原山 행사行思 선사의 제6세 법손 14인

복주福州 설봉雪峰 의존義存 선사의 법손 14인

복주福州 현사玄沙 사비師備 선사

복주福州 장경長慶 혜릉慧稜 선사

복주福州 대보산大普山 현통玄通 선사

항주杭州 용책사龍冊寺 도부道怤 선사

복주福州 장생산長生山 교연皎然 선사

신주信州 아호산鵝湖山 지부智孚 선사

장주漳州 보은報恩 회악懷岳 선사

항주杭州 서흥西興 화도化度 사욱師郁 선사

복주福州 고산鼓山 신안神晏 국사

장주漳州 융수隆壽 소경紹卿 선사

복주福州 선종僊宗 행도行瑫 선사

복주福州 연화산蓮華山 영복永福 종엄從弇 선사

항주杭州 용화사龍華寺 영조靈照 선사
명주明州 취암翠巖 영참令參 선사
〔이상 14인은 기록에 보임〕

행사行思 선사의 제6세 ②

복주福州 설봉雪峰 의존義存 선사의 법손

복주福州 현사玄沙 종일從一 대사

법명은 사비師備이다. 복주 민현閩縣 사람으로서 성은 사謝씨이다. 어릴 때부터 낚시질을 좋아하여 남대강南臺江에다 작은 배 하나를 띄워 놓고 여러 어부들과 즐겁게 어울렸다.

당나라 함통咸通 초에 이르러 나이 30세가 되자 홀연히 세상을 싫어하게 되었다. 그리하여 낚시 배를 버리고 부용산芙蓉山 영훈靈訓 선사에게 가서 머리를 깎고, 예장豫章의 개원사開元寺에 가서 도현道玄 율사律師에게 구족계를 받은 뒤에 베옷과 짚신을 신고 음식은 겨우 호흡을 이을 정도에 그치면서 항상 종일토록 가만히 앉았으니, 대중이 모두 이상히 여겼다. 설봉 의존과는 본래 사형 사제였으나 가까이 지내기를 스승과 제자처럼 하였는데, 설봉은 대사가 고행을 한다고 하여 두타頭陀라 불렀다.

어느 날 설봉이 물었다.

"어느 것이 비備 두타인가?"

대사가 대답했다.

"끝내 사람을 속이지는 않습니다."

다른 날 설봉이 불러서 말했다.

"비 두타는 어째서 두루 참문하러 떠나지 않으시오?"

대사가 대답했다.

"달마는 동토東土에 오지 않았고, 2조祖도 서천西天에 가지 않았습니다."

설봉이 그렇다고 여겼다.

상골산象骨山에 갈 때에 대사와 같이 가서 힘을 합쳐 절을 지으니 참선하는 무리가 많이 모였다. 이에 대사도 설봉에게 입실하여 어려운 것을 묻고 아침저녁으로 문안을 빠뜨리지 않았다. 또 『능엄경楞嚴經』을 보다가 마음의 바탕을 밝힌 뒤로는 기틀에 응함이 민첩하고, 수다라修多羅와는 은밀히 계합하였다. 제방에서 공부하는 이가 해결하지 못한 일이 있으면 반드시 대사에게 와서 물었으며, 나아가 설봉 화상과 같은 이가 따지고 물어도 한 치의 망설임이나 물러섬이 없었다. 이에 설봉이 탄복했다.

"비 두타는 참으로 천상으로부터 다시 태어난 사람이로다."

어느 날 설봉이 상당하여 말했다.

"이 일을 알고자 하는가? 마치 옛 거울이 경대에 걸려 있어서 오랑캐가 오면 오랑캐가 나타나고, 한漢나라 사람이 오면 한나라 사람이 나타나는 것과 같다."

이때에 대사가 나서서 물었다.

"홀연히 밝은 거울이 깨어지면 어떠합니까?"

설봉이 대답했다.

"오랑캐도 한나라 사람도 모두 숨는다."

대사가 말했다.

"노스님의 발꿈치가 여전히 땅에 닿지 않습니다."

어느 날 대사가 상당하여 오랫동안 잠자코 있으니, 대중들은 모두가 설법을 하지 않는다고 여겨서 일시에 모두 흩어졌다. 이에 대사가 꾸짖었다.

"저것 봐라. 모두가 똑같구나. 지혜는 하나도 없으면서 그저 내가 두 조각 가죽을 열고 닫는 것만을 보면 모두 모여와서 말을 찾고 뜻을 헤아리지만, 내가 진실로 자기들을 위하는 것은 전혀 알지 못하는구나. 이렇게 살피기란 너무나 어렵고도 어렵구나."

언젠가는 또 이렇게 말했다.

"여러 선덕禪德들이여, 여러분 모두가 제방을 두루 다니다가 돌아와서는 나에게 선을 묻고 도를 배운다고 하는데, 기특한 곳이 있는가, 아니면 그저 이렇게 이러쿵저러쿵 하는 것인가? 만약 있다면 시험 삼아 통해 보라. 그대들을 위하여 시비를 가려 주리라.

나는 알아채서 얻은 것을 다했는데, 이 또한 있는 것인가? 만일 없다면, 그저 익살을 보러 다니는 것일 뿐임을 알아야 한다. 그대들이 이미 여기까지 왔다니, 내가 이제 그대들에게 물으리라. 그대들 모두는 안목을 가지고 있는가? 만약 있다면 바로 지금 문득 합하면서 알아채야 한다. 알아챘는가? 만일 알아채지 못했다면, 지금부터 내가 청맹과니〔生盲〕나 배냇벙어리〔生聾〕라 불러야겠다. 과연 옳겠는가? 이렇게 말해도 좋겠는가?

선덕들이여, 그렇다고 스스로 못난 척하지도 말라. 그대들은 진실하거늘 어찌 그런 사람이 된 적이 있겠는가? 시방의 부처님들이 그대를 잡아다 정수리에 올려놓고 있으니, 조금이라도 잘못 알지 말라. 다만 이 일을 말한다면, 오직 나만이 아는 것이다. 알겠는가?

오늘까지 전해 받는 이들이 모두가 석가의 법을 전승했다고 말하지만, 나는 석가와 똑같이 참구했다고 하노라. 그대들은 누구와 참구했는가? 알겠는가?

도무지 쉽게 알 수 없는 것이니, 크게 깨닫지 않고서는 이해해 알았다고 하지 말라. 만일 깨달은 바에 한계가 있으면 역시 능히 보지 못한 것이니, 그대들은 크게 깨닫는 것을 알아챘는가? 그대들은 해골 앞에서 저 비추는 작용을 인정하지 말아야 하고, 그대들은 공空을 설하지 말고, 무無를 설하지 말고, 이쪽저쪽을 설하지 말고, 세간법世間法이 있다고도 하지 말고, 한 개라도 세간법이 아니라고도 하지도 말라. 화상자和尙子들아, 허공도 오히려 미망迷妄으로부터 환생幻生한 것이거늘, 지금 만일 크게 긍정해 버린다면 어디에 그런 말이 있을 수 있으랴? 오히려 허공의 소식도 없거늘 어디에 삼계의 업의 차례와 부모의 연생緣生이 있어서 그대의 수명에 앞뒤를 세우겠는가? 바로 지금 없다〔無〕고 하여도 오히려 거짓말이거늘, 하물며 있음〔有〕이겠는가? 알겠는가?

그대들은 오랫동안 행각한 화상자들로서 깨달은 일이 있다고 하니, 내가 이제 그대들에게 묻겠다. 산봉우리 벼랑에 사람 자취가 없는 곳에도 불법이 있는가? 재량해서 가려내겠는가? 만일 가려내지 못한다면 마쳤다고 할 수 없다. 내가 항상 말하기를 '죽은 스님의 얼굴 앞이 바로 눈에 닿은 보리요, 만 리의 신령한 광채가 정수리 뒤의 모습이다'라고 했나니, 누구든지 눈치를 챈다면 5음陰·18계界를 벗어남에 걸림이 없어서 그대들 해골 앞의 의식과 상념을 온통 벗어나리라. 다만 그대들은 진실한 사람의 몸〔眞實人體〕이거늘, 어디에 다른 한 법이 있어서 그대들을 가리고 덮은 것을 풀겠는가? 알겠는가, 믿겠는가, 알아서 긍정하겠는가? 모름지기 많이 노력하라."

대사가 또 말했다.

"내가 이제 그대들에게 묻나니, 어떤 일을 이어받았으며, 어느 세계에 안신입명安身立命하겠는가? 판별할 수 있겠는가? 만일 판별하지 못한다면 마치 눈을 비벼서 허공에 꽃이 나는 것 같아서 보는 일마다 곧 어긋난다. 알겠는가?

바로 지금 현전해 있는 산하대지山河大地와 물체〔色〕·허공〔空〕·밝음·어둠 따위 갖가지 물건이 있다고 보는 것은 모두 미치고 헛되이 애쓰다가 생긴 허공 꽃의 모습이므로 뒤바뀐 지견知見이라고 부른다. 무릇 출가한 사람은 마음을 알아채고 근본을 통달하기 때문에 사문沙門이라 한다. 그대들이 이제 머리를 깎고 옷을 입고 사문이 되었으면, 즉각 자리自利와 이타利他의 분수에 합치해야 하는데, 아직껏 새까만 것만을 들여다보다가 온통 먹물같이 새까맣게 되면, 스스로도 구제하지 못하거늘 어찌 남을 구제할 줄 알겠는가?

그대들이여, 불법의 인연은 그 일이 크니, 한가롭게 모여서 쓸모없는 말을 어지러이 지껄이면서 세월을 보내지 말아야 한다. 광음(光陰 : 세월)은 얻기 어려운 것이니, 아까운 것이다.

대장부들이여, 어찌하여 스스로 성찰하면서 '이 무슨 일인가'를 살피지 않는가? 가령 위로부터 내려온 종풍宗風은 모두 불정족佛頂族일 뿐인데, 그대들이 긍정하지 않기 때문에 내가 방편으로 권고하되 '그대들은 다만 가섭 문하에 접속接續해서 단박에 초월하라'고 한 것이다. 이 하나의 문은 그대들을 범부와 성인의 인과因果를 초월하게 하고, 비로자나의 장엄세계莊嚴世界를 초월하게 하고, 석가의 방편문方便門을 초월하게 하나니, 곧바로 영겁토록 어떤 한 물건도 그대들에게 안목이 되어 주지 않거늘 그대들은 어찌하여 급히 구하여 취取하지 않는가? 나에게 3생生이나 2생 동안 더 청정한 업을 오래 쌓으라고 말할 필요는 없다.

그대들이여, 그대들의 종승宗乘은 무슨 일인가? 그대들의 몸과 마음을 통해서 공부하고 장엄하면 된다고 여기지 말고, 타심통他心通과 숙명통宿命通으로 된다고 여기지도 말라. 알겠는가?

설사 석가가 세상에 나타나서 무수한 변화를 일으키고 12분교分教를 병의 물을 붓는 것처럼 말해서 한 마당[場] 불사를 이룰지라도, 그대들의 이 문중에서는 한 점도 쓰지 못하고 한 터럭의 재주도 쓰지 못한다. 알겠는가? 마치 꿈과도 같고 잠꼬대와도 같으니, 사문은 얻으려고 하지 말라. 벗어나기만 하면 알아채게 되나니, 알겠는가? 알아채는 것이 바로 큰 해탈이자 큰 벗어남이니, 그러므로 말하되 '범부와 성인을 초월하고, 생과 사를 벗어나고, 인과 과를 여의고, 비로자나와 석가를 초월해서 범부와 성인의 인과의 속임을 받지 않는다'고 했지만, 어디서든 알아챈 사람이 없다는 것도 그대들은 알겠는가? 오랫동안 생사의 애욕에 연연하고 선악의 업에 얽매여서 자유自由의 분수가 없게 하지 말아야 한다.

설사 그대들이 몸과 마음을 연마하여 허공과 똑같이 하고, 설사 그대들이 정명精明해서 고요히 흔들림이 없는 곳에 이르렀을지라도 식음識陰을 벗어나지 못한다. 옛사람이 '급히 흐르는 물과 같다'고 했으니, 급한 흐름을 깨닫지 못하면 허망되게 맑은 것으로 여긴다. 그렇게 수행하면 모두가 윤회輪廻를 벗어나지 못하여 전과 같이 돌고 돌리니, 그래서 '모든 행行이 무상하다'고 말하는 것이다. 다만 3승의 공과功果가 이처럼 두렵거늘, 만일 도의 안목이 없으면 역시 구경究竟이 되지 못하니, 어떻게 오늘의 박지범부博地凡

夫로부터 한 터럭의 공력도 들이지 않고 단박에 초월하겠는가? 마음의 힘을 덜 줄 아는가? 또한 즐거움을 원하는가? 그대들에게 권하나니, 나는 지금 선 자리에서 그대들이 엿보기를 기대하지, 그대들이 공력을 들이고 행을 연마하기를 필요로 하지 않는다. 지금 그렇게 하지 않으면 다시 어느 때를 기다리랴? 긍정하는가, 긍정하는가?"

대사가 또 어느 때에는 상당하여 대중들에게 이렇게 말했다.

"그대들의 진실함이 이렇구나."

또 어느 때에는 이렇게도 말했다.

"달마가 바로 지금 나타나 있는데, 그대들은 보았는가?"

또 이렇게 말했다.

"그대들이 험악함을 보고, 호랑이와 칼 따위의 온갖 일들이 그대들의 몸과 목숨을 핍박함을 보면 무한한 두려움을 내는데, 이렇게 한들 무엇 하겠는가? 마치 세간의 어떤 화가가 스스로 지옥의 변상變相을 그리고, 호랑이와 칼 따위를 벌려 놓고 자세히 보다가는, 도리어 스스로가 두려운 생각을 내는 것과 같으니, 그대들도 역시 마찬가지다. 백 가지 소견이 있는 것이 모두 그대들 스스로가 환상을 내어서 스스로가 두려워하는 것이니, 결코 다른 사람이 그대들에게 허물을 주는 것이 아니다.

그대들이 이제 이 환혹幻惑을 깨닫고 싶다면, 다만 그대들의 금강 같은 눈동자를 알아채라. 만일 알아챈다면 그대들로 하여금 털끝만큼이라도 드러내어 나타내게 할 것이 없거늘, 어디에 다시 그대들을 두렵게 할 호랑이와 칼 따위가 있겠는가? 설사 석가의 재주로도 빠져나갈 곳을 찾지 못하리니, 그러므로 내가 그대들에게 말하되 '사문의 안목은 세계를 잡아서 정하고 건곤乾坤을 덮으면서

도 털끝만큼이라도 새지〔漏〕 않는다'고 한 것이니, 어디에 다시 한 물건이라도 있어서 그대들의 지견이 되겠는가? 알겠는가? 이렇게 해탈하고 이렇게 기특하거늘 어째서 궁구하여 취하지 않는가?"

대사는 또 이렇게 말했다.

"그대들은 모두가 큰 바다 속에 머리까지 몽땅 빠져 있으면서도 다시 손을 벌려 남에게 물을 달라고 구걸하는 것과 같다. 알겠는가?

무릇 반야般若를 배우는 보살은 커다란 근기로서 큰 지혜가 있어야 한다. 만일 지혜가 있으면 지금 당장 해탈하겠지만, 만일 근기가 둔한 이면 모름지기 부지런히 인내해서 밤낮으로 피로도 잊고 음식도 거른 채 부모의 초상을 당한 것처럼 해야 한다. 이렇게 급하고 간절하게 일생을 다하고, 또 남의 도움을 받아서 뼈에 사무치도록 궁구하면, 알아보는 것이 어렵지 않으리라. 하물며 지금은 누가 이 배움을 감당하는 사람인가?

그대들이여, 말만을 기억하여 마치 다라니를 외우는 것처럼 하지 말 것이며, 멈칫멈칫 제자리에서 중얼중얼〔哆哆和和〕하다가 남들이 꼭 붙들고 힐난할 때 갈 곳이 없게 되면, 도리어 화상이 자기를 위해 대답해 주지 않았다고 성내지 말아야 한다. 이렇게 배우면 퍽 괴로운 일이다. 알겠는가?

또 어떤 이는 일반적으로 승상繩床에 앉아서 선지식이라 하다가, 누가 물으면 손을 흔들거나 몸을 흔들거나 눈을 깜빡이거나 혀를 내밀거나 눈을 부릅뜬다. 또 어떤 이는 '소소영령昭昭靈靈한 영대靈臺의 지혜 성품이 능히 보고 능히 들을 수 있어서 5온蘊의 몸〔身田〕 속에서 주재主宰가 된다'고 하는데, 이런 것을 선지식이라 하면 크게 사람을 속이는 것이다. 알겠는가?

내가 이제 그대들에게 묻나니, 그대들이 만일 소소영령함을 그대들의 진실이라고 인정한다면, 어째서 잠을 잘 때에는 소소영령이 이루어지지 않는가? 만일 잠잘 때에 이루어지지 않는다면, 어떻게 소소영령할 때가 있으랴? 그대들은 알겠는가? 이것은 도적을 오인해서 아들로 여기는 것이니, 이는 생사의 근본이자 망상의 인연이다. 그대들은 이 근원을 알고자 하는가? 내가 그대들에게 말하나니, 그대들의 소소영령은 다만 눈앞의 티끌인 빛・소리・냄새 따위의 법으로 인해서 분별이 생긴 것을 소소영령이라고 말할 뿐이다. 만일 눈앞의 티끌이 없다면 그대들의 이 소소영령은 거북의 털이나 토끼의 뿔과 같을 뿐이니, 그대들의 진실은 어디에 있는가?

그대들이 이제 저 '5온蘊 몸〔身田〕의 주재'를 벗어나고자 한다면, 다만 그대들의 비밀한 금강체金剛體를 알아채라. 옛사람이 그대들에게 이르기를 '원만히 성취하고 바르게 두루해서 항하의 모래같이 많은 세계에 두루했다'고 하였는데, 내가 이제 그대들을 조금 위하겠으니 지혜 있는 이라면 비유를 통해 이해할 수 있을 것이다. 그대들은 이 남섬부주南贍部洲의 해를 보았는가? 세간 사람들이 하는 경영과 몸의 양육과 생활 따위의 갖가지 심행心行이나 작업이 모두 저 햇빛을 받아서 이루어지지 않은 것이 없는데, 가령 저 해의 체體에도 허다한 일과 심행이 있는가? 두루하지 않은 곳이 있는가? 이 금강체를 알고자 하는 것도 이와 마찬가지다.

지금의 산하대지山河大地, 시방국토十方國土, 색色과 공空, 밝음과 어두움, 그리고 그대들의 몸과 마음이 모두 그대들의 원만히 이루어진 위광威光이 나타낸 바를 받지 않은 것이 없고, 하늘・인간 따위의 뭇 생령이 지은 업의 차례와 생의 과보를 받는 일과 성품 있는 이와 무정물까지도 모두 그대의 위광을 받지 않음이 없으며, 나아가 모든 부처님들이 불도를 이루신 뒤에 과위果位를 이루어 중생을 제도하는 것도 모두 그대들의 위광을 받지 않음이 없다. 금강체에 범부와 부처가 있겠는가? 그대들의 심행心行이 있겠는가? 없다고 말함으로써 문득 되었다고 여기지도 말아야 한다. 알겠는가?

그대들에게는 이미 이러한 기특하고 밝은 출신처出身處가 있는데도 어찌하여 발명發明해서 취하지 않고, 저 5온의 몸〔身田〕이나 귀신의 굴속에서 살림을 차리다가 그대로 스스로에게 속는가? 홀연히 무상살귀無常殺鬼가 닥쳐와서 눈을 이상하게 부릅뜨면, 몸의 소견이나 목숨의 소견으로는 이러한 때를 지탱하기 대단히 어렵다. 마치 거북의 껍질을 산 채로 벗기는 것 같아서 몹시 괴롭다. 그대들이여, 잠 속의 견해를 가지고서 옳다고 여기지 말라. 털끝만큼이라도 덮을 줄을 모르나니, 그대들은 알겠는가?

삼계三界가 편안하지 않음이 마치 불난 집과 같으니, 그대들은 안락을 얻은 사람이라고 할 수 없다. 그저 큰 무리를 지어서 남의 세계를 이리저리 야생 노루처럼 뛰어다니면서 의식衣食만을 구할 줄 아나니, 그렇게 하다가는 어찌 왕도王道가 시행되겠는가? 알겠는가? 국왕과 대신이 그대들을 구속하지 않고, 부모가 그대들의 출가를 방임했고, 시방의 단월이 그대들에게 옷과 음식을 공급하고, 토지신과 용신이 그대들을 수호하니, 미안한 생각을 가지고 은혜를 갚을 줄 알아야 한다. 남의 은혜를 저버리지 말라.

길게 이어진 평상 위에 뒹굴면서 세월을 보내는 것을 안락하다고 하지만 그렇지가 못하다. 모두가 죽과 밥으로 살아가고 보양하다가 끝내는 동과冬瓜가 썩듯 변하여 마침내 흙 속에 묻히면서도 업식業識이 망망해서 의거할 근본이 없다. 사문이 어째서 이런 지경에 이르렀는가? 가령 대지 위에서 꿈틀거리는 것들을 나는 지옥겁地獄劫의 머무름이라 부르는데, 지금 밝히지 못하면 내일 아침에나 모레는 당나귀 배때기나 말 뱃속으로 들어가서 보습을 끌고, 쟁기를 잡고, 자갈을 물고, 안장을 지고, 방아를 찧고, 물을 푸고, 불속에 볶이는 꼴을 당하게 되리니, 너무나 쉽게 받아들일 수 없는 일이다. 모름지기 크게 두려워하는 마음을 내어야 하나니, 이 모두가 그대 스스로 저지른 일이다. 알겠는가?

만일 이렇게 깨닫는다면 지금부터 영겁토록 그대들에게 그런 소식이 있다고 하지 않아도 되지만, 만일 이를 깨닫지 못한다면 번뇌와 악업의 인연을 한 겁이나 두 겁을 지나도 쉬지 못하고, 바로 그런 그대들과 함께 금강 같은 수명을 같이하게 되리라. 알겠는가?"

남제南際 장로가 설봉雪峰에게 갔는데, 설봉이 남제에게 대사를 뵈라고 하였다. 대사가 물었다.

"옛사람이 말하기를 '이 일은 오직 나〔我〕만이 능히 안다'고 하였는데, 장로는 어떠한가?"

남제가 대답했다.

"알려고 하지 않는 자도 있는 줄 알아야 합니다."〔귀종歸宗 유柔가 따로 표현하기를 "손으로 세 차례 내리쳤다"고 하였다.〕

대사가 말했다.

"산두山頭 화상이 허다한 고통을 받았으나 무엇 하겠는가?"

설봉이 울력으로 산전山田을 파다가 뱀 한 마리를 보자 주장자로 꿰어 올리고는 대중을 불러 말했다.

"보라, 보라."

그리고는 칼로 두 토막을 내었다. 이에 대사가 주장자로 퉁겨서 뒤로 던지고는 다시 돌아보지도 않으니, 대중이 깜짝 놀랐다. 그러자 설봉이 말했다.

"빼어나구나."

어느 날 대사가 설봉을 모시고 산을 도는데, 설봉이 한 곳의 땅을 가리키면서 말했다.

"여기에다 하나의 무봉탑無縫塔을 세우리라."

대사가 말했다.

"높이가 얼마나 되게 할까요?"

설봉이 위와 아래를 돌아보자, 대사가 말했다.

"인간과 하늘의 의보依報는 화상만 못하겠지만, 만약 영산靈山의 수기受記라면 한참 멀었습니다."

설봉이 말했다.

"세계의 넓이가 한 자이면 옛 거울의 넓이도 한 자요, 세계의 넓이가 한 길이면 옛 거울의 넓이도 한 길이다."

대사가 화로를 가리키면서 말했다.

"화로의 넓이는 얼마입니까?"

"옛 거울의 넓이와 같다."

"노화상의 발꿈치가 땅에 닿지도 않았습니다."

대사가 처음으로 초청을 받아서 매계장梅谿場의 보응원普應院에 살다가 중간에 현사산玄沙山으로 옮기니, 이때부터 바다 같은 총림의 무리가 바람에 쏠리듯 모여와서 의지했다.

민수閩帥, 왕공王公이 무상승無上乘을 연설해 달라고 청하면서 스승의 예로 대접하고, 학도들이 8백여 명이나 모여서 방문이 닫힐 사이가 없었다.

대사가 상당하여 잠자코 있다가 대중에게 말했다.

"내가 그대들을 위해서 애썼다. 알겠는가?"

어떤 스님이 물었다.

"적적寂寂하여 말이 없을 때에는 어떠합니까?"

"잠꼬대를 하는가?"

"본분사本分事를 스님께서 알려 주십시오."

"잠을 자는가?"

"학인은 자지만 화상은 어떠하십니까?"

"어쩌면 그렇게 아프고 가려운 것을 모르는가?"

대사는 이어서 말했다.

"애석하구나. 얼마나 많은 큰 스님들이 천리만리千里萬里를 행각하다가 이곳에 이르렀지만, 잠자는 것과 잠꼬대도 알지 못하고 그대로 물러가는구나."

어떤 이가 물었다.

"어떤 것이 학인의 자기自己입니까?"

"자기는 무엇에 쓰는 것인가?"

스님이 물었다.

"위로부터 전하는 종문宗門의 일을 화상께서는 여기서 어떻게 말씀하십니까?"

"듣는 이가 별로 없더라."

"화상께서 곧바로 말씀해 주십시오."

"귀머거리를 어찌하겠는가?"

대사가 또 말했다.

"그대들이 바로 지금의 일을 어쩔 수 없어서 나로 하여금 이러한 위광威光을 억누르고 입이 쓰도록 권고하게 함으로서 백천 가지 방편으로 이러쿵저러쿵 말하여 그대들이 알게 해달라고 하지만, 모두가 뒤바뀐 지견知見을 이룰 뿐이다. 이 목구멍과 입술로는 그저 들여우의 정령(精) 같은 업보를 이루어 그대들을 속일 뿐이니, 내가 그런 일들을 긍정할 수 있겠는가? 허물이 있는지 없는지는 오직 나만이 스스로 알 뿐이니, 그대들이 어찌 이해하겠는가? 만일 그러한 사람이 나타난다면 달갑게 꾸짖음을 받으리라.

대체로 남의 스승이 된다는 일은 무척 어려운 일이니, 모름지기 선지식이라야 비로소 알게 된다. 내가 이제 이렇게 방편을 써서 그대들을 도와도 여전히 바로 보지 못하는데, 하물며 순수하게 종승宗乘만을 드날린다면 그대들은 어디에다 몸과 마음을 두겠는가? 알겠는가?

49년의 일이 방편일 뿐이다. 영산靈山 회상에는 백만 대중이 있었으나, 오직 가섭迦葉 한 사람만이 직접 법문을 들었고 다른 이는 모두 듣지 못했다. 그대는 가섭이 직접 들은 일이 무엇이라고 여기는가? 그렇다고 여래는 말없이 말씀하고, 가섭은 들음 없이 들었다고 하는 것으로 문득 맞아 떨어졌다고 여기지는 말라. 또 그대들이 원인을 닦고 결과를 이루어서 복과 지혜로 장엄한 일이라고 할 수도 없다. 알겠는가?

또다시 부처님께서 말씀하시기를 '나에게 정법안장正法眼藏이 있는데 대가섭에게 전해 준다'고 한 것을 나는 달을 이야기한 것과 같다고 말하고, 조계曹谿께서 불자拂子를 들어서 세운 것도 달을 가리킨 것과 같다고 말한다. 그러므로 대당국大唐國 내 종승宗乘 가운데의 일을 일찍이 한 사람도 거양하고 제창한 것을 본 적이 없다고 하노라. 설사 어떤 사람이 거양하고 제창했다면, 온 누리의 사람이 몽땅 성품과 목숨〔性命〕을 잃는 것이 마치 구멍이 없는 쇠방망이처럼 되어서 일시에 칼끝이 무디고 혀가 굳어지리라.

여러분들은 다행히 나를 만났기에 신명身命을 아끼지 않고 그대들의 뒤바뀐 지견과 함께 해주고, 그대들의 미친 뜻을 따라 주는 것이다. 그대들이 무엇을 물었을 때에 내가 그대들과 함께 이렇게 알고 듣고 하지 않았다면, 그대들은 어디에서 나를 볼 수 있겠는가? 알겠는가? 너무나 어려우니, 노력하라. 잘 있어라."

이어서 게송을 읊었다.

만 리의 신령한 광명은 정수리의 뒷모습이니
정수리가 몰락할 때에는 어디를 바라보랴.
일이 이미 이루어져서 뜻도 또한 쉬니
이것이 원래 부딪치는 곳마다 두루한 것이라네.
지혜로운 이는 다스려서 얼른 끌어올리나니
잠깐이라도 머리를 잃도록 기다리지 말라.

萬里神光頂後相　沒頂之時何處望
事已成　意亦休　此箇來蹤觸處周
智者撩著便提取　莫待須臾失却頭

또 게송을 읊은 것이 있다.

현사玄沙가 거니는 길은 특별하니
요즘 사람들은 간절히 알아야 하네.
한 겨울에도 햇살이 포근하고

6월도 서리가 내리는 때라네.

玄沙遊徑別　時人切須知
三冬陽氣盛　六月降霜時

말은 있으나 혀와는 관계가 없으니
말 없음이 간절하고 중요한 언사이네.
나의 마지막 구절을 아는가?
세상에 출현해도 아는 이가 적구나.

有語非關舌　無言切要詞
會我最後句　出世少人知

어떤 이가 물었다.
"네 가지 위의威儀 외에 어떻게 국왕을 섬기오리까?"
대사가 대답했다.
"그대는 왕법王法의 죄인인데 어찌 그런 일을 물을 줄 아는가?"
"옛사람이 망치를 번쩍 들거나 불자를 세우기도 했는데, 그것도 종승 안의 일에 해당됩니까?"
"해당되지 않는다."
"옛사람의 뜻이 무엇입니까?"
대사가 불자를 번쩍 드니, 스님이 다시 물었다.
"종승 안의 일이 어떠합니까?"
"그대가 깨달아야 비로소 알 것이다."
"어떤 것이 금강역사金剛力士입니까?"
대사가 입으로 '후' 하고 불었다.

문文 통두桶頭[1]가 산을 내려가니, 대사가 물었다.

"문 통두여, 산을 내려가면 언제 돌아오는가?"

"3·5일 걸리겠습니다."

"돌아올 때에 밑 없는 통桶이 있거든 한 짐 지고 돌아오라."

문 통두가 대답이 없었다.〔귀종歸宗 유柔가 대신 말하기를 "화상은 그것을 무엇 하시겠습니까?"라고 하였다.〕

대사가 어떤 때 이렇게 말했다.

"제방의 노숙老宿들은 모두가 말하기를 '사물을 제접해서 중생을 이롭게 한다'고 하는데, 이제 그대들에게 묻나니, '소경이며 귀머거리이며 벙어리인 세 가지 병자가 있다'고 한다면 그대들은 어떻게 그를 제접하겠는가? 만일 방망이를 번쩍 들거나 불자를 세운다면 그의 눈이 보지 못할 것이요, 그와 이야기를 한다면 귀가 막혔으니 듣지 못할 것이요, 입으로도 다시 말하지 못할 것이다. 만일 제접하지 못한다면, 불법은 영험이 없을 것이다."

이때에 어떤 스님이 나서서 말했다.

"화상께서는 이 세 가지 하자가 있는 사람을 제가 헤아리는 것을 허락하시겠습니까?"

"그대에게 허락하겠으니 어떻게 헤아리겠는가?"

그 스님이 인사를 드리고 물러가자, 대사가 말했다.

"아니다, 아냐."〔법안法眼이 말하기를 "내가 그 당시에 나한羅漢 화상이 이 스님의 일을 말하는 것을 듣자 곧 세 가지 하자가 있는 사람을 알았다"고 하였다. 운거雲居 석錫이 말하기를 "그 스님이 알았을까, 몰랐을까? 몰랐다면 법안은 어째서 말하기를 '나는 그 스님의 일을 듣고 세

---

1 통두는 직책이고, 문은 성씨이다.

가지 하자가 있는 사람을 알았다'고 하였을까? 상좌들이여, 차이 없으니, 와서 따져 보자. 여러분, 모두 알아야 한다"고 하였다.〕

나한羅漢이 말했다.

"계침(桂琛 : 나한 화상의 이름)은 눈과 귀가 있음을 보고 있는데, 화상께서는 어떻게 제접하시겠습니까?"

대사가 대답했다.

"세 가지 하자가 있는 사람이 지금은 어디에 있는가?"

또 다른 스님이 말했다.

"남을 속일 뿐 아니라 스스로도 속이는구나."

장경長慶 능稜이 오자, 대사가 물었다.

"피해야 할 독약을 제외하고는 어떻게 말해야겠는가?"

장경 능이 대답했다.

"어리석으니, 무엇 때문인가?"

대사가 다시 말했다.

"설봉산雪峰山의 상수리가 먹을 만했는데, 이 속에 온 참새가 똥을 쌌구나."

대사가 어떤 스님이 와서 절을 하는 것을 보자 이렇게 말했다.

"절을 하라. 나 때문에 그대에게도 절을 할 수 있게 되었다."

어느 날 해갱海坑에 가서 장작을 패는 울력을 하는데 호랑이 한 마리를 보았다. 어떤 스님이 외쳤다.

"스님, 호랑이입니다."

대사가 말했다.

"그대의 호랑이다."

절에 돌아온 뒤에 스님이 물었다.

"아까 호랑이를 보시고 제 것이라 하셨는데, 스님의 뜻이 무엇입니까?"

대사가 대답했다.

"사바세계에는 네 겹의 장애가 있는데, 만약 이것을 뛰어 넘는다면 그대에게 5음의 경계를 벗어났다고 허락하겠다."〔동선東禪 제齊가 말하기를 "상좌여, 옛사람이 보고서 말하기를 '나의 몸과 마음이 허공과 같다'고 했는데, 요즘 사람이 통과할 수 있는가?"라고 하였다.〕

대사가 장생長生 연然 화상에게 물었다.

"유마 거사가 부처님을 뵙고서 '미래에서 오지도 않고, 과거로 가지도 않고, 지금에도 머물지 않는다'고 하였는데, 그대는 어떻게 보는가?"

"교연皎然의 허물을 용서해 주십시오. 요량할 일이 있습니다."

"그대의 허물을 어떻게 용서하는가?"

장생이 잠자코 있으니, 대사가 말했다.

"누구에게 맡길까?"

"공연히 귀만 기울이고 있었군요."

"역시 그대가 귀신 굴속에서 살림을 차린 것을 심정적으로 알겠다."〔숭수崇壽 조稠가 따로 장생에게 말하기를 "무엇을 여래라 합니까?"라고 하였다.〕

어떤 스님이 물었다.

"학인은 어찌하여 제대로 이르지 못합니까?"

대사가 대답했다.

"그대의 입을 꽉 막았는데 어떻게 이를 줄 알겠는가."〔법안法眼이 말하기를 "옛사람이 그렇게 말한 것이 매우 기특하다. 상좌에게 하나 묻겠으니 어떤 것이 입인가?"라고 하였다.〕

어떤 이가 물었다.

"무릇 말〔言句〕은 모두가 함정에 빠진다고 하니, 함정에 빠지지 않는 말을 화상께서 헤아려 주십시오."

대사가 대답했다.

"저울대를 꺾어 버리고 오너라. 그대에게 헤아려 주리라."

"옛사람은 눈을 깜박여서 사람을 제접했는데, 화상은 어떻게 사람을 제접하십니까?"

"나는 눈을 깜박여서 사람을 제접하지 않는다."

"이것이 무엇이기에 그렇게 보기 어렵습니까?"

"너무 가깝기 때문이다."〔법안이 말하기를 "가깝다고도 할 수 없다. 바로 상좌 당신이다"라고 하였다.〕

대사가 설봉에 있을 때에 광光 시자侍者가 대사에게 말했다.

"사숙師叔께서 선법禪法을 배우신다면, 저는 무쇠 배를 부수고 바다로 내려가겠습니다."

대사가 주지가 된 뒤에 물었다.

"광 시자는 무쇠 배를 부쉈는가?"

광 시자가 대답이 없었다.〔법안法眼이 대신 대답하기를 "화상은 끝내 그렇지 못합니다"라고 하였다. 법등法燈이 대신 대답하기를 "스님, 배에서 내리십시오"라고 하였다. 현각玄覺이 대신 대답하기를 "가난한 사

람이 묵은 빚을 생각한다"고 하였다.〕

어느 날 대사가 스님을 시켜서 설봉 화상에게 글을 보냈다. 설봉이 받아서 뜯어보니, 흰 종이만 석 장 있었다. 이에 그 스님에게 물었다.

"알겠는가?"

그러자 그 스님이 말했다.

"모르겠습니다."

설봉이 다시 말했다.

"'군자천리동풍君子千里同風'이란 말을 듣지 못했는가?"

그 스님이 돌아와서 대사에게 이야기하니, 대사가 말했다.

"그 늙은 노장이 실수한 줄도 모르고 있구나."〔동선東禪 제齊가 말하기를 "어디가 지나친 곳인가? 만일 분명히 지나쳤다면 스승이 어찌 제자의 뜻을 알지 못하겠는가? 만일 그렇게 생각하지 않는다면 현사玄沙의 뜻을 어떻게 풀이하려는가? 만일 알았다면 현사의 뜻을 참고해 보라"고 하였다.〕

대사가 경청鏡淸에게 물었다.

"경전에 말하기를 '보살마하살은 한 법을 보지 않아도 큰 허물이 된다'고 하였는데, 어떤 법을 보지 않는다는 말인가?"

경청이 돌기둥〔露柱〕을 가리키면서 말했다.

"저런 법을 보지 않는다는 것이 아니겠습니까?"〔동안同安 현顯이 따로 말하기를 "화상이 그러실 줄은 미리 알고 있었습니다"라고 하였다.〕

대사가 대꾸했다.

"절강성 지방의 맑은 물과 백미白米는 그대 마음대로 먹겠지만 불법을 알려면 아직 멀었다."〔현각玄覺이 말하기를 "말해 보라. 현사玄沙가 그렇게 말한 뜻이 무엇인지 듣지 못했는가?"라고 하였다. 그러자 어떤 스님이 동산洞山에게 묻기를 "한 법도 보지 않음이 큰 허물이 된다고 하였는데, 그 뜻이 어떠합니까?"라고 하였다. 동산이 대답하기를 "한 법도 보지 않는다 함은 좋은 말이다"라고 하였다. 그러자 상좌인 일숙각一宿覺이 말하기를 "한 법도 보지 않으면 곧 여래이니, 바야흐로 관자재나 보현보살이라 한다"고 하였고, 또 말하기를 "한 법도 보지 않으면 큰 허물이 된다고 하였으니, 한 가지인가, 두 가지인가? 판단해 보라"고 하였다.〕

어떤 스님이 물었다.

"듣건대 화상께서 말씀하시기를 '온 시방세계가 한 개의 밝은 구슬이다'라고 하였는데, 학인이 어떻게 이해해야 하겠습니까?"

대사가 대답했다.

"온 시방세계가 한 개의 밝은 구슬인 것을 알아서 무엇 하겠는가?"

이튿날 대사가 도리어 그 스님에게 물었다.

"온 시방세계가 한 개의 밝은 구슬이라 하는데, 그대는 어떻게 알고 있는가?"

스님이 대답했다.

"온 시방세계가 한 개의 밝은 구슬인데 알아서 무엇 하겠습니까?"

대사가 대답했다.

"나는 그대가 산 귀신의 굴에다 살림을 차린 것을 알았다."〔현각

玄覺이 말하기를 "똑같이 그렇게 말했는데 어째서 산 귀신이 되었는가?" 라고 하였다.〕

"어떤 것이 무봉탑(無縫塔 : 달걀 모양의 탑)입니까?"

대사가 대답하였다.

"크든 작든 하나의 바느질로 꿰매어 가린다."〔현각玄覺이 말하기를 "총림에서 말하기를 '그렇게 왔지만 어디서 무봉탑을 만났는가?'라고 하는데, 맞았는가, 맞지 않는가?"라고 하였다.〕

위韋 감군監軍이 와서 뵙고, 조산曹山 화상이 매우 기괴하다고 한 일을 이야기하니, 대사가 물었다.

"무주撫州에서 조산曹山까지는 거리가 얼마나 되는가?"

위씨가 곁에 있는 스님을 가리키면서 말했다.

"상좌여, 조산에 가신 적이 있습니까?"

"가 보았습니다."

"무주에서 조산까지는 몇 리나 되는가요?"

"120리입니다."

"그러면 상좌는 조산에 가 보지 않았군요."

그리고는 위 감군이 일어나서 대사에게 절을 하니, 대사가 말했다.

"감군은 도리어 이 스님에게 절을 하시오. 이 스님이 오히려 부끄러워할 줄 압니다."〔운거雲居 석錫이 말하기를 "어디가 이 스님이 갖추고 있는 부끄러움을 아는 곳인가? 만일 점검해서 알아낸다면 상좌들에게 행각의 안목이 있다고 허락하리라"고 하였다.〕

인도에서 성명聲明 삼장三藏이라는 이가 왔는데, 민수閩帥가 대사에게 소개하여 만나게 하니, 대사가 부젓가락으로 구리 화로를 두드리면서 물었다.

"이게 무슨 소린가?"

삼장이 대답했다.

"구리 소리입니다."〔법안法眼이 따로 말하기를 "대사께서 대왕을 위하여 말씀해 보십시오"라고 하였다. 법등法燈이 따로 말하기를 "화상께서 물으시는 소리를 들었습니다"라고 하였다.〕

대사가 말했다.

"대왕은 외국 사람에게 속임을 당하지 마시오."

삼장은 대답이 없었다.〔법안法眼이 대신 대답하기를 "대사께서는 오랫동안 대왕의 공양을 받으셨습니다"라고 하였다. 법등法燈이 대신 대답하기를 "화상께서 도리어 남의 속임을 받으셨군요"라고 하였다.〕

대사가 남쪽의 포전현莆田縣에 갔는데, 백 가지 유희遊戲로써 영접하였다. 이튿날 대사가 소당小塘이라는 장로에게 물었다.

"어제 그처럼 시끄럽던 것이 모두 어디로 갔는가?"

소당이 옷자락을 들어 보이니, 대사가 말했다.

"상대가 안 되는 줄은 미리 짐작했었다."〔법안이 따로 대답하기를 "어제 얼마나 시끄러웠습니까?"라고 하였다. 법등이 따로 말하기를 "오늘 다시 한 번 웃는 것이 좋겠습니다"라고 하였다.〕

대사가 어떤 스님에게 물었다.

"건달바乾闥婆의 성城이란 말이 있는데, 그대는 어떻게 이해하는가?"

스님이 대답했다.

“꿈이나 허깨비같이 여깁니다.”〔법안은 물건을 두드려 보여서 따로 답하였다.〕

대사가 지장地藏 계침桂琛과 방장에서 이야기를 하는데, 밤이 깊어지자 시자가 문을 닫았다. 대사가 말했다.

“문을 모두 닫으면 그대는 어디로 나가려는가?”

계침이 말했다.

“무엇을 문이라 합니까?”〔법등法燈이 따로 말하기를 “화상은 쉬어 가시려는 것이 아닙니까?”라고 하였다.〕

어느 날 대사가 주장자로 땅을 찌르면서 장생長生에게 물었다.

“스님이다, 속인이다, 남자다, 여자다 하는 소견 가운데 그대는 어떤 소견인가?”

장생이 말했다.

“화상은 교연皎然이 보는 곳을 보십니까?”

대사가 말했다.

“알아챈 이가 천하에 가득하다.”

“듣건대 화상께서 말씀하시기를 ‘들음의 성품이 법계에 두루하다’고 했다는데, 설봉이 북을 친 것은 어째서 듣지 못하셨습니까?”

“누가 듣지 못한 줄을 아는가?”

“험악한 길에서는 무엇을 나루터와 다리로 삼습니까?”

“그대의 눈을 나루터와 다리로 삼는다.”

“아직 얻지 못한 이는 어찌합니까?”

“빨리 구원해라.”

대사가 위 감군과 함께 과자를 먹는데, 위 감군이 물었다.
"어떤 것이 날마다 쓰면서도 모르는 것입니까?"
대사가 과자를 번쩍 들면서 말했다.
"먹었다."
위씨가 과자를 다 먹고 나서 다시 물으니, 대사가 말했다.
"그저 날마다 쓰면서도 모르는 것이니라."

나무를 나르는 울력을 하다가 대사가 말했다.
"그대들 모두가 나의 힘을 이어받았다."
이때에 어떤 스님이 말했다.
"스님의 힘을 이어받았다면 어째서 울력이 필요합니까?"
대사가 꾸짖었다.
"울력을 하지 않으면 어떻게 나무를 나르겠는가?"

대사가 진명眞明 대사에게 물었다.
"선재善財동자가 미륵에게 가서 물으니, 미륵은 문수에게로 가라 했고, 문수는 부처님에게 가라 했는데, 부처님께서는 어디로 가라고 시켰겠는지 말해 보라."
진명이 대답했다.
"모르겠습니다."
"모를 줄로 짐작은 했었다."〔법안法眼이 따로 말하기를 "무엇을 부처라 합니까?"라고 하였다.〕

대보大普 현통玄通이 대사에게 와서 뵙고 절을 하니, 대사가 말했다.

"그대는 그곳에 머물면서 남의 집 선남·선녀들을 속이지 말라."

"현통은 그저 공양문供養門을 열고 있을 뿐이니, 아침저녁으로 어찌 그런 일을 하겠습니까?"

"어려운 일이구나."

"그 정황이 어렵습니다."

"어디가 어려운 곳인가?"

"그가 기꺼이 수긍하지 않기 때문입니다."

대사가 방장으로 들어가서 문을 닫았다.

어떤 이가 물었다.

"학인이 처음으로 총림에 들어 왔으니, 스님께서 들어갈 길을 지시해 주십시오."

대사가 대답했다.

"시냇물 소리를 듣는가?"

"듣습니다."

"이것이 그대가 들어갈 곳이니라."

천수泉守 왕공王公이 대사에게 누대樓臺에 오르길 청하면서 미리 객사客司에게 말했다.

"내가 대사를 인도해서 누대 앞에 이르거든 곧 사다리를 메고 가버려라."

객사가 분부대로 시행했다. 이에 왕공이 말했다.

"대사께서는 어서 누대에 오르십시오."

대사가 누대를 둘러보고, 이어 그 사람을 둘러본 뒤에 말했다.

"불법이란 것이 이런 도리가 아니겠는가?"〔법안法眼이 말하기를

"사다리를 메다 버리기 전에는 날마다 몇 차례나 누대에 올랐는가?"라고 하였다.〕

대사가 천수 왕공과 함께 방에서 이야기를 하는데, 어떤 사미가 주렴을 들고서 들어 왔다가 그들을 보고는 이내 물러가니, 대사가 말했다.

"저 사미에게 20방망이를 때리는 것이 좋겠다."

왕공이 말했다.

"그렇다면 저의 잘못입니다."〔동안同安이 따로 말하기를 "조사께서 오셨다"라고 하였다.〕

대사가 말했다.

"불법은 그런 것도 아니다."〔경청鏡淸이 말하기를 "물〈水〉을 치지 않는다"라고 하니, 어떤 스님이 묻기를 "물을 치지 않는다는 뜻이 무엇입니까?"라고 하였다. 경청이 대답하기를 "청산을 갈아서 먼지를 만든다면 한가하지 않은 사람임을 감히 보증한다"라고 하였다. 동선東禪 제齊가 말하기를 "현사의 뜻이 무엇이겠는가? 혹은 말하기를 '설사 그렇게 한다 하여도 주장자를 때려야 한다'고 했고, 혹은 말하기를 '일은 본인의 자격에 매였다'고 했고, 혹은 말하기를 '아는 곳을 알아맞혔다'라고 했으니, 이 세 가지 말이 현사의 뜻을 알았겠는가?"라고 하였다.〕

대사가 근기에 맞추어 중생을 지도하기를 30여 년 동안에 석두石頭와 청원青原의 준수한 무리들이 지금에 이르기까지 끊이지 않도록 미래를 인도하였고, 연설한 법의 요체를 담은 크고 작은 기록은 사해 안에 널리 퍼졌다. 그 밖의 어록들은 각각 문도들의 전기와 제방의 갖가지 따져 물은 부분(본 책 27권에 나옴)에 나온다.

양梁나라 개평開平 2년, 무진戊辰 11월 27일에 병이 나서 임종하니, 수명은 74세이고 법랍은 44세였다. 민수閩帥가 탑을 세웠다.

복주福州 장경長慶 혜릉慧稜 선사

그는 항주杭州 염관鹽官 사람으로서 성은 손孫씨이다. 어릴 때부터 성품이 순박했으며, 나이 13세에 소주蘇州에 있는 통현사通玄寺에서 출가하여 계를 받고 여러 선방禪房을 찾아다녔다.

당唐나라 건부乾符 5년에 민중閩中으로 가서 서원西院에 사는 영운靈雲을 뵈었으나 여전히 의심이 있었는데, 나중에 설봉에게 가서 의혹의 마음 덩어리가 얼음 녹듯이 풀렸다.

이어 설봉에게 물었다.

"위로부터 여러 성인들이 전수한 외길[一路]을 스님께서 보여 주십시오."

설봉이 잠자코 있으니, 대사가 절을 하고 물러났다. 이에 설봉이 빙그레 웃었다. 다른 날 설봉이 대사에게 말했다.

"내가 항상 스님들에게 말하기를 '남산에 별비사(鼈鼻蛇 : 독사) 한 마리가 있으니, 그대들은 잘 살펴라'고 하였다."

그러자 대사가 대답했다.

"오늘 당堂 안에서 여러 사람이 신명身命을 잃었습니다."

설봉이 옳다고 여겼다.

대사가 방장에 들어가서 뵙고 참문하니, 설봉이 물었다.

"이것이 무엇인가?"

대사가 대답했다.

"오늘 날씨가 맑아서 울력하기에 좋겠습니다."

이후로 묻고 대답하는 것이 모두 현묘한 진리를 어긴 적이 없었다. 이어서 이러한 깨달음의 게송을 읊었다.

만상萬象 속에서 홀로 몸을 드러내니
오직 사람이 스스로 수긍해야만 비로소 친해지네.
예전에는 잘못하여 도중途中에서 찾았는데
오늘 살펴보니 불 속의 얼음과 같구나.

萬象之中獨露身　　唯人自肯乃方親
昔時謬向途中覓　　今日看如火裏氷

대사가 서원에 있을 때에 선詵 상좌에게 물었다.

"이 속에 상골산象骨山이 있는데 가본 적이 있는가?"

"가보지 못했습니다."

"어째서 못 갔는가?"

"스스로 본분사本分事가 있습니다."

"어떤 것이 상좌의 본분사인가?"

선 상좌가 옷자락을 들어 보이니, 대사가 말했다.

"그것뿐인가, 아니면 따로 있는가?"

"상좌는 무엇을 보셨습니까?"

"왜 용두사미龍頭蛇尾가 됐는가?"

대사가 선주宣州의 보복保福에게 있다가 나중에 하직하고 설봉으로 돌아가는데, 보복이 물었다.

"산두山頭 화상께서 혹시 상좌의 소식을 물으면 어떻게 대답하시겠소?"

대사가 대답했다.

"비린내는 피하지 않고 조금은 인정하죠."

"소식이란 것이 무엇이오?"

"나로 하여금 누구에게 분부하게 할 건가요?"

"내가 비록 이런 말을 하지만 반드시 그런 일이 있지는 않습니다."

"만일 그렇다면 앞길은 전적으로 그대에게 달렸군요."

대사가 보복과 함께 산에서 거니는데, 보복이 물었다.

"옛사람이 묘봉산妙峰山 봉우리라고 말했는데, 바로 그것으로 옳은 것이 아니겠소?"

대사가 대답했다.

"옳기는 옳지만 아깝구나."〔어떤 스님이 고산鼓山에게 묻기를 "장경 화상이 그렇게 말한 뜻이 무엇인가?"라고 하니, 고산이 대답하기를 "손공(孫公 : 장경)이 만일 나중에 말을 하지 않았더라면 해골이 들을 덮고 백골이 골짜기를 메웠다 하리라"고 하였다.〕

대사가 설봉에 왕래하기 29년 만인 천우天祐 3년에 천주泉州 자사인 왕연빈王延彬의 초청을 받아서 초경사招慶寺에 머물렀다.

처음으로 개당開堂하는 날에 왕공(왕연빈)이 조복朝服을 입은 채 앞에 나서서 말했다.

"스님께 설법을 청합니다."

대사가 말했다.

"들리는가?"

왕공이 절을 하니 대사가 말했다.

"그렇기는 하나 누군가는 긍정하지 않을까 걱정이다."

그리하여 조사의 뜻을 드날리는데 근기에 따라 주었다 뺏었다 하니, 관리 등이 간절히 사모하여 날마다 도의 덕화가 퍼졌다.

나중에 민수가 장락부長樂府의 서원西院에 살기를 청하고는 위에 아뢰어서 편액〔額〕을 장경長慶, 호는 초각超覺 대사라 하였다.

상당하여 가만히 있다가 대중에게 말했다.

"어느 누가 알아보겠는가? 만약 알지 못하면 여러 형제를 속이는 것이다. 다만 지금에 무슨 일이 있는가? 꽉 막힌 것이 아닌가? 그것이 누구 집안의 일인가? 기꺼이 짊어지지 않겠다면 다시 어느 때를 기다리는가? 만일 영리한 근기로 배우는 이라면 이 속에 이르렀다고 하지도 않으리라. 알겠는가? 요사이 보통 행각하는 사람들은 귓속이 꽉 차 있다. 가령 이것저것 거두어들였다면 여러 사람들의 행각하는 일에 합당한가?"

이때에 어떤 스님이 물었다.

"행각하는 일을 어떻게 배웁니까?"

대사가 대답했다.

"남에게 구할 줄만 아는구나."

"어떤 것이 홀로 벗어나는 외길〔一路〕입니까?"

"왜 번거롭게 다시 묻는가?"

"교리에서 표현한 유명한 말씀과 묘한 이치를 3과科[2]에 관계없이 곧바로 말씀해 주십시오."

"잘 있게〔珍重〕."

대사는 이어 대중에게 말했다.

"분명한 노랫소리도 그대들은 알지 못하는데, 홀연히 암암리에 닥치는 일을 당하면 그대들은 어찌하겠는가?"

어떤 스님이 또 물었다.

---

2 5음陰 · 12처處 · 18계界 등을 말한다.

"어떤 것이 암암리에 닥치는 일입니까?"

대사가 대답했다.

"차나 마셔라."

중탑中塔이 말했다.

"화상께서도 같이 잡수십시다."

어떤 이가 또 물었다.

"어떤 것이 털끝만큼도 막히지 않는 일입니까?"

대사가 말했다.

"마주하면서도 마주하지 못하는구나."

"어찌하여야 의심도 미혹도 없겠습니까?"

대사가 두 손을 벌리니, 스님이 말을 더하지 못했다. 이에 대사가 말했다.

"그대가 다시 물어라. 내가 너에게 대답하리라."

스님이 다시 물으니, 대사가 허벅다리를 드러내고 앉았다. 이에 스님이 절을 하자, 대사가 말했다.

"그대는 어찌 생각하는가?"

스님이 말했다.

"오늘 바람이 불겠습니다."

"그렇게 말하는 것은 아직 안정되지 않은 사람의 견해이다. 그대는 고금古今 가운데 어떤 절요節要가 있어서 장경長慶과 같으리라 여기는가? 만일 이야기할 수 있다면 그대가 이야기의 주인공임을 허락하리라."

그 스님이 서 있기만 하자, 대사가 다시 물었다.

"그대는 어디 사람인가?"

"향북向北 사람입니다."

"남북으로 3천 리 밖까지 와서 거짓말만 배워 무엇 하겠는가?"

스님이 대답이 없었다.

대사가 상당하여 가만히 있다가 말했다.

"오늘밤에 조금 되었다고 말하지 말라."

그리고는 자리에서 내려왔다.

어떤 이가 물었다.

"어떤 것이 성인의 말에 계합되는 것입니까?"

"가엾은 장경이 그대의 한 질문을 받고 입이 광주리같이 되었구나."

"어째서 그렇습니까?"

"아까 무엇을 물었던가?"

대사가 대중에게 말했다.

"내가 만일 순전히 종승宗乘만을 드러내면 모름지기 법당의 문을 닫아야 한다. 그러므로 법을 다하면 백성이 없다고 하는 것이다."

이때에 어떤 스님이 말했다.

"백성이 없는 것은 두렵지 않으니 스님께서 법을 다해 주십시오."

"낙처落處를 알겠는가?"

"어떤 것이 서쪽에서 오신 뜻입니까?"

"향엄香嚴이 말한 것도 일시에 즉각 물리쳤다."

대사가 언젠가 대중에게 말했다.

"모두가 오늘밤과 같으면 노호(老胡 : 달마)는 희망이 있다."

보복保福이 듣고서 말했다.

"모두가 오늘밤과 같으면 노호는 희망이 없다."〔현각玄覺이 말하기를 "그렇게 말한 것이 서로 보고서 한 말인가, 보지 않고 한 말인가?"라고 하였다. 동선東禪 제齊가 말하기를 "이 두 존숙의 말은 같으면서도 제각기 도리가 있으니, 대중 가운데서 말하기를 '모두가 이와 같다 한들 무엇이 혐의스러운가?' 하였고, 또 말하기를 '모두가 오늘밤과 같다면 무엇을 하겠다는 것인가? 만일 이렇게 안다면 깨달음이 이지러졌다'고 하리라"고 하였다.〕

안국安國 홍도弘瑫 화상이 새롭게 대사의 호를 얻으니, 대사가 치하하러 갔다. 이에 안국이 마중을 나오니, 대사가 물었다.

"대사의 호號가 왔는가?"

안국이 대답했다.

"왔습니다."

"어떤 호인가?"

"명진明眞입니다."

대사가 두 손을 벌리니, 안국이 말했다.

"어디를 갔다 오십니까?"

대사가 말했다.

"하마터면 허물을 묻지 않을 뻔했네."

대사가 어떤 스님에게 물었다.

"어디서 왔는가?"

"고산鼓山에서 왔습니다."

"고산에는 석문石門에 걸터앉지 않는다는 구절이 있다는데, 어떤 사람이 그것을 들어 그대에게 묻는다면 그대는 어떻게 말하겠는가?"

"지난밤에 자숙慈宿에게 보답했습니다."

"등을 때리는 몽둥이가 있는데, 그대는 어찌하겠는가?"

"화상께서 그 몽둥이를 쓰신다면, 인천人天의 공양을 헛되이 받지 않을 것입니다."

"하마터면 놓칠 뻔했구나."

어떤 이가 물었다.

"옛사람이 말한, 서로 만나서 뜻을 들추어내거나 거양하지 않아도 문득 앎이 있을 때는 어떠합니까?"

대사가 대답했다.

"앎이 있는가?"〔스님이 이 말을 가지고 보복保福에게 가서 물으니, 보복이 말하기를 "이것이 누구의 말이던가?"라고 하였다. 스님이 말하기를 "단하丹霞의 말입니다"라고 하니, 보복이 말하기를 "가라. 내 낮잠을 방해하는구나"라고 하였다.〕

대사가 큰방에 들어가서 소두疎頭를 들고 말했다.

"보는 것이 곧 보지 못하는 것이다. 보았는가?"

대중은 대답이 없었다.〔법안法眼이 대신 대답하기를 "비록 받기는 했으나 다른 곳에 가서는 남에게 보일 수 없습니다"라고 하였다.〕

대사가 나산羅山에게 가서 새로 만든 닷집〔龕子〕을 보고 주장자로 두드리면서 말했다.

"엄청나게 많이 준비했구나."
나산이 대답했다.
"아주 졸렬합니다."
"기꺼이 들어가겠는가?"
"훔〔吽〕."

대사가 상당上堂하였을 때 대중이 모여서 좌정하니, 대사가 스님 하나를 끌어내며 말했다.
"대중은 이 스님에게 절을 하라."
또 말했다.
"이 스님에게 무슨 장점이 있기에 문득 대중으로 하여금 이 스님에게 절을 하라 하는가?"
대중은 대답이 없었다.

어떤 스님이 물었다.
"어떤 것이 문채文彩가 나기 전의 일입니까?"
"그대가 먼저 말하라. 나는 나중에 말하겠다."
그 스님은 서 있기만 했다.〔법안法眼이 따로 말하기를 "화상께서 말씀해 주십시오"라고 했다.〕
그러자 대사가 말했다.
"그대는 어떻게 말했는가?"
스님이 말했다.
"저는 혀를 끊는 분수가 있었습니다."

보복이 열반에 드니, 어떤 사람이 대사에게 물었다.

"보복이 껍질을 버리고 어디로 갔습니까?"

대사가 대답했다.

"그대는 보복이 어떤 껍질 속에 있다고 여기는가?"〔법안이 따로 말하기를 "어떤 것이 보복의 껍질인가?"라고 하였다.〕

민수閩帥의 부인 최崔씨〔도를 받들었으며 연사練師라 자칭했다.〕가 사람 편에 옷과 물건을 보냈는데, 그 사자가 와서 말했다.

"연사練師께서 대사의 회답을 받아 오라고 하셨습니다."

대사가 말했다.

"연사에게 가서 회답을 받으시라고 말을 전하라."

조금 있다가 사자가 다시 대사의 앞에 와서 대답을 하고 돌아갔다. 이튿날 대사가 고을에 들어가니, 연사가 말했다.

"어제 대사께서 회답해 주셔서 고맙습니다."

대사가 말했다.

"어제의 회답을 다시 나에게 보여 주시오."

연사가 두 손을 벌리니, 민수가 대사에게 물었다.

"연사가 아까 드린 서신이 대사의 뜻에 맞습니까?"

대사가 말했다.

"약간은 비슷하더군요."〔법안이 따로 말하기를 "그의 한마디를 대왕大王께서 말씀하셨군요"라고 하였다.〕

"대사의 뜻은 무엇이었습니까?"

대사가 가만히 있자, 민수가 말했다.

"대사의 불법이 깊고도 원대한 것이 불가사의하군요."

어떤 스님이 말하기를 "고려의 스님이 명주明州에서 관음상 하나를 조성해서 배에다 싣기 위하여 여럿이 메었으나 꼼짝도 하지 않았다"고 했기 때문에 이로 인해 개원사開元寺로 청해 들여 공양한 뒤에 대사에게 물었다.

"찰토刹土에 몸을 나투지 않음이 없는데, 어째서 고려에는 가지 않으려고 했을까요?"

"몸을 나투는 것은 두루하지만 모습을 보기에 치우침이 있다."〔법안이 따로 말하기를 "그대는 관음을 아는가?"라고 하였다.〕

어떤 사람이 스님에게 물었다.

"어느 등에다 불을 킬까요?"

"장명등長明燈에다 켜라."

"언제 킬까요?"

"작년에 켰다."

"장명長明이 어디에 있습니까?"

스님이 대답이 없으니, 대사가 대신 말했다.

"만일 이렇지 않으면, 왕공께서 남의 속임을 받지 않는다는 것을 어찌 알겠습니까?"

대사가 두 곳에서 법문을 열었는데 무리가 1천5백 명이었고, 민월閩越 지방에서 27년 동안 교화를 행했다.

후당後唐의 장흥長興 3년, 임진壬辰 5월 17일에 입적하니, 수명은 79세이고 법랍은 60세였다. 왕씨가 탑을 세웠다.

복주福州 대보산大普山 현통玄通 선사

그는 복주福州의 복당福唐 사람으로서 도솔산兜率山에서 업을 닦았다. 설봉을 스승으로 섬기기 몇 해 만에 심법心法을 받아 가지고 대보산에 살기 시작했다.

스님이 물었다.

"여룡驪龍의 턱 밑에 있는 여의주를 어떻게 해야 얻습니까?"

대사가 손뼉을 치고는 눈을 깜박였다.

"방편 이전의 일은 어떠합니까?"

대사가 그 스님을 밀어냈다.

"어떤 것이 조사께서 서쪽으로 오신 뜻입니까?"

"해골 뼈나 물어뜯는 놈은 물러가라."

"티끌을 헤치고 부처를 볼 때에는 어떠합니까?"

"칼〔枷〕을 벗고 와서 상량商量하라."

"아주 급히 와서 뵈었으니, 스님께서 맞아 주십시오."

"둔한 놈이구나."

항주杭州 용책사龍冊寺 순덕順德 대사 도부道怤

그는 영가永嘉 사람으로서 성은 진陳씨이다. 어릴 적부터 누린내 나는 것을 먹지 않았다. 집안 어른들이 억지로 마른 고기를 먹였더니, 즉시에 구역질을 하고 마침내 출가하기를 청했다.

고향의 개원사開元寺에 가서 구족계를 받고, 행각을 떠나 민천閩川에 이르러 설봉을 뵈었다. 설봉이 물었다.

"어디 사람인가?"

"온주溫州 사람입니다."

"그러면 일숙각一宿覺과 한 고향이구나."

"일숙각은 어디 사람입니까?"

"한 방망이 호되게 맞는 것이 좋겠지만 놓아 준다."

어느 날 대사가 물었다.

"고덕古德들은 어찌하여 마음으로 마음을 전하시지 않았습니까?"

"뿐만 아니라 문자나 어구語句도 세우지 않았느니라."

"문자와 어구를 세우지 않았다면 스님께서는 어떻게 전하십니까?"

설봉이 가만히 있자, 대사가 절을 하고 사례하였다. 이에 설봉이 말했다.

"다시 한 차례 나에게 묻는 것이 좋지 않겠는가?"

"화상께 한 차례 질문을 하겠습니다."

"단지 그것뿐인가? 아니면 따로 헤아릴 일이 있는가?"

"화상께서는 그렇게 하시면 됩니다."

"그대에게는 어떠한가?"

"사람으로 하여금 은혜를 저버리게 하는군요."

어느 때 설봉이 대중에게 말했다.

"당당堂堂하고 밀밀密密하구나."

이에 대사가 나서서 물었다.

"무엇이 당당하고 밀밀합니까?"

설봉이 일어서면서 말했다.

"무엇이라 했는가?"

대사가 뒤로 물러나 서 있으니, 설봉이 법문을 했다.

"이 일은 이처럼 존귀하고 이처럼 면밀하다."

대사가 말했다.

"도부道怤가 온 지 몇 해가 지났지만, 화상께서 그렇게 가르치시는 것을 듣지 못했습니다."

"내가 전에는 없었지만 지금은 있다. 방해되는 바가 있지는 않은가?"

"그렇지 않습니다. 이것은 화상께서 어쩔 수 없는 것일 뿐입니다."

"나로 하여금 이렇게까지 하도록 하는구나."

대사가 이로부터 깊이 믿게 되었으나 여전히 대중을 따라 수행하니, 민중閩中에서 소부포납小憊布衲이라 불렀다.

울력을 하는 곳에서 설봉이 위산의 '색色을 보면 문득 마음을 본다'는 말을 들어서 대사에게 물었다.

"이 말에 허물이 있는가?"

대사가 말했다.

"옛사람은 무슨 일을 했을까요?"

"아무리 그렇다 해도 그대와 더불어 상량商量해야겠다."

"그러면 도부가 밭을 매는 것만 못하겠습니다."

어느 날 설봉이 대사에게 물었다.

"어디서 오는가?"

"밖에서 옵니다."

"어디서 달마를 만났는가?"

"다시 어느 곳을 말씀하십니까?"

"그대를 믿지 못하겠다."

"화상께서는 그렇게 어물어물하지 않는 것이 좋겠습니다."

설봉이 고개를 끄덕였다.

나중에 대사가 제방을 두루 다니면서 방편과 지혜를 더욱 확보한 뒤에 조산曹山을 방문하니, 혜적慧寂 화상이 물었다.

"어디서 왔는가?"

"어제 명수明水에서 떠났습니다."

"언제 명수에 이르렀는가?"

"화상께서 이르렀을 때에 이르렀었습니다."

"그대는 내가 언제 이르렀다고 여기는가?"

"아까만 해도 기억하였습니다."

"그렇고 그렇다."

대사가 참문을 마치고 초청을 받아 월주越州의 경청선원鏡淸禪苑에 머물면서 설봉의 종지를 제창하니, 배우는 자들이 모여들었다.

부사副使인 피광업皮光業은 일휴日休의 아들이었는데, 풍부한 말과 학문으로 자주 대사께 질문을 퍼부었다. 그러나 물러가서는 사람들에게 이렇게 말했다.

"도부 대사의 고매한 이론은 사람들이 어느 누구도 그 극치를 엿보지 못하리라."

새로 온 스님이 와서 뵈니, 대사가 불자를 들어 보였다. 이에 그 스님이 말했다.

"오랫동안 경청의 소문을 들었는데 아직도 그런 것이 남았군요."

대사가 대답했다.

"오늘은 사람을 만나기도 했고, 만나지 못하기도 했다."

"어떤 것이 영원靈源의 곧은 외길입니까?"

"경호鏡湖의 물이 엄청나게 깊다."

대사가 어떤 스님에게 물었다.

"어디서 왔는가?"

"응천應天에서 왔습니다."

"만리어鰻鱺魚를 보았는가?"

"보지 못했습니다."

"그대가 만리어를 보지 못했는가, 만리어가 그대를 보지 못했는가?"

"모두 아닙니다."

"그대는 다만 처음을 삼가고 끝을 보호할 줄만 아는구나."

"학인이 그 근원을 아직 도달치 못했으니, 스님의 방편을 청합니다."

"어떤 근원인가?"

"그 근원 말입니다."

"만일 그 근원이라면 어찌 방편을 받아들일 수 있으리오?"

스님이 절을 하고 뒤로 물러서니, 시자가 물었다.

"화상은 아까부터 저 사람의 물음을 이루어 준 것이 아닙니까?"

"아니다."

"저 사람의 물음을 이루어 주지 않는 것이 아닙니까?"

"아니다."

"궁극적으로 무슨 뜻입니까?"

"먹물 한 방울이 두 곳에서 용이 된다."

대사가 휘장 안에 앉았는데 어떤 스님이 문안을 하자, 대사가 휘장을 열어젖히면서 말했다.

"끊을 때 끊지 못하면 도리어 혼란을 초래한다."

"끊어야 할 것을 어째서 끊지 못합니까?"

"내가 만일 법을 다한다면 백성들이 없을까 두렵다."

"백성들이 없는 것은 두렵지 않으니, 스님께서 법을 다해 주십시오."

"유나야, 이 승려를 끌어내라."

또 말했다.

"그만두어라. 내가 남방에 있을 때부터 저 화상이 올 줄을 알고 있었다."

울력으로 김을 매는데 욕두浴頭가 와서 대사에게 "목욕하십시오"라고 했으나, 대사는 돌아보지도 않았다. 이렇게 세 차례를 거듭 청하자, 대사가 호미를 들어서 때리는 시늉을 하였다. 욕두가 달아나자, 대사가 부르면서 말했다.

"이리 오라. 이리 와."

욕두가 고개를 돌리자, 대사가 또 말했다.

"앞으로 작가作家를 만나거든 분명히 이야기해 주어라."

그 스님이 나중에 보복에 가서 앞의 일을 이야기하는데, 얘기를 마치기도 전에 보복이 손으로 그 스님의 입을 막았다. 스님이 돌아와서 대사에게 이야기하니, 대사가 말했다.

"설사 그대가 그렇다 하더라도 역시 작가는 아니다."

대사가 하옥荷玉에게 물었다.

"어디서 오는가?"

"천태天台에서 옵니다."

"내가 어찌 그대에게 천태를 물었겠는가?"

"화상은 어찌 용두사미가 되십니까?"
"경청이 오늘 손해를 보았다."

대사가 경을 보는데 어떤 스님이 물었다.
"무슨 경을 보십니까?"
"내가 옛사람과 백초百草를 깎는다."
그리고는 도리어 물었다.
"그대는 알겠는가?"
"작은 나이이건만 이렇게 왔습니다."
"지금은 어떠한가?"
스님이 주먹을 드니, 대사가 말했다.
"내가 그대에게 졌다."

대사가 어떤 스님에게 물었다.
"어디서 왔는가?"
"불국佛國에서 왔습니다."
"부처님께서 무엇으로 국토를 삼는가?"
"청정한 장엄으로 국토를 삼습니다."
"국토는 무엇으로 부처를 삼는가?"
"묘함, 청정함, 참됨, 항상함으로 부처를 삼습니다."
"그대는 묘하고 청정함에서 왔는가, 장엄에서 왔는가?"
"대답 못할 것이 없습니다."
"허허, 다른 곳에서 다른 사람이 그대에게 묻거든 그런 대답을 하지 말라."

전왕錢王이 고을 안의 설법을 더 넓히기 위하여 천룡사天龍寺에 살라고 명하고는 처음으로 대사를 뵙고 나서 말했다.

"참으로 도인이구나."

그리고는 정중히 예를 올렸다. 이로부터 오월吳越 지방에서 현학玄學이 번성하였다. 그 뒤에 다시 용책사龍冊寺를 짓고 대사를 청해서 살게 하였다.

대사가 상당上堂하여 말했다.

"지금 어쩔 수 없어서 그대들에게 말하나니, 만일 스스로가 징험하면 착실히 그대들의 분수에 친절하게 이를 터인데, 어찌하여 유달리 성긴[疎] 생각을 내는가? 다만 집안을 버려둔 지 오래되고 유랑한 세월이 깊도록 한결같이 티끌 경계를 반연했기 때문에 이런 소견을 이룬 것이니, 이 까닭에 깨달음을 등지고 티끌에 합했다고 부르기도 하고, 아비를 버리고 도망했다고도 이름 짓기도 한다. 이제 여러분께 권하나니, 아직 쉬지 못한 이는 쉬어 가는 것이 좋고, 사무치지 못한 이는 사무치는 것이 좋겠다. 대장부가 그토록 기개가 없이 비탄에 잠기기만 할 것인가? 종일토록 끝없이 헤매면서 왜 관대管帶의 길을 찾지 않는가? 아무도 나에게 관대의 외길을 묻지 않더라."

이때 어떤 스님이 물었다.

"어떤 것이 관대의 외길입니까?"

대사가 말했다.

"허허噓噓, 매를 맞고 싶거든 말하라."

"그렇다면 학인이 잘못했습니다."

"하마터면 그대에게 깨질 뻔했구나."

채주蔡州가 물었다.

"근원은 없고 길만 있어서 돌아오지 못할 때에는 어떠합니까?"

대사가 대답했다.

"저 중아, 앉으려면 앉아라."

"어떤 것이 마음입니까?"

"긍정하면〔是〕 둘째 자리이니라."

"긍정하지 않을 때에는 어떠합니까?"

"또한 긍정의 자리도 이루지 못하느니라."

"긍정도 긍정하지 않음도 모두 그렇지 않을 때에는 어떠합니까?"

"더 많이 지껄이는 허물이 있다."

"하루 종일 무엇으로 증험을 삼습니까?"

"힘을 얻으면 나에게 말하라."

그 스님이 "예" 하고 대답하니, 대사가 말했다.

"10만 8천 리가 오히려 가깝다."

"어떤 것이 방편문을 빠르고 쉽게 성취하는 것입니까?"

"빠르고 쉽게 성취하는 것이다."

"그렇지만 학인은 살피어도 분명하게 꿰뚫지 못하니 어찌합니까?"

"대신할 수 있는 것이라면 대신하겠다."

"어떤 것이 현묘함 속의 현묘함입니까?"

"이것이〔是〕 아니고 무엇이겠는가?"

"합당한 것입니까?"

"나무토막도 말을 이해한다."

"어떤 것이 사람이 무심하게 도에 합하는 것입니까?"

"어째서 도가 무심하게 사람에게 합하는 것은 묻지 않는가?"

"어떤 것이 도가 무심하게 사람에게 합하는 것입니까?"

"백운白雲은 잠시 청산으로 오는 것이 무방하지만, 명월明月이야 어찌 푸른 하늘에서 내려오라고 하겠는가?"

"학인이 미처 묻지 못한 곳을 스님께서 대답하지 마시고, 화상께서 대답하지 못한 곳을 학인은 묻지 않겠습니다."

대사가 멱살을 잡고 말했다.

"이것이 나의 도리인가, 그대의 도리인가?"

"화상께서 저를 때리신다면 저도 화상을 때리겠습니다."

"대상[對]을 얻거든 서로 밭갈이나 하라."

스님이 귀종歸宗을 하직하는 어느 스님의 이야기를 들면서 물었다.

"귀종이 묻기를 '어디로 가는가?'라고 하니, '백장百丈으로 오미선五味禪을 배우러 갑니다'고 대답하자, 귀종은 아무 말을 하지 않았습니다."

대사가 이내 말하였다.

"귀종이 혼자서 한 일이기 때문이다."

그 스님이 물었다.

"어떤 것이 귀종이 혼자서 한 일입니까?"

"방망이도 다 없어졌으니, 절 밖으로 쫓아내라."

스님이 절을 하니, 대사가 말했다.

"어떻게 생각하는가?"

"학인이 잘못했습니다."

"그대가 그럴 줄 짐작은 했었다."

"듣건대 스님께서 말씀하시기를 '제방에는 설치는 자가 아니면 모두 틀에 갇힌 자거나 덫을 놓는 사람이다'라고 하셨다고 하는데, 화상은 어떠하십니까?"

"그대의 이 한 물음을 받고 나니, 당장에 앞니가 빠졌다."

"어떤 것이 친근하고 은밀한 일입니까?"

"항상 쓰면서 남에게까지 미치느니라."

"모르는 이는 어떠합니까?"

"맑아도 좋고, 비가 와도 좋다."

대사가 어떤 스님에게 물었다.

"문밖에 무슨 소리냐?"

"빗방울 소리입니다."

"중생이 뒤바뀌어서 자기를 미혹하고 물건을 쫓는구나."〔법안法眼이 따로 말하기를 "그려 보라"고 하였다.〕

어떤 스님이 대사에게 물었다.

"어떤 것이 똑같은 모습〔同相〕입니까?"

대사가 부젓가락을 화로에다 꽂으니, 스님이 또 물었다.

"어떤 것이 다른 모습〔別相〕입니까?"

대사가 또 부젓가락을 한쪽에다 꽂았다.〔법안이 따로 말하기를 "묻는 것이 이치에 맞지 않다"고 하였다.〕

어떤 스님이 동자童子 하나를 데리고 와서 말했다.

"이 아이가 항상 스님들에게 불법 묻기를 좋아하니, 화상께서 시험해 보십시오."

대사가 차를 끓이라고 해서 동자가 차를 끓여 오니, 대사가 마시고 동자에게 잔을 넘겨 주었다. 동자가 가까이 오자 대사가 손을 오므리면서 말했다.

"얻은 것을 말해 보겠는가?"

동자가 말했다.

"물으시죠."〔법안이 따로 말하기를 "화상은 더 마시시겠습니까?"라고 하였다.〕

이에 그 스님이 물었다.

"이 아이의 견해는 어떠합니까?"

"겨우 한 생이나 두 생 동안 계를 지킨 스님이다."

대사가 세 곳에서 법문을 열어 설법하신 것을 문인들이 기록했는데, 여기서는 그 줄거리만을 추려 둔다.

진晋의 천복天福 2년 정유丁酉 8월에 입멸하니, 수명은 74세였는데 승속 간에 슬프게 곡을 하면서 상복을 입는 자가 무척 많았다. 대자산大慈山에서 다비를 하여 얻은 사리는 용모산龍母山 북쪽에다 탑을 세워 안치했다.

복주福州 장생산長生山 교연皎然 선사

그는 본 고을 사람이었는데 설봉雪峰에게 입실하여 비밀하게 심인心印을 전해 받고 10년 동안 시봉을 하였다.

어느 날 다른 스님과 함께 나무를 패는데 설봉이 말했다.

"쪼개서 중심에 도달하면 머물러라."

대사가 말했다.

"쪼개 버리겠습니다."

설봉이 다시 말했다.

"옛사람은 마음으로 마음을 전했는데, 그대는 어째서 쪼개 버린다고 하는가?"

대사가 도끼를 던지면서 말했다.

"전했습니다."

그러자 설봉이 주장자로 한 차례 때리고 물러갔다.

어떤 스님이 물었다.

"어떤 것이 제1구第一句입니까?"

설봉이 잠자코 있자 그 스님이 물러나서 대사에게 이야기하니, 대사가 말했다.

"이것은 제2구第二句이다."

설봉이 그 스님을 다시 오게 해서 물었다.

"어떤 것이 제1구인가?"

대사가 통곡을 하였다.

"아이고, 아이고."

설봉이 나무를 나르는 울력을 하다가 대사에게 물었다.

"옛사람이 말하기를 '누가 알았으랴? 석모席帽의 밑이 원래 옛날의 근심하던 사람인 것을'이라고 했는데, 옛사람의 뜻이 어떠한가?"

대사가 삿갓을 비껴쓰면서 말했다.

"그것이 누구의 말인가요?"

설봉이 대사에게 물었다.

"경을 지닌 자는 능히 여래를 짊어진다고 했는데, 어떤 것이 여래를 짊어지는 것인가?"

대사가 설봉에게 방망이질을 해서 선상 위로 쫓았다.

설봉이 울력을 마치고 등藤덩굴 한 다발을 메고 돌아오는데, 길에서 어떤 스님을 만나자 등덩굴을 놓아 버리고 합장하고 섰다. 그 스님이 앞으로 가까이 와서 들려고 하자, 설봉이 즉시 그 스님을 걷어 차버렸다. 절로 돌아온 설봉이 대사에게 이 일을 이야기하면서 말했다.

"내가 오늘 그 승려를 걷어찼더니 그토록 상쾌하더라."

대사가 대답했다.

"화상이 그 스님을 대신해서 열반당涅槃堂으로 들어갔군요."〔법안法眼이 숭수사崇壽寺에 있을 때에 두 스님이 제각기 도리를 이야기하면서 대사에게 판단하라 하니, 현각이 말하기를 "두 스님이 동시에 열반당에 들라" 하였다. 현각이 말하기를 "어디가 그 스님을 대신하여 열반당에 든 경지인가?"라고 하였다. 숭수崇壽 조稠가 말하기를 "이 한마디는 다시 노형에게로 돌려야겠다"라고 하였다. 동선東禪 제齊가 말하기를 "장생의 뜻은 무엇이겠는가?"라고 하였다.〕

대사가 일찍이 어떤 암주庵主를 찾아가서 이야기를 하였다. 암주가 물었다.

"요즈음 어떤 스님이 내게 서쪽에서 오신 뜻을 묻기에 내가 불자를 들어 보였는데 맞습니까?"

대사가 대답했다.

"어찌 맞고 맞지 않음을 말하리오?"

어떤 이가 암주에게 물었다.

“누군가는 이 일을 잘 보임保任하는 것이 호랑이 머리에 뿔을 대동한 것 같고, 어떤 이는 이 일을 싫어하고 버리는 것이 한 푼의 가치도 안 되니, 이 일은 어째서 칭찬과 비방이 같지 않습니까? 청컨대 가려내서 보여 주십시오.”

암주가 대답했다.

“때 맞춰 오고 감이 우연으로부터인데, 어찌 가려낼 수 있으랴?”

대사가 말했다.

“만약 그렇다면 이 뒤로는 남을 지도하지 마십시오.”〔현각玄覺이 말하기를 “동일하게 한 일인데 어째서 얻음과 잃음이 있는가? 상좌들이여, 만일 지혜의 눈이 없다면 얻고 잃음을 가려내기 어렵다”라고 하였다.〕

설봉이 대사에게 물었다.

“광명과 경계가 모두 없으면 다시 어떤 물건인가?”

대사가 대답했다.

“저〔皎然〕의 잘못을 용서하시면, 감히 헤아려 보겠습니다.”

“그대의 허물을 용서하면 어떻게 헤아린단 말인가?”

“저도 화상의 잘못을 용서하겠습니다.”

설봉이 깊이 허락하였다. 이어 수기를 받고 장생산長生山에 살면서 교화하였다.

어떤 스님이 물었다.

“위로부터 내려온 종승을 어떻게 드날리십니까?”

“그대 하나를 위해서 장생산을 버릴 수 없다.”

“옛사람이 말하기를 ‘무명無明이 곧 불성佛性이니, 번뇌를 끊을 필요가 없다’고 했는데, 어째서 무명이 곧 불성인 것입니까?”

대사가 성난 표정으로 주먹을 쳐들면서 꾸짖었다.

"오늘 저 스님을 때리리라."

"어떤 것이 번뇌를 제거할 필요가 없는 것입니까?"

대사가 손으로 머리를 긁으면서 말했다.

"저 스님이 저토록 인간의 업을 발동시키는구나."

"길에서 도를 도달한 사람을 만나면 '말이나 침묵으로 대하지 않는다'고 하는데, 무엇으로 대합니까?"

"지묵紙墨에 올려서 무엇하리요?"

민수閩帥가 선주禪主 대사라 불렀다. 그가 임종한 곳은 알 수 없다.

신주信州 아호鵝湖 지부智孚 선사

그는 복주福州 사람이니, 처음에는 강사(講肆 : 講院)에 몸을 담아 장안長安에서 수업을 하다가, 현극玄極의 이치를 사모하여 설봉雪峰에게 갔다. 설봉을 몇 해 동안 섬기다가 심결心訣을 깨달은 뒤에는 인연을 따라 아호산에 있으면서 법석法席을 크게 열었다.

어떤 스님이 물었다.

"만법이 하나로 돌아가면, 하나는 어디로 돌아갑니까?"

대사가 대답했다.

"그대 한 사람만이 바쁜 것이 아니니라."

"허공이 경전을 강설하면 무엇으로 종宗을 삼습니까?"

"그대는 청중聽衆이 아니니 나가거라."

"5역죄逆罪를 범한 아들도 아비의 언약을 받을 수 있습니까?"

"스스로 재단하는 힘이 있더라도 자기가 상하는 것을 면하지 못한다."

“어떤 것이 부처의 향상인向上人입니까?”
“정식情識의 앎으로는 그대도 어쩌지 못하리라.”
“어째서 어쩌지 못합니까?”
“어린아이가 반드시 군자를 만나는 것은 아니다.”

어떤 사람이 와서 경산徑山 화상이 입적했다고 아뢰니, 어떤 스님이 물었다.
“경산 화상이 입멸하여 어디로 갔습니까?”
“너무나 영리하여 그대를 능가하는 이도 있다.”
“예부터 있는 한 구절을 스님께서 말씀해 주십시오.”
“발밑에서 무엇을 뒤지는가?”
“바로 지금 보고 묻는 것입니다.”
“그대가 변신變身하지 못한 것을 보라.”
“설봉이 주장자를 던진 뜻이 무엇입니까?”
대사가 향시(香匙 : 향 수저)를 던지자, 스님이 말했다.
“그 뜻이 무엇입니까?”
“좋은 종자가 아니구나. 나가라.”
“어떤 것이 아호鵝湖의 제1구句입니까?”
“무엇을 말하는가?”
“어찌하여야 옳습니까?”
“나의 낮잠을 방해하는구나.”
“묻지도 않고 대답하지도 않을 때에는 어떠합니까?”
“남에게 물어서 어찌 알겠는가?”
“길 잃은 아이가 아직 집에 돌아오지 않았을 때에는 어떠합니까?”

"길에 있지 않았다."
"돌아온 뒤에는 어떠합니까?"
"바로 길을 잃었구나."
"어떤 것이 근원이 되는 일입니까?"
"도중에서 무엇을 찾는가?"
"어떤 것이 한 구절입니까?"
"알겠는가?"
"그것으로 되지 않겠습니까?"
"아이고, 아이고."

경청鏡淸이 물었다.
"어떤 것이 바로 지금〔卽今〕입니까?"
대사가 대답했다.
"왜 또 바로 지금을 찾는가?"
"하마터면 곁가지로 나갈 뻔했군요."
"이야기〔語〕는 거슬리나 말〔言〕은 순종하는구나."

장주漳州 보은원報恩院 회악懷岳 선사

그는 천주泉州 사람이다. 어려서는 고향의 성수원聖壽院에서 업을 닦았고, 설봉에서 참문을 마친 뒤에는 용계龍溪에 살았는데, 현묘함을 찾는 무리가 모여들었다.
어떤 스님이 물었다.
"하루 종일 어떻게 실천〔行履〕해야 합니까?"
대사가 대답했다.
"움직이면 죽는다."

"움직이지 않을 때에는 어떠합니까?"
"여전히 고총古塚을 지키는 귀신이다."
"어떤 것이 학인의 출신처出身處입니까?"
"어떤 것이 그대를 결박했는가?"
"그렇지만 몸을 벗어날 수 없으니 어찌합니까?"
"허물이 누구에게 있는가?"
"어떤 것이 보은원報恩院의 신령스런 한 물건입니까?"
"그렇게 많은 술 찌꺼기를 먹어서 무엇 하겠는가?"
"또한 손발까지 드러냈습니까?"
"여기가 어떤 곳인가?"

다른 스님이 물었다.
"우두牛頭가 4조祖를 보기 전에는 어떠합니까?"
"만 리에 한 조각구름이니라."
"본 뒤에는 어떠합니까?"
"확연히 탈락했느니라."
또 스님이 물었다.
"어떤 것이 불법의 대의입니까?"
"지난밤 3경更에 불을 잃어버렸다."
"검은 구름이 어두움을 몰고 오는데, 누가 비를 맞을 자입니까?"
"높은 곳이 먼저 기우느니라."
"종승宗乘을 저버리지 않으려면 어떻게 제창提唱해야 합니까?"
"산은 스스로가 산이라 하지 않고 물은 끊임이 없느니라."
"부처님께서 세상에 나시기 전에는 어떠하였습니까?"
"그대가 어찌 알겠는가?"

"티끌을 헤쳐서 부처를 볼 때는 어떠합니까?"
"어느 해에 보겠는가?"
"사자가 굴에 있을 때에는 어떠합니까?"
"사자라는 것이 어떤 가구家具인가?"
"사자가 굴에서 나왔을 때에는 어떠합니까?"
"사자가 어디에 있는가?"
"어떤 것이 눈앞의 부처입니까?"
"빨리 절을 하라."

대사가 임종할 무렵에 상당하여 대중에게 보였다.

"산승山僧이 12년 동안 종지宗旨의 가르침을 제창했는데, 여러분은 나의 어디가 괴이한가? 만일 3승乘의 경전이나 5종의 논論을 듣고자 하면, 여기서 개원사開元寺가 지척이다."

말을 마치고는 입적하였다.

항주杭州 서흥西興 화도化度 오진悟眞 대사

그는 천주泉州 사람이다. 설봉의 심인心印을 받은 뒤에 항주杭州와 월주越州 사이에서 성대히 교화하다가 나중에 서흥진西興鎭의 화도원化度院에 거처하였는데 법석法席이 크게 번창하였다.

어떤 스님이 물었다.

"어떤 것이 서쪽에서 오신 뜻입니까?"

대사가 불자를 드니, 그 스님이 말했다.

"학인은 잘 모르겠습니다."

"차나 마셔라."

"어떤 것이 무봉탑無縫塔입니까?"

"다섯 자나 여섯 자이니라."

"어떤 것이 한 티끌입니까?"

"9세世와 찰나刹那를 나눈 것이니라."

"어찌하여야 법계를 다 포용합니까?"

"법계가 어디에 있는가?"

"골짜기가 제각기 다른데 스님은 어떻게 하나를 밝히시겠습니까?"

"그대는 왜 헛기침을 하는가?"

어떤 스님이 물었다.

"학인은 처음 발심했으니, 스님께서 들어갈 길을 지시해 주십시오."

"그대는 교화하는 방도의 어디가 이상하다고 여기는가?"

"어떤 것이 빛깔을 따르는 마니주摩尼珠입니까?"

"청靑·황黃·적赤·백白이니라."

"어떤 것이 빛깔을 따르지 않는 마니주입니까?"

"청·황·적·백이니라."

"어떤 것이 서쪽에서 오신 뜻입니까?"

"이것은 동쪽에서 왔고, 이것은 서쪽에서 왔다."

"우두가 4조를 보기 전에는 어떠하였습니까?"

"새와 짐승이 모두 미혹했다."

"본 뒤에는 어떠합니까?"

"산은 깊고 물은 차니라."

"유마維摩 거사와 문수보살文殊菩薩은 무엇을 이야기했습니까?"

"오직 문 앞에 있는 경호수鏡湖水만이 맑은 바람에 옛 시절의 물결을 변치 않고 있구나."

이로부터 명성이 널리 퍼지니, 전왕錢王이 그의 도덕을 소중히 여겨서 자의紫衣와 대사의 호를 내렸다.

복주福州 고산鼓山 흥성興聖 국사

법명은 신안神晏이다. 그는 대양大梁 사람으로서 성은 이李씨이다. 어릴 때부터 누린내를 싫어하고 범종梵鐘 소리만을 좋아했는데, 12세가 되는 해에 몇 줄기 흰 서기瑞氣가 살고 있는 방 안의 벽에 와서 닿았다. 대사는 곧 붓을 들고 그 벽에다 이렇게 썼다.

흰 서기야, 여기서 당장 사라져라.
공연히 와서 요기를 피우지 말라.
삿된 행을 물리치고 참된 소견에 돌아가면
반드시 범부를 초월해 성인으로 들어가리라.
白道從茲速改張　　休來顯現作妖祥
定祛邪行歸眞見　　必得超凡入聖鄕

글씨를 다 쓰니, 서기는 이내 사라졌다.

또 나이가 지학(志學 : 15세)에 이르렀을 때 매우 지독한 병에 걸렸는데, 꿈에 신인神人이 와서 약을 주었다. 잠에서 깨어나자 단박에 병이 나았다. 이듬해에 또 꿈을 꾸니, 범승梵僧이 와서 고하였다.

"출가할 때가 되었소."

마침내 위주衛州 백록산白鹿山 도규道規 선사에 의해 머리를 깎았다.

숭악嵩嶽에 가서 구족계를 받다가 동학들에게 말했다.

"옛사람이 말하기를 '백사갈마白四羯磨를 하면 계戒·정定·혜慧가 완전하다'고 했는데, 어찌 법칙〔準繩〕으로만 얽맬 수 있겠는가?"

그리고는 주장자를 집고 선禪의 관문을 두루 두드리면서 말만을 기억하여 알음알이로 삼다가, 설령(雪嶺 : 설봉)에 와서야 활연히 부합하였다.

어느 날 설봉雪峰을 뵈니, 설봉은 그의 인연이 익은 것을 알고 벌떡 일어나 멱살을 잡으면서 말했다.

"무엇인고?"

대사가 확연히 깨달아 마치고 또 마쳤다는 마음까지 없어져서 오직 손을 들어 흔들 뿐이니, 설봉이 다시 물었다.

"그대는 도리道理를 지었는가?"

"무슨 도리가 있겠습니까?"

이에 설봉이 그의 고매한 견해를 알고 어루만지면서 인가하였다.

설봉이 입적한 뒤에 민수閩帥가 고을의 왼쪽으로 20리 되는 곳에 고산鼓山을 개척하여 선원을 짓고는, 대사에게 종승의 법을 제창해 달라고 청하였다.

대사가 상당上堂하여 대중을 모으고는 잠자코 있다가 말했다.

"남전南泉이 살았을 때에도 어떤 사람은 남전을 알지 못했었는데, 지금 남전을 아는 이가 있는가? 나와서 대중 앞에서 시험해 보라."

이때에 어떤 스님이 나서서 절을 하고서 막 일어나자, 대사가 말했다.

"무엇인가?"

스님이 가까이 다가서면서 말했다.

"화상께 묻습니다."

"재주가 없으니, 물러가라."

또 말했다.

"경전에는 경전의 강사가 있고, 논장에는 논의 강사가 있고, 율에는 율사가 있고, 함函마다 번호가 있고, 부部마다 표지가 있으니 각자 전해 가져라. 그리고 불법은 가르침을 건립하는 것이고, 선도禪道는 울음을 그치게 하는 설명이니, 여러 성인들이 일어나더라도 사람의 마음이 평등하지 않으므로 교묘히 방편의 문을 열어서 마침내 많은 문이 생겼다. 병이 생긴 원인이 같지 않으므로 처방이 다르니, 있음〔有〕에 머물면 있음을 타파하고 공空에 머물면 공을 꾸짖는다. 두 가지 허물이 없어진 뒤에는 중도中道도 모름지기 버려야 한다. 그러므로 고산은 말하나니, 구절은 기틀에 맞지 않고 말은 일을 펴는 것이 아니다. 말을 따르는 이는 죽고, 구절에 막힌 이는 미혹하게 된다. 언어 이전도 제창하지 않거늘 어찌 구절 뒤를 이야기하리오? 곧바로 석가가 문을 닫고 정명(淨名 : 유마 거사)이 입을 다문 데 이르러야 한다. 대사(달마)는 양梁나라 시절 동자가 당일에 하나를 묻고 둘을 묻고 셋을 물었더라도 몽땅 깨달아 마쳤는데, 여러분들은 어찌 생각하는가?"

이때에 어떤 스님이 절을 하자, 대사가 말했다.

"큰 소리로 물어라."

"학인이 화상께 묻사옵니다."

대사가 할을 해서 내쫓았다.

"자기의 일을 밝히지 못했는데, 무엇으로 증험을 삼겠습니까?"

대사가 소리를 지르면서 들리지 않는 시늉을 하니, 그 스님이 다시 물었다. 그러자 대사가 말했다.

"한 점이 흐름을 따르니, 먹어도 다 무겁지 않다."

"어떤 것이 온 건곤乾坤을 싸는 구절입니까?"

"앞으로 가까이 오라."

그 스님이 앞으로 가까이 오니, 대사가 말했다.

"너무나 둔하구나."

"어찌하여야 대를 잇겠습니까?"

"들개가 풍취가 없거늘 공연히 손만 벌렸다."

"어찌하여야 좋습니까?"

"잘못되었다."

"학인이 문득 알아들을〔承當〕 때에는 어떠합니까?"

"그대가 어떻게 알아들었는가?"〔법등法燈이 따로 말하기를 "힘을 허비하지 말라"고 하였다.〕

"어떤 곳이 학인이 바로 서는 곳입니까?"

"온갖 거룩한 행行을 따르지 않는다."〔법등이 따로 말하기를 "그대는 어지럽게 달리게 하는구나"라고 하였다.〕

"천산만산千山萬山에서 어느 것이 바른 산입니까?"

"바른 산은 무엇 하려는가?"〔법등이 말하기를 "천산과 만산이니라"고 하였다.〕

대사가 초경招慶을 만났는데 초경이 말했다.

"예삿일〔家常〕이군요."

대사가 대답했다.

"이 만족할 줄 모르는 사람아."

"그래도 여전히 막혔군요."

대사가 도리어 이렇게 말했다.

“예삿일이다.”

“오늘은 불이 없군요.”

“굉장히 인색한 사람이군.”

“마음대로 가져가시오.”〔동선東禪 제齊가 이 일을 들어 말하기를 “이 두 존숙의 말에 얻은 이와 잃은 이가 있는가? 있다면 어디가 얻은 것이며, 어디가 잃은 곳인가? 만일 얻음도 잃음도 없다고 하면, 그는 행각의 안목을 갖추지 못했다”라고 하였다.〕

어떤 이가 물었다.

“어찌하여야 생사의 윤회를 면합니까?”

“생사를 가지고 오라.”

“어떤 것이 종문 안의 일입니까?”

대사가 손뼉을 치면서 말했다.

“훔훔〔吽吽〕.”

“어떤 것이 향상向上의 한 관문〔一關〕의 빗장입니까?”

대사가 때렸다.

“어떤 것이 고산鼓山의 바른 주인입니까?”

“눈이 멀었으니 어쩌겠는가?”

대사가 보복保福에게 물었다.

“옛사람이 말하기를 ‘그름은 그름이 아니고, 옳음은 옳음이 아니다’라고 했는데, 그 뜻이 무엇인가?”

보복이 찻잔을 번쩍 드니, 대사가 말했다.

“시비를 하지 않는 것이 좋겠다.”

“어떤 것이 진실한 사람의 몸입니까?”

“바로 지금은 어떠한 몸〔體〕인가?”
“끝내 어떠합니까?”
“어찌 그런 경지에 이르겠는가?”
“어떤 것이 불법의 대의입니까?”
“둥근 해가 둥실 뜨니〔金烏一點〕, 만 리에는 구름 하나 없다.”

대사가 어떤 스님에게 물었다.
“고산에게 석문石門에 걸터앉지 않는다는 구절이 있다는데, 그대는 어떻게 생각하는가?”
“스님께 청합니다.”
대사가 때렸다.
“무엇이 옛사람이 심력心力을 던 곳입니까?”
“그대는 어떻게 힘을 들였는가?”
“말이 천하에 가득해도 입의 허물은 없다고 하는데, 어떤 것이 입의 허물이 없는 것입니까?”
“어떤 허물이 있는가?”
“어떤 것이 요긴한 곳입니까?”
“부끄러움을 아는가?”

대사가 민수閩帥와 함께 불상佛像을 우러러보고 있는데, 민수가 물었다.
“이는 어떤 부처입니까?”
대사가 대답했다.
“대왕께서 감정해 보십시오.”
“감정한다면 부처님이 아닙니다.”

"그러면 무엇입니까?"

민수가 대답이 없었다.〔장경長慶이 대신 말하기를 "대사께서 대중에 계시다는 말을 들은 지 오래인데 어찌 그리 경솔하십니까?"라고 하였다.〕

어떤 이가 물었다.

"위로부터 내려온 종승宗乘을 어떻게 제창합니까?"

대사가 불자로 입을 후려갈겼다.

"어떤 것이 교리 이외에 따로 전한 일입니까?"

"차나 마셔라."

그리고는 또 말했다.

"이제 여러분들을 위하여 머리를 처박으며 저 여러 성인들의 교화문에 들어가 뒤진다고 해서 나오지는 않는다. 그러므로 그대들에게 말하나니, '교리를 폈으나 도달하지는 못했고, 조사도 서쪽으로 오지 않았으며, 3세의 모든 부처님도 제창할 수 없고, 12분교에도 다 싣지를 못했고, 범부와 성인이 포섭하지도 못하고, 과거에서 지금으로 전해질 수도 없다'고 하노라. 홀연히 이러한 자가 소식을 통하지도 않았는데 그에게 이렇게 말하다가 그에게 갑자기 주둥이를 맞으면, 그를 괴이하게 여기겠는가? 비록 그렇더라도 분별없이 때리지는 말라. 고산이 항상 말하기를 '석문에 걸터앉지 않는 한 사람이라도 있다면 석문에 걸터앉지 않는 구절이 있어야 한다'고 했으니, 어떤 것이 석문에 걸터앉지 않는 구절인가? 고산이 주지한 지 30여 년에 5호湖·4해海에서 온 이들이 높은 봉우리 위에서 산과 물을 구경하기는 했으나, 한 사람도 시원하게 통한 이는 없다. 지금이라도 누군가 통한 이가 있다면 어둡지는 않으리라. 형제들이여, 잘 지내라〔珍重〕."

그리고는 게송을 읊어 대중에게 보였다.

> 당장에도 알기 어렵거늘
> 말을 쫓으면 더욱 멀어질 것이요,
> 만약 부처와 조사를 논한다면
> 특히 천지만큼의 차이가 생기리라.
>
> 直下猶難會　尋言轉更賒
> 若論佛與祖　特地隔天涯

민수가 절을 하고 항상 법문을 물었다.

장주漳州 융수隆壽 흥법興法 대사

법명은 소경紹卿이다. 그는 천주泉州 사람으로서 성은 진陳씨이다. 어릴 때에 영암사靈巖寺에서 경과 논을 익혔으며, 교리 수업을 다 마치고는, 선나禪那에 심취深趣하였다. 그리하여 설봉雪峰을 찾아가서 법을 물었고, 거기서 부지런히 시봉하기 몇 해 만에 인연을 따라 깨달았다.

어느 날 설봉을 모시고 거닐다가 토란잎이 움직이는 것을 본 설봉이 손으로 가리키자, 대사가 대답했다.

"소경紹卿은 무척이나 두렵습니다."

"그대의 집안일인데 두려울 것이 무엇인가?"

대사가 여기서 훤히 깨달아 다른 곳으로 다닐 생각을 버렸다. 이윽고 용계사龍谿寺에서 거처해 달라는 초청을 받았다.

어떤 스님이 물었다.

"옛사람이 말하기를 '마니전摩尼殿에 네 귀퉁이가 있는데, 한 귀퉁이는 항상 드러났다'고 하는데, 어떤 것이 항상 드러난 귀퉁이입니까?"

대사가 불자를 들었다.

"한 알의 양식도 저축하지 않았거늘 어찌 만 사람의 굶주림을 구제하겠습니까?"

"협객俠客의 면전에서 칼을 빼앗는 듯하니, 그대는 필시 총명한 사람은 아닌 것 같다."

"크게 더듬은 소경이 오면 스님께서는 그를 제접하시겠습니까?"

"앞과 뒤가 크게 응하니, 이런 편의를 얻었구나."

"이것이 제접하는 것이 아닙니까?"

"이 놈이 여기에 와서 부리를 박는구나."

"귀와 눈이 이르지 못하는 곳은 어떠합니까?"

"그대에게 그런 작용이 없다."

"그러면 들은 것입니다."

"참으로 귀가 먹은 놈이구나."

장주漳州 태수 왕공이 조사의 가풍을 매우 숭상해서 황제께 아뢰어 자의紫衣와 대사의 호를 하사케 하였다.

복주福州 선종원僊宗院 인혜仁慧 대사

법명은 행도行瑫이다. 그는 천주泉州 사람으로서 성은 왕王씨이다. 고향의 개원사開元寺에서 공부를 하다가 설봉의 선회禪會에 참석한 뒤로 소문이 사방에 퍼졌다. 민수閩帥가 설법을 청하고 배우는 자가 구름처럼 모였다.

상당上堂하여 말했다.

"나는 석가와 동참(同參 : 같이 공부하는 일)했다. 그대들은 누구를 뵈었다고 여기는가?"

이때에 어떤 스님이 나서서 절을 하고 물으려는데, 대사가 말했다.

"틀렸다."

"어떤 것이 서쪽에서 오신 뜻입니까?"

"웅이산熊耳山에서도 감춘 적이 없느니라."

어떤 이가 물었다.

"당장의 일〔直下事〕에 대하여 스님의 방편을 구합니다."

"그대의 물음이 아니었다면 나도 말하지 않았을 것이다."

"어떤 것이 서쪽에서 오신 뜻입니까?"

"대낮에는 한가한 사람이 없다."

복주福州 연화산蓮華山 영복원永福院 초증超證 대사

법명은 종엄從弇이다.〔먼저는 장주漳州 보은원報恩院에 살았다.〕

어떤 스님이 물었다.

"유교儒教에서는 5상常으로 극칙極則을 삼지만, 종문에서는 무엇으로 극칙을 삼습니까?"

대사가 가만히 있자, 그 스님이 말했다.

"그러면 학인이 조급합니다."

"주장자를 쳐야 되겠군."

"경전에 말하기를 '오직 1승의 법만이 있다'고 하는데, 어떤 것이 1승의 법입니까?"

"그대는 내가 여기서 무엇을 한다고 여기는가?"

"그러면 경전의 뜻을 모르시는 것입니다."

"그렇지만 그대를 저버리지는 않는다."

"묻는 곳을 향해 이해하지 않는 것이 오히려 학인의 묻는 곳이라면, 화상께서는 어찌하겠습니까?"

"차나 마셔라."

장경은 항상 말하기를 "법을 다하면 백성이 없다"고 하니, 대사가 말했다.

"나는 그렇지 않소. 만약 법을 다하지 않으면 어떻게 백성을 얻겠습니까?"

그때 어떤 스님이 말했다.

"스님, 법을 다해 주십시오."

"나는 그대의 납세納稅가 필요하지 않다."

"다른 것은 묻지 않겠으니, 부디 지름길을 지시해 주십시오."

"불쾌하다. 절이나 세 번 해라."

대사가 상당하여 말했다.

"쯧쯧(咄咄), 화살을 조심해라."

그리고는 이내 방장으로 돌아갔다.

"스님께서 바른 법령을 다해 주십시오."

"덮어 버리지 말라."

"대중이 다 모였으니, 스님께서 설법해 주십시오."

"들리는가?"

"만약에 다시 골똘히 생각하면 미치기 어려울 것입니다."

"진실로 그렇다면 바로 얻은 것이다."

"마니전摩尼殿에 네 귀퉁이가 있는데 한 귀퉁이는 항상 드러났다고 하니, 어떤 것이 항상 드러난 귀퉁이입니까?"

"다시 점을 찍지 말라."

대사가 상당하여 좌석 가장자리에 서서 대중에게 말하기를 "두 존자가 함께 교화하지는 못한다"고 하고는 방장으로 돌아갔다.

항주杭州 용화사龍華寺 진각眞覺 대사

법명은 영조靈照이다. 그는 고려高麗 사람이었다. 민閩과 월越 지방을 떠돌다가 설봉에게 입실하여 현묘한 종지에 은밀히 부합하였다. 그 후로는 오직 누더기 한 벌로 지내니, 민중閩中에서는 그를 조포납照布衲이라 불렀다.

어느 날 저녁에 대사가 반달〔半月〕을 가리키면서 부溥 상좌에게 물었다.

"저 한 조각은 어디로 갔을까?"

부 상좌가 말했다.

"스님은 망상을 부리지 마십시오."

대사가 다시 말했다.

"나머지 한 조각도 잃었구나."

대중이 아무리 찬탄하고 칭송해도 담담하게 스스로를 지켰다.

처음 무주婺州 제운산齊雲山에 있을 때였다. 상당하여 가만히 있다가 홀연히 손을 펴고 대중에게 보이면서 말했다.

"이것을 잡으시오, 이것을 잡으시오."

또 말했다.

"한 사람이 거짓〔虛〕을 전하니, 만 사람이 진실〔實〕을 전한다."

어떤 스님이 물었다.

“풀 베는 목동들도 노래하고 춤을 추는데, 요즘에도 그런 일이 있습니까?”

대사가 자리에서 내려가 춤을 추면서 말했다.

“사미여, 알겠는가?”

“모릅니다.”

“산승山僧의 덩더꿍 춤도 모르는가?”

“영산회상에서는 법과 법을 전했는데, 제운齊雲에서는 무엇을 부촉하십니까?”

“그대 한 사람 때문에 제운산을 황폐시킬 수는 없다.”

“그것이 친히 부촉하는 것이 아니겠습니까?”

“대중을 너무 웃기지 말라.”

“환단(還丹 : 신선의 약품) 한 알이 쇠를 점點하여 금을 이루고, 지극한 이치의 말 한마디가 범부를 점하여 성인을 이룬다고 하는데, 스님께서 한 번 점하여 주십시오.”

“제운이 금을 점해서 쇠를 이룬 것을 아는가?”

“금을 점해서 쇠를 이루었다는 말은 미처 들은 바가 없습니다. 지극한 이치의 한 말씀을 내려 주십시오.”

“구절 밑에서 알아채지 못하면 후회하여도 미치지 못한다.”

대사가 다음에는 월주越州의 경청원鏡淸院으로 옮기니 바다 같은 무리가 기꺼이 뒤를 따랐다.

어느 날 대중에게 말했다.

“법령을 다해 버렸다.”

어떤 스님이 말했다.

“스님께서 법령을 다해 주십시오.”

대사는 대답했다.
"훔훔〔吽吽〕."
"어떤 것이 학인의 본분사本分事입니까?"
"경청은 입 놀리기를 아끼지 않는다."
"스님께서 잘 다듬어 주십시오."
"10의 8은 이루어졌다."
"어째서 10이 다 이루어지지 않습니까?"
"경청의 닦는 이치를 알았는가?"

대사가 어떤 스님에게 물었다.
"어디서 왔는가?"
"오봉五峰에서 왔습니다."
"무엇을 하러 왔는가?"
"화상께 절하러 왔습니다."
"왜 스스로에게 절하지 않는가?"
"절을 했습니다."
"경호鏡湖의 물이 얕구나."

어떤 이가 물었다.
"어떤 것이 제1의 구절〔第一句〕입니까?"
"이름과 말을 잘못 내리지 말라."
"스님께 어찌 방편이 없으시겠습니까?"
"까마귀가 참새를 기른다."

어떤 이가 물었다.

“향상의 외길은 천 성인도 전하지 못한다고 하니, 어떤 사람이 전해 가졌습니까?”

“천 명의 성인도 나를 의심하더라.”

“그것이 곧 전하는 것이 아니겠습니까?”

“진제晋帝가 혜강嵇康을 죽였다.”

“석가가 마갈摩竭에서 방문을 닫았고, 정명淨名이 비야毘耶에서 입을 다물었으니, 이 뜻이 무엇입니까?”

“동쪽 복도 아래가 양양삼삼兩兩三三이니라.”

대사가 대중에게 말했다.

“제방에서는 비로법신毘盧法身으로 극치를 삼지만, 경청은 이 속에서 그렇지가 않다. 비로자나도 스승이 있고 법신도 주인이 있음을 알아야 한다.”

“어떤 것이 비로의 스승이며 법신의 주인입니까?”

“두 공公을 어찌 감히 논하겠는가?”

“옛사람이 말하기를 ‘빛깔〔色〕을 보는 것이 곧 마음을 보는 것이다’라고 하였는데, 이것은 빛깔이거니와 어떤 것이 마음입니까?”

“그렇게 물으면 나〔山僧〕를 속이는 것이 아닌가?”

“가르기〔剖〕 이전의 일을 스님께서 결단해 주십시오.”

“어디에 떨어졌는가?”

“그러면 입을 잃었습니다.”

“한산寒山이 위산潙山을 전송한다.”

또 말했다.

“가만있어라. 그대가 입을 잃었는가, 내가 입을 잃었는가?”

“사나운 호랑이도 새끼는 물지 않습니다.”

“당나귀는 나가고 말은 돌아오는구나.”

대사가 어떤 스님에게 갑자기 물었다.

"기억하는가?"

"기억합니다."

"무엇이라 했는가?"

"무엇이라 하십니까?"

대사가 말했다.

"회남淮南의 어린애가 절에 왔다."

"무엇이기에 뛰어난 매와 뛰어난 새매가 쫓아도 미치지 못합니까?"

"그대가 따로 물으면, 나도 따로 대답하리라."

"따로 대답해 주십시오."

"10리里의 행인은 같은 길을 걷는다."

"금 부스러기가 귀중하지만 눈에 넣을 수 없을 때에는 어찌합니까?"

"넣을 수 없는 것을 넣을 수 있겠는가?"

스님이 절을 하니 대사가 말했다.

"심사신(深沙神 : 신장의 이름)이구나."

"보리수菩提樹 밑에서 중생을 제도했다는데, 어떤 것이 보리수입니까?"

"마치 고련수苦練樹 같으니라."

"어째서 고련수 같습니까?"

"본래 훌륭한 말〔良馬〕이 아니니, 어찌 수고로이 채찍을 흔들겠는가?"

나중에 호주湖州 태수 전공錢公이 항주의 서쪽 관문에다 보자원

報慈院을 짓고는 대사를 맞이하여 법당을 열게 하니, 선회禪會에 사람들이 몰렸다. 이어서 전왕(전공)이 용화사龍華寺를 세우고, 금화金華 부대사傅大士의 영골靈骨과 도구와 사진을 모신 뒤에 대사에게 주지住持하라고 명했다.

진晋나라 천복天福 12년 정미丁未 윤7월 26일에 본사에서 임종하니, 수명은 78세였다. 대자산大慈山에 탑을 세웠다.

명주明州 취암翠巖 영명永明 대사

법명은 영참令參이다. 그는 호주湖州 사람으로서, 설봉에게 수기를 받은 뒤에 취암翠巖에서 법석을 크게 열었다.

어떤 이가 물었다.

"혀를 빌리지 말고 스님께서 말씀해 주십시오."

"다방〔茶堂〕에 가서 차나 다듬어라."

"국사가 세 차례 시자를 부른 뜻이 무엇입니까?"

"사람을 핍박해서 무엇 하겠는가?"

"다른 것들은 묻지 않겠습니다."

대사가 잠자코 있으니, 스님이 다시 말했다.

"남에게 어떻게 이야기하오리까?"

대사가 시자를 불러 차를 끓이라고 하였다.

대사가 상당하여 말했다.

"올 여름, 여러분과 더불어 말하고 논했는데, 취암의 눈썹이 남았는가 살펴보라."〔장경長慶이 듣고 말하기를 "생겼다"라고 하였다.〕

어떤 스님이 물었다.

"온갖 언구言句는 모두가 물듦이라는데, 어떤 것이 향상사向上事

입니까?"

"온갖 언구는 모두가 물듦이다."

"어떤 것이 요긴한 곳〔要處〕입니까?"

"대중이 그대를 비웃는다."

"탁 트여서 칼날에 막히지 않을 때에는 어떠합니까?"

"거의 모든 사람이 그런 견해를 낸다."

"끝내 어떠합니까?"

"탁 트여서 칼날에 막히지 않는다."

"옛사람이 방망이를 들거나 불자를 세운 뜻이 무엇입니까?"

"삿된 법은 부지하기 어렵다."

"승요僧繇는 어째서 지공誌公의 초상을 그리지 못했습니까?"

"어떤 것이 꼭 맞아떨어지는 것인가?"

"험악한 길에서는 무엇으로 나루터를 삼습니까?"

"약산藥山이 두세 번 간곡히 부탁했다."

"범속함이든 거룩함이든 막히지 않으면서 근기에 맞추어 어떻게 보여줍니까?"

"남에게 취암翠巖이 영리하다는 말을 하지 말라."

"묘한 기틀의 언구는 모두 맞지가 않나니, 종승宗乘의 일은 어떠합니까?"

"절을 하라."

"학인은 잘 모르겠습니다."

"출가해서 행각까지 하고도 절하란 말을 모르는가?"

전왕錢王이 대사의 도풍道風을 듣고서 용책사龍冊寺에 살기를 청하자, 거기에 가서 여생을 마쳤다.

경덕전등록 제19권

길주吉州 청원산青原山 행사行思 선사의 제6세 법손 42인

복주福州 설봉雪峰 의존義存 선사의 법손 42인

복주福州 안국安國 홍도弘瑫 선사
양주襄州 운개산雲蓋山 귀본歸本 선사
소주韶州 임천林泉 화상
낙경洛京 남원南院 화상
월주越州 동암洞巖 가휴可休 선사
정주定州 법해원法海院 행주行周 선사
항주杭州 용정龍井 통通 선사
장주漳州 보복保福 종전從展 선사
천주泉州 수룡睡龍 도부道溥 선사
항주杭州 용흥사龍興寺 종정宗靖 선사
복주福州 남선南禪 계번契璠 선사
월주越州 월산越山 사내師鼐 선사

남악南嶽 금륜金輪 가관可觀 선사
천주泉州 복청福淸 현눌玄訥 선사
소주韶州 운문雲門 문언文偃 선사
구주衢州 남대南臺 인仁 선사
천주泉州 동선東禪 화상
여항餘杭 대전산大錢山 종습從襲 선사
복주福州 영태永泰 화상
지주池州 화룡산和龍山 수눌守訥 선사
건주建州 몽필夢筆 화상
복주福州 고전古田 극락極樂 원엄元儼 선사
복주福州 부용산芙蓉山 여체如體 선사
낙경洛京 게학산憩鶴山 화상
담주潭州 위산潙山 서棲 선사
길주吉州 조산潮山 연종延宗 선사
익주益州 보통산普通山 보명普明 대사
수주脩州 쌍천雙泉 양가암梁家庵 영永 선사
장주漳州 보복保福 초오超悟 선사
태원太原 부孚 상좌
남악南嶽 유경惟勁 선사
〔이상 31인은 기록에 보임〕
태주台州 십상十相 심초審超 선사
강주江州 여산廬山 눌訥 선사
신라국新羅國 대무위大無爲 선사
노주潞州 현휘玄暉 선사
호주湖州 청정淸淨 화상

익주益州 영안永安 설봉雪峰 화상

노선盧僊 덕명德明 선사

무주撫州 명수明水 회충懷忠 선사

익주益州 회과懷果 선사

항주杭州 이상耳相 행수行修 선사

숭산嵩山 안덕安德 선사

〔이상 11인은 기연할 어구가 없으므로 기록하지 않음〕

행사行思 선사의 제6세 ③

복주福州 설봉雪峰 의존義存 선사의 법손

복주福州 안국원安國院 명진明眞 대사

법명은 홍도弘瑫이다. 그는 천주泉州 사람이며, 성은 진陳씨이다. 어릴 때부터 마늘·파를 끊고, 출가할 것을 맹세하다가 용화사龍華寺 동선東禪에서 구족계를 받고 설봉에게로 갔다. 설봉이 모습을 보더니, 법기法器가 될 만한 것을 짐작하고서, 본심本心으로 인도하여 분수에 넘치는 믿음에 들게 하였다. 그리고는 다시 여러 선원을 두루 다니면서 제방의 삼매를 얻은 다음 설봉에게로 돌아오니 설봉이 물었다.

"어디서 오는가?"

"강서江西에서 옵니다."

"어디서 달마達磨를 만났는가?"

"분명히 화상께 일렀습니다."

"무엇이라 했든가?"
"어디를 다녀오십니까?"

어느 날 설봉이 대사를 보더니, 갑자기 멱살을 잡고 말했다.
"온 천지 모두가 해탈문인데, 그대의 손을 잡고 들게 하여도 들지 않는구나."
"화상께서는 괴이한 홍도弘瑫를 얻을 수 없습니다."
"그렇지만 등 뒤에는 허다한 스님이 있으니, 어찌하겠는가?"

대사가 국사의 비문에 있는 말을 들었다.
"마음을 얻으면 이란(伊蘭 : 냄새가 나쁜 풀)이 전단나무로 바뀌고, 종지를 잃으면 감로수가 쑥밭이 된다."
그리고는 어떤 스님에게 물었다.
"한 마디에 얻고 잃는 두 뜻이 있어야 하는데, 그대는 어떻게 생각하는가?"
스님이 주먹을 들면서 말했다.
"주먹이라 하지 못할 것입니다."
대사가 긍정하지 않고, 도리어 주먹을 들면서 말했다.
"이것을 주먹이라 부르기 때문이다."

대사가 청을 받아 균산囷山에 머무르니, 참선하는 무리들이 뒤를 따랐다. 그 뒤에 민수閩帥가 대사의 덕화를 듣고, 안국사安國寺에 살게 하니, 현풍玄風을 크게 드날리어 8백여 명의 무리가 모였다.
어떤 스님이 물었다.
"어떤 것이 서쪽에서 오신 뜻입니까?"

대사가 대답했다.

"옳기는 옳으나 잘못 알지 말라."

"어떤 것이 제1의 구절입니까?"

"물어라."

"학인이 아직까지 근기를 다하지 못했는데 스님께서 근기를 다해 주십시오."

대사가 잠자코 있으니, 스님이 절을 하였다. 이에 대사가 말했다.

"홀연히 딴 곳에 갔을 때에 누군가가 그대에게 물으면 어떻게 대답하겠는가?"

"끝끝내 감히 잘못 들추지는 않겠습니다."

"문밖에 나서기도 전에 이미 웃음거리가 되었구나."

"어떤 것이 달마가 전한 마음입니까?"

"원래 발꿈치 자국이 아니었느니라."

"어떤 것이 종승宗乘의 일입니까?"

"그대 하나를 위해서 대중을 흩어버릴 수는 없다."

"있음과 없음에 빠지지 않는 근기를 스님께서 말씀해 주십시오."

"그대가 판단해 보라."

"어떤 것이 한 터럭 끝의 일입니까?"

대사가 가사를 번쩍 드니, 스님이 말했다.

"스님께서 지시해 주십시오."

"박옥璞玉을 안았으니, 눈물을 흘리지 말라. 내일 아침에는 다시 초왕楚王에게 바쳐 보라."

"적적寂寂하여 말이 없을 때에는 어떠합니까?"

"한 걸음 더 나아가라."

“온갖 언구言句는 모두가 인연과 방편에 빠지는데, 인연과 방편에 빠지지 않는 일은 무엇입니까?”

“두레박질을 하는 사람〔桔槔之士〕은 자주 만나지만, 군색함을 지키는 무리〔抱甕之流〕는 만나기 어렵다.”

“위로 향하는 외길은 천 성인도 전하지 못하는데 화상께서는 어떻게 전하십니까?”

“입은 남겨 두어야 밥을 먹지 않겠는가?”

“어떤 것이 고상한 사람입니까?”

“하빈河濱에는 귀를 씻는 이가 없고, 반계磻溪에는 낚시를 드리운 사람이 없어졌다.”[1]

“12시時 가운데 어찌하여야 생사를 구제하겠습니까?”

“발우를 들었으니 뭇 풍류를 기웃거리지 말며, 얼음을 딛었거늘 무엇 때문에 걸음이 들락날락하리오?”

“학인이 종승의 법을 묻고자 하는데 허락하시겠습니까?”

“묻기만 하라.”

스님이 들으려는데 대사가 할을 해서 내쫓았다.

어떤 이가 물었다.

“눈앞의 생사를 어떻게 면하겠습니까?”

“생사를 붙들어 오라.”

“있음을 아는 사람은 어째서 이르지 못합니까?”

“그대 아버지의 이름이 무엇인가?”

---

1 하빈에서 귀를 씻은 이는 소부巢父 허유이며, 반계에서 낚시질을 하던 이는 강태공姜太公이다.

"어떤 것이 사람을 살리는 칼입니까?"

"감히 그대의 눈을 멀게 할 수는 없다."

"어떤 것이 사람을 죽이는 칼입니까?"

"그저 이것이다."

"칼끝을 범하지 않고 어떻게 상대방을 알겠습니까?"

"나귀 해〔驢年〕가 지나갔다."

"쓰고 떫은 것을 스님께서 한마디 주십시오."

"꽤 중얼거리게 하는구나."

"어째서 그렇습니까?"

"그래도 자세히 아는 것이 좋겠다."

"항상 바른 지위에 있는 사람도 인간과 하늘의 공양을 없앨 수 있습니까?"

"없앨 수 없다."

"어째서 그렇습니까?"

"이게 무슨 마음씨인가?"

"어떤 사람이 없앨 수 있습니까?"

"옷 입고, 밥 먹는 이가 없앨 수 있다."

혜릉慧稜 화상이 초경사招慶寺에 있을 때에 대사가 법당 동쪽 귀퉁이에 서서 대중에게 말하기를 "여기에서 한 가지 질문을 하는 것도 좋겠다" 하였는데, 어떤 스님이 얼른 묻되 "화상은 어째서 바른 지위에 계시지 않습니까?" 하니, 혜릉이 말하기를 "그대를 위하여 이렇게 왔노라" 하였고, 그 스님이 또 말하되 "지금은 어떠하십니까?" 하니, 혜릉이 말하되 "그대의 눈은 무엇 하려는가?"라고 한 일을 들어 이야기했다. 그리고는 말했다.

"그가 이렇게 물은 것이 특별한 도리이기는 하나 지금은 어떻다 여기는가?"

뒤에 안국安國이 말했다.

"그러면 대중이 일시에 흩어져도 되겠습니다."

대사도 대신 말했다.

"그러면 대중이 일시에 절을 해야 한다."

양주襄州 운개산雲蓋山 쌍천원雙泉院 귀본歸本 선사〔서쌍천西雙泉이라고도 하나니, 수주隋州에 동쌍천東雙泉이 있기 때문이다.〕

그는 경조부京兆府 사람이니, 어릴 때에 계를 받고, 『법화경』을 읽었다. 처음 설봉을 뵈었을 때에 설봉이 선상에서 내려와 등을 타고 앉으니, 대사는 이때에 깨달았다.

어떤 스님이 물었다.

"어떤 것이 쌍천雙泉입니까?"

"한 쌍의 눈썹이 아깝구나."

"학인은 잘 모르겠습니다."

"일찍이 우왕禹王의 힘을 번거롭게 하지 않았더라면 여울져 흐르는 일〔湍流事〕이 있었을지도 모른다."

"어떤 것이 서쪽에서 오신 뜻입니까?"

대사가 멱살을 잡으니, 그 스님이 얼굴을 붉혔다. 이에 대사가 말했다.

"나에게는 그런 것이 없다."

대사는 손가락이 가늘고 긴 것이 남보다 달랐으므로 사람들이 수상手相 대사라 하였다.

소주韶州 임천林泉 화상〔전에는 헌산巘山에서 살았다.〕

어떤 스님이 물었다.

"어떤 것이 티끌입니까?"

"모르는 사이에 산을 이룬다."

대사가 백운白雲의 자광慈光 대사를 뵙고 나오는데 백운이 문까지 전송을 나와서 대사를 부축하여 계단을 내려오면서 말했다.

"조심하셔서 넘어지지 마십시오."

대사가 말했다.

"홀연히 미끄러지면 어찌하겠소."

"다시는 부축하지 않겠습니다."

대사가 웃으면서 물러갔다.

낙경洛京 남원南院 화상

어떤 이가 물었다.

"어떤 것이 법과 법이 나지 않는 것입니까?"

대사가 말했다.

"나왔다."

어떤 선비가 고금의 서적을 두루 보아서 사람들이 장백회張百會라 하였는데, 어느 날 그가 대사를 찾아뵈니, 대사가 말했다.

"장백회가 아니시오?"

"그렇다 하기에 외람됩니다."

대사가 손으로 허공에다 한 획을 긋고 말했다.

"알겠는가?"

"모르겠습니다."

"한 자도 모르면서 어찌 백 가지를 아는 백회百會라 불리우는가?"

월주越州 동암洞巖 가휴可休 선사

어떤 이가 물었다.

"어떤 것이 동암洞巖의 바른 주인입니까?"

"열어라."

"어떤 것이 화상께서 친절하게 사람을 위하시는 곳입니까?"

"바다는 송장을 묶어 두지 않는다."

"어떤 것이 위로 향하는 외길입니까?"

대사가 옷을 들어 보였다.

"학인이 멀리 왔으니, 스님께서 방편을 베풀어 주십시오."

"방편이 끝났다."

정주定州 법해원法海院 행주行周 선사

어떤 이가 물었다.

"바람이 그치고 물결이 고요할 때엔 어떠합니까?"

"남쪽 담을 불어서 쓰러뜨린다."

"어떤 것이 도중의 보배입니까?"

"광채를 드러내지 않는 것이다."

"그것뿐이지 않습니까?"

"그러면 드러난 것이다."

항주杭州 용정龍井 통通 선사

처서處棲 상좌가 물었다.

"어떤 것이 용정龍井의 용입니까?"

의기意氣가 타고난 그대로와는 다르니 신필神筆도 쓰지 못한다."

"어째서 그리지 못합니까?"

"무리에서 뛰어났으되 뿔이 없으며, 같은 무리 가운데서도 같지 않으니라."

"그렇다면 비를 뿌릴 줄 압니까?"

"끝없는 세계에 두루 뿌리니, 곳곳에 모두 물방울이 맺힌다."

"종문 안의 일도 있겠습니까?"

"있다."

"어떤 것이 종문 안의 일입니까?"

"원래는 형상을 가릴 것 없으나 사물에 응하는 데는 손색이 없느니라."

"어떤 것이 취모검吹毛劍입니까?"

"저 송장을 끌어내라."

장주漳州 보복원保福院 종전從展 선사

그는 복주福州 사람이니, 성은 진陳씨이다. 15세에 설봉을 예참하고 그에게서 수업을 받다가, 18세에 고향의 대중사大中寺에서 구족계를 받았다. 그리고는 오초吳楚 사이를 유행하다가 나중에 돌아와서 시봉을 하는데, 어느 날 설봉이 불러 놓고 물었다.

"알겠는가?"

대사가 가까이 가려 하니, 설봉이 주장자로 밀어냈다. 대사가 당장 깨달아 절을 하고 물러갔다.

또 항상 고금의 방편을 들어 장경長慶 혜릉慧稜 화상에게 물으니 장경이 퍽 갸륵히 여겼다. 어느 때 장경 화상이 말했다.

"차라리 나한에게 3독毒이 있다고 할지언정 여래에게 두 말이 있다고 말하지 말라. 이는 여래가 아주 말이 없다는 것이 아니라, 다만 여래는 두 가지 말을 않는다는 것이다."

이에 대사가 말했다.

"어떤 것이 여래의 말입니까?"

"귀머거리가 어찌 들을 수 있으랴."

"화상께서 두 번째 것을 말씀하시는 줄은 짐작했습니다."

장경이 도리어 물었다.

"어떤 것이 여래의 말인가?"

대사가 대답했다.

"차나 마시지요."〔운거雲居 석錫이 말하되 "어떤 곳이 장경長慶을 향하는 두 번째 길〈第二頭道處〉인가' 하였다.〕

반산盤山이 말하기를 "광명과 경계가 모두 없어지면 어떤 물건인가?" 하니, 동산洞山이 말하기를 "광명과 경계가 없어지기 전에는 어떤 물건인가?" 한 일을 대사가 들어 말했다.

"이 두 존숙尊宿의 말에 의하건대 분별하는 생각도 없어지지 못했다."

그리고는 장경에게 물었다.

"지금 어떻게 말해야 아주 없애겠습니까?"

장경이 잠자코 있으니, 대사가 말했다.

"화상께서 귀신 굴속에 들어가 살림을 하시는 줄은 짐작했었습니다."

장경이 도리어 물었다.

"어떠한가?"

"두 손으로 보습을 잡으니 물이 무릎을 지납니다."

어느 날 장경이 물었다.

"경계〔色〕를 보면 마음을 본다 했는데, 그렇다면 저 뱃사공〔船子〕이 보이는가?"

"보입니다."

"뱃사공은 그만두고, 어떤 것이 마음인가?"

대사가 뱃사공을 가리켰다.〔귀종歸宗 유柔가 말하기를 "화상은 다만 남에게 물을 줄만 아시는군요"라고 하였다.〕

설봉이 대중에게 말했다.

"여러 상좌上座들이여, 망주정望州亭에 가서도 상좌들을 만났고, 오석령吳石嶺에 가서도 상좌들을 만났고, 큰방에서도 상좌를 만났다."

대사가 아호鵝湖에게 이 이야기를 들어 물었다.

"큰방 앞에서 만난 것은 그만두고, 망주정과 오석령에 어디서 만났습니까?"

아호가 지척거리면서 방장으로 들어가니, 대사도 큰방으로 돌아갔다.〔동선東禪 제齊가 말하되 "이 두 존숙이 만난 자리에는 서로 본 것인가, 보지 못한 것인가? 판단해 보라" 하였다.〕

양梁의 정명貞明 4년 정축丁丑에 장주漳州 자사刺史 왕공王公이 대사의 도덕을 흠모하여 보복선원保福禪苑을 짓고 대사를 맞이하여 머물게 하였다. 개당開堂하는 날에 왕공이 꿇어 앉아 세 번 절하고, 몸소 대사를 부축하여 법당에 오르게 하니, 대사가 말했다.

"웃음거리를 일으켜서 무엇 하리오? 그러나 두세 번은 용서하지 않으리라. 여러분, 알겠는가? 만일 안다면 바로 옛 부처님과 어깨를 나란히 견주게 된다."

이때에 어떤 스님이 나와서 절을 하려는데 대사가 말했다.

"날씨가 좋으니 떠나지 말고, 비가 오거든 머리를 감어라."

그제야 그 스님이 물었다.

"군수께서 불법을 숭상하여 절을 짓고 도풍을 크게 떨치게 하시니, 화상께서 으뜸가는 가르침을 제창해 주십시오."

대사가 대답했다.

"알겠는가?"

"그러시면 중생들이 믿을 곳이 있겠습니다."

"그 더러운 것을 남에게 칠하지 않는 것이 좋겠다."

스님이 나와서 절을 하니, 대사가 말했다.

"대덕은 그렇게 하는 것이 좋겠으나 뱃사공을 넘어뜨리지 말라."

"온통 잠자코 있을 때는 무엇으로 법칙을 삼습니까?"

"허물이 어디에 있는가?"

"모르겠습니다."

"조는 놈아, 나가라."

대사가 어떤 스님을 보자 주장자로 돌기둥을 때리고 또 그 스님의 머리를 때리니, 그 스님이 소리를 질렀다. 이에 대사가 말했다.

"저것은 왜 아픈 줄을 모르는가?"

스님이 대답이 없었다.〔현각玄覺이 대신 말하되 "주장자 놀리기를 퍽 좋아하시는군요" 하였다.〕

어떤 이가 물었다.

"마등摩騰[2]이 한漢에 왔을 때에는 하나의 장경藏經이 분명하였지만, 달마가 서쪽에서 왔을 때에는 무엇으로 보여 주었습니까?"

"상좌가 행각한 일이 무엇인가?"

"모르겠습니다."

"모르거든 알도록 할지언정 옆집에 가서 남의 처분을 잊지는 말라. 만일 오랫동안 총림에 있으면서 거칠지만 알아서 거리가 비슷하게 된 이는 간 곳마다에서 참될 수 있겠지만, 만일 처음으로 마음을 낸 후학後學이면 차례도 모른다. 그 까닭에 산승山僧이 구업口業을 아끼지 않고 그대들에게 말하기를 '티끌같이 많은 겁의 일이 지금 그대로 있다' 하노니, 알겠는가? 그러나 불법을 국왕・대신・군수에게 부촉하였다. 옛날 부처님의 회상에서와 같이 지금도 그러하다. 만일 복록과 영화로 말하면 말하지 않겠거니와 당시에 부처님의 부촉을 받는 일을 기억하는가? 만일 안다면 천 성인과 어깨를 나란히 하거니와 혹시 알지 못한다면 이 일은 남에게서 얻는 것이 아니며, 자기도 아니라는 것을 절실히 믿어야 한다. 말이 많으면 도道와는 더욱 멀어지고, 바로 언어의 길이 끊기고, 마음이 움직일 곳이 없어졌다 하여도 옳지는 않다. 너무 오래 섰었다. 진중珍重하라."

---

2 중국으로 처음 오신 스님이다.

다른 날 상당하여 대중이 운집하니, 대사가 말했다.

"어떤 사람이 불전佛殿 뒤를 지날 때는 그가 장삼이사張三李四로 보이는데 불전 앞을 지날 때에는 어째서 보지 못했겠는가 말해 보라. 불법의 이해가 어디에 있는가?"

어떤 스님이 말했다.

"한 분分의 소홀한 곳이 있기 때문에 보지 못합니다."

대사가 꾸짖고, 스스로가 대신 대답했다.

"불전이라면 보지 못한다."

"불전이 아니라면 보았겠습니까?"

"불전이 아닌데 무엇을 보겠는가?"

"12시時 가운데서 어떻게 징험을 잡으리까?"

"징험을 해 보는 것이 좋겠다."

"학인은 어째서 보지 못합니까?"

"다시 눈을 비비지 말라."

"주인과 동반同伴이 겹겹하여 시방十方의 끝까지 일제히 외친다 하니, 어떤 것이 시방의 끝까지 일제히 외치는 것입니까?"

"그대는 왜 딴 사람을 시켜서 묻지 않는가?"

"말에 의하여 뜻을 알 때면 어떠합니까?"

"어떤 말에 의했는가?"

스님이 머리를 숙이고 잠자코 있으니, 대사가 말했다.

"번개 치는 듯한 근기가 공연히 깊이 생각을 하는구나."

"무위無爲의 바다에 들고자하면 모름지기 반야선般若船을 타야 한다 하니, 어떤 것이 반야선입니까?"

"청해 보라."

"이렇게 나아갈 때에는 어떠합니까?"

"역시 열반당 안에 있는 놈이구나."

대사가 스님이 밥 먹는 것을 보고 발우를 들면서 말했다.
"예삿일이다."
스님이 말했다.
"화상은 무슨 심보입니까?"

어떤 비구니가 와서 뵈니, 대사가 말했다.
"누군가?"
시자가 대답하되 "각사고覺師姑[3]입니다" 하니, 대사가 말했다.
"이미 각사고라면 여기에는 무엇 하러 왔는가?"
비구니가 말했다.
"인의仁義의 도리에는 없을 수 없습니다."
대사가 스스로 대신 대답했다.
"화상은 무슨 마음이십니까?"〔현각玄覺은 "법안法眼이 스님이 흙을 져 나르는 것을 보고 흙 한 덩어리를 짐에다 보태면서 말하기를 '내가 그대를 도와 주리라' 하니, 스님이 말하기를 '화상의 자비에 감사합니다' 하였는데 이에 법안이 긍정하지 않았다. 이에 한 스님이 따로 말하기를 '화상은 무슨 마음씨이십니까?' 하니, 법안이 그만두었다" 하는 말을 들어 물었다. "이 두 가지 이야기에 말이 같은가? 딴 도리가 있는가? 어디가 마음씨라 할 곳인가?" 하였다.〕

민수閩帥가 사자를 보내 주기(朱記 : 붉은 도장)를 전해 오니, 대사

---

3 수도하는 비구니를 가리키는 말이다.

가 상당하여 말했다.

"떠나면 도장 문채가 머무르고, 머무르면 도장 문채가 없어진다."

어떤 스님이 말했다.

"떠나지도 머물지도 않거늘 도장 문채는 무엇 하겠습니까?"

가면 도장 문채가 머물고, 머무르면 도장 문채가 깨진다. 만일 가지도 머물지도 않는다면, 도장 문채를 찍는 것이 옳은가, 찍지 않는 것이 옳은가. 대중들 중에서 말할 수 있는 자가 있는가?"

가면 심인이 머물겠지만, 머물면 심인이 파괴되리라. 다만 가지도 않고 머물지도 않는다면, 인印을 쳐야 옳은가, 치지 말아야 옳은가

대사가 때리니, 스님이 말했다.

"그러면 산 속에 귀신굴이 완전히 오늘을 인하였겠습니다."

대사가 잠자코 있을 뿐이었다.〔현각玄覺이 말하되 "어디가 산 속의 귀신굴인가? 총림에서는 말하기를 '가지도 오지도 않는 자리에 머문다'는 것이 곧 산 속의 귀신굴이다. 그 까닭에 타파하였다 하는데 그러한 분별이 바로 귀신굴이다. 말해 보라. 보복이 그를 때린 뜻이 무엇인가?" 하였다.〕

대사가 어떤 스님에게 물었다.

"어디서 왔는가?"

"강서江西에서 왔습니다."

"배운 것이 무엇인가?"

"드러낼 수 없습니다."

"왜 그런가?"〔법안法眼이 따로 말하되 "부질없는 말이다" 하였다.〕

스님이 대답이 없었다.

대사가 동산洞山의 진찬眞讚을 들어 말하였다.

"한갓 종이와 먹을 보면 산중山中 사람이 아니다."

이에 어떤 스님이 물었다.

"어떤 것이 산중 사람입니까?"

"그대가 그려 보라."

"총명한 아이가 아니었더라면 그럴 뻔했습니다."

"그대는 총명한 아이이다."

"화상은 무슨 마음씨이십니까?"

"오는 말〔言〕이 풍부하지 않구나."

대사가 어떤 스님이 돈 세는 것을 보고 손을 벌리면서 한 푼 달라 하니, 그 스님이 말했다.

"화상은 어째서 그런 지경에 이르셨습니까?"

"나는 이런 지경에 이르렀다."

"그런 지경에 이르렀거든 한 푼 가져가십시오."

"그대는 왜 이런 지경에 이르렀는가?"

대사가 어떤 스님에게 물었다.

"어디서 왔는가?"

"강서江西의 관음원觀音院에서 왔습니다."

"그러면 관음을 뵈었는가?"

"보았습니다."

"왼쪽으로 보았는가, 오른쪽으로 보았는가?"

"볼 때에 좌우를 거치지 않았습니다."〔법안法眼이 따로 말하되 "화상이 보시는 것 같습니다" 하였다.〕

스님이 물었다.

"어떤 것이 불에 들어가도 타지 않고, 물에 들어가도 빠지지 않는 것입니까?"

"물과 불이라면 벌써 빠짐과 태움을 당했다."

대사가 반두飯頭에게 물었다.

"가마솥의 넓이가 얼마나 되는가?"

"화상께서 재어 보십시오."

대사가 손으로 재는 시늉을 하니, 그가 말했다.

"화상은 저를 속이지 마십시오."

"그대가 도리어 나를 속이는구나."

어떤 스님이 물었다.

"위없는 길을 통달코자 하면 마땅히 본원本源을 알아야 한다 하니, 어떤 것이 본원입니까?"

대사가 한참 있다가 불쑥 시자에게 물었다.

"아까 그 스님이 무엇을 물었는가?"

그 스님이 다시 물으니, 대사가 할喝을 하면서 말했다.

"나는 귀머거리가 아니다."

"학인이 요사이 총림에 들어 왔으니, 스님께서 깨달아 들어갈 길을 완전하게 지시해 주십시오."

"만일 완전히 지시한다면 내가 도리어 그대에게 절을 하리라."

대사가 어떤 스님을 보고 말했다.
"그대는 무슨 업을 지었기에 그렇게 키가 큰가?"
"화상은 얼마나 짧습니까?"
대사가 몸을 움츠리고 짧은 시늉을 하니, 스님이 말했다.
"화상은 사람을 속이지 않는 것이 좋겠습니다."

대사가 시자를 시켜 융수隆壽 장로를 청하면서 말했다.
"꼭 혼자서 오시오. 시자를 데리고 오지 마십시오."
융수가 대답했다.
"데리고 오지 말라 한다면 어찌 여읠 줄 알리오."
"퍽이나 인자하시군요."
융수가 대답이 없으니, 대사 스스로가 대신 대답했다.
"화상의 상족上足께서 전하여 보여 주신 일을 다시 감사합니다."

대사가 보복원에 머무른 지 1기(紀 : 20년)가 되자, 학자들이 항상 7백 명에서 줄지 않았고, 근기에 따라 지도하여 중생을 이롭게 하던 일은 이루 다 기록할 수 없었다. 이에 민수閩帥가 존중히 여기어 황제께 아뢰어 명복(命服 : 관복)을 하사했다.

당唐의 천성天成 3년, 무자戊子에 경미한 병이 났는데 어떤 스님이 방장에 들어 와서 문안을 하니, 대사가 말했다.

"내가 그대를 안 지 여러 해가 되었는데 어떤 방법으로 나를 구제해 주려는가?"

스님이 말했다.

"방법이 어디에 있겠습니까? 듣건대 화상께서는 입 조심을 할 줄 모르신다더군요."〔법등法燈이 따로 말하되 "화상은 입 조심을 하실 줄 아십니까?" 하였다.〕

또 대중에게 말했다.

"내가 10여 일 동안 기력이 없어 곤한 것은 딴 일이 없다. 단지 때가 왔을 뿐이다."

어떤 스님이 물었다.

"때가 왔다면 스님께서 가시는 것이 옳습니까, 머무시는 것이 옳습니까?"

"길〔道〕이니라."

"그러면 저는 감히 경솔히 굴지 못하겠습니다."

"돈 잃고 벌 받는구나."

말을 마치자 가부좌를 맺고 앉아서 입적하니, 그날은 3월 21일이었다.

천주泉州 수룡산睡龍山 도부道溥 대사

호는 홍교弘敎 대사이다. 그는 복주福州 복당福唐 사람이며, 성은 정鄭씨이다. 보림원寶林院에서 업을 닦다가 설봉에게서 마음을 깨친 뒤에 오봉五峰에 살았다.

상당上堂하여 이렇게 말했다.

"공산空山에 대꾸하는 이가 없다고 말하지 말라."

그리고는 방장으로 돌아갔다.

어떤 스님이 물었다.

"온갖 언구言句는 대천大千세계의 꼭대기를 벗어나지 않는다 하니, 꼭대기 밖의 일은 어떠합니까?"

대사가 대답했다.

"온갖 언구는 대천세계의 꼭대기가 아니니라."

"어떤 것이 대천세계의 꼭대기입니까?"

"마혜수라천摩醯首羅天도 역시 소천小千세계이니라."

"학인이 처음으로 총림에 들어 왔으니, 방편문方便門 가운데서 스님의 지시를 구합니다."

대사가 문턱을 두드리니, 그 스님이 말했다.

"위로 향하는 길에도 일이 있습니까?"

"있다."

"어떤 것이 위로 향하는 일입니까?"

대사가 다시 문턱을 두드렸다.

항주杭州 용흥龍興 종정宗靖 선사

그는 태주台州 사람이다. 처음에 설봉에게 참문하여 비밀히 인가를 받은 뒤에 자진해서 반두飯頭의 소임을 맡아 10여 년 동안을 수고하였다.

일찍이 큰방에서 바짓가랑이 하나를 걷어 올리고 발[簾]을 치는데 설봉이 보고 예언하였다.

"그대가 뒷날에 주지가 되면 스님이 천 명이 있겠으나, 그 가운데 납자는 하나도 없으리라."

대사가 허물을 뉘우치고 고향으로 돌아와서 육통원六通院에 살았다. 이어 전왕錢王이 용흥사龍興寺에 살라 하니, 무리가 천 명이 넘었으나 오직 3학學을 외우기만 하는 무리일 뿐이어서, 설봉의 예언이 들어맞았다.

주周의 광순廣順 초에 81세가 되었는데 전왕이 그 절의 대전大殿

에서 위없는 법을 연설해 주기를 청하니, 승속이 모여왔다. 이에 어떤 스님이 물었다.

"어떤 것이 육통六通의 독특한 말씀〔唱〕입니까?"

"온 천하가 벌써 이야기했다."

"어떤 것이 육통의 가풍입니까?"

"한 벌의 베 누더기가 한 근 남짓하니라."

어떤 스님이 물었다.

"어떤 것이 학인이 전진할 외길입니까?"

"누가 감히 그대를 속이겠는가?"

"어찌 방편이 없겠습니까?"

"벌써 굴복한 것이니라."

"어떤 것이 화상의 가풍입니까?"

"새벽에는 죽이요, 낮에는 밥이니라."

"화상께서 더 말씀해 주십시오."

"나는 곤하다."

"끝내 어떠합니까?"

대사가 껄껄 웃기만 하였다.

전왕이 더욱 존중히 여겨 자주 고을로 모셔 들이고, 처음으로 주지하던 절 이름을 따서 육통六通 대사라 불렀다.

현덕顯德 원년 갑인甲寅의 늦겨울에 입멸하니, 수명은 84세요, 탑을 대자산大慈山에 세웠다.

복주福州 남선南禪 계번契璠 선사

상당하여 이렇게 말했다.

"유명한 말이나 매우 뛰어난 글귀 같은 것이라면 이미 사방에 널리 알려졌다. 오늘 대중 가운데 제1의第一義를 초월하여 한마디 할 이가 있는가? 있다면 사람들의 기대를 저버리지 않는 것이로다."

이때에 어떤 스님이 물었다.

"어떤 것이 제1의입니까?"

"왜 제1의를 묻지 않는가?"

"지금 물었습니다."

"벌써 제2의에 떨어졌다."

"옛 부처님의 곡조를 스님께서 화답해 주십시오."

"나는 그대의 어지러운 소리에 화답하지 않겠다."

"그러면 누구를 위해 화답하시겠습니다."

"어디를 갔다 왔는가?"

월주越州 제기현諸暨縣 사내師鼐 선사

호는 감진鑒眞이다. 처음에 설봉께 참문하였다가 허탕을 쳤고, 나중에 민왕閩王의 청을 받아 청풍루淸風樓에서 공양을 받다가 오래 앉았던 끝에 눈길을 번쩍 들어 햇빛을 보고 홀연히 깨닫고 게송을 읊었다.

청풍루에서 관원의 공양을 받다가
평생의 안목이 환연히 열리고야
보통普通[4]때의 멀고 먼 일이
총령蔥嶺을 거쳐서 온 것이 아닌 줄 알았네.

---

4 양무제 때 연호이니, 달마 대사가 온 일을 말한다.

清風樓上赴官齋　　此日平生眼豁開
方知普通年遠事　　不從葱嶺路將來

돌아와서 설봉에게 바치니, 설봉이 옳다고 긍정했다.

어떤 스님이 물었다.

"어떤 것이 부처의 몸입니까?"

"그대는 어느 부처님의 몸을 물었는가?"

"석가부처님의 몸을 물었습니다."

"혀가 삼천대천세계를 덮었다."

대사가 임종할 때에 대중이 모이니, 게송 하나를 보여 주었다.

눈의 광채는 빛을 따라 다했고
귀의 의식은 소리를 쫓아 사라졌네.
근원에 돌아오는 것 별 뜻이 아니니
오늘과 또는 내일 아침이니라.

眼光隨色盡　　耳識逐聲消
還源無別旨　　今日與明朝

게송을 마치자 가부좌를 맺고 앉아서 입멸하였다.

남악南嶽 금륜金輪 가관可觀 선사

그는 복주福州의 보당保唐 사람이니, 성은 소蘇씨이다. 석불사石佛寺의 제합齊合 선사에 의해 머리를 깎았다. 지계바라밀〔戒度〕을 원만히 닦은 뒤에 곧바로 설봉雪峰에게 참문하니, 설봉이 말했다.

"가까이 오라."

대사가 가까이 가서 막 절을 하려는데 설봉이 발을 들어 밟으니, 대사가 홀연히 깨달았다. 이때부터 12년 동안 스승으로 섬겼는데, 다시 총림으로 두루 다니다가 남악의 법륜봉法輪峰에 가서 머물렀다.

대사가 상당하여 대중에게 말했다.

"내가 설봉에 있을 때에 그에게 한 차례 밟히고 아직까지 눈을 뜨지 못하니, 이 무슨 경계인가?"

스님이 물었다.

"어떤 것이 서쪽에서 오신 뜻입니까?"

대사가 대답했다.

"옳지 않다."

대중이 야참夜參을[5] 마치고 법당에서 내려오는데 대사가 "대중들아" 하고 불러 대중이 고개를 돌리니, 대사가 말했다.

"달을 좀 봐라."

대중이 달을 쳐다보니, 대사가 말했다.

"달은 만궁彎弓과 같은데, 비는 적고 바람은 많다."

대중이 대답이 없었다.

어떤 이가 물었다.

"옛사람이 말하기를 '비로자나불도 스승이 있고 법신도 주인이 있다'는데 어떤 것이 비로자나의 스승이며, 법신의 주인입니까?"

"평상 위에다 또 평상을 포개지 말라."

"어떤 것이 일용日用의 일입니까?"

---

5 밤에 법문을 청하는 일을 말한다.

대사가 손뼉을 세 번 치니, 스님이 말했다.
"학인이 잘 모르겠습니다."
"다시 무엇을 기다리는가?"
"위로부터의 종승宗乘을 어떻게 남에게 전합니까?"
"나는 오늘 차를 마셨다."
"스님께서 지시해 주십시오."
"지나쳤구나."
"바른 것은 묻지 않습니다. 스님께서 곁으로 지시하는 것을 보여 주십시오."
"고양이나 안아라."

대사가 어떤 스님에게 물었다.
"어디서 왔는가?"
"화광華光에서 왔습니다."
대사가 곧 밀어내고 문을 닫으니, 스님은 아무런 대답이 없었다.

어떤 이가 물었다.
"길에서 도를 아는 이를 만나 말은 묵묵한데 대답하지 않는다 하니, 어떤 것으로 대답합니까?"
"애석하구나. 나가라."
대사가 스님에게 물었다.
"어떤 것이 빤히 마주 보는 일인가?"
"스님께서 살펴 주십시오."
"그렇게 말하면 맞겠는가?"

"거짓으로 하면 맞지 않겠습니다."
"또 다른 한 가지 집착이구나."
"어떤 것이 영원靈源의 외길입니까?"
"딛고 지나가서 무엇 하려는가?"

설봉의 원주院主가 서신을 보내 대사를 청하되 "산두(山頭 : 설봉) 화상이 나이가 많으신데 장로는 왜 산으로 들어와서 전법을 하시지 않습니까?" 하니, 대사가 답서를 보냈다.
"산두 화상이 딴 견해가 생기면 산으로 들어가겠다."
어떤 스님이 물었다.
"어떤 것이 설봉의 견해입니까?"
대사가 대답했다.
"나는 놀랐다."

천주泉州 복청원福清院 현눌玄訥 선사

그는 고려高麗 사람이다. 처음에 복청도량에서 상골象骨의 법등을 전하니, 학자들이 사모하고 모여들었다.
천주 군수 왕공王公이 물었다.
"어떤 것이 종승 안의 일입니까?"
대사가 꾸짖으니, 스님이 또 물었다.
"어떤 것이 눈에 띄는 보리菩提입니까?"
"그대는 반년 동안의 양식을 잃었다."
"어째서 반년 동안의 양식을 잃었다 합니까?"
"남의 한 말 쌀을 탐냈기 때문이다."
"어떤 것이 청정법신清淨法身입니까?"

"청개구리와 지렁이니라."

"오직 하나인 굳고 비밀한 몸이 온갖 티끌 속에 나타난다 하니, 어떤 것이 굳고 비밀한 몸입니까?"

"당나귀와 고양이니라."

"스님께서 지시해 주십시오."

"당나귀도 모르는가?"

"어떤 것이 물물物物 위에서 밝히는 것입니까?"

대사가 한 발을 뻗어 보였다.

대사가 복청원福淸院에 있었던 20년 동안에 현묘한 도풍을 크게 떨치다가 본산에서 임종했다.

소주韶州 운문산雲門山 문언文偃 선사

그는 고소姑蘇의 가흥嘉興 사람이니, 성은 장張씨이다. 처음에는 목주睦州의 진陳 존숙尊宿에게 참학하여 대지大旨를 발명했고, 나중에 설봉에게 가서 현요玄要를 더욱 연마하였다.

이어 자취를 감추고 대중 속에 숨어 소주韶州의 영수靈樹 민敏 선사 법회에서 제1좌座의 자리에 앉았다. 민敏 선사가 열반에 들려 할 때에 광주廣主에게 글을 보내 대사로 하여금 뒤를 이어 주지를 하게 했으나, 대사는 근본을 잊지 않고 설봉을 스승으로 삼았다.

개당開堂하는 날에 광주가 몸소 나와서 물었다.

"제가 묻습니다."

대사가 대답했다.

"눈앞에 딴 길이 없다."〔법안法眼이 말하되 "남에게 이로움이 없게 할 수 없다" 하였다.〕

또 대사가 말했다.

"오늘 여러분을 속인다 하지 말라. 어쩔 수 없어서 여러분들 앞에서 한바탕 북새를 떨었지만, 홀연히 눈 밝은 사람을 만나면 한바탕 웃음거리라고 하리라. 그러나 지금 피할 수도 없다. 그대들에게 묻노니 위로부터 어떤 일이 있었으며, 무엇이 부족했는가? 그대들에게 일이 없다 하여도 속이는 것이니, 모름지기 그러한 경지에 이르러야 한다. 또 입을 따라 어지러이 묻지도 말라. 자기의 마음이 캄캄하다가는 내일 아침이나 뒷날에 큰 일이 날 것이다. 만일 그대들이 근성根性이 둔한 무리라면 옛사람이 교화를 펴든 문호에 가서 동쪽과 서쪽을 둘러보면서 이것이 무슨 도리인가를 살펴라. 그대들이 알고자 하는가? 모두가 그대들 스스로 한량없는 겁으로부터 망상이 두터운 인연으로 해서 잠시 남의 말을 들으면 선뜻 의심을 낸다. 부처를 묻고, 조사를 묻고, 위로 향함과 아래로 향함을 물어서 알음알이를 구하면 더욱 교섭할 길이 없다. 마음으로 망설여도 어긋나거늘 하물며 말이 있을 수 있으랴. 마음으로 망설이지 않음이 옳지 않겠는가. 다시 무슨 도리가 있으랴. 안녕〔珍重〕."

대사가 또 상당上堂하여 말했다.

"내가 어쩔 수 없어서 여러분에게 말하기를 '당장에 일이 없이 하라' 했지만 벌써 그대들을 묻어 버린〔埋沒〕 것이다. 그대들이 다시 앞으로 나아가려 하여 앞을 향해 말을 찾고 구절을 좇아 알음알이를 구하고, 천 가지 만 가지로 온갖 질문을 하여 다만 한바탕의 말 재주만을 괴롭힐 뿐이다. 도와는 더욱 멀어지니, 언제 쉴 시기가 있으랴. 이 일이 만일 언어 위에 있다면 3승과 12분교는 언어가 없지 않거늘 어찌하여 교리 이외에 따로 전한다 하리오. 만일 배워서 아는 지혜로 얻는다면 10지地 성인의 설법이 빗발 같고 구름 같아도 꾸지람을 받되 '성품을 보아도 얇은 비단이 막힌 것 같다' 하는가. 이것으로 미루어 알건대 온갖 마음이 있는 이는 하늘과 땅의 차이가 있도다. 그러나 얻은 사람일 것 같으면 불을 이야기하여도 타지 않는다. 입이 종일토록 일을 말하여도 일찍이 입술이나 이에 걸지 않았고, 한 글자에도 집착하여 말하지 않았으며, 종일토록 옷을 입고 밥을 먹어도 한 알의 쌀에 닿거나 한 올의 실에 걸리지도 않는다. 아무리 이와 같다 하여도 역시 문밖과 뜰 가의 일이다. 얻으려면 실제로 얻어야 하나니, 그렇게 하여야 옳다. 만일 납승衲僧 문하의 일로써 말한다면 어구 속에 근기를 드러내어도 공연히 깊이 생각하고, 설사 한 구절 끝에 알아들어도 역시 낮잠을 자는 놈이다."

대사가 또 말했다.

"3승 12분교에서 이리저리 말하고, 천하의 노화상이 가로 세로 설법을 하였으니, 나에게서 바늘 끝과 칼끝을 뽑아내는 도리를 말해 보라. 이렇게 말하더라도 벌써 죽은 말〔馬〕을 치료하는 짓이다. 그렇다 하더라도 몇 사람쯤은 이러한 경계에 이르렀다. 감히 그대들에게서 말 속에 메아리가 숨었고, 구절 속에 말끝이 있으리라고는 바라지 않는다. 눈을 깜박하면 천 리의 차이가 생기고, 바람이 쉬면 물결도 고요해진다. 복유상향伏惟尙饗. 잘 있어라."

대사가 상당하여 말했다.

"여러분은 모두가 제방으로 다니면서 선지식께 참문하여 생사를 결택했으니, 도처의 선지식께서 드리우신 방편이 없겠는가. 혹시 깨치지 못한 구절이 있던가? 나와서 이야기해 보라. 나와 여러분이 함께 헤아려 보자."

이때에 어떤 스님이 나와서 절을 하고 말을 하려는데 대사가 말했다.

"가거라. 서천西天의 길은 멀고 멀어서 10만여 리나 된다."

"학인이 애써서 헤아릴 일이 무엇입니까?"

"대중이 너무 오래 서 있다."

대사가 또 말하겠다.

"한 가지 법칙을 말해서 그대들로 하여금 당장에 이해하게 하여도 벌써 그대들의 머리 위에다 똥물을 뿌린 것이요, 설사 한 터럭을 들어 온 누리를 일신에 밝힌다 하여도 역시 살을 저며서 종기를 만드는 것이다. 비록 그러하나 그대들은 착실히 그러한 경지에 이르러야 한다. 만일 간절하지 않으면 빼앗아 얻지 못할 것이며, 도리어 뒤로 물러나 자기의 말밑에서 이게 무슨 도리인가 자세히 살펴야 한다. 진실로 털끝만큼도 그대들을 알게 하는 것도 없고, 그대들을 의심케 하는 것도 없다. 그대들은 제각기 자기의 큰 일이 앞에 나타나서 그대들을 한 털끝만큼도 번거롭게 하지 않고 그대로 불조佛祖와 조금도 다름이 없거늘 그대들 스스로의 믿음이 얇고 악업이 두터워서 돌연히 허다한 두각頭角을 일으켜 발우를 짊어지고 천리만리에 다니면서 헛된 수고를 하였지만 그대들에게 무엇이 부족한가? 대장부라면 누구에겐들 자격이 없으랴. 눈에 띄는 대로 알아차려도 옳지 않으니, 남의 속임수나 남의 처분을 받지 말라. 잠시 노화상들이 입을 움직이는 것을 보면 얼른 좋아하여 돌을 갖다가 입을 콱 막는다. 이는 곧 똥 위의 똥파리가 앞을 다투어 빨아먹는 것 같아서 삼삼오오 짝을 지어 머리를 모으고 헤아리니, 여러분들을 괴롭힐 뿐이다. 고덕들이 한 때, 여러 사람들을 어쩔 수 없어서 방편으로 한 마디나 만 구절을 드리워 그대들의 들어갈 길을 틔워 주었으니, 그런 일은 한쪽에 던져두고, 혼자서 약간의 애라도 쓴다면 어찌 조금 가까워질 곳이 있지 않겠는가. 힘써라,

힘써라. 시간은 사람을 기다리지 않고, 나간 호흡은 들어올 보장이 없다. 다시 어디에다 몸과 마음의 정력을 쏟을 곳이 있으랴. 간절히 뜻에 새겨라. 잘 있어라."

대사가 또 말했다.

"온 천지를 일시에 가져다가 그대들의 눈썹 위에 올려 논다 하여도 그대들이 이런 말을 듣고 뛰어나와서 성급히 늙은 나를 붙들고 한 주먹 때리기를 바라지 않고, 그저 느릿느릿 관찰하되 이것이 있음인가, 없음인가, 이게 무슨 도리인가 하라. 설사 그 속에서 밝힌다 하여도 진정한 납승衲僧의 문하에 가면 두 다리를 망치로 쪼개 주리라. 그대들이 만일 그럴듯한 사람이라면 어디엔가 노숙老宿이 나타났다는 말을 듣고는 낯을 붉히면서 내 얼굴에다 침을 뱉어도 좋다. 그대들이 만일 그렇지 못한 사람이어서 남의 말을 듣자 당장 알아듣는다 하여도 벌써 제2의 근기에 빠진다. 그대들은 덕산德山 화상이 스님이 오는 것을 보자 주장자로 때려 쫓았고, 목주睦州 화상은 스님이 들어오는 것을 보자 얼른 말하기를 '현전에 공안公案을 이루었으니, 그대에게 30방을 주리라' 한 것을 보았다. 그 밖의 무리는 어찌해야 하겠는가? 만일 한결같이 허탕을 치는 놈이라면 남의 침방울이나 먹고, 한 무더기나 한 짐의 쓰레기를 안은 채 이리저리 다니면서 당나귀 주둥이나 말의 주둥이로 자랑하기를 '나는 물음[問]을 열 가지로 굴리고 다섯 가지로 굴릴 말을 안다' 하는데, 설사 그대들이 아침에 묻고 저녁까지 겁을 다해 의론하더라도 그런 일을 꿈엔들 보겠는가. 어디가 사람에게 힘을 덜어주는 곳인가. 그러한 이는 누군가가 납자들에게 공양시키는 자리에 가서 말하기를 '나도 밥을 얻어먹었으니, 함께 이야기할 무슨 일이 있으랴' 하다가 다른 날 염라왕의 앞에서는 그대들이 알았던 것을 되찾지 못한다.

형제들이여, 만일 얻었다면 그는 업에 따라 세월을 보내도 되지만 얻지 못한 이라면 절대로 쉽게 생각하면서 시간을 보내지 말라. 옛사람이 많은 갈등葛藤을 벌려 그대들을 위한 곳이 있으니, 설봉화상이 말하기를 '온 땅덩이가 모두 그대이다' 하였고, 협산夾山이 말하기를 '백 가지 풀 위에서 노승老僧의 뜻을 알아보아야 하고, 시끄러운 저자 속에서 천자를 알아보아야 한다' 했고, 낙보樂普는 말하기를 '한 티끌을 잠시 들면 땅덩이가 온통 거두어지고, 한 터럭 끝에 사자의 전신全身이 있다' 하였다. 그대들이 이것을 파악해서 엎치락뒤치락 깊이 생각하여 세월이 오래되면 자연히 깨달아 들어갈 길이 있으리라. 이 일은 아무도 그대를 대신할 이가 없으니 모두가 제마다의 분수에 있다. 노화상들이 세상에 나신 것은 오직 그대들을 증명하기 위함이니, 그대들이 조그마한 인연만이라도 있으면 그대들을 속이려 해도 되지 않으려니와 그대들이 실제로 얻지 못했다면 방편으로 그대들을 이끌어 줄 수도 없다.

그대들은 모두가 한결같이 짚신을 떨어뜨리면서 부모와 스승을 버리고 행각을 하였으니, 모름지기 비슷하게나마 정신을 차려야 한다. 진실로 들어갈 곳이 있는데 개·돼지를 물어뜯는 솜씨를 만나면 생명을 아끼지 않고 흙탕물 속에 뛰어들어 이끌어 주어 씹을 것이 있게 하려니, 눈을 부릅뜨고 발우 주머니를 높이 걸고 주장자를 꺾어 버리고 10년, 20년을 철저히 공부하면 이루지 못할 이 없으니 걱정하지 말라. 설사 금생에 깨치지 못할지라도 내생에는 인간의 몸을 잃지 않고 이 문중에 들어와서 힘을 덜어 평생의 서원을 저버리지 않고, 스승과 부모와 시방 시주들의 은혜를 저버리지 않으리니, 꼭 마음에 새겨 둬라. 공연히 고을과 고을 사이로 쏘

다니거나 주장자를 비스듬히 메고 천 리나 2천 리를 다니면서 여기에서 여름을 지내고, 저기서 겨울을 묵어 좋은 산수에서 성품대로 즐기고 잿밥이 많은 곳에서 의발衣鉢을 얻기 쉽다 하지 말라. 괴로운 일이다.

남의 쌀 한 알을 얻으려다 반년의 양식을 잃나니, 이런 행각이 무슨 이익이 있으랴. 신심 있는 단월이 채소와 쌀알을 가지고 온 것을 어떻게 소화하겠는가. 모름지기 스스로 살필 것이다. 시간은 사람을 기다리지 않는다. 홀연히 눈이 감기면 무엇으로 앞길을 대항하려 하는가. 마치 끓는 물에 넣은 게〔蟹〕처럼 손발을 허우적거리지는 말라. 그대가 허탕으로 큰 소리 할 곳이 없다. 등한히 세월을 보내지 말라. 한 번 사람의 몸을 잃으면 만 겁劫에 회복하지 못하나니, 적은 일이 아니다. 눈앞의 일에만 의존하지 말라. 속인들도 말하기를 '아침에 도를 들으면 저녁에 죽어도 좋다' 하였거늘 하물며 사문이 아침과 저녁마다 신을 신고 무엇을 하려는가. 힘껏 노력하라, 노력하라. 잘 있어라.

또 대사가 말했다.

"그대들은 할 수 없구나. 누군가가 조사의 뜻을 말하는 것을 들으며 얼른 부처와 조사를 초월하는 말을 묻는데 그대들은 무엇을 부처, 조사라 하기에 부처와 조사를 초월하는 도리를 말하는가? 또 삼계를 벗어나는 도리를 묻는데 그대들은 삼계를 가져와 보라. 어떤 것이 있어서 보고, 듣고, 깨닫고, 알고 하는 작용이 그대들을 막으며, 어떤 소리와 빛이 그대들과 상대함이 있는가? 또렷또렷한 저 차 종자가 어느 것이 들쑥날쑥한 견해를 이루는가? 옛 성현들이 어쩔 수 없어서 몸을 비껴〔橫身〕 중생을 위하여 말하기를 '모든 체體가 그대로가 참됨이요, 물건과 물건이 모두 본체를 볼 수 없다' 하였거니와 나는 그대에게 말하노니, 당장에 무슨 일이 있는가? 벌써 그대들을 파묻어 버렸다. 실제로 들어간 곳이 없거든 조용한 때에 혼자서 살펴보라. 옷을 입고, 밥을 먹고, 똥·오줌을 누는 일을 제하고 다시 무슨 일이 있으랴. 까닭 없이 허다한 망상을 일으켜 무엇 하리오.

또 어떤 이들은 흡사 일 없는 사람같이 머리를 모으고 옛사람의 말이나 배워 알음알이로 기억해 두었다가 망상으로 헤아린 뒤에 내가 불법을 알았다 하면서 오로지 장단에 맞춰 부질없는 이야기나 하여 시간을 보내고, 다시 뜻에 맞지 않는다 하여 천리만리 부모와 스승과 화상을 버리고 떠나니, 그런 짓을 하면 그 들여우 같은 이에게 어떤 죽음이 있어 급한 행각이 있겠는가."

대사가 상당上堂하여 말했다.

"시운이 얇아져서 상계像季에 이른 줄 알겠으니, 요사이의 스승들은 북쪽으로 가서 문수께 예배하고, 남쪽으로 가서 형악衡嶽을 돈다. 이렇게 행각하는 명자비구名字比丘는 헛되이 시주들의 공양만을 축낼 뿐이니, 애달프다. 물으면 칠통같이 깜깜하면서도 그저 장단에 맞추어 시간을 보낸다. 설사 두세 사람이 부질없이 많이 배워서 이야기들만 기억해 가지고 도처에서 비슷한 말로 노숙老宿들을 인가하던 말을 찾아 상류上流들을 업신여기면서 박복한 업을 지으니, 다른 날 염라대왕이 그들을 구속할 때에는 그들은 아무 말도 못한다. 만일 후학·조실이라면 모름지기 정신을 차려 부질없이 남의 말만을 기억하지 말라. 많은 허虛가 적은 실實만 못하나니, 뒷날에 스스로를 속일 뿐이다. 무슨 일이 있으랴. 가까이 오라."

또 대사가 상당하여 대중이 모이니, 대사가 주장자로 앞을 가리키면서 말했다.

"건곤과 땅덩이의 미진과 부처님들이 모두 여기서 불법을 다루면서 승부를 따르고 있다. 누가 이를 간하였는가? 아무도 간하는 이가 없다면 노승이 그대들을 대신해서 간하리라."

이때에 어떤 스님이 나서서 말했다.

"화상께서 간해 주십시오."

대사가 말했다.

"이 들여우야."

또 대사가 말했다.

"그대들이 옆집으로 행각을 다닌 것이 모두가 하남河南이나 해북海北인데 모두가 살아가는 인연이 있는 곳이다. 알 수 있는 이는 나와서 말해 보라. 내가 증명해 주리라. 있는가, 있는가? 나오너라. 그대들이 모른다면 내가 그대들을 속이는 것이다. 그대들은 알고자 하는가? 인연이 북쪽에 있는 이는 북쪽에는 조주趙州 화상과 오대산五臺山의 문수가 모두 그쪽에 계시고, 남쪽에 인연이 있다면 남쪽에는 설봉雪峰・와룡臥龍・서당西堂・고산鼓山이 모두 거기에 있다. 그대들이 알기를 원하거든 그 속에서 알도록 하라. 만일 보지 못했더라면 허탕을 치지는 말라. 보았는가, 보았는가? 그럼 내가 불전佛殿을 타고 나가는 것을 보아라. 잘 있어라."

또 대사가 상당하여 말했다.

"천친天親 보살菩薩이 까닭 없이 밤나무 지팡이 하나를 만들었구나."

그리고 한 획을 죽 긋고 말했다.

"티끌같이 많은 세계의 부처님께서 모두 이 속에서 이리 저리 이야기를 하고 계시다."

그리고는 법당에서 내려왔다.

또 대사가 말했다.

"내가 여러분들을 보건대 두세 가지 동기 안에서 이리 저리 얽지 못하고, 헛되이 법의만을 입었으니, 무슨 이익이 있으랴. 그대들은 알겠는가? 그대들을 위하여 주석을 내 주리라. 이 뒤에 제방으로 다니다가 어떤 노숙이 손가락 하나를 세우거나 불자 하나를 세우고, 이것이 선이다 하거나 이것이 도이다 하는 것을 보면 주장자로 머리를 때려 깨뜨리고 떠나라. 만일 그렇지 못하면 모두가 하늘 마魔의 권속들이 우리 조종을 파멸시키는 것이다. 그대들이 알지 못하겠거든 어지러운 이야기 속에서 살펴라. 내가 항상 그대들에게 말하기를 '미진과 국토와 3세의 부처님과 서천의 28조와 당토의 6조가 주장자 위에서 설법을 하고, 신통 변화를 부리니, 종횡으로 시방세계에 마음대로 퍼진다' 했으니, 그대들은 알겠는가? 알지 못하겠거든 허탕을 치지도 말라. 그러나 실제에 의하건대 실제로 자세히 보았겠는가? 설사 그러한 경지에 이르렀더라도 꿈에도 스님이나 사미를 보지 못한다. 세 집 되는 시골에서 한 사람도 만나지 못하겠구나."

대사가 벌떡 일어나서 주장자로 한 획을 긋고 말했다.

"모두가 이 속에 있다."

또 한 획을 긋고 말했다.

"모두가 여기에서 나왔다. 잘 있어라."

또 대사가 상당하여 말했다.

"화상들이여, 남자라면 모름지기 남자의 콧구멍을 알아야 한다. 그럼 어떤 것이 콧구멍인가?"

대중이 모두가 대답이 없으니, 대사가 말했다.

"마하반야바라밀다摩訶般若波羅蜜多로다. 오늘 큰 울력이 있으니

나가라."

대사가 또 상당하여 말했다.

"화상들이여, 설사 그대들에게 무슨 일이 생겼다 하더라도 역시 머리 위에 머리를 붙이는 것이요, 눈 위에 서리를 더하는 것이요, 관 속에서 눈을 부릅뜨는 것이요, 뜸으로 생긴 종기에 쑥불을 켜는 것이다. 이러한 한바탕의 혼란은 작은 일이 아니다. 그대들은 어찌해야 하겠는가? 제각기 살아날 구멍을 찾는 것이 좋겠다.

부질없이 고을과 고을 사이로 헤매면서 셋이나 다섯씩 모여 지껄이고, 또 저것이 공재公才의 말이다, 저것이 진리에서 나왔다, 저것이 현실 위의 도이다, 저것이 본체의 말이다 하나니, 본체라 함은 그대들의 집 안에 있는 늙은 부모이다. 밥을 씹어 삼키고는 그저 꿈 이야기를 하되 내가 불법을 알았다 하는데 그래서야 그대들의 행각이 당나귀 해에나 쉴 자리를 얻으리라 생각된다.

또 어떤 이들은 누군가가 쉴 곳을 이야기하는 것을 들으면 곧 5음, 18계 속으로 들어가서 눈을 감거나 낡은 쥐구멍 속에서 살림을 하거나 검은 산 밑의 귀신 굴속에서 앉으려 하다가는 들어갈 머리를 찾았다 하나니 꿈엔들 보았으랴. 그런 이들은 만 명을 때려 죽인들 무슨 허물이 있으랴. 밑에서부터 시작한다고 불리지만 작가作家를 만나지 못해서 끝끝내 허탕을 치니, 그대가 실제로 본 곳이 있다면 드러내어 보라. 그러나 함께 헤아리리라. 헛되어도 좋고 나쁨을 모르면서 우뚝우뚝 모여서 부질없는 이야기하나니, 내게 들켜 붙들려 와서 시험을 받은 뒤에 마지못해서 망치로 다리를 부러뜨리지 말라. 또 말하지 못한다 하지도 말라. 그대들의 가죽 밑에도 피가 있는가? 간 곳마다 굴욕을 당해 무엇 하려는가? 호종胡種을 멸망시킨 것은 모두가 들여우 떼인데 모두 여기에서 무엇을 하는가? 주장자로 한꺼번에 내쫓으라."

어떤 이가 물었다.

"어떤 것이 불법의 대의입니까?"

대사가 대답했다.

"봄이 오면 풀이 제대로 푸르다."

대사가 신라의 스님에게 물었다.

"무엇으로 바다를 건넜는가?"

"좀 도둑이 패망했습니다."

대사가 손을 벌리면서 말했다.

"그대는 왜 여기에 있는가?"

"그럴듯합니다."

"다시 팔딱팔딱 뛰는구나."

"우두가 4조祖를 보기 전에는 어떠하였습니까?"

"집집마다 관세음觀世音이었느니라."

"본 뒤에는 어떠하였습니까?"

"불 속의 달팽이가 큰 벌레를 삼킨다."

"어떤 것이 운문雲門의 한 곡조입니까?"

"섣달 25일이니라."

"어떤 것이 설령雪嶺에서 진흙소가 영각을 하는 것입니까?"

"천지가 캄캄하다."

"어떤 것이 운문의 나무말이 우는 것입니까?"

"산과 강이 달린다."

"위로부터 전해 오는 일을 스님께서 드러내 주십시오."

"아침에는 동남을 보고 저녁에는 서북을 본다."

"선뜻 그렇게 알아들을 때에는 어떠합니까?"
"동쪽 집에 등불을 켜니, 서쪽 집에서는 어두운 방에 앉았다."
"12시時 동안에 어찌하여야 헛되이 보내지 않겠습니까?"
"어디에다 이런 질문을 하는가?"
"학인은 잘 모르겠으니, 스님께서 이야기해 주십시오."
"벼루와 붓을 가지고 오라."
종이와 붓과 벼루를 가지고 오니, 대사가 게송 하나를 지었다.

> 이야기해도 돌아보지 않으면
> 곧 어긋나고
> 망설이고 따지려 하면
> 어느 겁에 깨달으리오.
> 擧不顧　即差互
> 擬思量　何劫悟

"어떤 것이 학인의 자기自己입니까?"
"산을 거닐고 물을 구경하느니라."
"어떤 것이 화상의 자기입니까?"
"유나維那가 없어 다행이다."
"한 입에 몽땅 삼킬 때에는 어떠합니까?"
"내가 그대의 뱃속에 있다."
"화상이 어째서 학인의 뱃속에 있습니까?"
"네 화두話頭를 돌려다오."
"어떤 것이 도입니까?"
"가거라."

“학인이 잘 모르겠으니, 스님께서 말씀해 주십시오.”

“사리여, 관가의 처사가 분명하거늘 어찌 다시 판결하리오.”

“생사가 닥쳐오면 어떻게 물리치겠습니까?”

대사가 손을 벌리면서 말했다.

“나의 생사를 돌려다오.”

“어떤 것이 부모가 허락하지 않아서 출가하지 못하는 것입니까?”

“얕구나.”

“학인이 잘 모르겠습니다.”

“깊구나.”

“어떤 것이 학인의 자기입니까?”

“그대는 내가 모르리라고 여기는가?”

“만 가지 사물이 모두 조용해질 때에는 어떠합니까?”

“불전佛殿을 내게로 들고 오라. 그대들을 위하여 헤아려 주리라.”

“불전이 그와 무슨 관계가 있으리까?”

대사가 할을 하고 말했다.

“이 부질없는 말만 지껄이는 놈아.”

“어떤 것이 교리 이외에 따로 전한 한 구절입니까?”

“대중에게 물어보라.”

“그렇게 할 때에는 어찌하겠습니까?”

“광명이 어디서부터 세워졌는가?”

“어떤 것이 화상의 가풍입니까?”

“문 앞에 글 읽는 사람이 있다.”

“어떤 것이 법신을 꿰뚫는 구절입니까?”

“북두北斗 속에 몸을 감춘다.”

"어떤 것이 서쪽에서 오신 뜻입니까?"

"장마가 개이지 않는구나."

또 말했다.

"죽과 밥의 기운이구나."

"옛사람이 종횡으로 두루 설명해도 여전히 위로 향한 한 관문을 몰랐다 하니, 어떤 것이 위로 향한 한 관문입니까?"

"서산의 동쪽 봉우리가 푸르다."

"어떤 것이 서쪽에서 오신 뜻입니까?"

"강에다 돈을 흘렸으니, 강에서 건져야 한다."

어느 때, 대사가 앉아서 한참 있노라니, 어떤 스님이 물었다.

"어찌 석가세존의 당시와 같을 수야 있겠습니까?"

대사가 말했다.

"대중이 서 있는 지가 오래이니, 어서 절을 하라."

언젠가 대사가 이런 게송을 읊었다.

> 운문산이 높으니 백운이 얕게 날고
> 물결이 급하니 고기 떼가 못 붙네.
> 문 안에 들어서자 온 뜻을 미리 아니
> 어찌 다시 번거로이 바퀴자국의 흙을 들추리.
>
> 雲門聳峻白雲低　　水急遊魚不敢棲
> 入戶已知來見解　　何煩再擧轢中泥

구주衢州 남대南臺 인仁 선사

누군가가 물었다.

“어떤 것이 남대南臺의 경계입니까?”

“귀한 줄 모르는구나.”

“끝내 어떠합니까?”

“그대는 지금 어디에 있는가?”

대사는 나중에 고향의 진경사鎭境寺로 옮겨서 머물다가, 그곳에서 임종하였다.

천주泉州 동선東禪 화상

처음으로 법당을 여니, 어떤 스님이 물었다.

“국왕이 청하여 법왕이 세상에 나셨으니, 어떻게 종승을 제창하여야 조사의 가풍에 어긋나지 않겠습니까?”

대사가 대답했다.

“어쩌면 되겠는가?”

“물에 들어가지 않으면 고기가 있는 줄 어찌 알겠습니까?”

“부질없는 말을 말라.”

“어떤 것이 불법의 가장 친절한 곳입니까?”

“지나쳤다.”

“학인이 마지막으로 왔으나 스님의 맨 먼저 구절을 청합니다.”

“어디서 왔는가?”

“어떤 것이 학인의 자기 본분의 일입니까?”

“괴롭다.”

“어떤 것이 불법의 대의입니까?”

“딱하기도 하지, 타향살이만을 생각하는구나.”

여항餘杭 대전산大錢山 종습從襲 선사

그는 설봉의 상족(上足 : 큰 제자)으로서 스승의 인가를 받아 종지를 환히 깨닫고는 항상 말하기를 '관남關南의 북을 치면서 설봉의 노래를 부르리라' 하였는데 나중에 절강성 지방에 가서 전왕錢王을 뵈니, 왕이 대사의 덕화에 감복되어 이 산에 살면서 법을 펴라 하였다.

스님이 물었다.

"왕의 청에 의하지도 말고, 대중이 모인 일에도 인하지 말고, 서쪽에서 오신 분명한 뜻을 바로 말씀해 주십시오."

대사가 대답했다.

"저 화상이 저리로 지나쳐 간다."

"학인이 잘 모르겠으니, 스님께서 지시해 주십시오."

"어쩌면 그렇게도 좋고 나쁨을 모르는가?"

"문을 닫고는 바퀴를 깎고, 문을 열고는 수레를 만듭니다."

"수레 만드는 것은 묻지 않거니와 그대는 무엇을 바퀴라 하는가?"

"학인이 잘 모르겠으니 스님께서 지시해 주십시오."

"뛰어난 장인匠人이 공사를 하는 데는 도끼를 드러내지 않는다."

복주福州 영태永泰 화상

어떤 스님이 물었다.

"듣건대 화상께서는 호랑이를 보셨다는데 사실입니까?"

대사가 호랑이 소리를 지르니, 스님이 때리는 시늉을 하였다.

이에 대사가 말했다.

"이 죽은 놈아."

"어떤 것이 천진불天眞佛입니까?"
대사가 손뼉을 치면서 말했다.
"모른다, 모른다."

지주池州 화룡산和龍山 수창원壽昌院 수눌守訥 선사

호는 묘공妙空 선사이다. 그는 복주福州 민현閩縣 사람이니, 성은 임林씨이다. 고전古田 수봉壽峰 화상에 의하여 업을 닦았다.
어떤 이가 물었다.
"용문龍門에 이르기 전에는 어떻게 발을 붙이겠습니까?"
대사가 말했다.
"목숨을 보전하기 어렵다."

새로 온 스님이 들어와서 뵈니, 대사가 물었다.
"어디서 떠났는가?"
"마음을 여의지 않았습니다."
"쉽지 않게 왔구나."
그 스님도 그렇게 말했다.
"쉽지 않게 왔습니다."
대사가 한 대 갈겼다.
"어떤 것이 전하신 마음입니까?"
"두세 번 부탁했으니, 남에게 말하지는 말라."
"어떤 것이 위로부터 전하는 종승의 법입니까?"
"그대의 입에다 무엇을 넣을까?"
"빠르고 요긴한 곳으로 스님께서 한 번 지도해 주십시오."
"무엇이 빠르고 요긴한가?"

건주建州 몽필夢筆 화상

누군가가 물었다.

"어떤 것이 부처입니까?"

대사가 대답했다.

"그대를 속이지 않는다."

"그것뿐이 아니겠습니다."

"그대가 남을 속이는구나."

민왕閩王이 대사를 청해 재齊를 올리고 물었다.

"화상께서는 붓을 얻어 가지고 오셨습니까?"

"계산稽山의 수관繡管이 아니요, 달 속의 옥토끼 털이 아닌 것이 부끄러우나 대왕께서 물으시니, 산승山僧이 어찌 대답을 않겠습니까?"

민왕이 또 물었다.

"어떤 것이 법왕法王입니까?"

"몽필夢筆의 가풍은 아닙니다."

복주福州 고전古田 극락極樂 원엄元儼 선사

누군가가 물었다.

"어떤 것이 극락極樂의 가풍입니까?"

대사가 대답했다.

"눈앞에 가득한 것이 끝이 없다."

"만법은 본래 근본이 없거늘 학인들로 하여금 무엇을 알아들으라 하십니까?"

"잠꼬대를 말라."

어떤 이가 물었다.

“오래 어두운 방에 있어도 그 근원을 통달치 못하여 오늘 올라 왔으니, 스님께서 한 차례 지도해 주십시오.”

“눈을 감아서 밤[夜]을 만들지 않는 것이 좋겠다.”

“그렇다면 우담발화優曇鉢華가 된 것은 오로지 요새 사람을 위한 것이겠으나 위로 향한 종풍을 어떻게 드리워 보이십니까?”

“그대가 알겠는가?”

“그러면 의심을 쉬겠습니다.”

“대중을 향해 잠꼬대를 말라.”

“마등摩騰이 한漢에 들어온 일은 묻지 않겠거니와 달마가 양梁에 왔을 때에는 어떠합니까?”

“지금 무엇이 틀렸는가?”

“그렇다면 이치는 3승을 벗어났고, 꽃이 되어 다섯 잎이 되었습니다.”

“무슨 3승과 다섯 잎을 말하는가. 나가라.”

복주福州 부용산芙蓉山 여체如體 선사

어떤 스님이 물었다.

“어떤 것이 옛사람의 곡조입니까?”

대사가 한참 있다가 말했다.

“들었는가?”

“듣지 못했습니다.”

대사가 게송 하나를 보였다.

옛 곡조가 웅장한 소리를 내더니

지금까지도 메아리 여전하구나.
제1의 자리를 가리키라 한다면
조사도 부처도 모두가 어리둥절하네.

古曲發聲雄　今時韻亦同
若教第一指　祖佛盡迷蹤

낙경洛京 게학산憩鶴山 화상

백곡柏谷 장로가 찾아오니, 대사가 말했다.

"퍽 늙으셨군요."

"나의 늙지 않음을 돌려주오."

대사가 한 주먹 갈겼다.

"준마駿馬가 서진西秦으로 들어가지 않을 때에는 어떠합니까?"

"어디로 가는가?"

담주潭州 위산潙山 서棲 선사

어떤 이가 물었다.

"바로 이러한 때에는 어떻게 가까이합니까?"

"그대는 어떻게 가까이하려는가?"

"어찌 방편문方便門이 없겠습니까?"

"개원開元과 용흥龍興이요, 대장大藏과 소장小藏이니라."

"어떤 것이 빠른 신통입니까?"

"새 옷이 헌 누더기가 되었다."

"어떤 것이 황심교黃尋橋입니까?"

"많은 사람을 속이는구나."

"어지러움을 빌리지 말고, 어떤 것이 화상의 가풍입니까?"

"승냥이〔野干〕의 소리를 내지 말라."

길주吉州 조산潮山 연종延宗 선사

자복資福 화상이 와서 뵈니, 대사가 선상에서 내려와 맞았다. 이에 자복이 물었다.

"화상이 여기에 계신 지 몇 해나 됩니까?"

"둔한 새가 갈대에 앉았고, 곤한 고기가 잠박〔箔〕 위에 멈췄소."

"그러면 참 도인이시군요."

"앉아서 차나 마시십시오."

"어떤 것이 조산潮山입니까?"

"송장은 묵지 않습니다."

"어떤 것이 산 안의 사람입니까?"

"돌 위에다 홍련紅蓮을 심습니다."

"어떤 것이 화상의 가풍입니까?"

"조정의 의식을 절대로 범하지 마시오."

익주益州 보통산普通山 보명普明 대사

어떤 이가 물었다.

"어떤 것이 불성입니까?"

대사가 말했다.

"그대는 불성이 없다."

"꼬물거리는 생령들도 모두가 불성이 있다는데, 학인은 어째서 없습니까?"

"그대가 밖을 향해 구하기 때문이다."

"어떤 것이 현현玄玄한 구슬입니까?"

"그것은 옳지 않다."
"어떤 것이 현현한 구슬입니까?"
"잃어버렸다."

수주隋州 쌍천산雙泉山 양가암梁家庵 영永 선사

어떤 이가 물었다.
"달마가 9년 동안 벽을 향해 앉은 뜻이 무엇입니까?"
대사가 대답했다.
"졸음이 오지 않았다."

호국護國 장로가 와서 뵈니, 대사가 물었다.
"드러난 장소에서 남자와 여자들이 뒤섞여 제각기 한 가지씩을 묻는데, 묻는 내용이 각각 다르면 장로는 어떻게 대답하시겠습니까?"
호국이 손으로 허공에다 원상圓相을 그리니, 대사가 말했다.
"스님의 자비하심에 감사합니다."
"그렇다고 하기에 외람됩니다."
대사가 고개를 숙이고 다시 돌아보지도 않았다.

누군가가 물었다.
"어찌하여야 모든 반연을 몽땅 쉬겠습니까?"
"눈 위에다 다시 서리를 보태는구나."

장주漳州 보복원保福院 초오超悟 선사〔제2세 주지〕

어떤 이가 물었다.

"고기가 아직 용문龍門을 지나지 못할 때에는 어떠합니까?"
"깊은 못에서 성품을 기른다."
"벗어난 뒤에는 어떠합니까?"
"잠깐 사이에 푸른 하늘에 오르니, 뭇 종류가 따르기 어렵다."
"오른 뒤에는 어떠합니까?"
"인자한 구름을 두루 덮어 대천세계를 적신다."
"이슬을 맞지 않는 이도 있습니까?"
"있다."
"어떤 것이 이슬을 맞지 않는 이입니까?"
"곧게 선 말뚝이 해를 버티고 섰다."

태원太原 부孚 상좌

두루 제방을 다니니, 이름이 온 세상에 퍼졌다. 일찍이 절강성 지방에 갔다가 경산徑山의 법회에 올라가니, 어느 날 큰 법당 앞에서 어떤 스님이 물었다.

"상좌上座께서는 오대산에 가 보셨습니까?"
"갔었다."
"문수보살을 보셨습니까?"
"보았다."
"어디서 보셨습니까?"
"경산의 큰 법당 앞에서 보았다."

그 스님이 나중에 민천閩川에 가서 설봉에게 이야기하니, 설봉이 말했다.

"왜 영嶺 안으로 들어오게 하지 않았는가?"

대사가 이 말을 듣고 곧 보따리를 싸 가지고 달려갔다. 처음으로 설봉에 올라가서 해원廨院에서 쉬다가 감자甘子를 나누어서 곁에 있는 스님에게 주니, 장경長慶 능稜 화상이 물었다.

"어디서 가지고 왔는가?"

대사가 대답했다.

"영 밖에서 가지가 왔습니다."

"먼 길에 오기 쉽지 않은데 이것을 지고 왔구나."

대사가 "감자여, 감자여" 하고 외치면서 법당으로 올라가 설봉을 뵙고, 절을 한 뒤에 자리 옆에 섰으니, 설봉이 잠시 돌아보았다. 이에 대사는 그대로 내려가서 일 보는 이를 만나 보았다.

다른 날, 설봉이 대사를 보자 해를 가리키니, 대사가 손을 흔들었다. 이에 설봉이 말했다.

"그대는 나를 긍정하지 않는가?"

대사가 말했다.

"화상이 머리를 흔들어 제가 꼬리를 저었는데 어디가 화상을 긍정하지 않는 곳입니까?"

"간 곳마다 꼭 숨겨야 할 일이다."

어느 날 대중이 만참晩參을 하는데 설봉이 중간 뜰에 누웠으니, 대사가 말했다.

"5주州의 관할 안에 저런 화상과 비슷한 사람만 있더라."

설봉이 벌떡 일어나서 가 버렸다.

설봉이 일찍이 대사에게 물었다.

"임제가 3구句를 말한 일이 있다 하니, 사실인가?"

대사가 대답했다.

"그렇습니다."

"어떤 것이 제1구인가?"

대사가 눈길을 들어 보니, 설봉이 말했다.

"그것은 여전히 제2구이다. 어떤 것이 제1구인가?"

대사가 손을 모으고 물러가니, 설봉이 퍽 갸륵히 여기어 입실을 허락하고, 스승과 제자의 의를 이루었다. 그리하여 대사는 다시 다른 곳으로 가지 않고 욕실浴室을 맡았다.

어느 날 현사玄沙가 올라와서 문안을 하니, 설봉이 물었다.

"여기에 늙은 쥐 한 마리가 있는데 지금은 욕실에 있다."

현사가 말했다.

"화상을 위해 감정해 보기까지 기다리십시오."

말을 마치자 바로 욕실로 가서 대사가 물을 긷는 것을 보고 말했다.

"상좌여, 좀 만납시다."

"진작 보았습니다."

"어느 겁에 보신 일이 있소?"

"낮잠을 자서 무엇 하리오."

현사가 다시 방장으로 들어가서 설봉에게 감정을 마쳤다고 아뢰니, 설봉이 말했다.

"어떻게 감정했는가?"

현사가 앞이 일을 이야기하니, 설봉이 말했다.

"그대는 도적을 맞았구나."

고산鼓山 안晏 화상이 대사에게 물었다.

"부모가 나기 전에 콧구멍이 어디에 있습니까?"

대사가 말했다.

"노형께서 먼저 말씀해 보시오."

"아직껏 살았는데 그대는 어디에 있다고 여기십니까?"

대사가 긍정하지 않으니, 안晏 화상이 물었다.

"왜 그러십니까?"

"손에 든 부채를 가져오시오."

안 화상이 부채를 갖다 주니, 대사가 잠자코 놔두었다. 이에 안 화상이 어쩔 줄 모르니, 한 주먹 때렸다.

대사가 창고 앞에 섰으니, 어떤 스님이 물었다.

"어떤 것이 눈에 띄는 그대로의 보리입니까?"

대사가 개를 걷어차서, 소리를 지르며 달아나게 하니, 스님이 대답이 없었다. 이에 대사가 말했다.

"개가 한 번 차이는 것도 견디지 못하는구나."

대사가 세상에 나서지 않으니, 제방에서 태원太原 부孚 상좌라 불렀다. 유양維揚에서 생을 마쳤다.

남악南嶽 반주도량般舟道場 보문寶聞 대사

법명은 유경惟勁이다. 그는 복주福州 사람이다. 본래부터 고행苦行을 닦아 비단 옷을 입지 않고, 오직 누더기 한 벌로 추위와 더위를 보내니, 사람들이 두타頭陀라 불렀다.

처음에 설봉을 뵈어 깊은 경지에까지 들어갔고, 다시 현사玄沙의 법석에 가서 법을 물어 심인心印을 깨달았다.

어느 날 감鑒 상좌에게 말했다.

"듣건대 그대가 『능엄경楞嚴經』의 주註를 냈다더구나."

감 상좌가 대답했다.

"외람되오나, 그러합니다."

"두 문수라는 대목을 어떻게 주석하였는가?"

"스님께서 감정해 주십시오."

대사가 소매를 흔들고 떠났다.

당의 광화光化 때에 남악에 들어가서 보자報慈의 동장東藏〔삼생장三生藏이라고도 한다.〕에 사니, 동장에는 거울 등〔鏡燈〕 하나가 있는데 그것은 화엄 제3조 현수賢首 대사가 지은 것이었다. 대사가 이를 보자 광대한 법계의 중중한 제망문帝網門과 부처와 부처끼리 광명이 얽히는 형상을 몽땅 깨달았다. 그리고는 찬탄하였다.

"이는 선철先哲들의 특이한 공功이니, 부사의한 방편의 지혜를 갖춘 이가 아니면 어찌 창설하리오."

그리고는 오자송五字頌 다섯 문장을 저술하니, 보는 이는 이른바 현실이 서로 융통하는 이치를 깨달았다. 그 뒤에 계속 남악에 있다가 임종했다.

대사는 양梁의 개평開平 때에 『속보림전續寶林傳』 4권을 저술하였으니, 이 책은 정원貞元 이후의 선문에서 법을 전한 계보를 기록한 것이다. 또 칠언각지송七言覺地頌을 지어 여러 교리의 연기緣起를 저술하였고, 따로 『남악고승전南嶽高僧傳』을 지었는데, 이 모두가 세상에 널리 퍼졌다.

경덕전등록 제 20 권

길주吉州 청원산青原山 행사行思 선사의 제6세 법손 106인

홍주洪州 운거산雲居山 도응道膺 선사의 법손 28인

항주杭州 불일佛日 화상

소주蘇州 영광원永光院 진眞 선사

홍주洪州 동안同安 비조 선사

여산廬山 귀종歸宗 담권澹權 선사

지주池州 광제廣濟 화상

담주潭州 수서水西 남대南臺 화상

흡주歙州 주계朱谿 겸謙 선사

양주楊州 풍화豊化 화상

운거산雲居山 도간道簡 선사

여산廬山 귀종歸宗 회운懷惲 선사

홍주洪州 대선大善 혜해慧海 선사

낭주朗州 덕산德山 제7세 화상

남악南嶽 남대南臺 화상

운거산雲居山 창昌 선사

지주池州 혜산嵇山 장章 선사

진주晋州 대범大梵 화상

신라新羅 운주雲住 화상

운거산雲居山 회악懷岳 선사

영각阾珏〔'령阾'은 '령嶺'과 같다.〕 화상

〔이상 19인은 기록에 보임〕

담주潭州 용흥사龍興寺 오공悟空 대사

건창建昌 백운白雲 감減 선사

담주潭州 모보산慕輔山 화상

서주舒州 백수산白水山 위瑋 선사

여산廬山 야부산冶父山 화상

남악南嶽 법지法志 선사

신라新羅 경유慶猷 선사

신라新羅 혜慧 선사

홍주洪州 봉서산鳳棲山 혜지慧志 선사

〔이상 9인은 기연할 어구가 없으므로 기록하지 않음〕

무주撫州 조산曹山 본적本寂 선사의 법손 14인[1]

무주撫州 하옥荷玉 광혜光慧 선사

균주筠州 동산洞山 도연道延 선사

형주衡州 육왕산育王山 홍통洪通 선사

무주撫州 금봉金峰 종지從志 선사

---

1 13인만 기록이 있다.

양주襄州 녹문鹿門 처진處眞 선사
무주撫州 조산曹山 혜하慧霞 대사
형주衡州 화광華光 범範 선사
처주處州 광리廣利 용容 선사
천주泉州 여산廬山 소계원小谿院 행전行傳 선사
서천西川 포수布水 암巖 화상
촉천蜀川 서선西禪 화상
화주華州 초암草庵 법의法義 선사
소주韶州 화엄華嚴 화상
〔이상 13인은 기록에 보임〕
여산廬山 나한羅漢 지륭산주池隆山主 화상
〔1인은 기연할 어구가 없으므로 기록하지 않음〕

담주潭州 용아산龍牙山 거둔居遁 선사의 법손 5인
담주潭州 보자報慈 장서藏嶼 선사
양주襄州 함주산含珠山 심철審哲 선사
〔이상 2인은 기록에 보임〕
봉상鳳翔 백마白馬 홍적弘寂 선사
무주撫州 숭수원崇壽院 도흠道欽 선사
초주楚州 관음원觀音院 빈斌 선사
〔이상 3인은 기연할 어구가 없으므로 기록하지 않음〕

경조京兆 화엄사華嚴寺 휴정休靜 선사의 법손 3인
봉상부鳳翔府 자릉紫陵 광일匡一 선사
〔1인은 기록에 보임〕
요주饒州 북선원北禪院 유직惟直 선사

유주濰州 화성化城 화상

〔이상 2인은 기연할 어구가 없으므로 기록하지 않음〕

균주筠州 구봉九峰 보만普滿 대사의 법손 1인

홍주洪州 동안同安 위威 선사

〔1인은 기록에 보임〕

청림靑林 사건師虔 선사의 법손 6인

소주韶州 용광龍光 화상

양주襄州 석문사石門寺 헌獻 선사

양주襄州 광덕廣德 화상

정주郢州 파초芭蕉 화상

정주定州 석장石藏 혜거慧炬 선사

〔이상 5인은 기록에 보임〕

양주襄州 연경延慶 통성通性 대사

〔1인은 기연할 어구가 없으므로 기록하지 않음〕

낙경洛京 백마白馬 둔유遁儒 선사의 법손 2인

흥원부興元府 청좌산靑剉山 화상

〔1인은 기록에 보임〕

경조京兆 보복保福 화상

〔1인은 기연할 어구가 없으므로 기록하지 않음〕

익주益州 북원北院 통通 선사의 법손 1인

경조京兆 향성香城 화상

〔1인은 기록에 보임〕

고안高安 백수白水 본인本仁 선사의 법손 2인

경조京兆 중운中運 지휘智暉 선사

항주杭州 서룡瑞龍 유장幼璋 선사

〔이상 2인은 기록에 보임〕

무주撫州 소산疎山 광인匡仁 선사의 법손 20인

제2세 소산疎山 증證 선사

홍주洪州 백장百丈 안安 선사

균주筠州 황벽黃檗 혜慧 선사

수성산隨城山 호국護國 수징守澄 선사

낙경洛京 영천靈泉 귀인歸仁 선사

연주延州 연경延慶 봉린奉璘 선사

안주安州 대안산大安山 성省 선사

홍주洪州 백장百丈 초超 선사

홍주洪州 천왕원天王院 화상

상주常州 정근원正勤院 온蘊 선사

양주襄州 후동산後洞山 화상

경조京兆 삼상三相 화상

〔이상 12인은 기록에 보임〕

균주筠州 오봉산五峰山 행계行繼 선사

상주商州 고명高明 화상

화주華州 서계西谿 도태道泰 화상

무주撫州 소산疎山 화상

균주筠州 황벽산黃蘗山 영약令約 선사

양주楊州 상광祥光 원遠 선사

안주安州 대안산大安山 전성傳性 대사

균주筠州 황벽산黃蘗山 영贏 선사

〔이상 8인은 기연할 어구가 없으므로 기록하지 않음〕

예주澧州 흠산欽山 문수文邃 선사의 법손 2인

홍주洪州 상람원上藍院 자고自古 선사

예주澧州 태수太守 뇌만雷滿

〔이상 2인은 기연할 어구가 없으므로 기록하지 않음〕

낙보산樂普山 원안元安 선사의 법손 10인

경조京兆 영안永安 선정善靜 선사

기주蘄州 오아산烏牙山 언빈彥賓 선사

봉상부鳳翔府 청봉青峰 전초傳楚 선사

등주鄧州 중도中度 화상

가주嘉州 동계洞谿 화상

경조京兆 와룡臥龍 화상

〔이상 6인은 기록에 보임〕

가주嘉州 흑수사黑水寺 혜통慧通 대사

경조京兆 반룡盤龍 화상

단주單州 동선東禪 화상

부주鄜州 선아善鴉 화상

〔이상 4인은 기연할 어구가 없으므로 기록하지 않음〕

강서江西 소요산逍遙山 회충懷忠 선사의 법손 2인

천주泉州 복청福清 사외師巍 선사

경조京兆 백운白雲 무휴無休 선사

〔2인은 기록에 보임〕

원주袁州 반룡산盤龍山 가문可文 선사의 법손 5인

강주江州 여산廬山 영안永安 정오淨悟 선사

원주袁州 목평산木平山 선도善道 선사

협주陝州 용계龍谿 화상

〔이상 3인은 기록에 보임〕

계양桂陽 지통志通 대사

여산廬山 수창원壽昌院 정적淨寂 선사

〔이상 2인은 기연할 어구가 없으므로 기록하지 않음〕

무주撫州 황산黃山 월륜月輪 선사의 법손 1인

정주郢州 동천산桐泉山 화상

〔1인은 기록에 보임〕

낙경洛京 소산韶山 환보寰普 선사의 법손 2인

담주潭州 문수文殊 화상

〔1인은 기록에 보임〕

양주洋州 대암大巖 백白 화상

〔1인은 기연할 어구가 없으므로 기록하지 않음〕

홍주洪州 상람원上藍院 영초令超 선사의 법손 2인

하동河東 북원北院 간簡 선사

홍주洪州 남평왕南平王 종전鍾傳

〔이상 2인은 기연할 어구가 없으므로 기록하지 않음〕

행사行思 선사의 제6세 ④

앞의 홍주洪州 운거산雲居山 도응道膺 선사의 법손

항주杭州 불일佛日 화상

처음에 천태산天台山을 유행하면서 말하기를 "누구든 나를 이기는 이는 나의 스승이다" 하였다. 이어 강서江西로 가서 운거雲居 도응道膺 화상을 뵙고 절을 하고 물었다.

"두 용이 여의주를 다투면 어느 쪽이 얻습니까?"

운거가 대답했다.

"업의 몸을 벗고 와서 만나라."

"업의 몸은 이미 벗었습니다."

"여의주가 어디에 있는가?"

대사가 대답하지 못했다.〔동안同安이 대신 대답하되 "고개를 돌리면 교섭할 길이 없다" 하였다.〕

대사가 정성을 기울여 입실하여 운거에게 절하고 스승으로 삼았다. 나중에 협산夾山을 뵈러 가서 문에 들어서자마자 유나維那를 보니, 유나가 말했다.

"여기는 후생後生을 붙이지 않습니다."

대사가 말했다.

"나는 잠깐 화상을 뵙기만 할 뿐이요, 묵지는 않겠소."

유나가 협산에게 아뢰니, 협산이 만나 보기를 허락하였다. 이에 섬돌을 오르기도 전에 협산이 물었다.

"어디서 왔는가?"

"운거에서 왔습니다."

"지금은 어디에 있는가?"

"협산의 정수리에 있습니다."

"나의 연운年運이 감坎에 있어 오귀五鬼의 액이 몸에 붙었다."

이에 대사가 섬돌을 올라가서 절을 하니, 협산이 또 물었다.

"그대는 누구와 함께 왔는가?"

"목상좌(木上座 : 주장자를 뜻한 말)와 같이 왔습니다."

"그는 왜 내게로 오지 않는가?"

"화상께서 가 보셔야 할 것입니다."

"어디에 있는가?"

"큰방에 있습니다."

협산이 대사와 함께 내려가서 큰방 앞에 이르렀을 때, 대사가 얼른 가서 주장자를 가져다가 협산 앞에다 던지니, 협산이 말했다.

"천태天台에서 얻어 온 것이 아닌가?"

"오악五嶽에서 나는 것이 아닙니다."

"그럼 수미산須彌山에서 얻은 것이 아닌가?"

"월궁月宮에서도 만나지 못합니다."

"그러면 남에게 얻은 것이구나."

"자기도 원수인데 남에게 얻은 것을 무엇 하겠습니까?"

"썩은 잿더미 속에서 콩 한 알이 튀는구나."

그리고는 유나를 오라고 불러다가 명창明窓 밑에다 두게 하였다. 이에 대사가 다시 물었다.

"등롱燈籠도 말을 알아듣습니까?"

"등롱이 말을 알아듣거든 그대에게 대답하리라."

이튿날 협산이 큰방에 들어와서 물었다.

"어제 새로 온 상좌는 어디에 있는가?"

대사가 대답을 하면서 나서니, 협산이 말했다.

"그대가 운거에 가기 전에는 어디에 있었는가?"

"천태산天台山 국청사國淸寺에 있었습니다."

"천태산에는 철철 흐르는 폭포와 출렁 이는 물결이 있다는데 그대가 멀리 온 것이 고맙다. 그대의 뜻은 어떠한가?"

"오랫동안 바위틈에 살았지만 솔과 다래덩굴에 개의치 않았습니다."

"그것은 봄의 뜻이니, 가을의 뜻은 어떠한가?"

대사가 한참 잠자코 있으니, 협산이 말했다.

"그대를 보니, 그저 배를 끄는 사람일 뿐, 끝내 조수潮水를 다스리는 사람은 되지 못하겠구나."

어느 날 큰 울력을 하는데 유나가 대사에게 차茶를 나르라 했다. 이에 대사가 말했다.

"나는 불법을 위해서 이곳에 온 것이지, 차나 나르기 위해서 온 것이 아니오."

유나가 다시 말했다.

"화상께서 특별히 스님더러 차를 나르게 하라 하셨소."

"화상의 존엄하신 명령이라면 좋다."

그리고 차를 가지고 일터로 가서 찻잔을 흔들어 소리를 내니, 협산이 고개를 돌렸다. 이에 대사가 말했다.

"차 서너 잔을 다리는 뜻은 삽 끝에 있습니다."

협산이 말했다.

"병은 차를 따를 뜻이 있는데, 광주리에는 몇 개의 뚝배기가 있는가?"

그리고는 차를 따라 돌렸다. 이때에 대중 모두가 눈길을 들었다. 이에 대사가 다시 물었다.

"대중이 목을 길게 뽑아 바라고 있으니, 스님께서 한 말씀 드리워 주십시오."

협산이 말했다.

"길에서 죽은 뱀을 만나면 때려죽이지 말고, 밑 없는 광주리에 담아 가지고 가라."

대사가 말했다.

"손에 야명부(夜明符 : 구슬)를 들었으니, 몇 사람이 날 밝은 줄을 알리오."

협산이 말했다.

"대중아, 사람이 있으니 돌아가라, 돌아가라."

이로부터 보청귀원普請歸院에 사니, 대중이 모두가 우러러보았다. 대사는 나중에 절강성 서쪽으로 돌아가서 불일사佛日寺에 살다가, 생을 마쳤다.

소주蘇州 영광원永光院 진眞 선사

상당上堂하여 대중에게 말했다.

"말끝이 조금만 어긋나도 고향은 만 리이니, 모름지기 절벽에 매달려 손을 놓아야 스스로 깨달을 수가 있다. 죽었다가 다시 소생하는 일은 그대를 속일 수 없으니, 비상한 종지를 뉘라서 숨기랴."

어떤 이가 물었다.

"도는 곁길〔橫徑〕이 없거늘 들어서는 이는 모두가 위태하다 하니, 어찌하여야 곁길의 침해를 받지 않겠습니까?"

대사가 주장자로 그의 입을 쥐어박자, 그가 말했다.

"이것도 곁길이겠습니다."

대사가 말했다.

"입 닥쳐라."

홍주洪州 봉서산鳳棲山 동안同安 비丕 선사

어떤 이가 물었다.

"어떤 것이 무봉탑無縫塔입니까?"

대사가 대답했다.

"훔훔〔吽吽〕."

"어떤 것이 탑 안의 사람입니까?"

"오늘 여러 사람이 건창建昌에서 온다."

"한번 보고 그만두는 때는 어떠합니까?"

"그런 이가 여기에 다시 와서 무엇 하랴."

"어떤 것이 이마에 점 찍힌 고기입니까?"

"파란波瀾을 뚫지 못한다."

"부끄러움을 느낄 때에는 어떠합니까?"

"끝내 고개를 들지 못한다."

"그러면 그 몸이 변하지 않겠습니다."

"그런 이에게 청운(靑雲 : 출세)의 일이 무슨 소용 있으랴."

"어떤 것이 화상의 가풍입니까?"

"금계金鷄가 알을 품고 은하수로 돌아가니, 옥토끼는 아기를 배고 자미紫微 별로 향한다."

"홀연히 손님이 오면 무엇으로 대접합니까?"

"금 과일은 새벽에 원숭이가 따오고, 옥 꽃은 저녁에 봉황이 물어 온다."

“돌아오는 길에 도를 통달한 사람을 만나면 말이나 침묵으로 대하지 못한다 하니, 무엇으로 대답합니까?”

“발길도 필요하고, 주먹도 필요하다.”

“왕도王道를 손상하지 않으려면 어찌합니까?”

“죽과 밥을 먹는다.”

“그것이 왕도를 상하지 않는 것이 아니잖습니까?”

“귀양을 가거나 좌천을 당하겠구나.”

“옥도장을 사용할 때 누가 믿어 주겠습니까?”

“그런 사람이 아니구나.”

“친궁親宮의 일이 어떠합니까?”

“무엇을 이야기하는가?”

“어떤 것이 비로자나의 스승입니까?”

“그대는 어디서 출가했는가?”

“어떤 것이 눈에 보이는 보리입니까?”

“눈앞의 불전佛殿이니라.”

“한 조각 옥에 티가 없으니, 스님께서 건드리지 마십시오.”

“그대의 뒤에 떨어졌다.”

“옥도장을 사용할 때 누가 믿어 주겠습니까?”

“사소한 일이 아니다.”

“어떤 것이 현묘한 종지입니까?”

“좋다.”

“화두에 속아서 그림자를 잘못 아는 짓을 어찌하여야 그칩니까?”

“누구에게 하는 말인가?”

“어찌하여야 됩니까?”

"남에게서 찾으면 더욱 멀어진다."

"남에게서 찾지 않을 때에는 어떠합니까?"

"화두가 어디 있지?"

"어떤 것이 동안同安의 한 개〔一隻〕 화살입니까?"

"골〔腦〕 뒤를 살펴라."

"골 뒤의 일이 어떠합니까?"

"지나쳤다."

"죽은 스님의 옷은 여러 스님이 나누어 갖지만 조사의 옷은 누가 가집니까?"

"때리겠다."

"가져오면 비슷하지 않지만 가져오지 않을 때에는 어떠합니까?"

"어디에 닿는 말인가?"

"그런 것이 없을 때에는 어떻게 행동해야 합니까?"

"예사 때에는 어떻게 하는가?"

"그렇다면 옛 모습을 고치지 않는 사람이겠습니다."

"어떤 행동을 하는가?"

여산廬山 귀종사歸宗寺 담권澹權 선사〔제2세 주지〕

어떤 이가 말했다.

"금 닭이 울기 전에는 어떠합니까?"

"위음왕威音王을 잃었다."

"운 뒤에는 어떠합니까?"

"삼계가 폭 가라앉는다."

"몸을 다 바쳐 공양할 때에는 어떠합니까?"

"무엇을 가지고 왔는가?"

"가진 것을 아끼지 않습니다."

"누구에게 공양하려는가?"

스님이 말이 없었다.

다른 이가 물었다.

"학인이 불법을 배우기 위해 왔습니다. 어떤 것이 불법입니까?"

"바야흐로 부질없고 공허하구나."

"헤아리고 따져 주십시오."

"두루하므로 남음이 있구나."

"대중이 구름같이 모였으니, 무엇을 이야기하리까?"

"삼삼이이(三三兩兩)[2]로군."

"길에서 도를 깨친 사람을 만나면 말이나 침묵으로 대하지 못한다 하니, 무엇으로 대해야 하겠습니까?"

"어찌 그를 긍정할 수 있으랴."

또 말했다.

"알겠는가?"

"잘 모르겠습니다."

"장안 길가의 똥구덩이니라."

"학인이 다른 것은 묻지 않겠습니다. 어떤 것이 불법의 대의大意입니까?"

"서까래 셋과 몽둥이 다섯이니라."

"회통會通한 이는 어떻게 말합니까?"

"지금의 일은 어찌하겠는가?"

---

2 제멋대로 흩어져 있는 모양을 말한다.

"흐름을 따릅니다."
"흐름을 따르지 않으면 어찌 쉬겠는가?"

지주池州 광제廣濟 화상

"필마단창匹馬單槍으로 나설 때에는 어떠합니까?"
"머리가 떨어진다."
"어떤 것이 방외(方外 : 세상을 초월한)의 이야기입니까?"
"그대는 무엇이라 하는가?"
"어떤 것이 광제廣濟의 물입니까?"
"주리고 목마른 이가 없다."
"그러면 학인이 허탕을 치지 않았겠습니다."
"그대가 남의 조정을 받는 줄 짐작은 했었다."
"멀리 와서 귀의하였으니, 스님께서 지시해 주십시오."
"입이 있으나 오직 밥을 먹을 줄만 안다."
"온백설溫伯雪과 공자〔仲尼〕가 만났을 때는 어떠합니까?"
"여기는 그런 사람이 없다."
"알지 못하고 보지 못하는 도리를 스님께서 말씀해 주십시오."
"어둡지 않다〔不昧〕."
"어둡지 않을 때는 어떠합니까?"
"그대는 무엇이라 부르는가?"

담주潭州 수서水西 남대南臺 화상

어떤 이가 물었다.
"어떤 것이 이곳의 한 방울의 물입니까?"
대사가 대답했다.

"입에 들어가면 끌어낸다."
"어떤 것이 서쪽에서 오신 뜻입니까?"
"신발 끈이 풀어졌느니라."
"조사와 조사가 서로 전했다 하니, 전한 것이 무엇입니까?"
"그대가 묻지 않았더라면 노승老僧도 모를 뻔하였다."

흡주歙州 주계朱谿 겸謙 선사

요주饒州 자사刺史가 대사를 위해 대장전大藏殿을 지었는데, 대사가 어떤 스님과 함께 대장전을 돌아보다가 "아무개야" 하고 스님을 불렀다. 그 스님이 대답하니, 대사가 물었다.

"이 법당 안에는 얼마나 되는 부처님이 모셔졌는가?"

그 스님이 대답했다.

"뫼시지 않은 것은 아니나 누군가는 긍정하지 않으리다."

"나는 그런 사람에게 묻지 않았다."

"그러시면 저도 대답한 일이 없습니다. 안녕히 계십시오."

대사는 나중에 도솔兜率에 살다가 여생을 마쳤다.

양주揚州 풍화豊化 화상

어떤 이가 물었다.

"어떤 것이 적국敵國과 한판 바둑을 겨루는 것입니까?"

대사가 대답했다.

"내려오너라."

"한 방망이로 허공을 쳐서 부술 때에는 어떠합니까?"

"한 조각을 가져와 보아라."

"위로는 한 조각의 기와도 없고, 아래로는 송곳 세울 자리도 없으니, 학인은 어디에 서야 하겠습니까?"

"아주 헐벗은 것이 아닌가?"

운거산雲居山 소화昭化 도간道簡 선사〔제2세 주지〕

그는 범양范陽 사람이니, 오랫동안 운거 선사 밑에 들어가 수행하며 진인眞印을 비밀히 받은 뒤에, 절 사무를 나누어 맡아서 나무하고 밥 짓는 일을 감독하였는데, 나이가 많다 하여 제1좌로 추대되었다.

때마침 도응 화상이 임종하려 하매 일 보는 스님〔主事僧〕이 물었다.

"누가 뒤를 잇겠습니까?"

"큰방의 간주사簡主事이니라."

그 스님이 대답은 들었으나 그 뜻을 분명히 알지 못하고, 대중 사이에서 가려 뽑으라는 말로 여겼다. 그리하여 곧 여러 스님과 상의하되, 제2좌를 뽑아 화주化主로 삼기로 하였다. 이에 우선 형식상으로 먼저 제1좌에게 청하고서 그가 물러나 사양을 하면, 바로 제2좌를 간곡히 청하기로 하였다.

이때에 대사가 스승의 수기를 비밀히 받고, 전혀 사양함이 없이 손수 도구를 들고 방장으로 들어가서 대중을 모아놓고 설법을 하였다. 일 보는 주사승主事僧 등은 먼저 계획했던 바와 맞지 않으므로 모든 규칙에 순응하지 않았다. 대사가 그 사정을 짐작하고, 절을 떠나 몰래 산을 내려가니, 그날 밤에 산신山神이 통곡을 하였다. 이튿날 아침에 사승事僧과 대중이 맥장麥莊으로 달려가서 참회하고 다시 절로 돌아가기를 청하여 돌아오니, 대중의 귀에 산신이 소리를 맞추어 이렇게 외치는 소리가 들렸다.

"화상께서 오셨다."

어떤 이가 물었다.
"어떤 것이 화상의 가풍입니까?"
"간 곳마다 자유롭다."
"유마維摩 거사가 곧 금속金粟여래가 아니십니까?"
"그렇다."
"어째서 석가의 회상에 와서 법문을 들었습니까?"
"그는 나와 남을 다투지 않기 때문이다."
"몸을 던져 두루 덮을 때에는 어떠합니까?"
"두루 덮을 수 있겠는가?"
"뱀〔蛇子〕이 어떻게 도리어 땅꾼〔蛇師〕을 뭅니까?"
"그 속에서는 상하지 않는다."
"여러 성현들이 말씀하시지 못한 곳을 스님께서 말씀하실 수 있겠습니까?"
"그대는 어디를 여러 성인들이 말씀하시지 못했다 여기는가?"
"길에서 사나운 범을 만났을 때에는 어떠합니까?"
"천 사람, 만 사람이 만난 적이 없거늘 그대만이 만났는가?"
"외로운 봉우리에서 혼자 잘 때에는 어떠합니까?"
"일곱 칸의 큰방을 비워 두고, 누가 그대에게 외딴 봉우리에서 혼자 자라 하던가?"

대사가 입멸한 뒤에 여주廬州의 원수〔帥〕인 장숭張崇이 재물을 내어 본산에다 석탑을 세웠는데, 아직도 남아 있다.

여산廬山 귀종사歸宗寺 회운懷惲 선사

어떤 이가 물었다.

"부처도 없고 중생도 없을 때에는 어떠합니까?"

대사가 대답했다.

"어느 사람이 그러한가?"

"물이 맑아서 고기가 나타날 때에는 어떠합니까?"

"하나 잡아오너라."

스님이 대답이 없었다.〔동안同安이 대신 말하되 "움직이면 놓칩니다" 하였다.〕

어떤 이가 물었다.

"어떤 것이 오로봉五老峰입니까?"

"우뚝한 것이다."

"물이 끊기어 물방아가 멈출 때에는 어떠합니까?"

"맷돌이 돌지 않는다."

"어떤 것이 맷돌이기에 돌지 않는다 합니까?"

"물방아가 멈추지 않느니라."

"어떤 것이 티끌 속의 것입니까?"

"머리에 재가 묻고, 얼굴에 흙이 덮였느니라."〔동안同安이 대신 말하되 "털거나 닦지 않습니다" 하였다.〕

"세존께서 말없이 말씀하시고, 가섭이 듣지 않고 들었다 하니, 이 일이 어떠합니까?"

"그렇게 된다 한들 어찌하겠는가?"

"들음이 없거나 말이 없는 것과는 같지 않습니다."

"어떤 사람인가?"

"학인이 이르지 못한 곳을 스님께서 말씀해 주십시오."
"그대가 어느 곳을 이르지 못했는가?"

홍주洪州 대선大善 혜해慧海 선사

어떤 이가 물었다.
"청산에 앉지 않을 때에는 어떠합니까?"
"어떤 사람인가?"
"어떤 것이 손님 노릇을 할 줄 아는 사람입니까?"
"윗자리를 차지하지 않는다."
"영천靈泉을 홀연히 만날 때에는 어떠합니까?"
"어디서 왔는가?"
"어떻게 말해야 스님의 뜻에 어기지 않겠습니까?"
"입을 아끼지 말라."
"말한 뒤에는 어떠합니까?"
"무엇이라 말했는가?"
"어떻게 말해야 친해지겠습니까?"
"빨리 말하라."
"그러시다면 말하지 않겠습니다."
"입은 써서 무엇 하리오."
대사가 나중에 백장산百丈山에 살다가 여생을 마쳤다.

낭주郎州 덕산德山 화상〔제7세 주지〕

"길에서 도를 통한 사람을 만나면 말이나 침묵으로 대하지 않는다 하니, 무엇으로 대합니까?"
"그저 그렇게 하라."

스님이 한참 잠자코 있으니, 대사가 말했다.
"그대가 다시 물어라."
스님이 다시 물으니, 대사가 할을 해서 내쫓았다.

형주衡州 남악南嶽 남대南臺 화상

어떤 이가 물었다.
"융봉融峰으로 곧장 올라갔을 때에는 어떠합니까?"
대사가 대답했다.
"보았는가?"

운거산雲居山 창昌 선사〔제3세 주지〕

어떤 이가 물었다.
"서로 만나도 모를 때에는 어떠합니까?"
대사가 대답했다.
"만났으면 왜 모르는가?"
"화로에 불이 이글거릴 때에는 어떠합니까?"
"머리를 싸맨 것이 무엇인가?"
"헤아림을 받지 않을 때에는 어떠합니까?"
"무엇 하러 왔는가?"
"왔지만 헤아리지는 않습니다."
"공연히 와서 무슨 이익이 있으랴."
"방장 앞에 몸을 담고 있을 때에는 어떠합니까?"
"그대의 몸이 얼마나 되는가?"

지주池州 혜산嵇山 장章 선사

일찍이 투자投子 화상의 회상에 있으면서 시두柴頭를 맡았는데, 투자가 차를 마시다가 대사에게 말했다.

"삼라만상森羅萬象이 온통 이 찻종지 속에 있다."

대사가 얼른 찻종지를 덮어 쏟으면서 말했다.

"삼라만상이 어디에 있습니까?"

투자가 말했다.

"차 한 잔만 아깝구나."

대사가 나중에 설봉 화상을 뵈니, 설봉이 물었다.

"장章 시두柴頭가 아닌가?"

대사가 도끼를 휘두르는 시늉을 하니, 설봉이 긍정하였다.

진주晋州 대범大梵 화상

"어떤 것이 학인이 돌아봐야 할 곳입니까?"

"우물 밑에다 높은 다락을 세워라."

"그러면 뛰어나겠군요."

"왜 손을 뿌리치지 않는가?"

신라新羅 운주雲住 화상

"여러 부처님들께서 말씀하시지 못한 것을 누가 말합니까?"

"내가 말할 수 있다."

"부처님들께서 말씀하시지 못한 것을 화상께서는 어찌 말씀하시겠습니까?"

"부처님들이 나의 제자이다."

"그 뜻을 말씀해 주십시오."

"군왕을 상대하지 않았더라면 20방망이는 때렸어야 하겠구나."

운거산雲居山 회악懷岳 화상〔제4세 주지〕

호는 달공達空 선사이다.

어떤 이가 물었다.

"어떤 것이 대원경大圓鏡입니까?"

대사가 대답했다.

"비추지 않는 것이다."

"홀연히 사방과 팔면에서 오면 어찌합니까?"

"검은 이가 오면 검게 나타난다."

"비추지 않는 편이 낳겠군요."

대사가 때렸다.

"어떤 것이 환약 한 알로 만 가지 병을 고치는 것입니까?"

"그대는 어떤 병이 있는가?"

영각昤珏 화상

어떤 이가 물었다.

"학인이 스님의 인격을 저버리지 않는데 짐승의 몸이나 면하겠습니까?"

"너는 두려워하는구나. 마주 보면서도 모르다니."

"그러면 백 갈래의 물을 다 삼켜야 한 점의 마음을 밝히겠습니다."

"털옷은 벗었다 하지만 다시 비늘 갑옷을 입는구나."

"반가우신 화상이시여, 큰 자비를 갖추셨습니다."

"힘을 다해 말할지라도 나의 격식에서 벗어나지는 못하리라."

앞의 무주撫州 조산曹山 본적本寂 선사의 법손

무주撫州 하옥산荷玉山 현오玄悟 대사 광혜光慧

처음에 용천龍泉에 있었는데 상당하여 대중에게 말했다.

"설봉 화상이 남을 위하는 것이 마치 금시조金翅鳥가 바다에 들어가서 용을 잡는 것 같다."

이때에 어떤 스님이 물었다.

"화상은 어떠하십니까?"

대사가 대답했다.

"어디를 갔다 왔는가?"

어떤 스님이 물었다.

"어떤 것이 서쪽에서 오신 뚜렷한 뜻입니까?"

"절을 하지 않고, 어느 때를 기다리려는가?"

"어떤 것이 비밀히 전한 마음입니까?"

대사가 한참 있으니, 스님이 말했다.

"그러시면 공연히 귀만 기울였습니다."

대사가 시자를 불러서 말했다.

"불을 가지고 와서 태워 버려라."

"옛사람이 말하기를 '한 구절을 기억하고, 겁을 지나면서 이야기해도 들여우의 정령이 된다' 했으니, 그의 뜻이 무엇입니까?"

"용천龍泉의 큰방을 닫은 적이 없었다."

"화상께서는 어떠하십니까?"

“바람이 귓바퀴를 스치는구나.”

“길에서 사나운 짐승을 만났을 때에는 어떠합니까?”

“조심해서 무엇 하리오.”

“어떤 것이 음성 이전의 한 구절입니까?”

“마치 내가 말하지 않은 것 같구나.”

“옛사람이 말하기를 마치 이글거리는 도가니 위의 한 송이 눈〔雪〕 같다 하신 뜻이 무엇입니까?”

“눈썹을 아끼는 것이 좋겠다.”

“어떻게 지시하여야 12시時 가운데 어둡지 않겠습니까?”

“눈 위에다 다시 서리를 더하지 말라.”

“그러면 모두가 화상을 인한 것이겠습니다.”

“무엇을 인했는가?”

“어떻게 밟아야 종풍에 어둡지 않겠습니까?”

“용천龍泉의 솜씨를 칭찬해야 한다.”

“화상의 솜씨를 보여 주십시오.”

“종기鍾期[3]를 기억하라.”

“옛사람이 말하기를 ‘살았다고도 말하지 말고 죽었다고 말하지 말라’ 한 뜻이 무엇입니까?”

대사가 한참동안 잠자코 있으니, 스님이 절을 하였다. 이에 대사가 말했다.

“알겠는가?”

“잘 모르겠습니다.”

“가난한 부엌의 솥에는 티끌만 가득하다.”

---

3 중국 춘추春秋 시대 초楚나라 사람인 종자기鍾子期를 말한다.

어느 때 대사가 주장자를 들어 대중에게 보이면서 말했다.

“위로부터 모두가 이 외길의 방편으로 사람을 지도하였다.”

이때에 어떤 스님이 나서서 물었다.

“화상께서도 처음부터 일어나셨습니까?”

“잘 알아주어서 고맙구나.”

“기관機關이 돌지 않습니다. 청하오니 스님께서 헤아려 주십시오.”

“나의 입을 막으려는구나.”

“어떤 것이 문수입니까?”

“제2의 달이 있을 수 없다.”

“지금의 일은 어떠합니까?”

“그것이 바로 제2의 달이다.”

“어떤 것이 여래의 말씀입니까?”

“사나운 바람을 끈으로 결박하느니라.”

“어떤 것이 현묘하고 밝은 참 성품입니까?”

“너그러이 하여 손상시키지 말라.”

대사가 상당하여 한참 있으니, 어떤 스님이 나서서 말하였다.

“대중을 위해 힘을 썼는데 재앙이 뒷구멍에서 터져 나왔으니, 놓아 주어야 합니까, 놓아 주지 않아야 합니까?”

대사가 잠자코 있었다.

“어떤 것이 화상께서 사람을 위하는 한마디입니까?”

“그대는 아홉 가지 빛을 가진 사슴이다.”

“박옥璞玉을 안고 스님께 와서 귀의할 때에는 어찌합니까?”

“자기 집의 보물은 아니다.”

"어떤 것이 자기 집의 보물입니까?"
"다듬지 않으면 보배를 이루지 못한다."

균주筠州 동산洞山 도연道延 선사〔제4세 주지. 사람들이 녹두鹿頭 화상이라 불렀다.〕

처음에 조산曹山 화상이 설법하기를 "누군가는 만 길이나 되는 벼랑에서 밑으로 뛰어내린다. 이게 누구겠는가?" 하였으나, 대중이 아무도 대답이 없기에 대사가 나서서 말했다.
"존재하지 않습니다."
"존재하지 않는 것이 무엇인가?"
"때려도 부서지지 않는 것을 처음 보았습니다."
조산이 퍽 갸륵히 여겼다.

어떤 스님이 물었다.
"화상께서 심인心印을 비밀히 전해 주시기 바랍니다."
"여기에 아무도 없거늘 속여서 무엇 하리오."

형주衡州 상녕현常寧縣 육왕산育王山 홍통弘通 선사

어떤 이가 물었다.
"혼돈하여 천지가 나눠지지 않을 때에는 어떠합니까?"
"혼돈하니라."
"나눠진 뒤에는 어떠합니까?"
"혼돈하니라."

상당上堂하여 대중에게 말했다.

“석가여래께서 세상에 나타나시어 49년 동안 다 말씀하시지 못한 것을 오늘 저녁에 내가 부끄러움을 무릅쓰고 여러분과 이야기를 나누리라.”

조금 있다가 다시 말을 이었다.

“잘못 했다 하지 말라.”

어떤 이가 물었다.

“학인이 병이 있으니, 스님께서 고쳐 주십시오.”

“병을 가져오너라. 고쳐 주리라.”

“고쳐 주십시오.”

“내 약값이나 갚아라.”

“조원曹源의 외길은 묻지 않거니와 형양강衡陽江 기슭의 일은 어떠합니까?”

“이글거리는 도가니 위에 뿌리 없는 풀이요, 푸른 못 깊은 곳에서 고기 떼를 만나지 못한다.”

“마음과 법을 다 잊을 때에는 어떠합니까?”

“세 발 달린 개구리가 큰 코끼리를 업었다.”

“어떤 것이 서쪽에서 오신 뜻입니까?”

“나는 소름이 오싹하는구나.”

“어떤 것이 불법의 대의입니까?”

“문수가 지나치거든 그대에게 말하리라.”

“문수가 지나갑니다. 말씀해 주십시오.”

대사가 때렸다.

어떤 이가 물었다.

"어떤 것이 화상의 가풍입니까?"

"온 몸뚱이가 모두 5푼어치도 되지 않는다."

"그토록 몹시 빈한합니까?"

"옛날부터 그러했다."

"어떻게 장만하리까?"

"집안 형세에 따르라."

무주撫州 금봉金峰 종지從志 대사

호는 현명玄明 대사이다.

진進 상좌上座라는 이가 물었다.

"어떤 것이 금봉金峰의 참 주인입니까?"

"여기서 고을 관청까지는 멀지 않은데 그대는 너무 서둘지 말라."

"왜 말씀하시지 않습니까?"

"입이 주춧돌 같구나."

"천만 봉우리 가운데 어떤 것이 황금 봉우리인 금봉입니까?"

대사가 이마만을 두드렸다.

"천 봉우리에 구름이 없고 만 리에 노을이 걷혔을 때에는 어떠합니까?"

"비원령飛猿嶺 저쪽으로 왜 용맹스레 토해 버리지 않는가?"

"어떤 것이 서쪽에서 오신 뜻입니까?"

"벽 틈에서 쥐가 듣는다."

"어떤 것이 화상의 가풍입니까?"

"금봉의 문 앞에는 오리패五里牌가 없다."

대사는 나중에 금릉金陵의 보은원報恩院에 살다가 입멸하니, 시호는 원광圓廣 선사요, 탑호는 귀적歸寂이었다.

양주襄州 녹문산鹿門山 화엄원華嚴院 처진處眞 선사

누군가가 물었다.
"어떤 것이 화상의 가풍입니까?"
"소금〔鹽〕은 있는데 식초〔醋〕가 없다."
"어떤 것이 도인道人입니까?"
"입이 있기는 있으나 콧구멍과 같다."
"홀연히 손님이 오면 무엇으로 대접합니까?"
"사립문・거적문을 지나가시는 것만도 고맙다."
"조사와 조사끼리 전하신 것이 무엇입니까?"
"금란가사金襴袈裟이니라."
"어떤 것이 함函 속의 반야般若입니까?"
"불전佛殿 옆의 시렁에 있는 6백 권이니라."
"화상께서 백 년을 마치신 뒤에는 어디로 가시겠습니까?"
"산 밑의 이李씨 집의 소가 되리라."
"학인이 따라가기를 허락하시겠습니까?"
"그대가 따라오려면 뿔이 같지 않게 하라."
"예."
"어디로 가야 되겠는가?"
"불안佛眼으로도 가릴 수 없습니다."
"놓아 버리지 않는다면 역시 까마득하리라."

어떤 이가 물었다.
"어떤 것이 녹문鹿門의 높고 험준한 곳입니까?"

"그대는 주산主山에 오른 적이 있는가?"

"어떤 것이 선禪입니까?"

"봉황〔鸞鳳〕이 닭의 둥우리에 들었다."

"어떤 것이 도입니까?"

"연 줄기의 실〔藕絲〕로 큰 코끼리를 끄는 것이다."

"그 겁이 무너질 때에 그것도 무너집니까?"

"벼랑 끝에서 범의 눈을 보니, 거참 한바탕 근심거리구나."

"어떤 것이 화상께서 몸을 돌린 것입니까?"

"지난 밤 3경에 목침을 잊었다."

"한마디로 확 트일 때에는 어떠합니까?"

"그대는 뉘 집 자손이든가?"

대사가 게송 하나를 대중에게 보였다.

> 한 조각 영롱한 광채가 찬란한데
> 뜻을 내어 쫓으면 끝내 보지 못하리.
> 환하게 던져서 인정을 열어 주니
> 큰 일이 분명하게 모두 이루어지네.
> 一片凝然光燦爛　擬意追尋卒難見
> 炳然擲著豁人情　大事分明皆總辦
>
> 쾌활하구나, 얽매임이 없음이여.
> 황금 만 냥과도 바꿀 수 없구나.
> 천만 성인이 세상에 나온다 해도
> 모두가 그것의 그림자 놀음일세.

是快活　無繫絆　　萬兩黃金終不換
任他千聖出頭來　　從是向渠影中現

무주撫州 조산曹山 혜하慧霞 대사

법명은 요오了悟이다.〔제2세 주지. 먼저 하옥산荷玉山에 있었다.〕
어떤 이가 물었다.
"부처님께서 세상에 나시기 전에는 어떠하였습니까?"
"조산曹山이 그만 못하다."
"세상에 나오신 뒤에 어떠합니까?"
"조산만 못하다."
"사방에 산이 닥쳐올 때에는 어떠합니까?"
"조산이 그 속에 있다."
"나오시려 하십니까?"
"그 속에 있는 것이 곧 나오려는 것이니라."

어떤 스님이 뫼시고 섰으니, 대사가 말했다.
"도자道者여, 몹시 덥군."
"그렇습니다."
"이런 더위는 어디로 가서 피할까?"
"끓는 가마나 숯불 속에서 피합니다."
"끓는 가마나 숯불 속에서 어떻게 피하겠는가?"
"뭇 고통이 침노하지 못하기 때문입니다."
대사가 잠자코 있었다.

형주衡州 화광華光 범範 선사

어떤 이가 물었다.

"어떤 것이 무봉탑無縫塔입니까?"

대사가 큰방〔僧堂〕을 가리키면서 말했다.

"이곳의 큰방에는 문이 없다."

대사가 어떤 스님에게 물었다.

"자릉紫陵에 가 보았는가?"

"가 보았습니다."

"녹문鹿門에는 가 보았는가?"

"가 보았습니다."

"그러면 자릉의 법을 잇는 것이 옳은가, 녹문의 법을 잇는 것이 옳은가?"

"지금 화상의 법을 이으려는데 되겠습니까?"

"인정에 끌려서 때리지 않으면 옳지 못하다."

"숨거나 드러나지 않은 것은 학인입니다. 어떤 것이 화상입니까?"

"건곤乾坤이 다한 것이다."

"그것도 역시 학인입니다. 어떤 것이 화상입니까?"

"아까부터 말한 것이 틀리지 않는다."

처주處州 광리廣利 용容 선사〔먼저 정계貞谿에 살았다.〕

어떤 스님이 새로 오니, 대사가 불자를 들고 말했다.

"정계貞谿 노장이 안목을 갖추었는가?"

그 스님이 말했다.

"저는 감히 남의 허물을 보지 못합니다."

"그대의 손아귀에서 죽었다."

"어떤 것이 화상의 가풍입니까?"

"그대가 말해 주어서 고맙다."

"서원西院이 손뼉을 치면서 허허하고 웃은 뜻이 무엇입니까?"

"발〔簾〕을 말아 올려라."

"자기를 밝히지 못했는데 어떻게 밝혀야 합니까?"

"밝히지 못한다."

"어째서 밝히지 못합니까?"

"자기의 일이라 하는 것을 듣지 못했는가?"

"노조魯祖께서 벽을 향해 앉은 뜻이 무엇입니까?"

대사가 한참 있다가 말했다.

"알겠는가?"

"잘 모르겠습니다."

대사가 말하였다.

"노조가 벽을 향해 앉았다."

군수郡守가 새로운 직책을 받고서 돌아가려고 하는데, 대사가 전송을 나왔다. 함께 이야기를 나누다가 군수가 물었다.

"화상께서 산문山門을 멀리 나오셨다 돌아가실 때는 무엇을 얻어 가십니까?"

"다함이 없는 보배를 바치리다."

태수가 대답이 없었다.

나중에 어떤 사람이 말을 걸었다.

"지금 (보배를) 주십시오."

"태수가 퍽 점잖으시다."
"천 가닥의 길이 끊기어 말도 뜻도 통하지 않을 때에는 어떠합니까?"
"역시 섬돌 밑의 사람이구나."

대사가 대중에게 말했다.
"만일 광리廣利의 문하에 왔다면 모름지기 제1구를 말할 수 있어야 한 가닥의 이야기 거리를 펼쳐서 여러분과 함께 의론하리라."
이때에 어떤 스님이 나서서 절을 하니, 대사가 말했다.
"이국異國에서 건너온 큰 상인(舶主)인 줄 알았더니, 알고 보니 이 고을의 장사치구나."

천주泉州 여산廬山 소계원小谿院 행전行傳 선사

그는 청원青原 사람이니, 성은 주周씨이다. 고향의 석종원石鍾院에서 출가하여 복주福州의 태평사太平寺에서 계를 받고, 조산에게 인가를 받은 뒤에 소계小谿에 살았다.
어떤 이가 물었다.
"여산廬山의 석문石門에 대한 소문을 들은 지 오랜데 어째서 들어올 수 없습니까?"
대사가 대답했다.
"둔한 사람이구나."
"영리한 사람을 만나면 허락하시겠습니까?"
"차나 마셔라."

서천西川 포수布水 암巖 화상

"어떤 것이 서쪽에서 오신 뜻입니까?"

"한 번 생각하면 한 번 속이 상한다."

"보검寶劍을 갈기 전에는 어떠합니까?"

"쓰지 못한다."

"간 뒤에 어떠합니까?"

"만질 수 없다."

촉천蜀川 서선西禪 화상

"부처님은 마야 부인에 의해 강탄降誕하셨는데, 화상은 누구의 자손이십니까?"

"물 위에다 분홍 깃발을 세워라."

"서른여섯 갈래의 길에서 어느 길이 가장 묘합니까?"

"제일가는 솜씨가 나오지 않는구나."

"홀연히 나타날 때에는 어떠합니까?"

"등을 땅에 대기란 어렵지 않다."

화주華州 초암草庵 법의法義 선사

"어떤 것이 조사께서 서쪽으로 오신 뜻입니까?"

"거품을 기름에 튀기어 배부르게 먹는다."

"망설이면 어긋난다 하니, 학인이 어떻게 나아가야 합니까?"

"누군가는 항상 망설이는데 어째서 어긋나지 않는가?"

"지금의 일은 어떠합니까?"

"벌써 어긋났다."

소주韶州 화엄華嚴 화상

"화엄華嚴이라 하니, 가지고 오셨습니까?"

"우뚝한 봉우리 위에는 천 송이의 꽃이 피었고, 한 구절 근기에 맞는 법문은 성인을 상대하여 밝힌다."

"어떤 것이 도입니까?"

"신령스런 나무는 곁가지가 없고, 천기天機는 도에 합해 같아진다."

앞의 담주潭州 용아산龍牙山 거둔居遁 선사의 법손

담주潭州 보자報慈 장서藏嶼 광화匡化 대사

어떤 이가 물었다.

"마음과 눈이 마주 볼 때에는 어떠합니까?"

대사가 대답했다.

"그대에게 무어라 했는가?"

"어떤 것이 진실하게 본 것입니까?"

"털끝만치도 막히지 않았다."

"그러면 보겠습니다."

"남전南泉이 매우 좋아하며 갈 곳이구나."

"어떤 것이 서쪽에서 오신 뜻입니까?"

"지난밤 3경에 강을 건넜다."

"시기에 맞추어 활용할 때에는 어떠합니까?"

"해동海東에 과일이 있는데 나무 끝에 씨가 달렸느니라."

"어떤 것이 진여의 불성입니까?"

"누군들 없겠나?"

"어떤 것이 위로 향한 외길입니까?"
"침련郴連의 길이 머니라."
"화상의 연세가 얼마입니까?"
"가을이 오면 단풍이 지고, 봄이 되며 꽃이 핀다."

대사가 일찍이 초상화에 찬贊을 지어 붙였다.

해는 산마루에 솟았고
달은 창 밖에 밝았는데
몸이 없는 것은 아니나
완전히 드러내고 싶지는 않네.

日出連山　月圓當戶
不是無身　不欲全露

어느 날 대사가 휘장 안에 앉았는데 어떤 스님이 와서 물었다.
"듣건대 스님께서 말씀하시기를 '몸이 없는 것은 아니나 완전히 드러내고 싶지는 않다' 하셨다니, 완전히 드러내 보십시오."
대사가 휘장을 열어 젖혔다.〔법안法眼이 따로 말하되 "배부른 총림이다" 하였다.〕

어떤 이가 물었다.
"어떤 것이 호남湖南의 경계입니까?"
대사가 대답했다.
"큰 배와 높은 돛대이니라."
"학인도 구경을 할 수 있습니까?"

"그대 마음대로 기웃거려라."

"화상께서 백 년을 마치신 뒤에 누군가가 물으면 어떻게 대꾸하시겠습니까?"

"분명히 기억해 둬라."

"어떤 것이 용아산龍牙山입니까?"

"익양益陽 저쪽에 있느니라."

"어찌하여야 합니까?"

"망설이지 말라."

"어찌하여야 망설이지 않겠습니까?"

"그러면 옳지 못하다."

"옛사람이 벽을 향해 앉은 뜻이 무엇입니까?"

대사가 한참 있다가 "아무개야" 하고 불렀다. 그가 대답하니, 대사가 말했다.

"그대는 가 있다가 다음에 오너라."

대사가 설법을 하였다.

"한 구절이 온 누리에 두루하는데 한 구절은 묻기만 하면 얼른 말하고, 한 구절은 물어도 대답하지 않는다."

어떤 이가 물었다.

"어떤 것이 온 누리에 두루하는 구절입니까?"

"비거나 이지러짐이 없다."

"어떤 것이 묻자마자 대답하는 구절입니까?"

"나직나직 지껄여라."

"어떤 것이 물어도 대답하지 않는 구절입니까?"

"때를 알아야 한다."

양주襄州 함주산含珠山 심철審哲 선사

누군가가 물었다.

"어떤 것이 깊고 깊은 곳입니까?"

"한 치의 못이 나무에 들어가니, 여덟 마리의 소가 끌어도 나오지 않는다."

"어떤 것이 정법안正法眼입니까?"

"삼문三門 앞의 귀신이니라."

"어떤 것이 불법의 대의大意입니까?"

"가난한 여자가 아기를 안은 나루터에 은혜와 애정이 앞을 다투어 흐른다."

대사가 어떤 스님에게 물었다.

"있어도 옳지 않고, 없어도 옳지 않고, 있지 않거나 없지 않아도 모두 옳지 않으니, 그대의 이름이 무엇인가?"

"학인은 벌써 이름을 갖추었습니다."

"이름을 갖추었다면 없지 않으리니, 이름이 무엇인가?"

"그것으로 만족하지 않습니까?"

"교섭이 끊인 것이 그런대로 기쁘다."

"어찌하여야 옳습니까?"

"친절한 곳을 한 번 물어라."

"학인은 말할 수 없으니, 화상께서 말씀해 주십시오."

"다른 날 오면 그대에게 말해 주리라."

"지금은 어째서 말하지 못하십니까?"

"말귀를 알아듣는 이를 만나기 힘들구나."

대사가 또 어떤 스님에게 물었다.

"왕王씨 · 장張씨 · 이李씨가 모두 옳지 않으니, 어떤 것이 그대의 본래의 성인가?"

"화상과 같은 성입니다."

"같은 성이란 말은 그만두고, 본래의 성이 무엇인가?"

"한수漢水가 거슬러 흐르거든 화상께 아뢰겠습니다."

"지금은 어째서 말하지 못하는가?"

"한수가 거꾸로 흐릅니까?"

대사가 그만두었다.

앞의 경조京兆 화엄사華嚴寺 휴정休靜 선사의 법손

봉상부鳳翔府 자릉紫陵 광일匡一 정각定覺 대사

대사가 반룡盤龍에 갔는데, 어떤 스님이 반룡에게 묻기를 "푸른 못은 거울 같은데 반룡은 어디에 도사리고 있는가?" 하니, 반룡이 대답하기를 "땅으로 스며들면 바닥이 없고, 위로 솟으면 높은 봉우리를 뒷받침한다" 하는 것을 보고, 긍정하지 않고 스스로 대답하기를 "금룡이 푸른 하늘 밖으로 멀리 뛰어올랐으나, 못 속에서야 어찌 옥륜(玉輪 : 달)의 기틀임을 알았으리오" 하니, 반룡이 퍽 갸륵히 여겼다.

대사가 주지가 된 뒤에 어떤 스님이 물었다.

"사람으로 태어나시기 전에는 어떤 몸을 받으셨습니까?"

"돌소〔石牛〕가 걸음마다 물속을 다니다가 뒤를 돌아보면서 해〔日〕 속의 풀을 뜯어먹는다."

앞의 균주筠州 구봉九峰 보만普滿 대사의 법손

홍주洪州 봉서산鳳棲山 동안원同安院 위威 선사

어떤 이가 물었다.

"우두牛頭가 4조를 보기 전에는 어떠합니까?"

대사가 대답했다.

"길가의 서낭당을 만나면 누구든 모두가 정성을 가다듬는다."

"본 뒤에는 어떠합니까?"

"방 안에 영상(靈床 : 위패를 모셔둔 상)이 없어지니, 온 집안이 효성을 다하지 않는다."

"조사의 뜻과 교리의 뜻이 어떠합니까?"

"옥토끼〔玉兎 : 달〕가 새벽의 뜻을 알지 못했거니 금까마귀〔金烏 : 해〕인들 어찌 날이 새는 줄 알았으랴."

"어떤 것이 동안의 한 곡조입니까?"

"신령스런 거문고로는 인간의 곡조를 연주하지 않거늘 풍류를 아는 이가 어찌 백아伯牙의 문 앞을 지나치랴."

"누가 알겠습니까?"

"나무말〔木馬〕이 울 때에는 그가 듣는다 하지만, 돌사람〔石人〕이 손뼉을 칠 때에는 누가 들으랴."

"풍류를 알면 어떠합니까?"

"풍류를 알면 궛전을 지나치지 않을 것이나, 통달한 이야 어찌 같이 들으랴."

앞의 청림靑林 사건師虔 선사〔동산의 제3세 주지〕의 법손

소주韶州 용광龍光 화상

누군가가 물었다.

"인간의 왕〔人王〕과 법의 왕〔法王〕이 만났을 때에는 어떠합니까?"

"월국越國의 군왕은 칼을 빼지 않고, 용광龍光의 한 구절은 이지러진 일이 없다."

대사가 상당하여 한참 있다가 말했다.

"번거롭게 하지 말라. 잘 있어라."

어떤 이가 물었다.

"어떤 것이 서쪽에서 오신 뜻입니까?"

"북쪽 바람이 건들거리면, 한漢지방에서는 하나의 낌새〔機〕를 이룬다."

"티끌을 헤치고 부처를 볼 때에는 어떠합니까?"

대사가 손바닥을 문지르면서 뒤를 돌아보았다.

"어떤 것이 용왕의 한마디입니까?"

"불공견삭(不空羂索 : 보살의 이름)이니라."

"학인이 잘 모르겠습니다."

"옴唵."

"어떤 것이 극칙極則[4]으로써 남을 위하는 것입니까?"

"은근히 뒷사람에게 부촉해 본다."

"빈두로賓頭盧는 한 몸으로써 어찌 사천하에 가서 공양을 받았

---

4 "사물事物은 다하면 반드시 근원으로 돌아간다〔極則必反〕"(呂臨貝, 博志) 그러므로 이때의 '극칙'은 사물의 궁극에 이르는 길을 의미한다.

습니까?"

"천 강이 모두 달 하나뿐이요, 만 집이 똑같이 봄을 만난다."

대사가 이런 게송을 지었다.

용광산 산마루에 보배로운 달이
건곤을 비추어 먹구름을 녹이네.
존자는 옮기지 않는 한 몸뿐인데
천 강에는 그림자 비쳐 집집마다 봄일세.

龍光山頂寶月輪　照耀乾坤爍暗雲
尊者不移元一質　千江影現萬家春

양주襄州 봉황산鳳凰山 석문사石門寺 헌獻 선사

그는 경조京兆 사람이니, 청림靑林에서 수기를 받은 뒤로 두 곳에서 법문을 열었다. 그는 항상 상대를 대할 때마다 "매우 좋구나, 대가(大哥 : 큰형)여" 하니, 사람들이 대가大哥 화상이라 불렀다.

처음에 형악衡岳에서 바위 굴 속에 도사리고 앉았는데 때마침 협산夾山 화상이 입적하니, 대중이 대사에게 주지를 하라고 청하므로 드디어 담주潭州에 갔다. 이때에 초왕楚王인 마馬씨가 마중을 나왔다가 물었다.

"어떤 것이 조사께서 서쪽으로부터 오신 큰 도입니까?"

"매우 좋구나, 대가여. 어가御駕의 여섯 용龍은 천고千古에 뛰어났는데, 옥섬돌에서 꾸며진 뒤에는 대궐문[金門]으로 나간다."

왕이 대단히 존중히 여겨 천책부天冊府로 청해 들여 며칠 동안 공양한 뒤에 협산夾山으로 돌아가게 하였다.

어떤 스님이 물었다.

"오늘의 이 모임이 영산의 모임과 무엇이 다릅니까?"

"하늘에서 보배 일산〔寶蓋 : 구름〕을 드리우니 겹겹이 다르고, 땅에서 금 연꽃이 솟으니 잎마다 새롭다."

"어떤 법을 가지고 사람들에게 보이십니까?"

"줄 없는 거문고 소리가 모래알같이 많은 세계에 흐르니, 맑고 화목함이 대천세계에 두루 응한다."

"스님은 누구의 종풍을 이어받아 제창하십니까?"

"한 곡조의 궁상(宮商 : 음계)으로 음률의 높고 낮음을 살리나 보배를 판단하는 데는 눈 밝은 사람이라야 한다."

"그러시면 맑은 물이 동구 밑을 흐르고 보름달이 푸른 숲을 비추겠습니다."

"다자탑多子塔 앞에서 분명한 뜻을 나누신 뒤로 지금의 딴 세상에까지 큰 소리가 울려 퍼진다."

대사는 협산에서 석문石門으로 옮겨가서 터를 잡아 절을 짓고 다시 법문을 열었다.

상당하여 무리들에게 이렇게 말했다.

"유리의 대궐 위에 빛나는 해는 삿됨이 없고, 7보寶의 산 속에 황홀히 빛나는 머리는 의지할 바가 있다. 진흙 소가 걸음을 걷고 나무말이 소리 내어 우니, 농부는 노래를 부르고 나무꾼은 춤을 춘다. 태양로太陽路 위에 옛 곡조가 은은히 흐르는데, 숲 속에서 만난 뒤에는 또 무슨 일이 있으랴."

"하늘 높이〔雲際〕 달이 떠오를 때에는 어떠합니까?"

"서너 아이들이 꽃 북〔華鼓〕을 안고 있구나. 매우 좋구나, 대가大

毦여. 내 구문(毬門 : 공을 넣는 문)의 길을 가로막지 말라."

"어떤 것이 화상의 가풍입니까?"

"준마駿馬를 타고, 높은 다락에 올라 쇠 채찍이 다하도록 호인胡人들의 길을 가리킨다."

"어떤 것이 석문의 경계입니까?"

"온 세계의 황금은 딴 빛깔이 없는데 오가면서 노는 아이들은 찾지 못한다."

"어떤 것이 경계 안의 사람입니까?"

"형상이 없으니, 범부와 성인의 지위에 있지 않고, 새의 길을 거니니 자취가 없다."

"여러 사람이 사금을 일면〔淘金〕, 누가 금金을 얻는 자입니까?"

"장張서방, 이李서방이 대궐문 밖을 나서서 건곤의 돌사람을 빠짐없이 펴 준다."

"그러면 남에게서 얻은 것이 아니겠습니다."

"3공公과 9경卿이 차례로 늘어서서 금계金雞[5]가 세워졌는가를 살펴본다."

"도의 경계가 끝이 없고, 온몸에 티끌이 끊어질 때에는 어떠합니까?"

"아득한 백운이 눈 싸인 봉우리를 희롱하니, 현묘한 길에 몸 돌리는 것을 머뭇거리지 말라."

"몸 돌릴 곳이 어디에 있습니까?"

"돌사람이 손을 쓸 때 분명히 기억하고, 만년 묵은 뼈다귀가 웃을 때에 살펴라."

---

5 황제가 조서를 내릴 때 세우는 기를 말한다.

“여여如如하여 요동치 않을 때에 어떠합니까?”
“어찌 끝날 날이 있으랴.”
“어찌하면 좋습니까?”
“돌 문짝은 자물쇠가 없다.”
“어떤 것이 석문의 경계입니까?”
“까마귀와 솔개가 자주 날면서 운다.”
“어떤 것이 경계 속의 사람입니까?”
“바람이 오래된 발〔簾〕과 난간에 부딪힌다.”

반야사般若寺에 불이 나니, 어떤 사람이 와서 물었다.
“반야라면서 왜 불에 탑니까?”
“만 리가 한 줄기 무쇠이니라.”

양주襄州 만동산萬銅山 광덕廣德 화상〔제1세 주지〕

누군가가 물었다.
“어떤 것이 화상의 가풍입니까?”
“산 앞에도 사람이 살지 않으니, 산 뒤에는 더욱 황망하다.”
“어떤 것이 법신을 꿰뚫는 구절입니까?”
“산과 물에 오를 힘이 없으니, 사립문에 소식이 끊긴다.”
“어떤 것이 불법의 대의입니까?”
“단풍 지는 것을 슬퍼하자마자 또다시 버들 잎 푸른 것을 본다.”
“온 누리가 하나의 송장인데 어디에다 장사를 지내야 합니까?”
“북망산北邙山 밑에 천 무덤, 만 무덤이니라.”

대사가 병이 났는데 어떤 스님이 물었다.

"화상은 어디가 아프셔서 그다지 몹시 여위셨습니까?"
"생각이 없으면 과녁에 떨어지지 못한다."
"그러면 화상의 병의 근원을 알겠습니다."
"그대는 내가 무슨 병을 앓는다고 여기는가?"
"화상께서는 입을 조심하시는 것이 좋겠습니다."
대사가 문득 때렸다.

정주郢州 파초芭蕉 화상

어떤 스님이 물었다.
"12시時 가운데 어떻게 마음을 써야 합니까?"
"나무 그릇[木盆]을 한 곳에 모아라."

정주定州 석장石藏 혜거慧炬 화상

누군가가 물었다.
"어떤 것이 가람伽藍입니까?"
"이것일 뿐이니라."
"어떤 것이 가람 안의 사람입니까?"
"무슨 소리인고? 무슨 소리야?"
"갑자기 손님이 오면 무엇으로 대접하십니까?"
"차나 마시고 가라."

앞의 낙경洛京 백마白馬 둔유遁儒 선사의 법손

흥원부興元府 청좌산靑剉山 화상

누군가가 물었다.

"어떤 것이 화상의 가풍입니까?"
"밑 없는 광주리에 나물을 캐 온다."
"어떤 것이 백마白馬의 경계입니까?"
"삼동三冬에 꽃나무가 무성하고, 한 여름에 눈보라가 친다."

앞의 익주益州 북원北院 통通 선사의 법손

경조京兆 향성香城 화상

처음에 통通 화상을 참례하고 물었다.
"하나가 두 개와 비슷할 때는 어떠합니까?"
통 화상이 대답했다.
"하나가 그대를 속인다."
대사가 이 말에 깨달았다.

어떤 이가 물었다.
"세 가지 광명이 비추지 않을 때에는 어떠합니까?"
대사가 대답했다.
"조읍봉朝邑峰 앞에 오색 무지개가 우뚝하니라."
"문채에 관계되지 않는 일이 어떠합니까?"
"지금 일부러 강을 건너왔느니라."
"위로 향한 외길을 스님께서 제창해 주십시오."
"낚시 줄을 끌어도 나오지 않는다."
"우두牛頭는 4조의 뜻을 알았습니까?"
"모래에 글씨를 쓰고 점을 찍지 않으니, 천자千字가 떨어진다."
"점을 찍은 뒤에는 어떠합니까?"

"따로 한 번 집어 인천人天에게 나누어 준다."

"그러면 사람마다 얻을 자격이 있겠습니다."

"그대는 또 어찌하겠는가?"

"주머니에는 개미를 묶을 실이 없고, 부엌에는 파리가 먹을 양식이 없을 때에는 어찌합니까?"

"날마다 버리고도 구하지 말아야 하거늘 망상으로 얻으려 하는가?"

앞의 고안高安 백수白水 본인本仁 선사의 법손

경조京兆 중운重雲 지휘智暉 선사

함진咸秦 사람이니, 성은 고高씨이다. 총각總角일 때에 절에 다니기를 좋아하여 출가하기를 맹서하니, 아버지도 막지 못했다.

처음 예법대로 규봉圭峰 온溫 화상에게서 머리를 깎았고, 나중에는 고안高安의 본인本仁 화상에게 참문하여 미묘한 말을 매우 깊이 터득하고, 비밀의 열쇠를 남몰래 얻었다. 이어 낙경洛京으로 가서 중탄中灘에 자리를 잡아 온실원溫室院을 창건하고 항상 약藥을 장만했다. 이때에 어떤 비구가 백라白癩에 걸렸는데 대중이 모두 싫어하거늘 대사만이 데려다가 공양하고 때를 씻어 주었는데, 오래지 않아 신기한 광채와 기이한 향기가 있더니 이어 떠나가서 간 곳을 몰랐다. 헐어서 남은 딱지에서는 그윽한 향취가 작렬하기에 그것을 모아서 관음상觀音像을 빚어 모셨다.

양梁의 개평開平 5년에는 홀연히 숲 속으로 돌아갈 생각이 나서 종남終南의 옛터로 돌아갔다. 어느 날 대사가 바위 사이를 거닐다가 홀연히 누더기 옷·염주·구리 병·방립(삿갓) 등이 있는 것을 보았는데 건드리자 곧 부서지니, 시자에게 말했다.

"이것은 내 전생의 몸이 쓰던 도구이다. 여기에다 절을 지어 옛 인연에 맞게 하고자 한다."

그리하여 풀을 베고 터를 닦으니, 그때에 상서로운 구름이 해를 가리고 봉우리 위에 서리어 오래도록 흩어지지 않으니, 이 까닭에 중운산重雲山이라 불렀다. 이에 앞서 이 골짜기에는 사나운 뱀이 많았는데 모두가 자연히 물러갔고, 용의 못을 막고 길을 틀 때에는 못 속의 용도 딴 곳으로 옮겨 갔다.

후당後唐 명종明宗이 장흥長興이라는 편액〔額〕을 하사하니, 배우는 무리가 구름같이 모여들었다.

대사가 상당하니, 어떤 스님이 물었다.

"어떤 것이 근원에 돌아가서 뜻을 얻는 것입니까?"

"벌써 잊어버렸구나."

"뜻밖에 티끌이 생길 때, 어떤 것이 몸이 나아갈 외길입니까?"

"발밑에서 이미 풀이 났는데, 앞에는 만 길의 구렁텅이가 있느니라."

"요긴한 길이 평탄하면 어떻게 밟으리까?"

"내가 만일 그대에게 가리켜 주면 동서남북이 되리라."

"부처님께서 세상에 나시기 전에는 어떠합니까?"

"한 무더기의 진흙이니라."

"어떤 것이 중운重雲의 저울입니까?"

"천하 사람이 마음대로 달아 보느니라."

"어떤 것이 쇠를 끊을 만한 진실한 말〔言〕입니까?"

"죽을지언정 범하지 않는다."

"어떤 것이 중운의 경계입니까?"

"사시四時에 꽃이 피지 않고, 삼동三冬에 풀이 무성하니라."

대사가 다시 옛 산으로 돌아가서 절을 짓고 대중을 모아 교화하여 45년 동안 사람들을 가르치는 여가에 노래 천여 송을 짓고, 제자 1천5백 사람을 제도하였다.

영흥永興 절도사節度使 왕언초王彦超가 일찍부터 대사의 문호에 왕래하다가 스님이 되기를 원하니, 대사가 만류하면서 말했다.

"그대는 나중에 출세하리니, 그때에 불교의 외호外護를 하면 좋겠다."

나중에 과연 대사의 말과 같이 되어 영흥을 맡게 되자, 다시 대사와 만나 더욱 융성하게 예우하였다.

주周의 현덕顯德 3년 병신丙辰 6월에 대사는 고을에 가서 왕공을 하직하고, 겸하여 산문山門의 일을 부촉하더니, 7월 24일이 되어 아무런 병도 없이 문인들에게 유언을 하고, 아울러 게송 하나를 보였다.

나에게 집 한 채가 있는데
부모가 지붕을 덮어 주었네.
80년 동안을 왕래하노라니
요사이 차츰 망가져 가는 것을 느끼네.
我有一間舍　　父母爲修蓋
住來八十年　　近來覺損壞

진작부터 딴 곳으로 가려 했으나
관련된 일에 애증이 있었네.

그것이 무너질 때가 되면
그것과 나는 서로가 종적이 없으리.

早擬移住處　　事涉有憎愛
待他摧毁時　　彼此無相礙

이 게송을 마치고 가부좌를 맺고 앉아서 입멸하니, 수명은 84세요, 법랍은 64세였다. 탑은 본산에 세웠다.

항주杭州 서룡원瑞龍院 유장幼璋 선사

그는 당唐의 상국相國인 하후자夏侯孜의 조카이다. 대중大中 초에 백부伯父가 사공司空으로서 광릉廣陵을 지키러 나갔을 때에 대사의 나이 일곱 살이었는데, 혜조사慧照寺에 갔다가 『법화경』 읽는 소리를 듣고 출가할 뜻을 내었다.

처음에는 백부가 허락하지 않았으나 음식을 끊으므로 마지못해 허락하였다. 혜원慧遠을 스승으로 하여 17세에 구족계를 받고, 25세에 여러 선원으로 다니다가, 서산薯山과 백수白水 모두에게 심결心訣을 받았으니, 두 종장宗匠이 매우 갸륵히 여겼다.

함통咸通 13년에 강릉江陵에 가니, 때마침 등등騰騰 화상이 예언해 주기를 "그대가 천태산에 가되 정靜을 만나면 그치고, 안安을 만나면 살라" 하였다. 또 감감憨憨 화상을 만나니, 어루만지면서 예언해 주기를 "그대는 앞으로 40년 후에 강남江南에서 건자봉巾子峰 밑의 보살왕이 되리니, 그때가 되면 불법이 크게 번창하리라" 하였다. 이와 같이 두 일사逸士가 모두 비밀한 예언을 해 주기에 곧 천태산으로 가서 정안현靜安縣에다 복당원福唐院을 창설하니, 등등騰騰 화상의 말이 맞았다.

또 대중이 청하여 은룡원隱龍院에 사는데 중화中和 4년에 절동浙東 지방에 흉년과 질병이 도니, 대사는 온주溫州 · 태주台州 · 명주明州 세 고을에서 병으로 죽은 시체 수천을 거두어 주니, 사람들이 비증悲增 대사라 불렀다.

건녕乾寧 때에 설봉雪峰 화상이 지나다가 종려나무로 된 불자拂子를 대사에게 주고 갔다.

천우天祐 3년에는 전錢 상보尙父가 사동使童을 시켜 의복과 약품을 산으로 보내어 법문을 청하니, 대사가 무리들을 거느리고 고을에 들어가매 지덕志德 대사란 호를 올리고, 공신당功臣堂에 머무르게 한 뒤에 날마다 법문을 청했다.

대사는 해마다 천태산에다 금광명金光明 도량을 건립하니, 여러 고을의 승속이 매우 많이 모여들어 한 달을 넘기고서야 흩어졌다.〔광명대회光明大會는 이때부터 시작되었다.〕

대사가 하직하고 산으로 돌아가려 하니, 왕이 더욱 흠모하여 고을 안에다 서룡원瑞龍院〔후에 문목왕文穆王이 보산원寶山院이라 고쳐 불렀다.〕을 세우고 맞이하여 법문을 열었다. 이때에 선문이 매우 번성했으니, 이는 감감憨憨 화상의 예언이 맞은 것이다.

대사가 상당하여 대중에게 말했다.

"내가 여러 해를 강외江外와 영남嶺南과 형호荊湖로 다니면서 선지식이 있는 곳은 가보지 않은 일이 없는데, 오늘 여러분을 위해 이야기를 간추리건대 모두가 갈 곳을 알라고 하였을 뿐이다. 그리하여 제방에서 딴 이야기가 없고, 오직 본인으로 하여금 미친 마음을 쉬게 하고, 딴 곳에서 찾지도 말라. 그저 간 곳마다 참됨에 맡기어야 하나 참됨에 맡길 것도 없고, 당할 때마다 수용해야 하나 수용할 때도 없다. 자비를 베풀어 입이 쓰도록 말했으나 낮을 밤이라 하지 않고, 방편이 풍부하나 동쪽을 서쪽이라 하지도 않는다. 설사 그렇게 하더라도 그는 신통으로 그렇게 되는 일이요, 나와는 관계가 없다. 만일 말이나 배우는 무리들이라면 자기를 살피어 허물을 알려 하지 말고, 바로 허공 속에서 꽃을 꺾으려 하고, 물속에서 달을 건지려 하는데 마음과 힘을 쓸 수 있겠는가. 그대들 모두가 물러서서 생각하라. 홀연히 긍정하게 되면 이로서 늙은 서룡瑞龍이 어쩔 수 없어서 퍽 애쓰는 줄을 알리라. 긍정하는가?"

어떤 이가 물었다.

"어떤 것이 서룡瑞龍의 경계입니까?"

"그대는 보지 못했는가?"

"어떤 것이 경계 속의 사람입니까?"

"후생後生이 두렵다."

"툭 티어서 구름이 없는데 어떤 것이 한가위의 달입니까?"

"구름이 없으니, 가장 좋구나."

"그러면 달 하나 높이 떠서 만국萬國이 같이 보겠군요."

"눈을 비비어 헛것을 보는 이와는 이야기할 수 없다."

천성天成 2년, 정해丁亥 4월에 대사가 묘탑〔墳塔〕을 세워 달라 하니, 상보尙父가 육인장陸仁璋에게 분부하여 관서關西에다 땅을 골라 탑과 절을 창건한 뒤에 스님을 편안히 모시고, 이어 천태의 은룡隱龍을 은적隱迹이라 고쳤다. 탑을 세우고 나자 대사가 고을 관가에 들어가서 상보에게 하직하고, 이어 불법을 지키는 일과 백성을 돌보는 일을 부촉한 뒤에 기한이 됨에 입적하니, 상보가 슬피 여겨 스님을 보내 고을 안의 덕이 있는 노인들을 모두 모이게 하여 탑으로 모셨다. 수명은 87세요, 법랍은 70세였다.

앞의 무주撫州 소산疎山 광인匡仁 선사의 법손

소산疎山 증證 선사

처음에 광인匡仁 화상을 만나 불법을 깨닫고, 제방으로 다니다가 투자投子 동同 선사를 뵈니, 투자가 물었다.

"지금 어디로부터 오는 길인가?"

"연평延平에서 왔습니다."

"검劍을 가지고 왔는가?"

"가지고 왔습니다."

"내게 바쳐 봐라."

대사가 눈앞의 땅을 가리키니, 투자는 그만두었고 대사는 떠나 버렸다. 3일 뒤에 투자가 일 보는 스님에게 물었다.

"엊그제 새로 온 스님이 어디에 있는가?"

"그날로 떠났습니다."

투자가 말했다.

"30년 동안 말 타는 재주를 배웠으나, 어제 당나귀에게 밟혔다."

대사가 주지가 된 뒤에 어떤 스님이 물었다.

"어떤 것이 배움에 임하는 것입니까?"

"옷 입고 마당 쓰는 것이니라."

"어떤 것이 이치를 배우는 것입니까?"

"소를 타고 똥을 치는 것이니라."

"위로 향하는 일은 어떠합니까?"

"넓어서 끝[際]을 거둘 수 없다."

"어떤 것이 빛과 소리 속의 흔연한 한 구절입니까?"

"분별할 수도 없고 설명으로도 미치지 못한다."
"어떤 것이 빛과 소리 밖에 따로 시행되는 한 구절입니까?"
"만나기 어려워서 얻을 수 없다."

홍주洪州 백장百丈 안安 화상〔제10세 주지〕

호는 명조明照 선사이다.
어떤 이가 물었다.
"하나의 영롱한 둥근 광채는 어느 것이 본체입니까?"
"그대가 멀리 온 것을 위로하노라."
"그것이 한 무더기의 둥근 광채가 아닙니까?"
"차나 한 잔 더 마셔라."
"어떤 것이 화상의 기풍입니까?"
"수건은 한 치 반의 헝겊이니라."
"만 가지 법이 하나로 돌아가면 하나는 어디로 돌아갑니까?"
"한 개도 묻지 않는 것이 없다."
"어떤 것이 극칙極則이 되는 일입니까?"
"공왕전空王殿에서는 구오(九五 : 황제의 지위)에 오르고, 촌 늙은이의 문 앞에는 사람을 세우지 않는다."
"인연을 따라 인증해 알 때는 어떠합니까?"
"인증해 알기 전에는 어떠하였는가?"

대사는 본래 신라 사람이었는데, 백장산百丈山에서 무리를 거느리기 시작한 뒤로 제도한 제자 도긍道亘 등 7인이 제각기 이어받은 바에 따라 한 지방에서 교화를 폈다.

대사가 입적한 뒤에 문인들이 영影을 그리니, 법안法眼이 찬贊을 붙였다.

얼굴 마주한들 누가 그리랴.
맑은 못에 둥근 달 가라앉았네.
해와 달덩이가 수미산 위에 둥실 떠 있으니
수미산은 한 손가락 크기요 달덩이도 가는 털끝이니

對目誰寫蟾輝　　碧池日面月面
輪圓須彌須彌　　一指月面豪芒

명조明照 선사 그 분의 광명 미치지 않는 곳 어디랴.
광명이 비추이는 곳마다 번뇌 없거니
대비大悲인들 어디 일으키리오.
나는 현묘한 공덕이라 이르노니 어찌 옳고 그름을 따지랴.

明照禪師詎曰　　違方方塵不指
大悲何起我謂　　玄功胡是非是

균주筠州 황벽산黃蘗山 혜慧 선사

그는 낙양洛陽 사람이니, 어려서 출가하여 경론을 익히는 것으로 업을 삼다가 보살계菩薩戒를 더 받으면서 한탄했다.

"대사大士의 섭률의계攝律儀戒나 내가 본래 받은 성문계聲聞戒는 모두 잘못을 그치고 막는 것을 내용으로 하는데, 그 계율 조목에 증감이 있고 근본과 곁가지에 같고 다름이 있으며 제정한 뜻도 다르구나. 이렇듯 미세하여 지키기 어렵고, 또 섭선(攝善 : 선을 행함)하는 가운데 조금도 스스로 행하지 못하니, 하물며 유정有情을 이롭게 하겠는가. 더욱이 세간은 거품 같은데 목숨을 아껴서 무엇 하랴."

이로부터 강講을 그만두고 몸을 물에 던져 물고기들이나 먹게 하리라 하고, 곧 행동에 옮기려는데 때마침 두 선객을 만났다. 선객이 간곡히 만류하면서 말하기를 "남방에는 선지식이 많은데 스님은 왜 한 구석에 박혀 있는가" 하였다. 이에 대사가 뜻을 돌려서 선지식을 찾아다니려 하였는데, 나루터를 출입하는 것이 엄격한 규제에 의해 허가되었으므로, 그 관문을 지키는 관리〔守吏〕에게 말했다.

"나는 산수를 구경하려는 것이 아니요, 불조佛祖의 도를 구하기 위한 것이니, 다음 날 그 은혜를 잊지 않으리라."

관문을 지키는 관리가 그의 뜻을 살피어 알고 끝내 만류하지 않고, 도리어 이렇게 말했다.

"스님께서 이미 법을 위해 몸을 잊으셨다니, 돌아오실 때에는 들은 것을 아끼지 말아 주십시오."

대사가 기꺼이 사례하고 바로 소산疎山으로 가니, 마침 광인 화상이 법상에 앉아서 대중의 참문參問을 받고 있었다. 대사는 먼저 대중을 둘러 본 뒤에 물었다.

"찰나 사이에 떠나버릴 때는 어떠합니까?"

소산이 말했다.

"허공을 꽉 막았는데 그대는 어떻게 가려는가?"

"허공을 꽉 막았으면 가지 않는 것만 못하겠습니다."

소산이 그만두었다.

대사가 법당에서 내려와 제1좌를 참례하니, 제1좌가 물었다.

"아까 좌주께서 화상의 법어에 대꾸하는 것을 보니, 퍽 특이하더군요."

대사가 대답했다.

"그것은 갑자기 나온 것입니다. 진실로 우연한 것이니 바라건대 자비를 베푸시어 저의 어리석음을 열어 주십시오."

제1좌가 다시 말했다.

"찰나 사이에도 망설임이 있을까요?"

대사가 그 말에 활짝 깨달아 절하고 사례하였다. 찻방으로 물러나와 슬픔과 기쁨이 엇갈린 채 3일을 지내다가 바로 황벽산에 가서 대중을 모으고 법문을 열었다.〔제2세 주지〕 그리고 본산本山에 가서 임종하니, 탑 안에 시신을 안치하였는데, 아직도 산 사람 같다.

수주隋州 수성산隋城山 호국원護國院 수징守澄 정과淨果 대사

어떤 이가 물었다.

"어떤 것이 부처입니까?"

"이 당나귀 같은 놈아."

"대지大地가 다하여 외눈〔一隻眼〕이 된 사람이 오면, 스님은 어찌하시겠습니까?"

"이 댓돌 밑에 선 놈아."

"부처님들께서 이르시지 못한 곳을 누가 밟습니까?"

"늘어진 귀에 몽당한 머리이니라."

"누가 그 안의 소식을 전합니까?"

"당나귀 얼굴에 짐승 뺨이니라."

"인연 따라 인식할 때에는 어떠합니까?"

"틀렸다."

"어떤 것이 서쪽으로부터 오신 뜻입니까?"

"한 사람이 헛소리를 전하니 만 사람이 실제라고 전한다."

"간장(干將 : 춘추 시대에 칼을 잘 만들던 장인의 이름)의 손에 떨어지기 전에는 어떤 것이 태아(太阿 : 名劍의 이름)입니까?"

"일곱 별의 빛이 찬란하니, 여섯 나라의 연기와 먼지〔煙塵 : 戰亂〕가 사라졌다."

낙경洛京 장수長水 영천靈泉 귀인歸仁 선사

어떤 이가 물었다.

“어떤 것이 조사의 뜻입니까?”

대사가 대답했다.

“얼굴을 우러러 눈썹만을 껌벅이고, 고개를 돌리고는 손뼉만을 친다.”

“어떤 것이 조사께서 서쪽으로 오신 분명한 뜻입니까?”

“낙수洛水가 거슬러 흐른다.”

“어떤 것이 화상의 가풍입니까?”

“소를 타고 거적과 모자를 쓰고, 물을 건너면서 신을 신고 도포를 입는다.”

연주延州 복룡산伏龍山 연경원延慶院 봉린奉璘 선사

어떤 이가 물었다.

“어떤 것이 화상의 가풍입니까?”

대사가 대답했다.

“몸을 기울여 바다에 눕고, 한낮에 등불을 잡는다.”

“어떤 것이 복룡伏龍의 경계입니까?”

“산이 높으니 물살이 거세고, 봄이 무르익으니 온갖 꽃이 가득하다.”

“화상께서도 재물과 색〔財色〕을 좋아하십니까?”

“좋아한다.”

“선지식이면서도 어찌 재물과 색을 좋아하십니까?”

“은혜를 아는 이는 적고 은혜를 저버리는 이는 많다.”

대사가 화두火頭에게 물었다.
"불을 피웠는가?"
"조용히 하십시오."
"어디서 그런 소식을 얻어 왔는가?"
"여러 소리가 필요치 않습니다."
"싸구려로 배가 쉽게 부르더니, 먹고 나니 다시 시장하구나."
"어떤 것이 화상의 가풍입니까?"
"한 해 동안 찬밥을 먹는다."
"퍽이나 적막하시겠군요."
"승려의 집은 마땅히 그러해야 한다."

안주安州 대안산大安山 성省 선사〔제3세 주지〕

어떤 이가 물었다.
"길을 잃은 사람입니다. 스님께서 가리켜 주십시오."
대사가 대답했다.
"삼문三門 앞으로 가라."
"걸어가서 위태로운 곳으로만 나아가니, 스님께서 달을 가리켜 주십시오."
"달을 가리킬 수 없다."
"어째서 달을 가리킬 수 없습니까?"
"구렁텅이 앞에서는 사람을 믿지 않는다."
"네 가지 구절〔四句〕과 백 가지 잘못〔百非〕을 떠난 자리를 화상께서 말씀해 주십시오."
"우리 대왕의 창고 안에 그런 칼이 없다."
"겹겹이 막힌 곳에 소식이 통하지 않을 때는 어찌합니까?"

"어찌 그런 속에 들어갔는가?"
"이른 뒤에는 어찌합니까?"
"그곳의 일은 어떻던가?"
"어떤 것이 진실 중의 진실입니까?"
"네거리 위의 진흙 불상이니라."

홍주洪州 대웅산大雄山 백장百丈 초超 선사

그는 해동海東 사람이다.
누군가가 물었다.
"조사의 뜻과 교리의 뜻이 같습니까, 다릅니까?"
"금 닭(해)과 옥토끼(달)는 수미산을 돌게 되었느니라."
"해가 서산에 떨어지면 숲 속의 일이 어떠합니까?"
"골짜기가 깊으니 구름이 느지막하게 솟고, 개울이 굽으니 물이 더디 흐른다."
"오늘 산을 내려가는데 어떤 사람이 '화상께서 어떤 법을 말씀하시는가?'라고 물으면, 무엇이라고 대답하리까?"
"그저 대웅산大雄山 밑에서 범이 사자를 낳았다 해라."

홍주洪州 천왕원天王院 화상

누군가가 물었다.
"나라 안에서 칼을 짚고 나선 이가 누구입니까?"
대사가 대답했다.
"천왕天王이니라."
"백 개의 뼈는 모두 흩어져도 한 물건은 영구히 신령스럽다 하니, 어떠합니까?"

"무너짐이 없는 곳에 떨어지지 않느니라."
"어떤 것이 부처입니까?"
"틀렸다."

상주常州 정근원正勤院 온蘊 선사〔제1세 주지〕

그는 위부魏府 사람이니, 성은 한韓씨이다. 어려서 출가하여 늙도록 동자의 얼굴을 지녔고, 소산疎山에게 법을 얻었다.

어떤 이가 물었다.

"스님은 누구의 곡조를 부르시며, 종풍은 누구의 뒤를 이으셨습니까?"

대사가 대답했다.

"적연適然한 소소簫韶 밖의 여섯 음률은 이를 지나지 못한다."

"지나지 못하는 일이 어떠합니까?"

"소리 이전에 손뼉을 쳐도 흩어지지 않고, 구절 뒤에 찾아도 자취가 없다."

"어떤 것이 정근正勤의 한 줄기 길입니까?"

"진흙의 깊이가 석 자이다."

"어찌하여야 이를 수 있습니까?"

"그대는 어디를 통해 왔는가?"

"어떤 것이 선禪입니까?"

"돌 속의 연꽃이요, 불 속의 샘이니라."

"어떤 것이 도道입니까?"

"능가봉楞伽峰 마루턱의 한 포기 풀이니라."

"선禪과 도道의 거리는 얼마나 됩니까?"

"진흙 사람이 물에 빠진 것을 나무 사람이 건져 준다."

대사가 진晉의 천복天福 때, 입적할 시기를 대중에게 미리 알렸는데, 때가 되니 온 고을의 남녀들이 절로 달려왔다. 대사가 유언을 마친 뒤에 태연히 앉아서 임종하니, 문인들이 절 뒤에다 장사를 지냈다. 2년을 지나 다시 탑을 열어 보니, 온몸이 그대로였고 머리칼과 손톱이 자라고 있었다. 성동城東에서 화장하여 사리와 뼈를 거두고 탑을 다시 세워 안치했다.

양주襄州 후동산後洞山 화상

어떤 이가 물었다.

"도가 있다가 또 없을 때에는 어떠합니까?"

대사가 대답했다.

"용두사미龍頭蛇尾여, 허리에 검을 찼구나."

경조京兆 삼상三相 화상

누군가가 물었다.

"어떤 것이 무봉탑無縫塔입니까?"

"꿰맨 곳을 찾을 수 없다."

"어떤 것이 탑 속의 사람입니까?"

"마주 대하고도 볼 수 없다."

앞의 낙보樂普 원안元安 선사의 법손

경조京兆 영안원永安院 선정善靜 선사

그는 경조 사람이니, 성은 왕王씨이다. 아버지는 군수 벼슬을 지냈다. 어머니의 꿈에 금상金像을 보고 태기가 있었다. 어릴 적에 유학儒學을 익히어 여러 서적을 두루 통하고, 27세에 홀연히 세상을 싫어하여 몰래 종남산終南山에 가서 광도廣度 선사를 예참하고서, 머리를 깎고 스님이 되었다.

당唐의 천복天復 때에 낙보樂普 원안元安 선사를 뵈니, 원안이 갸륵히 여겨 입실을 허락했다. 거기서 원무(園務 : 채소밭의 일)의 소임을 맡아서 힘껏 대중의 일을 돌보았다.

어떤 스님이 낙보에게 하직하니, 낙보가 그에게 물었다.

"사방이 온통 산인데 그대는 어디를 가려는가?"

그 스님이 대답을 못하니, 낙보가 말하기를 "그대에게 10일 동안 말미를 주겠으니, 그 안에 옳은 대답을 하면 놓아 주리라" 하였다. 이에 그 스님이 곰곰이 생각하느라고 말없이 지내길 며칠 동안 계속하다가 경행經行 중에 우연히 대사가 관리하는 밭에 들어왔다. 대사가 괴이히 여기어 물었다.

"상좌는 하직하고 떠난 줄 알았는데, 어째서 지금 여기에 계십니까?"

그 스님이 까닭을 다 이야기하고, 이어 대사에게 해답을 달라고 간청하니, 대사가 어쩔 수 없이 대신 대답을 했다.

"대나무가 빽빽해도 흐르는 물을 막지 못하고, 산이 높은들 흰 구름의 가는 길 막을 수 있으랴."

그 스님이 뛸 듯이 기뻐하니, 대사가 부탁하되 "화상에게 대답할 때에는 나의 말이라고는 하지 마시오" 하였다. 이에 그 스님이 낙보에게 가서 아뢰니, 낙보가 물었다.

"이것은 누가 해준 말인가?"

"저의 말입니다."

"아니다. 이는 그대의 말이 아니다."

그 스님이 원두園頭의 말이라 하고 사실을 자세히 말하니, 낙보가 저녁에 상당하여 대중에게 말했다.

"원두를 깔보지 말라. 훗날 그가 어느 성 모퉁이에 살면 5백 명이 항상 그를 따르리라."

대사는 곧 낙보를 하직하고, 본산으로 돌아와서 초막을 짓고 사니, 도속道俗들이 모여들었다. 다시 아미산峨眉山에 갔다가 흥원興元으로 돌아오니, 대장군〔連帥〕인 왕공王公이 소중히 여겼다. 나중에 고향으로 돌아오니, 마침 전란이 스친 뒤여서 절이 폐허가 되었다. 절도사節度師가 영안선원永安禪苑을 지어 머물게 하니, 무리가 5백여 명이었다.

어떤 스님이 물었다.

"있는 줄을 알면서도 말할 수 없을 때에는 어떠합니까?"

"있는 줄 안다는 것이 무엇인가?"

"없을 수가 없습니다."

"그러면 말할 수 있어야 하리라."

"말한다면 없지 않겠지만 말이 치우치는 것이야 어찌하겠습니까?"

"물이 어니 고기가 뛰기 어렵고, 산이 추우니 꽃이 더디 핀다."

"어떤 것이 납자〔衲衣〕의 위로 향하는 일입니까?"

"용과 고기는 바다를 벗어나지 못하고, 물속의 달은 광명을 삼키지 못한다."

"지혜로써 알지 못하고, 의식으로써 인식하지 못할 때에는 어떠합니까?"

"학과 백로가 머리를 맞대고 눈 위에서 졸다가 달이 밝으니 놀라 깨어서 서로 망설인다."

"어떤 것이 서쪽에서 오신 뜻입니까?"

"벽 위에 그린 마른 소나무에 벌이 와도 꽃망울은 보지 못한다."

"우두牛頭가 4조를 보기 전에는 어떠합니까?"

"괴이한 곳에 있는 영특한 소나무는 보는 이마다 부러워한다."

"본 뒤에는 어떠합니까?"

"잎이 떨어진 뒤에 가지가 앙상하면 바람이 불어도 소리를 내지 않는다."

"어찌하여야 여래의 집에 태어납니까?"

"옷을 걸치고 새벽빛을 바라보니, 겁을 토론해도 밝히지 못한다."

"겁이 끝난 뒤에는 어떠합니까?"

"한 구절도 얻을 수 없다."

대사가 극도棘道에 갔다가 때마침 소종昭宗이 몽진蒙塵하는 전란을 만났다. 진晋의 개운開運 병오년丙午年 겨울에 종을 쳐서 대중을 모아 유언을 하고, 바로 방장으로 들어가 동쪽으로 향하여 오른쪽 겨드랑이를 대고 누워 세상을 마쳤다. 수명은 89세요, 법랍은 60세였다. 칙명에 의하여 시호를 정오淨悟 선사라 하였다.

기주蘄州 오아산烏牙山 언빈彥賓 선사

어떤 스님이 물었다.

"사람의 몸을 받기 전에는 무엇이었습니까?"

"세 다리를 가진 소가 언덕 위를 달리고, 한 줄기의 서기瑞氣가 달 앞에 분명하다."

"필마단창匹馬單槍으로 곧장 달려들 때에는 어떠합니까?"

"설사 그대가 창을 쓸 줄 안다고 장담하여도 진왕秦王에게는 한 걸음이 어긋났다."

"오랫동안 싸움터에서 싸웠는데 왜 공명功名을 이루지 못합니까?"

"두 마리의 새매가 화살 따라 떨어지니, 이광李廣은 공명을 얻지 못했다."

"백 걸음 밖에서 버들잎을 꿰뚫는데 과녁을 맞히는 이는 누구입니까?"

"장군이 편교便橋에 오르지 않으니, 금아金牙는 헛되이 활시위를 당긴다."

"무지개가 물을 마실 때에는 어떠합니까?"

"금륜천자金輪天子가 염부閻浮에 내리니, 무쇠 만두〔鐵饅頭〕 위에 황금 꽃이 이채롭다."

봉상부鳳翔府 청봉산青峰山 전초傳楚 선사

그는 경주涇州 사람이다. 성품이 순박하고, 얼굴이 점잖았으며, 눈은 삼각형 모양이었다. 낙보樂普가 마음자리를 보여 주고, 이어 대중의 일을 맡겼다.

어느 날 낙보가 물었다.

"원주院主는 어디를 갔다 왔는가?"

"눈을 쓸고 옵니다."

"눈의 깊이가 얼마나 되던가?"

"나무 위가 온통 눈입니다."

"알기는 알았다만 그대가 다음날 살 자리를 얻는다면 눈의 동굴이 될 것이다."

대사가 수기를 받은 뒤에 백수白水를 찾으니, 백수가 물었다.

“낙보에게 소생하는 기틀〔生機〕의 한 길이 있다 하는데 사실인가?”

“그렇습니다.”

“날 길〔生路〕은 그만두고, 익숙한 길〔熟路〕로 오라.”

“날 길에는 죽은 사람이 무수하고, 익은 길에는 산 사람을 붙이지 않습니다.”

“그것은 낙보의 소식이거니와 어떤 것이 그대의 것인가?”

“낙보뿐이 아니라, 협산夾山도 어쩔 수 없습니다.”

“협산이 어째서 어쩔 수 없는가?”

“다시 태어나서 사는 하나의 길이라 하지 않았습니까?”

대사가 주지가 된 뒤에 어떤 스님이 물었다.

“부처님이나 마魔가 나타나기 전에는 어디에 있습니까?”

“여러 상좌들이 상대해 보라.”

“어떤 것이 근기에 임하는 한 구절입니까?”

“말해 보라.”

“화상께서 말씀해 주십시오.”

“해골을 꿰뚫어도 아픈 줄을 모르는구나.”

“어떤 것이 밝게 안 사람입니까?”

“준마駿馬는 한 치도 움직이지 못하는데 둔한 새가 벗어날 길로 높이 솟구친다.”

등주鄧州 중도中度 화상

어떤 이가 물었다.

“사해 안에서 스승을 만나지 못하니, 어떤 것이 천하의 주인입니까?"

"수탉은 항상 새벽을 알리건만 사람들 스스로가 알지 못한다."

"어떤 것이 어둠 속의 밝은 거울입니까?"

"만 가지 사물을 어둡게 할 수가 없다."

"어떤 물건을 비추겠습니까?"

"어떤 물건을 비추지 못하겠는가?"

"어떤 것이 실제의 이치로는 한 티끌도 받아들이지 않지만 불사의 문에서는 한 법도 버리지 않는 것입니까?"

"참되고 항상함은 티끌에 물들지 않고, 사해 안에는 백 갈래의 물이 흐른다."

"화상께서 빛과 소리를 떠나 말씀해 주십시오."

"나무 사람과 항상 마주 이야기를 하니, 성품은 있으나 말을 못한다."

가주嘉州 동계洞谿 화상

처음 낙보에게 물었다.

"달 속의 계수나무는 뿌리가 없어도 가지가 무성하니, 화상께서 묘하고 그윽함을 바로 가리켜 주십시오."

낙보가 대답했다.

"삼라만상이 빼어난 곳에서 일들은 서로 의존하지 않고, 녹수淥水의 물결이 천 가닥인데 우뚝한 봉우리만이 이채롭다."

대사가 이 말에 뜻을 깨닫고, 그의 법을 이었다.

어떤 이가 물었다.

"뱀잡이가 어찌하여 뱀에게 물립니까?"

"몇 차례를 물었어도 드러낼 수는 없다."

경조京兆 와룡臥龍 화상

처음 개당開堂하니, 어떤 스님이 물었다.

"밝은 해가 하늘 끝에 달렸고, 구슬 빛이 옛 서울을 비추고, 포진浦津은 법해法海로 통하는데 오늘의 뜻이 어떠합니까?"

대사가 대답했다.

"보배 검을 휘두를 때에 어찌 밝고 어두움을 분별하리오."

앞의 강서江西 소요산逍遙山 회충懷忠 선사의 법손

천주泉州 복청원福清院 사외師巍 화상

호號는 통현通玄 선사이다.

어떤 스님이 물었다.

"협령夾嶺으로 가닥이 나뉘어서 분명하게 소요逍遙의 법을 이었고 보배 법좌에 오르셨으니, 법의 우레를 울려 주십시오."

대사가 대답했다.

"만물 밖에 멀리 뛰어나 소요하니, 만물 밖에는 노을이 뜨지 않는다."

"어떤 것이 서쪽으로부터 오신 분명한 뜻입니까?"

"눈 속에 섰던 일은 수고롭다 할 것이 없으나, 팔을 끊고야 비로소 과녁에 맞았다."

"그러면 한 송이의 꽃에 다섯 잎이 꽃다워서 지금에 이르렀겠습니다."

"원인이 삼계의 밖에서 원만해지니, 결과가 차면 그때 시방에 두루 안다."

경조京兆 백운白雲 무휴無休 선사

어떤 이가 물었다.

"길에서 사나운 범을 만날 때에는 어떻게 항복시킵니까?"

"불·법·승에 의지하라."

"어떤 것이 백운白雲의 경계입니까?"

"달 밝은 밤에 다락 곁에 있는 나그네가 근심에 싸인다."

앞의 원주袁州 반룡산盤龍山 가문可文 선사의 법손

강주江州 여산廬山 영안永安 정오淨悟 선사

어떤 스님이 물었다.

"어떤 것이 출가한 이의 일입니까?"

"만 길 벼랑에 매달려서 손을 놓는 것이다."

"어떤 것이 출가하지 않은 이의 일입니까?"

"설령雪嶺 안소安巢의 절주와는 훨씬 다르고, 허유許由가 표주박 하나를 붙든 것과는 약간 다르다."

"여섯 문이 통하지 않으니, 어떻게 소식을 전하리까?"

"그대는 밖에 있는 누구를 알고 있는가?"

"굴레〔籠頭〕를 벗고 짐〔角馱〕을 내려놓고 올 때는 어떠합니까?"

"뼈를 바꾸고 창자를 씻어 자새(紫塞 : 城門)에 투항했으니, 다시는 홍문洪門을 지날 때 갈대를 입에 물고 가는 것〔銜蘆〕 같은 일을 하지 말라."

"예부터 여러 성인이 무엇으로 사람들에게 보였습니까?"

"조룡(祖龍 : 진시황)이 교화하던 절도와도 다르고, 서봉棲鳳이 지나치게 먼지를 피우는 일과도 훨씬 다르다."

"어떤 것이 손님 노릇을 할 줄 아는 사람입니까?"

"수라상의 진수도 버리었거늘 뉘라서 남의 문턱을 기웃거리랴."

"여러 사람이 금을 찾으면 누가 얻습니까?"

"황제黃帝는 적수赤水에 간 일이 없는데 구슬로 망상(罔象 : 물귀신)을 건진다는 것은 헛된 일이다."

"눈이 갈대꽃을 덮을 때에는 어떠합니까?"

"아무리 어렴풋이 엉키어 상서를 나타내나 태양이 빛난 뒤에는 다시 미혹한 사람이다."

원주袁州 목평산木平山 선도善道 선사

처음에 낙보를 뵙고 물었다.

"거품 하나가 일기 전에는 어떻게 물과 살피를 가리겠습니까?"

낙보가 대답했다.

"배를 옮기면서 물의 형편을 짐작하고, 돛을 달아 파도를 가른다."

대사는 뜻에 맞지 않아 바로 반룡盤龍에게 가서 앞의 일을 이야기하고 물으니, 반룡이 말했다.

"배를 저어도 물을 가리지 못하고 돛을 올리면 근원을 미혹한다."

대사가 이 말에 깨달았다.

어떤 스님이 물었다.

"어떤 것이 서쪽으로부터 오신 뜻입니까?"

"돌 염소[石羊]가 새끼를 던지고는 동녘 하늘 바라본다."

"어떤 것이 바른 법안法眼입니까?"

"주장자의 구멍이니라."

"어떤 것이 부동존不動尊입니까?"

"낭낭(浪浪 : 걸림이 없음)하고 탕탕(宕宕 : 막힘없음)한 것이니라."

"어떤 것이 목평木平의 한 구절입니까?"

"허공에 꽉 들어찼다."

"허공에 꽉 들어찬 것은 그만두고, 어떤 것이 한 구절입니까?"

대사가 때렸다.

대사는 어떤 스님이 오든지 와서 뵙기를 허락하기 전에 먼저 흙을 세 번 져 오게 한 뒤에 게송을 보여 주었다.

남산의 길이 기울어 동산이 낮으니
새로 온 이는 흙 석 짐을 사양치 말라.
그대가 오랫동안 길에 있던 것을 가엾이 여기노니
분명하거늘 깨닫지 못하고 도리어 미혹하는구나.

南山路仄東山低　　新到莫辭三轉泥
嗟汝在途經日久　　明明不曉却成迷

대사는 육계肉髻에 비단 무늬가 있었는데 금릉金陵의 이李씨가 대사의 도덕을 흠모하여 맞이하여 공양하고 스승의 예로써 대우하였다. 그가 일찍이 이렇게 물었다.

"어떤 것이 목평木平입니까?"

"도끼에도 꿈쩍 않는다."

"어떤 것이 도끼에 꿈쩍 않는 것입니까?"
"목평이니라."
이때에 대법안大法眼 선사가 게송을 지어서 보냈다.

목평산에 있는 사람이
얼굴은 늙은데 나이는 젊네.
마주 보면 시골 사람 같건만
마음을 토론하면 밝은 가을 달일세.
木平山裏人　貌古年復少
相看陌路同　論心秋月皎

누더기가 해어져도 비단 실로 꿰매지 않고
노래를 부르면 새들이 와서 화답하네.
성과 대궐이 오늘에 이르기까지
한 방울의 거품인 줄 진작 깨달았네.
壞衲線非蠶　助歌聲有鳥
城闕今日來　一漚曾已曉

대사는 기이한 행적이 퍽 많았는데 여기서는 번거로워서 다 기록하지 않는다. 입멸한 뒤에 문인들이 탑을 세우고, 돌에다 초상을 새겼다. 본국에서는 진적眞寂 선사라는 시호를 내리고, 탑호는 보혜普慧라 하였다.

협부陜府 용계龍谿 화상

상당하여 대중에게 말했다.
"설사 무봉탑無縫塔이라 하더라도 노승老僧의 한 방망이를 면치 못하리니, 어찌하여야 방망이를 면하겠는가?"

대중이 대답이 없으니, 대사가 스스로 혼잣말로 말하였다.

"내려가라."

어떤 스님이 물었다.

"어떤 것이 무봉탑입니까?"

"백 가지 보배로 장엄하기는 이제 끝났고, 네 문을 활짝 연 지는 벌써 오래다."

앞의 무주撫州 황산黃山 월륜月輪 선사의 법손

정주郢州 동천산桐泉山 화상

처음에 황산黃山을 뵈고 물었다.

"천문天門이 한데 합치고 시방十方에 길이 없는데, 누군가가 말할 수 있으면 손을 저으며 장장漳江으로 나간다."

대사가 대답했다.

"문을 닫고 열지 않으니, 용은 용의 구절이 없습니다."

"이는 그렇게 말한다."

"옳으면 바로 옳다 하고, 옳지 않으면 바로 옳지 않다 하십시오."

황산이 매듭을 지었다.

"손을 저으며 장강으로 나간다."

황산이 다시 물었다.

"변화卞和가 간 곳에는 형산荊山이 수려했는데 옥도장〔玉印〕이 천자에 의해서 전해질 때에는 어떠한가?"

"신령스런 학은 숲 속에서 쉬지 않고, 농부는 태평세월을 거듭 누리지 못합니다."

황산이 퍽 옳게 여겼다.

대사가 주지가 된 뒤에 어떤 스님이 물었다.
"어떤 것이 서로 전한 것입니까?"
대사가 말했다.
"용은 장생수長生水를 토하고, 물고기는 끝없는 거품을 삼킨다."
"스님께서 잡아 주십시오."
"북을 치고 뱃머리를 돌리니, 돛대가 물속의 달을 깨뜨린다."

앞의 낙경洛京 소산韶山 환보寰普 선사의 법손

담주潭州 문수文殊 화상

어떤 스님이 물었다.
"어떤 것이 축륭봉祝融峰 앞의 일입니까?"
"바위 앞에 상서로운 풀이 돋는다."
"어진 임금이 세상에 나시면 만백성이 은혜를 입는데 화상께서 세상에 나신 뒤에는 어떠합니까?"
"만 리의 사막에 무쇠 배를 띄운다."
"어떤 것이 본래의 장엄입니까?"
"국화가 언덕 위에 피니, 행인들의 갈 길이 더디다."

경덕전등록 제 21 권

길주吉州 청원산青原山 행사行思 선사의 제7세 법손 ①

복주福州 현사玄沙 사비師備 선사의 법손 13인

장주漳州 나한원羅漢院 계침桂琛 선사
복주福州 안국安國 혜구慧球 선사
항주杭州 천룡天龍 중기重機 선사
복주福州 선종僊宗 계부契符 선사
무주婺州 국태國泰 도瑫 선사
형악衡岳 남대南臺 성誠 선사
복주福州 백룡白龍 도희道希 선사
복주福州 나봉螺峰 충오沖奧 선사
천주泉州 수룡산睡龍山 화상
천태天台 운봉雲峰 광서光緖 선사
복주福州 대장산大章山 계여契如 암주庵主
복주福州 영흥永興 녹祿 화상

천태天台 국청國淸 사정師靜 상좌

〔이상 13인은 기록에 보임〕

복주福州 장경長慶 혜릉慧稜 선사의 법손 26인

천주泉州 초경招慶 도광道匡 선사

항주杭州 용화龍華 언구彦球 선사

항주杭州 보안保安 연連 선사

복주福州 보자報慈 광운光雲 선사

여산廬山 개선開先 소종紹宗 선사

무주婺州 보은報恩 보자寶資 선사

항주杭州 경심傾心 법도法瑫 선사

복주福州 수륙水陸 홍엄洪儼 선사

항주杭州 광엄廣嚴 함택咸澤 선사

복주福州 보자報慈 혜랑慧朗 선사

복주福州 장경長慶 상혜常慧 선사

복주福州 석불원石佛院 정靜 선사

처주處州 취봉翠峰 종흔從欣 선사

복주福州 침봉枕峰 청환淸換 선사

복주福州 동선東禪 계눌契訥 선사

복주福州 장경長慶 홍변弘辯 대사

복주福州 동선東禪 가륭可隆 대사

복주福州 선종僊宗 수빈守玭 선사

무주撫州 영안永安 회열懷烈 대사

복주福州 민산閩山 영함令含 선사

신라新羅 구산龜山 화상

길주吉州 용수산龍須山 도은道殷 선사
복주福州 상광祥光 징정澄靜 선사
양주襄州 취령鷲嶺 명원明遠 선사
항주杭州 보자報慈 종괴從瓌 선사
항주杭州 용화龍華 계영契盈 선사
〔이상 26인은 기록에 보임〕

항주杭州 용책사龍冊寺 도부道怤 선사의 법손 5인
월주越州 청화산淸化山 사눌師訥 선사
구주衢州 남선南禪 우연遇緣 선사
복주復州 자복資福 지원智遠 선사
〔이상 3인은 기록에 보임〕
균주筠州 동산洞山 구단龜端 선사
온주溫州 경풍景豊 선사
〔이상 2인은 기연할 어구가 없으므로 기록하지 않음〕

신주信州 아호鵝湖 지부智孚 선사의 법손 1인
법진法進 선사
〔1인은 기연할 어구가 없으므로 기록하지 않음〕

장주漳州 보은報恩 회악懷嶽 선사의 법손 1인
담주潭州 묘제妙濟 사호師浩 선사
〔1인은 기록에 보임〕

복주福州 고산鼓山 신안神晏 선사의 법손 11인
항주杭州 천축산天竺山 자의子儀 선사
건주建州 백운白雲 지작智作 선사

복주福州 고산鼓山 지엄智嚴 선사
복주福州 용산龍山 지숭智嵩 선사
천주泉州 봉황산鳳凰山 강强 선사
복주福州 용산龍山 문의文義 선사
복주福州 고산鼓山 지악智嶽 선사
양주襄州 정혜定慧 화상
복주福州 고산鼓山 청악淸諤 선사
금릉金陵 정덕淨德 충후沖煦 선사
금릉金陵 보은원報恩院 청호淸護 선사
〔이상 11인은 기록에 보임〕

행사行思 선사의 제7세 ①

앞의 복주福州 현사玄沙 사비師備 선사의 법손

장주漳州 나한원羅漢院 계침桂琛 선사

그는 상산常山 사람이니, 성은 이李씨이다. 어릴 때부터 하루에 한 끼니만 먹고 소식素食을 하였으며, 내뱉는 말은 범상치 않았다. 관례冠禮를 마친 뒤에 부모를 하직하고, 본 고장의 만세사萬歲寺에 가서 무상無相 대사에 의하여 머리를 깎고, 계를 받고 율장〔毘尼〕을 배웠다.

어느 날 대중을 위해 법상에 올라 계본戒本에 의해 포살布薩을 마친 뒤에 말했다.

“계를 지키는 일은 몸을 단속하는 것뿐이니, 참 해탈은 아니다.

글에 의하여 견해를 내는 것이 어찌 거룩함을 계발하는 것이랴."

그리고는 남종南宗을 찾아 나섰다. 처음에는 운거雲居와 설봉雪峰을 뵙고 부지런히 참문했으나 여전히 진전이 없더니, 나중에 현사玄沙 종일宗一 대사에게 가서는 한마디에 깨달아 의혹疑惑이 없어져 확 트였다.

현사가 일찍이 이렇게 물었다.

"삼계가 마음뿐이란 말을 그대는 어떻게 이해하는가?"

대사가 의자를 가리키면서 말했다.

"화상께서는 저것을 무엇이라 하십니까?"

"의자라 한다."

"화상께서는 삼계가 마음뿐인 소식을 모르시는군요."

"나는 저것을 대와 나무라 부르는데 그대는 무엇이라 하는가?"

"저도 대와 나무라 부릅니다."

현사가 매듭을 지었다.

"온 누리에 불법을 아는 사람은 만나기 어렵구나."

대사가 이로부터 더욱 부지런히 힘썼는데 현사는 학자들을 지도할 때마다 여러 가지 삼매三昧를 사용하되 "모두 대사를 위하여 협조하라" 하였다. 대사는 비록 대중 속에 자취를 감추고 있었으나 명성은 널리 퍼지고 있었다.

이때에 장주 목사인 왕공王公이 민성閩城의 서쪽에 있는 석산石山에다 절을 지어 지장地藏이라 부르고 대사를 청해 살게 하였다. 한 해쯤을 지나 다시 장주의 나한원羅漢院으로 옮겨 가서 크게 법문을 펴니, 학자들이 구름같이 모였다.

이때에 대사가 상당하여 말했다.

"종문宗門의 현묘함이 이뿐이겠는가? 다시 따로 기록함이 있겠는가? 그대는 무엇을 들겠는가? 없다면 세 글자를 가지고 종승宗乘이라 여기지 말라. 무엇을 세 글자라 하는가? 종宗·교敎·승乘이다. 그대들이 종승이라 말하면 그것은 종승이요, 교승이라 말하면 그것은 교승이다. 선덕禪德들이여, 불법이나 종승은 본래부터 그대들의 입으로 이름을 붙이고서 다시 짓는다든가 말한다든가 하고는 다시 그 속에서 평등·진실·원만·항상함이라 하거니와 선덕들이여, 그대들은 무엇을 평등·진실이라 하며, 무엇을 원만·항상함이라 하는가? 옆집으로 다니면서 행각行脚하는 것은 떨어 버리기 위한 것이다. 무디게 해서는 안 된다. 비슷한 빛과 소리와 이름들을 얻어 마음속에 간직해 두고는 말하기를 '내가 알았다' 하거나 '잘 간택한다' 하지만 그대들은 무엇을 알았으며, 무엇을 잘 간택한다는 것인가? 기억해 가진 것은 이름이요, 간택한다는 것은 빛과 소리일 뿐이다. 만일 빛과 소리와 이름이 아니라면 그대들이 어떻게 간택하고 기억하겠는가? 바람이 소나무에 불어도 소리요, 개구리나 까마귀가 울어도 소리인데 어찌 그 속에서 들어서는 간택하지 못하는가? 만일 그 속에 의도意度나 모양이 있다면, 지금 나의 입 속에는 얼마나 되는 의도가 있어 그대를 상대하는가? 착각하지 말라. 지금 땅이 요동하는 것으로 거기에 미치는가, 미치지 못하는가? 만일 미친다면 그대의 신령스런 성품과 금강 비밀이 무너질 때가 있으리라. 왜 그렇게 되는가? 소리는 그대의 귀를 꿰뚫고, 빛은 그대의 눈을 꿰뚫고, 인연은 그대의 허망한 허깨비를 막아 그대들을 빛과 소리로 달리게 하지만 본체로서는 용납되지 않는 일이다. 만일 미치지 못한다면 또 어디서 빛과 소리를 얻겠는가? 알겠는가? 미치는 것과 미치지 못하는 것을 시험 삼아 가려 보라."

조금 있다가 또 말했다.

"이 원만함과 항상함과 평등함과 진실을 뉘라서 이렇게 말했는가? 황이촌黃夷村에 사는 백성이 그렇게 말한 것은 아니리라. 이는 옛 성인이 비슷한 말을 하여 드러내는 일을 도왔을 뿐인데 요새 사람들이 좋고 나쁨을 알지 못하고 선뜻 원만과 진실에 자리를 잡고 앉아서 말하기를 '나에게 따로 현묘한 종풍이 있다'고 한다. 석가부처님도 혀가 없으니, 그대가 사소한 일에 그렇듯이 마음속으로 긍정하는 것만 못하다. 살생〔殺〕·투도〔盜〕·음행〔婬〕의 죄가 중하다고는 하나 쉴 때가 있어 오히려 가볍거니와, 이 반야를 비방하고 중생의 눈을 멀게 한 죄는 아비지옥에 들어가서 무쇠탄환을 삼킬 것이니, 예사롭게 생각지 말라. 그러므로 옛사람이 말하기를 '허물은 화주化主에게 있다. 그대들에게 관계치 않는다' 하였느니라. 진중珍重하라."

어떤 스님이 물었다.

"어떤 것이 나한羅漢의 한 구절입니까?"

대사가 대답했다.

"내가 그대에게 대답한다면 두 구절이 된다."

"잘 모르는 사람이 온다면 스님께서 지도해 주시겠습니까?"

"누가 모르는 사람인가?"

"아까 여쭈었습니다."

"일부러 못난 체하지 말라."

다른 이가 물었다.

"팔八자도 아니고 이以자도 아닐 때에는 무엇입니까?"

"그대는 참으로 모르는구나."

"학인은 참으로 모릅니다."

"아래쪽에 있는 주〔注脚〕를 보라."

"어떤 것이 사문의 바른 음식〔正命食〕입니까?"

"먹고자 하는가?"

"먹으려면 어떤 방편을 써야 합니까?"

"그대의 입을 막아라."

"어떤 것이 나한의 가풍입니까?"

"그대에게는 말하지 않겠다."

"어째서 말하지 않으십니까?"

"그것이 나의 가풍이다."

"어떤 것이 법왕法王의 몸입니까?"

"그대는 지금 무슨 몸인가?"

"그러면 몸이 없는 것이겠습니다."

"고통이 심하겠구나."

대사가 상당하여 앉자마자, 어떤 두 스님이 일시에 절을 했다. 이에 대사가 말했다.

"모두가 틀렸다."

"어떤 것이 두드려도 깨지지 않는 구절입니까?"

"두드려라."

"한 부처님께서 세상에 나시면 여러 중생을 두루 위하는데, 오늘 화상께서는 누구를 위하십니까?"

"어디서 한 부처님을 만났던고?"

"그러면 학인이 잘못하였습니다."

"물러가서 근신하라."

다른 이가 물었다.
"어떤 것이 나한의 가풍입니까?"
"겉과 속을 살펴라."
"어떤 것이 여러 성인의 현묘한 종지입니까?"
"네모〔楞〕가 땅에 닿았느니라."
"큰일을 긍정하지 않을 때에는 어떠합니까?"
"그대 때문이니라."
"어떤 것이 시방의 안목입니까?"
"눈썹을 부릅떠 보아라."

보복保福을 청해 공양하려고 사람을 보내 이런 말을 전했다.
"화상께서 자비를 드리워 강림해 주십시오."
이에 보복이 대답했다.
"자비란 누구를 위한 것인가?"
이 말을 듣고 대사가 말했다.
"화상께서 그렇게 말씀하시면 전혀 자비롭지 않으십니다."

대사가 달구경을 하다가 말했다.
"구름이 움직이는 것을 보니 비가 오겠다. 가자."
이에 어떤 스님이 말했다.
"구름이 움직이는 것이 아니라 바람이 움직입니다."
"나는 구름도 움직이고, 바람도 움직인다 하노라."
"화상께서는 아까 구름이 움직인다 하셨습니다."
"누가 잘못했는고?"

대사가 어떤 스님이 오는 것을 보자 불자를 들고 말했다.

"알겠는가?"

"화상께서 자비로써 학인에게 보여 주시니, 고맙습니다."

"내가 불자 세우는 것을 보고 얼른 말하기를 '학인에게 보인다' 하는데 그대가 매일 산이나 물을 볼 때는 보여 주는 것이 없던가?"

대사가 또 다른 스님이 오는 것을 보고 불자를 번쩍 드니, 그 스님이 찬탄하였다. 이에 대사가 말했다.

"내가 불자를 세운 것을 보자 찬탄하고 절을 하면서도 아까 마당을 쓸다가 비를 세웠을 때는 어째서 찬탄하지 않았는가?"〔현각玄覺이 말하되 "똑같이 불자를 세웠고, 같은 물건을 들었는데 긍정하는 이치와 긍정치 않는 도리가 있으니, 이해의 차이가 어디에 있는가?" 하였다.〕

어떤 스님이 물었다.

"듣건대 경전에 말하기를 '만약 모든 형상을 형상 아닌 것으로 보면 곧 여래를 본다' 하니, 어떤 것이 형상 아닌 것입니까?"

"초롱이니라."

"어떤 것이 출가입니까?"

"무엇을 집이라 하는가?"

대사가 어떤 스님에게 물었다.

"어디서 왔는가?"

"진주秦州에서 왔습니다."

"무엇을 가지고 왔는가?"

"아무것도 가져오지 않았습니다."

"그대는 왜 대중 앞에서 거짓말을 하는가?"

그 스님이 대답이 없었다. 대사가 다시 그에게 물었다.

"진주에서 앵무새가 나지 않는가?"

"앵무새는 농주隴州에서 납니다."

"큰 차이가 없구나."

또 대사가 어떤 스님에게 물었다.

"어디서 왔는가?"

"보은報恩에서 왔습니다."

"왜 거기서 좀더 있지 않았는가?"

"스님의 집은 일정하지 않습니다."

"이미 스님의 집이라 한다면 어째서 일정하지 않는가?"

스님이 대답이 없었다.〔현각이 대신 말하되 "화상께서 물어 주셔서 고맙습니다" 하였다.〕

대사가 지장에 있을 때에 어떤 스님이 와서 말하기를 '보복 화상이 이미 열반에 들었습니다' 하니, 대사가 말했다.

"보복은 열반에 들었으니, 지장은 탑에 들리라."〔어떤 스님이 법안에게 묻되 "옛사람의 뜻이 무엇입니까?" 하니, 법안이 대답하되 "아이고, 아이고" 했다.〕

나중에 왕공이 설봉에 올라와서 대중에게 옷을 보시했는데 이때에 종엄從弇이라는 상좌가 밖에 나가고 없었으므로, 그의 사제師弟가 이름을 적고 옷을 받아 갔다. 종엄이 돌아오니, 사제가 말했다.

"제가 사형師兄을 대신하여 이름을 적어 올렸습니다."

종엄이 말했다.

"그대는 나의 이름을 무엇이라 했는가?"

사제가 대답이 없으니, 대사가 대신 말했다.

"사형께서는 이와 같이 탐욕을 냈습니다."

또 말했다.

"어디가 탐낸 곳인가?"

대사가 또 대신 말했다.

"두 차례나 이름을 적었군요."〔운거雲居 석錫이 말하되 "어디가 종엄 상좌가 두 차례 이름을 적은 곳인가?" 하였다.〕

대사가 장경長慶, 보복保福과 함께 고을에 들어갔는데 모란 장지문을 보고 보복이 말했다.

"한 떨기 좋은 모란꽃이구나."

장경이 말했다.

"눈이 어둡지 않군〔莫眼花〕."[1]

대사가 말했다.

"한 떨기 꽃이 애처롭구나."〔현각玄覺이 말하되 "세 존숙의 말에 멀고 가까움이 있는가? 나한이 그렇게 말한 뜻은 어디에 있는가" 하였다.〕

대사가 어떤 스님에게 물었다.

"그대가 초경招慶에 있을 때에 이상한 일을 들은 것이 있거든 말해 보라."

---

1 막안화莫眼花 · 안화眼花는 눈이 흐려서 잘 보이지 않는 모양을 이르는 것이므로 이를 부정한 '막莫'으로 해서 '눈이 어둡지 않다'고 번역한다. 그러나 때로는 '막안화莫眼花'는 '안화眼花가 아닙니까'로 이해된다.

그 스님이 대답했다.

"감히 잘못 아뢸 수는 없습니다."

"진실한 일을 어떻게 이야기하겠는가?"

"화상은 왜 그렇게 되셨습니까?"

"그대의 말이 틀렸다."

어느 날 대중이 만참晩參을 하는데 나팔〔角〕 소리가 들렸다. 이에 대사가 말했다.

"나한이 사흘에 한 차례 법당에 오르는데 왕王 태부太傅가 두 차례씩 도와주었다."

어떤 스님이 물었다.

"어떤 것이 학인의 본래의 마음입니까?"

"이것이 그대의 본래 마음이다."

다른 스님이 물었다.

"대사께서 보좌寶座에 앉아 설법하여 사람을 제도하시는데 누구를 제도하시렵니까?"

"그대가 보좌에 앉는다면 누구를 제도하겠는가?"

다른 스님이 물었다.

"거울 속에 서서 그림자를 보기는 어렵지 않다 하니, 어떤 것이 거울입니까?"

"형체를 보았는가?"

"근본을 얻기만 하면 끝은 근심치 말라 하니, 어떤 것이 근본입니까?"

"모두를 가지고 있느니라."

대사가 병이 나니, 어떤 스님이 물었다.

"화상의 병환이 좀 어떠하십니까?"

대사가 주장자로 땅을 짚으면서 말했다.

"그대는 이것도 아픔을 느낀다고 여기는가?"

"화상께서는 누구에게 물으셨습니까?"

"그대에게 물었다."

"아직도 아픔을 느끼십니까?"

"원래 나와 함께 도리를 따졌느니라."

나중에 대사는 당唐의 천성天成 3년, 무자戊子 가을에 다시 민성閩城의 옛터로 돌아와 가까운 고을의 절들을 두루 돌아본 뒤에 갑자기 병이 나서 며칠 만에 임종하니, 수명은 60세요, 법랍은 40세였다. 다비를 하고 사리를 거두어 절 서쪽 모퉁이에다 탑을 세우니, 유언에 따른 것이다. 청태淸泰 2년 을미乙未 12월 보름에 탑에 안치하니, 시호를 진응眞應 선사라 하였다.

복주福州 와룡산臥龍山 안국원安國院 혜구慧球 적조寂照 선사
〔제2세 주지이니, 중탑中塔이라고도 한다.〕

그는 천주泉州 포전莆田 사람이니, 구양산龜洋山에서 스님이 되어 현사玄沙에게 참문했는데 대중의 우두머리에 있었다. 이에 현사에게 물었다.

"어떤 것이 본래의 달입니까?"

현사가 대답했다.

"그대는 그 달을 무엇 하려는가?"

대사가 이로부터 깨달음에 들게 되었다.

양梁의 개평開平 2년에 현사가 열반에 들려는데 민수閩帥 왕王씨가 아들을 보내 문병을 하고서, 그의 뒤를 이어 설법할 이가 누구인가를 몰래 알려 달라고 하니, 현사가 말했다.

"둥그런 놈〔球子 : 慧球〕이 나의 뒤를 이을 것이오."

왕씨가 속으로 이 뜻을 간직해 두고, 이어 고산鼓山 국사國師에게 물었다.

"와룡臥龍의 법석을 누가 맡아야 합니까?"

고산이 고을 안에 있는 고승으로서 도안을 갖춘 12인을 천거하니, 모두가 세상에 나설 수 있는 이들이었다. 왕씨도 잠자코 묵인했다가 법당을 여는 날, 관리와 스님이 많이 모인 자리에서 왕씨가 홀연히 대중에게 물었다.

"누가 혜구慧球 상좌입니까?"

대중이 대사를 가리키니, 왕씨가 자리에 오르기를 청했다. 대사가 한참 있다가 대중에게 말했다.

"적막함을 싫어하지 말고, 감당할 수 없다고도 말라. 경계境界가 분명치 않거늘 어떻게 의론해서 따지랴. 그러므로 평상시의 음향音響으로써 한두 차례 그의 발동을 도와주건만 시방세계에서 한 사람의 벗도 얻을 수 없다 하노라."

어떤 스님이 물었다.

"어떤 방편을 써야 불법의 대의에 곧장 들어갈 수 있습니까?"

대사가 대답했다.

"들어가는 것이 방편이다."

"구름은 어느 산에서 일고, 바람은 어느 개울에서 생깁니까?"

"힘을 다해 움직이나 중탑中塔에서 떠나지 않느니라."

대사가 상당하여 대중에게 일렀다.

"내가 여기서 죽이나 밥을 먹는 인연으로 인하여 그대들에게 들어서 말해 줄 것이니, 이는 결코 불변의 진리는 아니다. 힘 안들이고 요긴한 곳을 알고자 하면 산하대지山河大地가 도리어 그대들을 도와서 깨닫게 하여 주리니, 그 도가 항상한 것이라면 또한 완전할 것이다. 만일 문수文殊의 문턱으로 들어온다면 온갖 무위無爲인 토목土木이나 기와조각들이 그대들의 깨달음을 도울 것이요, 만일 관음觀音의 문턱으로 들어온다면 온갖 음향인 개구리 소리 · 지렁이 소리가 그대들의 깨달음을 도울 것이요, 만일 보현普賢의 문턱으로 들어온다면 걸음을 옮기지 않고 이를 것이다. 나는 이 세 가지 방편으로 그대들을 지도하노니, 마치 부러진 젓가락 하나로 바다를 저어서 물고기들로 하여금 물이 그들의 생명임을 알게 하는 것과 같다. 알겠는가? 만일 지혜의 눈이 없이 자세히 안다면 아무리 백 가지 교묘함을 다하여도 완전함이 아니다."

어떤 스님이 물었다.

"학인이 최근에 총림에 들어와서 자기의 일을 밝히지 못했으니, 스님께서 지시해 주십시오."

대사가 주장자로 가리키면서 말했다.

"알겠는가?"

"잘 모르겠습니다."

"내가 그토록 그대를 위해 노력했건만 도리어 남을 억압한 결과가 되었구나. 알겠는가? 만일 그대의 본분에 맞는 본래의 일을 논의하건대 처음으로 총림에 들어왔거나 과거의 부처님들을 막론하고 조금도 모자람이 없다. 마치 바닷물이 온갖 고기나 용들이 처음 나서 늙기까지 수용하는 것이 모두 평등한 것 같으니라."

어떤 이가 물었다.
"정종正宗을 어기지 말고 스님께서 진실을 말씀해 주십시오."
대사가 대답했다.
"그대가 나를 대신해서 말해 보라."
"분별치 못하는 이가 있다면 어찌합니까?"
"분별치 못하는 이가 오기를 기다리리라."
"부처님도 스승이 있습니까?"
"있다."
"어떤 것이 부처님들의 스승입니까?"
"아무도 알지 못한다."

대사가 상당하여 한참동안 잠자코 있었다. 어떤 스님이 나와서 절을 하니 대사가 말했다.
"해골이 다치지 않게 하라."
"어떤 것이 영산회상의 일입니까?"
"영리한 놈을 만날 수 없구나."
"영리한 사람을 홀연히 만나면 어찌합니까?"
"이 어리석은 놈아."

대사가 상당하여 대중에게 말했다.
"여러분이 헤아리고자 하거든 해골 뒤로 가서 소식을 통한 뒤에 와서 같이 상의하자. 거기에는 일찍이 남의 광명을 막은 적이 없다."
"위로부터의 종승이 어떠합니까?"
대사가 한참 잠자코 있으니, 스님이 다시 물었다. 이에 대사가 할을 해서 내쫓았다.

어떤 이가 물었다.

"어떤 것이 대유령大庾嶺에서의 일입니까?"

"그대가 알아듣지 못할 것으로 짐작했었다."

"무게가 얼마나 됩니까?"

"그런 것은 겁을 두고 의논한들 어쩔 수 없을 것이다."

대사가 요了 원주院主에게 물었다.

"선사先師께서 말씀하시기를 '시방세계가 온통 진실한 사람의 몸이다' 하였는데, 그대는 승당僧堂을 보았는가?"

원주가 말했다.

"화상의 안화眼花가 아닙니까?"

"선사께서 열반에 드셨는데 살이 아직 따뜻하다."

대사는 당唐의 건화乾化 3년 계유癸酉 8월 17일에 병 없이 떠났다.

항주杭州 천룡사天龍寺 중기重機 명진明眞 대사

그는 태주台州 황암黃巖 사람이니, 현사玄沙에게 법을 얻고는 바로 절중浙中으로 들어갔다. 전무숙왕錢武肅王이 설법을 청하고 주지케 하니, 상당하여 이렇게 말했다.

"만일 종풍宗風을 바로 들어 본분의 일을 홀로 외친다면 어리석은 돌과 같을 것이요, 만일 범부나 성인의 소식이 끊어졌다 하면 산하대지가 없이 시방세계가 온통 외짝 눈이 되리니, 이는 어쩔 수 없어서 하는 말이다. 그러므로 항상 말하기를 '소경·벙어리 등이 바로 선타바(僊陀 : 총명한 사람)거늘, 눈에 가득한 요새 사람들 어쩌지 못하네. 다만 눈앞의 것으로부터 묘함을 체득하고 나면, 몸과 마음이 그대로 삼라만상이로다'라고 하는 것이니라."

어떤 이가 물었다.

"어떤 것이 구슬이 요동하지 않는 것입니까?"

대사가 대답했다.

"청산은 몇 겹으로 겹쳤느니라."

"어떤 것이 고요해서 끝이 없는 것입니까?"

"백운白雲 한 줄기이니라."

"어떤 것이 근원에 돌아가서 뜻을 아는 것입니까?"

"토끼에게 뿔이 돋았구나."

"어떤 것이 비춤(照)을 따르면 종지를 잃는 것입니까?"

"거북의 털이 빠졌구나."

"연꽃이 물에서 나기 전에는 어떠합니까?"

"누가 있는 줄을 모르던가?"

"물에서 나온 뒤에 어떠합니까?"

"향냄새가 멀리 퍼지는 것이 눈에 띄는구나."

"밝은 달이 하늘에서 비출 때에는 어떠합니까?"

"바야흐로 광채를 나누거늘 무엇 하러 옥루(玉樓 : 산봉우리)를 가리키겠는가?"

복주福州 선종원僊宗院 계부契符 청법淸法 대사

처음으로 개당開堂하는 날에 어떤 스님이 물었다.

"스님께서 보배 자리에 오르셨으니, 무엇을 말씀하시겠습니까?"

"귓구멍을 활짝 열어라."

"옛사람들은 어째서 귀와 눈이 미치지 못한다 하였습니까?"

"금앵수金櫻樹에 배〔梨子〕가 열지는 않는다."

"고금古今이 미치지 못하는 곳을 스님께서 말씀해 주십시오."

"그대는 어째서 묻는가?"

"여러 사람이 금을 고르면 누가 얻습니까?"

"손을 들어 천 리를 막고 빛나는 공功은 마음대로 보느니라."

"나는 듯한 봉우리 곁에 꽃이 수려한데 선경대仙境臺 앞의 일은 어떠합니까?"

"값진 큰 보배가 광명 속에 나타났건만 눈 어두운 나그네는 캄캄하니 어찌하리오."

"우담발화는 꺾어 놓으면 사람들이 다 보지만 위로 향하는 종승의 일은 어떠합니까?"

"그대는 종승의 일을 물었지만, 고요한 곳에서 살바하薩婆訶[2]를 외치는 것이 낫겠구나."

"어떤 것이 대민국大閩國 안 부처님들의 경계입니까?"

"조화造化의 공덕은 끝내 헤아릴 수 없는데 봄바람만 제 홀로 건들거린다."

"어떤 것이 길거리의 보배입니까?"

"운손雲孫[3]의 눈물이 역시 흐르는구나."

"성현들이 광채를 거두고 근원에 돌아간 뒤에는 어떠합니까?"

"세 마디의 원숭이 소리가 자주 끊이는데, 만 리에 나선 나그네

---

2 구경究竟·원만圓滿·성취成就·산거散去의 뜻이 있다. 진언의 끝에 붙여 성취를 구하는 말이나, 부처님네를 경각敬覺하는 말이라고도 한다. 원래는 신神에게 물건을 바칠 때 인사로 쓰던 어구語句라고 한다.

3 자기로부터 8대 후손後孫을 말한다.

가 근심스레 듣는다."

"지금 사람들이 어찌하여야 옛사람의 기틀에 이릅니까?"

"좋은 마음으로 그대에게 이르노니, 나기 이전은 간절히 삼가라."

무주婺州 금화산金華山 국태원國泰院 도瑫 선사

상당上堂하여 말했다.

"제자리를 여의지 않고 모두가 오묘하고 밝은 참 마음이니라. 그러므로 현사玄沙 화상께서 말씀하시기를 '나의 마지막 구절〔最後句〕을 알면, 세상을 뛰어넘건마는 아는 이가 없다' 하였거니와, 어찌 국태國泰의 마지막 한 구절만 하겠는가?"

어떤 스님이 물었다.

"어떤 것이 국태의 마지막 구절입니까?"

"그대는 매우 더딘 사람이구나."

"어떤 것이 비로자나의 스승입니까?"

"나나 노형老兄은 모두 제자이다."

"달마가 중국에 온 것은 묻지 않겠으나 ,어떤 것이 오기 전의 소식입니까?"

"몸소 양왕梁王을 만났느니라."

"옛 거울을 갈기 전에는 어떠합니까?"

"옛 거울이니라."

"간 뒤에는 어떠합니까?"

"옛 거울이니라."

형악衡嶽 남대南臺 성誠 선사

어떤 스님이 물었다.

"현사의 종지를 스님께서 드러내어 주십시오."

"이 소식을 얻은들 무엇 하겠는가?"

"그러면 누가 지도해 줍니까?"

"사람을 얻어야 미迷하지 않으리라."

"못 속의 맑은 달은 누구의 경계입니까?"

"그대에게 관계치 않는 일이니라."

"사례를 들어서 물은들 무슨 방해가 되겠습니까?"

"못을 뒤져도 달은 건질 수 없다."

"땅에서 네 치가 떨어진 부처님의 발밑에 어째서 물고기의 문양이 있습니까?"

"성언량聖言量이 있을 뿐이다."

"그 성언량은 누구를 위하여 시설했습니까?"

"성인을 위하지는 않았다."

복주福州 승산升山 백룡원白龍院 도희道希 선사

그는 복주福州 민현閩縣 사람이니, 상당하여 이렇게 말했다.

"발〔足〕을 들 필요가 없으니, 이는 누구의 위광威光인가? 알겠는가? 만일 자기의 갈 곳이 본래부터 이런 것이라 하여, 몹시 기뻐해도 교섭할 길이 없다."

"어떤 것이 서쪽에서 오신 뜻입니까?"

"그대는 어디서 왔는가?"

"어떤 것이 불법의 대의입니까?"

"그대는 벌써 세 차례 절을 하지 않았는가?"

"올라온 일을 꾸짖지 마시고, 스님께서 바로 가르쳐 주십시오."

"얻었다."

"어떤 것이 바르고 곧은길입니까?"

"나귀를 타고 나귀를 찾는구나."

"스님께서 주인과 손이 없는 이야기를 대답해 주십시오."

"지난해에 기억한 일이 있다."

"지금은 어떠합니까?"

"귀만 먹은 것이 아니라 눈까지 멀었구나."

"감정이 없어져 본체에 합할 때는 어떠합니까?"

"또 꿈속에 무엇을 보았는가?"

"학인이 한 가지를 묻고자 하오니, 스님께서 재가〔裁〕해 주십시오."

"재가하지 않겠다."

"어째서 재가하지 않으시렵니까?"

"솜씨가 좋은 줄 알아야 한다."

"대중이 운집했으니, 스님께서 으뜸가는 교법을 거양擧揚해 주십시오."

"알아듣는 자가 드물구나."

"입술을 거치지 않는 말을 스님께서 보여 주십시오."

"입술을 거치지 않고 물어보라."

"그러시면 중생들이 믿을 곳이 있겠습니다."

"부질없는 말을 말라."

"소생하는 힘〔生機〕으로 답하는 말씀을 들려주십시오."

"지필紙筆을 가지고 와서 기록해 가라."

"어떤 것이 큰 입〔大口〕을 생각하는 것입니까?"

"나오라. 그대에게 말해 주리라."

"학인이 지금 나왔습니다."

"벌써 몇 사람이나 속였는가?"

"듣건대 옛사람이 말하기를 '해골은 항상 세계를 간섭하고, 콧구멍의 털은 가풍을 건드린다' 했다는데, 해골이 항상 세계를 간섭하는 것은 어떤 것입니까?"

"가까이 오너라. 그대에게 말해 주리라."

"어떤 것이 콧구멍의 털이 가풍을 건드리는 것입니까?"

"물러갔다가 다음날 오라."

복주福州 나봉螺峰 충오沖奧 명법明法 대사

먼저는 백룡白龍에 살았다. 상당하여 말했다.

"사람마다 구족하고, 사람마다 현전에 이루었거늘 어찌 노승을 괴이히 여기리오. 진중珍重하라."

어떤 스님이 물었다.

"모든 법의 적멸한 형상은 말로써 형용할 수 없다 하니, 어떤 것이 적멸한 형상입니까?"

대사가 대답했다.

"문답問答이 갖추어졌구나."

"그러면 진여의 법계에는 나도 남도 없겠습니다."

"공연히 남을 근심케 하는구나."

"우두가 4조를 보기 전에는 어떠하였습니까?"

"덕이 두터우면 귀신도 흠모한다."

"본 뒤에는 어떠합니까?"

"온몸이 성인이라도 헤아리지 못하느니라."

"어떤 것이 나봉螺峰의 한 구절입니까?"
"괴롭다."
"어떤 것이 본래의 사람입니까?"
"처량한 송라松蘿가 위태로운 환경에 섰느니라."

천주泉州 수룡산睡龍山 화상

스님이 물었다.
"어떤 것이 눈에 띄는 그대로의 보리菩提입니까?"
대사가 주장자로 쫓으니, 스님이 달아났다. 이에 대사가 말했다.
"가만히 있어라. 다음날 작가作家를 만나거든 이야기해 보라."

대사가 상당하여 주장자를 들고 말했다.
"30년 동안 이 산에 살았더니, 이 주장자의 힘을 얻었다."
이때에 어떤 스님이 물었다.
"화상은 그에게서 어떤 힘을 얻으셨습니까?"
"개울도 건너고, 고개도 넘고, 동쪽도 찌르고, 서쪽도 찌른다."
〔초경招慶이 듣고 말하되 "나는 그렇게 말하지 않으리라" 하니, 어떤 스님이 물었다. "화상은 어떻게 말씀하시겠습니까?" 하니, 초경이 주장자를 내려서 땅을 짚고 걸어갔다.〕

천태산天台山 운봉雲峰 광서光緖 지덕至德 대사

상당上堂하여 말했다.
"다만 중생들이 날마다 쓰면서도 모를 뿐이다. 비유하건대 삼천대천세계의 해·달·별·강과 온갖 함령含靈이 한 털구멍에서 나와 한 털구멍에 들어가되 털구멍이 적지 않고 세계가 크지 않으며, 그 안의 중생들이 알지도 깨닫지도 못한다 한 것과 같다. 만일 쉽게 알고자 하면 상좌들이 날마다 쓰면서도 알지 못한다."

어떤 스님이 물었다.

"낮의 스님은 불상을 싣고, 밤의 불상은 스님을 싣는다 하니, 이 뜻이 어떠합니까?"

"그대는 다당茶堂에서 오지 않았는가?"

복주福州 대장산大章山 계여契如 암주庵主

그는 복주福州의 영태永泰 사람이다. 천주泉州 백장촌百丈村의 도솔원兜率院에서 업을 닦았는데, 본래부터 고고한 지조를 쌓고 힘써 조사의 도를 탐구했다. 나중에 현사에게 입실하여 깊은 뜻을 깨달으니, 현사가 예언하였다.

"그대의 선법이 이미 빼어났다. 뒷날 한 사람의 시자도 필요치 않게 되리라."

대사가 이로부터 무리를 모으기에 힘쓰지 않고, 시동侍童도 기르지 않았다. 소계산小界山에 은둔하여 썩은 큰 나무를 파서 암자같이 만들고 겨우 몸을 붙이고 살았다. 지나가던 스님이 들르면 묻는 말에 따라 대답하되 일정한 방법이 없었다.

어떤 스님이 물었다.

"생사生死가 닥쳐오면 어떻게 회피합니까?"

"병부〔符 : 어명〕가 이르면 받들어 행한다."

"그러면 생사에 속박되겠습니다."

"아야阿耶, 아야."

"인도에서 석장錫杖을 짚는 뜻이 무엇입니까?"

대사가 석장을 번쩍 들었다가 땅에 세우고 흔드니, 스님이 말했다.

"이게 무슨 뜻입니까?"

"이것은 장張씨 집안이 때리는 법이다."

스님이 다시 말을 하려 하니, 대사가 석장으로 밀쳤다.

청활淸豁과 충후沖煦, 두 장로가 대사의 명성은 들었으나 한 번도 만나지 못했다가 하루는 같이 방문했다. 이때 마침 대사는 밤을 줍고 있었는데 청활이 물었다.

"도자道者여, 계여契如 암주가 어디에 계시오?"

대사가 대답했다.

"어디서 오셨습니까?"

"산 밑에서 왔소."

"무엇 때문에 여기까지 오셨습니까?"

"여기가 어디요?"

대사가 읍揖을 하면서 말했다.

"가서 차나 마시지요."

두 사람은 그제야 그가 대사임을 알고 암자에까지 따라가서 자못 수준 높은 담론을 맛보았다. 마주보고 앉아서 이야기를 나누는 사이에 문득 밤이 되니, 이리와 호랑이가 암자 앞에 모여왔는데 자연히 길들어 있었다. 청활이 이를 보고 게송을 읊었다.

행은 등한한 행이 아니니
뉘라서 가고 머무는 정을 알리.
한 술 밥에 배가 부르지 않고

만호萬戶의 녹도 믿을 것 못되네.

行不等閑行　誰知去住情
一餐猶未飽　萬戶勿聊生

도가 아니면 굴복시키기 어렵고
빈주먹이니 싸우려 하지 말라.
용이 읊조리고 구름이 이는 곳에
한가한 휘파람 몇 마디 들리네.

非道應難伏　空拳莫與爭
龍吟雲起處　閑嘯兩三聲

두 장로는 이어 대장산에 암자를 짓고 대사에게 머물길 청하니, 두 곳에서 혼자 앉았기 52년 만에 세상을 마쳤다. 청활은 대사의 가르침을 받았지만 나중에 수룡睡龍에게 인가를 받았으므로 수룡의 법을 이어 장주漳州 보복保福에 살았다.

복주福州 연화산蓮華山 영흥永興 녹祿 화상

민왕閩王이 대사를 청하니, 개당하는 날 법상에 오르기 전에 법상 앞에 서서 말했다.

"대왕이나 대중은 들으시오. 이미 진정한 거양擧揚이 있었으니, 이 한 모임이 모두 들었을 것이다. 어찌 듣지 못한 이가 있겠는가, 듣지 못한 이가 있다면 이는 속이는 짓이다."

그리고서야 법상에 올랐다. 이에 어떤 스님이 물었다.

"국왕께서 스님을 청하여 출세出世케 하시니, 오늘의 한 모임이 영산회상과 어떠합니까?"

대사가 대답했다.

"옛날[古]을 밝게 알아 지금에 전한다."

"어떤 것이 화상의 가풍입니까?"

"털끝에 항하의 모래같이 많은 세계를 나타내니, 해와 달이 그 안에서 돈는다."

천태산天台山 국청사國淸寺 사정師靜 상좌

처음 현사 화상을 만났을 때 대중에게 설법하기를 "여러분이 일생 동안을 부모가 죽은 것같이 하기만 하면, 나는 그대가 끝까지 사무쳐 알았다고 보장하리라"라고 하는 말을 들었다. 이에 대사가 앞의 말을 들어 물었다.

"경전에 말하기를 '알고 있는 마음으로 여래의 위없는 지견을 헤아리지 말라' 한 것은 어찌하겠습니까?"

현사가 말했다.

"그대는 알고 있는 마음으로 철저히 궁구해서 헤아리면 된다고 여기는가?"

대사가 이로부터 믿음이 생겼다. 나중에 천태산에 30년을 살면서도 산에서 내려가지 않고 3학學을 두루 열람했는데 지조와 행이 고고하였고, 선정을 닦는 여가에는 항상 경전을 보니, 원근이 모두 흠모하고 존중하여 사람들이 대정大靜 상좌라 불렀다.

일찍이 어떤 사람이 물었다.

"제자는 밤마다 앉았노라면 잡념이 어지러이 일어나는데 조복시키는 방법을 모르겠으니, 가르쳐 주십시오."

대사가 대답했다.

"만일 밤에 앉았는데 잡념이 어지러이 일어나거든 어지러이 일어나는 마음으로 어지러이 일어나는 곳을 궁구하여 궁구할 곳이 없어지면 어지러이 일어나는 잡념이 어찌 존재하며, 궁구하는 마음을 돌이켜 궁구하면 능히 궁구한다는 마음은 어디에 존재하겠는가. 또 능히 비추는 지혜는 본래 공하고 반연한 바 경계도 고요하나니, 고요하되 고요하지 않은 것은 고요하게 하는 사람이 없다는 것이요, 비추되 비추지 않는 것은 비출 경계가 없는 것이다. 경계와 지혜가 모두 고요하고 마음과 생각이 평안하여 겉으로 가닥을 찾지 않고 안으로 선정에 머무르지 않아 두 길이 모두 없어지면 한 성품이 훤하리니, 이것이 근원에 돌아가는 요긴한 길이니라."

대사가 경전을 보다가 요술〔幻〕의 뜻을 따서 게송 하나를 지어 제방의 학자들에게 물었다.

법들이 모두가 요술같이 있다면
온갖 죄를 지어도 허물이 없겠거늘
어째서 지은 업이 없어지지 않아서
부처님의 힘으로만 구제되는가.

若道法皆如幻有　　造諸過惡應無咎
云何所作業不妄　　而藉佛慈興接誘

이때에 소정小靜 상좌라는 이가 대답했다.

요술쟁이가 요술 부려 요술을 굴리니
요술의 업이 요술로 고칠 병을 부르네.
모르면 요술에서 온갖 요술 고통 생기고
깨달으면 요술 같아 요술은 함이 없네.

幻人興幻幻輪圍　　幻業能招幻所治
不了幻生諸幻苦　　覺知如幻幻無爲

정靜 상좌 두 사람이 함께 본산에서 입멸하니, 지금도 국청사에 옛터가 남아 있다.

앞의 복주福州 장경원長慶院 혜릉慧稜 선사의 법손

천주泉州 초경원招慶院 도광道匡 선사

그는 조주潮州 사람이니, 혜릉 화상이 처음에 초경원에 살기 시작할 때부터 입실하여 참문하고 모셨다. 혜릉이 부름을 받고 장락부長樂府에 들어가 서원西院에서 성대히 교화를 펴니, 대사가 뒤를 이어 초경원에 살았는데, 배우는 무리가 여전하였다.

대사가 상당하여 말했다.

"음성 이전에 안다면 평생의 일을 저버리는 것이요, 말 이후에 기틀에 맞는다면 도의 본체와는 퍽 어긋난다. 왜 그렇겠는가? 대중아, 말해 보라. 본래부터 어찌 했어야 하는가?"

또 대중에게 말했다.

"초경招慶이 오늘 저녁에 여러분에게 몽땅 다 이야기하였다. 알겠는가?"

이때에 어떤 스님이 나와서 말했다.

"대중이 일시에 흩어지면 스님의 뜻에 맞겠습니까?"

"주장자로 때리는 것이 좋겠다."

스님이 절을 하니, 대사가 말했다.

"눈먼 거북에게 뜻은 있으나 새벽달 밑에 걸을 길은 없구나."

"어떤 것이 새벽달 밑에 걷는 길입니다."

"그것이 눈먼 거북의 뜻이니라."

"어떤 것이 사문의 행입니까?"

"바른 행이 아니면 행하지 않느니라."

"어떤 것이 서쪽에서 오신 뜻입니까?"

"모기가 무쇠 황소에 오른다."

"어떤 것이 갑 속에 든 검입니까?"

대사가 한참 잠자코 있으니, 스님이 어리둥절하였다. 이에 대사가 말했다.

"역시 초경에게 감사의 뜻을 바쳐야 되겠다."

"어떤 것이 종지를 제창하는 한 구절입니까?"

"초경을 어둡게 하지 말라."

그 스님이 절을 하고 일어나니, 대사가 또 말했다.

"초경을 어둡게 하지 말라고 그대에게 부탁했는데, 어떤 것이 종지를 제창하는 한 구절인가?"

스님이 대답이 없었다.

다른 이가 물었다.

"문수의 검에도 알아듣지 못할 때에는 어찌합니까?"

"솜씨 있는 사람이 아니다."

"어떤 것이 솜씨 있는 사람입니까?"

"그대의 말이 바닥이 났다."

"어떤 것이 초경의 가풍입니까?"

"차라리 청빈을 즐길지언정 혼탁한 부자로서 근심이 많지는 않겠다."

"어떤 것이 남전南泉의 외가닥 길입니까?"

"그대에게 말하기는 꺼리지 않겠으나 망설인 가운데 또 망설일까 걱정이다."

"어떤 것이 불법의 대의입니까?"

"일곱 번 쓰러지고, 여덟 번 넘어진다."

"학인이 생각하는 지혜가 둔하오니, 스님께서 자비를 드리워 외가닥 길을 지시해 주십시오."

"그것이 노파심老婆心이니라."

"자비의 꽃이 피어서 거룩하신 자비의 덕을 입게 되었거니와 위로부터 내려오는 종승의 일은 어떠합니까?"

"그렇다면 그대가 직접 물어야 되겠구나."

대사가 어떤 스님에게 물었다.

"어디를 갔다 오는가?"

"장작을 패고 오는 길입니다."

"쪼개지지 않는 것도 있던가?"

"있습니다."

"어떤 것이 쪼개지지 않는 것이던가?"

스님이 대답이 없으니, 대사가 말했다.

"그대가 말을 못하겠거든 나에게 물어라. 내가 말해 주리라."

"어떤 것이 쪼개지지 않는 것입니까?"

"땅이 흔들려 사람을 거듭 죽이는구나."

"요동치 않는 것도 있습니까, 없습니까?"

"있다."

"어떤 것이 요동치 않는 것입니까?"

"흔들림〔動〕이 동쪽에서 와서 서쪽으로 돌아갔다."

"법의 비가 두루 뿌려도 젖지 않는 곳이 있습니까?"
"있다."
스님이 물었다.
"어떤 것이 젖지 않는 곳입니까?"
"물을 뿌려도 묻지 않는다."
"어떤 것이 초경招慶의 깊고 깊은 곳입니까?"
"그대까지 몽땅 빠진다."
"어떤 것이 구중九重 성안의 사람입니까?"
"그대와 함께 알고 듣고 하던가?"

대사가 상당上堂하는데 스님들이 법상을 둘러싸니, 대사가 말했다.

"여기에 아무것도 없는데 여러분이 그렇게 애써서 다그치고 민들 무엇 하려는가. 마음으로 망설이면 벌써 교섭할 길이 없어져서 다시 문 위로 천 리나 만 리를 오른다. 이제 이미 법상에 올라왔으니 모두가 정신을 바싹 차려라. 초경이 한꺼번에 던져 주리라. 준비됐는가?"

대사가 다시 물었다.
"받았는가?"
대중이 대답이 없으니, 대사가 말했다.
"애써도 공이 없구나. 그대들은 이렇게 둔하지만 옛사람을 보건대 하나둘쯤은 퍽이나 영리하여 보기만 하여도 잚어지고 가서 거의 비슷하였다. 만일 그런 사람이 있다면 네 가지 공양뿐 아니라 유리로 땅을 만들고 백은白銀으로 벽을 삼더라도 귀하게 여기지 않고, 제석帝釋이 앞을 인도하고 범왕梵王이 뒤를 부축하고 강을 저어 우유를 만들고 땅을 변화시켜 황금을 만들어도 만족하지 않으리라. 비록 이렇게 되었다 하여도 여전히 한 단계가 남아 있으니, 알겠는가? 잘 있어라."

항주杭州 용화사龍華寺 언구彥球 실상實相 득일得一 대사

개당開堂하는 날에 대중에게 말했다.

"오늘 이미 법상에 올랐으니 다시 무엇을 숨기랴. 이 숨기지 않는 일을 대중 가운데 누군가가 나를 위해 증명해 주겠는가? 있거든 나와서 나와 함께 좋은 본보기를 만들자."

이때에 어떤 스님이 물었다.

"고을의 어른이 스님을 청했는데, 어떻게 종지宗旨를 거양하겠습니까?"

대사는 대답했다.

"그대가 딴 곳에 가거든 행여 잘못 전하지 말라."

"이 좌석은 하늘에서 내려왔습니까, 땅에서 솟았습니까?"

대사가 되물었다.

"이것이 무엇이던가?"

"이 좌석이 높고 넓은데 어떻게 하여야 오릅니까?"

"오늘 하마터면 그대에 의하여 주저앉을 뻔하였다."

"영산의 한 모임에서는 가섭이 몸소 들었거니와 오늘의 이 모임에서는 누가 듣습니까?"

"나와 같이하는 자는 큰 절개〔大節〕를 내쳐라."

"확실히 준수하시군요."

"가서 물이나 길어다가 찻방에서 써라."

대사가 또 말했다.

"예전부터 불법을 국왕 대신이나 힘 있는 단월에게 맡겼는데, 오늘 군수와 여러 관원이 특별히 청해 주시니 고마움을 비길 것 없다. 산승山僧에게 마지막 한 구절이 더 남았는데 여러분에게 싸게 팔리라."

그리고는 대사가 벌떡 일어나서 말했다.

"누가 사려는가? 있거든 나오라. 없거든 천한 돈을 도로 거둬라. 오래 서서 나의 법문을 듣느라고 수고했네."

대사가 언젠가 상당하여 이렇게 말했다.

"좋은 시절, 좋은 날에 빨리 일러라."

또 이렇게 말했다.

"대중은 내 앞으로 가까이 와서 나의 으뜸가는 뜻의 설법을 들어라."

대중이 가까이 다가서니, 대사가 때렸다.

"어떤 것이 학인의 자기自己입니까?"

"눈 위에 서리까지 덮였구나."

항주杭州 임안현臨安縣 보안保安 연連 선사

어떤 스님이 물었다.

"어떤 것이 보안의 가풍입니까?"

"묻기야 무엇이 어렵겠는가?"

"어떤 것이 취모검吹毛劍입니까?"

"예장사豫章寺에 무쇠 기둥이 세워졌느니라."

"학인이 잘 모르겠습니다."

"장강漳江에 몸소 이르러야 한다."

"어떤 것이 사문의 행입니까?"
"스승의 머리에 관을 썼다."
"어떤 것이 서쪽에서 오신 뜻입니까?"
"죽은 범도 족히 남의 구경거리가 된다."
"물음과 대답을 번갈아 일으키는데 어떤 것이 보안保安의 사람을 놀라게 하지 않는 구절입니까?"
"그대가 딴 곳에 가면 어떻게 이야기하려는가?"

복주福州 보자원報慈院 광운光雲 혜각慧覺 대사

상당하여 말했다.
"병을 고치는 약은 당나귀에 싣고 올 필요가 없다. 오늘 저녁의 형편에 의하건대 제각기 방에 돌아가는 것이 좋겠다. 잘 있어라."
스님이 물었다.
"듣건대 혜각慧覺 스님께 입을 잠그는 자물쇠의 법문이 있다는데 어떻게 남에게 보이십니까?"
대사가 대답했다.
"내 손에 주장자가 없는 것이 다행인 줄 알아라."
"그렇다면 거룩한 자비를 많이 입겠습니다."
"내가 그대를 긍정하도록 기다리면 된다."

대사가 고을에 들어갔더니, 민왕閩王이 물었다.
"보자報慈와 신천神泉의 거리는 얼마나 됩니까?"
"말로 멀고 가까움을 따지는 것은 직접 가보는 것만 못합니다."
그리고는 대사가 다시 물었다.
"대왕께서 날마다 천 가지 일에 임하시는데 그게 무슨 마음입니

까?"

왕이 대답했다.

"어디서 마음을 얻습니까?"

"어찌 마음 없는 이가 있겠습니까?"

"저쪽의 일은 어떠합니까?"

"저쪽에서 물어 주십시오."

"스님이 딴 사람을 속인다 하면 되겠군요."

왕이 물었다.

"대중이 모두 모였으니, 스님께서 거양해 주시기 바랍니다."

"몇 사람이나 듣지 못한 이가 있나요?"

"그러시다면 올라올 필요가 없었습니다."

"올라오지 않는 것은 마음대로라 하지마는 그대는 어디서 알려 하나요?"

"장소가 있다면 화상을 저버리는 것입니다."

"깨끗함과 추함을 가리지 못할까 걱정이오."

"설법을 하는 이는 법대로 말해야 한다 하니, 이 뜻이 어떠합니까?"

"어디를 잘 모르겠습니까?"

"옛사람이 벽을 향하던 뜻은 무엇입니까?"

대사가 때렸다.

"말에 의하지 않고 지름길로 말씀해 주십시오."

"무엇 하러 다시 생각하고 분별하겠습니까."

여산廬山 개선사開先寺 소종紹宗 원지圓智 선사

그는 고소姑蘇 사람이니, 성품이 순박하고 활달하여 범속한 무리에 섞이지 않았다. 어려서 고향의 유수사流水寺에서 스님이 되어 구족계를 받고, 장경長慶에게 입실하여 비밀히 진요眞要를 깨달았다. 처음에는 건주虔州의 요산了山에다 암자를 짓고 20년을 사니, 도덕의 명성이 근원에 퍼졌다.

강남江南의 국주國主 이李씨가 절을 짓고 전법하기를 청하니, 현묘한 법을 배우는 무리가 모여들었다. 나중에 국주가 홍정洪井 지방을 순시하러 나왔다가 몸소 산에 들어와 뵙고 상당하기를 청한 뒤에 스님을 시켜 이렇게 묻게 하였다.

"어떤 것이 최초의 경계입니까?"

"가장 좋은 것은 한 가닥 경계가 청산靑山의 빛을 쪼개는 것이다."

"어떤 것이 경계 안의 사람입니까?"

"마른 나무를 주워서 포수(布水 : 폭포의 이름)의 물을 끓인다."

국주가 더욱 존중히 여겼고, 나중에 산사山寺에서 임종하니, 영탑靈塔이 아직도 남아 있다.

무주婺州 금린金鱗 보은원報恩院 보자寶資 효오曉悟 대사

상당上堂하는 날에 대중이 오래 섰으니, 대사가 말했다.

"여러 형제들이 제각기 산문山門에 왔으나 주인의 입이 편담(匾擔 : 밀짐)과 같으니, 서로 어긋나게 지는 것이 아니겠는가. 오래 대중 속에 있던 형제들은 괴상히 여길 것이 없나니, 참선하여 배우는 안목을 갖춘 이라면 제각기 방으로 돌아가라. 잘 있어라."

대사가 방장의 터를 닦아 놓으니, 어떤 스님이 물었다.

"방장의 터를 이미 닦았으니, 어떻게 소식을 통하리까?"

대사가 대답했다.

"그러한 물음으로 형제들을 어둡게 하지 말라."

"어둡게 하지 않는 일이 무엇입니까?"

"청천백일靑天白日이니라."

"학인은 처음으로 마음을 내었습니다. 스님께서 길을 지시해 주십시오."

대사가 손뼉을 세워 보이면서 말했다.

"알겠는가?"

"잘 모르겠습니다."

"한 손바닥으로는 소리를 내지 못한다."

"어떤 것이 보은報恩의 가풍입니까?"

"그대가 대중에 들어온 지 얼마 안 되는 줄을 또한 알겠다."

"옛사람이 망치를 들거나 불자를 세운 뜻이 무엇입니까?"

"보은의 혀가 끊겨야 마땅하다."

"어째서 그렇습니까?"

"못난 체해서 무엇 하랴."

"어떤 것이 문수의 검입니까?"

"모른다."

"그 한 길에 살아나는 사람은 누구입니까?"

"산승은 그저 하루 두 때의 죽과 밥을 먹을 뿐이다."

"어떤 것이 눈에 띄는 대로의 보리菩提입니까?"

"등 뒤에 있는 것은 무엇이 서 있는 곳인가?"

"학인이 잘 모르겠습니다. 스님께서 다시 보여 주십시오."

"그대가 모른다면 주장자를 얼마나 맞아야 되겠는가?"

"어떤 것이 큰 부끄러움을 갖춘 사람입니까?"

"입을 열면 밥을 먹고 다물면 먹지 못한다."

"그 사람의 행리行履는 어떠합니까?"

"차를 만나면 차를 마시고, 밥을 만나면 밥을 먹는다."

"어떤 것이 금강金剛의 한 대 화살입니까?"

"무엇이라 말하는가?"

그 스님이 다시 물으니, 대사가 말했다.

"신라국新羅國을 지나갔느니라."

"물결이 일어나서 솟구치는데 일어나면 반드시 전체가 참되다고 한 옛사람의 뜻이 무엇입니까?"

대사가 꾸짖으니, 스님이 말했다.

"그러면 순서가 틀립니다."

"그대의 말이 막혔다."

또 말했다.

"내 말도 막혔다. 그대는 어찌하겠는가?"

스님이 말이 없었다.

어떤 스님이 물었다.

"상과 벌을 떠나서 어떤 것이 취모검吹毛劍입니까?"

대사가 대답했다.

"연주延州는 검주劍州와 붙었다."

"그러면 목숨을 잃겠습니다."

"전당강錢塘江의 조수〔潮〕이니라."

항주杭州 경심사傾心寺 법도法瑫 종일宗一 선사

상당하여 말했다.

"대중들아, 한 구절의 말도 기다리지 않고 그대로 집에 돌아가도 종풍宗風을 이을 자격이 있는가? 누군가가 이 물음에 대답하겠는가? 누군가 대답할 수 있다면 여기서 여러 사람을 비웃을 수 있을 것이요, 대답하지 못한다면 여러 사람이 여기를 비웃을 것이다. 잘 있어라."

"어찌하여야 진실을 잡아 허탕을 면하겠습니까?"

"그대의 물음이 온당하다면 여러 사람이 모두가 증명할 것이다."

"이렇게 온 이들이 모두가 장부가 아니라면 이렇지 않게 온 이는 종풍을 이을 자격이 있겠습니까?"

"두 차례 나와서 한 가지를 묻는구나."

"어떤 사람이 가리겠습니까?"

"파사[4]가 아기를 기른다."

"불법의 갈 곳을 스님께서 온전히 보여 주십시오."

"그대가 한 가지 질문을 온전히 하기만 하라."

"어째서 이 물음을 다시 들추십니까?"

"그대가 아까 무엇을 물었는가?"

"스님을 만나지 않았더라면 허탕을 칠 뻔하였습니다."

"도적이 떠난 뒤에 문단속을 하는구나."

"따로 전하는 한 구절을 어떻게 전해 줍니까?"

"아까운 물음이다."

"그러면 따로 대답해도 맞지 않겠습니다."

"그것도 부질없는 말이다."

"어떤 것이 천자께 뵙지도 않고, 왕후도 부러워하지 않는 사람입니까?"

---

4 파사波斯는 페르시아, 즉 오늘의 이란을 말한다.

"매일 세 바늘씩 꿰매어 해가 겹치니 누더기 하나가 되었다."
"이 옷도 종풍을 계승하겠습니까?"
"까치는 머리 위에 와서 지저귀고, 구름은 눈앞을 스쳐간다."
"듣건대 옛사람이 말하기를 '번뇌를 끊지 않는다' 하니 이 뜻은 어떠합니까?"
"그것도 남의 업을 발동시킨다."
"어찌하여야 업을 발동시키지 않습니까?"
"그대의 말이 막혔다."
"상주고 벌주는 일은 그만두고, 어떤 것이 취모검입니까?"
"법에 맞게 세 차례 절하라."
대사는 나중에 용책사龍冊寺에 살다가 입적하였다.

복주福州 수륙원水陸院 홍엄洪儼 선사

상당한 뒤에 대중이 모이니, 대사가 자리에서 내려와 향로를 받들고 대중의 앞을 빙빙 돌면서 말하기를 '시방의 부처님께 공양합니다' 하고는 방장으로 돌아갔다.
어떤 스님이 물었다.
"백 가지 시비〔百非〕와 네 가지 구절〔四句〕을 떠난 것을 스님께서 힘차게 제창해 주십시오."
"어디에 빠졌는가?"
"그러시면 인간과 하늘이 믿을 곳이 있겠습니다."
"똥물을 남에게 뿌리지 말라."

항주杭州 영은산靈隱山 광엄원廣嚴院 함택咸澤 선사

처음에 보복保福 종전從展 화상을 뵈니, 보복이 물었다.

"그대 이름이 무엇인가?"

"함택咸澤입니다."

"홀연히 마른 개울을 만나면 어찌하겠는가?"

"누가 마른 개울입니까?"

"내가 그렇다."

"화상은 사람을 놀리지 마십시오."

"그대가 도리어 나를 놀리는구나."

대사가 나중에 장경長慶의 인가를 받고서 광엄도량廣嚴道場에 사는데, 어떤 스님이 물었다.

"어떤 것이 빤히 보고서 바치는 일입니까?"

대사가 선상에서 내려와서 말했다.

"존체尊體와 기거起居는 만복萬福하십니까?"

"만 가지 법과 짝이 되지 않은 이가 누구입니까?"

"성안의 청사루靑史樓요, 구름 위의 고봉탑高峰塔이니라."

"어떤 것이 불법의 대의입니까?"

"깊은 개울에 물은 맑고, 높은 봉우리에 달이 밝다."

"어떤 것이 광엄廣嚴의 가풍입니까?"

"한 무더기의 백운과 세 칸의 초막이니라."

"끝내 어떠합니까?"

"유나維那도 없는데 겸하여 전좌典座까지 없구나."

"어떤 것이 광엄의 가풍입니까?"

"사자석師子石 앞에서 신령스런 물이 소리를 내고, 계롱산雞籠山 위에 원숭이가 운다."

복주福州 보자원報慈院 혜랑慧朗 선사

상당하여 말했다.

"위로부터의 성인들이 일대사一大事의 인연을 위해 세상에 나셔서 서로 일러 주셨는데, 그대들 여러분이 알겠는가? 알지 못한다면 퍽 어려운 일이다."

스님이 물었다.

"어떤 것이 일대사입니까?"

"잘못 전하는 것이 아닌가?"

"그러면 학인은 의심치 않게 되었습니다."

"티 하나가 눈에 낀 것이야 어찌하겠는가?"

"3세의 부처님들이 모두가 말을 전하는 사람인데 어떤 말을 전하셨습니까?"

"그대는 종자기鍾子期가 아니니다."

"어떤 것이 학인의 안목입니까?"

"다시 모래를 뿌리지 말라."

복주福州 이산怡山 장경長慶 상혜常慧 선사

어떤 스님이 물었다.

"왕후王侯의 모든 명령으로 이산怡山의 법을 이었는데 입을 막는 말을 스님께서 틀리지 말아 주십시오."

대사가 대답했다.

"얻었다."

"그러면 스님의 거룩하신 자비를 받았습니다."

"잘 하라. 그리고 남을 둔하게 만들지 말라."

"종풍宗風을 범하지 말고 물의物議를 상하지도 말고, 스님께서 있는 그대로 말씀해 주십시오."

"오늘 법당을 열지 않았는가?"

"불꽃은 설봉雪峰을 계승하고, 법인法印은 초연히 깨친 이에게 전했으니, 사물을 어기지 않고, 사람을 저버리지 않고, 당처에 있지도 않으면, 지금 무엇을 말하겠습니까?"

"어기고 등지면 말하는 것이다."

"그러면 여쭌 말씀에 잘 맞으니, 깊고 얕음을 이미 판단했습니다."

"좋고 나쁨을 알아야 한다."

복주福州 석불원石佛院 정靜 선사

상당하여 말했다.

"아는 사이에 서로 바친다 하여도 역시 분을 바르는 짓이요, 설사 칠하는 허물을 여읜다 하여도 저버리는 허물은 남는다. 여러 사람들은 어떻게 생각하는가?"

스님이 물었다.

"학인이 화상의 본래 스승을 뵙고자 할 때에는 어찌합니까?"

"동네에 퍼진 말이 있으니 몸소 체험하라."

"그러면 볼 수 없겠습니다."

"확실히 나그네 길이 하늘같이 머니, 후문候門[5]은 바다같이 깊다."

5 '문까지 나아가 문안을 드리고 기다린다'는 뜻이다. 이곳에서는 스님이 가르침을 얻기가 어렵다는 뜻으로 쓰이고 있다.

처주處州 취봉翠峰 종흔從欣 선사

상당하여 말했다.

“다시는 자리를 펴지 말라. 잘 있어라.”

그리고는 스님에게 물었다.

“알겠는가?”

“잘 모르겠습니다.”

“나는 그대가 백장산百丈山에 갔던 줄로 알았다.”

복주福州 침봉枕峰 관음원觀音院 청환淸換 선사

상당하여 말했다.

“여러 선덕禪德들이 오직 각자의 분상에 따라 만일 선을 논하고, 도를 이야기하며, 종풍을 들어 제창하고자 하면, 한 터럭 끝에 한량없는 부처님께서 큰 법 수레를 굴리시고, 한 티끌 속에 보왕寶王의 국토를 나타내며, 부처님의 말씀이나 중생의 말이나 산하대지가 일시에 하는 말이 잠시도 끊이지 않는 것이 마치 비사문毘沙門천왕이 끝끝내 밖의 보배를 구하지 않는 것과 같다. 이미 이와 같은 가풍이 있거늘 무엇이 부족한가? 다시 다른 사람의 처분을 받지 말라.”

스님이 물었다.

“어떤 것이 법계의 성품입니까?”

“그대의 몸 안에 만상萬象이 있느니라.”

“어떻게 체득하리까?”

“골짜기에서 메아리를 따라 근본과 끝을 다시 따지지 말라.”

복주福州 동선東禪 계눌契訥 선사

상당하여 말했다.

"일찍이 잠시도 잃지 않고 전체가 드러났다. 이렇게 말한다 해도 역시 분수 밖의 일이다. 이미 그렇게 말할 수 없다면 그대들에게 무엇이라 해야 할까? 말할 자리가 없거나 말을 타지 않는 것 아닌가. 잘못 알지 말라."

스님이 물었다.

"어떤 것이 현전現前의 삼매三昧입니까?"

"무엇 하러 다시 말하기를 기다리랴."

"자기의 일을 밝히지 못했으니, 스님께서 지시해 주십시오."

"왜 사례하지 않는가?"

"어떤 것이 동선東禪의 가풍입니까?"

"한 사람이 허망을 전하면 만 사람은 실제라고 전한다."

복주福州 장경원長慶院 홍변弘辯 묘과妙果 대사

어느 날 상당하여 법상 옆에 서서 말했다.

"대중은 각각 방으로 돌아갈 수 있는가? 알겠는가? 만일 알지 못한다면 산승은 그대들을 속이리라."

그리고는 법상에 올랐다.

스님이 물었다.

"바다 같은 무리가 구름같이 모였으니, 스님께서 방편문을 열어 진실상眞實相을 보여 주십시오."

"이것이 방편문이니라."

"그러면 대중이 귀를 기울이고 듣겠습니다."

"공연히 귀나 기울여서 무엇 하리오."

"초각超覺의 남긴 불꽃으로 묘과妙果가 등불을 전했는데 어묵동정語默動靜을 떠나서는 어떻게 보여줍니까?"

대사가 말하였다.

"괴이 여길 수 있겠는가?"

복주福州 동선원東禪院 가륭可隆 요공了空 대사

처음으로 법당을 여는 날에 어떤 스님이 물었다.

"멀리 구봉장실九峰丈室을 떠나 동선도량東禪道場에 와서 앉으시니, 인간과 하늘이 우러러 봅니다. 바라건대 한 말씀 드리워서 연설해 주십시오."

"요풍堯風이 천년 부니, 요공了空은 그대에게서 매昧하지 않는다."

"그러시면 인간과 하늘이 믿을 곳이 있겠습니다."

"맞는 것 같으나 맞지 않는다."

"어떤 것이 도입니까?"

"바른 것이 도이니라."

"어떤 것이 도 안의 사람입니까?"

"분명히 그대에게 말했다."

대사가 상당하여 말했다.

"힘 덜고 요긴함을 많이 좋아함은 자연히 선타바[仙陀]가 아니니, 메아리나 쫓는 무리라면 방에 가서 불을 쪼이는 것만 못하니라. 잘 있어라."

어떤 이가 물었다.

"어떤 것이 보현普賢의 제1구입니까?"

대사가 대답했다.

"벌써 제2구에 빠졌다."

복주福州 선종원僊宗院 수빈守玭 선사

어느 날 법당에 오르지 못하매 대중이 방장으로 들어와서 참문하니, 대사가 말했다.

"오늘 저녁에 대중과 함께 빚을 얻어야 되겠다. 누가 빚을 주겠는가? 빚을 주겠다는 이가 없으면 먼저 말하는 사람이 빚을 진다. 잘 있어라."

스님이 물었다.

"12시 동안 항상 있는 사람도 인간과 하늘의 공양을 받습니까?"

"녹이지 못한다."

"어째서 녹이지 못합니까?"

"그대가 항상 있기 때문이다."

"항상 있지 않는 사람은 녹일 수 있습니까?"

"당나귀 해[驢年]에나 되리라."

스님이 물었다.

"주인도 손님도 없는 말을 대답해 주십시오."

"주인도 손님도 없는 자리에서 물어라."

무주撫州 영안원永安院 회열懷烈 정오淨悟 선사

상당하여 대중이 모이니, 좌우를 두리번거리고서 말했다.

"벙어리가 되었으니, 어찌하랴."

그리고는 이내 방장으로 돌아갔다.

또 어느 날 상당하여 한참 있다가 말했다.

“가엾은 놈이 또 티가 묻었구나.”

또 말했다.

“대중이여, 바야흐로 힘을 써야 할 곳이니, 쉽사리 여기지 말라.”

스님이 물었다.

“이산怡山에서 직접 들으신 한 구절을 스님께서 학인에게 말씀해 주십시오.”

“다음 날 남에게 잘못 이야기하지 말라.”

복주福州 민산閩山 영함令含 선사

처음에 영복원永福院에 살았는데, 상당하여 말했다.

“은혜를 갚으면 은혜가 쌓이고, 원을 쌓으면 원이 원만해진다.”

그리고는 바로 방장으로 돌아갔다.

스님이 물었다.

“이미 묘한 봉우리의 꼭대기[妙峯頂]에 이르렀으면, 누가 벗이 되어 주겠습니까?”

대사가 대답했다.

“이르러라.”

“누가 벗이 되겠습니까?”

“차나 마셔라.”

“분명하거늘 알지 못하겠으니, 스님께서 지시해 주십시오.”

“지시하기는 그만두고, 어떤 것이 분명한 일인가?”

“학인이 잘 모르겠습니다. 스님께서 지시해 주시길 거듭 바랍니다.”

“일곱 방망이가 열셋이다.”

신라新羅 구산龜山 화상

대사가 "상국相國인 배휴裵休가 법회를 세우고, 경 읽는 스님에게 묻기를 '무슨 경을 보시오?' 하니, 스님이 대답하기를 '『무언동자경無言童子經』이오' 했고, 배휴가 다시 묻기를 '몇 권이 있는가?' 하니, '두 권이오' 하였고, 배휴가 다시 묻되 '무언無言이라면 어찌 두 권뿐이랴' 하니 스님이 대답이 없었다"라는 말을 들어 대신 말하였다.

"무언無言의 경지를 논하려면 두 권뿐이겠는가?"

길주吉州 용수산龍須山 자국원資國院 도은道殷 선사

스님이 물었다.

"어떤 것이 조사께서 서쪽에서 오신 뜻입니까?"

대사가 대답했다.

"보통普通 8년에 양왕梁王의 오해를 받은 이래로 아직껏 풀지 못했다."

"천 산, 만 산에서 어느 것이 용수산龍須山입니까?"

"천 산, 만 산이니라."

"어떤 것이 산 속의 사람입니까?"

"마주 보는 사이가 천 리이니라."

"유有와 무無에 빠지지 않는 길을 스님께서 말씀해 주십시오."

"그대는 어떻게 물었는가?"

복주福州 상광원祥光院 징정澄靜 선사

스님이 물었다.

"어떤 것이 도道입니까?"

"장안長安이 떠들썩하느니라."

"위로 향한 일이 어떠합니까?"

"골짜기의 소리에는 만 가지 악기가 연주되고, 늙은 소나무는 오색구름을 편다."

"어떤 것이 화상의 가풍입니까?"

"문하평장사(門下平章事 : 宰相)는 몇 겹의 궁궐 쪽문을 지나는가?"

양주襄州 취령鷲嶺 명원明遠 선사

처음에 장경長慶에게 참문하니, 장경이 물었다.

"그대의 이름이 무엇인가?"

"명원明遠입니다."

"저쪽 일은 어떤가?"

대사가 두어 걸음 뒤로 물러서니, 장경이 말했다.

"그대가 까닭 없이 두어 걸음 물러서 무엇 하려는가?"

대사가 대답이 없으니, 장경이 대신 말했다.

"물러서지 않으면 어찌 명원인 줄 알겠는가?"

대사가 이 말에 진리를 깨달았다.

대사가 나중에 주지가 된 뒤에 어떤 스님이 물었다.

"한 법도 앞에 있는 것이 없어도 응용함에 결함이 없을 때에는 어떠합니까?"

대사가 손으로 불〔火〕을 번쩍 들어 세우니, 그 스님이 깨달았다.

항주杭州 보자원報慈院 종괴從瓌 선사

그는 복주福州 사람이니, 성은 진陳씨이다. 어려서 석제石梯에 의하여 스님이 되었다. 처음에는 월주越州의 칭심사稱心寺에 살다가 나중에 보자원報慈院의 주지가 되었다.

어떤 스님이 물었다.

"옛사람이 말하기를 '지금 사람이 옛 가르침을 읽어도 마음속의 시끄러움을 면할 수 없다. 마음속의 시끄러움을 면하고자 하면 모름지기 옛 가르침을 보라' 하니, 어떤 것이 옛 가르침입니까?"

"여시아문(如是我聞 : 경의 첫머리)이니라."

"어떤 것이 마음속의 시끄러움입니까?"

"저쪽에서 참새가 우짖는 소리이다."

대사는 개보開寶 6년 계유癸酉 6월 14일 진시에 목욕을 하고 옷을 갈아입고 문인들에게 뒷일을 부촉한 뒤에 오른쪽으로 누워서 입적했다.

항주杭州 용화사龍華寺 계영契盈 광변廣辯 주지周智 대사

본래 복주福州 황벽산黃蘗山에서 도업을 익히다가 장경長慶에게 법을 깨달았다.

주지가 된 뒤에 어떤 스님이 물었다.

"어떤 것이 용화龍華의 경계입니까?"

"푸른 대가 바람을 흔들고, 싸늘한 솔이 달빛을 가린다."

"어떤 것이 경계 안의 사람입니까?"

"당돌히 굴지 말라."

"어떤 것이 3세 부처님들의 도량입니까?"

"따로 뵙고 예배하지 말라."

"그러면 예로부터 이제에 이르겠습니다."

"지금이 무슨 연대〔年中〕인가?"

"어떤 것이 황벽산의 주인입니까?"

"그대가 찾아 주어서 고맙다."
"어떤 것이 황벽산의 경계입니까?"
"용은 폭포 물속에서 우짖고, 구름은 푸른 봉우리 위에 인다."

앞의 항주杭州 용책사龍冊寺 도부道怤 선사의 법손

월주越州 청화산淸化山 사눌師訥 선사

스님이 물었다.
"12시 가운데 어떻게 마음을 써야 의혹이 없게 되겠습니까?"
"좋다."
"그러면 스님을 만나겠군요."
"잘 있어라."

어떤 스님이 와서 절을 하니, 대사가 말했다.
"그대도 잘 물었고, 나도 잘 대답했다."
"그러면 대중이 오래 섰어야 되겠습니다."
"대중은 왜 짓누르는가?"
"상과 벌을 떠나서 어떤 것이 취모검吹毛劍입니까?"
"전당강錢塘江에 떠 있는 좋은 나룻배이니라."
"어떤 것이 서쪽에서 오신 뜻입니까?"
"매우 신선하구나."

구주衢州 남선南禪 우연遇緣 선사

철각鐵脚이라 불리는 속인 선비가 말을 탔는데, 어떤 스님이 대사에게 물었다.

"철각이라면서 왜 말을 탔을까요?"

"허리띠를 맨 것은 배가 아프기 때문이 아니요, 머리에 복건幞巾을 쓴 것은 머리가 추워서가 아니다."

어떤 속가의 관리가 물었다.

"화상은 이처럼 후생後生이신데 어째서 존숙尊宿이라 불리십니까?"

대사가 대답했다.

"천년을 묵어도 역시 정수리가 붉은 학이라 불리고, 아침에 났더라도 봉황의 새끼이니라."

대사가 어느 때 이렇게 말했다.

"이 일은 이토록 말하기 어렵구나."

어떤 스님이 나서서 물었다.

"스님께서 말씀해 주십시오."

"목주睦州의 개울 이끼〔溪苔〕요, 금군錦軍의 돌버섯〔石耳〕이니라."

복주復州 자복원資福院 지원智遠 선사

그는 복주福州의 연강連江 사람이니, 어릴 때 출가하여 협산峽山의 관음원觀音院에 가서 법선法宣 선사에 의하여 머리를 깎고, 구족계를 받은 뒤에 부지런히 시봉을 하면서 경전 외우기에 전념하였다.

어느 날 법선 선사가 말했다.

"그대의 큰 근기를 살피건대 큰일을 맡을 만하거늘, 어찌 두루 참문하여 다니질 않고 이곳에만 머물러 있는가?"

대사는 결국 그곳을 떠나 제방으로 다니다가, 월주越州의 경청사鏡淸寺에 가서 순덕順德 대사에게 절하고 물었다.

"어떤 것이 부처님들께서 몸을 나타내시는 곳입니까?"

순덕이 대답했다.

"여러 사람이 모두 알고자 한다."

"그것은 여러 사람의 눈을 속이기 어렵습니다."

"이치로는 표범[豹]도 잡을 수 있다."

대사가 이 말에 현묘한 이치를 깨달았다.

주周의 현덕顯德 3년 병진丙辰에 복주復州 자사刺史가 관원들과 스님들과 도교인을 거느리고 와서 자복원資福院에서 개당 설법을 해달라고 하였다.[사람들은 동선원東禪院이라고도 하였다.]

이때에 어떤 스님이 물었다.

"스님은 누구의 곡조를 부르시며, 누구의 법을 이으셨습니까?"

대사가 대답했다.

"설령봉雪嶺峰 앞의 달이 경호鏡湖의 물결 속에 밝게 비친다."

"부처님들이 세상에 나시면 하늘에서 네 가지 꽃을 뿌리고 땅이 여섯 가지로 진동하는데, 오늘날 화상의 회상에는 어떤 상서가 있습니까?"

"한 물건도 나기 전에 전체가 드러나니, 눈앞의 광채를 뉘라서 알리오."

"어떤 것이 바로 보여 주는 한 구절입니까?"

"이것이 무엇인가?"

대사가 또 말했다.

"알겠는가? 알았거든 지금 당장에 끝나거니와 알지 못했거든 티끌이나 모래같이 많은 겁을 지내리라. 오직 여러 성현들의 분수에 의하건대 옛 부처님의 밝고 드러난 마음자리가 나타나서 하늘과 땅에 두루하고 삼라만상이 자기의 가풍이며, 부처와 중생이 본래 차별이 없고 열반과 생사가 허망한 것이며, 본 성품의 바닥은 참되고 항상하여 닦아 증득할 필요가 없느니라."

대사가 또 말했다.

"이 일이 밝게 드러난 것을 알고자 하면 한 치의 풀도 덮이지 않았으니, 바로 알아서 취하면 가장 힘이 덜리는 길이니라."

대사가 이와 같이 대중을 가르치기를 20여 년이 지나서 태평흥국太平興國 2년 정축丁丑 9월 16일에 종을 치고 대중에게 하직을 알리더니, 27일 진시辰時가 되어 태연히 앉아서 열반에 들었다. 수명은 83세요, 법랍은 63세였다.

앞의 장주漳州 보은원報恩院 회악懷岳 선사의 법손

담주潭州 묘제원妙濟院 사호師浩 전심傳心 대사

일찍이 침주郴州의 향산香山에 살았는데, 어떤 스님이 물었다.

"망설이면 둘째요, 망설이지 않으면 셋째라 하니, 어떤 것이 첫째입니까?"

대사가 대답했다.

"거둬라."

"옛사람이 팔을 끊은 것은 무엇을 위한 것입니까?"

"내가 차라리 팔을 끊으리라."

"어떤 것이 학인의 안목입니까?"

"나의 좋은 마음씨를 알아야 한다."

"어떤 것이 향산香山의 검입니까?"

"다르다."

"드러나는 것이겠습니까?"

"차마 볼 수 없다."

"어떤 것이 송문松門의 제1구句입니까?"

"절대로 잘못 이야기해서는 안 된다."

"어떤 것이 묘제妙濟의 가풍입니까?"

"좌우 사람들이 너무 많다."

"어떤 것이 불법의 대의입니까?"

"두 입에 한 혀도 없느니라."

"어떤 것이 향산의 외길입니까?"

"도도滔滔한 대지이다."

"이른 이는 어떠합니까?"

"그대의 평생을 쉬게 한다."

"어떤 것이 세존의 비밀한 말씀입니까?"

"아난도 잘 몰랐다."

"어째서 몰랐습니까?"

"선타바 아닌 것이 없느니라."

"어떤 것이 향산의 보배입니까?"

"눈알 푸른 호인胡人도 감정하기 어려우니라."

"드러난 것은 어떠합니까?"

"용왕이 두드려도 일어나지 않는다."

어떤 스님이 와서 성승聖僧의 등상을 범이 물어갔다는 소식을 전하고 이어 물었다.

"이미 성승聖僧이면서 왜 범에게 물려갔습니까?"
"천하 사람을 의심케 했구나."
"어떤 것이 부끄러움 없는 사람입니까?"
"그대는 몽둥이를 맞아야겠다."

앞의 복주福州 고산鼓山 신안神晏 국사의 법손

항주杭州 천축산天竺山 자의子儀 심인心印 수월水月 대사

그는 온주溫州 낙청현樂淸縣 사람이니, 성은 진陳씨이다. 처음에 제방으로 다니다가 고산鼓山을 뵙고 물었다.

"자의子儀가 3천 리 밖에서 멀리 법석을 찾아와서 오늘 때 아닌 때에 올라왔으니, 스님께서 때 아닌 대답을 해주시기 바랍니다."

고산이 대답했다.

"그대를 둔하게 만들 수는 없다."

"힘 덜리는 곳이 어떠합니까?"

"그대는 왜 헛힘을 들이는가?"

대사가 이로부터 법을 깨닫고, 바로 절중浙中으로 갔다. 이에 전충의왕錢忠懿王이 그의 명성을 듣고 나한원羅漢院과 광복원光福院, 두 도량에서 법을 펴게 하니, 대중이 몰려들었다.

대사가 상당하여 이렇게 말했다.

"대중들이여, 너무 오래 섰구나. 무엇을 기다리는가? 들추어내기는 어렵지 않으나 도리어 선덕들을 그르쳐서 돌아갈 길을 더욱 미혹시킬까 걱정이다. 날씨가 추운데 조심해라. 잘 있어라."

스님이 물었다.

"어떤 것이 위로부터 전해 오는 일입니까?"

"머물러라."
"어떻게 천거〔薦〕하리까?"
"아깝게도 용두사미가 되었구나."

어떤 스님이 절을 하고 일어나서 질문을 시작하려는데 대사가 말했다.
"그만두는 것이 어떻겠는가?"
그래도 그 스님이 물었다.
"흥공興工의 자식과도 가까워질 분수가 있습니까?"
"바둑이 끝나기만을 기다리다가 도끼 자루 썩는 줄은 몰랐다."
"어떤 것이 유마維摩의 잠잠함입니까?"
"비방하는구나."
"문수는 어째서 칭찬하였습니까?"
"같은 죄목으로 귀양을 보내리라."
"유마는 어찌 생겼었습니까?"
"머리에 석 자 수건이요, 손에는 한 개의 불자拂子이니라."
"어떤 것이 부처님들께서 세상에 나시는 자리입니까?"
"큰 바다 속에 별똥 같은 불 한 덩이니라."
"학인이 잘 모르겠습니다."
"어룡魚龍들을 몽땅 다 태운다."
"단하丹霞가 나무 불상을 태운 뜻이 무엇입니까?"
"추우면 화롯가에서 이글거리는 불을 쪼이고 싶었다."
"허물이 있겠습니까?"
"더욱이 대발 곁의 개울가에 앉고 싶었다."
"어떤 것이 법계法界의 정의로서 가장 높은 것입니까?"

"9월 9일이면 절강浙江에 조수가 드느니라."

"다른 것은 묻지 않거니와 어떤 것이 광복光福의 문하에서 비로자나를 초월하고 석가를 지나치는 사람입니까?"

"다른 것은 몽땅 그에게 헌납하라."

"그러면 평생이 다행스럽겠습니다."

"다행스러울 일이 무엇인가?"

그 스님이 어리둥절하니 대사가 할을 하였다.

대사가 하당下堂하려는데 어떤 스님이 물었다.

"하당下堂의 법문을 한 구절 들려주십시오."

"발걸음을 옮겨 벌써 서쪽 나라로 돌아갔거늘 이 산에서는 공연히 늙은 원숭이만 울고 있다."

"고산鼓山에게는 북을 만들고, 기를 빼앗는 설법이 있다는데 스님은 어떠하십니까?"

"항복한 장수는 죽이지 않는다."

"혹시 훌륭한 장수를 만나면 어찌하시겠습니까?"

"그대의 외로운 영혼을 달래기 위하여 그대에게 석 잔을 부어 올린다."

"세존께서 입멸하신 뒤에 어디로 돌아가셨습니까?"

"학림鶴林은 공연히 빛만 변했고, 참다운 돌아감은 돌아가는 곳이 없느니라."

"스승께서는 어디로 가시렵니까?"

"붉은 열매는 거센 바람에 쓰러지고, 무성한 잎들은 맑은 가을에 떨어진다."

"스님께서 열반하신 뒤에는 어디로 돌아가시겠습니까?"

"그대가 지금 나의 돌아갈 곳을 알고자 한다면 동서남북에서 버들이 실을 이룬다."

"어떻게 수행하여야 도에 가까워질 수 있습니까?"

"시를 읊을 때에는 발을 높이 걷고, 낮잠을 잔 뒤에는 차를 진하게 다려라."

대사가 고향으로 돌아와서 옹희雍熙 3년에 입적하니, 문인들이 사리를 거두어 탑을 세웠다.

건주建州 백운白雲 지작智作 진적眞寂 선사

그는 영정永貞 사람이니, 성은 주朱씨이다. 얼굴이 서역의 스님과 같았다. 고산鼓山 국사에 의하여 머리를 깎고 24세에 구족계를 받았다.

어느 날 고산이 상당하여 대중을 부르니, 대중이 모두가 눈망울을 굴렸다. 이에 고산이 옷자락을 풀어 보이니 대중이 모두가 어리둥절하거늘, 대사만이 그 뜻을 깨닫고 입실하여 인가를 받았다. 또 참문하는데 고산이 가까이 오라 해놓고 물었다.

"남전南泉이 원주院主를 부른 뜻이 무엇인가?"

대사가 손을 모으고, 단정한 얼굴로 뒤로 물러서니, 고산이 흔연히 기특하게 여겼다. 이로부터 오吳와 초楚지방으로 다니다가 다시 민천閩川으로 돌아와서 처음에는 남봉南峰에 살았고, 다음은 건주建州의 백운원白雲院에 살았다.

대사가 상당하여 말했다.

"누가 종승宗乘 안에서 한 가지 물음을 일으키겠는가? 내가 종승 안에서 대답하기를 기다리리라."

이때에 어떤 스님이 절을 하고 겨우 일어나니, 대사는 곧 방장으로 돌아갔다.

어떤 이가 물었다.

“어떤 것이 마른 나무 속에서 용龍이 우는 것입니까?”

대사가 대답했다.

“불 속에서 연꽃이 솟느니라.”

스님이 또 물었다.

“어떤 것이 해골바가지의 눈알입니까?”

“진흙 소가 물에 들어갔다.”

“어떤 것이 주인 가운데의 주인입니까?”

“그대는 안목을 갖추었는가?”

“그러면 학인은 큰방으로 돌아가겠습니다.”

“원숭이가 부대 속에 들었구나.”

“어떤 것이 연평延平의 나루터입니까?”

“만고萬古의 긴 강이 유유히 흐른다.”

“어떤 것이 연평의 검입니까?”

“빨리 물러서라.”

“나루터와 검이 같습니까, 다릅니까?”

“안타까운 사람이구나.”

건우乾祐 2년 기유己酉에 강남江南 국주國主 이李씨가 봉선奉先으로 청해 살게 하고 자의紫衣와 국사의 호를 하사하였다. 상당한 뒤에 대중이 귀를 기울이고 있으니, 대사가 말했다.

“속였다. 알겠는가? 옛날 영산회상에 많은 대중이 있었지만 가섭만이 직접 들었다는 말을 들었을 것이다. 오늘 외람되게 국왕의 은총을 받아 으뜸가는 가르침을 드날리게 되니, 영산회상과 다를 것이 없다. 이미 영산회상과 다를 것이 없다면 여러분은 어떻게 이해해야 하겠는가? 옛날과 지금을 혼동하지 말고 다만 너나없이 정신을 차려서 모두가 이게 무슨 도리인가를 살펴라."

어떤 스님이 물었다.

"영산회상이 지금의 모임과 다르지 않다면 직접 듣는 일은 어떠합니까?"

"다시 이야기해 보라."

"그러시면 인간과 하늘 무리가 믿을 곳이 있겠습니다."

"그대는 어떻겠는가?"

"어지신 국왕이 청하여 법석을 크게 여시니, 조사께서 서쪽에서 오신 뜻을 어떻게 지시하시렵니까?"

"분명히 기억해 둬라."

"끝내 화상을 저버리지는 않겠습니다."

"그래도 틀렸다."

다른 스님이 물었다.

"어떤 것이 봉선奉先의 경계입니까?"

"마음대로 살펴보라."

"어떤 것이 경계 속의 사람입니까?"

"무례하게 굴지 말라."

"어떤 것이 봉선의 가풍입니까?"

"지금 어디에 있는가?"

"그러시면 대중은 믿을 곳이 있겠습니다."

"그대에게 무슨 관계가 되는 일인가?"

"어떤 것이 사람을 위하는 한 구절입니까?"

"봉선奉先이 아니면 말하지 못하리라."

고산鼓山 지엄智嚴 요각了覺 대사〔제2세 주지〕

상당하여 말했다.

"말이 많으면 더욱 말이 많아져서 원래부터 서로 반대되는 것이다. 잘 있어라."

이에 어떤 스님이 물었다.

"석문石門의 어구語句[6]를 감히 묻지 못하겠거니와 스님의 방편을 청합니다."

"돌기둥〔露柱〕[7]에게 물어라."

"국왕이 세상에 나시면 세상이 조용한데 법왕이 세상에 나오시면 어떤 은덕이 있습니까?"

"알겠는가?"

"다행히 밝은 조정을 만났으니, 감히 받들어 올릴 기회를 얻었습니다."

"토해 버려라."

"절을 하지 않았던들 하마터면 구멍 없는 무쇠 망치가 될 뻔하였습니다."

"구멍 없는 무쇠 망치와 다를 것이 무엇인가?"

복주福州 용산龍山 지숭智嵩 묘공妙空 대사

상당하여 말했다.

---

6 문턱에 걸어 서서 묻는 말이다.

7 돌로 기둥을 깎아서 한데다 세운 것을 말한다.

"이렇듯 저절로 분명하거늘 그러한 마디를 만들어서 무엇 하겠는가. 거기에 이르러서는 문득 바다를 이루고, 문득 군말이 되고, 문득 티가 되거니와 이렇게 허다한 사건이 없을 때에는 어떠한가?"

어떤 스님이 물었다.

"옛 부처님께서 교화하시던 법을 지금의 조사가 중흥하시니, 인간과 하늘이 서원 뜰에 몰려왔습니다. 그들에게 어떻게 보여 주시겠습니까?"

대사가 대답했다.

"대중을 저버릴 수도 없다."

"그러시면 인간과 하늘들이 잘못 간청하지 않고, 범부의 마음이 당장에 부처의 마음으로 바뀌게 하겠습니다."

"그대는 어떠한가?"

스님이 뒤로 물러서서 절을 하고 대중의 위아래의 좌석을 따라가니, 대사가 말했다.

"나는 그대를 알았다."

천주泉州 봉황산鳳凰山 강彊 선사

어떤 스님이 물었다.

"등불은 고산의 것을 전했고, 도덕은 온릉溫陵 지방에서 으뜸이니, 석문石門에 걸터앉지 않고 소식을 통해 주십시오."

대사가 대답했다.

"오늘이 아니었더라면 가슴을 쥐어박아서 내쫓았을 것이다."

"그러시면 오늘에는 사자후를 직접 들었다가 다음 날에는 끝내 봉황이 되겠습니다."

"또 그 속에서 사람에게 흙탕물을 끼얹는구나."

"흰 물결이 하늘 끝까지 솟구치는데 어떤 사람이 허공에 머물러 있겠습니까?"

"고요한 밤에 요堯의 북소리를 생각하다 머리를 돌리어 순舜의 거문고를 듣는다."

복주福州 용산龍山 문의文義 선사

상당하여 말했다.

"만일 종승을 들추면 선원이 적막해서 황폐할 것이요, 자세히 묻기를 보류한다면 다시 어느 시절을 기다리랴. 누군가가 자세히 알겠는가? 나와서 시험해 보라. 아무도 없다면 허탕을 치지 않는 것이 좋겠다."

스님이 물었다.

"어떤 것이 인간의 왕입니까?"

"그의 위풍에 사람들이 모두 떤다."

"어떤 것이 법왕입니까?"

"한마디의 법령이 당장에 시행된다."

"두 분 왕이 다릅니까, 다르지 않습니까?"

"아까 무어라 했던가?"

복주福州 고산鼓山 지악智岳 요종了宗 대사

그는 복주福州 사람이니, 처음에 제방으로 다니다가 악주鄂州에 가서 황룡黃龍에게 물었다.

"황룡의 소문을 들은 지 오랜데, 와서 보니 오직 얼룩 뱀만 보이는군요."

황룡이 말했다.

"그대는 얼룩 뱀만을 보고, 황룡을 보지 못하는구나."

"어떤 것이 황룡입니까?"

"도도滔滔한 대지大地이니라."

"홀연히 금시조金翅鳥를 만나면 어찌합니까?"

"생명을 보전하기 어렵다."

"그러면 그에게 잡혀 먹히겠군요."

"그대의 공양에 감사한다."

대사가 당장에 깨닫지 못하고, 이내 수업산受業山으로 돌아와서 국사國師 화상을 뵙자 미세한 뜻을 깨닫고, 산문을 위하여 제3세 주지가 되었다.

대사는 상당하여 이렇게 말했다.

"내가 만일 온전히 종승宗乘을 드날리면 그대들이 어떻게 알아들을 수 있겠는가. 그러므로 그대들에게 말하기를 '고금이 항상 드러나고, 체體와 용用이 방해하지 않는다' 하노라."

스님이 물었다.

"다른 것은 묻지 않거니와 어떤 것이 왕의 종족에 탄생하는 것입니까?"

"금 가지와 옥 잎사귀는 같지 않나니, 이것이 무엇이겠는가?"

"그러면 동중同中[8]은 다른 것을 얻지 않겠습니다."

"다를 수 없는 일이 어떠한가?"

"금 가지가 어찌 계속할 수 있겠습니까?"

---

8 본래는 '매개인媒介人과 함께'라는 뜻이다. 그러나 이곳에서는 요종了宗 대사를 가리킨다.

"역시 문밖의 이야기구나."
"허공도 작용을 할 줄 알겠습니까?"
대사가 주장자를 번쩍 들면서 말했다.
"이 스님이 때리기를 좋아한다."
스님이 말이 없었다.

양주襄州 정혜定慧 화상

스님이 물었다.
"어떤 것이 부처님이 위로 향하는 일입니까?"
"놀라지 않는 사람이 없다."
"학인은 잘 모르겠습니다."
"따져서 묻는 것이 무방하다."
"때와 기틀과 작용을 빌리지 않고 어떻게 조종祖宗의 법을 이야기하겠습니까?"
"그대도 부끄러움을 갖추었는가?"
스님이 할을 하니, 대사는 말이 없었다.

복주福州 고산鼓山 청악淸諤 종효宗曉 선사

수업受業 화상〔고산鼓山의 제4세 주지〕에게 법을 받았다.
어떤 스님이 물었다.
"죽은 스님이 떠나서 어디로 갑니까?"
대사가 대답했다.
"날씨가 추워서 손을 내밀지 못한다."

금릉金陵 정덕도량淨德道場 충후沖煦 혜오慧悟 선사

그는 복주福州 사람이니, 성은 화和씨이다. 어려서 누린내와 비린내를 싫어하여 스스로 출가하기로 맹서하고 고산鼓山에 올라가 머리를 깎고 법을 얻어 수기를 받았다. 나이 24세에 홍주洪州 풍성豊城에서 대중을 위해 법을 펴니, 사람들이 소장로小長老라 하였다.

주周의 현덕顯德 때에 강남江南 국주國主가 광목光睦으로 청해 살게 하니, 어떤 스님이 물었다.

"어떤 것이 큰 길입니까?"

"나에게는 작은 길도 없다."

"어떤 것이 작은 길입니까?"

"나는 큰 길이 있는 줄 모른다."

대사는 이어 여산廬山의 개선사開先寺에 살다가 나중에는 정덕淨德에 살았는데 두 곳에서 모두 대중을 모아 설법하였다. 개보開寶 8년에 입적하였다.

금릉金陵 보은원報恩院 청호淸護 선사

그는 복주福州의 장락長樂 사람이니, 성은 진陳씨이다. 여섯 살에 부모를 하직하고 고산鼓山에 의해 스님이 되었다가 16세에 계를 받고 국사의 말에 참된 취지를 깨달았다. 국사가 입적하신 뒤에 건주建州의 백운白雲에 가니, 민수閩帥인 왕王씨가 황제께 아뢰어 자의紫衣와 숭인崇因 대사라는 법호를 하사받게 하였다.

진晋의 천복天福 8년에 금릉金陵이 군사를 일으키니 건성建城에 들어왔다. 이때에 통군統軍인 사원휘査元徽가 절로 왔고, 이에 대사가 나와서 반겨 맞이하니, 사査씨가 물었다.

"여기서 만나 뵈니, 어떠합니까?"

"어지러우신 장군이오 그려."

나중에 사씨가 대사를 청해 금릉으로 돌아가니, 국주가 장경원長慶院에 살면서 대중을 거두라 명하였다.

주周의 현덕顯德 초에 건주建州로 물러가서 암자를 세우니, 이때에 절도사節度使인 진회陳誨가 현친보은선원顯親報恩禪苑을 짓고 주지가 되어 주기를 간절히 청했다.

처음 개당하는 날에 어떤 스님이 물었다.

"부처님들께서 세상에 나오시면 하늘에서 꽃이 떨어지는데, 화상께서 세상에 나실 때에는 어떤 상서가 있습니까?"

대사가 말했다.

"어제 첫 천둥이 치더니, 오늘 아침에는 가랑비가 뿌리는구나."

"어떤 것이 부처님들의 현묘한 뜻입니까?"

"짚신과 나막신이니라."

개보開寶 3년 5월에 강남의 후주後主가 다시 보은報恩과 정덕淨德, 두 도량에 들어와 왕래하면서 설법해 달라 하고, 호를 묘행妙行대사라 고쳤다.

그 해 11월에 병이 나니, 미리 국주國主에게 하직했다. 그달 20일 새벽에 종을 치고 대중을 모아 뒷일을 부촉한 뒤에 엄연히 앉아서 입적하니, 수명이 50여 세요, 법랍은 40세였다.

국주가 후하게 예우해서 다비를 하고, 사리 3백여 개와 뼈를 거두어 건주建州 계족산鷄足山의 와운원臥雲院에 탑을 세웠다. 대사는 풍골이 수려하고, 품행이 청초하며, 20년 동안 비단을 입지 않고 오직 무명만을 입었으며, 말솜씨가 유창하여 간 곳마다 대중의 우두머리에 섰다. 다섯 곳에서 설법한 어록과 게송은 모두 따로 세상에 퍼졌다.

월운 스님

경기도 장단에서 태어나 한학을 수학하고, 남해 화방사에서 당대의 대강백 운허스님을 은사로 출가하였다. 통도사와 해인사 강원을 졸업하고 강사가 되었으며, 동국역경원 역경위원을 거쳐 동국역경원 원장으로 있다. 중앙승가대학 교수와 제25교구 본사 봉선사 주지를 역임하였고, 현재 조실로 있으면서 불경서당과 능엄학림을 통해 후학 양성에 매진하고 있다.

저서로는 「삼화행도집」·「일용의식수문기」·「금강경강화」·「원각경강화」·「대승기신론강화」·「구름처럼 달처럼」 등이 있고, 「조당집」·「선문염송」을 비롯한 80여 종의 경론을 번역한 우리나라의 대표적인 학승이자 강백이다.

박용배 불자

2008년 5월 초 귀중한 정재를 보시하여 '한글대장경 개역 전산화 사업'과 '단행본 경전 발간 사업'에 크게 도움을 주신 경기도 수원시 거주 불자님으로, 진심으로 깊은 감사의 뜻을 표하고자, 2008년 출간되는 단행본 경전인 「조당집」과 「전등록」에 그 이름을 올립니다.

전등록 2

2016년 6월 3일 개정판 2쇄 발행

역 주 월운스님
발행인 한태식
발행처 동국대학교 부설
동국역경원
등록 1964. 10. 제2-159호

주소 100-715 서울시 중구 필동로 1길 30
전화 02-2260-3483~4
팩스 02-2268-7851
Homepage http://www.tripitaka.or.kr
E-mail book@dongguk.edu
인쇄처 보명C&I

ISBN 89-5590-453-1
ISBN 89-5590-452-5(전3권)

값 25,000원